霊界物語

REIKAIMONOGATARI

ガイドブック

GUIDEBOOK

木庭次守［編］
木庭元晴［監修］

八幡書店

産土神小幡神社の前に立つ宣伝使服姿の出口聖師

出口聖師が神人合一の妙境に入られた高熊山の岩窟

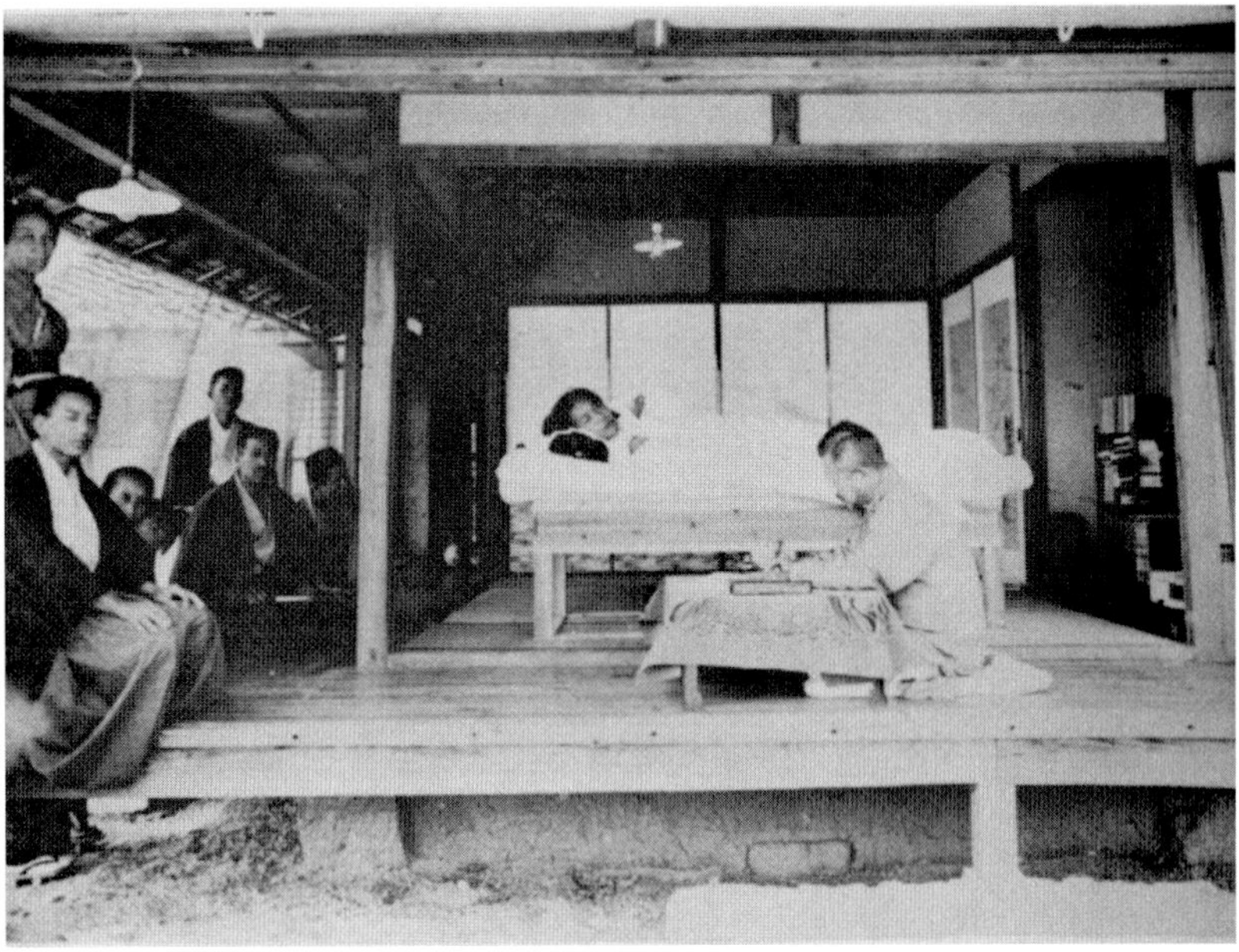

秋山彦の旧蹟地秋田別荘で口述される出口聖師

出口聖師が最初に造られた月照山・月の輪台

口述地伊豆湯ヶ島温泉狩野川で清遊される出口聖師

天祥地瑞に⊙の拇印を捺される出口聖師

天橋立の掬翠荘で口述の記念撮影をされる出口聖師

神聖歌劇で語り部をつとめられる出口聖師

天祥地瑞の口述を開始された天恩郷中ノ島の千歳庵

旧六十四巻▶

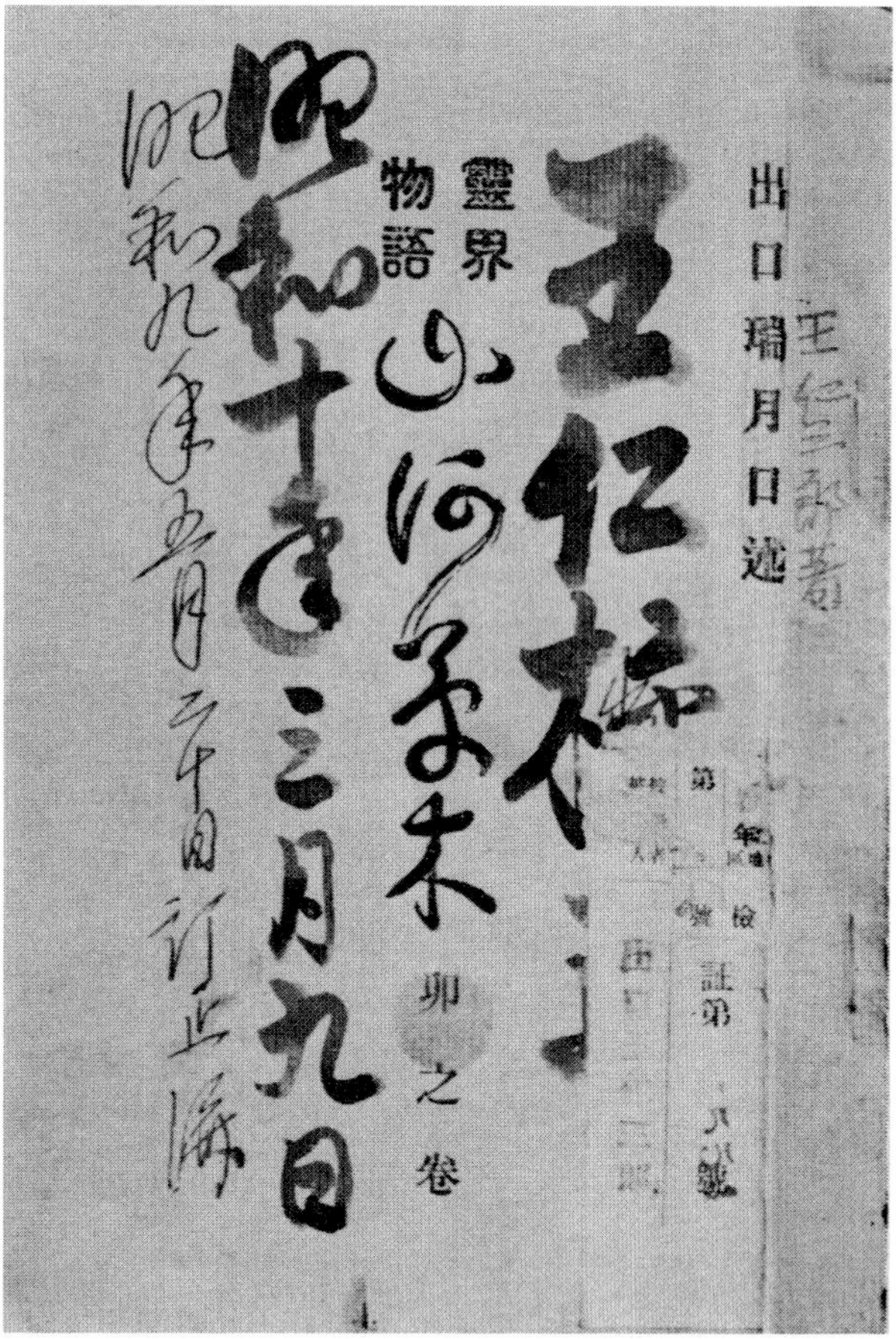

左右二葉の写真は、出口聖師校正の筆蹟である。著者出口聖師が最後の校正のときに分冊して刊行するように示されたもので、校定本刊行にあたり、著者のおぼしめしの通りに第64巻上の巻・下の巻として刊行さ↖

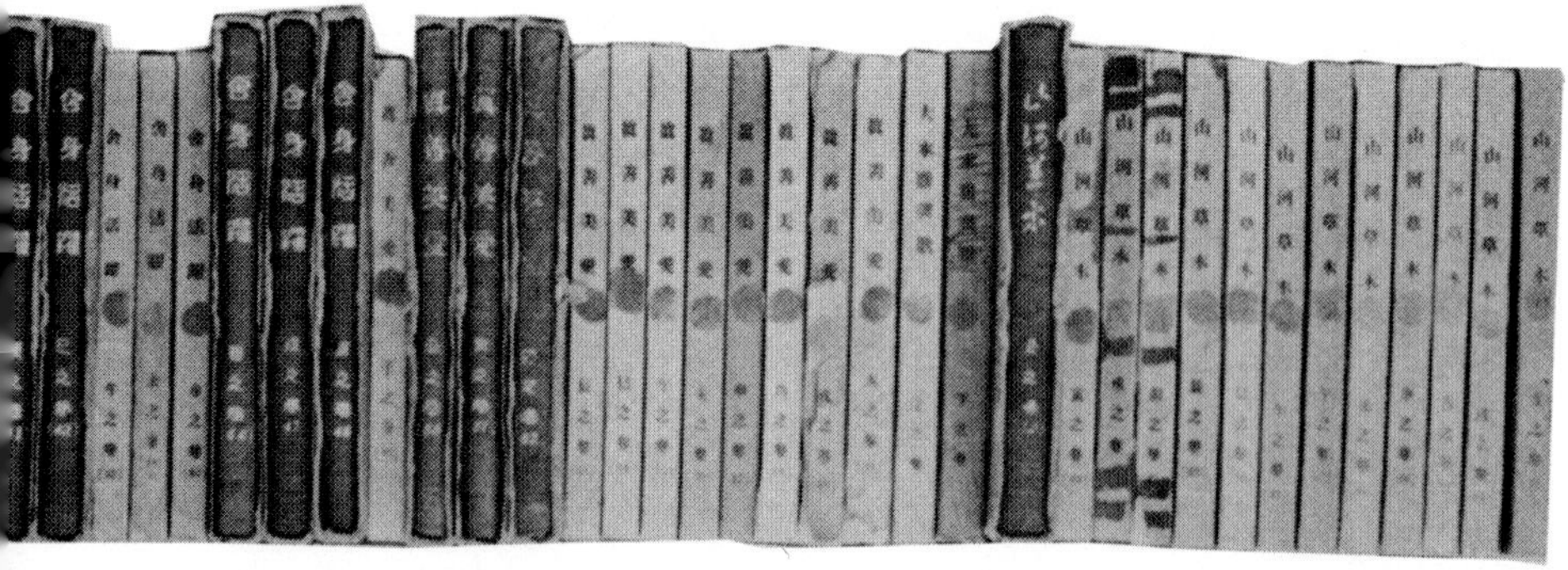

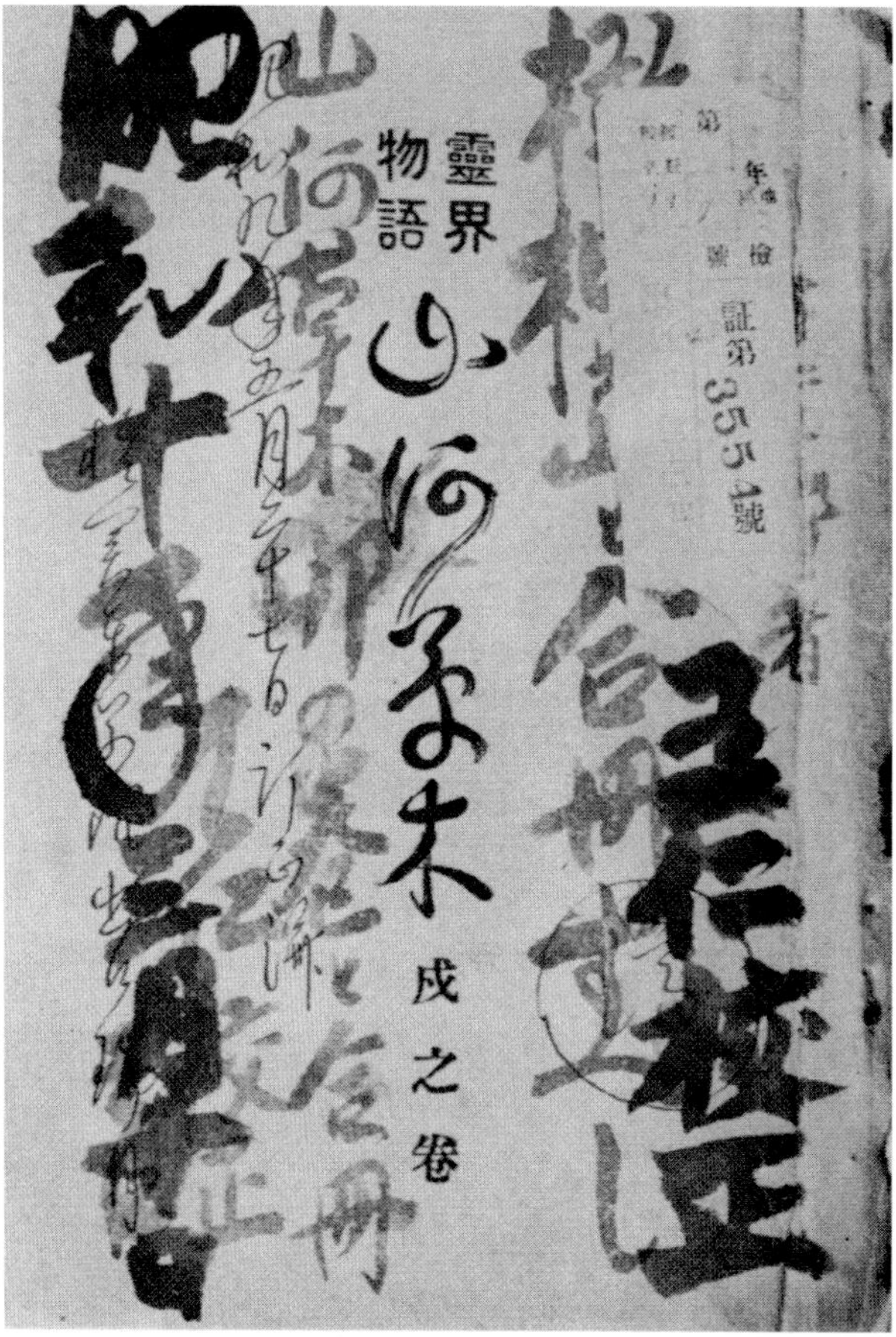

◀発売禁止になった旧七十一巻

せていただいた。内容はエルサレムの橄欖山を舞台とする救世主の再臨を中心とした物語で、まったくの姉妹篇である。地上天国、ミロクの代の樹立に関した実に示唆に富んだ神秘の物語である。

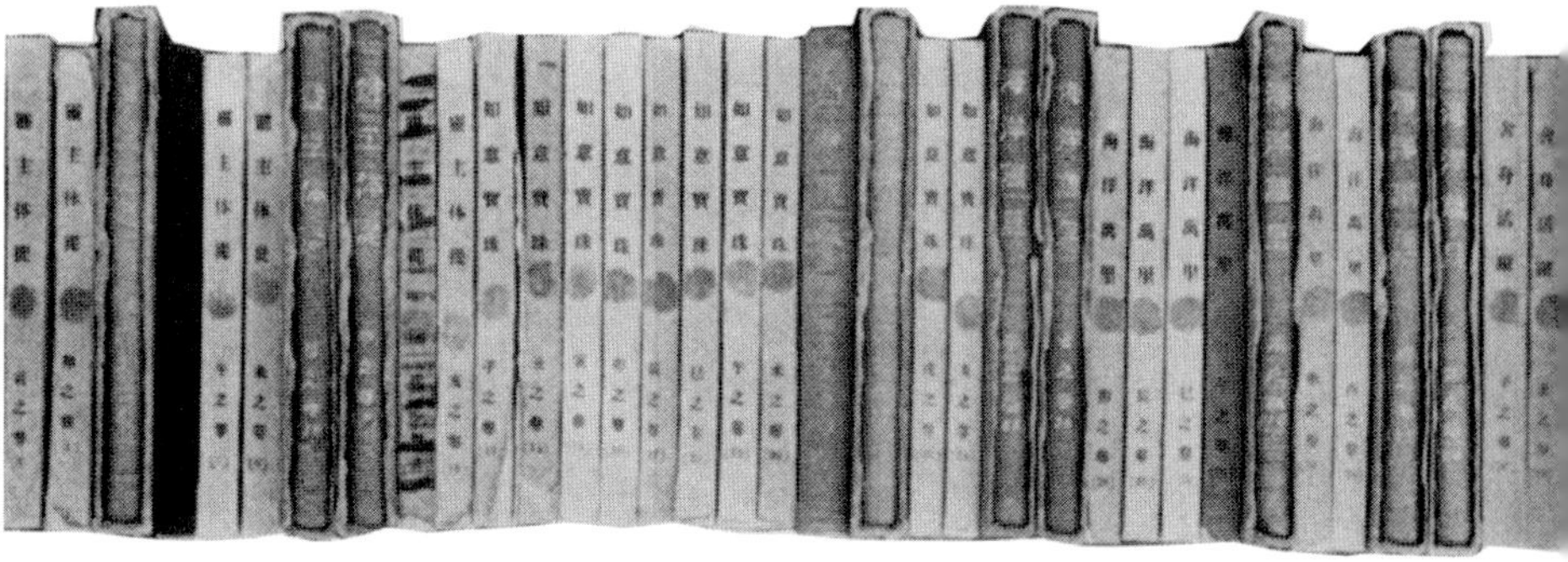

出口聖師が最終校正を加えられた霊界物語の原本

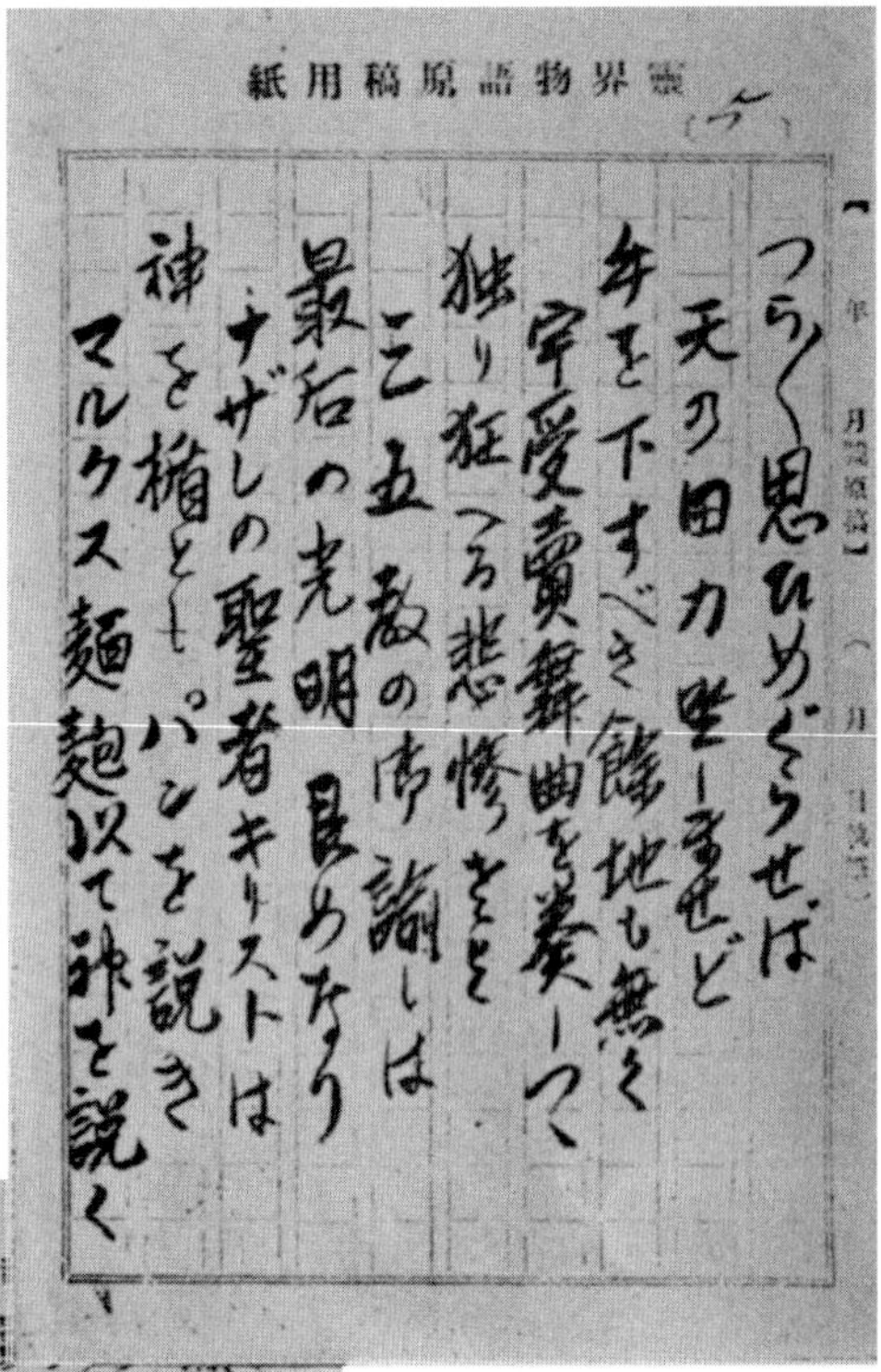

→出口聖師の直筆。（霊界物語第十巻総説歌の原稿の一部）

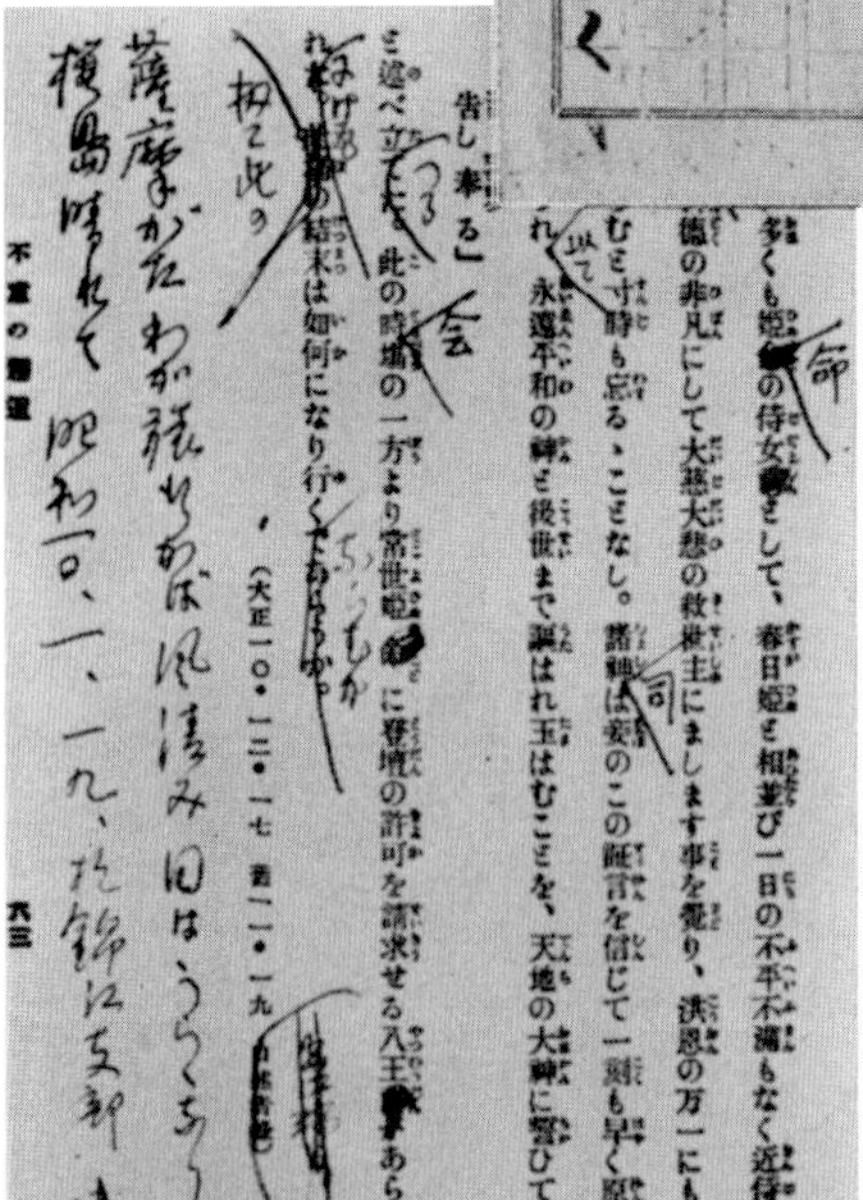

←出口聖師最終校正の原本。（霊界物語第四巻六三頁）

霊界物語ガイドブック

凡　例

一、本書は、次に掲げる二書（いずれも木庭次守編）を底本として編集したものである。
『霊界物語資料篇』（以下、資料篇）大本教典刊行会一九七一年八月七日発行　八五～三九八頁の梗概の部分。

『霊界物語小事典』（以下、小事典）大本教典刊行会一九七二年五月五日発行　一～一九九頁の項目すべて。

一、今回の編纂にあたっては、以下の方針にそって編集を行った。

『霊界物語　梗概』

(1)『資料篇』梗概を極力原文のまま掲載することとした。
(2)古字、俗字等の異体字は、正字体に改めた。
(3)明らかな誤りについては訂正した。
(4)底本では、『霊界物語』総目次が通観できるように配されていたが、本書においては、おのおの各巻の梗概に配すこととした。
(5)『資料篇』中にコラムとして収録されている讃美歌（十四のコラム）、「東大寺五重塔の丸柱に表はれた文字」

「和知川畔のワニ」は、本書余白部にコラムの形ですべて原文のまま掲載した。

(6)『小事典』巻末に紹介されている【霊界物語余白歌から】一二八首、【「言華」から】二一首は、本書余白部にコラムの形ですべて原文のまま掲載した。

(7)『資料篇』『小事典』いずれにも添付されている「天祥地瑞神系表」「霊界物語三神系時代別活動表」は、本書にも収録した。

(8)「天祥地瑞神系表」は、より精確な『霊界物語大事典　總索引　その一』(日本タニハ研究所　一九九一年)から採録した。

(9)五大父音(「霊主体従」卯の巻・総説によると、宇宙に充満する五大父音は造物主なる真の神の生ける御声)は、「ア」の一画目と二画目の間が途切れた「ア」、「オ」の三画目と一・二画目の間が途切れた「オ」、「ウ」の一画目と三画目の間、二画目と三画目の間が途切れた「﹂」、「エ」の一画目と二画目の間、二画目と三画目の間が途切れた「エ」、「イ」の一画目と二画目の間が途切れた「イ」と表記した。なお、発音の際は、ワ行・ヤ行とは異なり、舌を口蓋から離す。

『霊界物語小事典』

(1)底本は縦書き三段組であるが、横書き二段組とした。

(2)見出し語は底本に準じ、原則として『霊界物語』本文と同じく歴史的仮名遣いの表記とした。

(3)但し、一部「ざうくわのさんしん」のような現代人には探しにくい見出し語について、新たに「ぞうかのさんしん」の見出しを立て、矢印で「ざうくわのさんしん」を参照する形を取った。
(4) 矢印は、当該項目を参照せよ、という意味である。
(5)「天祥地瑞神系表」、「霊界物語三神系時代別活動表」に見られる神名などは、監修者の責任において網羅するよう補足した。なお、追加した項目には＊印を付した。
(6)〔 〕内は見出し語に対応する『霊界物語』本文の表記である（歴史的仮名遣い）。
(7)（ ）内は外国語、外来語の原語国名の略である。
(8) 外国語は適宜原語綴りを補った。
(9) ルビは（ ）内に納めた。
(10) 末尾の数字は『霊界物語』の出所の巻、章を示す。
例＝【52・1】は『霊界物語』第五二巻第一章の場所を指す。
(11)【 】内の「入蒙」は、「山河草木　入蒙記　特別篇」を示す。
(12) 明らかな誤りについては訂正した。

霊界物語ガイドブック　目次

霊界物語　梗概

霊主体従

霊主体従　子の巻

第1巻

口述場所　綾部並松＝松雲閣（祥雲閣）
口述日時　第11章まで大正10年1月著者筆。2月8日、10月18日〜26日
筆 録 者　外山豊二、加藤明子、桜井重雄、谷口清治
初版発行　大正10年12月30日
著者校正　昭和7年7月1日（10版）最終校正原本は昭和25年12月30日焼失

目　次

神霊・人

神素盞嗚命（須佐之男命）
天祖（天の御三体の大神）天照大神、伊邪那岐尊、伊邪那美尊
月夜見尊
国祖大国常立神―大王
変性男子（大本開祖）稚姫君命
天稚彦
〈三男五女〉真道知彦、青森知木彦、天地要彦、常世姫、黄金竜姫、合陀琉姫、要耶麻姫、言解姫
変性女子（出口聖師）三葉彦命
豊国主神（坤の金神）
〈小幡神社の祭神〉開化天皇（産土の神）稚日本根子彦大日日命
木花咲耶姫命
彦火火出見の命
松岡芙蓉仙人
金勝要神
竜宮の乙姫
日の出の神
大八洲彦命
大国主命
天孫
大自在天神大国彦
〈竜神界〉岩の神、雨の神、火竜神、荒の神、地震の神
盤古大神塩長彦

八王大神常世彦
八王八頭
〈三種の悪神〉八頭八尾の大蛇、金毛九尾の悪狐、六面八臂の邪鬼

梗　概

本巻は霊界物語の第一巻であるが、著者が「或一点を読めば全巻の精神が判る」とのべられた如く、物語全八十一巻（八十三冊）の縮図であり大精神がおさめられている。

(1)　序文――霊界物語の内容である　一、神の経綸　二、霊界の消息　三、教理　四、予言警告　五、霊主体従の本旨について示されている。

(2)　基本宣伝歌――三五教《アナナヒ》といわれる大本の厳瑞二大教祖の教の大精神がまとめられている。

(3)　発端――大本の開教および出口聖師の立場から一貫した開祖と聖師の神業について、その要旨が述べられている。

(4)　第一章――聖師が荒行されし高熊山の祭神であった小幡神社の祭神と、一つの謎「三葉躑躅」の言霊解を中心として聖師の使命「神教宣布」について、

(5)　第二章～第四章――高熊山の聖師肉体上の修行について、

(6)　第五章～第十七章――高熊山における神霊世界の修行の入口の様子について、

(7)　第一二章顕幽一致――高熊山で体得された大本の教理の真髄である宇宙の真相について、

(8)　第一八章霊界の情勢――国祖国常立尊が御退隠後、地上神界の主宰神として再現されるまでの経緯について、

(9)　第一九章盲目の神使――出口聖師が綾部の大本へ参上される神界の動きについて、

(10)　第二〇章日地月の発生――大国常立大神と豊雲野大神が宇宙を創造され、守護される真相について、

第二一章――大地の修理固成から人類の発生におよぶまでの神の経綸について、

(11)　第二二章――国祖ご隠退のご因縁とご再現について、

(12)　第二三章黄金の大橋――国祖大神が地上に最初に開かれた神都地の高天原、竜宮城の状況について、

(13)　第二四章神世開基《ヨハネ》と神息統合《キリスト》――大本神諭に示された二度目の岩戸開きに際しての神界における主なる神々の神業について、（国常立尊、厳の御魂、変性男子、豊雲野尊、キリストの御魂、乙米姫命、日の出の神、金勝要神、瑞の御魂）

(14)　第二四章――盤古大神の系統による神都地の高天原占領のための第一戦、第二五章には盤古系による神都占領のための第二戦について、

(15)　第二六章～第三〇章――世界各地における地の高天原の神軍と魔軍との戦いについて、

(16) 第三一章――天使大八洲彦命は天教山（富士山）に拠り、魔軍稲山彦は天保山によって戦ったが、国常立尊の雄健びによって、富士山が雲表に突出し、日本国土が九山八海の霊地となる神業について、
(17) 第三二章三個の宝珠――大八洲彦命が三ツの御魂大神としての神名を得る経緯について、
(18) 第三三章〜第三四章――エデンとシナイ山の戦闘について、
(19) 第三五章――一輪の秘密、第三六章――一輪の仕組の真意義について、
(20) 第三七章顕国の御玉――素盞嗚尊の御神体である最も尊い神宝について、
(21) 第三八章黄金水の精――人類の霊魂の基本となる十二の玉について、
(22) 黄金水の十二の玉のうち第三九章に白玉、第四〇章に黒玉、第四一章には紫の玉（芳彦）、黄金の玉（神彦）についで倉高、杉生彦、猿彦の玉が奪われた経緯について、
(23) 第四三章丹頂の鶴――鶴若の赤玉、第四四章緑毛の亀――亀彦の緑の玉、第四五章――時彦の黄玉が、邪神竹熊に奪取される様子について、
(24) 第四六章一島の一松――森鷹彦と高杉別が竹熊に偽玉を献じて安心させ、森鷹彦は玉を大八洲彦命に献じ、高杉別は従臣杉高に命じてサルジニヤの一つ島に秘したことについて、
(25) 第四七章エデン城塞陥落、第四八章鬼熊の終焉、第四九章バイカル湖の出現、第五〇章死海の出現には、黄金世界の実現の邪魔をした邪神が滅亡する状況をのべ、竹熊の奪った十個の宝玉と二個の偽玉が世界国家の悪の根元となった経緯がのべられている。
(26) 附記――霊界物語拝読の心得について、教示されている。

特　徴

○第一巻は物語全八十一巻八十三冊の精髄であること。
○出口聖師は秘密とは必ず示すということであるが霊界物語の内容については、「開祖にも秘密にしていた」と語られた程である。大神様と開祖の神霊の請求によって、大正十年旧九月八日（新十月八日）神命により神々と人類の世界にたいし、初めて発表された最後の光明艮《とどめ》となる神教である。
○従って物語第一巻には、秘密は必ず示すために全巻の精髄が発表されている。特に序文から第二四章までには全巻の大精神がのべられている。表現の方法は、過去、現在、未来を一貫し顕幽をこえた方法をとってある。
○全八十三冊分の総論的要約であるために、のちの霊界物語

の詳述のものとは、多少相違するところもある。
○大本教理の大要として宇宙観、人生観については、第二〇章日地月の発生、第二一章大地の修理固成がある。
○大本の神の経綸としては、第二二章国祖御隠退の御因縁、第一八章霊界の情勢、第二三章黄金の大橋、第二四章ヨハネとキリストがある。
○神の経綸の聖地たる日本国の誕生については、第三一章九山八海に、
○国祖の輔佐神たる豊雲野尊の神徳がひめられた高砂沖の神島に相応する霊島については、第四六章一島の一松に示されている。
○聖師が「一二三四五つの巻の物語しづ心なく読むぞ嘆てき」と示された通り第一巻から第五巻までに真髄を示されてある。
○神教は第一回は序文から第二四章まで、第二回は第一巻第二四章末尾から第五巻まで、第三回は第六巻から第十二巻まで、第四回は第十三巻から第七十二巻まで繰返して教示されている。
○物語七十二巻までは現界の天地剖判、宇宙創造を中心にのべられてあるが、天祥地瑞の全九巻は霊界即ち幽の幽の神界の宇宙創造の物語である。従って、物語七十二巻は天祥地瑞全九巻に教示されたことを原則とし艮《はじ》め艮《とど》めとして、地球上にミロクの神世を実現することとなるわけである。以上の観点から見て物語第一巻は霊界物語全巻の骨子を示してあるといえる。

讃美歌（一）

国々にわがあみおきし物語の言霊ひびく世とはなりけり
こまごまと真理を説きし神の書《ふみ》拝読するたび開く神国
物語聞くたび毎にわが胸は蓮《はちす》の薫る心地こそすれ
わが胸の曇りを払ふ物語読む人こそは神の御使
村肝の心の塵を払はむと暇あるごとに物語読む
物語読むたびごとに根の国も高天原の心地するなり
何事も神の御教に任すこそ罪を清むる便りなりけり
ヒマラヤの山より高き御教は高天原に昇るかけはし
心より神の教を悟らずば誠の道のいかでひらけむ

霊主体従　丑の巻

第2巻

口述場所　綾部並松＝松雲閣
口述日時　大正10年10月26日～31日、11月1日～4日、6日、8日、9日
（十三日間）
筆　録　者　外山豊二、加藤明子、桜井重雄、谷口清治
初版発行　大正11年1月27日
著者最終校正　昭和　年　月　日

目　次

登場神・人

〈地の高天原、竜宮城〉国治立命（国常立尊）、豊国姫命（豊雲野尊）、天使稚桜姫命、天使大八洲彦命、真澄姫、大足彦、花照姫、言霊別命（真の美山彦）、言霊姫（真の国照姫）、神国別命、佐倉姫、竜代姫、天稚彦、天使天道別命、天使天真道彦命、岩高彦、斎代彦、斎代姫、元照彦、道貫彦、若豊彦

〈十六神将〉真鉄彦、谷川彦、谷山彦、宮比彦、康代彦、真言彦、奥山彦、磐樟彦、広足彦、神座彦、香川彦、花照彦、大足彦、道貫彦、吾妻別、花森彦

〈高砂島〉真道彦命、奇八玉、武清別

〈常世城〉盤古大神塩長彦、八王大神常世彦、常世姫、大自在天大国彦、鬼雲彦

〈鬼城山〉偽美山彦（竹熊の再来棒振彦）、偽国照姫（木常姫の再来高虎姫）、武熊別、杵築姫、鬼猛彦、清熊、猿世彦、駒山彦

〈シナイ山〉八島別、元照彦、梅若彦

〈紅の館〉美濃彦、立熊別、港彦

〈高白山〉荒熊彦、荒熊姫、清照彦

〈乙女の天使〉絹子姫

〈神使〉高照姫命

〈太白星の玉〉生代姫命、鶴若、大森別

〈醜女〉藤姫、八百姫、数子姫、唐子姫

梗　概

本巻は国常立尊（国治立尊）の地の高天原の御神政を確立するために太白星の玉を奉斎したシオン山を守護される神戦鬼闘の物語である。

(1)　序文には(イ)霊界物語は出口聖師が高熊山と自宅における霊界体験記であること、(ロ)シオン山の神戦と天地の律法制定、(ハ)大本の初発の神諭の真解、(ニ)物語の口述発表は神示によることを明示され、

(2)　総説には神々の御服装、正神界、眷族界、邪神界にわたり、特に霊衣についても述べてある。

中心となる神——大国治立尊と国治立尊。神祖系の神人、国大立命（素盞嗚尊）、稚桜姫命のこと。人祖系の天足彦、胞場姫のこと。盤古大神塩長彦、大自在天神大国彦、八王大神常世彦、常世姫のこと。

(3)　第一章——国祖の神政をくつがえして盤古の神政にしようとした棒振彦、高虎姫は、神々の世界経綸の主要地点シオン山を占領すれば勝利を得ることを覚り、シオン山攻略の軍備をととのえつつあった。

その消息を窺い知った斎代彦は、ひそかに天使大八洲彦命に報告した。天使は十六神将をして神軍を督し、シオン山へ逸早く出陣せしめられ、シオン山の要所々を固めしめられた。なお、山頂の中央なる顕国の御玉の出現せし聖跡には、荘厳無比の神宮を建設し天神地祇を祀り、宮比彦をしてこれに奉仕せしめられた。

稚桜姫命は深く慮り、神玉の精霊を秘めおかれたシナイ山を、八島別を主将として八神将を副えてこれを守護せしめられた。

シオン山およびシナイ山の彼我の勝敗は、神界経綸上に一大影響を及ぼすべき重要なる地点である。ゆえに、敵も味方も千変万化の秘術をつくして戦うこととなる。

(4)　第二章、第三章——棒振彦と木常姫は、信望高き美山彦命、国照姫と偽名してロッキー山にあらわれ、正しき神々を欺き、わが勢力を集めようとしたが、真の美山彦命が大八洲彦命とともに現われたため、その策謀は破れた。しかも、美山彦命がわが姿と従神の形を岩で作りロッキー山の城塞に立ておいた石像から、常に火を発して棒振彦の魔軍を滅茶々々になやましたので、棒振彦はロッキー山を捨て、鬼城山の高虎姫の陣営に退却した。

(5)　第四章——芙蓉山を守護していた大足彦は、木花姫命の授けられた国の真澄の鏡の神力により、万寿山を占領していた邪神の陰謀を祓い除いた。

(6)　第五章、第六章——稚桜姫命の命により美山彦命は言霊別命、妻の国照姫は言霊姫と改名した。言霊別命は天使大八洲彦命の命により、地の高天原に神柱をあつめて、神政の基礎を固めるために、長白山からは神国別命、佐倉姫を、オコ

ック海方面からは岩高彦、滝津彦と天降った天使天道別命（後のモーゼの神）、天使天真道彦命（後のエリヤの神）を迎えて聖地へ帰られ、大神の神慮をあまねく天上天下に拡充された。

(7) 第七章――稚桜姫命、大八洲彦命、真澄姫、木花姫命は高砂島の新高山に下り、正神を集め神界の経綸を教示される。神神は御神宝となる玉を献上した。一行は木花姫命の天の真澄の鏡により邪神の妨害をのぞき、無事聖地へ帰還せらる。

(8) 第八章――常世国から聖地へ参上した武豊彦は神業に参加し、鬼雲彦は神国別命の信望をねたんで鬼城山に去り、清熊は聖地をはなれて偽美山彦の魔軍の参謀役となる。

(9) 第九章から第一四章――言霊別命はタコマ山では毒殺されむとし、ヨルダン河では土舟で水死させられんとし、さらに蜂の室屋に投じられたが、国祖の守護によって救われた。竜宮城では水星の精なる霊石のために稚桜姫命が負傷される。

(10) 第一五章――言霊別命の弟、元照彦は伊吹山における邪神の奸策により負傷したが、神の大恩をさとりここに始めて地の高天原の神業に参加する。

(11) 第一六章――言霊別命の活動。第一七章――佐賀姫の義死によって言霊別命が救われる。第一八章――言霊別命は邪神の反間苦肉の策で苦戦され、第一九章――ローマ城をすてて聖地へ引きあげられる。

(12) 第二〇章――言霊別命は策謀により聖地より追放されんとするのを神国別命の奇智で救われる。

(13) 第二一章から第二七章――言霊別命は常世国へ使いして毒害されようとするのを、竜代姫の奇智と元照彦の配慮によって救い出され、美濃彦に守られて北米大陸で活躍される。

(14) 第二八章から第三三章――言霊別命はアラスカの高白山における神政を助ける乙女の天使を妻と誤解され、無理じいに自身は聖地へ帰城させられ、あとは元照彦が治める。

(15) 第三四章――言霊別命の命により、村幸彦はペテロから義神道貴彦命を迎え帰った。

(16) 第三五章――常世の国から聖地へのぼった若豊彦は、天の高天原から高照姫命を迎え帰った。姫命は稚桜姫命に神慮を伝え南高山の神宝を言霊別命に授けて天上に帰られる。

(17) 第三六章から第三八章――長高山の清照彦は神命により高白山の両親をせめたが、忠孝両全を感賞されて高白山の主宰となり、両親は長白山の主宰に任ぜられる。

(18) 第三九章――鶴若の至誠は太白星の生代姫神に通じて十二の玉をさずけられ大森別にたすけられて聖地にこれを献じた。大八洲彦命は神国守護の玉としてシオン山の顕国の御玉の聖跡に宮殿を造営して安置された。邪神らはシオン山の霊地を奪い十二の宝玉を奪取し聖地を占領せんと、シオン山に驀進した。かくていよいよシオン山の戦闘は開始される。

(19)　第四〇章から第四三章――美山彦（竹熊）、国照姫（高虎姫）、武熊別の襲撃にもかかわらず、シオン山は大八洲彦命の機略縦横の戦略によって、神将はますます勇気を増し、魔軍は退却するのやむなき苦境に陥った。常世姫が唐子姫を竜宮城内に入れると、花森彦は精神を奪われ唐子姫と壇山に隠れ、仮夫婦の生活をつづけた。花森彦の妻桜木姫は発狂して言霊別命に抱きついたのを奇貨とし、常世姫の進言によって、言霊別命は稚桜姫命の厳命で追放される。稚桜姫命は天の稚彦を壇山に向わしめ、花森彦を迎え帰らしめんとされた。花森彦は迷夢をさまし帰還したが、天稚彦は唐子姫にみせられ山奥深く隠遁した。

(20)　第四四章――言霊別命の境遇に同情した数多の神司は万寿山に馳せ集まる。竜宮城は常世姫のため陥落し、稚桜姫命は神国別命以下の神将とともに万寿山に逃れられる。この時、軍神紅葉別が神業に参加し万寿山の主将となった。シオン山の総大将大八洲彦命は、大足彦の国の真澄の鏡で敵軍を射照らして追いちらし、宮比彦らに守らせられる。大八洲彦命はただちに聖地回復戦を試み、聖地はふたたび神軍の手に返った。稚桜姫命は言霊別命、吾妻別らを率いて竜宮城に帰還される。万寿山は鷹松別、有国別ら諸神将に守備せしめた。

(21)　第四五章から第四六章――国治立命、豊国姫命は天使天道別命とともに天地の律法を制定され、天の大神の許しをうけて天上天下に施行した。これの実行により聖地には黄金時代が実現した。やがて稚桜姫命と天雅彦は律法に違反され幽界に下られた。

(22)　第四七章から第四八章――常世姫は八頭八尾の大蛇とともに全世界の邪神らへ号令すると、世界は大混乱の状態に陥り、天災地変が続発した。地の高天原の国治立命は大八洲彦命に命じて、天地の法律を芭蕉の葉に記し、世界各地に撒布されたが、一柱とて用いる者はなかった。天の高天原からは神使高照姫命が聖慮を伝達され、国祖は謹んで奉答された。言霊別命の提唱により律法の審議の結果、花森彦は再婚をゆるされた。天上より国直姫命が降られ、稚桜姫命の天職を継ぎ地の高天原を治められることとなる。

(23)　第四九章から第五〇章――常世姫の暴動に世界は大混乱に陥り策の施すところなく、改心した八王大神常世彦は、聖地にのぼり国祖大神の聖慮を仰いだが、妻常世姫の魔言に動かされて再び悪心にもどり聖地へ反抗することとなる。

特徴

○天使大八洲彦命が世界経綸の主要地点シオン山を神護により完全に守護され、聖地を回復し本然の姿に立直された。

○国祖大神がミロク神政の根本原理「天地の律法」を制定され、宇宙間に宣布されることとなる。

霊主体従　寅の巻

第3巻

口述場所　亀岡天恩郷＝瑞祥閣、綾部＝竜宮館
口述日時　大正10年11月12日～18日、20日、28日、29日、12月6日～10日、11年1月3日（十五日間）
筆録者　外山豊二、加藤明子、桜井重雄、其他数名
初版発行　大正11年3月3日
著者最終校正　昭和10年1月19日早朝　於宮崎市神田橋旅館

目次

登場神・人

〈地の高天原〉国治立命、豊国姫命、天使大八洲彦命、天使国直姫命、天使天道別命、天使天真道彦命

〈十六天使〉天使長大八洲彦命、言霊別命、神国別命、大足彦、花森彦、磐樟彦、元照別、道貫彦、貴治彦、有国彦、真鉄彦、磐玉彦、斎代彦、吾妻別、神澄彦、高山彦

〈第二代天使長〉高照姫命、天使・言霊姫、真澄姫、竜代姫

〈第三代天使長〉沢田彦命、天使・真心彦

〈第四代天使長〉広宗彦命、天使・行成彦

〈新高山〉八王花森彦、八頭高国別、高国姫、玉手姫

〈万寿山〉八王磐樟彦、八頭瑞穂別、（霊鷲山）三ツ葉彦命、

〈玉の井の宮〉東雲別命、白雲別命、青雲別命、真道姫

〈ロッキー山〉八王言代別、八頭足代彦
〈鬼城山〉八王真鉄彦、八頭元照彦、美山彦、国照姫、村幸彦
〈長白山〉八王有国彦、八頭磐長彦、磐長姫、玉代姫
〈青雲山〉八王神澄彦、八頭吾妻彦、玉守彦、玉守姫
〈ヒマラヤ山〉八王高山彦、八頭ヒマラヤ彦、玉国別、国香姫
〈天山〉八王斎代彦、八頭谷山彦、国代彦、国代姫
〈崑崙山〉八王磐玉彦、八頭大島別
〈タコマ山〉八王吾妻別、八頭国玉別、月世姫、日の出彦
〈モスコー〉八王道貫彦、八頭夕日別、夕照姫、夕凪姫
〈ローマ〉八王元照彦、八頭朝照彦、水口別、大依別
〈常世国〉八王大神常世彦、常世姫、山口別

梗　概

本巻は太古の国祖の神政の内容、指導原理、施政方針、国家の機構、組織を最も明確に示されている。

(1)　序文——神諭の「明治五十五年三月三日、五月五日は女子に取りて結構なお日柄」とあるは、霊界物語の発表により、神慮が明らかになる意味であること、また物語中の大自在天大国彦命の意義と皇祖神の御心とが比較説明してある。

総説——天の三体の大神は邪神の暴逆によって惨状目もあてられぬ光景となりしを座視するに忍びず、ここに末法濁世を短縮して再び国治立命に出現を命じたまい、完全無欠の理想の神世を出現されようとする次第を略述し、読者に対して、「霊主体従の身魂に立ちかえり、世界万国のために弥勒の神業に奉仕されむことを懇望する」とのべられている。

(2)　第一章神々の任命——国祖神政の神立憲法であり指導原理である天地の律法を制定され、その律法を宇宙間に宣伝する十六天使を任命された経緯について述べられている。

(3)　第二章以下——世界統治の方法として、国治立命はシオン山に鎮祭されていた十二の玉を世界の各地に配置し、もって国魂の神となし、八頭神（守護職）十二柱を任命し、律法宣伝の天使の中から十二柱をえらんで八王神（主権者）として配置された。世界が十二の地域にわけて治められることとなる。

(4)　十二の国玉は、新高山、鬼城山、長白山、万寿山、青雲山、ヒマラヤ山、天山、コンロン山、タコマ山、モスコー、ローマ、ロッキー山にそれぞれ奉斎された。

(5)　二度目の岩戸開きの神業経綸地万寿山には磐樟彦が八王神となり、霊鷲山、玉の井の郷とならんで、三つ星の如く、万代不動の神政を実施して、天運循環のミロクの神政にそなえた。

(6)　またローマの聖都へは山口別を先頭に八王大神常世彦を

首領とする邪神が全力を尽して攻め寄せた。八王神元照別らは地の高天原に救援を請う。

大足彦は道貴彦を副としてローマに入り、十二の八王神と神軍を集めて魔軍に対抗した。世界各地の国魂の守護は一時、八頭神に委任した。小康を得たローマの聖都は八王神の心ゆるみて同志打ちを始める処へ、魔軍は醜女を放ち内部崩壊をはかる。内紛は激烈となり、大足彦、道貴彦も鎮定する手段を失う。

その間に、大国彦、常世彦両派の魔軍は八頭を使嗾し、各地の八頭神をして、八王神に反旗をかかげしめ、独立を計ることとなった。これが世界の国々分立割拠の端緒である。ローマ城は内紛に加えて、山口別らの総攻撃に支えがたき状態に陥り、大足彦はひそかに帰還し、国直姫命に進言した。そこへ常世姫があらわれ、守備の粗漏さを罵倒し、大足彦の排除を進言した。国直姫命は解決を与えず、天へ上られた。

(7) 言霊別命は急拠ローマへ入城し、八王神と城内の諸神を統一した。この積極的行動に魔軍は退却し、包囲監視する。

竜宮城は国直姫命の昇天の後、常世姫の横暴のため諸神が散乱したすきに大国彦の従臣が襲来し大足彦をとらえて帰陣した。地の高天原の大八洲彦命、真澄姫、言霊姫らの部将は魔軍に一指をもつけさせなかった。

一度破れた常世彦は大国彦の力を借りローマに攻め寄せた。万寿山城をのぞく八王神の神軍は散乱し、言霊別命は力戦苦闘空しくとらえられ、常世の国へ送られることとなる。

(8) モスコーの侍従長大道別命は、春日姫に化けた悪狐を一刀のもとに平らげ、血の一滴が体内に入り発狂した。

(9) 第九篇＝隠神の活動――大道別命は南高山の谷間で全快し、荒河の宮の邪神を平らげ、国直姫命の神命により道彦となのり、邪神の隠謀を調査し国祖の大神に報告する神業に従事されることとなる。八島姫は命の話をきき、改心して、この神業に参加する。道彦には白狐の高倉、八島姫には白狐の旭が守護することとなった。

道彦、八島姫はシベリアの長高山に入り清照彦、末世姫を救い、さらにアラスカの高白山にすすみ、荒熊別、荒熊姫の館に寄寓する玉照彦と名のる言霊別命の危難をすくった。

八島姫はスペリオル湖上の船中で、南高山の従臣玉純彦に帰山をすすめられたが、白狐の身代わりにのがれ常世城に入り常世姫の侍女となり、道彦は八王大神の給仕役となって、すべての計画を探知することを得た。

(10) 第一〇篇＝神政の破壊――天使長大八洲彦命は国直姫命の神霊の御加護をうけるために、天の原に国の広宮を造営したが、審神《サニハ》の神徳顕著のために大国彦、常世彦の魔軍によって破壊された。

言霊別命は常世の国おくりの途中言代別に救われ、緑毛の大亀にのり大足彦とともに突然竜宮城へ帰城した。

⑾　美山彦らは大国彦に内通し、八十枉津である総ての悪の言論機関と探女《スパイ》を世界中に配置し、言霊別命、大足彦の悪評を宣伝せしめ、世界各地の八王神、指導層を籠絡することにした。

ここで八王、八頭神は奸策に陥り常世城に集り、一大団結力をつくって地の高天原の大八洲彦命を排除することに賛成した。大八洲彦命は、使者をしてその誤りを警告されたが、常世彦は一言にはねつけた。

万寿山の八王神磐樟彦の一派と天山の八王神斎代彦の一派は、上下一致、神政を支援していた。

八王大神常世彦は十王、十頭を操縦し、あまたの魔軍と磐船に乗りて聖地を火弾、毒弾で爆撃した。大八洲彦命、神国別命、大足彦、八島別は防戦したが進退これきわまり、国祖大神の御許しなきまま、破軍の剣を使用された。敵の磐船は一隻も残らず墜落し、敵の大半は滅亡した。たちまち聖地は大風雨によって清められる。

ここに美山彦らが国祖大神に御処置を申請すると、涙を隠して大八洲彦命、言霊別命、神国別命、大足彦の四天使の聖地退去を宣示された。四神将は万寿山城に蟄居を命ぜられた。この四神将は国大立命（素盞嗚尊）の四魂である。

⑿　第四四章＝可賀天下――第二代目の天使長は高照姫命に、天使は言霊姫、真澄姫、竜世姫に任じられた。

神々の心気一転によって世界の八王神は高照姫命の幕下となり目出度く帰順し、聖地の神政は全く復活した。

天使長は八王、八頭を率いて、天地の律法をあまねく世界に宣伝し、世界中に天津祝詞の声充満し、天下泰平、国土安穏に、実に完全無欠の神世を現出し、世界の神人から可賀天下を賞揚する聖代となった。

これは顕国の御玉の神霊の発動と、大八洲彦命以下の三天使専念の祈念による素盞嗚大神の精霊体の御活動の結果、聖地聖域の霊徳を発揮されしによれるものであった。

やがて新天使は神霊の御加護を忘れ、天地の律法を軽視したため神徳おとろえ、可賀天下の神政を呪う神々が勃発する形勢となった。

ここに八王大神常世彦と大国彦は、八王、八頭に邪霊を憑依せしめ、魔軍となって聖地を襲った。

天使長は神勅を無視して応戦し、言霊姫命が破軍の剣を使用されると、敵の将卒は滅亡し、のこりは西天遠く姿を没した。

東北の強風突如吹きおこり、聖地聖域を倒潰し洪水氾濫した。またもや美山彦らの申請により、国祖大神は四柱の姫神の聖職を免じ、改心のためエデンの園に篭居を厳命される。四柱の聖地退去によって、聖地は静寂に帰った。この四柱は大地の霊魂である金勝要神の四魂である。

(13) 第四五章～第四七章、第四九章——第三代の天使長の任命は沢田彦命に降り、妻沢田姫命を補佐神となし、天使は真《う》心《ら》彦、妻は事足姫。沢田彦命の従臣八雲彦、八雲姫を抜擢され、真心彦には国比古、国比女、百照彦を従臣とした。しかし、真心彦が辞任して自刃したことにより、聖地の神政は混乱をきわめたが、沢田彦命は妻の諫言をきき入れず、三子をつれて天上に帰ってしまった。

(14) 第四代の天使長の任命は真心彦の長子広宗彦命に降り、天使に次子行成彦が任じられた。仁慈にとめる広宗彦命の神政は空前絶後の聖代と称せられた。

(15) ところが、広宗彦命は母事足姫の後添の夫春永彦との間に生まれた桃上彦を神政に参加させた。桃上彦は不貞の血に生まれたため次第に悪化し、常世姫と連絡して地の高天原の神政をくつがえし、天地の律法を破壊することとなる。

(16) 第五〇章の安息日には、大六合常立尊による大宇宙の創造について、神示にもとづき言霊の上から、また聖書や仏典の上から説示されている。

(17) あとがき——盤古大神は体主霊従（われよし）、国常立命は霊主体従（ひのもと）、大自在天は力主体霊（つよいものがち）と示されている。

特　徴

○国祖大神の神政の経綸が明確に示されている。トルコのエルズルムに神都をさだめ、神界の憲法である「天地の律法」を制定し律法宣布の天使として十六柱を任命された。

施政方針は霊主体従に則り、統治の方法として、世界の主要地点に太白星の十二の玉が配置されて国魂の神とさだめられ、国魂の守護職八頭神を任命された。主権神としては十六天使の中から十二柱（八王神）を派遣された。

○君主的神政の経綸も、タコマ山では国魂が二つ祭られていたので、国土を二分して八頭神と八王神がそれぞれの主宰神となり民主的神政の端がひらかれた。

○ローマの聖都における大戦争の間に、八頭神が独立することとなり、世界分立の端が開かれた。

○二度目の岩戸開き、神政成就の経綸地として神定された万寿山、霊鷲山の内容については特に注目すべきである。

○天使長、天使の更迭は世界の指導者の更迭に相応している。

○夫婦の大道はミロクの神代の基礎であり、神柱養成の土台である。

霊主体従　卯の巻

第4巻

口述場所　亀岡天恩郷＝瑞祥閣
口述日時　大正10年12月15日～29日
筆 録 者　外山豊二、加藤明子、桜井重雄、其他
初版発行　大正11年3月30日
著者最終校正　昭和10年1月23日

目次

登場神・人

〈天の高天原〉天の御三体の大神
〈地の高天原〉日天使国治立命、月天使豊国姫命、天使天道別命、天使天真道彦命
〈四代目天使長〉広宗彦命、天使・行成彦、事足姫、猿田姫、出雲姫
〈五代目天使長〉桃上彦命、天使・竜山別、天使・百猛彦、天使・八十猛彦、天使・鷹住別
〈霊鷲山〉大八洲彦命、言霊別命、神国別命、大足彦
〈エデンの園〉高照姫命、真澄姫、言霊姫、竜代姫
〈常世城〉盤古大神、八王大神常世彦、常世姫、美山彦、国照姫、春日姫、八島姫、大道別命
〈大自在天神系〉大国彦命、大鷹別
〈世界の各山各地〉八王神、八頭神
〈大江山〉鬼武彦

梗　概

本巻は序に「神典に国常立命、豊雲野命は独神《すに》成坐《なりまし》て隠身《すみきり》也とあるは、実に無限の意味の含まれあるなり」とあるごとく、国祖大神御隠退の真相を示されてある。

総説には、常世会議における神人等の大議論は、神の意志を表白するために、言霊の神器を極力応用されし由をのべてあ

る。

(1)　第一章――天使長に広宗彦命が任命されるや、常世の国の常世彦は、世界の八王八頭を常世城に召集し、神々を正邪の論なく、智愚に関せず一所に集めて、八王八頭の連合を図った。また一方には自在天大国彦と内々協議を遂げおき、世界神人の国魂会議を開こうとした。

八王大神側、大自在天神側をはじめ、十二の八王八頭や世界各山各地の神司は、万寿山の磐樟彦、瑞穂別が国祖の神勅によって参加しなかったほかは、全部出席することとなる。

(2)　地の高天原の神政は沢田彦命の還天以来混乱紛糾するのを広宗彦命、母の事足姫や猿田姫、出雲姫の奮闘的至誠の力により、瓦解を免れた。

ここに突然、常世の国より世界国魂会議に地の高天原よりの使者の派遣を通告してきた。広宗彦命は欣喜雀躍して、大集会の神前会議を開いた。事足姫は出席大反対を主張した。広宗彦命は大道別の密使鷹依別の密書を読み、決心の臍をかためて出席を宣示した。弟行成彦は猿田姫、出雲姫その他の従者を引連れ、常世の使者とともに、天の磐船で出発した。

(3)　常世の国の首府常世城内の大広間において、世界の八王、八頭の神司をはじめ、あまたの使者を集めた大会議は開催された。

常世彦は会の主催者として世界平和のための開会を宣する。

ここに大鷹彦、美山彦は常世彦の主張である「道義的の世界統一のために武器の脱却と主権者八王の撤廃」を提唱した。神人らは呆然とする。

タコマ山の八頭・国玉別は口をきわめて讃歎した。

行成彦は、武備の撤廃には双手をあげて賛成し、八王の廃止は神界大神の規定に反するものと主張し、憤然として降壇した。八王大神は烈火のごとく憤り、行成彦の退場を要求したが、奇怪なることのみ続出して、第一回の会議は混乱紛糾の中に幕を閉じた。

(4)　第七章――第二回の会議には中央の高座に常世姫が春日姫八島姫と登壇して、「神界永遠の平和のために、本会議の目的を完全に達成せしめられむことを」とのべた。ついで春日姫や父の道貫彦が登壇し、常世彦に全面的賛成をのべると、何処ともなく、「常世彦の奸策に陥るな」と呶鳴るものがあるなど、又もや奇怪なことのみ続出して、諸神人が気がつくと泥田の中に坐っていた。

(5)　第三回の会議には二回まで怪事百出したのに大反省し、宇宙の大元霊を奉斎して会議を開くこととなる。

常世彦も国祖の地位を奪わんとする大陰謀のみは断念したが、天使長たらんとの目的のみは夢寐《むび》にも忘れなかった。

常世彦は、「神助のもとに会議を開かむ」とのべ、大鷹別はまたもや二大提案を急速に決議することを主張した。

天山の八王神斎代彦《ときよ》はこれを酷評し大々的反対を行なった。これに妨害し攻撃を加えんとした八十枉彦、蚊取別、広依別は失敗を演じるなど第三日目の会議もうやむやに終ってしまった。

(6) 第四回目の会議が開かれた。聖地の使神出雲姫は節面白く歌で警告した。常世姫は歌でこれに答えた。森鷹彦は痛快な講演をして警告したが、実は白狐出の鬼武彦の化身であった。聖地の従臣猿田姫は、出雲姫の不徳を補うために歌をもって言論にかえた。これによって、八王、八頭や従臣らは本心に立ち帰った。八王大神は大勢を知り、大演説をうち天晴れ長者の態度を示した。その敵本主義の講演に八王神たちは自ら職責を辞任すべきところまで追い込まれた。折しも、突然、常世彦は発病し壇上に打ち倒れた。

(7) 第二二章——常世姫は、常世彦と分厘の差もなき道彦に八王大神の冠を戴かせ、正服を着用せしめて身代りとする苦策を企てた。八王大神に扮した道彦は、モスコーの道貫彦と南高山の大島別や玉純彦に真相を物語り、すべての計画を打ち合わせた。

(8) 八王大神の病気が全快したとして、会議は続行することとなる。行成彦は、常世会議と常世彦の主張を讃美した。長白山の有国彦についでヒマラヤ山の高山彦は、「八王一致団結して各自の中より主宰者を選出し、もって国祖の聖慮に叶へる神政を顕彰し、国治立命の管理のもとに服従し、誠心誠意帰順の実を挙ぐるにしかずと思ふ」と述べ、満場の拍手と賛成を得た。行成彦の提案により、八王の撤廃は否決され、八王大神をもって八王神の総統者となし地の高天原に直属し、柔順に国祖の神命に奉仕すべきことを決定した。ついで行成彦の提案によって武装撤廃を常世城から実行することとなる。病床の八王大神が会場に来て中止を命じたが、道彦の偽八王大神が常世彦を門番の道彦なりと断じ「武装撤回を断行されよ」と命じたので、決行された。この会議における神人各自の武器の廃止は、神界のためもっとも尊重すべき大事業であった。

(9) 常世姫はすばやく地の高天原にのぼり桃上彦と談合し、広宗彦命や行成彦を失脚せしめんとした。天使長広宗彦命に面会した常世姫は、常世会議において行成彦や聖地の使臣ら一行が、権謀術数のみを事とし神格を傷つけたと申しのべた。そこへ行成彦一行が帰城した。常世姫は国祖の大前に虚実こもごも進言した。国祖の顔色にわかに一変し、一言のあいさつもなく奥の一室に入り給うた。

⑽　国祖の大前に広宗彦命、事足姫、行成彦が参上すると、国祖の大神の両側に常世彦、常世姫が侍していた。大道別が伺候すると、国祖大神は落涙しながら天則違反の旨を宣示された。大道別は御前を退出し、竜宮海に投身した。国祖はその和魂、幸魂に琴比良別の神、荒魂、奇魂に日の出の神と名を賜うた。

ここに広宗彦命は国祖の御心情を拝察し、責を負うて天使長の聖職を辞し、弟の桃上彦に譲った。

このとき、鬼武彦は国祖の大前に進言すると、「汝らの心に問えよ」とたしなめられた。この時の鬼武彦の失言が、のちに御隠退の証しとなった。

⑾　第三三章――広宗彦、行成彦の退任と桃上彦の天使長就任にあたり、国祖の大神は至仁至愛の万有愛を示された。

⑿　第三四章、第三五章――国祖は桃上彦を天使長に、竜山別、八十猛彦、百猛彦、鷹住別を天使に任じ、常世姫を竜宮城の主管者となし、常世彦は天使八王神となって常世城に帰り神政に奉仕し、八王八頭は天使長桃上彦の指揮に従うべしと宣示された。

桃上彦命の慈愛にとめる神政に、聖地はふたたび隆盛をきわめた。その後、桃上彦命は神政に倦怠の気運を生じ、自由放埒の所業多く、国祖大神の大御心を忘却し、各山各地の神司らの信望を失墜し、政令おこなわれず、ついに地の高天原の神政を破壊し、衰亡の悲境に陥らしめた。

各山各地の八王はふたたび常世城に集まり、聖地の回復を凝議することとなった。

常世彦は神人の集える大会議場に出席し、八頭八尾の大蛇と六面八臂の鬼の霊の声を大国治立命および外一神の宣示と信じ、諸神人に告げ決心を促した。

数多の八王は常世彦の言を聞いて、賛成した。常世彦は八王とともに天の磐樟船に乗り、聖地エルサレムに安着した。

桃上彦命は国祖大神より責任を問われ、骸骨を乞うた。

⒀　桃上彦の退任により、聖地高天原は四分五裂の惨状を呈するに到り、各山各地の八王八頭をはじめ世界中の神々は残らず聖地に集まった。

元来、国治立命を元祖といただく神人たちであるから、危急存亡の場合、たがいに謙譲の徳を発揮し、惟神の本心に立復り、大神に対し報本反始の実を挙げむとの誠意を顕わした。

⒁　第三七章――聖地エルサレムは統率者を失ったので、まず国祖大神の御前に常世彦が神慮を奉伺すると、国祖はただ一言「常世彦をもって天使長に任ず」と仰せられた。

地上の神界は国祖大神の公明正大な英断的聖慮によって、神人の罪は赦され、大八洲彦命、高照姫命らも国祖大神の侍者として奥殿に奉仕された。

常世彦命は天使長の職に就いた。天地開闢以来、未曽有の盛典で、諸神人一斉に祝う声は壮絶快絶であった。

八頭八尾の大蛇は竜宮海の竜王となって海底にひそみ時を待ったが、天使長の身魂を犯すことは容易でなかったので、常世姫の身魂をおかすこととなった。常世姫は十二カ月を経て男子を産み高月彦と命名した。ついで十六カ月を経て女子を生み初花姫と命名した。つぎに橄欖山にあそび無花果をたべ忽ち女児をうみ五月姫と名づけた。五月姫は初花姫と瓜二つであった。


あるとき常世彦命が竜宮海に舟をうかべ酒宴中に、大蛇は姿を現わし、面前で高月彦と化けてしまった。

聖地は天使長常世彦命のもと高月彦が成長し、父をたすけて、天使長の声望天下にとどろき、その善政を謳歌し、一時は実に天下泰平の祥代となった。

二人の高月彦は親の目よりも真偽判明せず、やむを得ず二人を立てていた。この事実は神界一般に拡まり、世界の神々は聖地の神政に不安と疑念をいだくに到った。常世彦命はこの判断に苦しみ発病し、ついに大往生をとげた。

常世彦命の昇天の報に接して世界の神々は蝟集し、後任者の確定をはかった。奇怪な事件続出しながら、高月彦、初花姫が父母の後任となり、両親の名を襲名した。


⒂　第四一章〜第四五章――天使長に就任した二世常世彦は八頭八尾の大蛇に、二世常世姫は金毛九尾の悪狐に憑依されて、次第に悪化した。天使長にならって世界の八王、八頭や妻神は邪神の容器となって常世彦に頤使された。

常世彦は吾が目的とする八王大神の称号を国祖大神に迫ってこれを獲得し、盤古大神を首長と仰いで国祖の位置に就かしめようと内々準備をととのえ、諸神人をふたたび常世域に集めて神界改造の相談会を開催した。

美山彦、国照姫は国祖への自決勧告使として聖地にのぼり、国祖の大神にたいし、第一に大八洲彦命以下の神々の追放を強要したが、さすがに、国祖の自発的御隠退については申出ることができなかった。

⒃　八王大神は諸神人の一致的意見を求めて、天上にます御三体の大神に、国祖御退隠の希望を言をつくして奏上した。天上の大神も、祖神は国祖国治立命なれば、緩和的神業神政を地上に施行して国祖執権のもとに諸神人を統一せしめようと焦慮された。なお、大神の御心を奉戴して妻神豊国姫命も努力されたが効果はなかった。
八王大神は天上に上り、日の大神へ奏上した。地上の世界一般の神々も幾回となく天上に上り、国祖大神の御退隠を奏請したので、三体の大神はこれを慰撫し緩和する神策に尽きたまい、天上より三体の大神がお揃いで聖地に降らせたまい、国祖大神をして聖地を退去し根の国に降るべきことを、涙を呑み、以心伝心的に伝えられた。

国祖大神は三体の大神の御心情を察知し、自発的に千座の置戸を負うて退隠せられた。国祖は幽界に降り幽政を視たもうこととなり、国祖の御精霊は地上の神界なる、聖地より東北にあたる日本列島にとどめられた。

豊国姫命は、夫神に殉じて自ら聖地の西南なる島国に退隠され神界を守護された。ここに艮の金神、坤の金神の名称が起こった。天地の律法を制定した天道別命および天真道彦命も八王大神に弾劾されて天使の職を退き、世界の各地を遍歴し、ふたたび身を変じて地上に顕没し、五六七神政の再建を待たれた。

(17) 第四六章〜第五〇章――国祖大神以下の神々の御退隠の地点を明示するために示された神示の宇宙観である。科学者が宇宙一切を物質と見るものとは根本的に相違している。

特徴

○神代における世界平和会議である常世会議の物語。

○地上混乱の根本原因である天地の律法の破壊より国祖大神の御隠退の経緯がのべられている。

○神示の宇宙は霊界の実在を立脚点とした宇宙観であり、霊界物語全巻を一貫した主張である。

讃美歌（二一）

天も地も清め澄まして大本の神の教を布《し》かむとぞ思ふ

厳御魂与へ玉へる恵みこそ生命を守る宝なりけり

苦しみの深き谷間に落ちしとき救ひの綱となるぞこの神書《ふみ》

死の影の暗路に迷ふ時こそは明燈《あかり》とならむこれの神《み》書《ふみ》は

厳の神書《みふみ》瑞の言葉はこの上もなき御救ひの御綱とこそ知れ

暗路ゆく道の燈火渇きたる喉を霑《うる》ほす水の流れよ

御教は厳の生命の糧なるぞいざ諸人よ来たり繙《ひもと》け

かくれたる神勅《みのり》の奥を悟るべく誠の智慧をわかたせ玉へ

霊主体従　辰の巻

第5巻

口述場所　鳥取県因幡岩井温泉＝晃陽館
口述日時　大正11年1月3日～7日、9日～14日
筆 録 者　外山豊二、加藤明子、桜井重雄、其他数名
初版発行　大正11年4月15日
著者最終校正　昭和10年3月20日　瀬戸内海航海中

目　次

登場神・人

〈天教山〉野立彦命（国治立命）、木花姫命、天道別命、天真道彦命、大八洲彦命（月照彦神）、大足彦（足真彦神）、言霊別命（少彦名神）、神国別命（弘子彦神）、国直姫命（国照姫神）、大道別（日の出神）、磐樟彦（磐戸別神）、斎代彦（祝部神）、大島別（太田神）、鬼武彦（大江神）、月日明神（高倉、旭二神合体）

〈地教山〉野立姫命（豊国姫命）、高照姫神、天道姫、天真道姫、真澄姫、純世姫、言霊姫、竜世姫、祝姫、太田姫、磐戸姫、高山彦

〈聖地エルサレム、アーメニヤ〉八王神常世彦（ウラル彦）、常世姫（ウラル姫）、常治彦、玉春姫、竜山別

〈エデンの園、ウラル山〉盤古大神（盤古神王）塩長彦、塩長姫、塩光彦、塩治姫

〈常世城〉常世神王（大国彦）、大鷹別

〈顕恩郷〉南天王（日の出神）、鷹住別、春日姫、蟹若、桃園王

〈サルヂニヤ島〉杉高彦、祝彦

〈モスコー〉道貫彦、鷹住別、春日姫

〈青雲山〉神澄彦、神澄姫、吾妻彦、吾妻姫、玉守彦

〈南高山〉大島別、玉純彦、八島姫

〈聖地エルサレム〉真道知彦、青森彦、梅ケ香彦

〈常世国紅の館〉蓑彦

梗概

序文には霊界物語の前身である著者執筆の五百余巻の物語が焼却されたことを述べられている。

総説――嵐の跡には国祖の御隠退と大本事件とをあわせて述べられ、ことに霊体一致の地上天国の原則が教示されている。また第一巻の天地剖判の篇への補充解説がなされている。

(1) 地上の神界は盤古大神を主宰神と仰ぎ、八王大神常世彦が神務神政を行なった。盤古大神を敬遠してエデンの園に転居を乞い、聖地の宮殿は八王大神の居館となり、神殿は分離して橄欖山に建設し、ただ一年に一回の形式的祭典を行なうのみ。律法を無視し神を流し、放縦不軌の神政をおこなった。聖地にならい各地の八王八頭も国魂を宮殿から分離し、山上または渓間に形ばかりの神殿を造り、祭祀の道を怠った。

(2) 八王大神は夢の戒告により少しは前非を悔い、従臣に命じて橄欖山の神殿を改造せしめ、娘玉春姫をして盤古大神より下附された神璽を鎮祭せしめた。この神殿は隔日に鳴動するので日毎轟きの宮といった。この神霊は八頭八尾の悪霊であった。これより聖地エルサレム宮殿は、日夜に怪事のみ続発し、暗雲につつまれる。

(3) 春日姫、八島姫は白狐に守られつつ、エデンの河に投身して琴平別の大亀に救われ、大道別の分霊日の出神なる南天王の君臨されし顕恩郷に上陸した。春日姫は鷹住別にめぐりあい、南天王の後継者となった。たちまち大江の神は鬼神の姿のまま棒岩の上で化石して顕恩郷の守神となる。八島姫は玉純彦と夫婦となり南高山へ帰り八王となった。

(4) 聖地エルサレム、竜宮城およびエデンの園は大爆発と大火災によって、烏有に帰した。盤古大神夫妻、八王大神常世彦夫妻はアーメニヤの野に向って、命からがら遁走する。激しい降雪になやまされたり、太陽がにわかに光勢を増したために地上は泥の海になり、逃げのびた木の上で毒蛇にまかれて息も絶えだえとなった。このとき東南方より進みきたる八頭八尾のオロチは大音響をたててあばれ廻った。その震動によって減水し大地の表面を露わしたので救われ、一行はアーメニヤへ無事到着した。

忽然として現われたアーメニヤの宮殿は蜃気楼であった。空中に国祖大神の神姿が見えたと思えば泥田の中にうごめいていた。そこへ空前絶後の大旋風がおこり土とともに中天に捲きあげられ、風がやむと地上に落下した。八頭八尾の大蛇に救われた一同は、ウラル山の中腹で断食を命ぜられ、五十日経過して邪鬼たちが襲わんとするところを大蛇神に救われた。やがて断食中に、一陣の風吹くと見る間に一同は神憑りとなり、はね廻る。盤古神王は気がつき、サニハによって一行を救った。

(5) 盤古大神はウラル山の中腹の平坦地に宮殿を造営するこ

とし、最も必要な宮殿の棟木とするため鷹鷲山の稀代の大木を伐るのに三年の日子を要した。

いよいよ大自在天は常世城を占領し、天下の神政を統一しようと計り、今まで聖地エルサレムを滅ぼすために協力した盤古大神一派にむかって、無名の戦端を開くこととなった。

空には、聖地竜宮城の三重の金殿は、自然に延長して天空に高く現われ出た。丁字形の天の浮橋は金色燦然として大空を東南西北に廻転しはじめた。

(6) 大国彦は常世神王と名を改め、大鷹別以下の神人とともに常世城において、堅固な組織のもとに神政を開始した。
八王大神常世彦はウラル彦、常世姫はウラル姫と改名した。

盤古大神を盤古神王と改称し、常世神王にたいし対抗することとなった。ここに両陣営はたがいに嫉視反目、紛糾混乱はますます激しくなり、大蛇、悪狐、邪鬼は時こそ到れりと暴威を逞ましゅうすることとなる。

(7) この状況を蔭ながらうかがいたまいし国治立命は野立彦命と変名し、木花姫の鎮まります天教山に、豊国姫命は野立姫命と変名し高山彦の主宰する地教山に出現された。三重の金殿の延長した黄金橋の救いの綱によって天教山、地教山に召集された天使たちは宣伝神使に任命され、世界の大峠への予言警告を伝達し救世の大道を宣布されることとなる。
月日明神は常世城にすすみ、神歌をとなえると自在天大国彦は反省し、俘虜の塩治姫、玉春姫をアーメニヤに送還し、ロッキー山の頂上に神殿を建立した。

日の出神はウラル山にすすみ、宣伝歌を唱えると、盤古神王は改心しウラル山頂に仮神殿を建て日月地の神をまつり敬拝おこたらなかった。ウラル彦は体主霊従の宣伝歌をとなえ極力反対した。

祝部神は地中海の宣教にあたり、サルヂニヤの島の守神杉高彦と帰順した祝彦とともに埃及《エヂプト》の都へ上陸し、月照彦神とめぐりあい、鷹住別のあしなえを救った上、エルサレムに向った。

月照彦神はエジプトからモスコーに進み、道貫彦の神館につき、鷹依別と春日姫に力をそえて道貫彦を言向和した。

天道別命は青雲山にすすみ、神澄彦、吾妻彦夫妻と共に天教山の神教を伝え、宣伝歌をうたいながら青雲山を出発する。

天真道彦命は高山彦とともに、ヒマラヤ山を中心に予言警告を発した。

神澄彦の訪問によって、南高山の玉純彦、八島姫は感動して城内はもとより諸方を遍歴し、神の福音を伝えた。

少彦名神は祝詞と宣伝歌によりスペリオル湖の波をしずめ、湖上の舟で宣伝し、西岸に上陸して西へ西へと進んだ。

岩戸別神は万寿山を出で唐土山をこえ、常世の国へ渡りロッキー山にすすみ、常世城近くを宣伝して大陸を横断し、竜宮洲（濠洲）に渡ろうと西岸の港につく。

足真彦の神は山野河海を駆けめぐり、天教山の神示を四方に伝え、ついに常世の国の紅の郷にいたり、蓑彦に迎えられて館に入った。

⑻　アーメニヤの神都のウラル彦、ウラル姫はウラル山を攻めて、盤古神王を追放し、偽の盤古神王となり、海を渡って再び常世城を回復しようとして常世神王に帰順をせまった。常世神王は偽盤古と知り、力をつくして戦う。地上の神将神卒はいずれかに分かれ、極力火花を散らして各地で戦闘は開始された。常世城は海浪のため水中に没しようとし、偽盤古神王は一先ずウラル山に帰ろうとしたが、暴風吹き荒み一歩も前進できなかった。常世神王が天教山、地教山に祈ると、銀線の鈎によって目覚めた神々は中空に釣り上げられた。

⑼　エルサレムの聖地にては国彦、国姫の三子真道知彦、青森彦、梅ケ香彦は祝部神から天教山の神教をきき、神政を復興しようと苦慮するところへ、日の出の神にみちびかれてウラル山より盤古神王が到着したことを喜び、盤古神王を総統神、日の出神を補佐として神務と神政を復活した。覆盆の雨は降りつづく。

特　徴

○本巻は国祖のあとを襲った盤古大神および八王大神（二世）常世彦の和光同塵の神政の姿をのべられている。このことは明治二十四年まで神界では継続していたことに注目すべきである。

○大自在天大国彦が常世神王と唱えて神政を開き、ここに世界の勢力が二分され、天下が麻のごとく乱れた。

○聖地の三重の金殿は延長して黄金の柱となり天の浮橋となり、神の御綱による救済の神業が開始された。国治立命は天教山で野立彦命、豊国姫命は地教山で野立姫命と変名してあらわれ、宣伝神使を派遣して神教を地上に宣伝された物語。

讃　美　歌　（三）

御教の書《ふみ》見るたびに思ふかな神の御審判《みさばき》おごそかなるを

瑞御魂宣らす言霊神書《ふみ》見れば深き恵みの露ぞ滴《したた》る

村肝の心も暗き世の旅に迷ふ世人を照らす神はや

御光を日に夜に受くる嬉しさは教の神書《みふみ》の賜物とぞ知る

霊主体従　巳の巻

第6巻

口述場所　因幡岩井温泉＝晃陽館
口述日時　大正11年1月15日～18日、20日～25日
筆 録 者　外山豊二、加藤明子、其他数名
初版発行　大正11年5月10日
著者最終校正　昭和10年2月17日

目　次

登場神・人

〈造化の神〉天之峰火夫神、大国治立命、天御中主神、高皇産霊神、神皇産霊神、葦芽彦遅神、常立命、豊雲野命

〈天の三体の大神〉撞の御柱の神（天照大神）、天の御柱の神（伊邪那岐尊）、国の御柱の神（伊邪那美尊）

〈八力〉大戸地神、大戸辺神、宇比地根神、須比地根神、生杙神、角杙神、面足神、惶根神

〈厳と瑞〉野立彦命（閻羅王・老子）、野立姫命（地蔵尊）

〈宣伝使〉天道別命（モーゼ）、天真道彦命（エリヤ）、月照彦神（釈迦）、足真彦神（達磨）、春日姫、春姫、弘安彦神（孔子）、少名彦神（イエス）、鷹住別、日の出守（大日如来）、琴平別神、祝部神、岩戸別

〈長白山〉有国彦、有国姫、磐長彦

〈祓戸の神〉伊吹戸主神、速秋津比売神、瀬織津比売神、速佐須良比売神

〈天教山〉木花姫（観世音菩薩・最勝妙如来・観自在天）

〈金勝要神〉高照姫神、真澄姫神、純世姫神、言霊姫神、竜世姫神

〈霊鷲山〉白雲別、円山姫、久方彦、三葉彦命

〈黄金山〉東雲別、東雲姫、青雲別、青雲姫、機照彦、機照姫

〈荒ぶる神〉大山杙の神、小山杙の神、野槌の神、茅野姫の神、金山彦、金山姫、火の焼速男神、大宜津姫命、迦具槌神、火の迦々毘野神、天の磐樟船神、天の鳥船神

〈アーメニヤ〉ウラル彦（偽盤古神王）
〈五大教〉（教祖）埴安彦神、東彦の天使
〈三大教〉（教祖）三葉彦神（埴安姫神）、北光の天使（天の目一箇神）
〈青雲山〉吾妻彦、玉守彦天使、高彦天使（天児屋根命）、雲別
〈黄金山〉雲路別の天使（大歳の神）、広道別の天使（太玉命）
〈御年村〉手力男神（豊岩窓神）、若年の神
〈ローマ〉元照別天使（大戸惑子神）、元照姫天使（大戸惑女神）、岩戸別神（櫛岩窓神）、出雲姫（天宇受売命）

梗　概

「松葉の塵」――宇宙には現界、幽界、神界の三大区別があり、「霊界物語は神代の太古における現界を主とし、神界と幽界との相互の関係を口述する」と述べられている。

「総説」――太古の神霊界における政治の大要を示されている。国治立命の御神政時代とつぎに伊弉諾大神の御神政時代。ことに国祖国治立命の予言警告と埴安彦神、埴安姫神の場合の宣伝使派遣の相異点を明示されてある。

(1)　第一章――宇宙太元には古事記に示された御神名を基として宇宙が創造される順序段階がのべられている。

(2)　第二章～第六章――天教山の宣伝使たちは、世界の大峠の予言と警告を伝えながら進み行く。

常世国（北米）の鬼城山に入った足真彦天使は、月照彦天使と春日姫、春姫とにめぐりあい、美山彦はじめその部下を言向和した。ここに四人はナイヤガラ瀑布に身を清め、宣伝使として諸方を遍歴した。

(3)　春日姫はナイヤガラの大瀑布から単身大陸を渡り東の海岸につき、ここで弘子彦の神にめぐりあい、弘子彦は西方へ向い、春日姫は吾妻の国に渡る春日丸に乗った。船上から振りむくと夫の鷹住別が宣伝歌で見おくっている。春日姫も歌をもって名残りを惜しむ。

春日姫はアジア大陸を宣伝し、長白山中で毒蛇のため苦しむところを春姫にめぐりあい、そこへ大道別の日の出守の宣伝使が通りあわせ、起死回生の神薬によって救われた。日の出守は春日姫にモスコーへ帰ることをすすめたが、きき入れず、宣伝を続けることとなり、山麓から三柱は東、西、南の三方に宣伝歌を謡いつつ袂を別った。

(4)　日の出守は長白山にのぼり、有国彦をたずねた。有国彦夫妻は世の終末の霊夢に感じて、長白山の神政主管者磐長彦以下に警告したが一柱もきく者がなかった。日の出守は有国彦夫妻に「今より三年の後にいよいよ世の終末が到来する」ことを明示し、何処へか姿を隠した。有国別夫妻は意を決し、黒竜・赤竜と還元し、白色の玉を口にふくみ鴨緑江を下り、

大海原を横断し、天教山に登り大神に親しく奉仕した。

(5) 第一五章～第一八章――野立彦命の代身たる天教山にます木花姫の神教も、地教山の野立姫命の代身高照姫の垂教も、八百八十八柱の宣伝神使の宣教も、聞き入れる者は千柱の中のわずか一柱。多くの者は、金銀銅の天橋に救い上げようとされる神のみ心を理解しないまま、五百六十七日の大洪水と大地震がつづき、氷山を溶解した水は流れ集まり、大地は一面の泥の海となった。大高山をのぞき山々も水没した。

野立彦命、野立姫命は地上の惨状を見て悲歎に堪えず、たちまち宇宙の大原因神大国治立尊をはじめ日の神、月の神に祈り、「かかる大難の出来したるは吾らの一大責任なれば、身をもって天下万象に代らむ」と、天教山の猛烈なる噴火口に身を投じて神避り給うた。

大国治立尊は日月界の主宰神たる伊邪那岐尊、伊邪那美尊に命じ、天の瓊矛の神徳により天教山より洪水を減じさせ玉うた。ここに野立彦、野立姫二神の犠牲的仁慈の徳によって、さしもの大洪水にも草木をはじめ、全人類は残らず救われていた。ただ善神は安全にこの世界の大難たる大峠を越え、邪神は大峠を越ゆるに非常な困苦があった。大神の仁慈は極仁極愛、無限無量である。

(6) 世界の大峠、大洪水にあたり、もっとも役立ったのは神示の方舟および金銀銅の三橋より垂下する救いの鋼とであって、その外は琴平別神が亀と化して泥海を泳ぎ、正しい神人を高山に運んで救助せられたのみであった。

天上よりこの光景を眺められた大国治立尊の左守神高皇産霊神、右守神神皇産霊神は、我が精霊、撞の大御神、神伊弉諾の大神、神伊弉冊大神に天の瓊矛を授け、大地の洪水をひかせ玉い、祓戸四柱の発動を促して、大自然を本来の姿に立直された。この神業を九山《つくし》八海の火燃輝《ひむか》のアオウエイ《たちばな》の緒所《をど》(臍)の青木原《あはぎはら》に御禊祓いたまうという。

(7) 第二〇章善悪不測――神示による善悪の標準が明示されている。

(8) 大洪水がおさまると、いよいよ天津神の神政が実行されることとなり、天教山上にて祭政一致の大祭典が行われた。三柱の神は、天教山の青木ケ原に出でまして、撞の御柱の神(天照大神)を真木柱とし八尋殿を見立て給い、天津御祖の大神を祭り、月照彦神を斎主とし足真彦、少名彦、弘子彦、高照姫、真澄姫、言霊姫、竜世姫、祝部、岩戸別その他の諸々の神人たちを集えて、天津祝詞の太祝詞を詔らせ給えば、久方の天津御空も、大海原に漂う葦原の瑞穂の国も、清く明く澄みわたり、祓戸四柱の神の千々の身魂の活力に、ふたたび美わしき神の御国は建てられた。

ここに伊弉諾神は、撞の御柱を中に置き、伊弉冊神は右より廻り合い給いて、ここに天地を造り固めなし給い、国生み、島生み、神生み、人生み、山河百の草木の神を生み成したもうた。伊弉冊神が先立ちて言霊歌を宣り給うて、淡島（南極大陸）を生み、少名彦神を国魂神と任けられた。伊弉諾神の提言によりてここに天津神の大前で天地顛倒の言霊を宣り直し改言改過の実をあげ、再び国生みの神業をなし玉う。

(9)　第二三章万教同根――すべての正しき宗教は一つの根本より出でたることをのべられている。

ここに月照彦神、足真彦、弘子彦、祝部、岩戸別の諸神人は野立彦神、野立姫神の御跡を慕い、根の国底の国に出でまして、幽界の諸霊を安息せしめるため、天教山の噴火口に身を投じ給うた。これらの諸神人は再び地上に出生して月照彦神は釈迦となり、足真彦は達磨、少名彦司はナザレのイエス、天道別命はモーゼ、天真道彦命はエリヤ、日の出神は大日如来、豊国姫命は地蔵尊、弘子彦司は孔子、野立彦命の分霊は老子とあらわれて、人類救済にあたられたと示されている。

第二四章富士鳴戸――地上天国建設のため天地人和合の神とあらわれた木花姫命を仏者は観世音菩薩、最勝妙如来と称する。

第二五章――岐美二尊が大八洲の国をうみ、金勝要大神は野立彦神、野立姫神の命を奉じて五柱の神と分れて地球の国魂神とならせ給うた。

(10)　第二六章体五霊五――宇宙の組織の原理がのべられている。

第二七章神生み――天津神の神政における地球上の主権者たる国魂を任命され、神教宣布の神界の根本霊地の霊鷲山と、神教護持の霊場黄金山の守神を永遠に任命された。

第二八章の身変定とは現幽神の三大界を立替える神人をいい、変性男子大本開祖、変性女子出口聖師であること。

第二九章〜第三〇章――岐美二神の地上神政の経緯がのべられている。なお野立彦命の化身埴安彦神、野立姫神の化身埴安姫神が下層社会から出現され、仁慈の神人を率いて、正しき人間を救おうとせられた。

(11)　第三一章――世界悪化の根源となった大中教の教祖ウラル彦、偽盤古神王について。

(12)　第三三章五大教――黄金山下に埴安彦の神が開かれた五大教と宣伝使東彦天使《かみ》の宣教について。

第三四章三大教、第三五章北光開眼――霊鷲山麓の玉の井の里に出現された三葉彦命（埴安姫神）の宣伝使北光天使の宣教についてのべられている。

第三六章三五教――三大教、五大教を統一して、三五教と改称された。

(13)　第七篇黄金の玉――青雲山の黄金の玉が一たんエルサレムの聖地に奉安されたが、ついに綾部の桶伏山に隠し納められた。

⒁　第八篇五伴緒神——黄金山の宣伝使雲路別がローマの都の近くで、三葉彦命改名の広道別（のちの太玉命）の天使とめぐりあい、御年村で農業を奨励し、三五教の教理を説き、ここに大歳神となる。
広道別天使は、村の虎公（手力男命）をつれてローマにすすみ、途中、熊彦（岩戸別命）とあい、出雲姫（宇受売命）とめぐり会い、ローマの城内に入り国魂神の元照別夫婦を言向和し、伊弉諾の大神の神政に奉仕させることとなった。

特　徴

○太古の神代における世界の大峠である大洪水、天地の祖神の救世の大経綸と天使による救済の神業。
○伊邪那岐、伊邪那美の大神の地上に関する天津神の神政の様相。
○天津神の地上における神政を補佐するための埴安彦神、埴安姫神の三五教の神教宣布の活動。
○太古における世界の大峠への警告の宣伝活動と三五教の宣伝活動とは大本の宗教活動の源泉であることに注目すべきである。
○教同万根の意義が明示されてある。

讃美歌（四）

賤田巻《しづたまき》数ある神書のその中に誠の書《ふみ》は厳の神書《かみふみ》
世の中の物識人《ものしりびと》の踏みしてふ道を諭すはこれの神書
幾度も繰り返しつつ眺むれど神書の旨をはかりかねつつ
いかにして神書の旨を悟るべき智慧も力もなき身なりせば
惟神道の誠の尊さは踏みての後に悟りこそすれ
許々多久《こ こ た く》の書の心は悟るとも神の神書は悟りあぐみぬ
皇神に祈らざりせば百千度読むも悟らじ神の御心
愚かなる人も誠にかなひなば神の心は悟り得られむ
神の書繙《ひもと》くごとに新しく思ふは神の恵みなりけり

霊主体従　午の巻

第7巻

口述場所　綾部竜宮館＝錦水亭
口述日時　大正11年1月30日、31日、2月1日、2日
筆　録　者　外山豊二、加藤明子、桜井重雄、其他数名
初版発行　大正11年5月31日
著者最終校正　昭和10年2月21日～25日

目　次

登場神・人

〈宣伝使〉日の出神、真鉄彦（天吹男）、康代彦（大戸日別）、梅ケ香彦（風木津別之忍男）、祝姫（太玉姫）、面那芸の司、北光神、広道別天使
〈大台ケ原〉大事忍男神、石土毘古、石巣比売、大屋毘古
〈元・竜宮城従臣〉豆寅（久久能智）、田依彦、芳彦、時彦、玉彦
〈海神〉三保津彦、三保津姫、沫那岐、沫那美
〈天教山〉撞の御柱の神（天照大神）、天の御柱の神（伊邪那岐尊）
〈印度白雪郷〉面那芸司《かみ》、面那美姫、国彦（天久比奢母智司）、奇姫（国久比奢母智司）
〈ニュージーランド〉海原彦神
〈オーストラリヤ〉国魂神真澄姫命、田依彦（飯依彦）、時彦（久久司）、芳彦（久木司）
〈アフリカ〉国魂神純世姫命、熊襲の国―小島別（建日別）、肥の国―八島別宣伝使（建日向別）、豊の国―虎転別（豊日別）、筑紫の国―高照彦（白日別）
〈大中教〉蚊取別（雲依別）

梗　概

総説――神界の示教は、神は言霊すなわち道《ことば》であるから、

言葉を主として解すべきものであることについて教えられている。お筆先は教祖の直筆であり、大本神諭は出口聖師がお筆先を神示にしたがって、取捨按配して発表されたものであることを示されている。

拝読の心得として、文句のまま、素直に読むことが第一安全であると教えられている。

(1) 天教山の伊弉諾神の神教を伝達されつつ大道別の分霊日の出神は紀の国の大台ケ原の大岩窟にすすみ、真鉄彦、康代彦の援助を得て、日本の国の胞衣ともいうべき聖場を占領していた八岐大蛇を追放された。大事忍男の神は大台ケ原の守護神となり、石土毘古、石巣比売はこの厳窟を住家として、国土を永遠に守護されることとなった。

海岸では竜宮城の従臣であった、田依彦、時彦、芳彦、玉彦が豆寅をからかううち、田依彦の火打の火の先火で大台ケ原の全山を焼きつくさむとした時、黄金山の宣伝使梅ケ香彦が伊吹戸主神の神力によって八合目で消しとめた。山火事による石土毘古らの安否を気づかってふたたび登山して来た日の出神は、梅ケ香彦に風木津別之忍男と名をあたえた。豆寅に久久能智と名をあたえ四人とともに酋長大屋毘古にあずけて住家を建設させた。日の出神ほか三柱は袖を分かち東西南北に宣伝使として進みゆく。

(2) 日の出神は大船にのり熊野の浦を出発し、東海をすすみ富士山を仰ぎつつ、はげしき風波をさけて三保の松原に船をつけ天教山に登り、青木ケ原の木の花姫の宮にいたり、今までの神教宣伝の経過を詳細に物語られた。木の花姫はふかく感賞し、ふたたび常世国に出発を命じられた。日の出神は撞の御柱の神と天の御柱の神に謁し、種々の神勅をこうむり、欣然としてふたたび宣伝の途につかれた。

田子の浦港より乗船し数十日の静かな海を渡り、青雲山のある印度の浜辺に到着した。日の出神は風向きを一カ月待つ間を山深く宣伝された。青雲山の山つづきの白雪山の麓の白雪郷で宣伝歌の神徳にて大中教の宣伝使健寅彦を退け、宣伝使祝姫、面那芸司夫妻を救った。日の出神は祝姫、面那芸司とともに美代の浜から出発した。白雪郷は面那美比売に守らしめた。

(3) 日の出神は祝姫、面那芸彦をともない、太平洋を常世の国をさして進まれた。その船中で恋しい男のあとを追ってゆく女とその息子のあとを追う父親とめぐりあうが、突然女は海に投身し、また男の父親もあとを追って投身する。折りしも舟はたちまち大雷雨とさらに暴風におそわれたが、二度とも日の出神は宣伝歌によって風雨を鎮め一同を救った。

ニュージーランドの沓島に近よるころ、船客の中の白雪郷の若者高彦（天久比奢母智司）は日の出神に、父国彦と恋女奇姫（国久比奢母智司）が投身したことの罪咎をわびる。その時、琴平別の亀は投身した女と男を乗せ、日の出神の招きのまにまに船に近より、二人は無事救いあげられた。ここに親子夫婦の芽出たい対面となり、沓島（ニュージーランド）の港に無事に着いた。

(4) 船は冠島（オーストラリヤ）に向ってすすみ行く。日の出神は沫那芸、沫那美二神に宣伝歌をもって海上の無事を祈り、冠島へ安着した。

日の出神は、祝姫、面那芸の二人に船客に向っての宣伝を命じおき、みずからは田依彦、時彦、芳彦を伴い当山の奥ふかく姿をかくした。天然にわき出る酒の前にて田依彦の助手として酒ずきの時彦、芳彦の焼石の霊を平らげ酒ぎらいにされた。田依彦、日の出神は国魂神真澄姫の神霊を祭るべく久久司（時彦）、久木司（芳彦）に命じ、大峡小峡の木を伐り美しい宮（竜の宮）を造営させた。日の出神は田依彦をこの島の守護神となし飯依彦と改名せられた。この郷の人は焼石の霊残らず酒つぼに落ちこんだため、酒ぎらいとなり、神の教をよく守り、飯依彦司の指揮にしたがい、名にしおう竜宮島の楽しい生活を送ることとなった。

(5) 日の出神はオーストラリヤの竜宮洲を三人の司に見おくられ、祝姫、面那芸、天久比奢母智、国久比奢母智をともなって順風に帆をあげ、西南をさして進みゆく。

日の出神は船頭の「ここは竜宮の大海原よ、あたら宝は海の底」の歌により、「竜神殿、乙姫の眷属殿、吾は日の出神じゃ宝を一遍見せてくれよ」と頼まれると、海面いっぱいに金銀、真珠、瑪瑙、瑠璃、硨磲などの立派な宝玉が水面に浮きあがり美観をきわめた。日の出神の「もうよろしい、乙姫殿に宜しく」との言葉に、宝は海底に残らず潜んだ。船はゆうゆうと西南に向って進みゆく。

(6) 日の出神は筑紫洲の姿を見て、宣伝歌をうたい、祝姫、面那芸二人の宣伝使とともに上陸した。ここはアフリカの南端熊襲の国である。この国の山奥にある大岩石の下で黄金山の宣伝使小島別は常世神王の教を奉ずる国人を言向和した。このとき岩窟にしずまります建日別命（月照彦命）からアオウエイの言霊の教で訓戒をあたえられ心魂を清めていた。日の出神は小島別に建日別の神名をあたえ、国魂神純世姫命を奉斎させ、熊襲の国の守護を任じた。

(7) 日の出神は祝姫、面那芸の宣伝使をともない、三人の案内者によって、肥の国の都へ着き、案内者にはお礼のため水晶玉をさずけた。

肥の国には天教山から国魂の守護として八島別が降っていた。土地の強者の虎転別は伴人をつれて、八島別館に押し入り、乱暴のかぎりをつくしていた。日の出神は虎転別一行を霊縛して説教すると、虎転別はすっかり改心し、ひきつれて来た群衆に向って宣り直しの宣伝歌をうたった。

八島別はここに、純世姫命の神霊を祀り、肥の国の守護神となり、建日向別と名のることとなった。

(8) 日の出神より豊の国の守護職を任ぜられた虎転別は豊日別となり、日の出神にしたがい、途中、霧島山の頂上で、日の出神のつくった霊薬老利留油によって禿頭が黒髪となり、酋長八十熊別に迎えられ、駱駝にのって豊の国の都入りをした。日の出神は八十熊別に対して「吾は神伊弉諾大神の落胤にして日の出神と申すもの。世の大立替えに際し、撞の大神は天の浮橋に立ち、それより天教山に降り玉いて、八百万の国魂の神を生ませ玉い、吾々をして国魂神を間配らせ玉うのである。この後はどうか私の指揮に従って貰いたい」と言いわたした。熊公は「私は国治立命の落胤、高照彦と申すもの」とうれし涙を流しながら経緯を語る。豊日別は歌をもって、神素盞嗚大神の珍の子豊国別なることをのべ、いまさらに三人の奇遇に感嘆し、神籬を立て国治立大神、豊国姫大神、伊弉諾大神、撞の御柱大神を鎮祭し、天津祝詞を奏上し、一同歓をつくして宴を閉じた。これより日の出神は、純世姫命の神霊を国魂として鎮祭し、豊日別を豊の国の守護職に任じた。

アフリカ大陸は身一つに面四つあり、豊国、肥国、熊襲国、筑紫国と区別されていた。この四つの国を総称して、また筑紫の洲という。

(9) 日の出神は高照彦命、祝姫、面那芸をともない進発し、豊の国と筑紫の国の国境の玉野の里につき、路傍の岩角に腰打ちかけ回顧談にふけった。高照彦神の両眼からしたたる涙の長物語に、面那芸司はみずからの苦労すきなきを反省した。おり日の出神は宣伝歌をうたいながら勢いよく駆けだした。おりしもエトナ火山の大爆発となり、腹帯をしめ直し、神言を奏上して進みゆく。

南方に巍然たる白日別司の館が見えるところまで進んだ。夕暮となり、都の町はずれで大中教の宣伝使蚊取別を言向和し、東天紅を兆するころに白日別司の館についた。人けのない館の中の、国魂の神純世姫の御魂を鄭重に鎮祭された神前には、一通の遺書があり、次のように認められていた。

「一、私は白日別と申す筑紫の国の大酋長であります。一昨夜の夢に、国治立命の珍の御子と、神伊邪那岐命の珍の御子が、この筑紫の洲にお降りになるから、汝ら一族は、この国と館を明け渡し、一時も早く高砂の島に立ち去り、その島の守護職となれ、あとは高照彦神鎮まり給えば、筑紫の国も、葦原の瑞穂の国も穏かに治まるべしとの、お告げでありましたから、私は夜の間に一族を引連れて、この洲を立退きました。あとは宜しくお願いいたします」

日の出神は、この遺書の願いのままに高照彦を筑紫の国の守護職となし、名も白日別と改めしめ、天運の到るを待つこととした。

これより日の出神は常世の国へ、面那芸司は天教山へ、祝姫は黄金山に向って進むこととなる。

(10) 地中海を東南さしてすすむ帆前船があった。宣伝歌の呼びかけに応じて祝姫が宣伝歌をうたうと、蚊取別の求婚の歌がきこえた。先きの宣伝使は祝姫の応答の歌でアフリカの熊襲の国、肥の国、豊の国の宣伝をした北光の神となのり蚊取別との結婚をすすめる。祝姫は決心して承諾を旨を答えた。北光の神はこなたに向って進みくる船上の宣伝使に向って宣伝歌をうたうと、その声に応じて広道別の宣伝使は熊襲の国へ宣伝にゆく旨を答えた。二人は互いにその安全を祝しあう。竜宮城の海面にさしかかった船は、エルサレムに着かずして方向違いの岸についた。ここには不思議にも月照彦神、足真彦、少名彦、祝部、弘子彦の五柱が、待ちうけて、北光神、祝姫、蚊取別をさしまねいた。登って見れば大小四十八箇の宝座が設けられて、そこには立派な男神、女神が鎮座して、苦集滅道を説き、道法礼節を開示している。五柱の神人は三人に、一々その宝座に案内をなし、現・神・幽三界の実況を鏡のごとく写して見せた。

蚊取別はあまりの嬉しさに踊り狂うて、千丈の岩の上から谷底へひっくり返った。

特徴

○地上神界は盤古の神政が大洪水によって根本的に崩壊したため天の御三体の大神の天教山御降臨により天津神の神政となった。ここに日の出神は撞の大神、伊弉諾神の命により世界の各地を跋渉して、国魂を配置される物語である。本巻では、日本では大台ケ原、月氏国白雪郷、ニュージーランド、オーストラリヤ、アフリカの物語である。

○国祖の神政から盤古の神政時代は、国魂はユーラシア大陸と北米大陸に限られていたが、日の出神によってオーストラリヤ、アフリカと広域に国魂が配置された。つづいて第八巻では南米におよぶこととなる。北半球に住居していた人類が次第に南半球に移動住居した様子が推測される。

霊主体従　未の巻

第8巻

口述場所　亀岡＝瑞祥閣
口述日時　大正11年2月6日〜11日
筆録者　外山豊二、加藤明子、其他数名
初版発行　大正11年6月15日
著者最終校正　昭和10年2月7日〜3月4日

目次

登場神・人

〈海底竜宮城〉神伊弉冊命、乙米姫命、面那芸司、正鹿山津見、淤縢山津見、八種の雷神
〈宣伝使〉日の出神、淤縢山津見（醜国別）、蚊々虎（珍山彦）、駒山彦、五月姫
〈国魂神〉竜世姫神、月照彦神
〈守護職〉ヒルの国清彦（紅葉彦命）、テルの国猿世彦（狭依彦）ウヅの国桃上彦（正鹿山津見）、ハルの国闇山津見、原山津見（高彦）

梗　概

序文に「各国の神話等に現はれたる事実は、なるべくこの物語には載せない心算です」という点は、筆者の態度を理解する上に大切である。

(1)　日の出神はアフリカから単身、朝日丸に乗船して南米のチリー（智利）の都をさしてすすみ行く。船中で清彦の自称三五教の宣伝使が船客に脱線だらけの宣伝をする模様を、世道人心の傾向をさぐる羅針盤として聞きながしていたが、日の出神は宣伝歌で自己紹介をした。清彦は英姿を伏し拝み感涙にむせんだ。日の出神は船客に天地の神の高徳を説示するとき、颶風襲来し船は危険に迫る。宣伝歌の清き言霊によりたちまち風波はしずまり、船客一同は神徳を感謝し、進んで教理を拝聴した。船客の話に、面那芸の宣伝使が筑紫の洲から天教山へゆく途中に、沈没したことをきき、清彦に智利《テル》の都の宣伝を任命し、琴平別の亀にのり海底の大綿津見の神の宮に到り、大音声で宣伝歌をうたい、門守の正鹿山津見、淤縢山津見に案内させて奥ふかくすすみ入る。日の出神が神言を奏上すると、たちまちあたりを照らす大火光が身体より放射し、巨大な火の玉となって竜宮城を照破した。見れば母神の伊弉冊命を、八種の雷神が取りかこみ、悩

ませていたので、日の出神は、火の玉となって飛びまわった。探女醜女、黄泉神の群は、蛆簇り轟きて目もあてられぬ惨状である。そこへ乙米姫神が現われ、

「妾《われ》は神伊弉冊命の御身代りとなりて仕へ奉らむ、伊弉冊神は一時も早くこの場を逃れ、日の出神に護られて、常世の国に身を逃れさせ給へ」

というより早く、八種の雷の神の群に飛び入った。醜神は、竜宮城の美神、乙米姫命に向って、前後左右より武者ぶりつく。伊弉冊命に附着せる枉神は、一つ火の光に照らされて残らず払拭された。

面那芸司は伊弉冊命を救うべく必死の力を尽して戦いつつあったのである。

日の出神が神文を唱えると、以前の大亀が現われた。日の出神は、伊弉冊命を守り、面那芸司および正鹿山津見、淤縢山津見とともに、八尋の亀にまたがり海原の波をわけて海面に浮かび出で、常世の国にわたり、ロッキー山に伊弉冊命を送りまつると言あげしつつ、ひそかに天教山へお送りしたのである。

その後の海底竜宮城は、体主霊従、弱肉強食の修羅場と化し、八種の雷神の荒びは日に月にはげしくなり、地上に暴れ出て、ついに黄泉比良坂の戦いを勃発するのやむなきに立ちいたった。

(2)　清彦の仮の日の出神は、テルの国からヒルの国にすすみ、その都にいでて、昼夜間断なく三五教の宣伝につとめ、都の中央なる高地をえらんで宏大な館をつくり、国魂の竜世姫命の御魂を鎮祭した。その名声は四方に喧伝され、あまたの国人は、四方八方よりその徳を慕うて、高遠なる教理を聴聞に来るもの夜に日をつぐ有様となった。

仮日の出神が、あまたの国人に三五教の教理を説きはじめた時に、蚊々虎は清彦の素性をあばいたため、阿鼻叫喚の修羅場と化した。そこへ、日の出の神は醜国別をつれて宣伝歌をうたってあらわれ、群衆に清彦の身上を証明されたために、騒動は一場の夢と消えた。ここで清彦は紅葉彦命と名をたまわり、秘露《ヒル》の国の守護職となる。

(3)　日の出神から言葉をたまわり清彦が日の出神そのままの姿となったのを見た猿世彦と駒山彦は、非をあらため、猿世彦はテルの国の海岸蛸取村にゆき、神徳をあらわして生神と仰がれ、アリナの滝の下、鏡の池のほとりで狭依彦となのり神徳を輝やかした。

駒山彦は北へすすみ、テルの国に神教を宣伝することとなる。

(4)　蚊々虎は宣伝使淤縢山津見に従ってブラジルの国の宣伝につとめた。

蚊々虎は一人で原野へすすみ、滝の村でかがり火のあかりのなか群衆に向って生命がけの宣伝を開始していた。あとより

淤縢山津見一行が追いつき、随行していた荒熊の改心演説により、一同感動する。淤縢山津見は中央の高座に登り、じゅんじゅんとして三五教の教理を説いた。群衆の七、八分は一度に三五教の信者となり、たくさんの駱駝を宣伝使に贈って、巴留《ハル》の都ゆきを助ける。

群衆の中から天女のごとき美人五月姫があらわれ、酋長闇山津見の館へ招かれて、神教を伝達することとなった。

闇山津見がロッキー山の伊弉冊命についてたずねると、淤縢山津見は相違なき旨を答える。蚊々虎はたちまち神懸りとなって、ロッキー山に出現したのは常世神王の妻大国姫なることを教えたが、信ずることができなかった。

闇山津見の館における淤縢山津見一行の三五教の説示は、ますます微に入り細にわたり、ついに鶏鳴に達した。そこへ宣伝歌をうたって来会したのは駒山彦であった。住民の代表は鷹取別の軍勢が逃げさったことを感謝し、数十頭の駱駝を献上して、一行の宣伝活動をたすけた。

(5) 淤縢山津見の宣伝使一行四人が、闇山津見夫婦に別れ、大沙漠を横断して巴留の都に進もうとするとき、五月姫がうたった宣伝歌によって闇山津見は娘五月姫の心中を察し宣伝使として天下を教化することを許した。一行は大沙漠をわたり、ようやく巴留の都に近づく。

都の入口で作戦計画を相談するところへ、長剣に甲冑をつけた荒武者数十名の駱駝隊が現われたが、蚊々虎が大音声でどなりつけると逃げさった。五月姫の提案で神言を奏上し、蚊々虎をまっ先に宣伝歌をうたいながら鷹取別の城門に向って進んでゆく。このとき天空をとどろかして幾千とも数えきれぬ天磐船、鳥船が北方の天高く姿をかくした。

城のやぐらには巨大な火の玉が五色にかがやいていた。一同は大地に平伏して天津祝詞を奏上する。

淤縢山津見は高彦をこの国の守護職として原山津見と命名し、急使を馳せて天教山の木花姫の御もとに認許を奏上した。

(6) 高彦は巴留の国の西部の守護職となり、国魂・竜世姫神の神霊を奉斎し、鷹取別の後をおそうこととなった。一行は珍の国をさして進みゆく。ようやくにして巴留と珍の国境、珍山峠の山麓につき話にふけるうちに、蚊々虎は谷水が温泉であることに気がつき数十町のぼると宣伝歌がきこえた。

蚊々虎がさがして見ると、一人の男が倒れていた。介抱すると正鹿山津見である。一同は温泉の周囲に端坐して祝詞を奏上した。正鹿山津見をたすけ、七日間湯治して峠を登り珍山の山頂に到達した。峠を下り谷道の岩上に、天津祝詞を奏上し、宣伝歌をうたって岩のしとねに腕まくら、華胥の国に遊楽することとなった。半円の月の光で、蚊々虎はサニハをして一行の顔に桑の実で楽書きをした。

夜明を持って出発した一行は大蛇峠の山頂に達した。蚊々虎はここで、面白おかしく、親子は一世、夫婦は二世、主従三世について説示した。

一同の宣伝使は大蛇峠を東に向って下る。大きい大蛇に向って蚊々虎が「これから天津祝詞を奏上してやるから、立派な人間に一日も早く生れて来い。その代り五人を乗せて、珍の都の見える所まで送るのだよ」と命令し、一同が乗ると、大蛇は一瀉千里で山麓に下りゆく。蚊々虎が「大蛇どの、もうよろし」というと、五人の宣伝使は、広き芝生の上におろされていた。蚊々虎は珍山彦と名のることとなり、一同は芝生の上に端坐して神言を奏上し、宣伝歌をうたいつつ都をさして進みゆく。

一行は正鹿山津見の館につき、番頭国彦のもてなしで、湯に入り、山野河海の珍味佳肴を感謝して夕餉をすませる。

翌朝、珍山彦の肝入で五月姫を正鹿山津見の妻として、「善は急げ」と神前にて家の子郎党とともに盛大な結婚式をあげた。一同が直会の宴にうつるところへ、エルサレムの聖地から神夢に感じて桃上彦の三人娘松代姫、竹野姫、梅ケ香姫がたずねて来て、親子夫婦のめでたき対面となった。
(7) 第六篇黄泉比良坂――は、著者が古事記の本文中の伊邪那美命の神去りから黄泉比良坂までの文を言霊学によって解釈され、大正九年五六七殿で講演されたものの再録である。霊界物語の第六巻から第十巻までの御本文を拝読させていただく時の重要な参考文献である。

特徴
○日の出神が二度目の世界の大峠というべき黄泉比良坂の神戦への布石として、南米の守護職としての宣伝使を任命される。黄泉比良坂の神戦への経綸として、地球の主宰神にます母神伊弉冊大神を海底の竜宮城より天教山へお迎えされる。
○ミロクの大神の顕現、木花姫命の化身蚊々虎が臨機応変に神業に参加し、宣伝使を養成される。

讃美歌（五）

大空ゆ下りて人となりましし教の主《きみ》の御教守れよ
厳の神書《ふみ》瑞の言葉は世に迷ふ暗き心を照らす御鏡
限りなき智慧の言葉を連ねたる神の神書《みふみ》は世の宝なる
弥広くこの神の世を照らせよと神の授けしこれの神《かみ》書《ふみ》

霊主体従　申の巻

第9巻

口述場所　亀岡＝瑞祥閣
口述日時　大正11年2月12日〜18日
筆録者　外山豊二、加藤明子、桜井重雄、其他数名
初版発行　大正11年7月5日
著者最終校正　昭和10年3月30日

目次

登場神・人

〈宣伝使〉淤縢山津見司、珍山彦、駒山彦、羽山津見司
〈ウヅの都〉正鹿山津見司（桃上彦）、五月姫、国彦
〈常世城〉鷹依別、照山彦、竹山彦、中依別、遠山彦
〈三個の桃〉松代姫、竹野姫、梅ケ香姫、（侍者）照彦（戸山津見司）
〈化身〉大蛇彦
〈若者〉熊公（石析の司）、虎公（志芸山津見司）、鹿公（根析の司）
〈ハザマの国〉春山彦、夏姫、秋月姫、深雪姫、橘姫

梗　概

申の巻は、桃上彦の三人娘松代姫、竹野姫、梅ケ香姫を中心とし、春山彦の三人娘、秋月姫、深雪姫、橘姫の活動が始まる巻で、いずれも瑞霊神の活動である。

⑴　かつてエルサレムの天使長であった桃上彦の三人娘、松代姫、竹野姫、梅ケ香姫は、失政後行くえ知れぬ父をたずねて三月三日聖地を出発し旅に出るが、その途上で、後を追うた従者照彦に危難を救われ、三笠丸に乗船しテルの港にむかう途中嵐にあい、神の救いやオロチ彦のみちびきによって、ウズの都（アルゼンチン）に着く。今はウズの国主となり正鹿山津見の神となって、おりから五月姫を妻にめとる結婚の宴の五月五日の吉日に、めでたく親子対面をする。

国主の館にいた淤縢山津見の宣伝使一行の出発に際し、松、竹、梅の三人は父の許しをうけて共に宣伝の旅にのぼる。

⑵　テルの国の里近くになったとき、一行の足はピタリと止まり、珍山彦の訓しのまにまに松、竹、梅の三人は一行と別れて出発する。

淤縢山津見、駒山彦、照彦の三人は谷底にみちびかれるが、照彦の神懸りによって種々の教訓をうけ、淤縢山津見はひとりカルの国へすすみ、駒山彦（羽山津見の神）は百日百夜の神示の行をつみ、身魂を清めてカルの国（コロンビア）へ進む。

(3)　珍山彦に教育された三人娘は、虎公（志芸山津見）や、熊公（石析）を言向和し、各一人々々にわかれて神示を伝えつつ常世の国をこえ黄泉島にすすんだ。途中、ハザマ（パナマ）の国の春山彦のとりなしにて、三人の娘が危難をすくわれたところで、駒山彦、つづいて照彦（戸山津見）がここにて再会する。

(4)　黄泉比良坂の大戦における三ツの桃とすべく、にせ常世神王の使者が松代姫、竹野姫、梅ケ香姫をとらえんとしたが、大江山の鬼武彦の化身竹山彦、およびその眷属たちの身がわりによって危機をのがれた。また春山彦の月、雪、花の三人娘をとらえんとする贋《にせ》常世神王の第二の使者遠山別の毒牙も、白狐神の活動によってのがれ、照彦もまた白狐の身がわりによって縛をまぬがれた。

ここに春山彦、夏姫の館において、荘厳な祭典に奉仕し、三ツの桃の三人娘、春山彦の三人娘たる秋月姫、深雪姫、橘姫をはじめ、照彦、駒山彦は、メキシコをふり出しに北をさしてすすむこととなる。

特　徴

○黄泉比良坂の世界の大峠に桃の実として大神の神業をたすけた。松代姫、竹野姫、梅ケ香姫の獅子奮迅の活動が開始される。

○月照彦神の化身たる照彦や、ミロク神である木花姫の化身たる珍山彦が、宣伝使を育成し神業に参加される。

○ハザマの里の春山彦一家の舎身的神業奉仕。

○大江山の鬼武彦以下の白狐の破邪顕正の活動。

和知川畔のワニ

大正七年十二月二十四日の神諭に

『和知の流れに引沿ふて、一つの鰐が首を上げ世界の学者を喰ひ殺し呑み込んで、世界の害を除かせる仕組の実地が出てくるぞよ』——

かういふ神示がありました。私ははじめ何のことかと思ひました。その後ねつからそれらしい仕組も出現して来ぬので、いよいよ不審に思うてゐました。ところが今度、出口大先生が和知川畔の松雲閣で、高熊山ご修業中に実見せられた、神幽両界のありさまを、『霊界物語』として、口述されてをられるといふことをうかがひ、はじめて謎としてゐた神諭の意味が、氷解したやうに思ひます。—一信者—

（「神の国」誌大正11年1月10日号所載）

霊主体従　酉の巻

第10巻

口述場所　綾部＝竜宮館
口述日時　大正11年2月19日、21日〜23日、25日〜27日
筆 録 者　外山豊二、加藤明子、北村隆光、松村真澄
初版発行　大正11年8月20日
著者最終校正　昭和10年3月30日

目次

登場神・人

〈天教山〉伊弉諾大神、伊弉冊大神、木花姫神、日の出神
〈神軍〉月照彦神、足真彦神、少彦名神、弘子彦神
〈宣伝使〉淤縢山津見司、珍山彦（蚊々虎）、照彦、石析司、根析司、石筒之男司、甕速日司、樋速日司、建布都司、闇淤加美司、闇御津羽司、正鹿山津見司、駒山彦、奥山津見司、志芸山津見司、闇山津見司、羽山津見司、原山津見司、戸山津見司
〈桃の実〉松代姫、竹野姫、梅ケ香姫、秋月姫、深雪姫、橘姫
〈大江山〉鬼武彦、火産霊神
〈ロッキー山〉大国彦（偽日の出神）、大国姫（偽伊邪那美神）、美山別、国玉姫、武虎別、逆国別、笠彦、鎌彦、牛雲別、蟹雲別
〈常世城〉広国別（偽常世神王）、広国姫、蚊取別、照山彦、竹山彦（鬼武彦）、遠山別、中依別、笠取別、固虎（固山彦）、蟹彦（竹島彦）、赤熊
〈魔軍〉美山別、大雷、黒雷、火雷、析雷、照山彦、伏雷、土雷、竹島彦、鳴雷、若雷、国玉姫、田糸姫、杵築姫
〈ミソギ出生の神〉衝立船戸の神、道之長乳歯彦神、時置師神、和豆良比能宇斯の神、道俣神、飽咋宇斯神、奥疎神、奥津那芸佐毘古神、奥津甲斐弁羅神、辺疎神、辺津那芸佐毘古神、辺津甲斐弁羅神
〈神直日神〉豊国姫神
〈大直日神〉国直姫神、高照姫、真澄姫、純世姫、竜世姫、言霊姫
〈伊豆能売神〉木の花姫神、日の出神
〈墨江の三前の大神〉底津綿津見神、底筒之男命、中津綿津見神、中筒之男命、上津綿津見神、上筒之男命
〈三貴子〉天照大神、月読命、神素盞嗚尊（国大立命）
〈宣伝使〉石凝姥神、梅ケ香姫
〈鉄谷村〉鉄彦、鉄姫、清姫、時公、鰤公
〈アルタイ山〉蛇掴

梗概

霊主体従酉の巻はそのまま十《たり》の巻で、坤の金神の大神徳が充足して、酉の霊は⊙であるように日、月、地の主宰神が神定される実にめでたい物語である。

序歌に、日本国と日本民族の使命を示され、総説歌前文には人類に対する最後の光明艮の教である三五教（大本）出現の意義、後文には伊邪那美大神の桃の実と現われた松代姫、竹野姫、梅ケ香姫の活動を基本として三五教の真相がのべられている。信天翁には霊界物語の神劇の意義を解説。

総説歌に「二度目の岩戸を開きゆく」大本神の神業経綸が、「五六七神胎蔵されし天地の根本改造の大光明」であること。したがって「三五教の御諭しは最後の光明艮《とどめ》なり」と示され、大本の神教こそは、地上に神国、高天原、天国、浄土を具現するものであることを示されてある。

ついで、物語十巻の花形役者であり瑞霊神の活動者である松、竹、梅の三ツの桃の活動を明示されている。

「神を離れて神に就き、道に離れて道守る、誠一つの三五教の月の心を心とし尽す真人」の大活動をたたえられている。

(1) 大洪水により天津神の神政となった大地球をわが物としようと、伊邪那美大神がロッキー山に行くとの神勅を仄聞し、八岐大蛇に憑依された大国彦は日の出神と偽称し、金毛九尾の容器となった大国姫は伊邪那美大神と僭称してロッキー山にたてこもり、世界の神人を篭絡する。部下の広国別を常世神王と偽称せしめ、鷹取別を宰相とし常世城に割拠せしめ、体主霊従のウラル教を国是として、邪神の仕組に着手した。

(2) 常世城の偽常世神王の隠謀を破るため、鬼武彦は竹山彦と名のって、内部より破壊することとなるが、城内には次々に奇々怪々なことが相ついでおこる。白狐の化身の三ツの桃である松竹梅の宣伝使を迎え帰ってより、竹山彦（鬼武彦）は偽常世神王のおぼえめでたく宰相鷹取別と同格に昇進し、重役の面々を免じ、門番を重役に登用するなど、上を下への役職騒動をおこす。遠山別は、春山彦の月雪花の三人娘をとらえ常世城へ帰って来たと思うと、またまた白狐にだまされて馬場で泥まぶれになっていたなど、怪事百出する。

(3) 淤縢山津見の宣伝使は南米のテルの国（チリー）ヒルの国（ペルー）カルの国（コロンビヤ）を宣伝し、ハザマ（パナマ）を通り、目の国（メキシコ）にて松、竹、梅の宣伝使（白狐）に、ついで珍山彦にめぐりあう。

蚊々虎の珍山彦に言向和された固彦（固山津見司）を案内者として、黄泉島に美山別、竹島彦らの勇将の出陣して手薄となったロッキー城にすすみ、珍山彦、照彦と白狐に守られて偽日の出神を言向和した。

(4) ロッキー城における淤縢山津見の活動と、常世城における竹山彦の神策にて、お互いに疑いを抱き、常世城の全軍は出陣の途中より引きかえした。ロッキー城にても黄泉比良坂への軍をさいて、その防ぎょにあてた。そのために黄泉軍の大半は兵力を削がれることとなり、大戦の惨害を少くすることができた。

(5) 日の出神は、神伊邪那岐神の神勅を奉じて、三軍の将として黄泉島に向い進軍することとなる。偽伊邪那美大神の大国姫のひきいる黄泉軍に対して、十六神将をもって、鶴翼の陣を張り、攻めよせた。天震い地ゆるぎ得もいわれぬ激戦は開始された。

大国姫の魔軍は美山別を三軍の将とし、あらゆる武器をもって攻め来たる。日の出神の神軍は神の言霊によって言向和しにつとめた。

(6) ここに松竹梅のひきいる桃の実隊が出陣したので魔軍は各武器を地にすてたが、ふたたび常世国の総大将として大国姫の偽伊邪那美神の出陣に、魔軍は死物狂いに比良坂に攻めのぼって、ここに黄泉の島は根底の国の惨状を呈出した。

(7) 神軍の将である日の出神は、那岐、那美の大神にいのり、大火球となって、魔軍の頭上を前後左右に飛びまわったので魔軍はことごとく強直した。ここに正鹿山津見の宣伝歌によって大国姫はたちまち改心し黄泉の大神となり、黄泉の国に降って邪神を教化育成する神となる。

日の出神は刃にちぬらず、言霊の威力によって、黄泉軍を言向和し、神の守護の下に天教山（富士山）へ凱旋された。

(8) 富士山に凱旋した日の出神一行は伊邪那美大神、木花姫命の神歌をいただき、日の出神は、神軍の総代として凱旋の歌を奉答したまい、天教山はあまたの神々の歓喜の声に満たされた。

(9) 神伊邪那岐大神は、大宇宙の潔斎のために、中つ瀬に降りかづきて、美わしき身魂を漱ぎ選り分けて各々それぞれの司の神を定めたもうた。

大禍津日神、八十禍津日神、神直日神、大直日神、伊都能売神を任じ、上中下三段の潔斎の神を任じたもうた。

(10) 大神はいやはてに左の眼から天照大御神を生ませたまいて太陽界（高天原）の主宰となし、右の眼から月読命を生みたまい太陰界（夜の食国）の主宰となし、豊国姫命の身魂を神格化して神素盞嗚尊と名づけ、大海原（地球）の司に任じたもうた。すなわち大宇宙の三貴子を決定なされた。

(11) 第二篇の禊身の段は、出口聖師が古事記の伊邪那岐大神のミソギの言霊解をされたもので、特に直霊（直日）について詳説してある。

(12) 第三二章からは、伊邪那岐の大神は日の国へ、伊邪那美大神は月の御国の元津御国に帰りまして、大海原は、いよいよ速須佐之男の大神が、主宰神として全地球をしろしめすこととなる。

⒀ 東彦の宣伝使はアーメニヤの宣伝をなすべく石凝姥神となって、宇智川をわたり、鉄谷村の清姫の人身御供の事件を知り、梅ケ香姫宣伝使の身がわりにより、アルタイ山の曲神を追放して解決した。

鉄彦夫婦は娘清姫の大難をまぬかれ、国中のわざわいの種をのぞかれたのは、神の御恵みと感謝し、二柱の宣伝使を中心に祝宴を開いた。

この里にて、のちの時置師の神司となった時公があらわれるところは特に面白い場面である。鉄彦は、二人の宣伝使のお供をして、アルタイ山を右に見て西へ西へとクス野ケ原へすすむ。

霊主体従　戌の巻

第11巻

口述場所　綾部＝松雲閣
口述日時　大正11年2月28日～3月4日
筆 録 者　外山豊二、加藤明子、北村隆光、松村真澄
初版発行　大正11年9月10日
著者最終校正　昭和10年2月19日

特　徴

○世界の大峠に相当する黄泉比良坂の神戦鬼闘の物語。厳霊、瑞霊の神教に守られて、木花姫神の御守護の中で、三箇の桃の実といわれる松代姫、竹野姫、梅ケ香姫はじめ月雪花の桃の実隊の獅子ふんじんの大活動、日の出神の神徳発揚によって、善言美詞により言向和す神軍の大勝利となり世界が治平される。

○伊弉諾大神のミソギの神事により宇内の主権神が出生され、大海原は天津神の神政から、神素盞嗚大神の神政となる。

目次

登場神・人

〈大海原の主宰神〉神素盞嗚大神
〈大地の神〉国治立大神、金勝要神
〈宣伝使〉天児屋根神（青雲別・高彦）、石凝姥神（東雲別・東彦）、天之目一箇神（白雲別・北光神）、太玉命（三葉彦神・広道別）、時置師神（時公）、松代姫（孔雀姫）、竹野姫、梅ケ香姫、秋月姫、深雪姫、橘姫、大歳神（久方彦・雲路別）八彦司、鴨彦司、勝公
〈白狐〉鬼武彦、旭、高倉、月日
〈コーカス山〉ウラル姫（大気津姫命）

梗概

言霊反には物語第七巻総説の顕真実、未顕真実の補充の文章がある。

信天翁(2)は物語の拝読の意義がのべられている。

(1) 青雲別の高彦、のちの天児屋根の神司はウラル山やアーメニヤに醜の本拠をおくウラル彦、ウラル姫を言向和して、全地球上を平和に治めるため、黄金山を出発して、日本海をわたりクス野原を進みゆくと、鉄谷村の時公にめぐりあう。途中人生の本義、死生観を教示しつつ新玉原で、東彦、梅ケ香姫、主人の鉄彦とめぐりあった。長方形の岩にすむ大蛇を言向和そうとすると、先着の月雪花の宣伝使が言向和し鎮魂をほどこしたところであった。

(2) 二男四女の宣伝使は新玉原を分けて宣伝歌をうたいつつ西へ西へと明志の湖の方面さして進み、北の森で神言を奏上し眠りにつくところへ、村人が押しよせて来たので、鎮魂により勝公を霊縛し、宣伝歌をうたいながら立ち去る。

(3) 梅ケ香姫は明志の湖をわたるべく、明志丸の船客となった。北の森の八公、勝公、鴨公がのりこんでいたので宣伝歌でさとすと、勝公は暴力にうったえようとするが、鉄彦の命で保護のためについて来た鉄谷村の時公がこれをいましめた。

一行は、西岸のタカオの港につき寒風すさぶ荒野ケ原を勇み進み行く。人間を食うという黒野ケ原の孔雀姫館へ立ち寄ると「飲めよ騒げよ一寸先や暗よ、暗の後には月が出る」との歌をきき、勝公、八公、鴨公は喜んで飛びこんだ。ところが孔雀姫に「オモテ教」とききニ度ビックリ。梅ケ香姫の宣伝歌によって孔雀姫は松代姫であることが判った。一同は三度ビックリ、改心することとなる。松代姫の宣伝歌によって疑問氷解し、勝公はこの館に留まりて、懸命に三五教の宣伝歌をうたって枉神を言向和すこととなり、時公、八公、鴨公は二人の宣伝使に随従して、威勢よくコーカス山へ向うこととなった。

(4) 松代姫、梅ケ香姫は時公らを引きつれ一望千里の雪野原を日数をかさねて遂に琵琶の湖のほとりに着いた。鏡丸にのりこみ、五日五夜の航海も無事に、ようやく船は西岸に着く。五人は歌をうたいながら、またもや西北さしてコーカス山めあてに進みゆく。

(5) 第一三篇言霊解は、大正九年一月十六日、十七日の著者の古事記の大気津姫の段の言霊学にもとづいた貴重な講演で、本巻の重要な参考文献である。

(6) 松代姫、梅ケ香姫は三人の伴をつれてふたたび汐干丸にのり琵琶の湖を渡りゆく。梅島の岩窟の港に立ち寄りコーカス山の眷族にめぐりあい、松代姫一行は牛、馬、鹿、虎をくわえて宣伝歌をうたいながら、コーカス山をさして進みゆく。牛公のすすめで岩窟で一夜をあかすこととなり、神言奏上中に石凝姥の宣伝使にめぐりあう。その時、押しよせて来たコーカス山の魔神に対し、松代姫、梅ケ香姫は神言を奏上し、時公は飛び来る矢を防ぎ、東彦は宣伝歌を奉唱すると矢の音はピタリとやんだ。あまたの捕手は雪谷にうずくまり、中には感涙にむせび号泣する者もあった。松代姫、梅ケ香姫はこの場にあらわれ三五教の教理をねもごろに説き諭すと、いずれも心をあらため、大気津姫の部下のヤッコスの帰順に全力をつくすこととなる。

⑺　大国彦、大国姫らの神人は神業に奉仕するようになった。しかるに三種の邪神はウラル彦一派に憑依して、ウラル山、コーカス山、アーメニヤに本拠をかまえ、ことにコーカス山には荘厳美麗な金殿玉楼をあまた建てならべ、酒池肉林の快楽にふけりて贅沢のかぎりをつくし、天下をわが物顔にふるまう我利我利亡者の隠れ処となった。かかる衣食住に贅をつくす体主霊従人種を称して大気津姫命という。

大気津姫の一隊は、大工を集め風景佳き地点に荘厳な宮殿を建設した。さすがのウラル彦夫婦も、まず国魂の神金勝要大神、国治立命、素盞嗚命の神霊を鎮祭することとなり、あまたのヤッコスガミは、海河山野の供物を奉った。

この宮を顕国の宮という。祭典は三日三夜力行され、あたかも狂人の集まりのごとき状態であった。祭典が始まると恐ろしき音響を立てて唸りはじめる。これは神慮にかなわぬためであった。ウラル姫、ヤッコス神、ヒッコス、クスの神は、ヨイジャナイカの歌をうたい、邪神が憑って泥まみれとなり叫びまわる。ここに三五教の宣伝使、松竹梅をはじめとし、石凝姥神、天之目一箇神、淤縢山津見司、時置師神、八彦司、鴨彦司は宣伝歌を言葉さわやかに奉唱した。神殿の鳴動はこの宣伝歌とともにピタリとやんだ。ウラル姫は鬼女と変じ、ヤッコス、ヒッコス引きつれて、天の磐船、鳥船にその身をまかせ、アーメニヤ、ウラル山さして逃げ散った。

松竹梅はじめ一同は、あらためて神殿に祝詞を奏上し神徳を感謝するおりしも、五柱の神が現われた。いずれも鬼武彦の率いる白狐の化身で、さすがの金毛九尾の悪狐も白狐の神力に、ウラル姫とともにこの場を捨てて逃げ去った。

ここに石凝姥神、天之目一箇神、天之児屋根神は、高倉以下の白狐に、顕国の宮にささげられた五穀の穂を、世界の各地に播種せしめた。これより顕国の宮を飯成の宮と改めた。

⑻　黄金の甍に三つ巴の顕国の宮の主とあれます神須佐之男大神は、太玉命に松代姫をめあわせ宮の司となし、祝詞の守護神、天の児屋根命に梅ケ香姫をめあわせた。さらに天の目一箇司には、竹野姫をめあわせてアルプス山に派遣し、石凝姥とともに鏡、剣を鍛えしめた。石凝姥神、天之目一箇の神、

天之児屋根神、大歳の神は高倉以下の白狐をして五穀の種子を植えひろめしめられた。

神素盞嗚大神の命を奉じて淤縢山津見司、正鹿山津見司、月雪花の宣伝使はアーメニヤの神都に魔神征服に向った。

このことは、天照大神の御疑いをいだかせたもう種となり、須佐之男命は姉神に嫌疑を受け神追いにやらわれ、悲境におちいり給うこととなる。
(9) 神素盞嗚大神は、両刃の剣を神実として金勝要大神、国治立大神を祭り荘厳なる祭典をおこない給うた。祭官は祝詞奏上、天之児屋根命、太玉串は太玉之命、天之目一箇命は両刃の剣の神実を奉安し、石凝姥命は神饌長、時置師神、八彦、鴨彦は献饌、大歳神は祓戸、松竹梅の桃の実は御巫。月雪花の三柱は忽然とあらわれ歌をうたい舞を舞い、祭典をにぎわした。
引きつづき、太玉命と松代姫、天児屋根命と梅ケ香姫、天目一箇神と竹野姫の結婚式がおこなわれ、一同は歌をもって祝した。

特　徴

○霊主体従戌の巻第十一巻は、衣住食の贅沢な制度が立替えられて、神人一致万民和楽の祭政一致と天産物自給自足の経済の産霊《むすび》の経綸と原理がのべられている。
○言霊解大気津姫の段で、素盞嗚尊の提案された食制を神皇産霊神が採用される点は特に重要である。

霊主体従　亥の巻

第12巻

口述場所　綾部並松＝松雲閣
口述日時　大正11年3月6日～11日
筆 録 者　外山豊二、加藤明子、北村隆光、松村真澄
初版発行　大正11年9月30日
著者最終校正　昭和9年12月9日

目次

登場神・人

〈高天原〉神伊弉諾大神

〈地教山〉神素盞嗚大神、豊国姫神、月照彦神、足真彦神、弘子彦神、少名彦神、祝部神

〈天教山〉日の出神、木の花姫神、天菩比命、天津彦根神

〈万寿山〉高光彦、玉光彦、国光彦

〈ウラル山〉ウラル彦

〈アーメニヤ〉ウラル姫、美山彦、国照姫

〈大江山〉鬼武彦

〈橄欖山〉埴安彦神、埴安姫神

〈イホの都〉夏山彦、祝姫、春公、初公（行平別）、斧公

〈宣伝使〉蚊取別、時置師神、石凝姥神、祝部神、正鹿山津

見神
〈立花島〉橘姫命（多岐都比売）
〈一つ島〉深雪姫命（多紀理毘売）、手力男神、高杉別、大国《ひろ》別
〈竹の島〉秋月姫命（市寸嶋比売）、高倉別、竜山別

梗　概

序文には開祖の筆先と霊界物語について述べられている。開祖の筆先は太古の神々の活動をはじめ、現在、未来の神界の活劇を、断片的に示した台詞書であるが、霊界物語編纂の大使命はこれを一つに取りまとめ、その真相を劇化して、完全に世人に示すことにあると示されている。

(1)　大海原の主宰神にます神素盞嗚大神は全地の上に楽土を樹立するため、心を千々に砕かれたが、あまたの邪神の暗躍によって、ふたたび常暗の世になろうとした。大神は地教山を出てコーカス山に現われ、正しき神々を招集し、両刃の剣の神徳により天の下を治めようと思召し、千座の置戸を負うて、磐樟彦の珍の御子の高光彦、玉光彦、国光彦に事依さしたもうた。

三五教の宣伝使のためにコーカス山を追い払われたウラル姫とウラル彦は、今はほとんど策のほどこすところなく、アーメニヤの都を死守し、八百万の曲神は四方八方に散乱し、アフリカをはじめ南米、北米、欧亜大陸、オーストラリヤ等に死物ぐるいとなって、悪逆無道のかぎりをつくすこととなった。

(2)　高光彦、玉光彦、国光彦の三光の宣伝使は万寿山を出発しフサの国を後にして、聖地エルサレムを越え、住江の国を跋渉し、アフリカのエジプトのイホの都につき、純世姫命の守りますアフリカの精神界を清めんと国魂神の森で一夜を明かした。国魂神の祠の森に集まった群集は、飢に苦しむ村人に物持ちの倉を明けて村人にあたえるか否かについて論争となり、初公の号令で酋長の夏山彦と物持ちの春公を棍棒をうち振りなぐりかかろうとする時、蚊取別が宣伝歌をほがらかにうたいながら現われて群集を霊縛した。そこへ三光の宣伝使が宣伝歌をうたってあらわれた。初公はたちまち改心して、村人の保護を斧公に依頼し、宣伝使のお供となって白瀬川の悪魔退治に出発することとなる。路上で一同は不思議な夢を見、夏山彦と春公の迎えによって夏山彦の館に立ちより一宿し、蚊取別は、宣伝使祝姫を夏山彦にめあわした。

(3)　高光彦、玉光彦、国光彦、蚊取別、初公（行平別）に祝姫を加えて、ナイル川の上流白瀬川の水上の秋月の滝、深雪の滝、橘の滝、高光の滝、玉光の滝、国光の滝にたむろする八岐の大蛇の霊を言向和すこととなった。秋月の滝を言向和すと、蚊取別は祝姫をともなって白煙となって消え去る。

高光彦、玉光彦、国光彦は大化物である蚊取別の偉大なる神格に感動し、天津祝詞を奏上し、まず宣伝使みずからを正すにしかずと宣り直しの宣伝歌を高唱した。うたいおわると百日百夜の暗黒にとざされた天地は、ここに豁然として夜の明けたるごとく、日はこうこうとして天にかがやき、瀑布のひびきはピタリと止まり、虎、狼、獅子、大蛇、鬼の叫びも、若葉をわたる春風のひびきとなった。これは宣伝使の心の岩戸開きである。

⑷　国武丸にのりこんだ三光の宣伝使、行平別、石凝姥神、時置師神一行は呉の海をコーカス山の麓をさして進みゆく。船客は四方八方の話を交換している。一陣の颶風に山岳のような浪が立ち、国武丸が沈没しようとする時、石凝姥神、時置師神が宣伝歌をうたいおわると、たちまち凪いで呉の湖は畳の上のごとくなり、船中一同は、思わず月にむかって合掌感泣した。おりから得もいわれぬ香気みち、りゅうりょうたる音楽聞こえ、しきりに花の雨を降らし、中空に天の羽衣をひるがえし橘姫は宣伝歌をうたい納めて、神姿をかくさせたもうた。

国武丸は三五の月に照らされながら橘島さして進みゆく。時置師神は船の一隅より立って宣伝歌をうたった。時置師神が近づくと牛公は月照る海面に飛びこんだ。時置師神は暗祈黙祷したのち馬公、鹿公、虎公たちと談合するところへ、牛公は琴平別の大亀にすくわれて船中にあらわれた。宣伝使をはじめ船中の一同は拍手再拝神恩を感謝する。その声は天にもとどくばかりであった。

高光彦は朝日に向って宣伝歌をうたい橘の島に上陸した。この島は地上の山川草木が涸れ干すなかに世界いっさいの草木繁茂し、稲・麦・豆・粟・黍や果物、蔓物が自然にできている蓬莱の島である。玉光彦は島に向って神徳讃美の歌をうたい、国光彦は島を鑑として神教宣布する由を歌った。行平別は橘姫に要望する歌を大音声に呼ばわった。橘姫は右の手に稲穂を、左の手に橙の実をたずさえて、天の数歌をうたいおわり、空中に投げ上げたまえば、全地球上の食物、果物はこれよりよく実り、万民安堵する神世の端緒がひらかれた。これは天の岩戸びらきの一部の御神業である。

橘姫は国光彦と夫婦となり、この島に永遠に鎮まって国土鎮護の神となった。

⑸　深雪姫は高杉別の立てこもるサルジニヤの神島に、国家鎮護の神業に奉仕するため、金城鉄壁をつくった。武勇の神はこの一つ島に集まりきたり武術のけいこに余念なく、剣戟射御にいそしむ声は瀬戸の海（地中海）を越えて、遠く天教山にます天照大神のみもとにも、手に取るがごとくとどろきわたった。天照大神は弟神素盞嗚命に高天原を占領せむとする野心なきやと心痛されるにいたった。天照大神の使臣とし

て天菩比命は、高天原から一つ島を攻略するために襲来した。しかし、一つ島は深雪姫の、「いかなる敵の来るとも神の嘉言に言向けて敵を傷つくことなかれ」との方針のまにまに、善言美詞をもって言向和すことにつとめる。深雪姫は手力男命のすすめのまにまに休息する菩比命の神軍に向って言霊歌をのべ給えば、菩比命は懺悔の念にたえかねて涙にくれるばかりであった。

日の出神は空中にあらわれ、須佐之男命の麗わしきみ心判明し、菩比命はただちに高天原に復命された。

(6) 高光彦、玉光彦、時置師神は呉の港に上陸し、大野原をすすんで琵琶の湖のほとりに着いた。七日七夜出船を待つ間に、旅人の話により石凝姥神は「道聴途説とはいえ、いよいよ厳霊と瑞霊の誓約が始まったらしい、天の目一箇神も出かけているであろう」と天の岩戸びらきの準備としてアルプス山へ八咫鏡を鍛えるために進みゆく。

時置師神一行は琴平丸にのりこみ、船客の話により厳と瑞とのウケヒの開始を知る。やがて竹の島の磯端の激烈なる惨劇の光景が手に取るごとく見えてきた。

(7) 秋月姫のしずまる琵琶の湖の竹の島に、天教山の天津彦根命の神軍が武力をもって襲来した。秋月姫は高楼にのぼり、天津のりとの神嘉言を奏上し、天地に向って祈願したもうた。襲来した天津彦根命は、高楼に荘厳な一絃琴の音と天津のりとのすがすがしくひびく声に、太刀、弓矢を大地に投げ、神言を奏上する。大将軍の急変の態度にあまたの戦士も、武器を捨てて大地に端坐し天津のりとを声たかだかと奏上した。

時置師神、行平別神は神軍の後方で、宣伝歌をうたい舞う。高光彦は森の中で天の数歌をとなえていた。秋月姫は高倉別、竜山別を従えて長袖しとやかに「とうとうたらりや、とうたらりたらりやァたらり、とうたらり」と扇をひらき地ふみ鳴らし舞いくるう。秋月姫を中心に敵味方の区別も忘れて狂うがごとく踊りまわる。

ここに素盞嗚尊に対する疑いはまったく晴れわたり、天津彦根神は喜び勇んで、天教山に凱旋される。

秋月姫は高光彦と結婚の約をむすび、この島で神業に参加した。玉光彦は深雪姫を娶り、万寿山に帰り父磐樟彦神の後継者となって、永遠に神業に参加された。

(8) ウラル彦、ウラル姫は第二の策源地コーカス山の都を追われ、さすがの魔神も手を下すによしなく、美山彦、国照姫をウラル彦、ウラル姫と称せしめてアーメニヤを死守せしめ、みずから黄泉島にわたって、第二の作戦計画をめぐらしつつあった。三五教の宣伝使祝部神は月照彦神の化身とともに、黄金山を立ち出でアフリカのヨルの港から筑紫丸に乗船し、黄泉島の魔神を剿討すべく進みゆく。筑紫丸はオーストラリヤを経て、黄泉島に沿い北米大陸にかよう船である。

たちまち暴風吹ききたり、筑紫丸は危険の状態となった。祝部神が天地の神々に祈ると暴風にわかに止み、西北の風吹き来たり、船は黄泉島に向って疾走した。そのとき、黄泉島は轟然たる音響をたて、みるみる海中に沈みはじめた。あまりの恐ろしさに船客一同はこの光景を見て、「アレアレ」と驚きの目をみはる。

祝部神は海中を泳ぎ黄泉島につき、言霊の威力によって島を浮きあがらせ、船を救った。祝部神は曲津神を追って比良坂の千引石の上で神言を奏上する折りしも、大音響とともに広き黄泉島は海中に没した。おりからの荒浪は千引の岩をあらい、祝部神の身体をも今やさらわむとする時、日の出神のつかわした正鹿山津見神の操縦する天の磐樟船に救われて天教山の阿波岐原に降り着いた。

(9)　第四篇古事記略解は天照大神、月読命、須佐之男命の御出生から天の岩戸びらきまでの本文を、神示と言霊学にもとづいて著者が解説、講演されたもので、霊界物語第十巻第二六章貴の御子から第十五巻第十章神楽舞までの重要参考文献である。

特　徴

○天岩戸開（一）は人の心の天の岩戸びらきであり、その（二）は宣伝使の心の岩戸びらきであり、その（三）は厳と瑞の系統の心の岩戸びらきである。

○素盞嗚尊の三女神の神業と天照大神の五男神のなかの天菩比命と天津彦根の出現、ならびに三五教宣伝使の奉仕と厳瑞の誓約の神業。

○ウラル彦一派の邪神的行動と、三五教の宣伝使の教化的活動と黄泉島の沈没。

東大寺五重塔の丸柱に表はれた文字

霊界物語第二巻（校定版）『凡例』中から
割愛してあるので、ここに掲載しました。

昔、南都東六寺五重塔丸柱の虫喰ひ跡に、次のやうな文字が表はれたことがあります。

九 九 五 一　合　二十四西より上る四日月
一 五 一 一　合　八洲の神地となる
〇 五 〇 六　合　十一神世の初
一 三 一 一　合　六合となる
二 一 六 一　合　十すなはち神となる
一 一 一 一　合　四魂となる
三 一 六 一　合　十一すなはち土の神となる
一 〇 一 一　合　三体の大神となる
〇 〇 〇　　合　　三ツの御魂となる

（数字の下の「合云々」の文字は瑞月大先生が附け加へられたものです）

しかし、誰一人これを読むこともできなければ、その意味も分るものはありませんでしたが、当時の高僧弘法大師はこれをかう読みました。

月　九《かかつて》㆓　中　岸㆒　　閑《かん》　居《きよしてたれかを》　一　一《まつ》
露《つゆ》　五《しほれて》㆓　幽《ゆう》　苔《たいに》㆒　　独　身　一《ひとり》　一《さびし》

法　一《はじめに》　不㆑　一《はびこら》　　一㆑《したがつてたたくに》　一　一㆑《ます》　一《ひかりを》
道　一《ひとり》　不㆑　一《ひろまら》　　時　節　一㆑《まつ》　一《ひとを》

瑞月大先生にこのことを伺ひましたら、直ちにその意味を御教示下さいました。その五重塔の丸柱に現はれた不可思議な文字は、全体を数へると七十七の数になります。そして七十七は上からも下からも七十七となります。上下そろふわけであります。七十七数は㐂の代詞で七は「成」の意であり、十は「神」の意味であり、七はまた「国」の意であり、つまり「成神国」の意味になるさうであります。この数字の中の〇三つは三ツの三玉の意であります。つまり瑞の御魂が隠されてゐるといふことになるのであります。弘法大師はこのことを知ってゐたのだけれども故意《わざ》とかくしてゐたといふことであります。

大先生はかう読まれました。

月　懸㆓　中　岸㆒　閑　居　誰　待
露　萎㆓　幽　苔㆒　独　身　孤　寂
法　初　不㆑　蔓　随　鼓　増㆑　光
道　独　不㆑　拡　時　節　待㆑　人

いかにも月光が万界の暗を照破し、神政成就の機運の到達することを暗示せる神秘的な面白い話であるやうに思はれます。

如意宝珠

如意宝珠　子の巻

第13巻

口述場所　綾部＝松雲閣
口述日時　大正11年3月16日～18日、20日、21日
筆　録　者　外山豊二、加藤明子、北村隆光、松村真澄
初版発行　大正11年10月30日
著者最終校正　昭和10年3月30日

目　次

登場神・人

〈天教山〉木の花姫神、日の出別神（正哉吾勝々速日天忍穂耳命）
〈宣伝使〉岩彦、鷹彦、梅彦、亀彦、音彦、駒彦、勝彦
〈醜の窟〉木の花咲耶姫神、野呂公、弥次彦、与太彦
〈田子の町〉お竹
〈ウラル教〉目付役、鷲掴の源五郎、八公、六公

梗　概

モノログに「霊界物語は全巻を通じて、三大潮流が不断に幹流し、時々大小の渦巻が起ってをります」と示されている。善悪不二、正邪一如、顕幽一致の真諦を明らかにし、洋の東西、人種の如何を問わず、修身斉家の基本的教訓書となり治国平天下の軌範たるべき神書であり、大本の大精神はこの霊界物語によって感得さるべきものであると述べられている。総説と第一章は著者の明治三十三年の旧作である。「神旗の由来」「霊力体」等について述べられている。

(1)　第一篇勝利光栄——日の出別神が天教山の木花姫の御教を奉じ、アーメニヤにたむろするウラル教の魔神を言向和そうと、津軽海峡をすぎて日本海を目無堅間の船（日出丸）に乗り西へ西へとすすみ印度洋をわたり、さらに鶴の島の港をあとにしてペルシヤの海についた。ペルシヤの海面は黄泉島の沈没によって水量まさり、海辺の低地はほとんど沈没の厄にあっていた。日の出丸からのりかえた鶴山丸の船中には、日の出別命のほかに、アーメニアのウラル彦の命によってオーストラリヤに宣伝に出張し飯依彦のために惨敗して帰途についたウラル教の宣伝使数名がのり込んでいる。にわかに吹きくる颶風のため、山岳のような激浪の谷間を浮きつ沈みつただよいながら西北さして進みゆく。日出別命は宣伝歌をうたって岩彦、梅彦、音彦、亀彦、鷹彦、駒彦の一行に改心をせまる。歌いおわると、さしもの暴風激浪も静まった。船中の人々は神徳に驚嘆の目をみはるのみ。ウラル教の宣伝使は鳩首謀議をかさねるうちに、またもや以前のごとき暴風吹き来たり鶴山丸の運命は旦夕に迫った。颶風は西北に変じ、逆流してふたたび元来し海路にただよった。ウラル教の一行が煩悶苦悩のうちに、船はようやく波斯《フサ》の海岸タルの湊に安着した。

日の出別の宣伝使はタルの港に上陸し、フサの国の都をさして宣伝歌をうたいながら進む。ウラル教の一行六人も目くばせしながら、タルの港に上陸し、足を早めてシヅの森に向って進みゆく。

日の出別命は〝暴風強雨われ関せずえん〟といった調子で野馬を御しすすむ。黄昏に馬を乗り捨て、徒歩でシズの森に着いて一夜を明さむと蓑を木蔭に敷き眠りにつく。

ウラル教の宣伝使一行もシヅの森に着き、雑談にふけるおりしも化物におどろかされたり、夢の中での出来事から鷹彦にすすめられ、ついに三五教に帰順することとなった。

(2) 第二篇洗礼旅行は六人の宣伝使の身魂みがきの旅行である。日の出別の宣伝使一行七人は脚にまかせてフル野ケ原にすすみ入る。東北の風に小雨まじりの原野で、蓑笠をかぶり一夜を明かすこととなる。日の出別命の姿が急に見えなくなったので心魂動揺したが、夜あけを待って固きパンをかじりながら、西北さして宣伝歌をうたい進みゆき、原野の中央に屏風のごとく衝立てる岩山、醜の窟の麓についた。日の出別命は岩上で、醜の窟を探険し言向和すべく宣伝歌をうたった。六人の宣伝使はようやくこの場に到着した。日出別は声もすずしく天津のりとを奏上する。その声は天地六合に鳴りわたるがごとく、日の大神は西天に温顔をあらわし、一行の日の出別命に対する迷いの雲はとけ、岩窟に進入することとなる。日の出別命は弓をこしらえ茅の矢をつくり、東西に延長せる岩山にむかって、発矢と射放ち、「私の射放った矢を拾って来い。そうすれば入口がはっきりと判るのだ」と命ぜられ、鷹彦、岩彦一行は暗雲に駈けだした。日の出別はただちに燧石をとり出し、おりから吹きくる暴風にむかって火を放てば、たちまち轟ごうたる音を立て、火は四方に燃えひろがる。

(3) 第三篇探険奇聞——日の出別命が萱野原へ射放った、たった一本の萱製の矢をひろい、われ一に功名せむと鷹彦らの一行は萱野をわけて進みゆく。おりからの火は四方八方より燃えたけり、黒煙もうもうと一同をつつみ、火は足もとへ迫る。進退きわまった一同は一ところに集まり、たがいに抱きついて地団駄踏む。たちまち地はバサリと陥落し、土中に一行はおちいった。火はその上を燃え過ぎる。

一同は萱の矢をくわえた緋色の毛の古鼡の「内はホラホラ、外はスブスブ」の案内で巌窟の探険をはじめたが、種々の試練をあたえられる。

フル野ケ原の醜の窟の中心点、木花咲耶姫の経綸の聖場、高照姫神（金勝要神の和魂）の堅磐常磐に鎮まりたまう岩窟第一の珍の御舎において、木花姫の化身の神教により、亀彦、音彦、駒彦は身魂がみがけ、善言美詞の言霊が使用できるほどに向上した。三人は十字路において岩彦、鷹彦、梅彦にめぐりあう。

鷹彦、梅彦はたちまち向上したが、岩彦はなかなか向上できないところに、百雷の一時に落下するごとき大音響とともに、巨大な大火光の中から以前の女神、木花姫の和魂が現われて、鷹彦、梅彦、駒彦、亀彦、音彦に身魂の浄化したことをつげ、力をあわせて岩彦を向上させ、フサの都に出立せよと命じて火煙となって消えたもうた。五人は感謝の涙にむせびつつ天津のりとを奏上すれば、円満清朗の言霊は巌窟のうちを隈なくひびきわたった。

岩彦がまごつくところに六個の光玉から五柱の女神と一柱の鬼顔の男があらわれた。岩彦が反省すると女神姿の岩彦の本守護神があらわれ、六柱の本守護神は六人の宣伝使の頭上から体内に浸みこんでしまった。

これより一行はこの巌窟を立ち出で、原野をわたり、コシの峠をさして進みゆく。
(4) コーカス山に現われし日の出別の生神を慕うて絡繹と詣ずる男女のまん中に、弥次彦、与太彦があった。二人は夕暮れに田子の町につき、弥次彦は高取村の家に下女にきていたお竹の家に頼みこみ一夜の宿をとった。にぎり飯や小便茶のためにお竹の両親と大喧嘩しているとき、醜の窟でめぐりあった六人の宣伝使が、烏帽子、狩衣姿で馬をおり群集を別けてこの家に入り、宣伝歌をうたいはじめると弥次彦、与太彦をはじめ老爺も婆もお竹も、今までの争いをケロリと忘れ、ともに手をうち踊りくるう。
(5) 六人の宣伝使は、田子の町のお竹の宿の騒動を鎮定し、弥次彦、与太彦は宣伝使に扈従して、コーカス山に向うこととなった。六人は馬上にまたがり、二人は徒歩のままフサの都をさして進む。タカオ山脈に連続せる猿山峠の麓につき、林の中で前後も知らず寝入った。
夜中に弥次彦は目を覚ますと、五人の宣伝使の姿は消え失せている。そこで音彦と弥次彦、与太彦三人はウラル教の捕手の間を生命からがら突破して進んで行ったが、ついに追いつめられて今や捕えられむとする時、決死の覚悟で谷間をめがけて飛び込んだ。
(6) 信天翁（三）――霊界物語口述の基本を「わが神国の御教は、顕幽神の三界の、過去と未来と現在に、一貫したる真象を、うまらに具らに説き明かす、三五教の御教」と示されてある。

特 徴

○厳霊の五男神の長男にます正哉吾勝々速日天忍穂耳命、言霊学よりは勝利光栄の神にます（物語では日の出神の分霊にます）日の出別命が、天教山の木の花姫命の神教を仰ぎ、大亜細亜を平治するためにアーメニヤにわだかまるウラル教の魔神を言向和す活動を開始された。
○後に半ダース宣伝使といわれるアーメニヤ出身のウラル教の宣伝使たちが、日の出別命の信者となる。後に亀彦は治国別、梅彦は照国別、音彦は玉国別、駒彦はハルマン、岩彦は文殊菩薩となる。
○醜の窟の火凧が「内はホラホラ、外はスブスブ」と示されてあるのは、大本のこととして心をひそめて拝読すべきであると示されている。

○総説の神旗の由来、十曜の神紋の意義および霊力体の一文は（大本の三大学則は明治三十三年に成文化している）重要な文献である。

如意宝珠　丑の巻

第14巻

口述場所　綾部＝松雲閣
口述日時　大正11年3月23日～25日
筆 録 者　外山豊二、加藤明子、北村隆光、松村真澄
初版発行　大正11年11月15日
著者最終校正　昭和10年3月17日　於嘉義ホテル

目　次

登場神・人

〈五六七殿〉天御中主大神、高皇産霊大神、神皇産霊大神、国常立大神、豊国主大神、天照大神、神素盞嗚大神、須世理姫大神（金勝要大神）、月読尊、天勝国勝奇魂千憑彦神、曽富戸神、久延毘古神
〈杵築の宮〉大国主大神、大物主大神、少彦名神
〈コーカス山〉日の出別神
〈宣伝使〉音彦、鷹彦、岩彦、亀彦、梅彦、駒彦、勝彦
〈三五教徒〉弥次彦、与太彦
〈三途川〉鬼婆、ウラル教源五郎
〈ウラル教捕手〉六公、烏勘三郎
〈小山村〉鶴助、お亀、松公、お梅、お竹

梗　概

(1)　ウラル教の捕手に追われてコジカ峠より渓流に飛びこんだ音彦の宣伝使、弥次彦、与太彦の霊魂は、中有界の三途の川のほとりにたっていた。弥次彦は鬼婆と問答してその代理となり、迷いきた鷲掴の源五郎の着物をはぎ舌をぬく。着物は自分と与太彦が着用したまま、四人は三途川の脱衣婆に別れを告げて西へ西へとすすむ。ピタッと行きあたった禿山、三方山に囲まれ進路を失なっていると、忽然として見上ぐるばかりの銅木像が地中より現われた。源五郎は銅木像に入り、弥次彦、与太彦にミヅバナや小便の竜吐水をかけて、太陽に頭をうち月をよけ、雷のように咆えながら西の方へと進んでゆく。そこへ日の出別の宣伝使一行がすすみ来たり伊吹によって、ハッと気がつけば小鹿峠の麓の川辺で気絶しているところを救われていた。

(2)　鷹彦、梅彦、亀彦は岩彦の改心を喜び、駒彦もろとも駒にむち打ち夜の道を小鹿峠の頂上に登りつき、音彦の姿がないのに気がつく。鷹彦は霊鷹と変じ中天高く捜索のために飛びたった。四人が神言を奏上し物語に時を移すうちに東の空から日の大神の影、タカオ山脈の頂より登りたもうた。この時ウラル教の捕手が近よったところへ鷹彦は立ちかえり、元の人間姿となる。ウラル教の六公は三五教に帰順した。

一陣の風とともに馬上姿で天降った日の出別神は、サル山峠に休む五人の宣伝使と六公を率きつれ小鹿峠の谷底へ向かい、谷底に枕をならべて気絶していた音彦らの三人を救い、一同禊を修し天津のりとを奏上して感謝する。日の出別神は天馬空をかけってコーカス山へ帰りたもう。

宣伝使一行六人は馬にて日の出別神のあとをおい、フサの都へ出発した。弥次彦、与太彦、六公は小鹿峠を徒歩ですすみ行く途中、岩窟の中に幽閉された勝彦の宣伝使を救出するが、十八番峠で小鹿山の山颪に弥次彦、勝彦は中空に吹きあげられ、谷間のあなたに姿をかくした。不思議にも烈風はケロリ

とやむ。与太彦、六公は二人の散って行った方面さして、顔色を変え、急いで元来た道を引き返し捜索し始めた。

⑶　弥次彦、勝彦は、枯野原のにごりきった三途川のほとりにきていた。鬼婆と弥次彦、勝彦は意味深重な問答をくり返す。与太彦、六公は生命かぎりに捜索し松の大木の上に二人の姿をみとめ、めでたく再会した。四人は谷間から這い上がり、小鹿山峠の坂道に着き、着物を弥次彦と六公と着がえて、山田村の松屋に立ちより牡丹餅を腹いっぱいたべる。下女のお竹の姿を見て六公が一散に駈け出したので、三人は六公のあとを追跡する。

勝公一行は六公に二十峠の麓で追いついた。そこへ鷲掴の源五郎の身内の烏勘三郎ら十数名が手槍をしごき近よったが、勝彦に霊縛され、勝彦はじめ一同の宣伝歌をきき、勘三郎はじめ一同はこの言霊の神徳に救われて、霊縛を解かれ、帰順して神恩を感謝するに至った。

⑷　勝彦の宣伝使一行は烏勘三郎の一軍を言向和し、意気ようようとして峠の幾つかを越えて小山村についた。小さい草ぶきの家に休息を求め、自己紹介から、老婆の「夫婦は二世」の質問に勝公が答えたことから、六公をお竹さんに復縁させることとなる。

⑸　勝彦の宣伝使一行は小山の郷をうち過ぎ、二十三坂をこえて風光明媚の峠についた。四方の眺めはことさらに気分がよいので幽斎修業をしたいと勝彦に三五教の鎮魂帰神の神法を要望した。勝彦は水がないからできないと断っていたが、弥次彦から始まり与太彦、六公まで神憑状態となり、八十枉彦、木常姫、口子姫の悪霊が憑依し如何ともすることができなくなる。勝彦は一生けんめい滝のごとき汗をしぼりながら神言を生命の綱と声のつづくかぎり奏上した。

この時、闇を照らして、中空より馬にまたがり下り来たる四五の生神があった。見る見るこの場に現われ、金幣を打ちふり打ちふり、前後左右に馬を躍らせ駈けめぐれば、さすがの邪神も度を失ない、先を争うて二十四坂の方面さして、あやしき声とともに煙のごとく逃げ散った。与太彦、弥次彦、六公はたちまち元の覚醒状態に復帰した。

勝公は大地に頭をすりつけて、大神の御神徳に感謝し、うれし涙にむせんだ。弥次彦、与太彦、六公も芝生に頭をつけ、驚異の念にかられ、一生けんめいに神言を奏上した。四人の身体は虹のごとき鮮麗な霊衣につつまれる。芳香ふくいくとして四辺にかおり、りゅうりょうたる音楽のひびきは、四人の身魂にしみ込むがごとく聞こえる。四人は首をあげて眺めると、日の出別の宣伝使が鷹彦、岩彦、梅彦、亀彦、駒彦、音彦とともに馬上ゆたかにこの場にたちい玉うた。勝彦が慢心の罪をわびると日の出別の神は一言も発せず、首を二三回うなずかせながら宣伝使一行を引きつれ、ふたたび天馬空を翔けて雲上高く姿をかくす。無数の光輝に冴えたる霊線は、虹のごとく彗星のごとく一行の後にややしばらく姿を残していた。

(6) 一同は深く反省し、アルコールに酔うた猩々のごとく無闇やたらに二十五番峠の上までたどり着く。このとき忽然として東北の天より黒雲起こり、暴風吹き来たって、峠の上に立つ四人の体は中空に舞い上がり、底いも知れぬ谷間めがけて、青み立った淵へ、まっ逆さまに落ち込んだ。

一行四人は見わたすかぎり茫々たる雑草しげる広野原を足にまかせて進みゆく。ピタリと行き当った大川は一途川であった。ここで二人の鬼婆と問答して邪神の陰謀をさとる。常世姫の出刃包丁で腰骨をグサリと突かれた瞬間に、勝彦は二十五番峠の谷間に息を吹き返していた。一同は谷川にミソギして天津のりとを奏上した。フト気がつくと、六公の姿が見えなくなっている。茫々たる原野を数百丁走りゆき、丸木橋のかけられた辺についた。たちまち与太彦に六公の生霊が神がかりしているところへ、烏勘三郎にすくわれた六公がはこばれて来た。勝彦が天の数歌を二回くりかえすと、正気に復する。ここに一同は神言を奏上し、宣伝歌をうたい、一行四人は勘三郎その他に厚く礼をのべ、またもや丸木橋を渡って二十六番峠をさして進みゆく。

(7) コーカス山に参拝をすました一行は、小山村の春の家に帰り来たり、六公とお竹の芽出たき結婚式を勝彦の媒酌でおこなった。爺サンの名は鶴助、婆サンはお亀、息子の名は松公、女房はお梅、鶴亀松竹梅の一家族に婿を加えて六人暮らし、名も六サンの婿入り祝いに、友人の弥次彦、与太彦を合わせて、千代も八千代も変わらじと神の御前にことほぎまった。

(8) 跋文は中有界の一途川、三途川の状態を歌われている。後文には仏典中のミロク菩薩の位置について示されてある。

特 徴

○三途川、一途川の状態を最も多く示されている。

○幽斎修行の基本について、また因果応報の理についても詳しくのべられている。夫婦の大道の意義が第二巻、第三巻、第八巻、第十二巻についで更に明確に示されてある。

如意宝珠　寅の巻

第15巻

口述場所　綾部＝錦水亭
口述日時　大正11年3月31日〜4月4日
筆録者　外山豊二、加藤明子、北村隆光、松村真澄
初版発行　大正11年12月5日
著者最終校正　昭和10年3月25日

目次

登場神・人

〈三五教〉国治立尊→野立彦神→埴安彦命。豊国姫尊→野立姫神→神素盞嗚尊→埴安姫命
〈天の高天原〉伊弉諾大神
〈コーカス山〉神素盞嗚大神、日の出神、太玉命、松代姫、安彦（弥次彦）、国彦（与太彦）、道彦（勝彦）
〈フサの国の首都〉日の出別神（正哉吾勝々速日天忍穂耳命）、岩彦、梅彦、音彦、亀彦、駒彦、鷹彦
〈天教山〉天照大神、木の花姫神、高国別（活津彦根神）、思兼神（金勝要神の分霊）、五伴緒神、八十伴緒神、天の鈿女命（出雲姫命）、手力男神
〈バラモン教〉大自在天大国別、醜国姫、ウラル彦、ウラル姫、鬼雲彦、鬼雲姫
〈素盞嗚尊の八人乙女〉愛子姫、幾代姫、五十子姫、梅子姫、英子姫、菊子姫、君子姫、末子姫
〈八人乙女の侍女〉浅子姫、岩子姫、今子姫、宇豆姫、悦子姫、岸子姫、清子姫、捨子姫
〈ウラナイ教〉高姫、黒姫、蠑螈別
〈西蔵〉カナン、カエン
〈常世国〉言依別命、玉彦、厳彦、楠彦
〈斎苑館〉神素盞嗚大神、八島主神（熊野楠日の神）、国武彦、八十猛神

梗　概

(1)　コーカス山の都を三五教の宣伝使に追われたウラル彦、ウラル姫は常世国にのがれ、大国別、醜国姫をして、埃及《エジプト》のイホの都に現われて、、第二のウラル教であるバラモン教を開設せしめた。大国別を大自在天と奉称し、極端な難行苦行を神慮にかなうとする教理を樹立し、地球上最上の安住地帯であるメソポタミヤの秀妻の国に来たり、エデンの園と顕恩郷を開き、ここを根拠とした。このため黄金山の三五教はたちまち蚕食せられ、埴安彦、埴安姫の教理はほとんど破壊され悲境におちいった。

ここにコーカス山にまします素盞嗚神は、日の出神、日の出別神をして、ハム族の樹立したバラモン教の邪神を帰順せしめむとしたもうた。太玉命は松代姫をコーカス山にのこし、夜を日についでエデンの河上に現われ、エデンの花園を回復してこれを根拠とし、安彦、国彦、道彦の三柱とともに、ここに宮殿を造り、ハム族の侵入にそなえた。太玉命は娘照妙姫をエデンの花園に残しおき、三柱を引きつれて顕恩郷に向かう。

バラモン教の教勢はついにフサの国をわたり、印度の国までもその勢力範囲を拡張しつつあった。

太玉命は安彦、国彦、道彦を伴ない、顕恩郷の東南の渡場に着いた。ここには鳶彦、田加彦、百舌彦の魔神が他国人の侵

入を防ぐため、河ぶちの関所を守っている。道彦は関所に進み門戸をたたけば、三人の男が手槍をしごき攻めたてる。槍を叩き落とされた魔神の一人は河に飛びこみ対岸に遁れ去ったが、二人は帰順し道彦の身を案じ逃走をすすめた。道彦は合図の笛を吹くと太玉命ほか二人はスワ一大事の突発と、急いでこの場に現われる。

太玉命一行は蟻のごとき黒山の敵の襲来をものともせず船にのり、エデンの河の中流まで進んだとき、雨と降りくる急箭に百舌彦は胸を射抜かれ水中に顛落し、田加彦も次いで水中に飛びこんだため、船は濁流に押し流され河中の岩石に衝突し木端微塵に粉砕した。太玉命は辛うじて向岸に着いた。命は顕恩郷の敵の巣窟に単身進入することとし、途上、活津彦根神が天降り警告されたが、それを無視して進む。途中、魔神による怪事を太玉串と活津彦根の神助によって祓いのけ、路傍の岩に腰かけて天津のりとを奏上する。そこへ、日の出別命の命を奉じて岩彦、梅彦、音彦、亀彦、駒彦、鷹彦が応援に合流した。一行は大門に着くや、鷹彦は霊鷹と変じ顕恩城の内外をくまなく偵察し、中より大門の閂をはずし門扉を左右に開く。一行は蟻の集うごとく整列する敵中をすすみ、鬼雲彦の御殿に近づくと白木の門を開いて十六人の美人が出迎えた。

太玉命以下の宣伝使は奥殿ふかく進み入る。山海の珍味は整然と並べられていた。鬼雲彦夫婦はその場に出席して、たがいに挨拶をかわし顕恩城の上役数十人と酒杯をかさねる。ふしぎや顕恩郷の上役は黒血を吐き苦悶の息を吹きたてた。十六人の美人はそれらの介抱に従事する。七人の宣伝使もおつきあいに苦悶の体をよそおった。この態を見て鬼雲彦夫婦は、まんまと計略によって毒害した事をのべ宣伝使一行をののしる。愛子姫、幾代姫、五十子姫、梅子姫十六人の美人は、鬼雲彦夫婦に向って柳眉を逆立て、懐剣を抜きはなち四方より詰めかけ、改心を迫った。夫婦はコワかなわじと高殿より眼下の堀をめがけて飛び込み、見るも恐ろしい二匹の大蛇となって、ペルシヤ（イラン）の天をめがけて、姿をかくした。

太玉命一行は愛子姫から、神素盞鳴尊の命を奉じて悪魔退治の時機を待ちつつあった八人乙女と八人の侍女である由をきいた。太玉命は「何事も人智を棄て、神の命のまにまに従ふべしとはこの事なるか」と、コーカス山に向って落涙しながら一同とともに祝詞を奏上した。たちまち中空に女神姿の妙音菩薩現われて、安彦以下五人は生存するむね伝えられ、太玉命と愛子姫、浅子姫は本城に留まり、その他の宣伝使や女神はイヅ河をさして進めと命ぜられた。

城内の勇将猛卒も太玉命の神力に服し、忠実に三五教を奉じ、メソポタミヤの楽土はエデンの花園とともに元の天国を形成することとなる。

バラモン教の邪神と宣伝使は遠くペルシヤに渡り、印度にむかって教線を拡充することとなった。六人の宣伝使とともに一同の女性は三五教の宣伝使となって出発した。

⑵　安彦、国彦、道彦と田加彦、百舌彦の精霊が中有界をさまようちに、その肉体は妙音菩薩が漁夫と変じ網をもって救い上げ、息を吹きかけコーカス山の大天狗をして、メソポタミヤの北野山中の細谷川におろしておかれた。安彦らの一行は自分の生死のほどさえわからないままに知らず識らずにウラナイ教の本部へたどりつき、麦飯トロロを盗み食いしたことから、高姫、黒姫との生命のとりあいとなる。

⑶　第一〇章神楽舞には、素盞嗚尊の神政の大要を示されている。父伊弉諾大神より大海原の主宰神を免ぜられ、天教山の姉神にいとま乞いのために登山せられた真意を疑われ、ウケヒの結果、身の正しさをあかしされた。しかし従臣八十猛の無謀によって、天照大神の岩戸がくれとなったが、三五教の宣伝使によって目出たく、岩戸が開かれた。

八百万の神は、岩戸がくれの責任を神素盞嗚尊の罪に帰し、手足の爪まで抜き取って、天教山の高天原から神追《やら》いに追った。

⑷　第二篇古事記言霊解には古事記の大蛇退治の段を神示に従って、大本神諭と言霊学の上から真解をほどこしてある。本章は物語の七十二巻にわたる参考文献というべきである。

⑸　神素盞嗚大神は千座の置戸を負わされて天教山を神追われて母神に会わむと地教山（ヒマラヤ山）に進まれた。頂上にて母神より神勅をうけ、いよいよ救世贖罪主としての活動を開始される。大神は高国別を従えて西蔵国に入り、カナンの家に一夜の宿をかりたまう。

その国人たちが神素盞嗚大神の出現を祈願するために断食して日夜励んでいる由を聞かれ、大神は黙然と吐息をつき給う。大神はこの地の一家の中での一夫多妻、多夫一妻の悪習をのぞき、他家との縁組をゆるされたので、縁結びの神、イドムの神と尊敬されるようになる。

高国別は大神の命によって怪しい人たちの祈り声について調査を命ぜられ、木の花姫神のみちびきにより地底を探険し、陥穽におちた。種々な神の試錬にあい、また神夢によって自分の守護神が活津彦根神であることを悟り、愛子姫を妻としてさずけられ、梅彦、幾代姫、亀彦、菊子姫とともにウラナイ教の邪教を言向和されることとなった。

⑹　常世国に生まれた言依別命は、神素盞嗚大神が神追われて世界さすらいの旅にのぼらせ玉うときき、玉彦、厳彦、楠彦をつれて、太平洋、印度洋をわたり印度の国をのりこえて、フサの国（イラン）タールの都に出た。日の出別神から、大神のお隠宅を教えられて、駒にまたがり、河鹿峠を越えるときレコード破りの山嵐にあい、千仭の谷間に墜落し気絶した。

精霊は天国に進み、五十世紀の世界を第一天国で親しく見聞されて、国祖大神と神素盞嗚大神より神勅をいただき、河鹿峠の谷底に蘇生した。

(7) 言依別命は神界を探険して、ふたたび正気に立ち復り、玉彦、厳彦、楠彦もろともに駒にむちうち、ウブスナ山脈の神素盞嗚大神の御舎（斎苑《イソ》館）に安着した。命は大神の御子八島主神、愛子姫、幾代姫と懇談されるところに、鬼雲彦、鬼掴が襲来する。八島主神は熊野楠日神と名のり右の人差指をもって、「ウン」と一声言霊の力によって霊縛される。やがて魔軍はゆるされると生命からがら逃げ出した。

(8) 言依別命一行は山を降りカスピ海を駒もろともに船にのり、紀の港に上陸して、コーカス山の宮に参拝し、松代姫に、神素盞嗚大神の消息を伝えた。姫は感激して神前に感謝した。

特徴

○バラモン教とは、ウラル彦が大自在天大国彦の末裔の大国別をかついでつくった第二のウラル教ともいうべき邪教である。ウラナイ教はウラル姫の娘高姫がつくったものである。

○大海原の主宰神であった神素盞嗚大神が、三千世界の救世主として千座の置戸を負うて活動を開始される。

○神素盞嗚大神の八人乙女の活動が本巻に示されているが、厳霊の五男神については物語十二巻に天津彦根神、天菩比命、十三巻に正哉吾勝々速日天忍穂耳命が出現されており、本巻では活津彦根神と熊野楠日神が出現されて五柱そろう。

○五十世紀の世の中の啓示は諷刺にみちている。

○神代の聖師さまである言依別命の初登場で、二十巻から大活動をなされる。

如意宝珠　卯の巻

第16巻

口述場所　綾部＝錦水亭、亀岡＝瑞祥閣
口述日時　大正11年4月5日、14日～16日
筆 録 者　外山豊二、加藤明子、北村隆光、松村真澄
初版発行　大正11年12月25日
著者最終校正　昭和10年5月28日

目　次

登場神・人

〈聖地桶伏山〉神素盞嗚大神、国武彦命、亀彦、英子姫、悦子姫
〈由良湊〉秋山彦、紅葉姫、銀公、加米公
〈大江山〉鬼武彦、旭、高倉、月日
〈バラモン教〉鬼雲彦、鬼雲姫、鬼彦、鬼虎、石熊、熊鷹
〈ウラナイ教〉高姫、青彦、黒姫
〈丹波村〉平助、お楢、お節

梗　概

いよいよ本巻から自転倒島《おのころ》すなはち現代の日本国内における太古の霊界物語である。

(1)　神素盞嗚大神の生みませる八人乙女の御一人英子姫と侍女悦子姫は、メソポタミヤの顕恩郷より邪神のために老朽船に乗せられて海原に流される。ようやくにして日本海を横断し、丹後の国天の橋立附近の竜燈松の根元に夕方に安着した。そのとき大江山に割拠するバラモン教の大棟梁鬼雲彦の部下の鬼虎、石熊、熊鷹が襲来する。英子姫は持病の癪のため危くとらえられむとしたが、悦子姫は鬼虎らに霊縛を加え、姫

たちは父神をたずねて由良の港をさして行く。その途上で亀彦とめぐりあい、ふたたびせまり来る大江山の眷族を亀彦は追っかける。

由良の港の秋山館では門番の銀公、加米公が霊夢におどろいて英子姫、悦子姫、ついで亀彦も館の中に通した。ここで神素盞嗚大神をはじめ国祖の分霊国武彦命に面会する。襲来したバラモン教の鬼彦、鬼虎、石熊、熊鷹は鬼武彦以下の白狐にはかられ大江山へ帰りゆく。
(2) 神素盞嗚大神は「由良の湊より船に乗り、綾の高天原に進まむ」と宣示され、国武彦命は「われは是より世継王の山の麓に身を忍び弥勒の御代の魁を勤むる艮の金神」と神意をのべ、由良の湊から世継王丸に身をまかせ、北風に真帆をはらませ、由良川をゆうゆうと遡りたもうた。
神素盞嗚大神、国武彦命その他三人は、桶伏山の蓮華台上にのぼり、天神地祇八百万の神を神つどえに集えたまう。命の清き言霊に先をあらそい寄りくる百の神たちが処狭きまで集まり、皇大神の出でましを祝いことほぐ有さまは、蓮花の一時に、開きそめたるごとくであった。

神素盞嗚大神は、国武彦命に何事か、ひそかに依さし給い、ミロク神政のあかつき、三十五万年の後に再会を約し、たちまち来たる丹頂の鶴にヒラリとまたがり、中空高く東をさして飛び去りたまう。国武彦命は亀彦はじめ英子姫、悦子姫に何事かささやきながら、万の司たちにむかい厳格なる神示を与え、ただ一柱別れて四王の峰のあなたに雄々しき姿をかくしたまうた。
(3) 亀彦、英子姫、悦子姫は二神の神言を心の底に秘めて、聖地を出発し大江山へすすむ。鬼武彦以下の白狐のみちびきによって、まったく三五教に帰順した鬼彦、鬼虎、石熊、熊鷹一行が地底の岩窟にかくまわれたところへ、鬼雲彦が来て一同を地上に出そうとする。そこへ亀彦一行は天地もゆらぐばかりの大声で宣伝歌をうたい、十曜の手旗を打ちふり打ちふり進み来たり、天の数歌をうたいあげつつ、三人一度に右手の食指より五色の霊光を発射し射照らせば、さすがの鬼雲彦も馬をのりすて大江山の本城さして雲をかすみと逃げてゆく。
一男二女の宣伝使はウラナイ教の高姫、青彦が、しきりに宣伝するのでその家に立ちよると火災がおこり、それを消火して高姫らを助けあげた。

大江山の本城では鬼雲彦を中心に会議中、白狐の化身である鬼彦、鬼虎、石熊、熊鷹の四天王が帰り来たり大言をはき、千変万化になやました。おどろいた鬼雲彦夫婦は城内の千仭の井戸におちこんだ。亀彦に救い出された鬼雲彦夫婦が、英子姫、悦子姫に説諭を受けつつあるところへ、三五教に帰順した鬼彦一同が天津のりとを奏上し、宣伝歌を声をそろえて宣りあげた。夫婦は居たたまらず館を捨てて一目散に雲をかすみと駆け出し、伊吹山の方面めがけて天の岩船にのり、中空を翔けりゆく。

亀彦、英子姫、悦子姫が、鬼武彦の神を言霊をもってさし招けば、たちまち三人の前に英姿を現わした。大江山の悪魔征服の守護をたのむと「神政成就の暁まで代る代る当山を守護し奉らむ。万一御身の上に危急のことあらば、名を呼ばせ給えば時刻を移さず出張応援仕らむ」と約束した。三人はここに袂を分かち東をさして進みゆく。

(4) 菊月の十五夜に秋山館をたずねた高姫、青彦は、玄関の額のウラの冠島、沓島の宝庫の鍵を見つけて盗みだし、由良の港の一艘の小船をぬすんで冠島に上陸し、玉鍵をもって素盞嗚尊が秘めおかれた如意宝珠を取りだし、山上の大桑樹の根元に埋め目標をしるした上、沓島にわたる。そして釣鐘岩の絶頂に直立する一丈ばかりの岩窟の中に金剛不壊の宝玉を取らむと汗みどろになる。

秋山彦は家の子郎党をあつめ大江山の鬼雲彦退治の祝宴中に、ウラナイ教の高姫に鍵を取られたことを知り大騒ぎとなる。そこへ亀彦、英子姫、悦子姫が来訪した。早速大江《たいこう》山に向って祝詞を奏上し救援を求めると、鬼武彦はたちまちあらわれて、案内することとなる。

亀彦は秋山彦の家の子郎党、十数人を引率して、沓島につき、高姫に談判する。高姫は頑強に自己の主張を通し、冠島に立ちよるや宝珠を懐中に入れたまま、船を急がせ田辺の湊につき、高姫、青彦はいち早く闇にまぎれて姿をかくす。しかるに鬼武彦は高姫、青彦を猫をひっ提げたようにして秋山彦館につき奥の間に進み入った。問答中に高姫は懐の宝珠をたちまちのみこんでしまう。さすがに亀彦も立腹して両刃の剣をひらめかし、生命を的に突いてかかり、紅葉姫は長押の薙刀をもって斬りかかる。高姫は衆寡敵せず、たちまち白煙と化し、天井窓より一目散に西北の天をめがけて中空に姿をかくした。鬼武彦は白煙と化し、またもや天井の窓より、西北の天をめがけ高姫の後をおうて中天に姿をかくした。

秋山彦夫婦をはじめ、亀彦、英子姫、悦子姫は、神前にうやうやしく天津のりとを奏上し、宣伝歌をうたって、別れを告げ、三人の宣伝使は由良川をさかのぼり、聖地に向かう。

(5) 亀彦、英子姫、悦子姫は河守駅につき、悦子姫は剣尖山の谷間で世人をあざむいていた青彦を戒しめ群集を言向和した。

たちまち悦子姫に天照皇大神が神がかりし玉い、宮殿の造営を命じたもうた。三人は神勅をかしこみ谷川に禊し天津のりとを奏上し、忌鋤、忌斧をつくって宮殿の造営に身心を傾注し、百日百夜をへて全く工を終えた。ここに天照大御神の神霊を招ぎ奉り、ていちょうに鎮祭式を奉仕した。これは伊勢神宮宮殿造営の嚆矢で、今は丹後の元伊勢と言っている。この元伊勢の産盥、産釜の清水は明治三十三年旧三月八日に大本の井戸（金明水）にそそがれ、ついで沓島の海に注がれた。壬戌年正月十五日、英子姫は神霊鎮祭の斎王を奉仕したが天照大神の和魂が帰神されて、悦子姫に真名井ケ岳に出張を命じ、亀彦、英子姫には綾の聖地へ向かえと命じたもうた。

(6) 悦子姫は神命のまにまに大江山の魔窟ケ原をうち越え、真名井ケ岳に向って進む。悦子姫は青彦、加米彦、鬼彦、鬼虎、岩、市らをつれて衣懸松のほとりに来ると、新築された家にウラナイ教の黒姫が出張していた。音彦の宣伝使は黒姫の弟子と化けていたが、正体を現わし黒姫とわかれて一行に加わり、天の橋立の文珠の切戸に着いた。一行は文珠堂の中に一泊する。竜燈松の麓で日の出神の神霊を浴びた悦子姫は得もいわれぬ神格加わり、無限の霊光を全身から発射するにいたった。悦子姫は厳然として、「妾は日の出神の神霊を身に浴びました。これより真名井ケ獄に向って進みましょう。妾は一足先に参ります」との言葉をのこし、矢を射るごとく見る見る姿をかくす。後見送って一同は、歎息をもらすのみ。夜明けを待って竜燈松から岩滝までマラソン競争をした。道に明るい岩彦の案内で音彦一行は黄昏前に比治山の手前の丹波村についた。平助宅に宿を求めたが断わられて困っているところへ、悦子姫はお節を助けて送りとどけ、一行の宿を頼まれる。夜が明けると岩公一行とともに平助、お楢、お節は真名井ケ原の豊国姫の神さまの出現場へお礼詣りに、宣伝歌をうたいながら進みゆく。

特　徴

○大本神出現の神秘的経綸の基礎を、厳の御魂の大神、瑞の御魂の大神が綾の聖地にて行ない玉う。英子姫、悦子姫が天の橋立のほとりに上陸され、伊勢の宮居が初めて造営される。清濁あわせのむ比沼真奈井の豊国姫尊の降臨地に関する経綸。
○バラモン教、ウラナイ教の妄動。大江山の鬼武彦による邪神征服の活動。
○当時の心霊研究用に著者が書かれた「霊の礎」（一）（二）が揚げられている。

如意宝珠　辰の巻

第17巻

口述場所　亀岡＝瑞祥閣
口述日時　大正11年4月21日〜23日
筆録者　加藤明子、北村隆光、松村真澄
初版発行　大正12年1月10日
著者最終校正　昭和10年5月26日

目次

登場神・人

〈真名井ケ原〉豊雲野尊（豊国姫神）

〈三五教〉悦子姫、音彦、青彦、加米彦、紫姫、丹州、馬公、鹿公、岩公、市公、勘公、鬼彦、鬼虎

〈ウラナイ教〉高山彦、黒姫、常彦、菊若、夏彦、岩高、虎若、富彦
〈丹波村〉平助、お楢、お節
〈バラモン教〉鬼熊別、蜈蚣姫、荒鷹、鬼鷹

梗概

(1) 正月二十八日に、平助、お楢と孫のお節は真名井ケ獄さしてお礼参拝にゆくこととなるが、足の速い岩公、市公、勘公は一足先きに進みゆく。平助の娘お節をさらった悪業の心の鬼にせめられて平助宅に泊りもならず先を急いだ鬼彦、鬼虎は、路傍の糞壷におち寒風吹く中を真裸になったところに、岩、市、勘公も追いついたが、またもや旭明神の眷族のおコンにだまされて五人とも真裸となった。そこへ、平助、お楢と娘のお節が追いついてきた。

お節に化身していた白狐にみちびかれて、鬼彦、鬼虎は真正のお節を魔の岩窟から救い出した。鬼彦一行五人は裸のまま、比治山颪に吹かれ震い震い、平助親子を先に立て、雪解けの山坂をのぼりゆく。寒さを防ぐために岩公は平助、勘公はお楢、櫟公はお節を背負う。あまりの寒気に五人の男たちは凍死して霊界の宣伝使となり、真名井ケ岳の霊地に向かって空中をかけりゆく。

平助、お楢、お節は過ぎこし方をかえりみ、真名井ケ原の豊国姫命が出現場さして杖を力に進みゆく。途中ウラナイ教の黒姫の誘惑に困るところへ、音彦、青彦の宣伝歌がきこえてきた。お節もその声に力を得て宣伝歌をうたったので、黒姫は逃げさった。ここに二人の宣伝使に迎えられて宝座に参拝する。

(2) 真奈井の清域の瑞の宝座には悦子姫が日の丸の扇を両手に持ち宣伝歌を奉唱していた。音彦の「勇み進みて皇神の珍の御業に仕へなむ」の宣伝歌に一同勇み立ち、豊国姫の、時に神姿を現わし給う中央の石の宝座に向かって天津のりとを奏上し、宣伝歌をうたう。

おりしも加米彦の注進によりウラナイ教の襲来を知り応戦することとなった。加米彦、青彦は高山彦や黒姫の軍に、鎮魂の姿勢で、神霊をサーチライトのごとく指頭より発射した。あまたの寄せ手は頭痛み、眩暈い、舌つり、身体は強直し、麻痺し、呻き声を立てて倒れた。黒姫は高山彦の馬にまたがり馬上に抱き合い、雲をかすみと逃げてゆく。

ウラナイ教軍の惨敗は、神徳によることは申すまでもないが、一つは独身主義者の黒姫が高山彦を婿に迎え、その上に自分の従者を重用したことに不平がおこり、団結できなくなっていたためであった。

悦子姫は音彦のサニハのもとに豊国姫の神の御降臨があり、「天運循環して天津神よりこの聖地を我鎮座所と神定め給ひ

たり。我はこの地に霊魂をとどめ日本国はいふも更なり、大八洲の国々島々にわが霊魂を配り置きて世を永久に守らむ」と教えられた。

また音彦には加米彦、青彦を引きつれて鬼ケ城山に割拠する八岐大蛇の片割れの言向和しを命じたもうた。悦子姫、音彦、青彦、加米彦は比治山の嶺伝いに進みゆく。平助親子は家路についた。
(3)　比沼の真名井ケ原にあらわれた豊国姫の瑞の宝座に詣でた平助親子三人は、意気ようようと帰り来たり、平助爺さんは井戸水をくみ庭の滑石にすべって仰向けにたおれ、それが元となって、半月ほどで帰幽した。お節も身体やせ衰え床についた。
お楢は真名井ケ原にはだし参りをはじめたが、比治山峠を登りつめると黒姫が清子、照子をつれて言葉たくみに説得した。黒姫は二人の娘をともない丹波村にお楢が伏屋をさしてゆき、ウラナイ教のお取次をしたが、病気はますます悪化したので神界の御用が多忙と称して逃げ帰った。

お節の精霊は霊界に迷いこみ、鬼彦、鬼虎、岩、市、勘の副守護神のために苦しめられるところへ、青彦の精霊があらわれて五人の副守護神を救いあげた。これよりお節は元気恢復するところへ、黒姫が夏彦、常彦を引きつれ、文句をならべたてる。そこへ青彦がたずね来たり、夏彦、常彦は青彦の弟子となったので黒姫は失望して帰りゆく。青彦はお楢にお節の婿になってくれと頼まれたが夏彦、常彦を伴ない、鬼ケ城さして韋駄天走りに走りゆく。
(4)　三五教の宣伝使悦子姫は、音彦、加米彦をともない、真奈井ケ原を後にして三嶽山にさしかかり、音彦は都の女紫姫に案内させて巌窟に入り、神の化身丹州にめぐりあい、丹州の案内で鬼ケ城さして進む。西南の天から八岐の大蛇が出現すると、加米彦は天の数歌の言霊を発射し、大蛇は縮小して消失した。
ここで一同は西天に向かって天津のりとを奏上し宣伝歌をうたいおわって、南をさして山伝いに鬼ケ城めがけて進みゆく。

青彦は夏彦、常彦をともなって鬼ケ城に向かい、三嶽山の川や山の尾をわたって、悦子姫一行に追つかむと尋ねて走り来たるその途中、烈風にあおられて三人は深い谿間に転落し、足をいため腰を打ち、苦悶するおりから、宣伝歌が木霊にひびいて来た。三人は月夜をさいわい嶮しき山腹を駈けのぼった。

悦子姫一行は満月をながめ山上の岩に腰かけて雑談中に、青彦が二人をつれてのぼって来た。ここで月光をあびてねむる。鹿公、馬公は月光の下を散歩するところへ、荒鷹、鬼鷹にめぐりあったが、加米彦は両人の注進によって荒鷹、鬼鷹を霊縛し宣伝歌で言向和した。荒鷹、鬼鷹はまったく改心して三五教への入信を願い出た。

悦子姫の命により荒鷹、鬼鷹、丹州、紫姫、馬公、鹿公は鬼ケ城へ帰り、言霊戦をまじえることとなる。

(5) 福知山の艮にあたる鬼ケ城を千代の住家とさだめていた鬼熊別は、荒鷹、鬼鷹、紫姫、丹州の味方の兵士を呼び集めて、三五教の宣伝使、悦子姫が率いる言霊隊の進軍に対する防戦のための大会議を開いた。鬼熊別は武器による殲滅作戦を提案したが、荒鷹、鬼鷹は、言霊戦を主張した。ここに鬼鷹に全軍の指揮を命じた。

寄せ手の部将加米彦は声もすずしく宣伝歌をうたった。少壮白面の丹州は加米彦の言霊に応戦すべく白扇をひらき左右に打ちふりながら歌った。小男の夏彦は敵の岩窟にむかって言霊戦の宣伝歌をうたい、岩窟の方より鹿公は寄せ手にむかって大音声に言霊戦を開始したが、音彦の陣営に逃げ来る可笑しさ。

常彦の宣伝歌に対し馬公は岩窟の高欄の上からうたう。攻撃軍の青彦は敵城にむかい、またもや言霊を発射した。荒鷹は青彦に向かって言霊の砲弾を発射し、涙をハラハラと降らし、鬼熊別、蜈蚣姫の端坐せる高楼の前にむかって合掌する。

三五教の宣伝使音彦は敵城にむかい、またもや言霊の速射砲をさし向けた。鬼熊別の片腕と聞こえた鬼鷹は白扇をひらいてつったち上がり、攻撃軍にむかい言霊の応戦をなし、天地に向かって合掌し、うれし涙にむせびつつ地上にドッと打ち倒れる。鬼熊別が幕下の者ども、感激の涙にうたれ、ものをも言わず大地に平伏し、落つる涙に大地をうるおした。

紫姫は立ちあがり、声もしとやかにうたいおわり、天地に向かってうやうやしく拝礼した。三五教の宣伝使長悦子姫は、鬼熊別の館にむかって声を張り上げことば短に宣伝歌を送った。おりしも高殿より火煙もうもうと立ちのぼり、阿鼻叫喚の声、耳朶を打つ。一同はハッと驚き見上ぐる途端に、鬼熊別、蜈蚣姫の二人は高閣に納めていた天の岩船にひらりと飛びのり、プロペラの音ごうごうと中空をとどろかせながら、東方の天をめがけて一目散に翔けりゆく。敵も味方も一度に声張り上げて「三五教の宣伝使、万歳々々」と三唱した。

(6) 霊の礎（三）には主神と天国と人の霊魂の関係をのべてある。

特　徴

○瑞霊大神豊国姫神の清濁あわせのむ大経綸の大要がのべられてある。

○三五教の宣伝隊の鬼ケ城の鬼熊別の城塞を言向和す大言霊戦の状況。

○ウラナイ教の高山彦、黒姫の活動の状態。

○末尾の霊の礎には心霊研究の資料として主神と人との一霊四魂の関係が示されている。

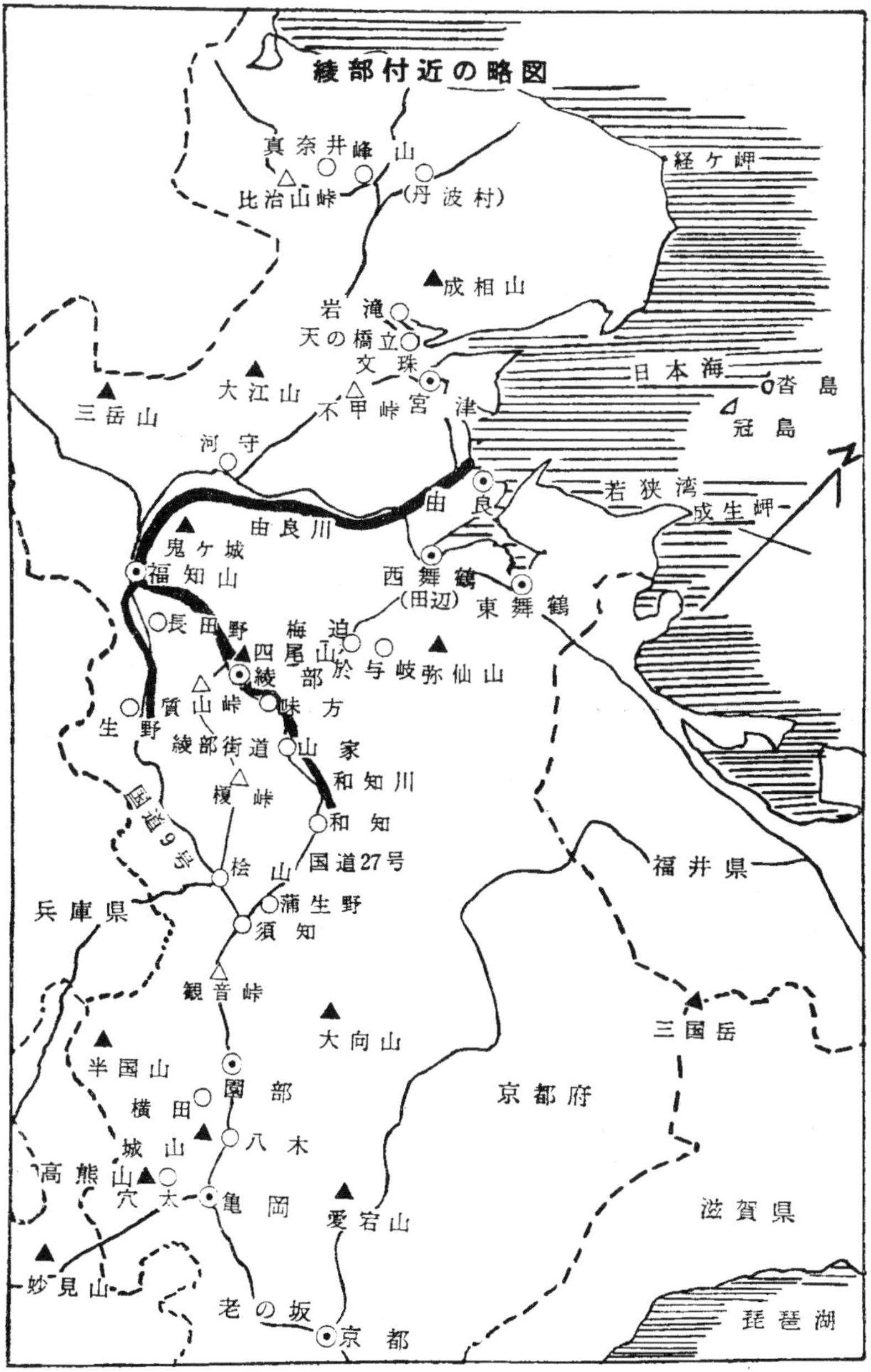

この地図は綾部の聖地を中心にくり拡げられる物語の理解の便をはかるために掲載しました。地図を見ながら物語の地名を追ってみて下さい。

如意宝珠　巳の巻

第18巻

口述場所　亀岡＝瑞祥閣
口述日時　大正11年4月24日～28日
筆録者　加藤明子、北村隆光、松村真澄
初版発行　大正12年2月10日
著者最終校正　昭和10年6月3日

目次

登場神・人

〈竹生島〉神素盞嗚大神、英子姫、亀彦
〈桶伏山〉悦子姫、音彦、加米彦、夏彦
〈三五教〉丹州、紫姫、若彦（青彦）、馬公、鹿公、お節、常

彦、荒鷹、鬼鷹
〈淤与岐〉豊彦、お玉、玉照姫、綾彦、お民
〈ウラナイ教〉高山彦、黒姫、梅公、幾公、浅公、丑公、寅公、辰公、鷹公、鳶公、板公、虎若、富彦、菊若

梗概

本巻は大本開祖の前身である玉照姫を中心とする物語である。

(1) 悦子姫は鬼ケ城の言霊戦に勝利を納めて音彦、加米彦、夏彦とともに生野、長田野を越え神知地山の魔神を征服し高城山に立ち向かい、道を転じて和知の流れに沿うて聖地に引き返す途中、山鹿の肥後の橋で、英子姫、亀彦にめぐりあう。英子姫は悦子姫に「妾は父の神勅によって、一つの経綸を行なうておきました」からと、弥仙山行きを命じて亀彦をともない伊吹山に進まれる。

悦子姫一行は弥仙山の麓の淤与岐の里につき休養していた。そこへ豊彦爺さんが来て娘お玉の病気について相談した。悦子姫は妊娠と断定する。娘は産気づき、十八カ月で七人の女の随一の厳の御霊が誕生され、玉照姫と名づけられた。

豊彦館を後にして悦子姫一行は胸突き坂をのぼり、途中で野宿する。春の夜は明けやすく、一行はかたわらの清水に口をすすぎ手を洗って祝詞を奏上し、朝餉をすまし、悦子姫を先頭にして頂上に達した。悦子姫はしずしずと神前に進み、暗祈黙祷したが、「重大な御神勅が下りました。一刻も猶予をすることが出来ませぬ」と下山し始めた。加米彦はあわてふためき、悦子姫の後を追うて、口に祝詞をとなえながら、下り坂を地ひびきさせつつ駈けおりる。音彦、夏彦はゆうゆうと天津のりと、神言を奏上し、うやうやしく再拝拍手の式を終え下向の途につく。山の五合目あたりで一行の足がそろい、加米彦が先頭に立ち綾の聖地をさして宣伝歌をうたいながら進みゆく。

(2) 悦子姫は、世継王山の麓に、神の大命により、加米彦、夏彦、音彦に命じ、ささやかな家を作らしめる。ここに国治立命、豊国姫命の二神を鎮祭し、加米彦、夏彦をしてこれを守らしめ、みずからは音彦を伴ない、神素盞嗚大神の隠れたまう近江の竹生島に出立しようとする。おりしも、紫姫、青彦、馬公、鹿公がたずねて来た。悦子姫は紫姫に神策をさずける。鶏の声に目をさまし、悦子姫は音彦を伴ない綾の大橋うちわたり、山家方面をさして進みゆく。

紫姫は由良川の川辺伝いに、西北さして三人の男を伴ない、行先をも告げず下りゆく。河守駅や船岡をすぎるころ夜となり、女の叫び声をきいて救い出すとお節であった。月夜をさいわい元伊勢の天の岩戸まで急ぎ、皇大神を奉斎した大宮の前に無事参向する。

紫姫は「お宮の中で御神勅を承らねばなりません」と、若彦、

馬公、お節には産釜、産盥の河原の谷水で禊して待つように命じた。夜が明けかかると、谷の向岸には黒姫たちが水垢離を取っていたが、水行を終わりこちらへ渡りつく。黒姫は紫姫、お節をすっかり気に入って、得意の色をうかべ、魔窟ケ原の隠家に案内すべく一行八人すすみ行く。

(3) 話は元に帰るが、黒姫の弟子たちは信徒が出来ないので黒姫のご機嫌をとるために、梅公の提案で普甲峠で夫婦を八百長によってウラナイ教へ入信させて迎え帰った。この二人は淤与岐の豊彦の息子夫婦綾彦、お民であった。黒姫は魔窟原の地下室に、紫姫一行を迎え帰った。高山彦は大いに喜ぶ。

(4) 常彦は鬼ケ城山を後にして、由良川の蛇が鼻、長谷の郷、生野を過ぎ、桧山、須知、蒲生野を乗り越えて観音峠の頂上につき、昇る旭を遥拝しつつ、知らず識らずに睡魔に襲われた。そこへ黒姫と大喧嘩して乞食姿となった滝公、板公がのぼって来る。常彦は道の友をあわれみ、行を共にすることになった。やがて、丹州の指図で動いている荒鷹、鬼鷹とめぐりあう。

(5) 淤与岐の里の豊彦の家に黒姫の命により、寅若、富彦、菊若は玉照姫を迎え帰ろうとしたが、すっかり見破られてしまったので、弥仙山に参拝する母のお玉の方を奪おうとする。お玉が三人のウラナイ教宣伝使のために後ろ手にしばられ、猿轡をはめられたとき、丹州が来て、三人を霊縛し、お玉を助け、豊彦館へおくりとどけ、暫時同棲した。

(6) 黒姫は紫姫、青彦（若彦）をすっかり信用し、綾彦、お民を豊彦館へおくりとどけ、代償として、玉照姫をウラナイ教へ迎え帰らそうとする。高姫も朗報をきき、フサの国から天の磐船にのり由良の港に着陸し、大江山へ程近い魔窟ケ原の黒姫の教の射場に来たり、紫姫一行を玉照姫宅へ派遣しようとしていた。

ここで紫姫と若彦は黒姫にすっかり信用されて、お節をはじめ綾彦、お民、馬公、鹿公をともなって出発する。

(7) 五月五日、夏彦、加米彦が留守番をしている桶伏山山麓に悦子姫、音彦、五十子姫が帰着された。丹州を先頭にお玉は玉照姫をうやうやしく奉侍し、紫姫、青彦、お節の一行が勢いよく入り来たる。悦子姫は玉照姫を迎えてうやうやしく拍手し、「玉照姫様よくもお越し下さいました。これでいよいよ神政成就疑ひなし」とうれし涙にくれ顔をもあげず泣いている。青彦は玉照姫御奉迎の経緯を声もすずしくうたいあげた。

(8) 霊の礎（四）には天国は大巨人の姿をなしている由が示されている。

特徴

○三十五万年前の綾の聖地の大神司となられる大本開祖に相応する玉照姫の聖誕の経緯、ならびに三代教主に因縁ふかき弥仙山に関する物語が述べられている。

如意宝珠　午の巻

第19巻

口述場所　綾部並松＝松雲閣
口述日時　大正11年5月6日～10日
筆録者　外山豊二、加藤明子、松村真澄
初版発行　大正12年12月10日
著者最終校正　昭和10年6月4日　於透明殿

目次

登場神・人

〈三五教〉紫姫、若彦（青彦）、玉照姫、お玉、馬公（駒彦）、鹿公（秋彦）、お節（玉能姫）、英子姫、悦子姫、夏彦、常彦、加米彦、滝、板、音彦、五十子姫、亀彦、丹州、荒鷹（降靖彦）、鬼鷹（降光彦）

〈ウラナイ教〉高姫、高山彦、黒姫、梅公、寅若、辰、鳶、菊若、富彦

〈フサの国ウラナイ教本山〉魔我彦、蠑螈別、鶴、亀

〈高城山ウラナイ教〉松姫、竜若（竜国別）、熊彦（千代彦）、虎彦（春彦）

〈バラモン教〉谷丸、鬼丸

〈ウラル教〉テルヂー、コロンボ

〈高熊山〉玉照彦命、言照姫命、神国守、国依姫、来勿止神、竹公、勝公、六、初

梗　概

本巻は出口聖師の前身である玉照彦を中心とする物語で、第十八巻の姉妹編である。

⑴　総説三十三魂《みづみたま》著者のほか筆録者三十三名の姓名読込歌。

⑵　第一章高熊山には、著者が明治三十一年旧二月九日から富士山の木花咲耶姫命の神使にみちびかれて、霊山高熊山の四十八宝座の下に端坐し、霊魂は須弥仙山にのぼり神界、幽界、現界の三界を達観し、産土神の御守護の中に西王母坤の金神豊国姫神の帰神される経緯を謡曲調に示されている。第十七巻より現われた丹州は著者の霊魂である。

⑶　大江山の魔窟ケ原の岩窟のウラナイ教の出張所で、高姫、高山彦、黒姫の三人は紫姫、青彦の消息を待っている。ここに梅公が辰、鳶を従えて帰り、紫姫一行によって玉照姫は世継王山麓の悦子姫の館に送りとどけられたことを報告した。高姫は立腹し、ひたいに青すじをたててフサの国北山村のウラナイ教の本山に帰ってしまう。

高山彦、黒姫も怒り心頭に達して、聖地をさして進みゆく。白瀬川の五月雨に河水汎濫するのを黒姫は大蛇と還元し、高山彦とともに対岸につき、五月十三夜の月下に悦子姫館にゆき談判したが、紫姫の天の数歌によって西北さして逃げてゆく。

⑷　悦子姫は夏彦、常彦、加米彦、滝、板を伴なって、わが使命を明かさず世継王山麓の住家をあとに神業のため何処ともなく出発した。音彦、五十子姫もまた別の使命を受けて出発する。後には紫姫、若彦、お節、お玉、馬公、鹿公が、玉照姫の保育に全力をつくしていた。

秋のなかばとなって、真夜中に竹生島より、英子姫の御命令で亀彦が来たり、紫姫、若彦に向って、神素盞鳴大神の神意として「その方こと神界経綸の玉照姫を天地の律法を忘却し、

権謀術数の秘策を用ゐ、反間苦肉の策をもつて目的を達したること神意に叶はず、かれ玉照姫の神は、一旦、ウラナイ教の黒姫に与ふべきなり。一時も早く玉照姫様およびお玉を黒姫の手許に送り、汝らは宣伝使の職を去るべし」との厳命を伝えた。紫姫、若彦は神命を拝し元伊勢にゆき生命をかけて祈願し、馬公、鹿公をして大江山の魔窟ケ原のウラナイ教へその由を伝えにゆかしめ、本山の使者鶴公はただちに本山に帰り、高姫にその旨を伝える。

⑸ 玉照姫を三五教に奪われてより、高山彦、黒姫も高姫につづいて本山に帰り、失望していたところに、鶴公や、馬公、鹿公の伝言により、高姫一行は世継王山麓へ玉照姫を奉迎に参上した。

悦子姫館の奥の間の正座に、高姫一行七名は布袋然と座をしめる。紫姫、若彦は神前に礼拝して事の次第をのべ、玉照姫をウラナイ教で受け取り頂きたしとのべた。高姫は神素盞鳴大神の善の大精神に感動し、涙をハラハラと流し、心底より瑞の御霊の大神に謝罪し、「ともかく一旦フサの国の本山へ帰りまして、トックリと思案をいたしまして、その上に御返事をさしてもらひませう」と高姫は一行をつれて、二隻の飛行船に搭乗するや否や、西天高く姿をかくした。

⑹ 荒鷹、鬼鷹は丹州の命のまにまに三岳山から竹生島にゆくと、英子姫は神業を完成あそばして斎苑館の御住居へ帰られたあとであったので、高城山の松姫を言向和さんと老の坂の大枝山の梨の木峠の坂道を下り、一面の薄雪に仁王のような足型を印しながら、高城山の山麓、千代川の郷に着く。雪のたまっていない鳴石の上に端坐すると、たちまち平面岩は鳴動をはじめ音響強大猛烈の度を加えてきた。二人は驚いて七八間ひき返して岩石を見つめている。たちまち岩石は白煙を吐きだし、つづいて紫の雲ほそく長く、幾回となく紫の円柱が立ちのぼった。大爆音が止まると、金の冠を戴き、宝玉でつくられた瓔珞を着かざり白き薄衣を着した白面豊頬の女神は、二柱の稚児をともない現われたもう。

荒鷹、鬼鷹は薄雪の大地にひれ伏して慄っている。女神は二人の稚児に目くばせしたまえば、稚児は小さい紫の玉を額に打ちこみ女神の両脇に復帰し、さも愉快げに笑っておる。この時より荒鷹、鬼鷹の二人は、なんとなく心おだやかに春のような気分がただようた。女神は荒鷹に隆靖彦、鬼鷹に隆光彦と名をあたえ、神名をあかさず神姿はけむりと消えてしまう。二人はたちまち身魂浄化して女神姿となってしまった。二人は鳴石にうやうやしく礼拝し、足早に大川の堤を伝って上り行くと、馬公、鹿公が突きあたった。二人の向上したのを信じない馬公、鹿公に、信仰の妙諦について宣伝歌をうたって疑いをはらした。馬公、鹿公の申し出により、高城山の松姫の言向和しをゆずり、二人を守護することとなる。

(7) 馬公、鹿公は松姫に面会しようと高城山のウラナイ教の門をくぐった。門番の熊彦、虎彦は六尺棒で馬公、鹿公の前頭部をなぐりつけ、睾丸をつかんで門外にひきずり出したあと、そのことを松姫に報告する。松姫はただちに、馬公、鹿公を迎えてこいと命令。二人は謝罪のため四つばいになって門内に案内した。馬公、鹿公に受付の竜若もともに、四つばいとなって松姫の前にゆく。いつの間にか、一同は動物と化してしまったがお節の祈りによって元に服し、人は人の行ないをすべき神律を悟った。
お節から三五教の教理をきいた松姫は、ここに意を決し「一同の方々、お節さまを私のお師匠さまといたします。鹿公、馬公を高弟と仰いで、仲好くお道のために尽して下さい」と言いすて、庭先の草履をはくや否や、夕の闇にまぎれていずくともなく姿をかくした。いろいろと心配する時に一人のエンゼルが現われる。「われは神素盞嗚大神の御使言照姫命なり、松姫の改心により、ウラナイ教の教主高姫、副教主黒姫の罪は赦された。また松姫は神が守護し、神界のために抜群の功名を顕はし、日ならず当館へ帰るべし」とお節に玉能姫、竜若に竜国別、馬公は駒彦、鹿公は秋彦、熊彦は千代彦、虎彦に春彦と神名を賜ったうえ、「汝らは、玉能姫を師と仰ぎ、協心戮力神界のために全力を尽くせ。神は汝の心魂を守護し、天地に代はる大業を万世に建てさせむ。ゆめゆめ疑ふことなかれ」と詔りて消え失せられた。

(8) 玉照彦をうばわんとするテルヂー、コロンボ、谷丸、鬼丸の暴漢に乱打された松姫は気絶したが、夕暮れごろ息を吹きかえし、二柱の女神に案内されて高熊山の入口の来勿止の神の関所につき、来勿止神より山神の滝での七日七夜の荒行を命じられた。竹公は松姫とともに水行につとめる。四日目の朝になると、勝公が来勿止神の使者として修行が済んだと迎えに来た。松姫は谷道をのぼり、神国守、国依姫に守られて、四十八の宝座にすすみ、言照姫命より、「玉照彦様は、遠き未来においてミロク神政成就の神業に参加遊ばす尊き伊都能売之御霊。そなたは大切に奉侍し、世継王山の麓におはす国武彦の命にお届けあれ……神国守、国依姫は、松姫と共に玉照彦の命を保護し奉り、綾の聖地に送らるべし」と言葉おはるや否や姿は消えてしまった。松姫は畏みつつしみ、天の数歌をうたいあげ、「尊様をお迎へ申して綾の聖地に向かひます」と一心に祈願すると、玉照彦命は松姫の膝の上にうれしげにあがらせられた。松姫はうやうやしく懐中に抱きまつり、神国守夫婦に守られ、岩窟を立ち出で、ふたたび宝座を伏しおがみ、来勿止神の庵に帰りつく。
松姫は神国守夫婦をともない、しずしずと目礼しながら門を出ずれば、あにはからむや、あまたの白衣を着せる神人幾百人ともなく、道の左右に整列し、英子姫、悦子姫、亀彦、常彦、若彦、紫姫、その他三五教、ウラナイ教の宣伝使の肉体および幽体あいまじわり、うやうやしく奉迎している。いずくともなく微妙の音楽四方におこり、松姫は思わず足もすすみ出で、いつの間にか、世継王山麓の悦子姫の庵に着いていた。

ここに玉照彦、玉照姫の神人は二柱あい並びたまい、日に夜に神徳あらわれ、昼夜の区別なく瑞雲たなびき渡り、ウラナイ教の高姫、黒姫その他も嬉々として集まり来たり、ミロク神政の基礎を固むることとなった。

(9)　霊の礎（五）は人間出生の神秘について解明されている。

特　徴

○玉照姫命を聖地に奉迎するについて、神素盞嗚大神の公平無私な御裁断に、ウラナイ教祖高姫が感激感泣する。ここに玉照姫命は聖地に永遠に神しずまられることとなった。

○高熊山の霊山における著者出口聖師入山の因縁と、出口聖師に相応するミロク神政の大神司である伊都能売の霊である玉照彦命の御出生と神政成就についてのべられている。

如意宝珠　未の巻

第20巻

口述場所　綾部＝松雲閣・錦水亭
口述日時　大正11年5月12日～14日
筆録者　外山豊二、加藤明子、松村真澄
初版発行　大正12年3月15日
著者最終校正　昭和10年6月5日

目次

第三篇　三国ケ嶽

登場神・人

〈三五教〉言依別命、玉照彦命、玉照姫命、お玉の方、紫姫、若彦、秋彦、駒彦、天の真浦（守彦）、宗彦、田吾作、谷丸、鬼丸、高姫、黒姫、松姫
〈宇都山郷〉松鷹彦、お竹、お勝、留公、お弓、お春
〈バラモン教〉（三国ケ嶽）蜈蚣姫、（宇都山）友彦
〈熊田の里〉原彦、お露

梗　概

(1)　神素盞鳴大神は斎苑《いそ》の館より、三十五万年前の辛酉年の九月八日に丹後の由良の港の秋山彦館に天降り、聖地桶伏山に国祖の分霊国武彦命とともに万神をあつめて大本出現の経綸をおこない、英子姫をして百の仕組に仕えしめ、悦子姫は世継王山の東表面に仮の宮を建て、玉照姫命、玉照彦命を奉迎した。

ここに言依別命は神素盞鳴大神の命を奉じて、桶伏山と照山の山間に神人の真心を凝結して、国治立の大神、豊国姫の大神の荘厳無比の貴の御舎（錦の宮）を仕えまつり、その威霊を鎮祭し、玉照彦、玉照姫をして宮仕えとし、世界経綸の基礎を樹立せんとされた。

言依別命は、素盞鳴大神の命を奉じ、錦の宮の背景として、自転倒島における三五教の総統権をにぎり、コーカス山、斎苑の館と相俟って、天下修斎の神業を宇内に拡張したまうこととなる。三五教の宣伝使はいうもさらなり、ウラナイ教を樹て、瑞の御霊に極力反抗した高姫、黒姫は、夢から覚めたごとく心をひるがえし、身命を三五教にささげ、自転倒島をはじめ、海外諸国を跋渉して、神徳を拡充することとなった。

(2)　ここに言霊別命の弟元照彦の再来、天の真浦は、大台ケ原の山麓に生まれ、木樵を業とし、その日を送っていたが、綾の高天に錦の宮が建造され、神徳四方に光りかがやくと聞き聖地をたずね、言依別命に謁し、新たに宣伝使となった。

天の真浦はまず自転倒島に向かって、神徳宣布をしようとし、

聖地を後にただ一人、霧の海原を分けて人の尾峠の西麓に着いた。見る見る雪は一尺ばかりも積み、行く手に迷い蓑笠を着けたまま路上に佇立して声低に天津のりとを繰りかえしていた。その時、数十頭の熊の群があらわれ、真浦の足元の道をひらいた。真浦は感謝しながらその跡を登りゆく。道のかたわらの一軒の茅屋の前まで行くと、雪のため熊の道も閉塞してしまった。ここで泥棒と称する駒彦、秋彦にすくわれて一夜をあかし、宇都山郷の武志の宮に参拝して松鷹彦とめぐりあう。

言依別の命によって真浦の信仰力を試すべく待ちかまえていた秋彦、駒彦であったが、ものをも言わず真浦を雪の谷底につきおとし、ニコニコと安座して仰ぎ見ている真浦に、百点の合格点をあたえて立ち去る。真浦は苦心惨胆の結果、谷底から這いあがり松鷹彦の館に入り、三五教の教について語りあった。

ところが、ここ宇都山郷に割拠していたバラモン教の鬼雲彦の残党友彦は、信者の留公らを示嗾《しそう》して、真浦を攻撃させる。真浦の宣伝歌に留公らは田畠を踏み散らして逃げ帰り、友彦に報告するが、破門されたので焼クソになって馳け出し、田吾作の畠の三度芋をふみちらした。田吾作は立腹して鍬を打ちおろすと、誤まって止めに入った真浦の足の小指を切りおとした。真浦はあわてて指を逆さまにつけてしまう。真浦は改心した留公、、田吾作とともに友彦にむかって宣伝歌をうたった。友彦は生命からがら逃げ出し、ここに村中は三五教に帰順する。

(3)　妻お竹に死別した松鷹彦は、魚とりに日をすごすところへ、バラモン教の宗彦、お勝の巡礼がたずね来たり、身の上話を語り三五教に帰順した。松鷹彦は武志の宮の社務所に居を転じ、宗彦、お勝と朝夕神に仕え、三五の教理を細々と伝えていた。

ところが、田吾作が松鷹彦に子供をもらうようにすすめての回顧談から、真浦は松鷹彦の長男の松であり、宗彦は次男の竹であり、お勝は娘の梅であることがわかり村中で大祝いをする。

天の真浦は武志の宮にとどまって父に孝養をつくし、お春を女房にもち、父の後を継ぐこととなった。宗彦と田吾作は聖地にのぼり、言依別命に謁し、三五教の教理を体得し、宗彦は国依別、田吾作は玉治別と神名を賜わり、日本列島をはじめ世界到る所に足跡を印し神業に参加し、ついには素盞嗚大神に見出だされて大宣伝使となる。お勝は留公の媒酌にて田吾作の妻となり、夫婦仲よく一生涯を送り、子孫繁栄する。

(4)　宗彦は聖地にのぼり、言依別命より天晴れ宣伝使を拝命し、宇都山の里に帰り、武志の宮の前に報告祭を行ない、里人に別れて三国ケ岳に割拠するバラモン教の蜈蚣姫一派を征服すべく旅装を整え宣伝の初旅につく。留公、田吾作二人は村のはずれに先まわりして待ち、お伴をたのんだが、宗彦は「お前の足でお前が勝手に行くのなら差支えなかろう、……。しかし、宣伝使として宗彦は徹頭徹尾一人旅だ」と、言依別命さまから明石峠を越え、山国を経て三国ケ岳の悪魔を征服して来いと言われた由を述べて先に立ってゆく。

明石峠から下りはじめると、四十くらいのお露という女にあう。女は夫原彦の病気祈願に明石の滝にゆくという。案内させて、麓の熊田の村の相当広い原彦の家につき、鎮魂をして救いあげた。原彦の病気の原因は、十数年前に田吾作の玉を盗もうとして大井川に田吾作をつきおとし、その時の心の罪が、邪気となってわが身をせめていたのである。原彦は、死んだと思っていた田吾作の顔を見ると全快した。熊田の里人はこの神徳に感激して宗彦の教をきき、三五教の信者となる。

(5) 言依別命の命を奉じて、宗彦は留公、田吾作および全快した原彦をつれて、近江、若狭、丹波の三国にまたがる大高峰にわだかまるバラモン教の蜈蚣姫を棟梁とする魔窟を言向和そうと進みゆく。熊田の里から平野の里、山国の一本橋をわたり、宮村、花瀬を後にして三国ケ嶽の麓に着いた。留公は「蛙の行列向う見ず、生命知らずの馬鹿者」とののしりながら、坂路さして韋駄天走りに、霧の中に姿をかくす。

不案内の道を谷に沿うてのぼり、激流を渡って村人の干していた熊の皮を取りあげてしまった。そこへ現われた笑い童子、泣き童子、怒り童子の三人からきびしく戒められて心を改めすすみ行く。途中、千匹猿の泣き声におどろいたり、金毛九尾の悪狐の化けた赤児を抱いた美人におどろかされながら山上にたどりつく。怪しの物音におびえながら山中で一宿する時、留公は婆のつくり声で一同の肝をひやし、またもや山中にかくれてしまった。

(6) 夜はようやく明けはなれ、木の間にさえずる諸鳥の声に送られて、宗彦、田吾作、原彦は足にまかせて進みゆく、大岩窟を背景に茅ぶき屋根の三四十、軒を並べて建っている。二百人ばかりの老若男女が一つの部落をつくっているが、みな唖ばかりである。これは蜈蚣姫の鬼婆の計略によって嵌口令を布くため、毒茶を呑まされたものばかりであった。

そこへ、容色すぐれた一人の女が現われ、宗彦に会釈し、北の谷間をめざし走りゆく。この女は玉照姫の生母お玉の方であったが、婆の手下の者に誘拐され、この山奥に連れ込まれていたのである。

お玉の方の手招きによって、岩窟の中にすすみゆく。ここは鬼ケ城山に割拠していた鬼熊別の妻蜈蚣姫の日本列島における第二の作戦地である。岩窟の中には、蛇、蛙、山蟹、その他獣類の肉を乾燥さして釣り下げてある。

三人は蜈蚣姫と談判中、宗彦は天津のりとを奏上しはじめると、婆は驚いてこれをとめた。すすめられるままに土瓶の茶をのみパンを食ううちに、体も動かず言語を発することが出来なくなる。婆が三人を虐待するところへ、留公は声もすずしく宣伝歌をうたってこの場にあらわれると、婆は霊縛されて動けなくなった。このとき奥の方より、玉照姫の生母お玉の方が宣伝歌をうたいつつ現われた。ふしぎや三人はにわかに身体自由となり耳も聞こえ、口も縦横無碍にうごきだした。お玉の働きによって、ミロク神政成就のお宝をとり返し、宗彦を先頭にお玉、田吾作、留公、原彦という順序で、宣伝歌を高くうたい、聖地をさして目出たく凱旋した。

聖地では、高姫、黒姫、紫姫、若彦が、黄金の玉の紛失とお玉の方の失踪について心配しているところへ、宗彦一行が無事に帰り、黄金の玉はお玉の方に抱かれて、ひとまず錦の宮の殿内ふかく納まった。

(7) 霊の礎(六)には、死後の世界である天界の様子がのべられている。

特　徴

○昭和十九年六月三十日に大都市学童集団疎開の決定した時に著者が「これから宗彦、お勝が始まるのや」と予言されたが、爆撃の結果はこの通りになったという思い出ふかき物語である。天の真浦と宗彦の宣伝使の初陣にあたって、種々の試練を与えられながら実地をとおして立派な宣伝使として育て教えみちびかれてゆく。

山河不尽の章は実に諷刺にみちている。

○序言によるミロク神政成就の神宝「黄金の玉」。

讃美歌(六)

如意宝珠黄金の玉もこの神書に潜みてありぬ探りて受けよ

狭霧こむ大海原を行く船の燈火《あかり》とぞなる厳の神書

風荒く波猛るなる海原を安くみちびく瑞の言霊

雲は晴れ暗は消え失せ世を救ふ主を拝《おろが》む厳の神書

奥深くはかり知られぬ秘事をやすく覚りぬ神の御文に

三五《あななひ》の神の教は常世ゆく暗を分け行く月日なりけり

三五の神の大道は現世とかくり世ことごと照らす御《み》燈明《あかし》

如意宝珠　申の巻

第21巻

口述場所　綾部並松＝松雲閣
口述日時　大正11年5月16日～21日
筆 録 者　松村真澄、外山豊二、加藤明子
初版発行　大正12年4月5日
著者最終校正　昭和10年6月5日

目　次

登場神・人

〈三五教〉言依別命、玉照彦命、玉照姫命、杢助（時置師神）、初稚姫、国依別、玉治別、竜国別、高姫、黒姫
〈アルプス教〉（高春山）鷹依姫、テーリスタン、カーリンス、

天州（徳公）、武州、雲州、三州、駿州、遠州、甲州
〈鬼娘〉お光
〈亀山〉梅照彦、梅照姫

梗　概

本巻は津の国の高春山言向和しの物語である。

(1)　総説に「一切万事が霊主体従的に組織されてあるのが、宇宙の真相で大神の御経綸である」と、霊界物語の神観、宇宙観をのべられ、読み方を示してある。

(2)　蜈蚣姫の部下の鷹依姫は高春山にバラモン教の一派アルプス教をひらき、日本列島をあくまでも、八岐大蛇の勢力圏内ににぎらんと、昼夜こころをなやましていた。

高姫、黒姫はフサの国北山村の本山をすてて蠑螈別、魔我彦をして後を守らしめおき、三五教に帰順した改心の証拠として、アルプス教の鷹依姫を言向和そうと、飛行船にのり、高春山の山麓に着いた。これより二人は巡礼姿に身を変じ、鷹依姫の岩窟にむかい、壁を立てたような高山をのぼりゆく。

高春山の五合目の天の森の竜神の宮についた二人の間で、黒姫がわざとしかけた仲違いの口論がはじまった。テーリスタンは黒姫をとりなして鷹依姫のところへみちびきゆく。カーリンスは高姫が清水を掬び喉をうるおす隙をうかがい、首に細ひもを手早くひっ掛け、首を締め背に負い、急坂をのぼる。鷹依姫の岩窟にひき入れられた黒姫は、外からエビ錠をかけられた。カーリンスの加勢に行ったテーリスタンらの両名は高姫の首を締めたまま、鷹依姫の室にとどけ、人工呼吸法によって蘇生させた。黒姫は鷹依姫の味方をよそおい、高姫が呑みこんでいる金剛不壊の玉を抜き出すとて高姫の身をあずけられて、アルプス教の神宝紫の玉を納めた秘密室に入る。蘇生した高姫は、紫の玉を見るや、玉を手に取りクネクネとなでまわし、餅のようにやわらかくして呑み込んでしまう。このとき、秘密室の外に、テーリスタン、カーリンスのあわただしい足音が聞こえた。これより二人は食糧攻めにされる。

(3)　言依別命の旨を奉じて鷹依姫を言向和すべく、勢いよく聖地を出発した高姫、黒姫は三カ月を経るも何の消息もない。言依別命はひそかに竜国別（竜若）、玉治別（田吾作）、国依別（宗彦）の三人の宣伝使を招き、聖地の何人にも明かさず、高春山に二人の消息を探査すべく出張を命じる。その夜、三人とも同じ霊夢を見せられて、心を立直し、徒歩にて、亀山の月宮殿に参拝し、梅照彦の館に一泊したのち、玉照彦命の出現された高熊山で修行をなし、高春山に向かう。

亀山に一泊した時の談話に、霊界物語の必読について「三五教のその時代の宣伝使でさえも、読んでいないものがあるくらいだからなア」「未来の宣伝使は無謀なものだなア」と、きびしく警告されている。

⑷　竜国別、国依別、玉治別は高熊山の岩窟に参拝し、心魂を清め、神国守に送られて来勿止館の門前にて暇をつげ、天狗岩で名高い境峠を越え、小幡川の上流を対岸にわたり、法貴谷の戸隠し岩の前につく。

一丁ばかり離れた所に泥棒のいるのを知って、大泥棒に化けて改心させんと、玉治別は玉公親分、竜国別は竜州、国依別は国州となり、遠州、駿州、甲州、武州、三州、雲州の六人を言向和した。彼らも宣伝使に従って高春山に向かうこととなる。

月夜の谷道にさしかかった時、千匹狼の通過するのに出あい、一同が密林の中へ退避するのを、玉治別は一人路上にたち向っている。狼は五六間前まで来て途を転じ、谷の向う側の山をめがけて颪のごとく過ぎ去った。

玉治別は峠の頂上にある赤児岩に腰かけて眠気を催していると二人の荒男が玉治別をアルプス教の味方と思い「オイ源州、貴様はここに金もあれば、一切の作戦計画を記した人名簿もある。これをテーリスタンに渡してくれ」と手渡した。玉治別は首を二三度上下にふって包を受け取る。

谷底の火光を目あてに進むと、二ときばかり前に妻のお杉を亡くした杢助の家であった。玉治別がお通夜を頼まれているところへ、竜国別、国依別や改心組の六人がたずねて来て皆で野辺の送りをすました。杢助は玉治別の持って来た風呂敷を見て、先夜押し入った泥棒と思い、マサカリをふるって切りつける。玉治別は天の数歌を唱え杢助を霊縛して事の次第を語ったので、杢助も無礼を謝した。風呂敷の中から金銀の小玉を杢助に返し、アルプス教の秘密書類をもって高春山に向かう。

⑸　改心したと見せかけて行を共にしてきた六人の泥棒は、津田の湖で八百長喧嘩をはじめ、武州、遠州、駿州のむこうずねをなぐりつけ、三州、甲州、雲州は杢助の持っている金銀の小玉を奪おうと、杢助館に押し入ろうとした。ところが、杢助に看破されて、今や三人が打ちころされんとした時、六才になった杢助の一人娘のお初の願いで、泥棒たちに金銀の小玉全部を与えた。杢助は金銀よりも何よりも貴い宝が手に入ったと嬉し涙にくれる。

⑹　津田湖辺で、竜国別は道を北にとり、大谷山より高春山に攻めのぼることとした。また国依別は鼓の滝を越え六甲山に登り、魔神を言向和しつつ高春山にむかう計画を定める。

⑺　玉治別は津田の湖を渡って、まっしぐらに高春山に押し寄せるべく、八百長喧嘩で足を痛めた遠州、駿州、武州を舟に乗せてみずから艪をあやつりながら、寒風すさむ月の夜を西方の山麓めがけて漕ぎ出す。

湖の中央で三人はにわかに立ちあがり、秘密書類をわたせとせまる。両手を組み天の数歌を唱えたが、神慮に反して敵の

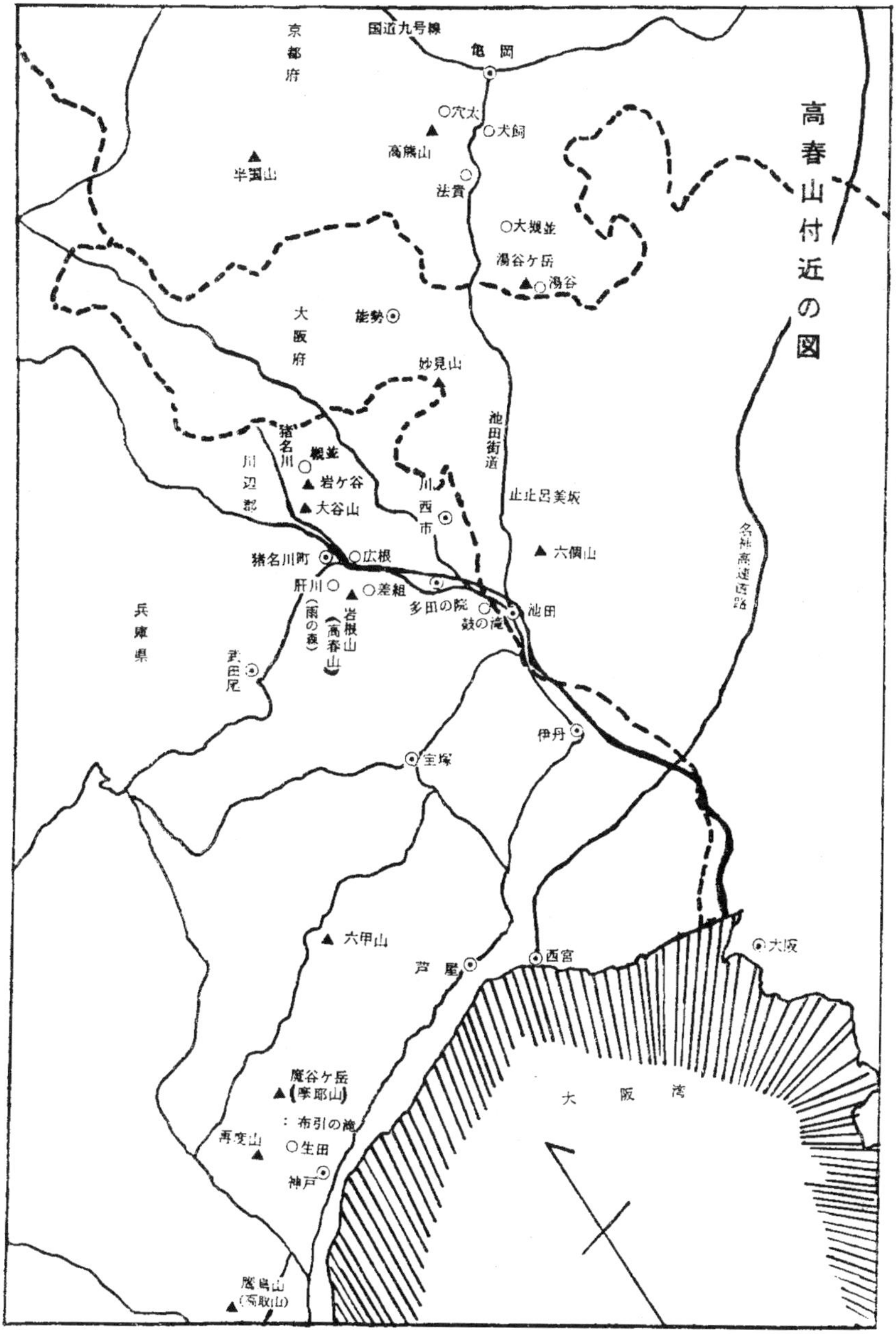

21、22巻の舞台になっている地名をひろってみました。高春山は推定です。神島、家島は都合で割愛しました。

秘密書類を懐中にしたけがれのためか、何の効果もあらわれない。玉治別は湖水に落ち、九死一生のところへ、杢助はお初とともに舟を漕ぎよせて救いあげる。遠州たち三人は西へ逃げ出す途中、大岩石に衝突させ、船体は沈没した。杢助は彼らを湖中の岩の上に救い上げ、玉治別は宣伝歌をうたった。三人は改心の意を表したが、お初の忠告で改心のなきを知り、岩島に残し、船は高春山の東麓へすすむ。

湖水の水は見るみる水かさをました。三人の生命も瞬間に迫るとき、三柱の女神と見えたお初、玉治別、杢助の宣伝歌によって湖中では幾度も奇蹟がおこり、遠州、駿州、武州の副守護神が肉体から離れ、三人はまったく改心した。

お初の誠心にほだされた雲州、三州、甲州も改心するにいたる。またお杉の精霊も執着心を去り、天国にのぼった。

(8) 大谷山に向かった竜国別は、赤子を抱く魔性の女のために今やたぶらかされんとする時、鬼武彦は突然に現われてこれを救った。言依別命の本守護神、言依姫はたちまち天降って鬼武彦に賞詞を下され、「この度は三人の宣伝使の卒業試験であるが、危急の場合は助勢を頼む」と述べられる。二柱は雲にのり中空に姿をかくされた。

竜国別は降りしきる雪に進退きわまるなかを、またも白狐に試され、手追いの猪を助けんと岩ケ谷までゆくと、鬼娘お光のために額から生血を吸われる。古社の縁の下にたどりつき眠るうち、夢の中で奇の女に結婚を迫られる試練にあい、心魂を練っていよいよ高春山の征服にむかって進みゆく。

(9) 玉治別は津田の湖水をわたり、高春山の正面より攻めのぼりゆく。杢助はお初を背に負いその後にしたがう。一行は木蔭で休息する。その時、玉治別の妻お勝が父松鷹彦の命旦夕に迫る急病を夫に知らそうとして悪漢どもにとらえられ、虐待されている。杢助は時置師神と名のり、救いあげた。玉治別は、神業の途中そのような女は知らぬと叱りつければ、お勝もその意をくみ、宣伝歌をうたいながら宇都山郷の武志の宮へ帰ると、父の松鷹彦は天の真浦に介抱されながら元気恢復し、嬉しげにお勝の帰り来し姿をながめていた。

(10) 国依別は鼓の滝を右に見て、宝塚の峰を伝い六甲山をさして登りゆけば、かたわらに石地蔵が立っている。夢の中で石地蔵やお市にさんざん油をしぼられる中を、鷹依姫の部下たちに呼び起こされた。国依別は面白おかしく語りあううちに六人を言向和し、高春山へ進みゆく。

(11) 玉治別、杢助、お初の三人は天の森の祠に先着して、竜国別、国依別の到着を待っていた。竜国別は額の傷についてお光の話をすると、たちまち鬼娘が襲来するが、お初が顔を見せると白煙となって消えてしまった。そこへ、国依別は数人の男を伴なって登って来た。お初はたちまち神がかりとなり、作戦計画を宣示する。

(12) 大自在天大国別命の神業を恢興しようとする鷹依姫は、酒の酔のまわったテーリスタン、カーリンスと会談中、六才のお初はツカツカと現われきたり、テーリスタン、カーリンスを一言に言向和した。テーリスタンは鍵をあけて、高姫、黒姫を窟室より出した。竜国別、玉治別、国依別は、力強の杢助、その他六人のアルプス教の信者を従え這入って来る。鷹依姫はお初の諭す言葉に声を放って泣き伏した。ついでお初は高姫に改心を迫る。お初が高姫の腰を打つと、紫の玉、ついで如意宝珠の玉が飛び出した。鷹依姫は紫の玉を聖地へ献上することを誓った。そして、行くえ知れずの息子の竜国別と親子の対面ができた。如意宝珠は素盞鳴大神へお返しすべく、聖地へ一同参向することとなる。

特徴

○日本列島内のバラモン教の根拠地であった大江山(十六巻)、三岳山、鬼ケ城山（十七巻）、三国ケ嶽（二十巻）がつぎつぎに言向和され、本巻では六甲山についで高春山のバラモン教の一派アルプス教が言向和される。

○稚姫君命の再来〝お初〟が杢助と妻小杉の子として、丹波の湯谷ケ嶽に出生して、神業に初めて参加される。

如意宝珠　酉の巻

第22巻

口述場所　綾部並松＝松雲閣
口述日時　大正11年5月24日～28日
筆録者　松村真澄、加藤明子、北村隆光、外山豊二
初版発行　大正11年7月30日
著者最終校正　昭和10年6月5日

目次

登場神・人

〈三五教〉言依別命、言依姫命、玉照彦命、玉照姫命、杢助（時置師神）、玉治別、国依別、紫姫、若彦、お玉の方、言照姫命、お初（初稚姫）、玉能姫（お節）、鷹依姫、竜国別、テーリスタン、カーリンス、谷丸（佐田彦）、滝公（波留彦）、高姫（鷹鳥姫）、黒姫
〈バラモン教〉蜈蚣姫、スマートボール、カナンボール、金助、銀公、鉄
〈幽界〉小和田姫命（地蔵菩薩）
〈鷹取山〉弥勒神の黄金像

梗　概

総説には神示の神国魂・真心を明示されてある。

(1)　素盞鳴大神はいよいよ千座の置戸を負いたまい、わが治《しら》せる国を姉大神にたてまつり、高天原を下って、葦原の中津国にさやれる曲津神を言向和し、八岐大蛇や醜狐、曲鬼、醜女、探女の霊を清め、誠の道に救い、完全無欠、至善至美のミロクの神政を樹立するため、みずから漂浪の旅をつづけ給うこととなった。

大洪水以前はエルサレムを中心として神業を開始されたが、国治立尊の分霊国武彦と現われて、自転倒島に下り、神素盞鳴大神とともに五六七神政の基礎をきずき給うこととなる。それより自転倒島は、いよいよ世界統一の神業地と定まった。

顕国玉の精より現われ出でた如意宝珠をはじめ、黄金の玉、紫の玉は、神界における三種の神宝として、最も貴重なものとせられている。この三つの玉を称して瑞の御霊という。この玉の納まる国は、豊葦原の瑞穂国を統一すべき神憲が惟神にそなわっているのである。

国治立尊は天教山を出入口とし、豊国姫神は鳴門を出入口として、地上の経綸を行ない、永く世にかくれて、五六七神政成就の時機を待たれた。素盞嗚尊はその分霊言霊別命を地中にかくし、少彦名命として神業に参加せしめられたが、今また言依別命と現われて、三種の神宝を保護せしめ給うこととなった。言依別命の神業によって、三種の神宝は錦の宮に納まり、いよいよ神政成就に着手されようとする時、国治立尊と豊国姫尊より、未だ時機尚早なれば、三千世界一度にひらく梅の花の春を待って三箇の神宝を世に現わすべしとの神命が下ったので、言依別命はひそかに神命を奉じて、自転倒島のある地点に深くかくしたもうた。その三十五万年前の御神業の由来を、本巻において口述せられている。

(2) 言依別命より保護を命ぜられていた黄金の玉が紛失したことから黒姫は身投げをはかるが助けられる。鷹依姫たちへの疑いから争いとなるが、言依別命の至仁至愛の神策による仕組の糸にあやつられ黒姫、鷹依姫、竜国別、テーリスタン、カーリンスは、世界の各地へ玉さがしに出かけることとなった。

(3) 高姫もまた言依別命より保護を命ぜられていた金剛不壊の宝珠と紫の玉を紛失したために病気となって精神錯乱し、一時は霊界にふみまよい執着心の鬼にせめられるが、言依別命たちの神霊の加護によって病気は全快する。高姫は神宝の紛失は魔谷ケ岳に立てこもるバラモン教の蜈蚣姫一派の仕業と早合点し、若彦、玉能姫をつれて鷹鳥山に庵をむすびこれを奪還しようとする。

蜈蚣姫の腹心スマートボール、カナンボールは、鷹鳥姫の股肱の臣である玉能姫が清泉の霊泉を汲みにくるところをとらえんものと待ちかまえていた。三人の女に化けた白狐のために、泉の黒い水をかけられて二人はたちまち真黒々助になり、大格闘を始め泉の中へおちこむ。そこへ来あわせた金、銀、鉄の三人は玉能姫が落ちたものと泉にとびこみ助けんとした。以前の三人の女神が現われ、金銀鉄はその女神にみちびかれゆく。金助は上枝《ほずえ》姫との楽しい旅行から一転して鬼婆いもり姫との怪奇な出会いなど、自分の心が生んだ想念の世界にさまよい、フト気がつけば清泉に飛びこんで気絶していたのであった。

金助は心の持ち方を直日に省みて三五教の大神に感謝するうちに、たちまちミロクの大神の神がかり状態となり、「天上天下唯我独尊」と叫び美しい雲につつまれ山頂にのぼり、黄金像となり、葡萄の冠を戴き咲き乱れた五色の花の上に安坐し、弥勒の説法を説示していた。銀公はじめ一同は黄金像に武者ぶりつく。像が身ぶるいすると見るまに四方八方に飛散した。

(4) 鷹取姫(高姫)、若彦、玉能姫が鷹鳥山の谷川で禊身中に空中から着瀑した銀公の話から、金助が黄金仏となっていることがわかり、鷹鳥姫と玉能姫は山頂にのぼり見れば、像は五丈六尺七寸もあろうかと思われるばかり伸長していて、「まだ俺の所へ来るのは早い、もとへ帰れ」と首すじをつかんで鷹取姫を鷹鳥山の中腹へ、玉能姫を東へ、ポイと投げた。たちまち金像は巨大な煙となって消える。金助は三五教信者となり鷹取姫の庵で、銀公と共に、若彦の股肱となり神業に参加することとなった。

(5) 黄金像になげられた鷹鳥姫が空中からおちてくる姿を見た金助、銀公はその場に気絶する。鷹取姫は庭に倒れ、若彦も挙措度を失なっているところへ、スマートボール、カナンボールを先頭に鉄、熊、蜂その他数十人の荒男竹槍をかざし攻めよせた。

奇蹟あいつぎ、空中から聞こえる女神の教に鷹鳥姫も悔悟する。そこへ杢助は初稚姫を背におい、宣伝歌をうたいながら玉能姫の精霊を伴ないあらわれた。初稚姫はたちまち神懸り状態となり、ミロクの神の神慮を伝えたのち、父子ともに姿をかくす。

(6) 鷹鳥姫は若彦に金助、銀公をつけて、生田の森の時置師神、初稚姫のもとに、感謝のために行かしめた。杢助は若彦、玉能姫の将来のためにけんもほろろに、若彦を追い帰す。

(7) 杢助一人のところに国依別が訪れ問答をすましたところへ高姫がたずねて来た。闇をさいわい国依別が杢助の声色で応対していると杢助が出て来てビックリしたり、玉のことで騒ぎが起こるが嘘とわかり大笑いとなる。

(8) 初稚姫、玉能姫は霊夢に感じ、生田の森の杢助館を出て青葉かおる初夏の再度山の山頂めがけて登りゆく。布引の滝で禊をしようとするところへ、バラモン教の一派にとりまかれる。玉能姫は蜈蚣姫のあて身で気絶し、初稚姫も息の根を絶たれようとするとき、言依別命の命で宣伝歌をうたいながら滝公、谷丸が来援し、バラモン教の一派を追いはらった。四人が頂上にのぼりつくと言依別命は山頂のうるわしい巌の上に三個の玉を安置し、一生懸命に祈願をこらす最中であった。命は谷丸に佐田彦、滝公に波留彦と名づけ宣伝使に任じ両人を供として、初稚姫と玉能姫に、金剛不壊の如意宝珠の玉と紫の玉を瀬戸の海の一つ島に埋蔵する御用を命ぜられる。黄金の玉は言依別命みずから高熊山の霊山に埋蔵して、ミロク出現の世を待たれ、その時の証として三葉つつじを植えおかれた。

初稚姫、玉能姫は五月五日に神島にわたり、五人の童子は金剛不壊の如意宝珠を初稚姫から、三人の童女は紫の玉を玉能姫から受けとり岩窟におさめた。二人は天津のりとを奏上し、神言を唱え、天の数歌をうたい、岩蓋をおき、その上にいま童女が捨てた黄金の鍬を各自に取りあげ、土を厚くきせ、あたりの小松をその上に植えて、またもや祝詞を奏上し、ゆうゆうとして山を下りゆく。雷のごとき声「淡路島を目標に再度山の麓に船をつけよ。サア、早く早く」と聞こえるままに、佐田彦、波留彦は、玉能姫、初稚姫を船に迎え入れ、一生けんめいに艫櫂をあやつりつつ、再度山の方面さして帰りゆく。

(9) 言依別命は、いったん高熊山の霊地に神秘の経綸を行ない、聖地に帰って神業に参じ、錦の宮の神司、玉照彦命、玉照姫命の神示を海外にまで弘布し、八岐大蛇の征服に従事する数多の神人を教養し、その名を天下にとどろかした神代の英雄神である。

杢助は元の時置師神とあらわれ、聖地の八尋殿において教主をたすけ、初稚姫とともに忠実に奉仕し、三五教の柱石と呼ばれることとなる。

特 徴

○霊界物語は弥勒の説法であり、非理法権天の神書。

○神命により言依別命が世界を道義的に統一する三個の瑞の神宝を埋蔵されて三十五万年後の今日のために大経綸をされる。

○鷹取山頂に至仁至愛の大神が黄金像と現じて説法される。

○あとがきに、物語の口述日数、場所が発表されている。

○王仁という文字は「二十二人」となるが、この二十二巻は王仁三郎聖師に因む瑞の神宝の巻である。

讃美歌(七)

麻柱《あななひ》の救ひの道を疑ふな愛の御神の教なりせば

八衢《やちまた》の厳の審判を救はむと誠の道を示し玉ひぬ

つかの間も死の魔はあたり付け狙ふとくとく来たれ神の教に

弥広き智慧と力の充ちたまふ神の言葉に仇言はなし

麻柱の教の光の輝きて愚なる世を照らして救ふ

揺るぎなき神の言葉は麻柱の救ひの道の基なりけり

如意宝珠　戌の巻

第23巻

口述場所　綾部＝竜宮館
口述日時　大正11年6月10日～13日
筆録者　松村真澄、加藤明子、北村隆光、外山豊二
初版発行　大正12年4月19日
著者最終校正　昭和10年6月5日

目次

登場神・人

〈三五教〉言依別命、玉照彦命、玉照姫命、杢助、初稚姫、国依別、玉治別、加米彦、佐田彦、玉能姫、若彦、秋彦、駒彦、貫州、武公、清公、鶴公、高姫、魔我彦、竹彦

〈紀の国〉常楠、お久、木山彦、木山姫、助公、虻公、蜂公、
〈淡路洲本〉東助、お百合
〈バラモン教〉蜈蚣姫、友彦、久助、お民
〈白狐〉高倉、旭明神

梗　概

(1)　国依別は言依別命の命により熊野の滝で荒行している若彦を迎えるために進む途中、玉治別と道ずれとなり、大台ケ原の峰つづき日の出岳より流れくる深谷川（十津川）の千仭の谷の絶景をながめているときに、高姫の部下、魔我彦、竹彦は、二人の油断を見すまして、谷間へつき落とした。

谷底には杢助が、初稚姫の神懸りにより教主の命を奉じて十津川の谷間に急行し水行中、落ちて来た二人を救いあげる。三人は熊野の滝をさして進みゆく。

(2)　若彦は那智の滝近く普陀落山の麓に館をつくり、三五教を四方に布教しつつあった。魔我彦、竹彦は早朝に若彦に面会を申し込んだ。若彦は部下の役員信者とともに、神殿に朝の拝礼をなし、一場の説教をおわり朝飯をすまして離座敷に待たしていた二人に面会した。二人は嘘言をもって若彦の心を動かそうとする。

若彦はおりから来訪した杢助、国依別、玉治別に昨日のことをきき驚いた。魔我彦は竹彦の神懸りを信じて、逃げ出そうとして、松の木から飛びあがり、庭に真逆さまに墜落し人事不省におちいる。一同で介抱したうえ、二人の話をきき罪をゆるすことにしたが、杢助は宣伝歌をうたって、しらけたこの場の回復を図った。杢助は早速、魔我彦、竹彦とともに聖地に帰り、若彦、玉治別、国依別は伊勢路にわたり近江に出て、三国ケ岳を探険して聖地へ帰ることとする。

(3)　杢助は魔我彦、竹彦二人とともにひそかに聖地に帰り、表戸を閉ざし、しばらく外出せず、聖地の様子を窺っていた。玉治別、岩彦、国依別の三宣伝使もひそかに聖地に帰り、国依別の館に深く忍び、高姫一派の陰謀を偵察しつつあった。高姫はひそかに聖地の役員信徒の宅に布令をまわし、緊急事件突発とふれこみ、錦の宮の八尋殿に集めた。

高姫が不平をぶちまけると加米彦はこれにきびしく反論し高姫は興奮する。佐田彦、波留彦もかさねて反論し混乱しているところへ、杢助は魔我彦、竹彦両人をつれて入場した。高姫は百万の援軍を得たごとく喜んで発言を待った。魔我彦は今までのすべての悪事をのべ、玉治別、国依別の仁慈を通じて言依別命の教の正しさをのべる。杢助は今度のいきさつと言依別命の教の尊いことをのべた。高姫は計画がはずれたため壇上を蹴散らすごとき勢いで、おのが館へ帰りゆく。

言依別命の教主は莞爾としてあらわれ、一場の演説をこころみた。玉治別、国依別、若彦の三人は悠然として現われ、一

同に会釈し、神殿にむかい天津のりとを奏上し一同解散した。
(4) 秋彦、駒彦は天の真浦を宇都山の雪の谷間に突き落として、東をさして進みゆく。近江路、比叡山颪を浴びながら、大津、伏見をのり越えて、小舟を用意し淀の川の枚方の浦に上陸し、浪速の里を右に見て、堺、岸和田、佐野、深日、紀の川をわたり、和歌山を過ぎて日高川の川辺に着く。旬日の雨に川は濁水みなぎり、渡舟を出すことができないので、日高川の山奥に滝ありと聞き、減水まで竜神の祠の滝のほとりで荒行をしていた。
鎮魂を終わり柿をむしって飽くまで食うと、たちまち社殿は鳴動しはじめる。あまりの厭らしさに「惟神霊幸倍坐世」と称えながら、元来し路を逃げてゆく。谷川の清き水に角をはやした老婆が洗濯しているのにおどろいたが、話合っている間に駒彦は心に思いあたるところがあって婆の家にゆき、常楠、お久と親子の対面をする。
(5) 駒彦が常楠の家に来て三日目に酋長木山彦は使者として竜神の柿を食った駒彦、秋彦を人身御供とするため迎えに来た。秋彦は木山彦の話によって木山彦が父親であると痛感する。二人は高倉、旭明神の身代りによってのがれ、駒彦の宣伝使は秋彦、常楠、お久をともない家に火を放ち、熊野の滝へお礼参拝することとなる。
木山彦は妻木山姫に秋彦宣伝使のことを語っているところへ、二人の宣伝使が竜神の宮の神を退治したとの助公の報告をきき、遺棄した守袋を見て吾子なることを確認し、熊野の神様にお礼参拝して倅に面会すべく、夫婦そろって出発する。
(6) 秋彦、駒彦の宣伝使は常楠、お久の老夫婦とともに、木山の里を出立して栗栖川のほとり、栗栖の森につくと、駒彦の父常楠は胸腹部の激痛に発熱はなはだしく身動きならぬため、栗栖の宮の社務所に立ち寄り介抱したが、命旦夕に迫ってきた。二人の宣伝使は栗栖川の上流に妙薬ありと聞き山ふかく薬草を求むべくすすみ行く。
お久は夫の看病に心力を尽くして看護していると、深夜に娘お軽を殺害した泥棒、虻公、蜂公が来あわせる。お久は吾が子の仇敵と懐剣を逆手に上段に構えた。二人は長刀をもって詰め寄せるところへ、秋彦、駒彦が帰り来たり霊縛する。常楠に薬草をのませると起死回生の妙薬の効験たちまちあらわれた。霊縛を解き一同は話しあって見ると、虻公は常楠の捨子であり、蜂公はお久の捨子であった。一同は涙まじりに秋彦の導師のもとに、感謝祈願をおぼつかなげに奏上する。
(7) 木山彦一行は熊野の滝にゆきいま一度わが子の鹿公にめぐり会わせ給えと祈願して七日七夜を送った。中空より異様の神人、七八人あらわれて「一人子の鹿公に遇わしてやろうほどに、夫婦ともに前非を悔い罪を吾が前に自白せよ」ときびしく言いわたし、二人の告白をきき、「今に遇はしてやろう。必ず信仰怠るな」とのべて神姿は消えたもう。

ここへ常楠夫婦、秋彦、駒彦、虻公、蜂公の六人づれは夜中ながら滝水に身を清め、天津のりとを奏上する。

夜明となり、一同の顔はハッキリとして来た。秋彦は木山彦に抱きつき嬉し涙にくれる。常楠は、三人の子にめぐり会えたことを涙を流して喜んだ。秋彦、駒彦、虻公、蜂公四人は「熊野大神様、有りがたくお礼申し上げます」と心から感謝する。

このとき天教山の木の花姫命が天降りたまい、秋彦、駒彦両人が至誠に免じ、天則違反をゆるし神界より親子の対面をさせる由を告げられた。一同は神恩を感謝し、若彦館をさして進みゆく。

(8) 玉野姫は高姫の陰謀をきき心配のあまり、生田の森から単身、熊野滝下の若彦館へ進み、若彦に面会する。そこへ高姫が来訪し、玉のことでもめている声を聞きつけ、秋彦、駒彦、木山彦夫婦ほか四人兄弟は奥の間に来て八人一度に平伏した。高姫は邪推の結果いやがらせをしたうえ、はては秋彦、駒彦の襟髪を両手にひんにぎり、力をこめて後へドッと引き倒した。常楠はあまりの乱暴に、高姫の襟首をつかみ館の外に放り出した。一同は神殿にむかい感謝の祝詞を奏上して高姫の無事を祈る。

(9) 熊野の若彦館から追い出された高姫は、清、武、鶴、貫州をつれて、生田の森の玉能姫の館の戸をねじあけようとしているところへ、玉能姫は虻公、蜂公両人を伴なって帰って来た。高姫は生田の浜辺につき、玉能丸にのり込み、力かぎりに漕ぎ出す。玉能姫は船頭の報告により浜辺に来て虻公、蜂公に留守をたのみ、「家島へ行く」とつげ単身船をこぎ矢を射るごとくすべり出した。
高姫一行は勢いにまかせて進みゆく。たちまち吹きくる颶風に山岳のごとき浪立ち狂い、玉能丸は翻弄され、淡路島の北岸近く進んで暗礁にのり上げ、木っ端微塵となり、高姫以下は荒海に呑まれる。

玉能姫は高姫の後を追ってきたが颶風にあい、淡路島の火影のまたたきを目あてに辛うじて磯端に安着し、夜明を待った。

玉能姫は東天にむかい祝詞を奏上するおりしも、かたわらの呻吟する声に気がつき見れば高姫一行であった。鎮魂を修し、魂寄せの神言を唱えて五人を蘇生せしめる。

高姫はここに来あわせた東助の船にのり、玉能姫は外の四人をのせて高姫の船をめがけて追うてゆく。高姫は家島に上陸し、つづいて玉能姫ほか四人も家島に上陸する。

玉能姫は高姫一行にはかられて危機一髪の際「木の花姫命助け給へ」と祈願をこめた。たちまち四辺は濃霧に包まれ咫尺を弁ぜず、あたかも白襖を立てたごとくなったのをさいわい、玉能姫は少し道を横にとり、神恩を感謝しながら磯端にたどり着く。虻、蜂の両人は一艘の船をあやつりながら、ちょうど、この場についたところであった。玉能姫は船に飛びのり、高姫の乗って来た船の綱を解き、二艘の船は矢を射るごとく再度山の麓をさして帰りゆく。

高姫一行は濃霧が晴れたので船着場までやって来ると船がない。高姫は東助に文句を言うと東助は大いに怒ったが、心をなごめて清、武、鶴と語りあっているところへ、いったん沖へ流されていた東助の持船が近づいて来る。東助は貫州をして高姫を呼びにゆかせ、磯端についた船を船神に感謝して、清、武、鶴をのせて、淡路の洲本へ帰った。

家島に残された高姫と貫州は玉能姫の好意の船にのり、果物を積み込み、高姫は下手な艪をあやつり、貫州は櫂を使いながら家島を後に西へ西へ進みゆく。

(10) 洲本の里に名も高い人子の司東助が留守の門前で、東助の行くえ不明の噂をききこんだ友彦は、妻お百合の方をたぶらかそうとしたが、浪速の里の姉のところにいた詐偽師そっくりと看破されてバタリと倒れた。おりしも下女の報告で、東助が、清、武、鶴をつれて帰宅したことを知るや、友彦は便所にゆくと称して跨げ穴から日の暮れをさいわい、裏山にかくれる。鶴公、清公、武公は東助の家で世話になり、東助に感化されて前非を悔い、心の底より言依別命の教を奉ずることとなった。

(11) 高姫は貫州とともに新造船をあやつり、瀬戸内海の最大巨島、小豆島に到着し、くまなく宝のありかを探そうと、国城山の中腹までのぼり、巨大なる岩窟につき、貫州が偵察している間に、東助館を逃げ出した友彦が来あわせる。高姫らは岩窟で蜈蚣姫にめぐりあい、心をゆるしてゆっくり談合した結果、蜈蚣姫は友彦持参の、娘小糸姫のスパルタ文字の手紙を読み、オーストラリヤで女王黄竜姫となっている娘をさがしに出かけることとなる。

奥の間の祭典がすみ、出て来た久助と妻お民は友彦の旧悪を証明するところへ、東助の使者として、清、武、鶴の三人が来て友彦を捕縛した。

これより蜈蚣姫は、高姫、貫州、久助、お民を伴ない、宝のありかの探索を兼ね、オーストラリヤの女王黄竜姫に面会しようと一艘の船に身を託し、あまたの果物を積み込み、小豆ケ島をあとに瀬戸の海を乗り切り馬関海峡を越え、西へ西へと進みゆく。

(12) 霊の礎（八）には、人生第一の関門である死と、霊媒について解明してある。

特徴

○高姫一派の陰謀に対しての言依別命らの三五教の仁愛のあり方を示してある。

○秋彦、駒彦の宣伝使の真心が神界に通じて目出たく親子の対面ができる。
○瀬戸内海の小豆ケ島で、高姫、蜈蚣姫がめぐりあい、蜈蚣姫は娘小糸姫をたずねて、オーストラリヤをさして出立する。ここで日本国内からバラモンの勢力がなくなる。

如意宝珠　亥の巻

第24巻

口述場所　綾部並松＝松雲閣
口述日時　大正11年6月14日～7月5日
筆 録 者　松村真澄、加藤明子、北村隆光、谷村真友
初版発行　大正12年5月10日
著者最終校正　昭和10年3月8日　於吉野丸船室

目　次

登場神・人

〈諏訪の湖〉玉依姫命
〈三五教〉五十子姫、梅子姫、玉治別、玉能姫、初稚姫、久助、お民、今子姫、宇豆姫、黄竜姫（小糸姫）、ブランジー（高山彦）、クロンバー（黒姫）、高姫、貫州、清、鶴、武
〈ジャンナイ教〉テールス姫、チーチャーボール
〈タールス教〉タールス、チルテル
〈バラモン教〉鬼雲彦、鬼熊別、蜈蚣姫、小糸姫、片彦、釘彦、市彦、友彦、スマートボール
〈シロの島〉チャンキー、モンキー

梗　概

(1)　バラモン教の友彦は、エデンの園の花見の宴の帰途、鬼熊別、蜈蚣姫の娘、十五才の小糸姫がエデン川に沈んだのを救いあげてより、信任あつく内事の主任となり、かねての野心をとげるために、おぼこ娘をそそのかし割りなき仲となり、鬼熊別の後継者たらんとしたが、鬼熊別が承知しないので、小糸姫と路銀を持ってフサの国（イラン）をさすらい、印度国の南端を通り、セイロン島のシロ山の谷間に庵を立てて、小糸姫は土人から女王のごとくあがめられ、日夜快楽にふけっていた。

そのうちに友彦もそろそろメッキがはげて酒と女にくるい出したために、小糸姫は土人のチャンキー、モンキーに小舟をあやつらせ、大胆にも太平洋への り出した。ところがニュージランドの近くで暴風にあい、岩山に舟が衝突して木端微塵となり、小糸姫は岩壁にくらいつき経文を唱えていた。

(2)　バラモン教のために破舟にのせられ追放された神素盞嗚大神の八人乙女五十子姫、梅子姫と侍女今子姫、宇豆姫の一行はニュージランドの沖で暴風をさけて岩山の影に近づいたとき、泣声をききつけて小糸姫を救いあげた。五十子姫、梅子姫は小糸姫を女王としてオーストラリヤの大陸に三五教を宣布しようと考え、船の中で小糸姫に三五教の教理を植えつける。

(3)　五人の宣伝使はオーストラリヤのキールの港に上陸して土人や大統領ブランジー（高山彦）、クロンバー（黒姫）を心服せしめた。小糸姫は女王となり黄竜姫と改名し、梅子姫、宇豆姫は補佐となって、高原の霊域を地恩郷と名づけ、オーストラリヤの東半分を教化する。

五十子姫は今子姫をつれて、父大神のあとをたずねて自転倒《おのころ》島《じま》に進んだ。

(4)　オーストラリヤをさして、玉と娘をさがしに出発した高姫、蜈蚣姫一行は、大島で水を補給し、琉球、台湾、フィリッピンをこえて、ついにアンボイナ島につき、玉の捜索をする。

(5) 神命により高姫一行を守護するために、玉治別、初稚姫、玉能姫は聖地を出発して南方に向かったが、アンボイナ島にて追いつく。

新舟には玉治別、初稚姫、玉能姫、清、武、鶴が乗って何処かへ姿をかくした。古い舟には蜈蚣姫、久助、お民、友彦、貫州、スマートボールが乗船して、ニュージランドに向かって進みゆく。岩山の近くを通り、チャンキー、モンキーを救ったが、テンカオ島の陥没によって津浪が起こり、一同は岩山にのぼり避難した。水かさは頭の上まで到り生命の危険となった時に、玉治別、初稚姫、玉能姫の神舟が来たって一同を救いあげる。

(6) ニュージランドに上陸した一行は土人の歓待をうけて、土人におくられてタカの港につき、オーストラリヤへ上陸した。

ニュージランドの大酋長カーチャンの報告によって、宰相ブランジーは女王の母蜈蚣姫を出迎える。黄竜姫はクロンバーを従え母を玄関に出迎え奥深く姿をかくした。

群集は広い馬場にならべられた酒肴に舌鼓をうち、歓喜の声は天地も揺らぐばかりである。

(7) 玉治別、初稚姫、玉能姫その他の一同は裏門より山に逃れ、森林に姿をかくし息を休める。

友彦は黄竜姫の婿と返り咲いた夢を見て喜んでいると、数多の下僕らにかつぎ出され、捨てられていた。

(8) 高姫は高山彦、黒姫に誘われ宰相室にみちびかれ、懐旧談に時を移した。黄竜姫に面会した高姫らは、玉座の下をしらべ、黄竜の毒気にあてられて疑いをはらす。

玉能姫一行がオーストラリヤを離れたものと考えた高山彦は、顕要の地位を棄てて高姫、黒姫とともにタカの港から一隻の船に身をまかせ、玉能姫一行の後を追って漕ぎ出した。

(9) 地恩郷を抜け出した玉能姫らの一行はネルソン山の頂上において、天神地祇や国魂神に祝詞を奏上し、竜宮洲宣伝の無事完了を祈る時に、一行十人の足下から大蛇の群が攻めて来た。

スマートボール、貫州、武公、久助、お民らは行くえ不明となる。玉能姫、初稚姫、玉治別は手をつないだまま心中に天津のりとを奏上しつつ、谷間に落ちてきた。

(10) 友彦もネルソン山からジャンナの谷間に墜落し、鼻が赤いために救世主と仰がれジャンナイ教の教主テールス姫の夫となり、ジャンナの里に三五教を宣布する。

(11) 玉治別もジャンナの里に落ちたが、月日明神の案内で山林の中にすすみ、大蛇を救い猩々の群れを済度し、アンナヒエールの里につく。酋長タールスやチルテルに会い神司として養成し、玉能姫、初稚姫とともにこの里を教化して、三五教の霊場とさだめた。

⑿　玉治別はアンナヒェールの里から進む途中で、大蛇の難から久助、お民を救い、大蛇を救い、イルナの里にすすみ酋長タマル以下からは尊き救世主のご降臨と仰がれ、大男たちに送られ、アンデオの大原野にみちびかれる。

⒀　土人の祀った竜神の祠の前で、蓮の形の広大な諏訪の湖にむかって玉治別、初稚姫、玉能姫、久助、お民は天津のりとを奏上した。玉治別は竜宮の乙姫玉依姫命に宣伝の成功を祈り、初稚姫、玉能姫は麻邇の玉を賜えかしと祈願する。紺碧の湖面は十字形に波割れて美麗の湖底が見え、黄金色の衣を着た数多の女神を従え、五色の玉を女神に抱かせ、空色の衣をきた玉依姫命は湖上にあがり、五人の前に現われ、「汝らが至誠至実の行ないに賞で、竜宮の神宝五種の宝を授くれば、錦の宮に捧持し帰り、教主言依別命にお渡し申すべし」と約束し、人群万類愛善の実践を希望される。五人は感謝の涙にくれ、天津のりと、天の数歌、宣伝歌を奏上し、七日七夜湖水に禊を修し、玉依姫命に暇を請い、オーストラリヤの西部に宣伝に向かう。五人は木花咲耶命の御化身に浄化されて、天刑病者を救い、ますますご神徳をいただき、西へ西へと宣伝歌をうたい進みゆく。

⒁　霊の礎（一〇）は、高天原の天人の生活および天国へのぼる生活について示されている。

特　徴

○オーストラリヤの竜宮洲全島の三五教の宣伝についての経綸。

○玉依姫命が、ミロク神政成就の厳の神宝を綾の聖地の国祖大神に奉献される経綸。

讃　美　歌　（八）

御言葉に頼る身魂はスクスクと常世の暗を安く渡らむ

類例のなき神教を細やかに世に拡め行く三五の道

惟神教の道芝沢あれど人の行くべき道はこの道

疲れたる身の憩ひともなり吾が霊魂《たま》の餌《ゑさ》ともならむ珍の言の葉

瑞御魂その言霊は疲れをばいやす生命の清水なりけり

海洋万里

海洋万里　子の巻

第25巻

口述場所　綾部＝竜宮館
口述日時　大正11年7月7日～12日
筆　録　者　松村真澄、加藤明子、北村隆光、谷村真友
初版発行　大正12年5月25日
著者最終校正　昭和10年6月4日

目　次

登場神・人
〈諏訪の湖〉玉依姫命
〈地恩城〉梅子姫、（女王）黄竜姫、蜈蚣姫、宇豆姫、清公、鶴公、スマートボール、貫州、武公、チャンキー、モンキー、

金州、銀公、鉄公、マール、ミューズ
〈ヒルの郷〉飯依別、久木別、久久別、アイル、テーナ
〈ジャイナの里〉友彦、テールス姫、タイヤ、ブース
〈高姫一行〉高姫、黒姫、高山彦、アール、エース
〈東助館〉お百合、虻公、蜂公
〈杢助館〉国依別、秋彦、駒彦

梗概

(1) オーストラリヤの地恩城は神素盞嗚尊の八人乙女の一人梅子姫が後見役となり、女王に黄竜姫、左守に清公、右守には鶴公が任ぜられて神政に奉仕した。清公は宇豆姫を妻にしようとして金、銀、鉄を使って策動したがかえって策がはずれ左守を棒にふる。宇豆姫は身のおきどころなく千仭の谷底に投身したのを、スマートボールが生命がけで救いあげ、徳望を一身にあつめ左守に任ぜられ黄竜姫の命により神前結婚をあげ、宇豆姫はその妻となった。

(2) 清公は大いに省み、黄竜姫以下の承認の上、チャンキー、モンキーとともに、日の出の神の上陸したヒルの港から竜宮の宮に詣で、飯依彦らの遺跡を巡拝し、クシの滝の間近まで進んだとき、里人が大蛇を殺害しようとしている所に出あう。清公は宣伝歌の言霊の力に言向和した。

清公のすすめにより、モンキーの案内で飯依別、久久別、久木別は地恩郷にお礼参拝をすることとなる。地恩城に無事参拝してヒルの郷に帰り、クシの滝壷で修行中の清公に厚く感謝し、国魂の宮を修繕し恭敬礼拝おこたらず、ついにヒルの郷は、元の楽園となり、飯依別は祖先の業をつぎ真澄の宮に奉仕する。

(3) 清公は郷人の乞いをいれアイル、テーナの二人を供人とし、セーラン山をよじ登り、あまたの人々をはじめ、大蛇その他の悪魔を神の道に言霊もて救おうと、炎天を一行五人進みゆく。黄金の砂原のある諏訪の里にて木花姫の化身に心魂を洗われ、スワの湖の辺の竜神の祠に無事到着し、祝詞を奏上し一夜を明かした。明けて五人は法悦の境にひたり湖の中に入り人事不省となる。おりからの神船に救い上げられ、北へ北へと運ばれて、湖中に浮かぶ金銀の蛇が畳の目のごとく地上を包む夫婦島《めおと》の一角に救い上げられていた。

清公の口には金色の太き蛇が這いこみ、チャンキーはその尾にはねられて金銀の蜈蚣が地上を包んでいる隣の女島へ撥ねられる。清公はにわかに黄金色と変じ、アイル、テーナの首すじをつかみ女島へ投げ移した。男島にすくわれたモンキーも大いに省みて、亀のみちびくままに従って行くうちに、清公らと同様に神船にすくいあげられ、さらに朱欄碧瓦の高楼めがけて進みゆき、宮居の奥殿に入った。

(4) 地恩城の高殿にのぼり、仲秋の名月を仰いで月見の宴を

ひらいていた黄竜姫は深く悟るところあり、梅子姫の導師によって高殿に端坐し、月光に向かって感謝祈願の神言を奏上した。そして月見に用いた器を眼下の谷底めがけて一品も残らず投げやり、今後は決して月見の宴をしないことを神明に約し、奥殿に姿をかくし、ふたたび一同うちそろい天津のりとを奏上するおりから、貫州、武公は友彦の襲来と注進したのでスマートボールは表門に出て見たが、快晴の月夜であった。

地恩城の広場で貫州、武公の大将株が話しあっているところへ、友彦がテールス姫をつれて来訪した。一同は寄ってたかって友彦らを半死半生の目にあわせる。あまり友彦夫婦が従順なのに感じ、友彦の言葉につれて一同は感謝祈願の祝詞を唱えた。鶴公はこれを知って大いに驚き、黄竜姫に報告すると、みずから門前に出迎える。

(5) 友彦夫婦を出迎えた黄竜姫は友彦の手を固くにぎり、あいさつをした。友彦は涙をハラハラと流し、真心より詫びる。黄竜姫は「正しき清き御交際をお願い申し上げます」と心の底より打ちとけた。友彦は一同に宣伝歌であいさつの辞をのべる。梅子姫は代表して祝歌をうたった。ここに友彦は黄竜姫の忠実なる部下となって、大神の大道を全島に拡充することとなる。友彦夫婦は貴賓として数日城内に滞留した。

友彦を迎えての園遊会がひらかれている時に、空中に蜃気楼があらわれた。武公の注進によって最高幹部一同は高楼にのぼり、ネルソン山の頂上にあらわれた諏訪の湖の蜃気楼を熟視すれば、清公その他四人づれが何事か神勅を受ける姿が見える。一同は拍手驚喜し、天に向かって天津のりとを奏上した。黄竜姫はアオウエイの言霊の宣伝歌をうたう。

(6) 黄竜姫、梅子姫、友彦、テールス姫、蜈蚣姫の五人は諏訪の湖の竜宮城に進むことになる。その途中ジャンナの里に立ちより大歓迎をうけ、里人に対し黄竜姫、梅子姫はバプテスマをほどこし、宣伝歌を教えたうえ、数十人の郷人に送られ、玉野ケ原の広場に無事安着し、七日七夜みそぎした。

玉依姫命の使の黄金色の霊鳥にのせられ、玉治別、初稚姫、玉能姫、久助、お民の五人は、神教宣布の任をすませて、北へ北へと玉依姫の宮居へすすみ行く。

黄竜姫、友彦、蜈蚣姫は梅子姫の前に慢神の罪を泣謝した。梅子姫は厳然として、木の花姫の生宮として神業を補佐していたことをのべ、湖面に向い、暗祈黙祷の上、二三回手招きされると、目無堅間の神船はこちらに進み来たる。清公以下五人が操縦する船に梅子姫と四人が乗りこむと、楼門の見える磯端に船はつけられた。

清公の案内で、梅子姫を先頭に一同一列となって、金光かがやく平坦な砂道を静かにすすみ、白衣の神人の大幣と塩水で清められた道をゆくこと数丁、黄金の中門の前にすすむ。黄金の盥で手を洗い、瑪瑙、しゃこ等の階段を幾百となくのぼり、山腹の眺望よき聖域についた。十柱の神使につきそわれて、白木造の門の中にすすむと、初稚姫、玉能姫、玉治別、久助、お民が門を開いてあらわれ、無言のまま先に立って、一つの飾もない白木の殿内にみちびき入れる。中央の宝座に梅子姫を招じ、梅子姫を中心に一行は半月形となって座に着く。

高座の白木の扉を左右に引きあけ、現われた玉依姫神は、五人の侍女に天火水地結の五色の玉を持たせて梅子姫の前に現われ、侍女の手より、みずから紫の玉を手に取りあげ、初稚姫にわたし給う。初稚姫は宝座の梅子姫の手に献る。梅子姫は莞爾として押しいただき給う。一人の侍女、金襴の守袋を献る。梅子姫はただちに玉を納め、そのまま首にかけ胸のあたりに垂れさせ、合掌して暗祈黙祷したもうた。

次に玉依姫は赤色の玉を玉能姫に、玉能姫は蜈蚣姫の手に。また青色の宝玉を玉治別に、玉治別は黄竜姫に。また白色の玉を久助に、久助は友彦へ。また黄色の玉はお民へ、お民はテールス姫にわたす。この玉の授受には玉依姫神をはじめ、一同無言のうちに厳粛に行なわれた。

玉依姫神は一同に目礼し、侍女を伴ない、一言も発せずゆうゆうとして奥殿に神姿をかくしたもう。梅子姫ほか一同も無言のまま竜宮の侍神に送られ、第一、第二、第三の門をくぐり諏訪の湖辺につく。金色の八咫烏は十柱をのせ万里の波涛を越えて、ついに由良の聖地に無事帰還した。八咫烏は分派し、数百千の斑鳩となり、神の使いとして永遠に仕える。

銀色のアンボリーは、清公、チャンキー、モンキー、アイル、テーナの五人を地恩城の門前の芝生の上に投げおろした。これより、地恩城は清公司を当主と仰ぎ、鶴公を左守、チャンキーを右守とし、ジャンナの郷はスマートボール、宇豆姫の夫婦が管掌することとなる。清公の発起により、地恩城内の最も風景よき高地に高殿をつくり、一ツ洲オーストラリヤの国魂神真澄姫神を鎮祭し、飯依別をして宮司となし、久木別、久久別を添えて永遠に奉仕せしめる。三五教の教は清公これを主管し、かつ全島を統一して国民を永久に安泰ならしめた。

(7) 高姫、黒姫、高山彦はアール、エースの二人をつれ樟製の船に身をまかせ、タカの港をひそかに立ち出で、ようやく馬関を過ぎ瀬戸の海に帰還し、淡路の洲本に船を横たえ、一行五人は洲本の酋長東助の館につく。門番の虻公、蜂公やお百合の方と問答し、再び舟にのり、生田の森の杢助館で又もや駒彦、国依別、秋彦と談判のうち、国依別の偽神がかりの言葉を信じて、三人は別々に琵琶湖の竹生島さして、玉しらべに進んでゆく。国依別、秋彦は、杢助館をあとに聖地をさして進みゆく。

特徴

○初稚姫一行五人は、玉依姫神の神命のままにオーストラリヤの神教宣布を完了して、諏訪の湖の竜宮の宮に迎えられ、梅子姫に教化された黄竜姫、蜈蚣姫、友彦、テールス姫とともに、玉依姫神が五種の麻邇宝珠を、厳端二柱の大神に奉献される神業に奉仕する。

○清公は権謀術数によって失策したが、自分の非を直日に省みてついに麻邇の珠の神宝奉献に奉仕し、オーストラリヤの三五教の当主となる。

○麻邇の玉の因縁は、紫の玉は梅子姫、青玉は高姫、赤玉は黒姫、白玉は鷹依姫、黄玉は竜国別であるが、高姫、黒姫は慢神のため、また鷹依姫、竜国姫は玉さがしに南米に渡っていたために御用することができなかった。

海洋万里　丑の巻

第26巻

口述場所　綾部＝竜宮館
口述日時　大正11年7月13日、17日～20日
筆録者　松村真澄、加藤明子、北村隆光、谷村真友
初版発行　大正12年6月5日
著者最終校正　昭和9年6月10日（三版）

目次

登場神・人

〈聖地〉言依別命、杢助、音彦、国依別、秋彦、波留彦、佐田彦、夏彦、常彦、東助

〈由良港〉神素盞嗚大神、国武彦命、五十子姫、秋山彦、紅葉姫

〈八咫烏〉梅子姫、初稚姫、玉能姫、玉治別、黄竜姫、蜈蚣姫、友彦、テールス姫、久助、お民

〈竹生島〉英子姫、亀彦、高姫、黒姫、高山彦

梗　概

総説歌㈠ひふみよいむなやこと百千万かむながらたまちはへませ、総説歌㈡かみかをもてにあらはれてせむとあくとをたてわけるこのよをつくりしかむなほひこころもひろきをほなほひたたなにこともひとのよはなほひにみなほせききなほせみのあやまちはのりなほせ、を頭字とした言霊歌。

(1)　言依別命は杢助をはじめ音彦、国依別、秋彦その他を引きつれて、東助に聖地の留守を頼み、舟にのり由良川を下り由良の港の秋山別の館に向かい、梅子姫一行の八咫烏にて帰り来たるを待ちうけた。

九月八日八咫烏は梅子姫、初稚姫……という順に、秋山彦の館に羽ばたき勇ましく、広い庭前に降り来る。歓呼拍手の声は天地もゆらぐばかりである。館の主人秋山彦、紅葉姫はうやうやしく無言のまま目礼しながら、言依別命を先頭に、杢助以下の神司とともに、梅子姫の一行を奥の間に案内し労苦を謝した。かねて用意の五個の柳筥に、一々玉が納められ、神前に安置され、一同うちそろうて感謝祈願の祝詞を奏上し、おわって直会の宴がひらかれる。次の間より襖おし開けしずしずと五十子姫を先頭に立て、神素盞嗚大神は国武彦命とともに一同の前に現われ給い、麻邇宝珠が大神の御手に納まりいよいよ神政成就の基礎が確立したことを喜びたまい、かつ一同の至誠至実の活動を感賞したもうた。

素盞嗚尊はあたりに人なきを見すまし、国武彦命と何事かし

めしあわせ給い五十子姫をこの場に招き、無言のまま、言依別、秋山彦、紅葉姫とともに、柳筥を次の間に運ばせ、あらためて同じ形の柳筥を元の神前に飾らせたもう。

このご経綸は国武彦命をはじめ梅子姫、五十子姫、言依別命、秋山彦夫婦よりほかに絶対に知るものはなかった。

(2) 麻邇の玉の無事安着と感謝の祭典はすみ、直会の宴はひかれ、神宝は聖地に送られることとなる。

ここに一同は秋山館にて玉の安着を祝うため歌い舞うこととなった。神素盞嗚大神、国武彦命の許しをうけ、秋山彦、紅葉姫をはじめ玉の奉仕をした十人が心のたけを歌う。

神素盞嗚尊は儼然として立ちあがり荘重な口調にて、今後の神界の厳と瑞との錦の経綸の大綱を示されたうえ、神業を言依別命にゆだねられて一同に微笑を与えられながら、奥の間に姿をかくさせ給うた。

国武彦命は尊の御後姿に感謝の意を表し、やや悲調をおびた声音を張りあげ、「玉依姫のおくりたる麻邇の宝珠は手に入りぬ。ああ惟神々々時は待たねばならぬもの、時ほど尊きものはなし」と神素盞嗚大神、国武彦命、言依別命の三柱の神慮を示され、そのまま御姿は白煙となってその場に消えさせたもうた。一同はハッと驚き、ただちに拍手し天津のりとを奏上し、ご神慮の尊さを思い浮かべて、感涙にむせぶ。

五十子姫はさもうれし気に満面に笑みをたたえ、金扇をひらいて祝歌をうたい、長袖しとやかに舞わせ給うた。音彦、杢助もつぎつぎに立ちあがり、銀扇をひろげてみずから歌いみずから舞う。

言依別命は立ちあがり、金扇をひらいて自ら舞いみずから歌い、「神素盞嗚大神が宣らせ給いし大神勅により、言依別の瑞の命はひたすらに今日を境に世人を安きに救うため、千座の置戸を背に負う」との決意をのべ悄然として座にかえった。

神素盞嗚大神は秋山館の奥の間にかくれ給いしよりいずれへ出でませしか、その消息を知るものは一人もなかった。国武彦命は四尾の山の奥ふかく神政成就の暁を待たせ給うこととなる。

(3) ここに言依別命は梅子姫、五十子姫その他の一同とともに神宝を由良の港の川口より美わしい神輿の中に納め、金銀をもってちりばめたみ船に安置し、由良川をさかのぼって聖地に勇ましく、船中歌い舞い音楽を奏しながら帰り給うこととなる。船の先にたちあがった宣伝使姿の国依別は被面布を巻きあげながら、声もすずしく節おもしろく歌った。言依別命をはじめ一同は、腹を抱えて笑いこける。秋彦は、聖地に船の近づきしに元気ますます旺盛で歌った。歓呼の声のうちに玉の御船は吉美の浜辺の南岸に安着した。

言依別命を先頭に、五十子姫、梅子姫、初稚姫、玉能姫、玉治別、黄竜姫、蜈蚣姫と順序を正し、五個の神宝をのせた神輿は無事に聖地に到着し、言依別命たちにより八尋殿に設けられた聖壇に安置された。聖地の神司をはじめ信徒らは、立錐の余地もなく集まり来たりて、神威のいやちこなるに感謝の涙にくれ五六七神政の曙光をみとめ歓喜の声にみたされる。九月九日の聖地の空は、金翼を一文字にのべて、空中に翱翔する八咫烏の雄姿ゆうゆうとして右左に飛びかい、妙音菩薩の微妙の音楽は三重の高殿の空高くひびきわたった。

(4) 由良の港の秋山彦の館より、み船に奉安して迎えた五個の麻邇宝珠を、玉照彦、玉照姫、お玉の方の介添えにて教主にわたし給えば、言依別命はうやうやしく推し戴き、錦の宮の奥殿に一つずつ納めたもうた。一同は神饌のお下りの馳走に十二分の歓喜をつくし、大神のご神徳を讃美しながら、おのおのわが住家に引き返した。

(5) 国依別の偽神がかりによって、高姫はまず琵琶湖の竹の島の市杵嶋姫を祀った社をさして漕ぎつけた。黒姫、高山彦も期せずして同じ竹の島に船を寄せ、同じ社の床下で玉探しをはじめる。亀彦は三人が玉さがしをしているのを闇夜をさいわい、女神に扮して警告すると、三人はようやく気がつき同志打ちの喧嘩をはじめた。三人は乗って来た船のところに来ると、東の空は茜さして来た。三人は船に飛びのり進むうちに、木の花姫命あらわれやさしく教えたもう。高姫は容易にこころの雲晴れぬまま船は大津辺に着く。

(6) 英子姫、亀彦は弁天の社に拝礼して綾の聖地に向かうために舟にのり進まれる。にわかの伊吹颪で舟が転覆しようとするとき、日の出神の化身が天降り、風波をしずめ、大津の浜に着くとけむりのごとく消えたもうた。英子姫は神の恵みに感謝しつつ亀彦をともなって、山陰道を通り、風光絶佳の綾部の並松に目出たく着いた。

(7) 第一六章三五玉には瑞の宝玉といわれる金剛不壊の如意宝珠、黄金の玉、紫の玉や厳の宝玉といわれる天火結水地の麻邇の宝珠の神業経綸について示されている。

(8) 高姫、黒姫、高山彦一行は、亀山の月宮殿のある梅照彦の館に立ちよると、門番から、主人夫婦は言依別命の命で、竜宮の洲の麻邇の宝珠が聖地に納まるお迎えやお祝いのため出かけて留守であると聞いた。ここで高姫式のナタ理窟で自己満足しながら勇み立ち、聖地をさして帰りゆく。

特　徴

○物語第十六巻には辛酉の九月八日に由良の港の秋山館に神素盞嗚大神、国武彦命、英子姫が天降りたまい、大本の出現と日本国建国についての経綸をされたが、再び二柱の大神が三年後の甲子の九月八日に秋山館で、玉依姫のおくられた麻邇の宝珠を受け取り、またまた経綸をされる物語や、厳の宝珠の奉迎に因んで二柱の大神、言依別命をはじめ神柱が、ソレゾレ自己の天職使命を奉迎の祝歌としてのべられる意義深い物語である。

○綾の聖地に辛酉の九月九日に二柱の大神が天降られて経綸されさらに麻邇の宝珠が甲子の九月九日に納まったのである。

海洋万里　寅の巻

第27巻

口述場所　綾部＝竜宮館
口述日時　大正11年7月22日～28日
筆 録 者　松村真澄、北村隆光、加藤明子、外山豊二
初版発行　大正12年6月20日
著者最終校正　昭和10年　月　日

目　次

登場神・人

〈聖地〉（大教主）言依別命、玉照彦命、玉照姫命、（総務）杢助、英子姫、五十子姫、梅子姫、初稚姫、玉能姫、お玉の方、東彦、亀彦、音彦、国依別、玉治別、秋彦、夏彦、常彦、春彦、佐田彦、波留彦、黄竜姫、蜈蚣姫、友彦、久助、お民、テールス姫、高姫、黒姫、高山彦、アール、エース

〈琉球〉常楠、若彦、チャール、ベース、エム、セム、清彦

〈虻公〉、照彦（蜂公）、清子姫、照子姫

〈ハーリス山〉大竜別、大竜姫、竜若彦

梗　概

(1)　玉さがしに失敗して綾の聖地に帰った高姫の館へ、黒姫、高山彦の両人は、国依別が重箱の中に石を入れて高姫さまにあげてくれと持って来たことについて相談にゆく。

高姫は早速国依別を呼びつけてその意味をたずねたが、俳句や川柳などの発句で茶化してしまう。そこへ夏彦、常彦両人は高姫のご機嫌伺いのため、太平柿を風呂敷に包みやって来た。三人の心のやわらいだのを喜びこれで杢助に報告できると国依別は館へ帰ってゆく。

高姫館へ友彦がたずねたことをけがらわしく思い高姫は安公に屋敷中の大掃除をさせたので、安公は立腹して飛び出してしまった。

夏彦、常彦は杢助の内命によって高姫、黒姫、高山彦の心をやわらげ、麻邇宝珠の宝しらべをするように話をはこんだ。この時に亀彦は宣伝歌をうたって高姫を訪問したが、高姫の皮肉に帰ってゆく。

(2)　綾の聖地の教主殿に高姫、黒姫、高山彦が招かれた。言依別命を中心に総務杢助が議長格となり最高会議が開かれる。その結果九月二十三日を麻邇宝珠拝観の日と定められた。当日は祭も無事に終了し、高姫、黒姫、高山彦三人は玉調べの神務奉仕の役として盛装をこらし、英子姫よりも一段と上座に着く。

杢助は「思うところあって、教主様には今日は急病のため御意見を伺うことが出来ませんが、総務の後任者に東助様を推薦いたしておきました」と前置きし、麻邇宝珠の拝観を宣言した。一同は雨あられのごとく拍手する。杢助は初稚姫、玉能姫、五十子姫、梅子姫を伴ない、社殿の奥ふかく進み、宝座をひらき五個の柳筥を捧持して、八尋殿の高座の段上に行儀よく据えた。

高姫は八雲琴の調子にあわして柳筥の蓋を取ると黄金の玉と思いきや、団子石である。つぎに白色の玉も青玉も、団子石であり、赤球は消炭玉であった。

高姫が五つ目を開くことを辞退したが、杢助は「神様の道は吾が子、他人の子の隔てはないから」と、梅子姫、初稚姫を

呼び、柳筥の蓋をひらくと、たちまち四方に輝くダイヤモンドのごとき紫の光、一同の拍手は雨あられのごとく場外遠くまでひびいた。

そこへ佐田彦、波留彦が走り来たり、言依別命の書き置を杢助にわたした。文面には「この度青、赤、黄、白の四個の宝玉を始め三個の玉、三つ四つ併せて都合七個、言依別命、都合あって、ある地点に隠し置いたり。必ず玉能姫、玉治別、黄竜姫その他この玉の関係者の与り知るところに非ず。しかしながら杢助は願いのごとく総務の職を免じて、淡路の東助をもって総務となす。言依別は何時聖地に帰るか、その時期は未定なり、必ず吾が後を追い来たる勿れ」と書いてあった。

玉照姫、玉照彦は口をそろえて「英子姫殿、紫の玉を我が前に持ち来たられよ」と仰せられ、そのお言葉のままに紫の玉は二神に納められた。玉照姫は「三五教の教主言依別命、神界の御経綸に依りて高砂洲へお渡り遊ばした。また杢助は神界の都合に依り筑紫の洲（アフリカ）へ出張を命ずる。東助を以って三五教の総務に任じ、かつ臨時教主代理を命ずる。高姫、黒姫は特に抜擢して相談役にいたす。玉治別、秋彦、友彦、蜈蚣姫、黄竜姫、玉能姫は以前のまま現職に留まるべし」と宣示された。また高姫に「汝高姫、四個の麻邇の玉を持ち帰りなば汝を教主に任じ、高山彦、黒姫を左守、右守の司に任ずべし」と宣示された。

高山彦は高姫に語り、黒姫を離縁して一つ洲（濠洲）へ帰るとのべ一同に別離をつげた。一同は万才と手をあげて歓呼する。玉照姫は紫の宝珠を初稚姫、玉能姫、お玉の方に守らせながら、わが館に帰られた。

⑶　錦の宮の神司は従前のとおり玉照彦、玉照姫の二人あい並んでご神業に奉仕され、英子姫は選ばれて言依別命の不在中教主の役を勤められることとなる。東助は教主代理兼総務となって聖地に仕えた。

高山彦、秋彦、友彦、テールス姫、夏彦、佐田彦、お玉の方は聖地にあって幹部の位置を占め神業に従事した。玉能姫は生田の森の館に帰り駒彦とともに神業に従事する。

言依別命は国依別とともに南米の高砂洲に渡り、鷹依姫、竜国別の行くえをたずね、かたがた宣伝のために出張された。

高姫は春彦、常彦をつれて、言依別命の後を追い、四個の玉を取り返さんと進みゆく。

杢助は初稚姫、玉治別、五十子姫、亀彦、音彦、黄竜姫、蜈蚣姫その他をひきい、フサの国（イラン）斎苑の館をさして行くこととなった。梅子姫は二三の供者《ともびと》を従え途みち宣伝をしながらコーカス山に登らせられる。

黒姫は高山彦が竜宮洲か筑紫洲に逃げたと聞き、玉の詮議と夫の探査のため聖地を後に三人の供者を従え出発した。

⑷　神素盞嗚大神や国武彦命の神言もて、三五教の大教主言

依別命はワザと玉を交換し、責任を一身に負うて聖地を出発した。国依別をともなって明石から舟を求めて波静かな瀬戸の海を暗夜をさいわい、沖に浮かべる神島に参拝し、三柱の女神の神教を仰ぎ、大海原を国依別とともに漕ぎわたる。琉球の那覇の港から上陸し、常楠、若彦が準備していたハーリス山にのぼり、大竜彦、大竜姫の二柱の竜神より、琉と球の珠を受けとり槻の洞穴にひとまず帰りつく。比沼真名井に仕えていた清子姫、照子姫は高熊山で木花姫の神示をうけて、兵庫の港から舟で西へ西へ進むとき児島半島の近くで難破した。一方、清彦（虻公）照彦（蜂公）は、言依別命より準宣伝使を拝命し感激しているとき、高姫が言依別命のあとを追ったときき、命を保護するため舟にのり西に進む。おりから児島半島で清子姫、照子姫を助け琉球の那覇に上陸した。槻のホテルで休息するところへ高姫が来あわせ、言依別命は出発されたあとらしいと語ったので、高姫は常彦、春彦をつれて高砂洲さして出発する。そのあとに、言依別一行が帰られた。

言依別命は思案の結果、命は琉の玉の精霊を腹に吸い、国依別をして球の珠の精霊を吸わせられたのち、言依別の命はその形骸を若彦にさずけ、玉能姫と夫婦そろうて生田の森の神館で神業に奉仕することを命ぜられる。常楠には土人の神となり王となって永遠に神業に奉仕することを命じ、清彦、照彦は常楠とともに本島を守護し、余力あれば台湾島へも渡って三五教をひろめ、国魂神となって土民を永遠に守れと命じたもうた。

言依別命は高砂洲へ渡り、それより常世国（北米）をまわって斎苑の館に立ちむかう考えであるとのべ、二人の土人に船をあやつらせながら、万里の波涛をけって高砂洲に向かって出発される。

(5) 清彦は清子姫、照子姫が自分を招く夢を見て、照彦とともに土人に案内させて琉球沼におもむき、清彦は清子姫と結婚し琉の島を守り、照彦は照子姫と結婚して、球の島を守護することとなり、父常楠の洞穴の館に二夫婦そろって帰り来たり、親子夫婦のあいさつを取りかわす。常楠は安心して歌をもって自分の素性を明かし、天の数歌をうたいあげて合掌し、たちまち全身雪のごとく真白になり白煙となってしまった。常楠はハーリス山の山ふかくすすみ入って生神となり、俗界より姿をかくし、今に到るまで不老不死の仙術を体得し、琉球島の守護神となっている。

特　徴

○綾の聖地の八尋殿における麻邇の玉（御霊）しらべは青（君主）、赤（大臣）、白（小臣）、黄（民）の玉は団子石、消炭玉であり、紫の玉（厳瑞二霊）のみ輝いていた。

○言依別命が三個の宝珠と、麻邇の四個の玉の責任を負い、琉球の玉の精霊を吸いこんで世界経綸に着手される物語である。

○また、琉球の国魂神常楠と清彦、照彦のことが述べられている。

海洋万里　卯の巻

第28巻

口述場所　綾部＝竜宮館
口述日時　大正11年8月6日～10日
筆録者　松村真澄
初版発行　大正12年8月10日
著者最終校正　昭和10年6月8日

目次

第二二章　高砂上陸

跋（暗闇）

登場神・人

〈国魂神〉竜世姫命
〈三五教〉真道彦命、日楯、月鉾、ユリコ姫、テーリン
〈泰安城〉カールス王、王の妹マリヤス姫、王の叔父エーリス王の許婚者ヤーチン姫、守護職キールスタン、従臣ホール
〈高国別の子孫〉長子サアルボース、次男ホーロケース、サアルボースの娘セーリス姫、ホーロケースの倅セウルスチン、
〈間者〉ハール、カントン
〈カールス王の臣〉ホールサース、マルエース、テールスタン、ホーレンス、ユウトピヤール、ツーレンス、エール、ハーレヤール、オーイック、ヒユーズ、アンデーヤ、ニユージエール
〈バラモン教〉シヤーカルタン、トロレンス
〈宣伝使〉言依別命、国依別、高姫、常彦、春彦
〈球の島サワラの都〉常楠仙人、照彦王、照子姫、セル、八千代姫、照代姫
〈高島丸〉船長タルチール

梗　概

序歌には大本の使命である精神界の王国の樹立が示されている。総説歌は救世主の神業について歌われている。本巻は南米の胞衣といわれる台湾島の三十五万年前の物語である。

(1)　南米高砂洲のエナである台湾島は、教権は真道彦命の系統にゆだねられ、政権は天使花森彦の系統が継承していた。花森彦の長子アークス王は、玉手姫の怨霊のために新高山の淡渓に陥り上天したため、その子、カールスが王となり、妃にはアークス王の弟エーリスの娘ヤーチン姫がさだまっていた。ところが宰相サアルボース（高国別と玉手姫との子）は、カールス王をしりぞけ自らとって代らんとしたが、天使・花森彦の直系をしりぞけることは、国民全体の感情がゆるさないことを知り、ヤーチン姫をしりぞけ娘セールス姫を王妃とし、王の外戚となって、政権を握ることを企画している。

ヤーチン姫は王妃となるべく新造の館に移ってより、セールス姫の使役する金毛九尾の霊になやまされて、急病を発し苦悶しつづける。

セールス姫がマリヤス姫をつれて病床を見舞うと、重病のヤーチン姫は、セールス姫の髪を掴み室内を引きずり廻した。館に帰ったセールス姫はヤーチン姫の乱暴はこのようであっ

たとマリヤス姫に虐待を加えながら、父サアルボース、その弟ホーロケースに、針小棒大に報告する。両人は陰謀成就の時到れりと喜んだ。マリヤス姫はアークス王の落胤なりと言明し、サアルボース、ホーロケースらを泉水に投げ込み、のがれて玉藻山の聖地に仕える。

ユリコ姫がヤーチン姫の枕頭で看護していると、眉間より金色の光をはなち、新高山にしづまる高照姫命となのり、薬として紫の木瓜をあたえ去ったので、これを狆の子にあたえると黒血を吐いて死んだ。ユリコ姫は三五教の大神に汗みどろになって祈願すると、忽ち神懸状態となり、さきの女神は、セールス姫の副守護神の金狐の化身であることを感知した。ここに大いに省みて、ユリコ姫、キールスタンは三五の大神と国魂神竜世姫を奉斎する。神徳いちじるしくヤーチン姫は五日目に全快した。

カールス王はヤーチン姫の病床を見舞って失望し、一人散歩中に、空中より元気なヤーチン姫があらわれ、館まで見おくり消え失せた。翌日、全快したヤーチン姫がカールス王に面会するところに宰相サアルボース、ホーロケースが現われて、このヤーチン姫は邪神の化身だから、セールス姫を王妃とされたしと申しいれ、無理槍に姫をしばりあげ藤の篭に入れて、淡渓の急流に投込んでしまう。空中からのヤーチン姫は金狐の化身であった。

(2)　真道彦命は玉藻山に三五教の聖場をきずいて新高山の南方を教化していた。ホーロケースは、この聖地を奪い、第二の王国をきずくために、大挙して攻めかけ、真道彦命を剣先にてつきさした。真道彦命は木の花姫の化身にすくわれてのがれ、二三の従者とアーリス山の渓谷淡渓のほとりにかくれていた。おりもおりヤーチン姫の篭が岸に流れついたので従者をして救いあげた。真道彦命はヤーチン姫を始めキーリスタン、ユリコ姫および三人の従者をも伴ない聖地の玉藻山にかえる。

玉藻山の聖地は、日楯、月鉾が言依別命、国依別の琉と球の神徳により、ホーロケース一派をしりぞけ再び三五教にかえっていた。

玉藻山の聖地はヤーチン姫を仰いで真道彦命が仕え、東方の天嶺の日潭の聖地には日楯に妻ユリコ姫をそえ、政教一致の実をあげ、西方の泰嶺の月潭の霊地にはマリヤス姫を神司として月鉾が仕え、オレオン星の如く三座相ならびて神業に奉仕する。泰嶺では月鉾がマリヤス姫に恋慕されて苦慮し、玉藻山では真道彦命が、ヤーチン姫にカールス王と間違われて恋慕され、有難迷惑していたが、マリヤス姫、ヤーチン姫も次第に悟り、清き心で神に奉仕することとなる。

(3)　泰安の都では、カールス王は蟄居せしめられ、セールス姫は女王となりサアルボースを宰相に、ホーロケースを副宰相として、新高山以北の政権をにぎり、バラモンの教主をも兼ねていた。そうして国民を使役して館を改築して城廓となし、ホーロケースの一人息子、セウルスチンとあやしい関係を結び、暴政を行わしめる。

城内の重臣の正しき人々は脱出して玉藻山の聖地にのがれ、時の到るを待っていた。

セールス姫は誣言を信じて、聖地へスパイを放って監視している。
(4) 泰安城は、ようやく革命の機運が熟し、シヤーカルタンの一派とトロレンスの一派が東西相応じて、泰安城に攻め寄せた。このこと、早鐘のごとく全島にひびきわたり、玉藻山の聖地にも何ものかの手で、いっそう早くその真相が報告される。
聖地の八尋殿においては、大協議会が開かれた。幹部のあやまれる決議のために真道彦命は心ならずも三万有余人の信徒をひきいて泰安城へ出陣することとなる。

第一陣のテールスタンは、協議中にげ出したエールと腹を合わせてカールス王を救出して泰安城へ攻めよせた。

泰安城は容易に落ちず、シヤーカルタンの民軍は、サアルボースの軍とテールスタンの一隊に挟撃されて敗走したところへ、真道彦命が軍を三隊に分けて、三方より攻めよせたために、セールス姫の軍も、民軍も、テールスタンの軍も敵味方の区別なく敗走した。テールスタンは恨みをもって、カールス王に真道彦命をざん言したために、カールス王は大いに怒る。

真道彦命の神軍は泰安城にて、三五教の大神を斎り、使者をしてカールス王を迎えんとしたが、使者は一人も帰らなかった。そこで真道彦命はみずからヤーチン姫とともにカールス王を迎えに出かけたが、投獄されてしまう。
(5) 聖地では「琉球南島の神司、照彦、照子姫の救援を求めよ」との国魂神竜世姫命の神示により、日楯、月鉾、ユリコ姫は万難を排して南の島へ渡り、サワラの都にて照彦王にあい、神示をうけて照代姫、八千代姫と五人、向陽山にのぼり、常楠仙人のはからいにて、大蛇の玉と鏡をさずかり、玉藻山の聖地に帰る。ここで月鉾はテーリン姫と結婚した。
カールス王の泰安の城は、暴政のために、セールス姫、シヤーカルタン、トロレンスの三派連合軍の夜襲をうけ陥落し、カールス王以下は捕虜となり投獄される。

泰安城ではふたたびセールス姫が女王となり、セウルスチンをして玉藻山の聖地へ攻めよせしめたが、ユリコ姫、八千代姫、照代姫の鏡に照らされて盲目となり帰順した。

マリヤス姫は、城中に入り日楯、月鉾の赤玉白玉でセールス姫その他侍臣を射照らすと、金毛九尾の悪狐、その他の邪神となって煙のごとく消え失せた。

日楯、月鉾は牢獄より、カールス王、ヤーチン姫、父真道彦命を救い出し、カールス王の部下も残らず救出して泰安城に迎えかえる。ここにカールス王は大国治立尊をはじめ国魂神の祭典を厳修し、真道彦命を導師と仰ぎ一信徒となり、三五教を国教とし、ヤーチン姫を王妃となし、宰相にマールエース、副宰相にホールサースを挙用し、また多くの人々を重用した。

カールス王は真道彦命のすすめにより、マールエース、ホールサースを使者としてサワラの都の照彦王に貢物をもたらせ、感謝帰順の意を表した。照彦王も泰安城に迎えられて、玉藻山の聖地に参拝し、固く手をにぎり、琉球台湾あい提携して神業に奉仕することとなる。

真道彦、照彦王の媒介にて、マールエースは八千代姫を、ホールサースは照代姫をめとり泰安城に仕え、子孫繁栄した。のちに真道彦命の媒酌により、カールス王の息八千彦に、照彦王の娘照国姫をめとり、照彦王の息の照国彦にカールス王の娘八千姫をめとり、改めて親族関係を結ぶこととなる。マリヤス姫はアークス王の弟エーリスの長子フェールスの妻となり、ヤーチン姫の政事をたすけた。

(6) 言依別命は国依別をともない高島丸にのって、南米（高砂洲）に向かった。航海中、船長タルチールを教化して宣伝使に任ずる。途中、破船して苦しむ高姫一行を救い、南米のテル（チリー）の港に上陸した。

(7) 跋「暗闇」には三五教の惟神主義、無抵抗主義に関し平易にのべられている。

特徴

○三十五万年前の台湾島が神徳によって平和におさめられた経緯をのべ、真道彦命は精神界の救世主であることを示されている。

讃美歌（九）

淵の如深きけがれに沈みたる魂救はむと漕ぎ来たる神船《みふね》

瑞御魂救ひの舟とあらはれて浪に漂ふ世人救ひつ

ただ神の言葉によりて悟り得し智慧と富とは永久に栄えむ

御文は雲の八百路を踏みわけて神国《みくに》に至る栞なりけり

海洋万里　辰の巻

第29巻

口述場所　静岡県伊豆湯ケ島温泉＝湯本館
口述日時　大正11年8月11日～13日
筆録者　松村真澄
初版発行　大正12年9月3日
著者最終校正　昭和10年6月8日

目次

登場神・人

〈三五教〉鷹依姫、竜国別、テーリスタン、カーリンス
〈懸橋御殿〉国玉依別命（アール）、玉竜姫（アルナ）
〈神霊〉月照彦命、狭依彦、木花姫神、日の出姫神（言依別

命の守護神）、牛童丸（大歳神）

〈三五教〉高姫、春彦、常彦、ヨブ

梗　概

この巻は、神素盞嗚大神による救世神業の南米宣伝第一巻目である。鷹依姫、竜国姫、テーリスタン、カーリンスや高姫が心の柱をたて直し、神教宣布に専念するところと、ヒルの国の酋長が神柱として、国玉依別、玉竜姫と神名をいただき神業に参加する経緯がのべられてある。

「端書」には物語の参考として、大正十一年時代の南米事情が紹介されている。

⑴　高姫から黄金の玉の捜索に「五大洲に一人ずつわかれて行け」と強要された鷹依姫、竜国別、テーリスタン、カーリンスの一行は、鷹依姫の神がかりによって、南米の智利の国の鏡の池に拠点をおき、鷹依姫は月照彦命に扮し、竜国別は審神者となり、テーリスタン、カーリンスに、南米全域へ「鏡の池に月照彦命顕現され、玉、とくに黄金の玉を献上したものには神徳を授け玉うべし」と宣伝させ、黄金の玉をあつめるために、全霊全魂をかたむける。

鷹依姫一行は秘露の国の酋長アールの献上した黄金の玉を入手し、その玉筥に瑪瑙をおさめ、月照彦命の神霊を鎮祭し、酋長夫妻に国玉依別、玉竜姫との神名をあたえて逃げだしたが、アルゼンチンの櫟が原にて、黄金の玉を白楊樹上に取りあげられ、木の花姫の化身に教えられて、玉への執着をすてて、神命のまにまにアマゾン川流域の玉の森さして進むこととなる。

⑵　竜国別、鷹依姫を通じて、月照彦命より国玉依別、玉竜姫の神名をうけた酋長夫妻は、月照彦の神霊に真心の限りをつくして仕え、参詣する多くの人々が神徳をうけて、鏡の池のほとりの谷の上に広大な神殿を造り、懸橋御殿と唱え、神徳ますます輝きわたった。

月照彦の神の霊力および、国魂神竜世姫の威徳に加うるに、鏡の池に仕え、黄泉比良坂の神業に偉功をあらわした狭依彦の霊も、国玉依別夫婦の主一無適の信仰に感じて守護したので、懸橋御殿の神壇は日に月に神徳輝き、ついに南米全域に国玉依別夫婦の盛名は隈なく喧伝される。

⑶　智利の港に上陸した高姫と常彦、春彦は智利の国の鏡の池に多くの玉のあつまれることを聞きこみ、途中、神の化身牛童丸のためしをうけながら、アリナの滝にたどりつく。

高姫が鏡の池の前に山のごとく、つまれた玉を隼のごとき眼でながめているとき、鏡の池は永年の沈黙を破って言霊を発し、月照彦命の神霊がじゅんじゅんと教示されたが、高姫は負けずおとらず口答えをし、国玉依別のとどむるもきかず池に石を投げこむと、神霊の威力に打たれて人事不省となってしまった。一同の真剣な祈りによって正気に復した高姫は、懸橋御殿の神殿にかけのぼり扉に手をかけると、狭依彦の霊と月照彦命の神霊によって試練をうけ、命からがら逃げだして、アリナ山へかけ登る。

高姫は鷹依姫一行が野宿した白楊樹のほとりについて寝ていると、異様な怪物が高姫のたぶさをつかんで食らわんとしたとき、言依別命の守護神、日の出姫の神が天降られる。神威におそれて高姫に憑依していた金毛九尾の悪狐の霊が抜けだしたため、女神の神教によって、高姫は生まれ赤子の心になり、女神より黄金の玉をあずかり、常彦、春彦とともに高姫のあとを追って来た竜、玉の両人に托して懸橋御殿へ玉を返納した。
(4) 黄金の玉の奉按された懸橋御殿の神徳はますます四方に輝きついに高砂洲の西半部を風靡する。
(5) 高姫一行は日の出姫の神命のまにまに、アルゼンチンの大原野、櫟が原を東へ東へと進み、愛流川のほとりにて、木の花姫命の神夢によりて身魂を清められ、鰐の橋の助けにて激流をわたり、大湖水の辺で鷹依姫一行の刻んだ石像（地蔵）をみつけて、罪ほろぼしに背負い、湖水の錦魚の縞柄によりて経と緯との神の経綸をつぶさに悟り、足にまかせてアルの港につく。
アルの港からゼムの港へ航海中、鷹依姫一行のことを聞き、同情のあまり高姫を憎んでいたカーリン島のヨブは、高姫の改心の情ありありと見えたために三五教に入信する。

ゼムの港に上陸すると、鷹依姫一行によって、猛獣モールバンドから救われたマール、ボールにめぐり会う。両人が救われた日のその場所、ブラジルの大高山、天祥山のハンドの滝の下で感謝の祭典をおこなった。マールの希望により同人を神主（霊媒）とし、高姫が審神者を奉仕する。たちまち鷹依姫の生霊が感応して、「モールバンドを言向和すためにアマゾンの大森林に迷い込んでいるから、救援をたのむ」とのべた。高姫は常彦、春彦、ヨブと共にゼムの港からチンの港へ上陸し、鷹依姫一行の迷い苦しむアマゾン流域の玉の森さして進みゆくこととなる。

特　徴

○鷹依姫一行や高姫が自我を主張して玉さがしのために自由行動をとるのを、月照彦神、木の花姫神や、言依別命の守護神や琴平別神が守護されて、ミロクの神業に参加せしめられる仁慈無限の物語。
○国玉依別命の主一無適の信仰によって偉大な神徳が発揚される。

海洋万里　巳の巻

第30巻

口述場所　静岡県伊豆湯ケ島温泉＝湯本館
口述日時　大正11年8月14日～16日
筆　録　者　松村真澄
初版発行　大正12年9月15日
著者最終校正　昭和10年6月9日

目　次

登場神・人

〈国魂神〉竜世姫命
〈神素盞嗚大神の八人乙女〉末子姫、（侍女）捨子姫
〈三五教〉（大教主）言依別命、国依別、足彦（パークス）、キジ、マチ
〈バラモン教〉高照山教主石熊、イサク、チール、シーナ
〈ウヅの都〉松若彦、カール、ネロ
〈ウラル教〉日暮シ山教主ブール、アナン、ユーズ、エス、エリナ
〈ヒルの都〉楓別、紅井姫

梗　概

この巳の巻は、海洋万里をこえて神素盞嗚大神の八人乙女の末子姫が、捨子姫と共に智利の国ハラの港に漂着され、神定の地アルゼンチンへ都入されることとなり、一方自転倒島の錦の宮から言依別命が、国依別をつれて智利の国テルの港に安着され、経綸を開始される巻である。

⑴　ペルシャ湾からバラモンの残党のために、棚無し舟にのせられて侍女の捨子姫と共に放流された末子姫は、波のまにまに大西洋をこえて、智利の国ハラの港に上陸した。テル山峠においてバラモン教徒に扮して迎えたカールに案内され、アルゼンチンさして進みゆく。

テル山峠の中腹、乾の滝に立ち寄ると、高照山（アンデス山）のバラモン教教主石熊が大蛇に魅入られて強直していた。末子姫の宣伝歌の言霊に打たれて大蛇は解脱したために、石熊は生命を救われて三五教に帰順して、アルゼンチンのウヅの都までおともをすることとなる。

テル山峠の頂上についた一行は、松竹梅の三ツの桃の宣伝使が言霊歌をうたったのにならって、末子姫、捨子姫は宣伝歌を奉唱し、東に向かって降ってゆく。下坂にあたり、石熊やカールの面白おかしい歌に時を忘れて降ってゆき、天然イスで休息し、ようやく夕刻に樟の森につき夜をあかすことになる。

このところに、正鹿山津見司より国をあずけられし国彦の子、若松彦の使者が、十曜の紋の提灯をもって末子姫一行を出迎えた。

末子姫は樟の森を立ち出でて、巽の池にひそむ大蛇を言向和すこととなる。まずは石熊の醜言霊に荒びた大蛇を、捨子姫の言霊になごめ、末子姫の生言霊によって白竜は悦服帰順し、天人に迎えられて天空高く消え去る。ここに八岐大蛇のかたわれは救われて神業に奉仕することとなった。

末子姫は石熊に対し、「誠の道は古今に通じ、東西に亘り、単一無雑にして悠久宏大で、自由自在で惟神的である」と万教同根の真理を示される。

(2) 石熊は、巽の池のほとりにて、突然足がたたなくなった。末子姫はカールに石熊の病気祈願を委ね進発する。カールは真剣に祈願したが、どうしても足がたたぬので、石熊を悪罵嘲笑してかけだした。石熊は憤激して思わず立ち上がり平癒したのでかけ足で、アルゼンチンの都へ安着する。これはカールが大神の神策を実地に活用した結果のご神徳であった。お取次も人と時処位によって活用すべきことが示されている。

(3) 末子姫は捨子姫を伴ない、旅の枕を数かさねて、アルゼンチンのウヅの聖地の間近きカリナの里までつく。松若彦の一行に出迎えられ、懇請されて国人が至誠をこめてつくった御輿にのり、神素盞嗚大神の命のままに、この国の女王、教主としてウヅの都の本城の奥殿に、黄昏時に安着した。

(4) 言依別命、国依別は、テルの港から北へ北へと進み御倉山（三倉山）の神殿に参詣する。この時、秘露と智利の国境五十里四万は干天つづき、餓死するもの多く、生きのこりし人々は御倉山の麓に集まり、生命を救われるように祈りつつあった。この国人はウラル教徒で「パンをあたえよ」と頼んでも、ウラル教のブール教主は天国の福音のみを説いて、飢餓を救う道を知らなかった。

言依別命は、御倉の社の国魂神竜世姫命に祈りて、神の使の御倉魚を国依別に大衆の前で食わしめたので、ここに集まった人々はウラル教の迷信をすてて魚を食べ、すべての人々は救われる。

これより、この国人はウラル教に愛想をつかし、国魂の神の御倉の社を崇敬し、かつ三五教の固き信者となった。そのうえに国依別の教化により三五教の教は旭日昇天の勢いとなる。言依別命はこの国人の教化を国依別に一任し、テルの国をこえて、ウヅの都に直行することとなった。国依別にはヒルの都にたちより、ハルの国を一巡してウヅの国へまわるように命じる。

(5) 国依別は御倉の社に、国治立命、豊国姫命をはじめ諸神霊を合祀し崇敬の的と定め、最も熱心な信者パークスに足彦と名をあたえ宣伝使に任じ、社を守り、国人への教化を命じてヒルの国へ出発する。

(6) 国依別がチルの里の荒しの森にさしかかるとき、ウラル教の教主ブール、ユーズ、アナンの大将連の合図に数十人が武者ぶりつかんとするのを、球の玉の神力により国依別の「ウン」の言霊の霊光に射照らされて、にげ去ったあと、一人旅の宣伝使の歓喜を味わうところへ、御倉魚にて救われたキジとマチが弟子入りを懇願したので、二人を従えてヒルの都をさして進みゆく。

(7) ブールは、秘露の国の日暮シ山（アンデス山脈）の山腹にウラル教の霊場を作り、ロッキー山の本山と相応じて、一たん亡びかけたウラル教を復興させ、巴留《ハル》の国の西北部よりヒル全体にその勢力を拡大していた。そこに言依別命と国依別が飢饉にあたり、国人をたすけ三五教に帰順せしめたために、教敵として再び二人を殺害せんとせめよせる。

国依別の球の玉の神徳にまもられ元気者のキジは国依別に扮し、日暮シ川の南岸を竹槍にてせめよせたアナンの一隊に対し、言依別命に扮したマチは、剣をもって北岸から攻めよせたユーズの一隊に対してたたかったが、ウラルの教徒は国依別の指頭より放射する五色の霊光に照らされて、いずれも生命からがら退却する。

国依別はキジとマチをつれてアラシカ山の大峠をのぼり、東北にヒルの都を瞰下し、西南にウラル教ブール一派のたてこもる日暮シ山を眺めて下りゆく。

坂道のかたわらにある神王の森に参詣する娘エリナに事情をきき、キジとマチはウラル教の日暮シ山の霊場へエリナの父エスを救済するために進むこととなり、国依別はエリナの母の病を救うために家へ案内させることとする。

(8) 国依別の霊光につつまれたキジとマチに惨敗したユーズとアナンが、教主ブールを胡麻化し、ブドー酒を部下にのますところに、エスを救うため、キジとマチがせめこんでゆくと、策をもって二人を陥穽に突き落としてしまった。

(9) 附記には、聖師さまが霊眼で見られた湯ガ島温泉附近の状況がのべられている。

(10) 末尾には惟神の大精神の精髄である天津祝詞の言霊解がのせられている。

(11) デモ国民歌には神示の愛国心について示されている。

特　徴

○神素盞嗚大神の末娘末子姫がアルゼンチンの女王として天降られる。

○琉と球の玉の神徳にみたされた言依別命と国依別が神徳を発揚される。

讃　美　歌（十）

限りなき玉の命の真清水を恵ませ玉ふ瑞の大神

雨の日も風吹く夜半も皇神の弘誓《ぐせい》の御船いとど安けし

一人だも滅びの淵に沈めじとすくひの船を見立てたまひつ

海洋万里　午の巻

第31巻

口述場所　静岡県伊豆湯ケ島温泉＝湯本館
口述日時　大正11年8月17日～20日
筆録者　松村真澄
初版発行　大正12年9月15日
著者最終校正　昭和10年2月26日

目次

登場神・人

〈三五教〉言依別命、国依別、安彦（キジ）宗彦（マチ）
〈ヒルの神館〉楓別、紅井姫、秋山別、科山別、モリス
〈ウラル教〉ブール、アナン、ユーズ、エス、エリナ

梗　概

出口聖師は杖立温泉（熊本県）で、みてしろの神器を制定され、大正十二年九月一日、山鹿市において大本信徒を前に、出口宇知麿氏に命じて、この「午の巻」の第二章「大地震」第三章「救世神」を拝読させられた日に、かの関東大震災がおこったという因縁ふかき物語である。

午は東京に因縁ふかき干支で、昭和五年の午年には聖師の命で大本の「東都進出」がなされ、三代教主は昭和二十九年の午年に東京進出を命ぜられ東京本苑が設置された。

本巻は、国依別が球の玉の神徳を発揮して、ヒルの都の大地震をしずめ、万民を救い、進んで日暮シ山のウラル教を言向和し、エスを教主に任じ、三五教の霊場と定め、ブールに紅井姫をめあわせ、シーズン川で秋山別、モリスを救い、安彦、宗彦の弟子をつれて、ブラジルの山脈地帯を跋渉し、ブラジルの屏風山脈の最高地点帽子ケ岳に安着し、言依別命が神素盞嗚大神の命を奉じて幾山河をこえ、宣伝歌をうたいながら登り来られるのを、百万の援軍を得たように歓喜して奉迎する物語である。

(1)　国依別はエリナの母の病を救うために四、五日滞在し鎮魂をしたが、母娘が主一無適の信仰になれぬために、神徳をうけられぬと悟り、ヒルの都をさして出発する。

国依別の立ちさりしを知り、ウラル教のアナンは母娘を縛るために攻めよせたために、母テルナは驚いて死ぬが、そのとき大地震がおこり、家の下敷きとなり火災で焼ける。エリナは急に国依別の宣伝使が恋いしくなり、ヒルの都をさして後を追う。

(2)　国依別がヒルの都にかかると、たちまち空前の大地震がおこった。国司の楓別の妹紅井姫が日暮シ河の鵜飼の遊びの帰途、屋敷の下敷きとなりしを救う。ヒルの都の中央の楓別の神館のある下津岩根につき、一心に国祖大神、豊国姫命、国魂の神に祈り、全身の霊力をこめ球の玉の神徳をあらわして天の数歌を宣りあげ、「ウーウー」と言霊の息吹きを発射すると、大地の震動たちまち休止し、諸山の噴火はとどまり、噴出する洪水はピタリと止まり減水する。

国依別は楓別にすすめ五穀の倉をひらいて炊き出しをなさしめ、日夜救済につとめ、負傷者には鎮魂をもって治し仁恵をほどこした。国依別と楓別の仁愛の真心はあまねく国内に喧伝される。国依別はしばらく神館に足をとめ、国人に神教を新たに伝えたので、ウラル教やバラモン教を信じていた人々

も、このたびの地異天変によって三五教に救われたのを心底よりよろこび、国内こぞって、三五の誠の信徒となる。

(3) 国依別は紅井姫とエリナの女弟子を従えて、日暮シ山のウラル教の霊場にすすみ、陥穽におちたキジとマチを救い、水牢の中からエスを救いあげた。

ブールは心底より改心の意を表したので、国依別の裁決によってエスを教主となし、エリナを内事一切の司に任ずる。

(4) 紅井姫はしばらく賓客として、日暮シ山の花とうたわれ、ついに三五教を樹て、ブールの妻となって、ヒルの神館と相提携して、ヒル、カル両国にわたり大勢力を拡充し、万民を救い助ける。

(5) 国依別はキジに安彦、マチに宗彦の名をあたえ、道みち三五の教を説き諭しながら、ブラジル峠の山頂にて息を休め、山麓の大木の根元に一夜をあかした。

そして紅井姫、エリナを奪った恋の仇とつけねらう秋山別、モリスの復讐をあざやかにかわして進みゆく。

秋山別とモリスは、山桃の樹下で白狐の化けた紅井姫、エリナのためにブラジル山の谷底に進み、さんざんになぶられ、ついにはシーズン河になげこまれる。

二人の精霊は中有界に迷いこみ、赤鬼・青鬼の火の車にのせられ焦熱地獄に入れられんとして、一生懸命「惟神霊幸倍坐世」を奏上すると、白毫よりダイヤのごとき光輝を発する二人の脇立を従えた神人に救われ、ハッと気がつくと、シーズン河の河辺に国依別、安彦、宗彦にすくわれていた。これより秋山別、モリスは心底より改悟して国依別の弟子となり、アマゾンの大森林の魔神を征服すべく、宣伝歌をうたいながら進みゆく。

(6) 国依別は安彦、宗彦両人とともに大森林をこえ、谷をわたり、小山を幾つか越えて、ブラジル一の屏風山脈の最高所と聞こえたる帽子ケ岳の頂上に登りつき、秋山別、モリスの両人を待ちあわせ、神素盞嗚大神の命を奉じて、ウズの都から山川をこえて登って来た言依別命の勇壮美麗な宣伝歌のひびきを百万の援軍を得たごとく、襟を正して待ち受けていた。これより言依別命と国依別の神将は帽子ケ岳を策源地となして、いよいよアマゾン川流域の時雨の森の魔神に対して、言霊戦を開始する。

特　徴

○大本神諭の「東京は元の薄野になるぞよ」との予言はヒルの都の大地震すなわち東京大震災として実現し、また最近の二度にわたるペリウの大地震とに考え合わせると、地域を脱離し過去、現在、未来にわたり一貫する文意となった神示の物語。

○国依別の宣伝使が球の神徳によってヒルの都の大地震を鎮

め、ヒルの国の物心両面ともに救済し、日暮シ山のウラル教を言向和す物語。

海洋万里　未の巻

第32巻

口述場所　静岡県伊豆湯ケ島温泉＝湯本館
口述日時　大正11年8月22日〜24日
筆録者　松村真澄
初版発行　大正12年10月10日
著者最終校正　昭和9年4月5日（三版）

目次

登場神・人

〈三五教〉

○鷹依姫、竜国別、テーリスタン、カーリンス

○高姫、常彦、春彦、ヨブ

○国依別命、安彦、宗彦、秋山別、モリス

○言依別命、正純彦、カール、石熊、春公

〈兎の都〉兎王

〈アマゾン河〉鰐の頭

〈白狐〉高倉稲荷、月日明神、旭明神

〈怪獣〉モールバンド、エルバンド

〈ウヅの都〉神素盞嗚大神、末子姫、捨子姫、松若彦

梗　概

第一章「万物同言」第一三章「平等愛」には「言霊応用の大要」が説示され、また神の平等愛が禽獣虫魚に均霑したもうことを具体的に現わしてある。

(1)　鷹依姫の一行は、アルゼンチンのアルの港を船出してゼムの港に上陸し、天祥山の麓にてモールバンドを言霊にてしりぞけ、マール、ボール二人を救う。チンの港より自製の岩樟船にのりてアマゾン河をさかのぼり、時雨の森にひそむ八岐大蛇や醜鬼を言向和すために、目のとどかぬ程はば広く、水底深い大激流を、帆に風をはらませ、アマゾン河の河口に安着する。

ここにはモールバンドやエルバンドはじめ猛獣毒蛇が棲息していた。

鷹依姫、竜国別の一行は宣伝歌をうたいながら、数百万年の秘密のこもっている、南岸の森林に進み入ると、白毛の兎が出迎える。

兎の一族は神代から、月の大神よりこの地帯を安住地と定められていたが、モールバンドやエルバンドその他の猛獣に、とり食らわれて、種族は絶滅に瀕していたが、月の大神の神示によって、鷹依姫一行に救いを求める。

月の大神の宮を中心に、宮山をめぐる清泉には鰐が棲息して兎鰐両族相提携して天与の恩恵を楽しんでいた。鰐は森林の持主の兎の国の警備隊のごとき用務に従事している。

(2)　モールバンド、エルバンドの怪獣は、兎を最も好物としていたが、兎が安全地帯に集まったため、捕食できなくなり、やむをえず、虎、狼、熊、獅子などを取り喰って飢をしのいでいた。

モールバンドの使者としてエルバンドは猛獣の集まる森林の都にゆき「獅子王の手をもって、毎日数百の兎をモールバンドに献上されたし。出来ない時は、熊、鹿、虎、狼、やむを得ざれば、獅子の一族をも、手当り次第に取り喰うべし」との厳命を伝える。

獅子王は四つ足族（獣類）を獅子の都に召集した。山桃の林で大会議が開かれた結果、モールバンド、エルバンドに抵抗することは不可能として、兎をいけどりにして献上することを議決する。各獣の王はただちに軍備をととのえ、あまたの部下を引率し、兎の都をさして進撃する。

(3)　兎の都では、一族が集まって、月神の宮の前で、あまたの果物を供えて、鷹依姫一行の歓迎の宴会をひらいた。兎王の歌に答えて鷹依姫は歌をもって答え、鰐の頭も歌をもって歓迎の意を表した。竜国別は、鰐の群に向かって宣伝歌で答える。テーリスタンは面白き歌をうたって興をそえ、カーリンスも踊りながら謡った。これより鷹依姫外三人はあまたの兎を使って、兎の都の王となり、ほとんど一年の間を、この別世界に楽しく面白く送ることとなる。

(4)　ある月の輝く夜に、獅子王の命ずるまま猛獣連合軍は、兎の都に襲来した。

鷹依姫はただちに、天津のりとを奏上し、天地に向かって言霊を宣り上げた。たちまち、西南の隅にあたる屏風山脈の最高地点たる、帽子ケ岳より、言依別命、国依別の両神人の発射する琉と球との霊光が、サーチライトのごとく輝き来たる。四方を囲みし猛獣の魔軍は、二つの光に打たれて、震いおののいた。

竜国別は、火光を再拝し、拍手し感謝の言霊歌を宣りあげ、月の大神の神前に拍手し、兎の王に安堵するように宣示した。兎王はこの旨を部下に伝える。鰐の頭も「かく天佑の現われ来る限りは、これの湖水は一歩も渡らせじ」と勇み立ち、帽子ケ岳の霊光に感謝し、天佑を祝しその夜は無事に明かす。兎王の左守が感謝の歌をうたったとき、猛獣のために負傷し鰐の背にのせられて瀕死の状態で帰った兎を、竜国別が天の数歌をとなえて祈ると神徳現われて全快し、兎は遭難の顛末を報告し、うれし涙を流し神恩を感謝し、竜国別の親切を親のごとく慕う。

(5)　雲霞のごとく押しよせた猛獣は残らず、琉と球の霊光に照らされて、命カラガラ獅子王の陣屋へ退去し、これより、兎の都へはふたたび襲来しなくなった。

(6)　鷹依姫一行を救うためにアマゾン河に進んできた高姫は、波のまにまにモールバンドがわが物顔に荒びいるのに仰天し、アマゾン河の北岸に生命からがらたどりつき、天津のりとを奏上し宣伝歌をうたいながら、常彦、春彦、ヨブとともに、大森林、時雨の森の北の林に着く。

高姫は白狐の化身の女に玉の話をきき、たちまち変心し、霊感状態となった春彦の警告を耳に入れず、シクシク原で白狐の正体をあらわされておどろき、これより高姫は玉への執着をたち翻然と悟る。

ついで高姫、常彦も、春彦、ヨブもモールバンドの出現におそれて、大木にのぼり救い人の来るのを待った。

ここに安彦を先頭に、宗彦、秋山別、モリスの四人が神の引き合わせか高姫一行の避難する樹かげ近く進んで来た。高姫一行はこれに力をえて、天津のりとを天地も震撼せよと宣《の》りあげる。安彦一行も樹上ののりとに力を得て天津のりとを奏上したが、モールバンドは少しも屈せず、四人に向かって突進して来るので、四人も樹上にのぼり、のりとを奏上する。たちまち西北の空をこがして、琉と球の霊光が輝き来たったため、モールバンドもコソコソとアマゾン河に逃げ去った。

これより八人は国依別の伝達のままに、アマゾン河の急流を鰐の橋に助けられて南岸にわたり、お伴をしてきた猛獣も一匹も残らず兎の都に向かって進んでゆく。

(7) 高姫一行八人は、兎の都で鷹依姫一行四人とめぐりあう。ここに十二の身魂は、天地にむかって七日七夜間断なく神言を奏上し、すべての猛獣をことごとく言向和し、肉体を離れた後はかならず天国にのぼり、人身をもって再びこの土に生まれ、神業に参加すべき約束をあたえ、あらゆる猛獣をして歓喜の涙に酔わしめ、特に神の許しを受けて猛獣に対し律法を定め、彼らに固く守らしめる。

(8) これより高姫、鷹依姫、竜国姫ほか九人は兎の一族に別れ、アマゾン河にて、モールバンド、エルバンドを言霊によって悦服せしめるや、たちまち竜体となって、天にのぼり、雨を呼び、地上の一切に雨露を与え、清鮮の風を万遍なくあたえ、神人万有を安住せしむる神の使となる。

(9) 十二人の一行は、ようやくにして、帽子ケ岳にとどまり種種の神策を行ないつつ神軍応援に従事していた教主言依別命、国依別の前に帰り来たり、互いにその無事を祝し、成功をほめ感謝の涙を流しつつ、帽子ケ岳の頂上に国魂神の神霊を奉祀し、感謝ののりとを奏上し、凱旋の祝いを兼ね、あたりの木の実を採収しその美味をほめ、ここに山上の大宴会を開いた。

しかるに北の森林に向かった正純彦、カール、石熊、春公の一隊は二日待てども帰り来る様子なきため、言依別命を中心に祈願されつつあるところに、頭欠け石地蔵に教えられ三日おくれた夕暮れに山上にたどりつく。一行は十八人となり、にぎにぎしく屏風山脈を降り、長い原野をわたりブラジル峠をのり越え、暑熱の太陽に全身をさらしながら、ウズの都の末子姫が館に凱旋する。

(10) 第三篇「瑞雲靉靆」——末子姫は言依別命一行の凱旋を祝して宣伝歌を奉唱される。大歓迎会にあたり言依別命はかんたんな祝歌をもって報告にかえ、つづいて国依別、松若彦も祝意を表し、神素盞嗚尊のます奥殿にすすみ入る。

つづいて鷹依姫、高姫、竜国別も自ら歌い自ら舞う。

石熊は神素盞嗚大神の御降臨と聞き、歓喜のあまり祝歌を謡って舞踏し、カールはありのままを面白おかしく歌って、厳粛な宴席をドッとわかせる。

神素盞嗚大神は末子姫、言依別命その他の神司を従え一同に向かって大御歌によって神慮をのり伝えられる。末子姫をはじめ一同の神司は、大神の御宣示に感謝のなみだたえ難く、神恩の広大無辺なるに驚喜するばかりであった。

捨子姫は一同を代表し、大神に対し答礼歌を謹厳な口調にて、神素盞嗚大神の大御心を慎みて、夢寐にも忘れず三五の教を四方に拡充し、大御恵の万分一に酬い奉らむと、歌い上げる。

神素盞嗚大神は満足げにほほえみたまいながら、ふたたび奥殿ふかく入りたもう。

⑾　第四篇「天祥地瑞」――神素盞嗚大神が、言依別命、松若彦とはかり、末子姫の夫に国依別をさだめたもう。

松若彦は橋架の御用となって、国依別に交渉したところ、国依別は大神の神慮を奉じて、承諾の意を表する。

この事たちまち館の内外に喧伝されたので、高姫は一流の考えから、言依別命や松若彦にこの婚約解消の申し入れをしたが、らちがあかぬので、国依別に直接談判した。国依別が逃げ出したので、今度は鷹依姫、竜国別を訪問するが、竜国別がこの縁談を全面的に賛成しているので、業をにやす。

特　徴
○神素盞嗚大神のご守護のもとに言依別命、国依別が琉と球の玉の霊徳を発揮、十八人の宣伝使が言霊を運用して、アマゾン河の魔神を言向和す。
○国祖大神の許しによって、動物界に対する救済の律法を制定し、言霊の稜威によって救済する。
○神素盞嗚大神の神慮により、国依別が大神の末娘末子姫の夫に神定められる。

讃　美　歌　（十一）

苅菰の乱れはてたるわが心をさまりにけり神の言葉に
皇神の厳の御声は大滝の響くが如く聞え来るなり
皇神の珍の言葉を味はひて夜なき国の幸を知るかな
世の中の聖の道を踏み越えて神の大道に進み行けかし

海洋万里　申の巻

第33巻

口述場所　静岡県伊豆湯ケ島温泉＝湯本館
口述日時　大正11年8月24日～26日、28日、29日、9月19日、20日
筆 録 者　松村真澄
初版発行　大正12年11月10日
著者最終校正　昭和10年6月10日

目　次

登場神・人

〈ウヅの都〉神素盞嗚大神、末子姫、言依別命、国依別、松若彦、捨子姫、カール、松彦、鶴公
〈宣伝使〉高姫、春彦、常彦、鷹依姫、竜国別、テーリスタン、カーリンス、石熊（光国別）、タルチール、清子姫、照子姫
〈秋山館〉秋山彦、紅葉姫
〈聖地〉玉照彦命、玉照姫命、英子姫、紫姫、東助、加米彦、高山彦、黒姫、玉治別、秋彦、友彦、テールス姫
〈生田の森〉玉能姫、国玉別、駒彦

梗　概

未《ひつじ》につぐ申の巻のこの第三十三巻はまた、瑞霊にゆかりふかい数字の巻で、神素盞嗚大神の末娘たる末子姫と国依別の結婚式が、その名もめでたき高砂洲で執り行なわれる場面をはじめ、高姫、黒姫、鷹依姫、竜国別が日本に帰って麻邇の宝珠の神業に奉仕するところから、大本出現の原因となった大経綸について示されている。

(1)　高姫を、国依別が瑞霊の御子末子姫の婿となっては、アルゼンチンの五六七の世の礎を崩すおそれありと考え、この縁組を取りやめさせようとして、まずウヅ館の総司である松若彦をたずねたが逃げられ、後を追いかけて川底におち人事不省となる。それをカールと春彦に助けられて息をふきかえすが、邪推して暴言をはくため、言いあらそって灰まぶれとなる。そこへたずねてきた言依別命に悪言を吐いたところ、またまた絶息してふん伸び、言依別命の天の数歌の反魂の神術によって息をふきかえす。そうした大騒動のすえに、結婚準備で多忙の捨子姫の館へ、言依別命、松若彦が来あわせたところへ、高姫が訪問し、捨子姫に談判するが、捨子姫がハッキリと国依別、末子姫の結婚の動かせない理由をのべたので、さすがの高姫も不同意的了解をする。言依別命のとりなしによって、ここにいよいよ準備もすすみ、「身分相応にあまりケチつかず、あまり奢らずの程度」に結婚を祝い納めることとなる。

(2)　南米大陸の太平をきずく末子姫と国依別の結婚式はウヅの館の大広前にてひらかれ、言依別命は斎主となり、松若彦、竜国別その他の奉仕によって、芽出たく祭典が行なわれ、直会の宴では十二分に歓をつくし、この慶事を祝する。

まず言依別命は礼服のまま、この結婚が神素盞嗚大神の神意にいずる旨の祝歌をうたう。

松若彦、捨子姫は歌い、舞って慶事を祝ぎまつり、高姫は皮肉な祝歌を歌う。

鷹依姫、竜国別、石熊、春彦、テーリスタンも祝歌を歌った。木の花姫の化身であるカールは高姫への警句をのべながら祝

歌をうたい、常彦も祝歌をのべる。

そして神素盞鳴大神は「八雲立つ出雲八重垣」の神歌をもとに、国依別、末子姫の結婚を祝し、欣然として奥殿に神姿をかくしたもうた。

高姫は大神の歌に感動して、宣直しの祝歌をうたう。

花婿の国依別は身の素性を中心によろこびの歌を奉唱し、末子姫は四十五清音入りの三十一文字の言霊歌をもって国依別の歌にこたえ、国依別とともに父大神のまします奥殿に進み入る。

かくして一同は歓をつくした。これより一年の後、捨子姫は国依別、末子姫夫婦の媒酌により、松若彦の妻となり、国依別夫婦のもとに仕えて、偉功をたてる。

(3) 神素盞鳴大神は言依別命、カールを従え、国依別夫婦をはじめ、その他一同に送られて、天の鳥船にのりアルゼンチンの珍の都を後にして、フサの国のイソの館をさして帰りたまうこととなり、神歌をさずけられた。

国依別は南米はもとより北米まで三五教をひらかせて頂く旨のお誓いと、大神に名残りの歌をのべ、末子姫は素盞鳴尊が天の鳥船にて天空高く帰りたまうのを仰ぎつつ、三十一文字にて送りまつる。

竜国別、高姫、鷹依姫、テーリスタン、カーリンスたちは、ここにいよいよアルゼンチンに袂別し、常彦を加えた一行は、テル山峠をふみこえ、ハラの港に出で、日本へ向かって帰ることとなる。

(4) 竜国別、高姫一行は途中、乾の滝で禊をしたときに、タルチールや清子姫、照子姫に出会う。高姫はここでも神の試練をうける。

清子姫と妹照子姫は言依別命の命によって、三倉山の国魂神の宮に詣で、あまたの国人を教導し、ヒル、カル、パナマの国々を経て、北米のロッキー山、鬼城山（ナイヤガラ）に到り、鬼武彦以下の白狐に守られ、三五の道を宣伝し、清子姫は日の出神の命によってヒルの都の楓別の妻となり、妹照子姫と乾の瀑布の山中の玉の池の中心の岩上に亭を建て、百日百夜の修業をしていたところであった。

照子姫は国依別命の媒酌によって、石熊の妻となり、高照山館で三五教をひらくこととなり、石熊は国依別命より光国別と神名をいただき、楓別の夫婦と協力し、神力を得て、ヒルの国の一部およびカルの国の森林にひそむ八岐大蛇などの邪神を苦心惨胆の結果、ようやく言向和した。

春彦はタルチールと共に常世の国（北米）をのり越え遠く北方の雪国に進み、抜群の功名をたてる。

高姫一行は、ハルの港より、都合よく高島丸にのりこみ、大西洋をわたって日本に向かった。

その船中で、松彦、鶴公がかわす雑談を聞いてふかく感じた高姫が、あらためて改心の歌をのべると、言依別命と松若彦の特使松彦は、安心して自らの使命を語る。

高島丸は大西洋から印度洋をこえ、台湾島のキルの港につく。高姫一行と松彦、鶴公は、ここから竹島丸にのりかえて九月七日由良の港につくと、玉照彦、玉照姫の命により秋山彦一行が出迎えていた。

その夜、秋山彦を中心に徹夜して神策をねり、翌日秋山彦は高姫、鷹依姫、竜国別を一間にまねき、松彦が持参した神素盞嗚大神および言依別命の密書の件について三人の意見を聞き、くわえて国依別命の仁慈無限の配慮をのべた。三人は神恩のふかきに号泣する。

そこへアフリカから黒姫が玉治別、秋彦につれられて帰りきたり、ここに四人は久しぶりに顔を会わした。

秋山彦は神文をおしいただき、四人に読みきかせる。

『……控への身魂は何程にてもありとはいえども、なるべく因縁の身魂にこの御用を命じたく、万劫末代の神業なれば、高姫以下の改心のおくれたるため、神業の遅滞せし罪を言依別命に負はせて、高姫以下に万劫末代の麻邇の神業を命ずるものなり。……神素盞嗚尊』との神文に、四人は感謝の涙にむせび、神殿に感謝の祝詞を奏上する。

秋山彦は黄金の鍵を高姫にわたした。一行は沓島にわたり、青、赤、白、黄の麻邇の玉を迎えて帰り、綾の聖地に奉献する。素盞嗚尊の仁慈無限のお計らいにて、罪けがれを許され、身魂相応、因縁のご用を完全に奉仕させられた。

あくる九月八日、高姫は青色、鷹依姫は白色、黒姫は赤色、竜国別は黄色の麻邇の宝珠を捧じ、綾の聖地の錦の宮の神殿にすすみ、玉照彦、玉照姫、英子姫、紫姫にささげる。四個の玉は神前に安置された。

(5) ここに金剛不壊の如意宝珠の御用に奉仕した初稚姫は、はじめて錦の宮の八尋殿の教主となり、紫の玉の御用に奉仕した玉能姫は、生田の森の神館で若彦（国玉別）と夫婦揃って仕えることとなる。

黄金の玉の神業に奉仕した言依別命は少彦名神の神霊とともにイソ館を出でアーメニヤに渡り、エルサレムに現われ、立派な宮殿を造り黄金の玉と琉の玉の威徳とをもって、あまねく神人を教化したまう。

また、梅子姫はイソ館に帰り、紫の麻邇の玉の威徳によって神業に参加し、高姫は錦の宮に神妙に奉仕し、黒姫、鷹依姫、竜国別も身魂相応の神務に奉仕し、神政成就の基礎的活動をはげむこととなる。

これらの神柱の舎身的活動の結果、いよいよ四尾山麓に時節到来して、国常立尊と現われ、三界の改造を開始したまうことを得るにいたった。これが大本開祖に国祖が神がかりして新宮本宮坪の内より大本の教が出現する大原因となった。

また言依別命の舎身的活動によって黄金の玉の威霊より出口聖師の身魂が高熊山の霊山を基点として出生し、開祖を輔佐し共に大本の教をひらかれることとなった。

(6) 綾の聖地の錦の宮において、高姫、鷹依姫、竜国別、黒姫の無事帰国したことと、黒姫の実子が玉治別であったことの報告祭が行なわれた後、東助はじめ、多くの人々が桶伏山の東麓小雲川のほとりの黒姫館で、親子対面の祝宴に招かれる。

そこで三十五年前の昔語りから、高山彦は黒姫の夫であり玉治別の実父であること、また、熊襲の国の教主建国別は、東助と高姫の若き日の捨て子であることが判明する。

玉照彦、玉照姫は東助をして建国別に面会の機会をあたえるために、英子姫を通じて、にわかに、フサの国のイソ館へ出張を命ぜられ、秋彦をお供に任じられた。東助は早速、明石の港から淡路島のわが館に立ち寄り、妻お百合の方に留守を頼み、秋彦と家の子二、三人を伴ない、フサの国のタルの港に上陸し、フサの都へ進みゆく。

あとは竜国別が総務となって聖地を守ることとなる。

東助が聖地を去った後に、高姫は生田の森の琉の玉の守護を命ぜられる。生田の森で、琉と球の玉を守護していた玉能姫と国玉別夫妻は球の玉を捧じて和歌山の若の浦にゆき、玉に稚姫君命の御霊をとりかけ奉斎し、こののち一つの島の地中に埋め、神社をたてて玉留島（玉津島）と名付けて神業に奉仕し、三五教の教を紀の国一円はもとより、伊勢、志摩、尾張、大和、和泉方面にまで拡充した。

特徴

○神素盞嗚大神の神慮により、アルゼンチンの国王に国依別命がえらばれて大神の八人乙女の末娘末子姫との結婚式典が芽出たく完了し、南米統一の神業の基礎が定まった。
○瑞の三ツの宝珠と厳の五ツの麻邇宝珠の神業奉仕によって、国祖大神と大本開祖の御出現と出口聖師出現の大原因が示されてある。

海洋万里　酉の巻

第34巻

口述場所　亀岡天恩郷＝瑞祥閣
口述日時　大正11年9月12日～14日
筆　録　者　松村真澄、北村隆光、加藤明子
初版発行　大正12年12月10日
著者最終校正　昭和10年6月10日

目　次

登場神・人

〈神霊〉神素盞嗚大神、月照彦神、木花咲耶姫命の化身
〈三五教宣伝使〉玉治別、黒姫
〈黒姫の弟子〉孫公、房公、芳公

〈武野村〉虎公、お愛、お梅、玉公、新公、久公、八公
〈建日館〉建国別、建能姫、建彦、幾公、お種
〈矢方の村〉大蛇の三公、兼公、与三公

梗　概

黒姫が夫高山彦をさがすために孫、房、芳三人をつれて、日本海、太平洋、印度洋をこえ、アフリカの東岸、建日の港に安着し、小島別の遺蹟に立ちより、高山峠をこえて捨てたわが子を思い出し、建日の館の新教主をたずね、向日峠の麓の森林で木花咲耶姫命の化身のお力添えによってお愛、孫公、兼公を救い、ふたたび夫をたずねて火の国の神館に進みゆく物語。

文中、芳公、房公が木花咲耶姫命の化身である童子の教訓によって、楽天主義の神髄を体得するところがのべられている。

(1)　玉に対する執着心を脱却した黒姫は、夫高山彦をさがすために、孫公、房公、芳公をつれて日本海、太平洋、印度洋の島々を捜索しながら、一年余をついやしてアフリカの東岸建日の港に安着した。三人の伴人は旅行中の黒姫の行動にスッカリ信頼を失ない、いやいやながら随行している。

建日の港に上陸して小島別の旧跡で夜をあかしたとき孫公は霊懸りとなったまま、黒姫をひやかし、姿をかくした。一同は岩窟の前で思い思いの歌を詠みあげる。

黒姫、房公、芳公は岩窟を出発して筑紫ケ岳に登ってゆく。つかれて一服したところが、青蜂の巣の下で、三人は青蜂の襲撃にあう。笠で難をのがれつつ生命からがら坂道をかけのぼると、そこに、高山に似ず清水が流れていた。それを芳公と房公が先に飲んだとして黒姫が「長幼の序」をたてに文句をいったことから、いさかいを起こし、途中で空腹のために房公、芳公が寝ころんでしまう。黒姫は大切に麓から背負って来たイチジユクを二人にたべさせて機嫌をとり、旅をつづけようとしたところ、二人の若者は急に腰をぬかして動けなくなる。

黒姫は、二人がワザと動かぬと思いこみ、スッカリ腹を立てて一人で深山をのぼっていく。房公、芳公は黒姫の無情をうらんでいたが、直日に省みて、天津のりとを奏上し、黒姫の身の安全と自分たち二人の平癒を主一無適に祈願しはじめる。日が西山に傾くと、たちまち激烈な暴風雨となった。二人は身体動かぬまま、なおも一生けんめいに祈願していると、風のまにまに玉治別の宣伝使の宣伝歌が聞こえる。そして、黒姫を助け日本へ迎え帰るために来たことを知る。宣伝歌の声がとまると同時に暴風雨もやみ、青空も見えて日の光は二人の頭上を照らしはじめた。ふしぎや、腰も自由がきくようになる。二人は喜び勇んで金剛杖を力に急坂をのぼり、黒姫のあとを追う。

(2) 黒姫が筑紫ケ岳の山脈の中心、高山峠の頂上までくると、水晶玉をもった玉彦や虎公たちが、黒白の石で勝負をしていた。黒姫は虎公たちから高山彦（実は高国別、神名は活津彦根命）と愛子姫のことをきき、話が思わぬ方向へ発展して、建日館の教主建国別が三十五年前に黒姫が捨てた子供ではないかということとなり、玉公が案内役となって建日の館をたずねる。

建能ケ原の神館では、小島別の娘建能姫に新教主の建国別が入婿して一年を記念する祭典中であった。

建彦以下幹部役員をはじめ数多の男女が早朝より参集し、建国別夫婦の高徳を讃美し、上下一致相和楽して天国浄土のおもむきが館の内外にあふれている。

黒姫は建国別夫婦にあって事情を打ちあけた。しかしわが子でないことがわかり、悲観して別れをつげる。そこへ虎公に案内されて房公、芳公が来あわすが、黒姫は捨ばち気味に二人をのこして出立する。房公、芳公は心配してすぐにまた、黒姫の後をたずねて行く。

(3) 黒姫は高山川のほとりにつき、こし方行く末のことを思い落涙していると、猿の大群の襲来にあい、宣伝使のレッテルともいうべき冠り物をとられた上、非常な危険にさらされる。天の数歌を奏上し鎮魂の姿勢をとるうちに、ようやく猿の習性を悟った黒姫は、無事に冠をとりかえし、再生の思いで感謝の天津のりとを奏上した。

この時、房公、芳公がやっと追いついたが、黒姫はまたもや彼らのからかいに腹を立て、二人にかまわず火の国都をさして駈け出してしまう。

(4) 黒姫にふりのこされた房公、芳公が、悲観して泣き言をならべていると、かたわらの谷路から三尺ばかりの童子七八人が現われて警告の歌をうたいながら二人の前を通り、スッと煙のように消える。二人はそこで楽天主義を悟らされ、心を改め宣伝歌を唱えながら、ふたたび黒姫の後を追ってゆく。

(5) 向日峠の山麓の森の下で、大蛇の三公は、虎公の妻お愛と義妹のお梅を捕らえ来たり、お愛に自分の妻になるよう脅迫したが、お愛の度胸のよさに、かえって片腕とたのむ子分の兼公が裏切ったので、兼公もしばりあげて虐待する。

そこへ、孫公が高山彦となのって宣伝歌をうたってあらわれたが、計られて目つぶしを食い、捕縛される。そのドサクサに、お梅は闇にまぎれて姿をかくす。

大蛇の三公は子分に命じて、三人とも土の中に埋めてしまう。

(6) 黒姫は火の国都へ急ぐうち、途をあやまって途中の深谷川に七、八分朽ち果てている一本の丸木橋の架ったところで、渡るのをためらっていると、三尺ばかりの一人の童子が現われ、黒姫の顔を見上げて、「吾恋は深谷川の丸木橋渡るにこはし渡らねば思ふ方には会はれない」と謡って白煙とともに消える。

黒姫が思案にあまっていると、またもや忽然として七、八人の童子が橋のたもとに現われ「高山彦云々」の歌を残して姿を消した。なおも決心しかねていると、いずこともなく玉治別の宣伝歌が聞こえて来る。黒姫はこれに力を得、思いきって丸木橋をわたり、感謝祈願の祝詞を奏上していると、そこへチョロチョロと十四五才の女があらわれて来た。

少女はお梅であった。様子をきいた黒姫はお梅をいたわり、背に負って十丁ばかり行くと、三人の生埋の場所に出る。黒姫は口に神号を称えながら巨大な石に手をかけたが、ビクとも動かない。落胆し、涙を流しながら、一生けんめいに天津のりとを奏上していると、ふたたび八人の童子が出て来て、巨大な石をポイポイと四五間先に投げのけ、白煙となって姿を消してしまう。

黒姫は感謝の涙にむせびつつ三人を掘り出し、青草の上に寝かせ、天の数歌をうたい、お梅の汲んできた谷水を三人の口にふくませると、お愛は息吹きかえす。さらに鎮魂によって孫公、兼公も救われる。

(7) 建日の館で祝いの神酒をいただいた虎公親分は、玉公の水晶玉によって家の大変を知り、建国別、建能姫に別れて一散に自宅をさして駆けてゆく。

ところが黒姫が猿の遭難にあった高山川のところには大蛇の三公の子分たる六公が、四、五十人の手下をつれて、虎公を待ち伏せていた。しかし、神素盞嗚大神のご守護により七、八十人の荒武者があらわれ、六公たちは驚いて逃げ失せる。

(8) 矢方の村の大蛇の三公の館では、夜前の一件についての慰労会を催していた。そこへ、六公が惨敗して帰り来たり、おどろいているところへ、黒姫、虎公、お愛、お梅、孫公、兼公が来訪したので、幽霊がやって来たかと思って大蛇の三公の屋敷内は大騒ぎとなる。

特徴

○黒姫一行が月照彦神をはじめ木花咲耶姫命の化身や童子や玉治別の宣伝使の言霊の力に、危機を脱して、神業に奉仕する。

○本巻及び第三十五巻は第七巻についでのアフリカの物語。

海洋万里　戌の巻

第35巻

口述場所　亀岡天恩郷＝瑞祥閣
口述日時　大正11年9月15日〜17日
筆 録 者　松村真澄、加藤明子、北村隆光
初版発行　大正12年12月25日
著者最終校正　昭和9年2月5日（三版）

目　次

登場神・人

〈神霊〉素盞嗚尊の生魂言依別命、日の出別神、木花姫の生魂蛟取別、素盞嗚尊の三女神、月照彦命の化身
〈三五教〉玉治別、黒姫、房公、芳公、孫公
〈屋方村〉大蛇の三公、与三公、徳公、兼公
〈武野村〉虎公（虎若彦）、お愛、お梅、久公、八公、新公、高公
〈火の国館〉愛子姫、津軽命、玉公

梗　概

前巻につづき、三五教の黒姫がアフリカ大陸を大蛇の三公の子分徳公と、虎若彦の部下の久公を引きつれ、火の国の境である荒井峠をこえ、その途中で白狐の出産を介抱したりしながら火の国の都へ到着し、尋ねる高山彦は人違いであったが、玉治別の宣伝使が実子であることを知り、喜び勇んで日本へ帰り、麻邇の赤玉の御用に仕え、綾の聖地の錦の宮に高山彦と夫婦仲よく奉仕するにいたる筋書が口述されてある。

一方、黒姫のお供の孫公別が、ナイル河の水源地スッポンの湖に、虎若彦、三公、お愛の方の一行とともに、魔神の征服に向かい、玉治別の応援によって言向和した面白い物語である。

(1)　三十万年前のアフリカ大陸と九州、オーストラリヤと四国・琉球の関係をはじめ、太古のエルサレムはトルコの東方にあってアーメニヤと南北相対していたこと、地中海が東の方まで拡がっていたこと、昔のヨルダンはユーフラテス河であり、死海はペルシャ湾であったことなど、太古の地理は今日とは相当に変わっていた由がのべられてある。

(2)　向日峠の麓に迷いこんだ黒姫が、ご神助のもとに楠の森の土中からお愛、兼公、弟子の孫公を救い、そこへ来あわせた虎公一行とともに、大蛇の三公を言向和すべく、屋方村の三公館に向かう。

三公館では、死んだはずのお愛、兼公はじめ、黒姫や虎公一行が突然にやってきたため腰をぬかすやら大狼狽をする。

大蛇の三公は神示をいただいていたために、たちまち態度を改め、礼を厚くして黒姫一行を迎え、誠意をこめて酒肴をすすめる。黒姫の一行も三五教の教を遵奉していたお蔭で、今までの恨みもケロリと忘れ、和気あいあいとして盃を酌みかわし、歌い、舞った。数百人の三公の子分も庭に蓆を敷き、ふたたび酒の飲み直しをやり、三公館は全くのお祭り騒ぎと一変してしまう。

三公は歌にことよせ真心を披瀝して謝罪した。黒姫は双方の和解を祝して、宣伝歌をうたう。

(3)　ひとしきり酒宴がすみ、大蛇の三公は、虎公、お愛、お梅、孫公、黒姫、兼公をわが居間にまねき、二次会を行なう。

子分たちもすっかり打ちとけあい虎公の子分の新公は酔いにまかせて、お愛は、天教山から降って火の国の守護職となった八島別と敷妙姫の長女愛子姫であり、虎公は豊日別の長男虎若彦で、二人が夫婦となった理由を語る。

三公はまた、父はエヂプトに住んでいた春公、母はお常といい、両親が三五教の宣伝使を拝命し、スッポンの湖の大蛇を言向和そうとして逆に呑まれてしまったので、どうかして親の仇を討ちたいと考え、侠客となって子分を集めていた理由を語った。

三公の話を聞いて、虎公、お愛はスッポンの湖の大蛇を言向和すべく、三公とともに出かけることとなる。黒姫は火の国へ直行し湖の言向和しへは孫公を一行に加える。

(4) 虎公一行は白山峠（向日峠）の山頂につく。三公は東北に白く光ってみえるスッポンの湖をながめて、慨歎の涙を流す。ここで宣伝使の選挙を行ない、孫公がえらばれる。祝いに宣伝歌をとなえると、たちまち中空より宣伝歌が聞こえ、「神の尊き宣伝使を選挙するとは何事ぞ」と玉治別の名で警告される。

夜に入って一行四人はようやくスッポンの湖水の南岸にたどりつく。たちまち岩石を吹き散らすような疾風が吹き来たるとともに、湖水はにわかに泡立ちはじめ、しばらくすると、大入道のような波の柱がいくつもムクムクと突き出し、砕けては湖面に落ち、その物凄さは身の毛もよだつばかりである。ついで湖中のあちらこちらから、青赤白黄などの火の玉が数限りなく現われきたり、長い尾を中空に引きずり呻りを立て、玉の処々に、いやらしいすごい顔がついているのが、四方八方から突進し来たり、四人の頭上を前後左右に飛びまわる。

孫公はふるいふるい宣伝歌をうたったが、烈風吹き、大地は揺り動き、どうすることもできない。

ついで三公も湖面に向かって、言霊を放ったが、湖面は波高く荒れ狂い、火の玉は刻々にふえ、四人の身体にとどくところまで数限りなくせめかけきたり、実にものすごき光景となる。

お愛は「世界は国治立の御体、神素盞嗚の御霊力、金勝要大神の御霊の守らす国」との宣伝歌を簡単に言霊をもって打ち出すと、さしもの烈風は勢いを減じ、猛獣のうなり声も低く遠く去り、湖面にうかびでた怪物は姿を減じたが、容易に全滅しなかった。

ここで虎公は大音声で言霊を発射したが、湖面の怪は形を変じてお玉杓子の形をした幾百千の火玉となり、うなりをたてて土手のごとく攻めきたり、四人を十重二十重に取りまく。四人はなまぐさき息につつまれて、もはや進退きわまり、すっかり弱りきる。

いつの間にか夜は明けて怪物の姿は消え失せ、湖面は紺碧の波がゆうゆうと漂っているのみであった。

四人が湖水の水で身を清め、天津のりとを奏上し終わると、玉治別の宣伝使が姿をあらわし、木蔭から鎮魂を修し、四人を守護していたことを明らかにする。
(5) 玉治別が湖中の三個の浮島に向かって、三十一文字の言霊をうたうと、一つの島が近づいて来たので、渡ろうとすると、中空から言依別の神、日出別の神、蚊取別の生御霊のお力添えのお声が聞こえてきた。玉治別は神恩を感謝しながら、あらためてその浮島に向かって言霊をうちかけると、島はグレンと転覆し、白赤のダンダラ筋の大蛇の鱗をみせて湖中に姿をかくす。
またもや竹の密生した島が近よりきたり、三柱の妙齢の美人がニコヤカに姿をあらわした。玉治別とお愛の方が三十一文字の歌をのべると、「お愛の父建日向別命は天教山に、母敷妙姫はヒマラヤ山にます」「三公の父母は神国に復活している」ことをおしえ、玉治別に火の国ゆきをすすめ、島もろとも三人の乙女は神姿を消したもう。

そこで玉治別一行は、湖の曲津神の帰順をうながすために皇大神に一日一夜の祈願をこらす。湖水はたちまち二つに分れ、美しい女神の姿があらわれ、五人に拝礼、雲を起こし、ゆうゆうとして天上高く昇ってゆく。これは湖にひそんでいた巨大な三頭の大蛇が神徳によって、三寒三熱の苦をのがれ、天上の国に救われたのである。

玉治別は一行とともに、ふたたび白山峠を越え、熊襲の国の三公の館に立ち寄り、火の神国さして進みゆく。
(6) 火の国都——一方、先に火の国都へ向かった黒姫は、二人の従者をつれ、荒井岳の絶頂では、六人の男女を泥棒ではないかと肝をひやしたり、峠を降って行く途中で、狐の出産にめぐりあい、産婆の役をつとめて、四匹の赤ん坊をとりあげたりしながら進んでゆく。
(7) 黒姫のあとを追っかけた房公、芳公は、日が暮れたころ、ようやく火の国峠の頂上にたどりつき、山桃の木の下で蓑をしき眠っていると、白髪の老人があらわれ、二人に警告をあたえ宣伝歌をもって懇切に教示される。この老人は月照彦神の化身であった。
房公、芳公が火の国都の高山彦の館についたとき、黒姫はまだ来ていない。また高山彦も不在で、愛子姫に面会を申し込むが、一絃琴にあわせて歌う女主人愛子姫の宣伝歌をきき、門番の玉公の話をきいて、高山彦についてますます訳がわからなくなり、まずは黒姫の所在をさがすのが先決と、二人は館を辞して出てゆく。
(8) 玉治別は火の国の神館を訪ね、愛子姫と面会し清談する。ついで黒姫が来訪し、種々問答するうち、高山彦ととなえる高国別命の絵姿をみて、黒姫もはじめて人違いであったことをさとる。そして、玉治別の背中の富士山形の白い痣を見せられてわが子であることを知り、黒姫と玉治別は歓喜の涙にかきくれる。

黒姫は、愛子姫に無礼を謝し、厚く礼をのべ、いそいそとして玉治別、秋彦、孫公、房公、芳公とともに、ふたたびアフリカの建日の港より、自転倒島の由良の港へむかい、秋山館に立ち寄り、赤色の麻邇宝珠の神業に参加し、めでたく綾の聖地に帰ることとなる。

特徴

○第一章に古代の地理の一部が現在と比較して教えられている。

○黒姫とともに武野村の虎公一行が、熊襲国の屋方村の大蛇の三公館へ言向和しに出陣し、力をあわせてスッポンの湖の大蛇を玉治別の力添えで言向和す。

○火の国館で、黒姫と玉治別が親子の対面をする。

○本巻は物語第七巻、第三十四巻につぐアフリカの物語である。

海洋万里　亥の巻

第36巻

口述場所　亀岡天恩郷＝瑞祥閣
口述日時　大正11年9月21日～24日
筆録者　松村真澄、加藤明子、北村隆光
初版発行　大正12年12月30日
著者最終校正　昭和9年2月25日（三版）

目次

登場神・人

〈三五教〉北光の神、君子姫（素盞嗚尊の八人乙女）、清子姫

〈セイロン島〉サガレン王、妃ケールス姫、左守タールチン、妻キングス姫、右守エームス、テーリス、ゼム、エール、サール、アナン、ウインチ、シルレング、ユーズ、チール、タールレン

〈ウラル教〉竜雲、ケリヤ、ハルマ、ベール、テーリス、メール、ヨール、ビット、レット、ランチ、ルーズ、テール、シール、ベス

梗　概

序文には、大本開祖を通じて発表された筆先は、神さまを大海の潮水とすれば、手桶に汲みあげられた潮水のようなもので、大宇宙を創造した神を大芸術者としてみたとき、霊界物語は神の芸術の腹から生まれた筆先を、神劇の脚本を作るべき台詞書《せりふがき》として、出口聖師が見聞された神霊界の神劇に合わせ、ミロクの世建設の脚本として編纂されたものである由を説明されている。

本巻は弥勒の神にちなめる三六《みろく》の巻で、神素盞嗚尊の第七女君子姫が、妖僧竜雲のために混乱におちいっているセイロン島を北光の神の応援のもとに、三五教の神力を輝かし、敵味方の別なく神の仁慈に悦服せしめ、サガレン王を元のごとく国主に推挙し、上下和合の瑞祥を顕現せしめられた神代の物語である。

⑴　君子姫は侍女の清子姫と共にメソポタミヤの顕恩郷を後にして、フサの国（イラン）に三五教を宣伝しようとするが、バラモン教の釘彦一派にとらえられ、姉妹五人は半ば破れた舟にのせられて、大海洋へ波のまにまに放逐される。君子姫

は侍女とともにようやくシロの島（セイロン島）のドンドラ岬に漂着し、友彦、小糸姫の隠れていた神館をさして進んでゆく。

(2) メソポタミヤから鬼雲彦に追放された、大国別の直系の国別彦は、セイロン島にわたりバラモン教を宣伝して、国人に国主と推されてサガレン王と称えていた。そして岩井の里の酋長の娘ケールス姫が王妃となっていた。

(3) 印度に生まれた妖僧竜雲はウラル教をセイロン島に宣伝し、ついには王妃ケールス姫の寵を得てこれを篭絡し、城内の大半は竜雲になびき、クーデター寸前のありさまとなる。一方、忠臣たちは竜雲を殺害して、国家の災いを払おうと動きはじめた。

(4) 竜雲に入智恵されたケールス姫は、サガレン王にざん言して忠臣シルレングやユーズ等を投獄する。つづいて忠臣たちのほとんどを無断で、ケールス姫が投獄したため、サガレン王が激怒すると、竜雲は無法にも王を発狂者として一室に幽閉する。

(5) 竜雲は、左守のタールチン夫婦、右守エームスをはじめ、王に誠忠なる人物をのこらず投獄し、ケールス姫とともに国王気取りになって悪逆日に増長し、怨嗟の声は国内に満つる。竜雲はケールス姫を表に立て、みずからは黒幕となって国政を掌握し、放埒不羈の生活を送りつつ、さらに、サール、アナン、セール、ウインチの正義派をも捕えて投獄しようとする。

(6) サールたち四人はバリーの山中にかくれて、数多の正しき王の部下を集め、竜雲をほろぼし、王さまの復位画策と、タールチン以下の獄中に苦しむ人々を救い出すため昼夜肝胆をくだいていた。また、思慮ふかきテーリスは竜雲の陰謀をさとり、竜雲の秘蔵の弟子となっていたので、牢獄の司を命ぜられていた。

(7) 誠忠の士はバリーの館で策戦をねり、一せいに攻めよせる。テーリスと連絡をはかるためにアナンが自ら捕えられて見ると、牢番頭はベールにかわっていて策ははずれてしまう。しかし一室に幽閉されていたサガレン王は、この虚に乗じてエームス、テーリスにみちびかれ裏門より逃げ出し、松浦の岩窟にたどりつく。

(8) サール、ウインチは牢獄から忠臣たちを救い出した。しかし勢いにまかせて真先に進んだアナン、セール、シルレング、ユーズは不運にも敵の陥穽におちこんでしまう。サール、ウインチ、タールチン、キングス姫、ゼム、エールは、ひとまず捲土重来の策を講ずるために、バリーの館に軍を返す。

(9) サガレン王はテーリス、エームスに守られて、松浦の谷間の大岩窟の中に住み、回天の謀をめぐらす。

そこへ天の目一つの神が無住居士と称してあらわれ、エームスとテーリスに、主一無適の信仰を教え、神軍の兵法についてさとし、宣伝歌をのこして濃霧の中に去った。テーリスは、無住居士の神教を一言ももらさずサガレン王に伝える。サガレン王は落涙滂沱として神慮の深きを悟った。ここに武術の練習を廃止し、主の大神の大御心を拝戴して、誠一つの御魂磨きの修行をすることとなる。竜雲のスパイであったヨールほか四人も改心帰順して、神の救いを求める。

(10) サガレン王は無住居士の神教に省みて「あなないの大道にまつろい、主の大神の大御恵の万分一に報いまつらむ」ことを宣示した。左守夫婦は王の宣示に仕えまつることを真心で奉答する。

エールは、神地城の陥穽《こうじ》に苦しみおる同志たちを救うために派遣されたしと懇願し、王をはじめ、左守夫妻、テーリス、エームスの上司は無念の涙にくれている。

この時、女の美しい宣伝歌が聞こえてきた。

(11) 神地城の別殿で竜雲とケールス姫は雑談にふけっていた。暑夏のため汗が麻の衣ににじみ出て斑紋を描いている竜雲の背を、ふとケールス姫がみると、頭部に角を生やした鬼の形であった。このことから、ケールス姫は大いに省みる。しかもまた書生テールがサガレン王以下が襲来する夢におどろくなどの怪事がおこる。

(12) 天の目一つの神は、神地城に現われて竜雲とケールス姫に会い、「サガレン王を尋ね出し茨の鞭を負うて王に心の底より謝罪をなし、その罪を清めなければ、天罰たちどころに至り、地震、雷、火の雨の誡めに遇うは、もはや眼前に迫っている……」と警告して去る。ケールス姫は罪悪を悔い自害しようとする。そのとき城内に火災が起こり、もうもうたる黒煙につつまれてしまう。

(13) 一方、神地城の奥の間に軽進して陥穽におち、牢獄に投ぜられて悲観しつつあった一同は、ユーズの語る心の天国にすっかり心をあらため、悟りを開いてほがらかに話しあう。牢番のベールもつい、つりこまれて牢の中に入り込み、気がついた時はすでに遅く、四人はベールを縛り、牢を抜け出して城内にかくれる。

(14) 宣伝歌をうたって松浦の岩窟にあらわれたのは、君子姫と清子姫であった。

サガレン王は君子姫を見て驚く。メソポタミヤの顕恩郷で見覚えがあったからである。サガレン王、君子姫は胸襟を開いて久濶を叙し、相提携して、竜雲、ケールス姫その他に憑依する曲津神を打ち払い、本然の心に立ちかえらしめ、ふたたびシロの島の神地の都をして至治太平の楽園と復すべく、数多の至誠の男女を引率し、旗鼓堂々として宣伝歌をうたいながら神地城へ向かう。

⒂　おりから火焔につつまれた神地城に着いたサガレン王は、黒煙の中にたって宣伝歌をうたいながら、部下を指揮し、城内の老若男女を一人も残さず救い出す。君子姫と清子姫は猛火の中を奥殿ふかく進み、ケールス姫と竜雲を救い出した。どこからともなく宣伝歌が聞こえ、敵味方の区別なく殊勝げに聞き入っていると、火の洗礼をうけた神地城を祝福しつつ現われたのは天の目一つの神であった。

⒃　城の馬場に、にわかに作られた国治立大神、塩長彦大神、大国彦大神の祭壇の前に、天の目一つの神の導師のもとに天津のりとを奏上し、敵と味方の障壁もなく宗教の異同も忘却して一同はひたすら神恩を感謝する。サガレン王は新しい八尋殿に一同を饗応し、天の目一つの神、君子姫、清子姫を主賓として、感謝慰労の宴会をひらく。竜雲、ケールス姫は悔悟の歌をうたって一同に謝した。サガレン王は「吾が不徳なり」と反省し、一同に代わり大神に深謝し、一同はこもごも神地の城の平和実現を讃美した。

⒄　天の目一つの神の媒酌により、サガレン王は君子姫を妃となし、シロの島に永久に君臨し、また、エームスは清子姫を娶り、サガレン王の右守となって顕幽一致の神政に奉仕する。ケールス姫は悔い改めて、天の目一つの神の弟子となり、宣伝使を許されて四方の国々を巡教し、竜雲は本国印度に帰り、のちに天の目一つの神にゆるされて宣伝使となり、印度の各地に三五教の宣伝に従事することとなった。

特　徴

○天の目一つの神の、武道に対する徹底した教説がのべられている。

○釈迦如来の誕生地はセイロン島であると主張されている。

○本巻はセイロン島の物語である。

「言華」から

瑞月が口述になる物語古今聖者の言葉も織り込む
自湧的物語とは言ひながら聖者の言は採用なしあり
現今の著述何れも東西の古今の知識採用せるのみ
参考書一つ持たねど強記せる言葉は諸所にあらはれにけり
小心な読者は酷似の文章見て剽竊などといきまくものなり
かむながら神より出づる言の葉も現世に対せば人言に同じ
古今東西賢者のつくりし名文はみな口述の材料なりけり
まだ人の夢にも知らぬ神界の奥義を漏らす霊界聖談
世の中の著者の心も天地の神にかなへば同意の文書く
一切の著述は古今東西の聖賢の書に由らざるはなし
よき言辞《ことば》論旨はこれを採用し生かして使ふは学者の道なり
聖談の中に織り込む言の葉の先哲に似しは経綸のため
先哲の言葉と文書を用ゐずば社会諷刺の著述は生れず
たまさかに学者の言葉ありしとて驚く小心ものの可笑しさ
天も地も古今東西かはらぬ限り真理語れば一徹に出ず
キリストも釈迦も孔子も哲人も弥勒出世の先達なりけり
みろく神百の学者に霊懸けて持ち場持ち場を語らせ給へり
古今東西聖者の説をとりまとめ活かすはみろくの働きなりけり
世の中の総てのものは弥勒神出世のための経綸なりけり
無限なる世の物事を一人して為す間なければ先駆を遣はさる
古今東西一切のもの弥勒神出世の為めの先き走りなる

舎身活躍

舎身活躍　子の巻

第37巻

口述場所　綾部＝五六七殿
口述日時　大正11年10月8日～12日
筆録者　松村真澄、北村隆光
初版発行　大正13年3月3日
著者最終校正　昭和10年6月10日

目次

登場神・人

〈神霊〉小松林命、松岡天使
〈上田家〉上田梅吉、上田よね、上田うの子、喜楽（著者）、上田由松、上田幸吉
〈親類〉次郎松、おこの、お政、人見与三郎
〈友人〉上田長吉、斎藤宇一、元市（宇一の父）
〈幽斎修業者〉静子、高子、多田琴、岩森徳子、石田小末
〈師匠〉吾妻太夫、お玉
〈侠客〉若錦、嘘勝、河内屋勘吉、多田亀
〈稲荷講社〉長沢雄楯、長沢豊子、三矢喜右衛門
〈旭村〉岩田弥太郎、射場久助、入江幸太郎、お藤
〈八木〉福島久子、福島虎之助、土田雄弘
〈園部〉奥村徳太郎
〈綾部〉出口教祖、四方平蔵、足立正信、中村竹造、村上清次郎、西村文右衛門
〈五箇庄村〉小林貞蔵
〈紀井の庄村木崎〉森田民

梗　概

舎身活躍は明治三十一年五月の高熊山第二回目の修行中に聖師が見聞された神々のご活躍の記録である。

そしてこの子の巻と丑の巻は、出口聖師が神霊世界に奉仕されるにいたった経路の要点を述べられたもので、いわゆる高熊山入山当時から大正五年頃までの自叙伝である。霊主体従子の巻に漏れたる穴太における幽斎修行の状況や、綾部にのぼって出口教祖に面会し、神業に奉仕された次第が略述されている。

(1)　聖師は高熊山修行の当初に、神使にみちびかれて富士山にのぼられたが、第一章には太古の富士山をはじめ、太古の丹波や重要地点の地理が示されている。

(2)　高熊山修行の直接の動機となった事件――大石某宅での浄瑠璃の温習会で、太閤記の正念場を語っていた聖師を、侠客五人が襲って桑畠へつれ出し乱暴を働く――を中心に、高熊山入山の意義を明らかにし、下山後自宅で一週間床しばりの荒行をさせられた経緯がのべてある。

(3)　高熊山で修得された鎮魂帰神の神法により、穴太の友人斎藤宇一方で里人の男女数名が幽斎修行を始められる。

また、松岡神使の神懸りによっての小判掘りや、牛の糞をつかまされたりして、執着心を根底から払拭するための神の試練をうけ、亀岡の産土矢田神社の滝で七日間の修行を終わって、宮垣内の自宅で、親族知友の攻撃にあいながら、聖師はいよいよ神業に奉仕されることとなる。

(4)　松岡天使の命によって、聖師ははじめて煙の都大阪へ神教宣布に出かけられる。だが、むり算段した五十円の旅費は

旅館にもぎとられ、天満天神の境内で小林という易者に「一時も早く丹波へ帰り十年ばかり修業して、大阪布教にこられたら成功する」と教えられる。聖師は高熊山における松岡天使の厳格な神示を思い出し、空心町の斎藤宅に一泊して夢の中で神示をうけ、大阪から歩いて、食うものも食わず、穴太へ帰られる。

(5) 五月、西別院村の石田小末という産後の肥だちが悪く盲目となった女性が救いを求めて訪ねてくる。聖師は生命にかけて祈願されると、たちまち開眼した。

また、麦かちの祈り、旭村から依頼にきた岩田ふじの霊感状態をサニハし、憑霊の願いをきいてこれを救われる。

(6) 明治二十九年春のことだが、聖師は当時、父の病を治すために参拝されていたある教会の春の大祭に、腐敗した内容を目撃させられて、一時、極端な無神論者になられたことがある。

(7) さて、一たん退却を命ぜられた友人斎藤宇一の座敷を、おやじの機嫌が治って、ふたたび修業場として二間つづきの奥座敷があたえられる。その時の修行の様子――ことに、多田琴、石田小末、上田幸吉らの神かがりは面白く、めずらしい神術があった。

また、あるとき日の出新聞の募集広告を見て壮士俳優を志し、京都に出かけられたが、すぐ神の試練として気をひかれたことをさとり、一心不乱に神界の御用につくす心になられる。

(8) 明治三十一年四月三日、神武天皇祭の日に三矢喜右衛門の訪問をうけたことから、大石友次郎に五十円の金をかり静岡の長沢雄楯氏をたずね、霊学上の話や、霊学中興の偉人本田親徳翁の来歴をきかされる。

長沢先生の母堂豊子からはまた本田翁から伝えられた二ツの神器（鎮魂の玉・天然笛）と神伝秘書の巻物を渡され、翌朝これを読んで、霊学上の疑問も、一切の煩悶も払拭される。

ついで聖師は長沢先生の前で三時間にわたり、神かがりになった一伍一什を息もつかず説明されると、その結果、直ちにサニハをされて、小松林命の神懸りなることがみとめられ、「鎮魂帰神二科高等得業を証す」の免状を渡される。

(9) 穴太に帰られ、その後、産土神社に参拝して神占をこわれると、小松林命が神懸りされて「一日も早く西北の方をさして行け、神界の仕組がしてある、待っている人あり」といわれる。神命のまにまに家族や修行者に別れ、八木の寅天堰まで来ると、そこで茶店を出していた福島久子から大本開祖のサニハを依頼される。しばらく園部で布教に従事した後、旧八月二十三日に綾部の裏町の土蔵の中で開祖に面会されるが、金光教一派の反対が強いために二三日滞在して園部へ引きあげられる。

(10) 明治三十二年七月一日、大本開祖の使者四方平蔵の要請

に応じて再び参綾、途中の泊まりである桧山の樽屋旅館で、四方に霊学を教え天眼通をさずけられたが、彼は、「三千世界が一眼に見える神さまの御用が勤まる」と勇みたち、聖師と四方は三日の夕刻、開祖の宅についた。大本開祖と四方平蔵の説明によって、聖師を迎えることとなり、大本を金明会として組織し、会長に聖師を仰ぎ、副会長は足立を任じられる。

⑾ 金光教では足立が金明会に入ったのをとどめるため、土田雄弘が説得に来たが、眼前で聖師が難病を全快させられるのをみて「大本は誠の神の御心に出でたるもの」と、たちまち入信する。

⑿ 大本開祖と役員の懇望により、聖師が幽斎修行をはじめられると次第に盛んになり、遂には上谷に行場を移転して行なわれる。

⒀ 聖師は幽斎修業の発展を報告のため、四方藤太郎に留守をあずけ、四方平蔵をつれて長沢雄楯氏をたずねる。その時の話によって四方は神がかりといいなり下げとは、品位と方法に雲泥の差のあること、そして霊学の要旨をさとる。二昼夜滞在の帰途、四方平蔵は汽車での危険や中毒や人力車の大難を無難にすくわれた。また、八木の土田雄弘宅で南部孫三郎の大病をきき、聖師の祈願ですくわれる。

⒁ 聖師が帰綾されてみると、上谷の修行場には邪神が襲来して福島ほか三人は大乱脈を呈し、村上も邪神に憑依されて、大本の悪口をふれまわっていた。二十余名の修行者も妖魅に憑依されて騒いでいる。全く古事記の天の岩戸がくれ式そのままであった。幸いにして、四方平蔵、同藤太郎らの熱心と誠実な調停で、開祖への悪口もなくなり、聖師に対する猛烈な反抗もやや小康を得ることとなる。

特　徴

○著者出口聖師のミロク神業奉仕の略歴の上巻。
○高熊山入山の動機から霊学の修行、綾部に上り金明会を組織し、大本開祖とともに神業に参加奉仕されるまでが示されている。

舎身活躍　丑の巻

第38巻

口述場所　綾部＝竜宮館
口述日時　大正11年10月14日～19日
筆録者　松村真澄、北村隆光
初版発行　大正13年4月3日
著者最終校正　昭和10年6月10日

目次

登場神・人

〈弥仙山麓〉吉崎兼吉（九十九仙人）
〈綾部〉大本教祖（出口直子）、出口澄子、上田喜三郎（喜楽）、出口直日、出口竜子、西田元吉（元教）、西田ゆき、大槻鹿造、大槻米、大槻伝吉、四方平蔵、四方裕助、四方春三、足立正信、四方藤太郎、黒田きよ子、塩見せい、四方甚之丞、四方源之助、西村文右衛門、村上房之助、中村竹蔵、四方すみ子、村上清次郎、福林安之助、竹原房太郎、木下慶太郎、後野市太郎、八木清太郎、田中善吉、四方与平、森津吉松、四方安蔵、時田金太郎
〈上田家〉（祖母）上田うの子、（母）上田米、（弟）上田幸吉、（妹）上田きみ
〈上田家親類〉次郎松、お政
〈京都〉梅田柳月、谷口熊吉、杉浦万吉、南部
〈金光教〉杉田政治郎、大橋亀次郎、青木松之助、奥村定次郎、足立正信
〈侠客〉いろは幸太郎
〈八木〉福島虎之助、福島久子
〈大阪〉内藤七郎（正照）、溝口中佐
〈漁師〉田中岩吉、橋本六蔵
〈宇津〉小西松元、小西増吉、湯浅斎次郎、湯浅小久
〈周山村〉吉田竜次郎、吉田鶴
〈横須賀〉浅野和三郎
〈園部〉奥村徳次郎、浅井はな
〈桧山〉坂原巳之助

梗　概

第一章「道すがら」には、霊界物語は人類の謎であった「神の全智全能と善悪」に関する疑問に対して、（神界の真相をきわめた結果）宇宙真理の一部を発表し、明快な解決をあたえた神書であること。人生の本分は政教慣造の実践であること。霊界物語発表の目的は、聖師が神さまに一身をささげて口を貸し、大真理である神の道を口述し、天下修斎の真理の旗幟をひるがえし、大本の真相を明示するためであることを強調されている。

(1)　上谷の修業場の修行者に憑依した霊魂の要請のままに、聖師は弥仙山麓で九十九仙人吉崎兼吉に会い、大自在天系の地上神界における一切の権限を受けとられ、大本と自己の使命の重大さを自覚される。

(2)　祖母危篤の報に帰郷された聖師は、母と親類に「家に帰り農事に従事すること」を強要され困惑されるが、祖母が霊夢に感じて聖師の神業奉仕をすすめられ、弟幸吉が二人分働くとのことで、綾部へ帰られる。

(3)　聖師が上谷に帰られると、修行者に邪神が憑依していて、

鎮定の方法がつかなくなっていた。

⑷　明治三十二年十月十五日のこと、神憑り一統が鳩首謀議の結果、足立、四方春三、中村竹造三人が、聖師に対して綾部退去の勧告をなすため、本宮山上によび出して悪言をならべた。さすがの聖師も勘忍袋の緒が切れかけた一刹那、教祖の使者の出口澄子に促されるままに金明会へ帰られる。

聖師が一室で思案にくれておられると、教祖は四方平蔵と共に聖師の前に坐られ、「出口直と先生と二人さえこの広間におれば、神さまのお仕組は立派に成就すると艮の金神がおっしゃいますから、どんな難儀なことが出来ても、何ほど反対があっても、ここを離れてはいけません」と言われ、なお四方平蔵にも「私ら三人はどこまでも動かぬ決心をせねばなりません」と語られる。

それから四方は陰に陽に上田を庇護することとなり、ようやく大本の基礎が固まりかける。

⑸　教祖の筆先に「御用継は末子の澄子と定まりたぞよ」とくり返し現われているので、その婿となって将来の権利を掌握しようと、足立、四方春三、中村が不断の活動をつづける。そこへ突然、神さまから聖師を「大本の御用つぎに致すぞよ」と示されたので、三人の不平は爆発し、聖師に対して圧迫を加え、悪罵を試み、百方妨害をする。

⑹　上谷の修業場における神憑状態は激烈となり、駐在所から小言が出るので、聖師は教祖の言葉で澄子をつれ、二人でサニハに奉仕されたところ、いずれの神がかりも神徳をうけ、金明会はひとまず治まり、教祖と聖師の指図に服することとなった。

⑺　明治三十四年十月、警察署から「宗教の認可なしには布教を許さぬ」ときびしい干渉をうけ、聖師はこれに反対の教祖に内密で、皇道会という法人組織に改めようと準備される。これを教祖が聞かれ、「神代の須佐之男尊のご行跡にひとしき神勅違反である」として旧九月八日、弥仙山の中の宮に岩戸隠れをされる。

聖師は警察の呼び出しで、上杉へ教祖を迎えにゆき、金明会へ帰られると、六畳の間に軟禁されてしまう。

⑻　聖師に対する排斥はだんだん露骨となり、地獄谷での暗殺事件までひきおこし、役員は聖師の言葉をほとんど聞かないので、大阪の内藤七郎方へ行って活動をされたが、用ができて一度洋服を着て綾部へ帰られると、服と靴をはぎとられ、ふたたび一室に軟禁されて、一年ばかり腰をすえられる。

常に生命の危険にさらされた聖師は、その後また大阪の内藤方へ落ちつき活動をつづけられる。

久しぶりで綾部に帰ってみると、今度は聖師の苦心して書かれた五百余巻の本はことごとく焼却されていた。

あまりのことに、教祖に会われて、一切を報告されると、幹部の連中をお叱りになり、一同が謝罪して、これでまた一段落つく。
(9) 明治三十五年、三代さまが誕生されると、教祖はお筆先通り「この子は水晶の種だから、種痘は出来ぬ」と言われた。そのために聖師夫妻は年毎に科料を苦心して納められる。
(10) 聖師は「霊界物語」霊主体従丑の巻そのままに、八木の氏神の祭礼と福島家のお祭りの際に逃げ出して、布教活動をされる。
(11) 綾部へ帰って再び半年ほど、六畳の間に軟禁されその間に苦心して古事記、日本書紀などを研究される。
(12) 聖師は明治三十九年、皇典講究所にまなび、建勲神社の神職をつとめる。その間に立替え立直しを日露戦争のことと誤解していた幹部は、一人へり二人へりして四十一年頃には大本教祖の外に四方与平と田中善吉のみが残っていた。そこで聖師はもう大丈夫と考えて綾部に帰り、熱心に布教に従事されたので、大本の土台がだんだんと出来るようになる。
(13) 明治三十三年旧六月八日、艮の金神のご神示により舞鶴沖の冠島開きが行なわれ、教祖、聖師、二代さま、四方平蔵、木下慶太郎が渡島された。ついで、旧七月八日、艮の金神のご神示のまにまに沓島を開き、天神地祇をはじめ艮の金神を奉斎して世界平和を祈願される。
沓島開きののち、聖師を失脚させるため幹部たちが沓島まいりを計画し、大暴風に遭って改心させられた。明治四十二年六月二十二日聖師と梅田、大槻伝吉の三人が好天にめぐまれて冠島沓島に参拝される。
(14) 明治三十三年旧八月八日、神示によって教祖は鞍馬山に聖師、二代さま、四方春三をつれて登られ、ここの精霊たちを言向和された。
(15) 明治三十四年旧三月八日、丹後の元伊勢の水晶のお水を汲みとり、大本の井戸にそそがれる。
(16) 日露戦争がおこり、これを立替えと信ずる信徒に「まだまだ世界の大戦が起こり……最後にならねば立替えは出て来るものじゃない」とさとされる。
(17) 西田元教が聖師によって救われ、聖師の陰となり陽となり布教にでかける。
(18) 聖師は鎮魂で治病しながら、明治三十九年元旦以後ある事情からすっかり霊学の指導はやめておられたが、大正五年に横須賀の浅野宅で、参考のため幽斎の修行をして見せられたことから、浅野和三郎が霊学の熱心な研究を始める。
(19) 「日の出」の章では、明治三十五年三月七日の三代直日さま誕生を中心に、聖師の布教活動が示され、「金明水」の章では、出雲まいりと、金明水の由来について述べてある。
(20) 大正五年旧九月九日、教祖は播州の神島へ渡られて神がかりされ、聖師の神格を理解される。ここに厳瑞二柱の大和合となり、大本が本格的に発展することとなった。

特徴

○著者出口聖師のミロク神業奉仕の略歴の下巻。

○明治三十二年七月三日大本開祖と合同して神業に奉仕されていたが、大正五年旧九月九日の神島参拝から本格的に神業が遂行される。

舎身活躍 寅の巻

第39巻

口述場所 綾部＝竜宮館
口述日時 大正11年10月20日〜22日、27日〜29日
筆録者 松村真澄、北村隆光
初版発行 大正13年5月5日
著者最終校正 昭和10年6月10日

目次

登場神・人

〈救世主神〉神素盞嗚大神

〈斎苑館〉日の出別神（吾勝命）、八島主神（熊野樟日命）、東野別命（東助）、時置師神（杢助）、玉治別、初稚姫、五十子姫、玉国別（音彦）、幾代姫、照国別（梅彦）、菊子姫、治国別（亀彦）、浅子姫、岩子姫、今子姫、悦子姫、黄竜姫（清照姫）、蜈蚣姫（黄金姫）

〈コーカス山〉梅子姫、東彦、高彦、北光神、高光彦、玉光彦、国光彦、鷹彦、秋彦その他

〈ハルナ言霊隊第一陣〉黄金姫、清照姫

〈ハルナ言霊隊第二陣〉照国別、照公、国公、梅公、岩彦

〈ヤッコス〉、春公

〈河鹿峠〉ハム、イール、ヨセフ、レーブ、タール

〈清春山バラモン教〉大足別、ポーロ、レール、セーム、シャム、ハール、エルマ、キルク

〈照国別の家族〉（父）樫谷彦、（母）樫谷姫、（妹）菖蒲

〈テームス峠関所守〉春公、清公、道公、紅葉、雪公

梗概

(1)　序歌は、大本神業の大要をのべられたもので、宣伝歌集に「聖者の涙」として転載されている。

(2)　総説には、霊界物語は神業soy嗚尊が八岐の大蛇を言向和される物語なることを示し、素盞嗚とは進展、拡張、神権発動の神であることを示されている。

また五天竺すなわち印度の地形と名称および人民の差別について、古典にもとづき解説されている。

(3)　第一章では、常世国におけるバラモン教の開設から、その活動状況がのべられてあるが、その後、大国別命の子たる国別彦（サガレン王）をしりぞけて、鬼雲彦が自ら教主となり、印度にわたって大国彦または大黒主神と称し勢力旺盛となった。印度の七千余カ国の国王は大黒主に媚を呈する状態となる。

一方、神素盞嗚大神の主管したまうコーカス山、ウブスナ山の神館の神司は、日本および世界各地を言向和したが、印度

のみは手を染めなかったので、驕心ますます増長して、三五教の本拠たる黄金山をはじめコーカス山、ウブスナ山の神館まで蹂躙すべく準備を整えつつあった。そして霊鷲山や万寿山も大黒主の部下にしばしば襲撃される。

(4)　ここに神素盞嗚大神は、ウブスナ山脈の頂上イソの神館の八尋殿に、あまたの神司を集めて、大黒主調伏の相談会を開かれ、イソ館よりは、日の出別神（吾勝命）、八島主神（熊野樟日命）、東野別命（東助）、時置師神（杢助）、玉治別、初稚姫、五十子姫、玉国別（音彦）、幾代姫、照国別（梅彦）、菊子姫、治国別（亀彦）、浅子姫、岩子姫、今子姫、悦子姫、黄竜姫、蜈蚣姫。コーカス山よりは梅子姫、東彦、高彦、北光神、高光彦、玉光彦、国光彦、鷹彦、秋彦等をはじめ多数の神司が集まって協議がなされる。

(5)　神素盞嗚大神は神歌をもって、大黒主言向和しについての大方針と、その神司の選定を宣示された。

日出別神は思兼神（議長）格となり一同にはかる。

第一陣は時置師神の提案により、蜈蚣姫（黄金姫）、黄竜姫（清照姫）とさだまり進発する。

第二陣には照国別。

第三陣には玉国別。

第四陣は、治国別とさだめられる。

しんがりとしては、初稚姫がゆるされた。かくして、印度の大黒主に対する言霊戦の準備はまったく整う。

(6)　イソの館を出発した黄金姫、清照姫は、河鹿峠を越えるときに、行く手をさまたげるバラモン教のハム、イール、ヨセフ等を谷底に投げ込む。その連れのレーブ、タールは慌てて三人を救わんと谷底におり、介抱する。

(7)　そこへ第二陣の照国別が宣伝歌を歌いながら通りがかり、イール、ヨセフを救う。イール、ヨセフは失心中に、黄金姫、清照姫の精霊にみちびかれて、都率天の月照彦さまの神殿に参拝し、つづいて大黒主の精霊にあって未来をさとる。

国公は照国別の命によって、路上に倒れていたハムとタールをたすける。

(8)　河鹿峠を下った黄金姫、清照姫が、イラン（ペルシャ）と印度の国境に近き、アフガニスタンの大原野〝浮木ケ原〟の森陰でひとときの憩いをとっていると、レーブの注進によって清春山にたてこもっていたバラモン教の大足別が数十人の部下をひきいて攻めて来る。

母娘は金剛杖をもってあしらっていたが、そのうちに武装した幾百千の軍勢に包囲され、すさがの母娘も衆寡敵せず、もうこの上は天則を破り、寄せ手を片っぱしから打ち殺しくれんと覚悟をきめたとき、忽然として数十頭の狼が現われ来たり、敵の集団にまっしぐらに襲撃して追い散らす。二人を救った狼は、「ウー」と呻るとともに煙のごとく消え失せてしまう。

そこへ国公たちが宣伝歌をうたいながら追いついて来たが、黄金姫は照国別の危難を霊眼にて感じとり、ただちに国公一行を清春山の岩窟に向かわす。

(9) 照国別は照公、梅公をつれて河鹿峠を難なく越え、清春山の山麓で妹の菖蒲《あやめ》を救い、妹の話によって両親を救うために、清春山の岩窟に向かう。

清春山の岩窟では、大将の大足別が大黒主の命により、デカタン高原に蟠居するウラル教の集団を剿滅のため出陣した後、ポーロ、レールなど二十人の留守番が、ビールやポートワインで朝から晩まで管の巻きつづけをやっている。

照国別一行は、そのポーロ、レールにはかられて岩窟内の陥穽におとされる。

素盞嗚尊の命によりヤッコスと変名して清春山にひそんでいた岩彦は国公一行の来着を待って、照国別一行を陥穽から救い出す。ここに樫谷彦、樫谷姫と照国別、菖蒲との親子が対面することができた。

照国別は国公一行に、樫谷彦、樫谷姫、菖蒲を故郷のアーメニヤにおくりとどけさせる。

(10) 黄金姫、清照姫は、イランの国から月の国へわたるアフガニスタンのテームス峠の麓にて、レーブは夫鬼熊別の従臣とわかり弟子と定める。テームス峠の春公の管掌するバラモン教の関所を突破し、ライオン河を水馬の術でおよぎ渡り、レーブの機転でバラモン軍の手をのがれながら玉山峠までたどりつく。そこへ、人馬の物音、金鼓のひびき、矢叫びの声も物すごく、バラモン軍が押しよせて来る。

黄金姫は「これからが本当の神軍と魔軍との戦争だ」と立ちあがる。

附録　大祓祝詞解

大本で常に用いられている神言は延喜式所載の大祓祝詞を出口聖師が神示のままに訂正発表されたものである。それを、大本言霊学によって、十二通りの解釈の一つを発表されたものである。

したがって神言の大精神を理解することができると同時に、日本国の尊厳、天地の経綸、宇宙の神秘の一端がのべられているから、大本神業の意義をはじめ、日本人の使命を覚悟することができる。

特　徴

○神界の御経綸にて、大黒主を言向和すため出張を命ぜらるべき神司は最初よりほぼ決定されていたが、宣伝使相談会でそのとおり決定され、言霊戦の準備は全く整うた。

大神の水ももらさぬ仕組に守られて、宣伝使たちが舎身活躍する。

舎身活躍　卯の巻

第40巻

口述場所　綾部＝竜宮館
口述日時　大正11年11月1日〜5日
筆録者　松村真澄、北村隆光
初版発行　大正13年5月25日
著者最終校正　昭和9年6月15日

目次

登場神・人

〈神霊〉五六七の大神の命で木花姫命が時置師神と顕現、月照彦命、生魂姫命

〈大雲山〉大黒主、（妻）石生能姫、鬼春別、雲依別、鬼熊別

〈鬼熊別館〉熊彦、権公、捨公
〈ウラル教〉常暗彦（カルマタ国）
〈三五教宣伝使〉照国別、岩彦（文殊菩薩）、（従者）照公、梅公。黄金姫、清照姫、（従者）レーブ、カル
〈テームス峠関守〉春公、雪公、紅葉

梗概

「緒言」には、釈迦と仏法僧、三宝一体の関係を引用して、霊界物語は出口聖師の肉身・霊魂・表現であること。天地開闢の元始より死生を超越された神々の神霊の幸いによって口述編纂されたもので、過現未三界を通じて大生命を保つ宇宙の宝典であると示されている。

「総説」には印度の国の階級制度の大要とバラモン神の由来を古典を引用してのべられている。

(1) 鬼雲彦は大黒主と改名して印度のハルナ（ボンベー）に都をきずき、印度の王族（刹帝利族）の大半を従えて羽ぶりをきかす。ところが印度のデカタン高原（カルマタ国）には常暗彦がウラルの教旗をひらめかし、左手にコーラン右手に剣を持ち、バラモン教の向こうを張って勢力くわわり、バラモン教の根底も危殆に瀕してきた。加うるにウブスナ山のイソ館の神素盞嗚大神の教を伝うる日出別神、八島主命の声望は旭日昇天のごとくである。

(2) 大黒主をはじめ左守鬼春別、右守雲依別、石生能姫、鬼熊別その他四、五の幹部は、大雲山の岩窟に集まって、三五教、ウラル教に対して取るべき手段について鳩首謀議した。大教主大黒主は「わが旨を体し最善の方法を講究すべし」と宣示し、妻石生能姫は教主の代理権を執行して三五教のイソ館へは鬼春別を、ウラル教へは大足別の出陣を命ずる。留守の左守には鬼熊別を任じた。

(3) 鬼春別は片彦、ランチ二将軍を左右の翼となし三千余騎をひきつれて、イソの館へ進軍する。大足別は釘彦、エールの二将軍を従え三千余騎の将として、ウラル教の立てこもるカルマタ国をさして攻めて行く。

(4) 石生能姫は大黒主を説得して単身、鬼熊別を訪問し、胸襟をひらいて語り合い、バラモン教団のために力をあわせて尽力することとなる。

(5) 清春山の岩窟をいでてライオン河の二、三里手前たるクルスの森までやって来た照国別は、照公、梅公、岩彦たちの質問に答えて、三千世界の救世主五六七神の真実である「至仁至愛の真相」を仏教の言葉をかりて歌をもって説示した。さらに「神様は申すに及ばず人間にも獣にも、虫族にも、草木にも変現して万有を済度し玉ふのが五六七大神様の御真相だ。要するに五六七大神は、大和魂の根源神ともいふべき神様だ」「神心よりも仏心よりも、もっともっと立派な、すべ

ての真、善、美を綜合統一した身魂を大和魂というので、仏の道でいう菩提心という事だ」と教える。

また、みろくの教である三五教の教の真相を示し、、

「三五教は感情教であるから、一切万事無抵抗主義を採り、四海同胞、博愛慈悲の旗幟《はたじるし》を押し立てて進むのであるから、草の片葉に至るまでその徳に懐かぬものはない」

「三五教は、国治立尊様の霊系が経糸となり、豊国姫尊様の霊系が緯糸となり、経緯相揃ふて完全無欠の教を開かれたのだから、どうしてもこの教でなくては社会の物事は埒があかない」と大本の教典の伊都能売の神教であるよしを説示した。

(6) そこへ、イソの館へ向かって進撃するバラモン教の鬼春別の部将たる片彦将軍の一隊に出会い、照国別はこの先鋒隊を追いまくらねば、後より来る玉国別に対しても自分たちの職務が尽くせないと考え、宣伝歌をもってバラモン軍を畏服させ、反抗する者に対しては岩彦が金剛杖によって威喝し、戦線を攪乱することとなる。

(7) 照国別の宣伝歌に怖気づいた騎士たちが敗走のきざしを見せはじめたが、片彦のキビしい下知に応じて、敵は命かぎりに攻めよせる。岩彦は「照国別殿お許しあれ」と言うより早く、金剛杖で馬の脚を片っぱしから擲り立てたので、騎士は地上に転落し四方八方に逃げ散ってゆく。片彦はたまらず騎馬のまま逃走する。岩彦は敵の馬にまたがり後追っかけてライオン河近くまで来ると、釘彦将軍の一隊に弓を射かけられハリネズミのごとくになって、なお獅子奮迅の活動をしたが、ついに重傷のため落馬し人事不省となる。片彦、釘彦が岩彦の首をはねようとするとき、五六七の神の命により木花姫命が杢助の姿と現われ、唐獅子に乗ってバラモン軍を追いはらい岩彦を救われた。これより岩彦は神命によって唐獅子にまたがり、印度の国の所所に変幻出没し、三五の神軍を救い守ることとなる。

(8) 照国別は落馬負傷したバラモン軍のケーリス、タークスを救い、これを使者として清春山のポーロ一同を言向和させたところ、そろってイソの館に参いのぼって三五の教理を学ぶこととなる。またケーリス、タークスはバラモン軍のイソ館攻撃の作戦計画を残らず物語り、非常な便宜をあたえた。

(9) 黄金姫、清照姫は玉山峠にてランチ将軍の一隊と衝突し、弓を射かけられる。母娘は杖をもって獅子奮迅の勢いで戦ったが、足を踏み外して谷底におちたところを、雲霞の如き敵軍に取り囲まれ、もはや運命尽きたかと覚悟するとき、幾百となく狼があらわれてバラモン軍にせまったため、ランチ将軍はじめ一同は玉山峠を雪崩のように逃げ下る。

黄金姫、清照姫は宣伝歌を歌いながら狼に送られて、悠々と玉山峠を下り進み行く。

(10) 玉山峠の河底で気絶したレーブとバラモン軍のカルは、

中有界に迷いこんで三途の川辺につき、川守の老婆に、現界や幽界や神界の館の変化を見せられておどろき、三途の川の中つ瀬を泳ぎわたり、天国を遊行する。

天来菩薩の試練に、レーブとカルは心を改め、生魂姫命に足魂の果物をいただき、ますます心魂を清め、現幽二界の惨状を見せられて、生魂姫命の激励に、宣伝歌を高唱して神の救いを祈っていると、狼にみちびかれた照国別一行の祈願に救われて玉山峠の谷底で蘇生する。


⑾　照国別、照公、梅公はテームス山の頂上の関所を通る際に関守の司、春公の病をすくい、春公の案内で、テームス峠を下る。

この春公は岩彦宣伝使の弟であることが判り、神の恵みを感謝する。一行は春公の案内でライオン河をやすやすと渡り、玉山峠において大きな狼の案内で谷底に下り、レーブ、カルはじめバラモン教徒を蘇生せしめた。一行は玉山峠を下り、葵の沼のほとりに着き沼をわたって、月光を賞していた黄金姫、清照姫に追いつく。

照国別は日の出別命の指図のとおり、デカタン高原へ出て、イドムの国からヤスの都へ渡り霊鷲山に立ち寄り、バラモンの所所の神司を言向和しながら、ハルナの都に進むこととなる。


⑿　黄金姫、清照姫はフサの国（イランの国）を横断し、タルの港へ出て海路から、ハルナの都へ進むべく、照国別一行にわかれて、西へ西へとすすむ。

入那の森に着き、母娘は古ぼけた大きな祠の中で泊まることとなり、レーブとカルは警護にあたった。夜中に母娘を逮捕に来たテク、アルマ、テムの無礼をゆるし逃がしてやる。黄金姫一行は夜明けを待って、イルナの国の都をさして進みゆく。

入那の森で注意すべきは、三五の教理の上から、印度の階級制度の中のセンダラに対する差別思想を黄金姫がきびしく否定した点である。

特　徴

○霊界物語は出口聖師の肉身であり、霊魂であり表現である。
○霊界物語は天地開闢の元始より死生を超越したまえる神々の神霊の幸いによって口述編纂され、過現未三界を通じて大生命を保つ、宇宙の宝典である。
○三千世界の大救世主神、神素盞嗚大神にます五六七大神の真相を啓示されている。

舎身活躍　辰の巻

第41巻

口述場所　綾部＝竜宮館
口述日時　大正11年11月7日、10日〜12日
筆 録 者　加藤明子、北村隆光、松村真澄
初版発行　大正13年6月15日
著者最終校正　昭和9年6月20日

目　次

登場神・人

〈高照山〉北光神、竹野姫、竜雲
〈三五教宣伝使〉黄金姫、清照姫、（従者）レーブ、カル
〈入那城〉セーラン王、妃サマリー姫

〈左守〉クーリンス、（家令）テームス、（妻）ベーリス、（監督）エム、（宿直役）ウヰルス
〈右守〉カールチン、（妻）テーナ姫、（家令）ユーフテス、（門番）マンモス、ハルマン（駒彦）
〈テルマンの都〉首陀シャール、（妻）ヤスダラ姫、（下僕）リーダー

梗　概

「序文」には、この神示の霊界物語には、〝神の御経綸〟と〝天地創造から現代までの三界の真相〟を述べられた経緯が示されてあり、人類の発生から地球上の各国家の建設の真相とともに、わが国に伝わる古典もこの霊界物語を拝読することによって、その意味がはじめて明確となる由を察することができる。

また、神示の物語であるから、全巻を読まなくても、ただ一巻の中にも、宇宙の真理や神の大意志、修身斉家の活きた教訓、過去の歴史、金言玉辞もあり、一巻でも心読するように希望されている。

そして霊界物語は、東西両洋の古典や神話にもれた点のみを神命によって口述編纂されたことにも留意すべきである。

「総説」には、瑞の御魂豊国主神の分霊（和魂の神）大八洲彦命が、いったん月照彦神と現じ、再生して釈迦となり、天極紫微宮より降りて、天国浄土の一部の真相を抽象的比喩的に説示された仏典の一節を引用して、神道の高天原、キリストの天国、仏教の兜率天（都率天）、清浄国土は皆同一にして至微至清荘厳の神境霊域である由を示され、したがって仏説を引用して、その聖なる世界を説明されている。

(1)　北光彦の神（天の目一つの神）は神変不思議の神力を備えたために、神素盞嗚大神より「人間を済度するにおよばず、猛悪なる邪神を言向和せ」と言依されて、印度の国の高照山の狼の窟に居を構え猛獣の王となり、狼の群を神徳によってなずけミロクの神世を実現するための経綸に従事されていた。

(2)　印度の入那国には刹帝利セーラン王が君臨し、左守にクーリンス、右守にカールチンが仕えていたが、右守は大黒主に媚びへつらいセーラン王についてざん言をつづけ、その援助によって己がセーラン王にとってかわろうと画策をめぐらしている。

(3)　カールチンは、セーラン王の許嫁ヤスダラ姫を植民地に相当するテルマン国の富豪シャールの妻となし、己が娘サマリー姫を王妃とした。セーラン王は強要されたサマリー姫と交情が思わしくなかったので、サマリー姫は怒って右守館ににげ帰る。カールチンは時こそよしと、大黒主に重ねてざん言し、派兵を待ってクーデターを行ない、自ら王とならんとした。

(4)　苦境に立ったセーラン王が、ひたすらに神に祈ると、夢に北光彦神が現われて「鬼熊別の妻子たる黄金姫、清照姫がやがてこの入那国を通過するから、この二人を迎えて、国難を救われるように依頼すべし」とのことであった。不思議なことに左守のクーリンスも同じ夢を見せられていて王に奏上したので、すぐに左守の家老テームスを派遣し、黄金姫、清照姫をひそかに迎えることとする。

一方、入那国にさしかかった黄金姫、清照姫は、突然あらわれた狼の群れに、いずれへか連れ去られる。後に残されたカルとレーブは心痛して神に祈ると、「必ず心配いたすに及ばぬ…」と天より大きな声が聞こえて安心する。そしてテームス一行とめぐり会い、テームス館へ行って事情をきく。

(5)　黄金姫、清照姫は狼の群に迎えられて、高照山の狼の窟に着いてみると、そこに北光彦神と妻の竹野姫が狼の王として住居しているのにおどろく。北光彦神は入那国を救うために狼をつかって二人を招き寄せたことを告げられた。そして照山峠でテルマン国のシャールの館から逃げ帰るヤスダラ姫に出会うから、高照山にかくまうよしを伝えることと、入那城に行きセーラン王をただちに狼の窟に送るように命ぜられる。二人は照山峠にて右守の家老ユーフテスにめぐりあいカル、レーブに迎えられて夕刻、入那城に入った。直ちにセーラン王と語りあい、高照山に王をおくり出し、黄金姫は王の身代りとなって「王は急病」と称し、王の部屋にこもる。

(6)　セーラン王に内命をうけたセーリス姫は、恋着する右守の家老ユーフテスを恋のとりことして、右守の陰謀をくつがえそうとする。ユーフテスはセーリス姫の命のままに大活躍を開始して右守のウラをかくこととなる。一方、右守の右腕ともいうべきマンモスは、サモア姫の恋のとりことなり、命のまにまにユーフテスの裏をかき出世しようと奔走する。ここに武力をもつ右守の勢力はバラバラになっていく。

(7)　黄金姫、清照姫がひそかに入那城に着いた噂をきいて、もしやテルマン国からヤスダラ姫が逃げ帰ったのではないかと疑う右守のカールチンに、清照姫はにわかにヤスダラ姫に変装して面会する。王の部屋にこもった黄金姫もまた、王の声色をつかって、カールチンに王位をゆずり、サマリー姫を本妻としヤスダラ姫は第二夫人とすると述べる。

(8)　右守カールチンはいよいよ王位にのぼる日は近しと、家の子をあつめて酒宴を開いた。そこへ大黒主から右守のもとへ勇者五百騎を王位譲渡の来援によこす旨の信書がとどく。ユーフテスの報告でこれを知った清照姫の偽ヤスダラ姫は、右守のカールチンを恋の糸であやつり、五百騎の来援をうまく辞退させることとする。それとは知らぬカールチンは、ヤスダラ姫が吾に恋着するときいてうつつをぬかし、入那城さして、恋の手びきのユーフテスが道につまずき倒れているのも気づかず踏みこえながら進む。

特　徴

○高照山の狼の岩窟に天の目一箇神夫妻（北光神と竹野姫）が神素盞嗚尊の神命のまにまに、猛獣類の済度の神業に従事し、各国家の守護にあたる。

○真の神を信仰する指導者（王）を仰ぐ国家社会は、必ず真神の守護によって、治国安民ができるとの真諦が示されている。

舎身活躍　巳の巻

第42巻

口述場所　綾部＝竜宮館
口述日時　大正11年11月11日、14日〜17日、24日、25日
筆 録 者　加藤明子、北村隆光、松村真澄
初版発行　大正13年7月1日
著者最終校正　昭和9年7月10日

目　次

登場神・人

〈高照山〉天の目一箇神、竹野姫、セーラン王、ヤスダラ姫、リーダー、竜雲（竜山別）

〈入那城〉黄金姫、清照姫、レーブ、カル

〈左守〉クーリンス、（娘）セーリス姫、（家令）テームス

〈右守〉カールチン、（妻）テーナ姫、王妃サマリー姫、（家令）ユーフテス、マンモス、サモア姫、ハルマン（駒彦）

梗　概

「序文に代へて」には、霊界物語は人種を超越し、地域を脱離し、古今を絶し、過去と現在と未来にわたって神示のままに口述編纂したる珍書であって、前古未曽有ゆい一の本であることを明示されている。

しかもこの物語は、仁慈無限の大神が天下万類のために綾の聖地に降り、出口聖師を通じて救世の福音を宣示し給うたものであるから、憂世愛国の人々は、ぜひ物語の中からご神慮のあるところを探究してほしいと要望されている。

「総説に代へて」は、神霊科学に対する答えの一節を引用して天界、中界、幽界の大要を示し、人が霊界に突入する状態をも示し、特に死後高天原に安住して霊的生涯をおくるための、日々の生活のあり方についても懇切に教えられている。

(1)　高照山の岩窟に天降った北光彦の神は、かくまっていたセーラン王やヤスダラ姫一同に対して、「神界のご経綸」や「神示」について綿密な解釈をあたえた。

特に「世界の終焉について」のセーラン王の質問に答えて、大神さまから示された神諭の文字は、自然や世間的のことではないから、すべて心霊的、神界的の秘事を包含したものであることを啓示し、世界の終末と救世主についても懇切に説示される。

(2)　北光彦の神はセーラン王、ヤスダラ姫、レーブ、カルに、ただちに入那城に乗り込み、邪神を言向和すべく出陣をうながす。

セーラン王一行七人は急ぎ馬で高照山を降り、入那の都をさして進んで行く。

(3)　一方、登城した右守のカールチンは清照姫の偽ヤスダラ姫にゾッコン惚れこみ、グニャグニャとなり、その願いを入れて大黒主派遣の軍隊を辞退することとする。そのうえ、妻のテーナ姫を大黒主への応援軍として出陣させてしまう。もし戦死したときはヤスダラ姫を本妻にせんと企だてたのである。

(4)　入那城内で色男気取りになっていたユーフテスは白狐とセールス姫のなぶりものにあってスッカリ肝をつぶし、城をにげ出してカールチン館へゆき、事の顛末を報告した。カールチンも墓場の怪にあうが、ヤスダラ姫恋いしさに、家の子のとどめるのもきかず登城する。ところで、カールチンの門番となっているハルマンは実は言依別命の命によって三年間、時を待っていた駒彦の宣伝使であった。

(5)　すっかり清照姫の偽ヤスダラ姫にウツツをぬかしていた右守が、入那城の王の部屋の前で談判していると、高照山からセーラン王、ヤスダラ姫の一行が帰城し、王の声色を使っていた黄金姫も姿をあらわしたので、さすがのカールチンも改心の意を表し、命からがら城内をにげ出した。

(6)　ユーフテスの館では、カールチン、ユーフテス、マンモスの失恋組が期せずして集まり、密議をこらし、夜の十二時を期してセーラン王、黄金姫以下重なる幹部を殺害すべく鳩首謀議をこらしていた。ユーフテスの家の下女チールは三人の隠謀を残らず立ち聞きし、裏口からぬけ出してサマリー姫に密告する。

(7)　入那城の門番が酒によって潜りをあけていたのを幸い、カールチン、ユーフテス、マンモスの失恋党は十数人の部下と共に侵入し、セーラン王、黄金姫はじめ一同を一人も残らず殺害し、その死骸を部下に命じて、イルナ河の激流へ水葬し、奥殿において凱旋の酒宴を張り成功談に時をうつした。その声は門外までひびきわたっている。

このとき、宣伝歌がきこえてきた。カールチン、ユーフテス、マンモスがフトその声に気がついて見ると、月冴えわたる城内の庭先の土の上に、いずれもドッカと坐していた。これは全く神のご経綸であって、旭、月日、高倉明神の活動によって幻覚を見せられていたのである。

(8)　入那城の奥の一間には、黄金姫、清照姫、ヤスダラ姫、セーリス姫の四人が、神話にふけっている。そこへセーラン王は竜雲とともに忠実な臣下を従えて来て、「入那城に安泰の曙光が見え始めた」ことについて感謝の意を表した。

そのとき、にわかに玄関口が騒がしく、レーブが出て見ると、右守やユーフテス、マンモスらが、庭先にて一種異様な狂態を演じていた。王はその報告を受けると、しばらく放置するよう命じ、一同はそのまま設けられた寝室に入って夜をあかす。

(9) 一夜あけて、右守、ユーフテス、マンモスらは城の奥殿のセーラン王の前に強力によって運び入れられた。三五教のミロクの教に帰順したセーラン王の英断によって、三人は右守館に百日の閉門を命ぜられただけで、反逆の罪は許される。

(10) ヤスダラ姫は神教に照らされてセーラン王への恋心を転じ、天下万民のために誠の道を四方に宣伝することとなり、黄金姫一行と共にハルナの都へ進むこととなる。セーラン王はサマリー姫を深く愛し、夫婦あい並びて入那の城に三五の教を布き、国家百年の基礎をかためる。カールチンは元のごとく右守としてテーナ姫の凱旋を待ち夫婦睦じく王に仕える。セーリス姫は王の媒酌でユーフテスの妻となり、またサモア姫も王の媒酌でマンモスの妻となり、入那城に仕えて子孫繁栄する。

(11) 黄金姫は清照姫、ヤスダラ姫、ハルマン（駒彦）と共にハルナ城へ向って進むこととなり、レーブ、カル、テームス、竜雲は一隊を組織し、三五教の宣伝歌をうたって各地を巡教しつつハルナの都をさして進みゆくこととなる。また、テルマン国からヤスダラ姫を救い出したリーダーは王の忠実な臣下となって側近く仕える。

(12) 入那城が三五教の神徳と神教によって平和裡に治まったのを祝福すべく、高照山から北光彦神が宣伝歌をうたいながら天降られた。セーラン王はじめ一同は最敬礼をもって奉迎する。一同は三十一文字や宣伝歌をもって奉答し、各自の所信をのべたのち、惜しき別れを告げ、宣伝の旅に出立する。ちなみに竜雲は、言霊別命の長子竜山別の再来である由がのべてある。

特　徴

○北光神がセーラン王に世界の終焉についての聖言、神諭について、内義的、心霊的、神界的の解釈を下される。—天地が覆る—泥海になる—人間が三分になる—という意味が示されている。

舎身活躍　午の巻

第43巻

口述場所　亀岡＝瑞祥閣
口述日時　大正11年11月26日〜28日
筆録者　松村真澄、北村隆光、加藤明子
初版発行　大正13年7月25日
著者最終校正　昭和10年6月10日

目次

登場神・人

〈神使〉時置師の神（木花咲耶姫命の化身）

〈三五教宣伝使・ハルナ言霊隊第三陣〉玉国別、道公、伊太公、純公、五十子姫、今子姫

〈獣〉白毛の大猿、尾長猿、手長猿の大軍
〈バラモン教〉片彦、久米彦、松公、竜公、イク、サール、イル
〈三五教宣伝使・ハルナ言霊隊第四陣〉治国別、万公、晴公、五三公

梗概

この巻は、八岐大蛇の憑依して印度の国ハルナの都にわだかまり悪の極みをつくす大黒主（鬼雲彦）を天地惟神の大道に帰順せしめんと、神素盞嗚大神の命のまにまに、黄金姫一行と照国別の一行がまず印度に入った後、玉国別一行と治国別の一行が河鹿峠の南坂にて、バラモン軍の先鋒、片彦・久米彦将軍と出会し、言霊を打ち出して坂の下まで追いかえした物語で、途中玉国別の遭難や治国別兄弟の対面、また夫玉国別の危難を知らされた五十子姫が、万難を忍んで祠の森までたずねて来た悲痛な物語である。

また信仰の本義、師弟の情誼、夫婦の親愛、兄弟の友誼、朋友の信義等は本巻において懇切に説き示されてある。

(1) 音彦は神素盞嗚大神から玉国別と名をいただき、道公、伊太公、純公の信徒をつれて斎苑の館を出発し、月の国ハルナの都にわだかまる悪蛇・醜狐・曲鬼の邪霊を誠の道に言向和し、至仁至愛の神国をこの地の上に建設して、神の御稜威を照らさんと進みゆく。

言依別命が第一天国を探険されたという河鹿峠の急坂を、宣伝歌をうたいつつ烈風にさからいながら登りつき、小休止ののち下り坂にかかって山の懐まで進むと、天地もわれるばかりの強風に一歩も進めず、神言を奏上して風の過ぎるのを待つ。

この谷間で一夜をあかした一行は、ふたたびけわしい雲行きを見て峠の中ほどの懐谷で暴風の通過するのを待つこととする。河鹿峠に群棲する尾長猿たちもまた、暴風の襲来を前知して、屈強の避難所たるこの懐谷へ幾千となく集まって来た。ところが玉国別一行の姿に驚いたと見え、周囲四、五間ばかりまで近寄り取りまき、啼きひしめく。

伊太公は間近にやって来た猿を、力にまかせて押し倒した。猿の群れは、にわかに金切声をあげて騒ぎ出し、幾万とも数知れず押し寄せ、掻きつき、武者ぶりつき、後方からは石を投げて襲いかかって来る。一行四人は一生懸命に正当防衛に力を尽くす。そのとき、白毛の大猿が背後からやって来て、不意に玉国別の両眼をかきむしる。玉国別はアッとばかりそのばに打ち倒れた。三人も、入れ替り立ち替り押し寄せる数万の猿群に力尽き、今や絶体絶命の危機におちいる。

時しも、山岳も崩れるばかりの獅子の唸り声が起こり猿群は悲鳴をあげて逃げ失せる。巨大なライオンに跨り声さわやか

に宣伝歌をうたって一行の前に現われたのは、木花咲耶姫の化身、時置師の神であった。一行は救出を感謝しつつ神姿を伏し拝む。時置師の神は疾風迅雷のごとく、獅子に跨り、いずこともなく姿をかくした。

(2) 玉国別の負傷をいやすべく、伊太公は河鹿川におりて清水を汲みに行くが、水筒を谷間に忘れ、ふたたび純公がつきそって行って清水を汲み帰り、玉国別の両眼を念入りに洗った。全く失明し果てた玉国別は大国治立大神に真剣な祈りをささげる。ふしぎや、左眼はたちまち開眼した。一行は感謝の祝詞を奏上し、讃美の歌をとなえる。

玉国別一行は、ふたたび宣伝歌をうたいながら山を下り、祠の森の古祠の前までやって来た。

(3) 玉国別一行が祠の神に別れを告げ、いざ出立というとき、大黒主の部下鬼春別将軍の先鋒隊数百騎が、斎苑の館へ進軍して来るのに出会する。玉国別は、なぜか森蔭にかくれて様子をうかがう。従者三人は玉国別の心中をはかりかねてやきもきする。バラモン軍の宣伝歌に昂奮した伊太公は、ついにたまりかねて飛び出し捕われてしまう。

(4) 斎苑の館から第四陣として出発した治国別の宣伝使は、万公、晴公、五三公をつれて、十月十五日の月明の河鹿峠で紅葉いろどる絶景を賞でていた。そこへ、バラモン教の鬼春別将軍の先鋒隊たる久米彦・片彦の大部隊が近づいて来る。治国別は悠々迫らず、屈強の場所をえらび荘重な声にて宣伝歌をうたいあげる。

バラモン軍は、この言霊にうたれてあわてふためき、あまたの騎士はわれ遅れじと馬を捨て、一目散に引き返す。

(5) 祠の森では、玉国別がバラモン軍の敗走を予測しこれを挟み打ちにして言向和すべく待ち構えていた。しかし眼の傷の痛み激しく、頭はいたみ、言霊の発射ができなくなっている。片彦は残党をあつめてきびしく号令し、玉国別、道公、純公に攻めかかった。敵は目にあまる大軍である。あわや三人の命は風前のともし火という危機一髪の際、にわかに山岳も崩るるばかりの獅子の唸り声とともに、時置師の神がふたたび巨大なる獅子に跨り神姿を現わされ、玉国別が「木花咲耶姫命様、ありがとうございます」と感謝にむせぶ中を、いずこともなく姿をかくされる。

敵はあまりの恐しさに、残らず大地にしゃがみ込んでいたが、坂道のかなたから治国別の宣伝歌が聞えて来ると、ムクムクと起きあがり、人馬もろともに下り坂めがけて残らず逃げてゆく。玉国別の一行は、生神の御守護と治国別の応援に、ひたすら感謝するのみであった。

(6) 両宣伝使は、言霊戦の状況や懐谷の遭難の顛末などを、包まずかくさず互いに打ち明け談じ合う。

古祠の前では、純公と五三公が見張をしていた。そこへバラモン軍の残党たるマツとタツが通りかかり、いつしか、すっかり打ちとけ合う。そしてマツは戦況を講談師気取りで披露し、さらに伊太公のことについても祝詞奏上の形で明かす。

(7) そのうちに身の上ばなしが出てマツ公は治国別の弟であることがわかる。五三公はそのよしを治国別に伝えるが「伊太公さんを虜にしたり、大神さまを攻め滅さんとするバラモン教の手先になるような弟は持たない」との治国別のことばに、マツ公はタツ公とともに清春山にのぼり、伊太公を救い出し、めでたく兄弟の名のりをあげることとなる。

(8) 祠の森に、日はようやく西山に傾くころ、玉国別は道公に抱かれて眠りにつく。そこへ、玉国別の妻の五十子姫は、神眼に夫の遭難を見せられて、斎苑館から許しをうけ夫の神業を扶けるために、今子姫を伴ってたずねて来る。

特徴

○玉国別一行が猿の大軍とバラモン軍のため生命危きときに、獅子にまたがった木花咲耶姫の化身の時置師神が救援される。

○治国別が宣伝歌によって神徳を発揮しバラモン軍を撃退する。

○朋友、夫婦、兄弟、師弟の実にうるわしい姿が述べられている。

霊界物語余白歌から（一）

寝ながらに幽世の事宣べて行く吾には夜の守りありけり

千早振る神代のむかしの物語あらたに悟るときは来にけり

朝日さす高熊山に来て見れば世を警《いま》しむる松かぜの音

世を救ふ神の稜威もたかくまの露に潤ふ百の人々

かくり世の状況《さま》明らかに示したる神の聖典《みふみ》は霊の真柱

永久の生命の糧なる神の書《ふみ》暇あるごとにいつけまめ人

いそのかみふるき神代のありさまを貴《うづ》の神書《みふみ》は具《つぶさ》に教ふる

かくり世のこと細やかにしるしたる書は霊魂の力なりけり

こころして読めよ霊界物語みろく胎蔵の貴の神言

世の中の知識を捨てて惟神胎蔵経を宣ぶる真人

舎身活躍　未の巻

第44巻

口述場所　綾部＝竜宮館
口述日時　大正11年12月7日～9日
筆録者　松村真澄、北村隆光、外山豊二、加藤明子
初版発行　大正13年8月18日
著者最終校正　昭和9年12月29日

目次

登場神・人

〈神霊〉国照姫命

〈三五教ハルナ言霊隊第三陣〉玉国別、五十子姫、今子姫、道公、伊太公、純公

〈三五教ハルナ言霊隊第四陣〉治国別、万公、晴公、五三公、松彦、竜公、楓、珍彦、静子
〈バラモン教〉テル、ハル、ヨル、イル、イク、サール、アク、タク、テク
〈小北山ウラナイ教〉お菊、お寅、文助
〈白狐〉月日明神

梗概

⑴　神素盞嗚尊の命により、三五教の宣伝使治国別がフサの国イソの神館から印度に向かって言霊征服戦に出陣の途中、河鹿峠の南坂にてバラモン軍から帰順したヨルによって、鬼春別は大黒主に言いわけのため、久米彦将軍を伴ってエルサレムの黄金山へ進攻することを知る。

⑵　そこで、五十子姫を神主として神勅を仰ぐと「われは国照姫の命なり、神素盞嗚大神の御心を体して一切を宣り伝ふべし。これより治国別は、万公・晴公・五三公・松公・竜公とともにランチ将軍の陣営を突破し、ペルシャを越えて黄金山に進めよ。鬼春別の軍隊は未だ遠くは往かじ、追跡せば途中にてくひ止め得んやも計り難し。玉国別はここに国祖大神、豊国姫命の御舎を造り教の庭を立てならべ、イソの館の咽喉たる河鹿峠を守るべし。早くもイソの館からは、大工・左官・手伝・石工などが急ぎ来る途中である。五十子姫は今子姫とともに夫の眼病の全治するまで留って介抱すべし、との大神の御宣示である」と伝達された。バラモン教から帰順した松、竜をはじめ、イル、イク、サール、ヨル、テル、ハルらは、五十子姫の荘厳なる神懸りの威勢にうたれて、襟を正し息をこらして畏縮する。

⑶　ご神勅のままに、治国別は五人をつれて急坂を下り、山口の森に着いて一夜をあかすこととなった。ここには大山祇神の社殿跡がある。あまりの暗さに、治国別が天津のりとを奏上し歌を一首うたいおわると、たちまち朧月夜のごとき明かるさがただようた。治国別は言霊の神力の言下にあらわれしことを神に感謝する。

ここで、言霊の神徳について万公の質問に答え、治国別は宣伝歌（光と熱）をもって説明にかえる。

⑷　この山口の森で、晴公は妹にめぐりあった。そして、父珍彦、母静子はバラモン軍につれ去られたことを聞く。治国別はその救出を誓って二人を力づける。

晴公、楓の兄妹が邂逅できたうれしさに寝もやらず昔語りをしつつ散策していると、バラモン軍に捕えられた珍彦、静子が山駕篭にのせられて通りかかる。このとき治国別の宣伝歌がひびきわたり、この言霊に不意を打たれたバラモンの連中は、二挺の駕篭を捨てて生命からがら逃げ去る。かくして、めでたく晴公の親子四人は対面することができた。

治国別は、言霊の神力に対し、あらためて東に向かい天津のりと、天の数歌、神言を奏上して神に感謝する。
(5) 治国別は、珍彦、静子、晴公、楓の四人を、玉国別のいる祠の森へ手紙を持たせてやることとする。この親子四人は、玉国別に面会し神殿造営の手伝いをなし、夫婦は宮のお給仕役となり、楓は五十子姫の侍女となって神殿落成の後イソ館にのぼり、神の教を学び、ついには立派な宣伝使となって神の御恩に報ずることとなる。
(6) 治国別一行は、珍彦たちを河鹿峠の上り口まで送りとどけてから、ふたたび山口の森を経て南へすすみ、野中の森まで来ると、楓に化けた白狐（月日明神）とバラモン兵の活劇を見せられ、一同が哄笑する声に、バラモンの捕手は雲をかすみと逃げ去った。一行は野中の森で一夜をあかす。治国別は神命によりひそかに竜公をつれ、浮木の森のランチ将軍の陣営さして進みゆく。
(7) 治国別の姿が見えなくなったのち、松彦は宣伝使格となり、万公、五三公およびバラモン教のアク、タク、テクの六人はすっかり仲よくなる。野中の森を出発した松彦一行が、河鹿川の下流までくると、お寅、お菊の親子にめぐりあい、万公は素性をばく露されて大いにしょげる。
(8) 松彦一行は、十曜の神紋がかがやき、国常立尊を奉斎するという小北山の神殿をたずねる。受付の文助老爺の話によって、この小北山はウラナイ教の蠑螈別と魔我彦によって開かれたところと知り、蠑螈別の神憑によって生まれたたくさんの神々の説明をきき、老爺に謝辞をのべて、別れを告げ宣伝の途につく。

特　徴

○五十子姫に神素盞嗚大神の神意を伝達される国照姫命が神懸して、神界の御経綸を啓示される荘厳なる霊媒の様相。
○治国別が言霊の神徳を発揮し、弟子の質問に答えて「言霊の稜威」について宣伝歌で説示する。

舎身活躍 申の巻

第45巻

口述場所 綾部＝竜宮館
口述日時 大正11年12月11日～13日
筆 録 者 加藤明子、松村真澄、北村隆光、外山豊二
初版発行 大正13年9月12日
著者最終校正 昭和10年6月11日

目 次

登場神・人
〈小北山ウラナイ教〉松姫、お千代、蠑螈別、お寅、お菊、文助、魔我彦、熊公、お民
〈三五教〉松彦、五三公、万公、アク、タク、テク

梗　概

「総説」には正神界に対する邪神界の妄動がのべられている。本巻も小北山のウラナイ教の物語で、宗教と称しているものの中に、ウラナイ教に類するものが多いことを省み、真正の信仰に向上すべきものだと痛感させられる。

(1)　小北山にまつられた神霊が、じつに奇々怪々の邪神界のものであることに驚き、松彦一行が河鹿川の一本橋のたもとまで引きあげるところへ、ウラナイ教の実力者お寅ばァさんが、蠑螈別の命と称して（じつは松姫の命令）あとをおっかけ来たり、松彦は〝末代日の王天の神の生宮〟なりとたたえて、小北山へ強力に案内する。

松彦はお寅の主張する〝末代日の王天の神〟になりすまして、小北山の宗教改革をなさんと引きかえす。

〝竜宮の乙姫の生宮〟と信ずるお寅ばァさんの案内により、ウライ教の秘密の場所「さかえの神政松の御神木」のところで素盞鳴尊の封じこめをはかっていることを知り、ますます腹帯をしめ直し小北山へのぼって行く。

(2)　松彦一行を玄関までみちびいたお寅ばァさんは、酒のタンクの蠑螈別にお酌するうちに、大へんな痴話喧嘩をおっぱじめたが、副教主の魔我彦の忠告に、松彦一行を玄関に待たせおいたことに気がつき、何くわぬ顔で、一行を出迎える。

だが、隣室から聞こえて来る蠑螈別のうなり声や、御都合主義のデタラメの信仰に、松彦一行はますます驚いてしまう。

(3)　松彦は、末代日の王天の神の妻神、上義姫の生宮に会ってほしいとのことで別館に行ってみると、別れて十余年経し妻の松姫が盛装こらして出迎える。

じつは、ウラナイ教の高姫、黒姫は素盞鳴大神の仁慈に感激して三五教に入信したが、蠑螈別、魔我彦、お寅はふたたび小北山にたてこもり、ウラナイ教を再建して世人を誑惑していた。松姫は言依別命の内命をうけ、この小北山に手だてをもってはいり込み、次第に実権をにぎり教主となって、根本的改革の時を待っていたのである。

しかも、お寅ばァさんがつれて来たお千代は、はからずも若い日の捨子であった。ここに松姫、松彦は、お千代と親子をなのり合い、歓喜の涙にむせぶ。

(4)　おりから、小北山神殿の月次祭であったが、魔我彦は松姫を妻にしたいと考えていたが、松彦が来たので手きびしく断わられ、それではと、信者の中から美人を選択すべく小北山の大広前で講演し、これと思う女の信者を物色する。

蠑螈別と前代未聞の乱痴気喧嘩をしたお寅さんは、そ知らぬ顔で壇上にのぼりウラナイの神徳談を行なう。ところが、十二才のお千代が、両親にあった嬉しさに勇気百倍して、ウラナイ教の内情をのべた。

お千代の口から、はじめて教祖たちの醜体を耳にした信者たちは、たちまち信仰の土台がゆるみはじめる。

この時、お寅の前夫であった熊公が現われてグズリはじめた。お寅は彼を教祖の部屋につれ込み、ご馳走したのち、五三公、アク、タク、テクの仲裁によって一千両をあたえ、小北山から下山させる。

ついで、五三公は、小北山神殿の祭神は邪神のみであることを警告する。
(5) 常世の国の邪神に魅せられた高姫、黒姫が三五教に帰順したため、その体にやどっていた邪神は、蠑螈別、魔我彦、お寅に全部宿替えしたために、小北山におけるウラナイ教の迷信の度は、高姫、黒姫にまさるものがあった。
蠑螈別は元軍人で相当の教養もあり、哲学もカジり、各宗の教典を生かじりして、やや見聞が広かったので、曲神が道具に使うのには高姫、黒姫より余ほどの便利がある。そのため、晨にウラナイの神を念じ、日中にアーメンをとなえ、夕暮れに仏典を読誦して、唯一の善行と信じていたのである。蠑螈別の愛唱するお経は、観仏三昧経であった。
(6) 夕刻、小北山を巡見していた五三公はこのお経をきき、一同にその解釈をする。五三公はそれが動機で先生とよばれることとなり、万公を中下先生、アクを中上先生、タクを番外先生、テクはチョボチョボ先生と呼びたわむれる。
番外先生ことタクの質問に答えて、五三公は小北山の神殿に集まる神霊は、邪神界の一輪の秘密に相当する邪霊であることを教える。これらの邪神たちは三五教を打ちこわす計画の真最中であるが、悪神のすることは、いつも尻が結べないものだと教えた。だが、小北山は容易ならない地点であるから、根本的の改革をして世界の災いを断たねばならない。そこで、神さまは松姫を先に派遣され、また松彦一行、特に瑞霊の化身にます五三公をお寄せになったわけである。
(7) お寅は、蠑螈別が信者のお民に心をよせているのに気をもみ、魔我彦の依頼を好機として、その妻にして災いをのぞかんと、お民の宿舎にゆき、説得につとめたが、力およばぬと考え松姫にその仲介役を依頼する。
お民の知らせでこれを知った蠑螈別は、先にお民を出発させた上、お寅のかくし金九千両をさがし内ふところに入れ、旅装束をととのえ、門口を飛び出した拍子に柱に額を打ち昏倒する。お寅は松姫にお民の説得を依頼して居間に帰って見ると、蠑螈別が旅装束のまま打ち倒れていた。おどろいて蠑螈別をゆり起こし、問いただしてみると、懐中に九千両がかくされていることがわかり、怒り心頭に達したお寅は、昂奮のあまり火鉢につまづき、柱の角に頭をうち、しゃがみ込んでしまう。

そのすきに蠑螈別は逃げ出す。これに気がついたお寅は、怒りの声を張りあげながら、雪路を追っかけて行く。魔我彦もまたお民の出奔したことをきき、お寅のあとを追う。

(8) さて、松彦は松姫、万公、、五三公、アク、タク、テク等と相談の上、小北山の修祓を行ない、あらためて国治立の大神をはじめ、三五教を守ります天神地祇を鎮祭し、この聖場を清く正しく祭らしめる。松彦、万公、五三公、アク、タク、テクの一行は、浮木の森をさして足を早めた。

特徴

○ウラナイ教小北山の神殿を潔斎して、正しき神々を奉斉する。言依別命の内命をうけた松姫が静かに力を養いながら改革の時を待ち、松彦、五三公を待って達成する。

舎身活躍 酉の巻

第46巻

口述場所　綾部＝竜宮館
口述日時　大正11年12月15日〜16日
筆録者　松村真澄、北村隆光、加藤明子、外山豊二
初版発行　大正13年9月25日
著者最終校正　昭和10年1月25日

目次

登場神・人

〈神霊〉エンゼル
〈三五教〉松彦、五三公、万公、アク、タク、テク
〈小北山神殿〉松姫、お千代
〈ウラナイ教〉蠑螈別、お菊、お寅、文助、魔我彦、お民
〈バラモン教〉コー、ワク、エム、エキス

梗　概

この巻には、㈠惟神の道の真意義と、㈡大神さまの地獄や悪人に対する無限の仁慈についてのべられている。また小北山のウラナイ教の霊場が、根本的に清められ、大本大神さまを奉斎される経緯がのべられてある。

⑴　万公、五三公、アク、テク、タク等は、松彦の命によって、お民、蠑螈別のあとを追って姿をかくしたお寅、魔我彦をさがしにゆき、野中の森で倒れていた二人を見つけ出し、小北山の教主館まで連れ帰る。

その夜、小北山の大広間では、発見祝いの慰労会が夜を徹して開かれた。ここで五三公は「労働は神聖」であること、特に宣伝使や信者の場合について懇切に教える。

また「信仰と正しき恋愛は歓喜の源泉である」と教えた。

⑵　大門神社の広前でウラナイ教の朝拝がおわり、五三公、万公は、アク、タク、テクに、信者の思想の動向を聞きとらすべく言いふくめおき、松姫館へ上ってゆく。

アクは壇上にのぼり、小北山の祭神の素性を素っ破ぬいた。ために、信仰の大動揺を来たし、たちまち大門神社の広前は一大修羅場となる。このさわぎを聞きつけたお寅は、歌をもって説得するつもりが、いつの間にか自らの不平の歌となる。お菊は勇敢にも、母お寅のかくしごとや、小北山の教義の矛盾と、真の神の教でないことをのべ、信者の自覚をうながした。ついで、テクが露骨に内情を曝露すると、またまた、信

徒たちは言語に絶する醜態を演出する。

(3) そこへ、まだ十二才のお千代が小さき顔に笑みをたたえ、壇上にのぼり、歌によって、教主松姫が神素盞嗚大神、豊国姫大御神を祈りつづけたよしを発表し、どうどうと言向和しにつとめる。これにより、一同はようよう心なごみ、神の生宮と自信していた人たちも少しく省みはじめる。

(4) 迷信ぶかいお寅は、松姫の祈りにもかかわらず蠑螈別が昼過ぎになっても帰らないので、松姫に不服をのべたてているところへ、お菊の知らせで大喜びで部屋に帰ってみると、蠑螈別は、火鉢のまえに丹前をかぶったまま泰然と坐っている。ところが、そのうちに黒い牛の子のような大狐となって、森林さして逃げ去った。これはお寅の副守護神となっていた狐が、松彦、松姫、五三公の神徳に恐れて姿をあらわし、お寅の肉体から脱出したのである。これより、お寅は本心にかえり、真の信仰に入る。

(5) 魔我彦は、すっかり狐にだまされて、お民とかけおちしているつもりでいたのを、お寅に気をつけられて本心にかえり、万公も狐につままれてお菊とかけおちしているつもりが、魔我彦に気をつけられて吾にかえる。

(6) 松姫館では、小北山を潔斎して大本の神さまを奉斎する打合せをしていた。その方針について、五三公が神意を奉伺した結果、治国別の宣伝使一行に合流するまでまだ三日間余裕あることがわかり、一同で、ここの神業に奉仕することとなる。

松姫館の奥の間に、責任者であるお寅と魔我彦およびお菊、文助をくわえ、明朝早くから三五の大神を鎮祭すべく修祓、遷座式その他の件について打合せをする。

(7) お寅は苦悩の大峠に立って、神素盞嗚大神のご神徳を理解すると、たちまち心中に天国がひらけ、苦しみは歓喜の涙にうるおされて、天人の心に向上せしめられた。

ちなみに、ここには五六七大神にます瑞霊のご神徳が実に徹底して説かれてあり、いかなる悪人ももらさず、何ひとつの罪をくわえず救いたもうそのご仁慈のほどが、切々と感得せしめられる。

お寅は一夜にして全く精神上より生きかえり、信仰してはじめて愉快な爽快な気分にみたされ、三五教を守りたもう仁慈無限の大神に、讃美歌を奏上することができた。

(8) 六十才をこえたお寅が、天国に復活した心境となり得たおかげで、まるで十六、七の娘のように若がえり、逆に、高等教育をうけた魔我彦は、なおも煩悶苦悩の境地にあって、お互いがどうかして、相手を理解せしめ幸福にしようと努力する。じつに美しい場面が示されている。

第一七章「惟神の道」には、五六七仁慈の大神さまの立場から真の惟神の精神、惟神の道についてのべられている。

(9) 神格にみたされたお寅の千言万語も、魔我彦をついに説得できず嘆息していると、エンゼルが若く美わしいお千代に神懸して、説き教えられる。魔我彦もようやく心の闇をはらし、歓喜の涙にひたされ、大悟することを得た。

(10) 魔我彦は前非を悔い、神の光に照らされ、松彦の指揮にしたがって小北山の祭神を一所に集め、厳粛なる修祓式を行ない、誠の神を鎮祭することを心の底から承認する。松彦は斎主となり、五三公を祓戸主となし、厳粛な遷座式に着手した。

(11) 小北山を逃げ出したお民は、怪しの森の入口でランチ将軍の目附コー、ワク、エムが美人論をするところを無理に突破せんとして三人と格闘しているところへ、蠑螈別が追いつき、弱腰をぬかし、九千両の金を彼ら三人やエキスに分けあたえる。夫婦はエキスの案内で駕篭に乗せられ、ランチ将軍の本陣へ進みゆく。

(12) 小北山の霊地をはなれ、一本橋をわたり、松彦、万公、五三公、お寅、アクの順に宣伝歌をうたいながら、怪しの森をさして進みゆく。途中で、お寅はクシをひろい蠑螈別、お民の行くえがわかり、怪しの森の入口のコー、ワク、エムの守る関所を突破する。松彦が「聖人君子に金はいらない」と、お寅に説き聞かせる。

特　徴

○天地惟神の大道を五六七仁慈の大神の心のままに説示され、世を救い人を救う救世主の神業について、啓示されてある。
○またエンゼルの神懸の様相を示されている。

霊界物語余白歌から（一一）

賢哲の疑問に答へ世の中のもつれをさばく天津神人
朝日刺す夕日かがやく高熊の神の光を照らすこの書
おもしろく高天原の真相をつぶさに悟る霊界聖談
いくたびも繰返し見よ物語神秘のかぎはかくされてあり
この書をおとぎ話と笑ふ人瑞の御魂の足もともみず
この書をおとぎ話と笑ふ人は瑞の御魂の足もとみへずも
天地の稜威もたかき高熊の山の修行《おさめ》の物語する
一二三四五つの巻の物語静心なく読むぞうたてき
高座の山に大道を究めたる人の子今は神と倶なり

舎身活躍　戌の巻

第47巻

口述場所　静岡県伊豆湯ケ島温泉＝湯本館
口述日時　大正12年1月8日～10日
筆録者　松村真澄、北村隆光、加藤明子
初版発行　大正13年10月6日
著者最終校正　昭和9年7月15日

目次

登場神・人

〈天使・天人〉言依別命、木花姫命、五三公、言霊別命、珍彦、珍姫

〈三五教〉治国別、竜公、松彦、五三公、万公

〈中有界〉伊吹戸主神、赤白の守衛、権太、慾野深蔵、ハリス、徳、叶枝
〈バラモン教〉ランチ将軍、片彦将軍、アーク、タール、エキス、コー、ワク、エム

梗　概

「序文」には、極端な国粋主義論者水戸の会沢伯民らに類する日清、日露戦後の日本人の自負高慢と、神の信仰者たるものの思想感情のたかぶりを警告し、さらに、日本は精神文明の国と称えながら、それすらも泰西人の後えに瞠若たる浅ましさを誡められている。

ことに日本は武力については自負高慢の度が強く、何事も武力で解決し得らるるものと思っているものが多数あるが、大本の筆先の『日本の人民は支那の戦争にも勝ち、また今度の露国との戦争にも勝ちたと申して大変に慢心を致しておるが、いつまでもそんな訳にはゆかぬぞよ』との神文を引用して、武力万能の国粋論者的愛国心の誤りは、わが国を滅亡に向かわしむるものだと警告されている。遺憾ながら、太平洋戦争によって、このことはすべて実証された。

また、ミロク胎蔵経である霊界物語の内容は、世界一統的に、神示のままに記述されている由がのべられ、万教同根の真理にたっている理由も明示されている。

「総説」には、日本人の多神教的信仰土壌に生まれた大本開祖の筆先に出発する大本の教団の信仰が、多神教的発展を遂げたのは全くやむを得ないところである。したがって神示の霊界物語も、一見して、第一巻から多神論的説明から始められているように見えるが、本巻において、はじめて、一神観上にたつ汎神説であり、また汎神観上の一神観が大本神観であることを明確に示されている。

この総説は大本の神格論の主軸をなすものである。この神観（宇宙観）によって、大本の厳瑞二霊の因縁、神格、神業が明らかになった。したがって、これによって大本の神観が、一神的汎神観上の、或いは汎神的一神観上の神格であり、一神即多神・多神即一神を主張する原因も理解されるのである。

(1)　治国別は松彦、五三公、万公を野中の森に置きざりにしてひそかに竜公を伴い、神命を奉じて浮木の森のバラモンの陣中へすすむ。ここで注目すべきことは、バラモン軍の番兵アークが同僚とかわす言葉の中に、暗に日英同盟から日本の太平洋戦争の敗戦がのべられていることである。

治国別と竜公は、怪しの森の守衛らが酩酊している中を通りぬけ、第二の関所たる浮木の村の入口まで来たところ、アークの奸計にかかって陥穽に落ちるが、アークの同僚タールを言向和して案内役とし、ランチ将軍の陣営に進みゆく。そこへアークが騎士を引きつれて来て治国別一行を取り囲む

が、治国別の言霊に打たれて身体強直し、馬上からバタリバタリと転倒し大の字にふん伸びてしまう。治国別の命で竜公が天の数歌を奏上すると、一同の騎士は元の身体に復し、陣屋をさして逃げ去る。ただ一人強直のまま残されたアークも、治国別によって救われ、これまた陣中さして逃げ帰った。治国別、竜公はゆうゆうと詩を吟じながら、ランチ将軍の陣営をさして進み行く。

(2) 一たん逃げ帰ったアークは、ランチ将軍とともに治国別一行を出迎えにやって来る。治国別はランチ将軍の言葉を信ずるのではないが、彼を正道にみちびく好機会だと心に定めて、ランチ将軍の案内するままに陣中ふかく進み、片彦将軍をまじえ酒酌みかわし、和睦の宴にふける。ランチ、片彦は、治国別と竜公を立派な奥座敷に案内した。二人が部屋に足を踏みいれた途端、座敷はクレリと燕返しとなって、真暗な谷底へ落ちこみ、気絶してしまう。ランチ将軍たちは手を拍ってよろこび、もとの座に引きかえして大乱痴気騒ぎを始める。アーク、タールは両将軍に抜擢されて帷幕に参ずることとなる。しかし、二人はすでに治国別に感化されて心機一転し、内心三五教の信者となっていた。

(3) エキスを通じ五千両を献金した蠑螈別は、ランチ、片彦の帷幕に加わることとなる。つづいて三五教の宣伝使清照姫、初稚姫と称する二人の美人が、ランチ、片彦をたずねて来た。

(4) 治国別、竜公は霊肉脱離して中有界に彷徨する。屹立せる山岳と巨大なる岩石に挟まれた谷間に迷い込むと、そこは善霊悪霊の集合地点たる中有界の入口であった。守衛の指示にしたがって東へすすむ途中、万公の精霊とめぐりあいなどしながら、天の八衢の審判所につく。赤門のそばで、竜公は赤の守衛に叱られながら審判を受ける。つづいて、閻魔大王そっくりの伊吹戸主の神のご出御や、帝大の校番であった熊公はじめ、慾野深蔵、バラモン教の宣使ハリス、呉服屋の番頭の徳、芸者の叶枝らが取りしらべられる状況を見聞する。

(5) 第八章には、治国別が伊吹戸主の神から拝聴した中有界の状態の大要がのべられている。第九章には、大神の御神格である愛善と信真について説示されている。そして、この神格を理解したものが天人であることを述べられている。

(6) 第一一章では、人の肉体は精霊の容器である所以がのべられ、そして、死の意義や霊肉脱離について丁寧に説示されている。人体の臓器移植の問題に対する神示でもある。とくに、大本開祖と聖師が霊界真相の大伝達者である点に、留意すべきである。

⑺　第一二章では、大本霊学上の人のタマシヒの種別本守護神正守護神、副守護神について解明され、精霊の養成所としての肉体との関係、天国の団体との交流の様子ものべられている。ことに、天地経綸の主体としての人間の自由意志について、その意義の重大さを力説されている。

また、自然界に住む人間として、霊的神的の事物からなる神格や霊界を理解する方法を、宣伝歌方式で述べられている。

⑻　治国別、竜公は、言依別命（国常立尊の化身）にみちびかれて、第三天国の団体から巡覧をはじめ、命の説示によって、天人の生活を理解しながら進みゆく。途中、命は火光となって神姿を天空にかくし給う。

ついで、非人の姿の木花姫命の試練に合格した二人は、中間第二天国へ案内される。ところが、途中のりと奏上を忘れて瀕死の情態におちいり、月の大神の神徳・霊丹をさずけられて元気に恢復する。天津のりと、神言は神界の如意宝珠たることを諭され、祝詞くずしの宣伝歌をうたいながら第二天国の各団体を巡歴する。

ここで、天人の衣服や言語について述べられている。

⑼　治国別、竜公は、第二天国の珍彦、珍姫という統治者にみちびかれて、その邸宅に入り、天国の団体を形成する天人の年令、生活、職業、また天人の夫婦やその結婚をはじめ人口についても聴く。

そして、君民一致、夫婦一体、上下和合の真相を眼前に見せられて、天国団体の様子をハッキリ理解することができた。

⑽　天国天人の神業の根本は祭典にあるが、治国別、竜公は許しをうけて天国の祭典に参拝する。

神の家と称する、天人が祭典を行ない霊国の宣伝使が来て説教をする木造の殿堂にみちびかれ、珍彦が斎主をつとめる荘厳、優美、華麗な祭典をまのあたりにし、祭典後、八尋殿での直会に参列する。天国の祭典は午前中におこなわれる。

⑾　午後となって霊国すなわち月の国から出張して来る宣伝使の説教もおわり、珍彦館に帰って、被面布をかぶりよくよく宣伝使の顔を見ると、五三公の姿にあまりにも似ている。たずねると、言霊別命が地上に天降られ五三公の精霊を充たして活躍されていることがわかった。

宣伝使は法衣をぬいで五三公そのままの姿となり、第二天国はもとより、第一天国までも案内されることとなる。治国別たちは珍彦夫婦に厚く礼をのべ、南方さして進みゆく。

⑿　第二〇章には高天原の天国と霊国について、宇宙の縮図である人体を引用して説明されている。

第二一章の跋文「その一」には、霊界一切の事物と人間一切の事物との間にある「相応の理」について述べられている。「その二」には、相応が成就するのは、用によって達成する理由がのべられてある。

相応の理にもとづいて総てのものを用いる時に、はじめて主神の国土が自然界に移写実現するのであるから、ここの説示は地上天国建設のために実に重要なところである。

特徴

○物語中で、第四十七巻・第四十八巻は天国巡覧の姉妹編。

○中有界、第三天国、第二天国について、また霊界と現界との相応の理を説示されている。

舎身活躍　亥の巻

第48巻

口述場所　静岡県伊豆湯ケ島温泉＝湯本館
口述日時　大正12年1月12日～14日
筆録者　松村真澄、北村隆光、加藤明子
初版発行　大正13年10月25日
著者最終校正　昭和9年8月5日

目次

第一九章　兵舎の囁
第二〇章　心の鬼

登場神・人
〈天界〉西王母、言霊別命、大八洲彦命、玉照彦、玉照姫、お玉の方、紫姫、伊吹戸主神
〈三五教〉治国別、竜公（玉依別）、松彦、五三公、万公、アク、タク、テク、お寅
〈浮木の陣営〉ランチ将軍、片彦将軍、ガリヤ、ケース、アーク、タール、蠑螈別、お民、テルンス、コー、ワク、エム
〈白狐〉

梗　概
序文＝社会の一般的傾向が民衆的となり、宗教的信仰も寺院や教会に依頼せず、各自の精神に最も適合するところを求める時代になったことは、天運循環の神律によって、仁慈（みろく）出現の前提といえる。
霊界物語も、きわめて民衆的に、かつ芸術的に、惟神の時機を得て大神から直接、間接の方法をもって人生につき神理を宣示し、伝達せしめられたものである。
総説＝欧米諸国の霊魂学研究が世界的学者にもおよび、わが国の有識者にもその萌芽が見えはじめたのは霊界のために欣喜する一面、霊界物語も外人の口と手を通したものでなければ信じられないことを、歎かれた文章である。
(1) 第一章「聖言」には、霊界に通ずる唯一の方法である鎮魂帰神の神術の種類に帰神、神懸、神憑の三種あることが懇切にのべられている。
この大文章によって、大本の〝神がかり観〟が決定された。
(2) 浮木の里のランチ将軍の陣営では、幕僚室でアーク、タールが面白い話をしていると、蠑螈別がやって来てローマンスを披露。果てはブランデーに酔いしれて三人とも入り乱れ水門壷に落ち込み、番卒に救われる。だが、三人とも同時に正気を失ったために、紛擾は起こらなかった。
(3) 浮木の里の陣営にやって来た二人の美女（実は白狐の化身）のために精神の一部に狂いを生じたランチ将軍から、お民を片彦にやってくれといわれた蠑螈別は、立腹して法力により威かくしようと観音経を唱えるが、霊験はサッパリあらわれず失望する。
ついで、酒宴の用意をするため酒倉に行ったアーク、タール

は、ぬすみ酒をしていたエキスとともにその場で鯨飲をはじめ、前後不覚となって倒れてしまう。そこへお民と通りかかった蠑螈別も、たまらず鏡をぬいた酒樽をかかえて鯨飲し、たちまち四人の泥酔者の雑魚寝となった。その時、雪が砂をまくように降り出して、四人の身体はまたたく間に積雪に包まれてしまう。

(4) ランチ将軍は二人の美人とともに物見櫓にのぼり雪見の宴をもよおし、酒に酔って歌い、踊っていた。そこへ片彦がお民をつれて駈けつけ、「軍職を忘れた、もってのほかの振るまい、ハルナの都の大黒主さまへ将軍の不行跡を報告仕る」ときめつけた。ランチは二人の副官に目くばせして、片彦の両手を縛り眼下の谷川に投げ込む。

邪魔者を仕末したランチは、副官二人と美女二人と五人輪になって手をつなぎ踊りはじめる。踊りの度が過ぎたためか、二人の美人が頭にかぶっていたカツラが落ち、テカテカの青坊主……。ランチと副官がアッと驚く途端、二人の美人は恐ろしい妖怪の顔をあらわし、大口あけて迫って来た。三人はおどろきのあまり片彦の後を追うようにして、青淵めがけて落ち込み、水中に沈む。お民もまた、大きな白狐二匹ににらみつけられ、段梯子の上から転げ落ちて気絶してしまった。

(5) 第七章「六道の辻」には、善霊悪霊が八方から、八衢の中心なる関所に集まり来る道について説明されている。

そして、西北の針の山を越えてやって来たのは、バラモン教の先鋒隊片彦将軍、しばらくして、東の方から足早にやって来たのはランチ将軍とガリヤ、ケースの副官であった。ついで、ヒョロリヒョロリとやって来たのはお民である。

(6) 第八章「亡者苦雑」には、肉体を脱離した精霊の八衢における容貌や音声の変化の情態についてのべられている。八衢の関所では、まず到着順として片彦が取り調べられ、つぎにランチ、ガリヤ、ケースの順に取りしらべられ、お民も調べられる。

お寅の副守護神、蠑螈別、エキスもやって来る。

(7) 第九章には、霊国、天国の天人の言語と語字についてのべられ、大本開祖の神諭の密意の存することと、瑞霊大神がこの密意を解明されたのが霊界物語である由がのべられている。

さて、偽善者であるランチ、片彦将軍およびガリヤ、ケースは伊吹戸主の神の計らいによって地獄に追い込められ、金勝要神の神使紫姫が天降られて衷心より改心せしめられる。そこへ治国別一行が宙を飛んで走り来たり、「要の神の命によりあなた方を現界に救うべく、迎に来た」と聞いて、感謝落涙するとみるまに、彼ら四人は治国別、松彦に肉体を河中から救いあげられ、宣伝歌、天津のりと、天の数歌の神力に救われて蘇る。

ここにランチ将軍一行は、はじめて神素盞嗚大神の御前に陳謝し、ついに三五の道に帰順する。

(8) 第一〇章では、ふたたび相応の理について判りやすく述べられている。特に人間の内分は神界の内流をうけ、外分は自然界への関心であること、そしてその内分と外分を一致せしめて天界へ人類を救うために大本開祖と聖師が、大本神諭、霊界物語の聖言を発表し人類を根本的に救済される由を述べられている。

ところで、治国別、竜公は五三公に案内され、中間天国の各団体を訪問し、天国の農業の理想の姿――土地は全部団体の公有であり、みな一切平等に神業として勤労している光景――を見聞しながら、第二天国の有名な公園〝霊陽山〟を散策する。そのとき、五三公は光団となって東方に姿をかくした。

(9) 第一一章には、天国天人、霊国天人の住居について説明されている。

治国別、竜公は、ここで片彦に化相したエンゼルから試練をうけ、第二天国の試験に合格、いよいよ第一天国へ昇る。

言霊別命は、二人を最奥天国たる都率天の天極紫微宮にみちびく。ここで治国別、竜公は、西王母(坤の金神)に手をひかれて桃畑の前園、中園、後園を案内され、桃樹の因縁を詳細に諭される。ついで、紫微宮の黄金の中門をくぐり、十二人のエンゼルに迎えられて宮殿の奥深くみちびかれ、大神の宮殿の前殿にすすみ入る。

言霊別命は奥殿深く進み、治国別、竜公のことを大神に奏上され、ゆるされて前殿で酒宴を催され、両人は大神の血と肉ともいうべきブドウ酒と前園に実った桃の実をいただき、絶大な神徳に浴する。そして竜公は玉依別という神名をたまわった。

ついで、治国別には紫姫から玉照彦命、玉依別にはお玉の方から玉照姫命を、しばらく抱かしめられる。

言霊別命にしたがって紫微宮を退出した治国別と玉依別は、第一天国の楽園〝聖陽山〟から後は命の言葉にしたがい、自由に天国団体を巡覧する。

(10) 言霊別命にわかれた治国別、玉依別は天国の諸団体を一々訪問し、各団体の天人から望外の優遇を受け感謝に満ちた境涯を送り、ついで霊国の月宮殿に詣でんと聖陽山をのり越え、のりとを奏上しながら霊国の中心さして進みゆく。

局面たちまち一変して、さまざまの花咲き匂う大野ガ原で大八洲彦命に迎えられ、東をさして進み、霊国一の名山〝月照山〟にのぼり、さらに進んで月宮殿に参拝する。

ここでふたたび西王母にお会いした。巨大な月光が影のごとくつき従いかがやいている。西王母は二人の手をかたくにぎり両人の熱誠を賞され、奥殿に帰りたもう。大八洲彦命もその姿を東天にかくされる。二人はのりとを奏上しながら、中間天国を越え、下層天国をものり越え、神業に参加すべく天の八衢さして帰りゆく。

⑾　治国別、玉依別は八衢の関所に帰りついた。伊吹戸主の神に歓迎されて霊界に関する種々の談話を交換し、霊界の組織と大神の神格の内流および現界における宣伝使としての心得について教示されながら、現界に復活する時を待つ。

⑿　治国別、玉依別は、想念の向かうにまかせて八衢街道をさすらっていると、蠑螈別、エキスとめぐりあい、いざこざをくりかえしているところへ、アーク、タールの声が聞こえて来る。

気がつくと、浮木の森の陣営、ランチ将軍の居間に、アーク、タールに看護されながら横たわっていた。

⒀　治国別、竜公、アーク、タールは、互いに無事を祝し、蘇生の大恩を大神に感謝する。ついで、ただちに蠑螈別とエキスを救い、駒にて物見櫓に駈けつけ、松彦一行とともにお民を助け、河中よりはランチ、片彦、ガリヤ、ケースらを救いあげて蘇生せしめる。

ここに、ランチ将軍、片彦将軍をはじめ幽冥旅行の面々は心の底から前非を悔い、神素盞嗚大神の御前に両手を合わせ反逆の罪を陳謝し、三五の道に帰順した。実に神の仕組と仁慈は、ありがたき極みである。

⒁　浮木の陣営では、第一に三五教の大神を奉斎し、感謝祈願の祝詞を奏上し、主客うち解けて、天界と幽界旅行無事終了の祝宴が開かれる。

治国別、竜公は「天界の荘厳」をうたい、ランチ、片彦は「地獄のなやみ」をうたう。

松彦は治国別と兄弟の対面の後、小北山で妻子とめぐり会い、ウラナイ教を修斎し、三五教にまつり替え、浮木の森にて大和合のできた感謝の歌をのべ、お寅は回顧と感謝の歌を披露する。

⒂　ランチ将軍らの蘇生の祝い酒に酔った守衛のコー、ワク、エムが心の中の泥を吐きあっているうちに、上官のテルンスに聞かれたことからコーの抜刀騒ぎとなり、ワクとエムがテルンスに注進したところ、逆に二人の頭を無残にも斬り落としてしまう。

ところが、エム、ワクの死骸から亡霊が出てテルンスを悩まし、コーは肝をつぶしてふんのびる。

おりから、通りがかった夜警がこれを見て仰天し、片彦将軍に報告した。お寅は気丈な女とて、夜警をうながして現場へ行き、天津のりとを奏上し天の数歌をとなえると、エム、ワクの幽霊は煙のごとく消える。

よくよく見れば、エム、ワクは雪の上に酔い倒れていただけで怪我一つしていない。テルンスは大いに驚き、悪しき己が計画を残らず片彦に自白する。

この陣営にいた二千人の軍卒は、両将軍が三五教に帰順したことを発表すると、武器を捨て各地に自由に出てゆく者、鬼春別将軍に早馬で報告する者、はるばるハルナの都へ忠義だてに駈けゆく者など、部隊は残らずバラバラに解体されて、浮木の森は、以前の平和な村落にかえる。

特　徴

○最奥の天界である最奥天国と最奥霊国の真相と大経綸を啓示されている。

○大神（帰神）と天使天人（神懸）との神がかりを主として、邪神との交流（神憑）についても示されてある。

霊界物語余白歌から（三）

夢ならばいつかは醒めむ夢の世の夢物語聞いて目さませ

古ゆ今に変らぬ神の世の活物語するぞうれしき

天地のあらむ限りは人の世の光とならむこの物語

千早振る神代の謎をことごとくつばらに説きし神の書かな

面白く神世の謎をときさとすみろく胎蔵の物語かな

朝日刺す夕日かがやく高熊の峰に救世の鼓響けり

寝ながらに古き神代の物語はよこの経綸にふさはしき哉

こはたれしわが大本の御教を神の力にたてなほしたる

曲神の逃げゆくあとにわれひとり神の御書をあらはしにけり

玉の緒の生命を的にあみし神書《みふみ》も神の御国を思へばなりけり

真善美愛

真善美愛　子の巻

第49巻

口述場所　伊豆湯ケ島温泉＝湯本館臨時教主館
口述日時　大正12年1月16日、18日、19日
筆 録 者　松村真澄、北村隆光、加藤明子
初版発行　大正13年11月5日
著者最終校正　昭和10年6月11日

目　次

登場神・人

〈神霊〉国照姫命

〈三五教〉玉国別、五十子姫、今子姫、道公（道彦）、純公（真純彦）、伊太公（伊太彦）、晴公（道晴別）、珍彦、静子、

楓

〈元バラモン軍人〉イル、イク、サール、ヨル、テル、ハル
〈イソ館教主〉八島主命（熊野樟日命）
〈大本開祖の前身〉初稚姫
〈霊犬〉スマート
〈肉体的精霊〉妖幻坊
〈神憑者〉高姫
〈小北山〉松姫、文助、お寅、魔我彦、お菊

梗概

いよいよ本巻より初稚姫の大活動に入り、また、現幽神三界における宇宙の真相は本輯十二巻の上に展開される。

(1) 第一章には、地上天国の定義——(イ)天地創造の皇大神を奉斎した宮殿、(ロ)大神の仁慈と智慧の教を宣伝する聖場を霊国、(ハ)最奥第一の天国、中間天国、下層天国も、霊国もすべて地上に実在すること、(ニ)ただ肉体を脱出した人の精霊の住む世界を霊界といい、肉体を有する人間の住む所を現界というに過ぎないこと——を明示されている。

また、天人と人間の関係、天人と高天原との相似点、現界と霊界の事物との関係を明示されてあり、地上の天人とは、綾の聖地を天地創造の大神の永久に鎮座される最奥天国の中心と覚り、聖地をわが身体と見なして神界のために愛と信を捧ぐるものと明示されている。

ことに、開祖の神諭の「十里四方は宮の内」「天地が覆る」について真解されてある。

(2) 第二章——高天原の天界は大神の神格にみたされた巨人＝大神人であり、個々の天界もまた神人である。したがって、大本の地の高天原は一個の大神人であり、その高天原を代表する担当者は大神人である。神人の大本か、大本の神人かと言うべきほどのものである。

大神の理想の神姿は、人の姿で大神人である。したがって、大本では神定めの神人を一個人の全般と見なし、各宣伝使、信者は個々上下和合し賢愚一致してミロクの世（地上天国）建設の大神業に参加すべき使命があることを教えられている。とくに、大神が天国では一個の天人と現じて天人を教導し玉うように、地の高天原（大本）では一個の神人とあらわれ玉う密意が述べられている。

(3) 玉国別は眼病の平癒するまで神命によって、河鹿峠の祠の森に大神の神殿を造営することとなり、この国人とバラモン軍からの帰順者の奉仕によって、百余日をついやして立派な宮が完成した。

遷宮式は節分の夜に行なわれ、イソの館から下附された新調の祭服を身にまとったバラモン組のイル、イク、サール、ヨル、テル、ハルたちは、山のごとく集まったお供え物を前に

して何百台とも知れぬ三宝に神饌の調理にかかる。

神饌所で、ヨルがほろ酔い機嫌で語る言葉の中に、「神さまは地上に降り玉うときは、ヤッパリ人間の肉の宮を機関とあそばすのだから、自然界の法則を基として、何事もお仕えせなくちゃならぬ」「祭典は祭る法式だ。祭るということは人を待つことだ。お客を招待するも同じことだ。人間の愛と神の愛と和合することだ」等とマツリの本義について明示されている。

玉国別は斎主となり、伊太公は祓戸主、純公は神饌長となり、祭典は荘厳のうちに終わる。昼夜をわかたず搗かれて、五十子姫、今子姫の手でかためられた五石六斗七升の小餅は、高台の上から四方八方にまかれ、ここに芽出たくお祭りが完了する。

神殿は三社建てられ、中央には国治立尊・日の大神・月の大神、左側には大自在天大国彦命・盤古大神塩長彦命、右側には山口の神・八百万の神を鎮祭された。この祭典がすむとともに玉国別の眼は全快し、円満の相をまし、にわかに神格が備わってくる。

直会の宴にて、玉国別をはじめ一同は宣伝歌をもって所信をのべる。このとき、五十子姫に国照姫の神霊が懸られ、大神の聖旨を伝え、道公に道彦、伊太公に伊太彦、純公に真澄彦と名を賜い、また晴公には道晴別と名をたまい「治国別の後を追い行け」と命じたもう。

玉国別は神勅にしたがい、珍彦を祠の森の宮司に任じ静子、楓姫ほかバラモン組の六人の役員や熱心な信者に後事を托し、道晴別、真澄彦、伊太彦、道彦とともに宣伝歌をうたいながら河鹿峠を下りゆく。

(4)　初稚姫（大本開祖の前身）は他の宣伝使と同時に出発の予定だったが、神素盞嗚大神の命にて一百余日自宅において神書を拝読し修業をつみ、大神の御前に伺候し、八島主神（熊野樟日命）を訪れる。八島主神は、悪魔征討に向かう初稚姫に神策を聞きうち喜び、夫をもつことを勧めてみた。初稚姫は、まず、天人の婚姻について質問したのち、「神業完成ののちはともかく、今は夫は不用」と述べる。八島主神は「実は、これは大神さまからの試みであった」ことを話し、その志をよろこび、ハルナの都への出発を許す。

宣伝使初稚姫は十七才の花の姿もかいがいしく、白梅匂うイソの神館から数千里の旅をつづけて大業を遂行せんと征途にのぼる。

途中、父杢助の命で試しに来た黒八と赤六を逆になぐさめて帰し、妖幻坊の変化に出会して神徳を発揮し、突如あらわれた猛犬スマートに守られて祠の森の神館に寄る。

(5)　祠の森の神殿では、神司として奉仕する珍彦・静子夫婦の娘の楓が神懸りとなり、数多の信者は生神の出現とよろこび、神示を請うもの多く、にわかに山中の都会のごとくなっていた。

そこへ高姫が尋ねて来て、きびしく審神したので、楓が乙女のためビックリしたので、憑霊は逃げ去ってしまう。高姫はこの聖場が新しい信者だけなのをいいことにして、祠の森に腰をすえ、やって来た妖幻坊の杢助と夫婦となり、イソ館の神業をさまたげようとする。

第九章には、高姫を実例として憑霊現象について述べられている。
(6) 治国別はクルスの森の社務所で百日のあいだ講演会を行なって三五教の教理の大体をおしえ、お寅を宣伝使候補者第一号としてイソの館に上らせるべく、教主八島主命への添書を与える。
お寅はよろこび勇んで途中、小北山に立ち寄り、松姫の許しを得て魔我彦をつれ祠の森の神殿にも立ち寄る。高姫は極力イソ館行きをさまたげるが、お寅は屈せずに魔我彦をつれ、受付のヨルも加わってイソの館をめざし行く。
(7) 高姫は、自分の言をきき入れずイソの館に向かったヨル、お寅、魔我彦を何とかして引き戻そうとする。
帰って来た杢助（妖幻坊）の妖術も効力なく、ついには珍彦、静子を毒殺して、その身代りに化けおうせようと妖幻坊にすすめられ、その準備にとりかかる。

(8) この危機を未然にふせぐべく言霊別命の命により、初稚姫はスマートに命じて神丹を楓姫の手に三個わたしこれを服用させる。
珍彦、静子たちは高姫と妖幻坊に招かれ、毒酸入りのご馳走を十二分によばれ、盃をうけたが、神丹の神徳によって何のさわりもなかった。だが、気分がすぐれぬとてわが家に帰り、仮病を装う。
(9) 初稚姫はスマートを伴ない、途中、お寅たちに出会い、高姫、妖幻坊のことを聞き、さあらぬ態にて祠の森の神殿に着く。妖幻坊はスマートが怖さに裏の森林へ飛び出したが、スマートはあとを追っかけて妖幻坊の額に傷を負わせる。

特　徴

○地上天国・霊国の真意義を示し、大本の聖地は神定であること、地上天国の団体である大本は一大神人である由を明示。大本式の神勅にもとづく神殿造営一切について説示されてある。
○神素盞嗚大神から大神人初稚姫に百日間の神書の拝読を命じ玉うたことは、特に留意すべき点である。
○初稚姫の質問に答えて八島主神が天界天人の婚姻について説示されている。
○八岐大蛇の片腕である兇党界の妖幻坊の出現に対応する初

稚姫を守護するための霊犬スマートの活躍に神界経綸の周到さに感歎させられる。

真善美愛　丑の巻

第50巻

口述場所　静岡県伊豆湯ケ島温泉＝湯本館臨時教主館
口述日時　大正12年1月20日、21日、23日
筆録者　松村真澄、北村隆光、加藤明子
初版発行　大正13年12月3日
著者最終校正　昭和9年8月15日（三版）

目次

登場神・人

〈祠の森の神館〉（館主）珍彦、静子、楓、イル、イク、サール、ハル、テル
〈大本開祖の前身〉初稚姫
〈神憑者〉高姫
〈肉体的精霊〉妖幻坊の杢助
〈イソ館の使者〉安彦、国彦

梗　概

本巻は、肉体的精霊たる妖幻坊が杢助（時置師の神）の名をかたり祠の森の聖場にあらわれ、高姫と夫婦となり、珍彦その他の真人を排除して聖場を占有し、大神の大神業を破壊せんと暴逆的活動を行なうが、初稚姫の愛善の徳と信真の光に照らされかつ、猛犬スマートに脅嚇されて聖場を遁走する。追っ手として向かったイク、サールは河鹿峠の谷みちで危難にさらされるが、これもスマートによって救われる。

特にこの巻は、神人和合の境にある初稚姫と、邪霊の容器となった高姫、肉体的精霊界の妖幻坊との三ツどもえの活躍が述べられてあり、至善と至悪の神がかり現象を学ぶのに最もよい教科書である。

(1)　第一章には、初稚姫と高姫の霊魂上の位置およびその情態がのべられてある。

そして、真に神人合一の境に入るには、三階級の真理に透徹実行できなければいけないとして、①低級の真理――法律・政治の大本をあやまたず能く現界に処し、最善を尽くすこと。②中程の真理――五倫五常の完全なる実をあげ得ること。③最高の真理――愛善と信真におり、大神の直接内流をうけ、神と和合し万事内的に住することが示されている。

(2)　第二章には、大本開祖と第三女の実例をあげ、帰神と神憑について比較されている。

(3)　初稚姫は、高姫が悪霊に憑依され、また妖幻坊をわが父杢助と信じているのを憐れみ、和光同塵の態度を持って気ながに教導せんと決意し、祠の森に足をとどめる。

高姫が森の中に姿をかくした杢助（妖幻坊）をたずねて行くと、スマートに噛まれた眉間の傷を誤魔化しつつ、ていよく高姫をおい返し、「神聖の館に四つ足を入れることはならぬ」と言いつける。

初稚姫は、「両親の仰せにそむく訳にはゆきませぬ」と、スマートに意を含める。その実、スマートはひそかに床下に姿をかくし、初稚姫の守護にあたる。

高姫は初稚姫がスマートを追い返したと聞いて安心したちまち心がゆるみ、憑霊との問答を始める。ついで、杢助に報告すべく森の中へ尋ねて行くが、妖幻坊は負傷の苦しみから今にも正体がバレることをおそれ、傷の妙薬として「大杉の木

になっている玉茸をむしって来てくれ」と頼み、その間に場所を移動して呻き苦しんでいた。

高姫は、こっそり玉茸を採りに大杉にのぼり、梟鳥の丸い目を玉茸と間違えて手を出したため、驚いた梟鳥に尖った嘴で大事の目をこつかれ転落し大騒ぎとなる。

一方、初稚姫が珍彦館を訪問すると、楓の話によって霊薬「神丹」をスマートに托された人であったことがわかり、珍彦親子は感涙にむせぶ。

そこへ、受付のイル、ハル両人が高姫の遭難を知らせる。
(4) 第八章には、初稚姫を中心にして、大神の直接内流と人の関係をあきらかにされ、また、高姫によって神憑の状態を示されている。
殊に、スマートなる霊獣は、神から特別に化相の法によって初稚姫の身辺を守るために神格の一部を出現させられたものであることが示されてある。
(5) イル、イク、サールに介抱されて居間に運ばれた高姫は、元来が剛の者だけに、腰骨が歪んだくらいを苦にする女でないが、両眼をこつかれ、眼瞼充血して腫れふさがり光明が見えないのには、さすがにこたえた。イク、サール、テルは親切に看病するが、高姫の強情にあきれはて、サール、テルは受付へ帰り、イルだけが隣室にひかえて様子をみている。
初稚姫は高姫の杢助を心配してのことばに従って、心の安まるように、しばらく森を逍遥して帰って来たが、高姫の顔のあまりの醜怪さに早速のことばも出なかった。
(6) イルは初稚姫の高姫に対する親切さに感じ入りながら、実の父と義母とに対する愛の情動に差異があるかどうかを問う。初稚姫は「やはり肉身の父に対する時の方が、何とはなしに愛情が深いような心持ちが致します」と正直に答える。このことから高姫をすっかり立腹させ、ことごとに意地悪をされる。
この個所は、宣伝使にとって重要なところである。教義を説く時には初稚姫は厳然として一歩も仮借しなかったのは、真理は盤石のごとく、鉄棒のごとく、屈曲自在ならしむるを得ないからである。もし宣伝使にして真理までも曲げんか、霊界および現界の秩序はたちまち紊乱し、神の神格を破壊することを恐れるが故である。
(7) 誰いうとなく「祠の森には獅子・虎の怪物が現われ、人間に化けて主管者となっているから、ウッカリ詣ろうものなら喰われてしまう」との評判が立ち、誰も寄りつかぬため、受付も事務所も閑散で、イル、イク、サール、ハル、テルの五人は、持ち場を放ったらかして、風景よき場所で酒を呑み、ズブ六に酔うている。
そのとき、楓の悲鳴がきこえた。五人が珍彦館へかけつけて見ると、高姫が楓を虐待している。だが、ズブ六の五人は高姫に残らず突き飛ばされる。楓はその隙に後から高姫の足をすくって引っくり返し、両親に報ずべく真っぱだしで裏口から かけ出して行く。

スマートは高姫を怪我させぬように裾をくわえて後向けに、ドンドンと怪力にまかせ森の中へと引きずって行く。五人は酒の酔いもさめ、それを心地よげに見送る。

初稚姫は五人をさとし、高姫の救出に向かわせた。ついで楓をわが居間にみちびき、国祖大神さまのご経歴を語り、忍耐の尊さを説き教える。楓もようやく納得し、真心をもって高姫に接することを誓う。高姫は二人の会話の一部分を耳にききとがめ、自分を狙うものと思いつめ、初稚姫を棍棒をもって打ちのめそうとする。その一刹那、駈け込んで来たスマートは「ワン」と一声、高姫の裾をくわえて後へ引き倒す。

初稚姫はスマートをたしなめ、高姫の怒りのおさまるまで、楓とともにスマートをつれて珍彦館へ身を寄せる。

憑霊にそそのかされた高姫は、珍彦館へ凄まじい勢いで駈け込み来たり、初稚姫、楓の二人を樫の棍棒で打ち殺そうとする。その時、またもスマートが宙をけって飛び来たり、強力にまかせて高姫をその場に押し倒す。高姫はわが居間に逃げ帰り、中から戸障子に突張りをかい、夜具をひっ被って震えていた。スマートは戸の外に足掻きをしながら唸り立てている。高姫も体内の憑霊もこの声にちぢみあがる。

高姫は何とかして初稚姫をはじめ珍彦親子を亡き者にせんと図り、憑霊の教えるままに虻の血を盃に塗り酒をすすめ、百虫のまじないをふりかけた御飯を馳走する。

かかる企ての寸効もないことを承知の初稚姫は、珍彦親子とともに十二分に馳走になり、珍彦館に至り素知らぬ顔して、楓とお道の話をかわす。

高姫は「ヤレ、願望成就」とばかり、憑霊とともに喜んでいると、ふたたびスマートの吠える声がして、憑霊たちはピタリと鳴りをしずめる。
(8) 初稚姫が高姫の命令によって珍彦館に篭居し、しばらく神殿や大広前にも出ることを禁じられ、かつスマートも追い返したという喜びから、高姫の腹中にひそめる憑霊たちと、イソ館占領の空想など描いて、ひとり笑ツボに入っている。
憑霊の中の蟇の霊は、高姫の肉体を自由自在に使って琴を弾じ、床の間の自筆の掛軸を眺めて悦に入っているところへ、ようやく元気恢復した妖幻坊が帰って来る。

高姫が、彼に神殿に礼拝しない理由を問うと、「霊国天人は祭りはしない」と胡麻化す。高姫はそれをなるほどと思い、早速二十枚つづり三冊ばかりの筆先を書いて受付のイルに書き写しを命ずる。

イルは大速力で写し、元の筆先を返しに行くが、そのとき、あやまって筆先を炭火の上に落とし燃やしてしまう。

イルが受付に戻ってみると、ハル、テル、イク、サールらがゲラゲラ笑いながら、筆先の写しを読んでいた。イルも加わって悪ふざけをしているところへ、高姫が聞きつけて大いに怒り、写しを取りあげて居間にひき上げる。

形勢不穏の高姫の様子に、イルたち五人はやけくそになって、またもや酒を呑み、イルは矢にわに筆をとって偽の筆先を書き、大声でそれを読み出す。

(9) このとき、イソの館から教主八島主命の命により、安彦・国彦の宣伝使が直使として出張して来た。イルは珍彦の館へ案内する。

高姫は受付の様子をさぐるため、ハルをわが居間に呼び込む。

(10) 安彦から「高姫を一時も早くこの館から放逐し、自転倒島へ追い帰せよとの御命令」ときいた初稚姫は「私に一任して欲しい」と申し出、安彦・国彦は了承する。

国彦たちは、本殿はじめ館中を残らず検分して帰るべく、イル、サール両人の案内で、広き森林内も隈なく巡視し、妖幻坊が遭難の現場も実地検分する。

高姫、杢助がハルを訊問して様子をさぐろうとしていたところへ、安彦、国彦がやって来る。妖幻坊はすばやく隣室に身をかくしたが、安彦が立ち入ろうと隣室の戸をパッとあけた途端、杢助は樫の棒を頭上高くふりかざして一打ちにしようと構えていた。間一髪、スマートの威嚇にあって、杢助はたちまち手がしびれ、棍棒をふりかざしたまま、一目散に裏の森林に逃げ込む。

高姫は、安彦、国彦を相手に居直り毒づいていたが、座を立つと向こうの林から妖幻坊の杢助が一生懸命に手招きしていた。これを見て、高姫も杢助の後を追い、それきり祠の森には帰って来なかった。

初稚姫は、かかる出来事を予測していたのである。

(11) イク、サール両人は、逃げる高姫たちを追っかけて行ったが、逆に打ち殺されそうになりスマートに救出される。妖幻坊と高姫はスマートに威嚇され命からがら逃げ出すが、妖幻坊が岩につまづき倒れた上へ高姫も折りかさなり、持っていた棍棒で妖幻坊の後頭部を強打する。妖幻坊は「キャンキャン」と怪しき声を立てて二声鳴く。

イクの瘡傷は、スマートの声とともに全快する。

特徴

○大本開祖の前身初稚姫のことについて説示されている。

○神眼でみる霊学（人の霊魂の上からと神がかり）の上から、至善至悪の標準が説示されている。

○初稚姫がふたたび天の命を受けて、地上に降誕し大本開祖となられてからの霊的の意義がのべられている。

○著者出口王仁三郎聖師が大本神諭で大化者と名づけられた

理由がのべられてある。

真善美愛　寅の巻

第51巻

口述場所　静岡県伊豆湯ケ島温泉＝湯本館臨時教主館
口述日時　大正12年1月25日～27日
筆 録 者　松村真澄、加藤明子、北村隆光
初版発行　大正13年12月29日
著者最終校正　昭和9年10月10日

目　次

登場神・人

〈小北山〉松姫、お千代、お菊、文助、初、徳
〈神憑者〉高姫
〈肉体的精霊〉妖幻坊の化身杢助、幻相坊（高子）、幻魔坊（宮子）
〈霊犬〉スマート
〈宣伝使〉ランチ、片彦
〈元バラモン軍ランチ将軍の副官〉ガリヤ、ケース

梗　概

この巻は、世界の暗黒史をそのままに描写されている感がある。悪魔にみ入られた指導者たちの実に悪らつな手段が諷刺されている。

序文には〝すべて心理描写的に口述〟された霊界物語の表現法に対する拝読の心構えがのべてある。また「愛善の徳を養い、信真の光明を照らし、天国の住民として永遠無窮に人生の本分を守り、神明の御心に和合し以て神政成就の太柱となり、現幽神三界のために十分の努力を励まれむことを希望」されている。

(1)　初稚姫の神徳とスマートによって、祠の森を追われた高姫と妖幻坊は、つぎに小北山の聖場を占拠せんと、新役員の初と徳を懐柔して部下にし、松姫をたくみに追放せんとする。教主松姫は、お千代をとおして伝達されたエンゼルの言葉と、スマートのもたらした初稚姫の手紙に腹をきめ、初と徳の言にはのらず、ついには棍棒をふるわれたが、鎮魂によって霊縛し、誡める。初と徳は這々のていで、そのよしを高姫、妖幻坊に報告する。

(2)　いったん改心したかに見えた初と徳は、高姫、妖幻坊に教唆されて、喧嘩装束に身をかため、樫の棍棒をたずさえてふたたび松姫館を襲う。

松姫は一人戸を閉ざし、神前にて目下のとるべき方針についての神示を伺っていた。そこへ、裏と表戸を一度に押し破って乱入して来た初と徳が、棍棒をもって打ちかかり、やむなく防ぎたたかう松姫は、二人の鋭き攻撃にもはや体力尽きて打ち殺されそうになる。そのとき、猛犬スマートが飛び込んで来て、初と徳を引き倒した。二人は命カラガラ高姫、妖幻坊のもとへかけ込む。

(3)　高姫、妖幻坊は、初と徳が自分たちの名を騙り松姫を脅迫したものと偽り、松姫館の庭先に二人を引きすえ、棒で尻を叩いて八百長芝居をうつ。だが、お菊やお千代に「八百長だ」と囃したてられ、本当に力をこめて撲りつけたので、たちまち二人の臀部は紫色に腫れあがり、身動きもならずに目をまかしてしまう。

(4)　松姫はエンゼルの言葉にしたがい、教主の事務引継ぎ奉

告祭を、小北山の頂上の月の大神の神前で仕えまつり、中の社の扉をパッと開く。その途端、妖幻坊、高姫は霊光に打たれ、アッと叫んで断岩絶壁から転落し、一生懸命逃げ出す。途中、妖幻坊は文助に突き当り、懐にしていた曲輪の玉が文助のふところにころげ込んだのも気づかず、顔を引っかき坂の下に投げつけ、飛ぶように駈けだす。初公、徳公両人も尻の痛みを忘れ、二人について逃げてゆく。

妖幻坊は変相術に必要な曲輪の玉を落としたため、にわかに体の具合いが悪くなって来た上、小北山の頂きから雷のごとく聞こえて来るスマートの唸り声にペタリと芝生に倒れてしまう。スマートは松姫の返書を首にし、初稚姫のいる祠の森をさして帰りゆく。

妖幻坊は、追いついて来た初公、徳公に命じて、文助から曲輪の玉を奪いかえさせる。玉が手に入ると、疲労し果てて寝入った両人を怪志の森に置き去り、高姫をうながして浮木の里にむかう。

(5) 妖幻坊は浮木の里の玉滝で曲輪の玉を洗滌し、高姫の失心している間に、数多の魔神を使役して華麗荘厳に見える楼閣を忽ちに現出させた。目をさました高姫は、金剛不壊の玉の力で出来たものと、すっかり感動し、誠の住居と信じこむ。いかなる悪魔も、悪魔のみでは大悪を達成することは出来ない。ここに、人間である高姫を篭絡し使用することによって、大悪の緒についたのである。

(6) 妖幻坊を杢助と信じ切っている高姫は、玉の力によって高大な楼閣ができ、その城主の妃として、自らを高宮姫、夫を高宮彦と呼ぶこととし、侍女に玉の化身であるという高子、宮子が仕えるものと思いこむ。その実、高子と宮子は妖幻坊の眷属たる大狸の幻相坊と幻魔坊だった。

ハルナの都の八岐大蛇の片腕である妖幻坊は、浮木の森の曲輪城を中心として、三五教に帰順し聖地参拝にのぼろうとする人々を誘惑し、邪道におとし入れ、主神にます五六七の大神すなわち神素盞鳴大神の救世の神業を妨げんとする。

ここで注目すべきことは、妖幻坊の妖術によって現出した曲輪城に、高姫だけでなく、高姫に憑依した金毛九尾以下の邪霊までスッカリだまされてしまったことである。

(7) 妖幻坊の目的は、高姫に「われわれが行動を妨ぐる三五教およびウラル教の奴輩を、一人も残らずこの城中へ手段をもって引き込み、霊肉ともに亡ぼさねば、万劫末代この栄華を保つことは難しい。最も恐るべきは三五教を主管いたす素盞鳴尊だ。それに従う東野別命、八島主命、日の出別命、言依別命、天之目一箇命、初稚姫命、その他沢山あれども、まず吾々が敵とするは以上の人物だ」と述べた通りである。ここに高姫は、三五教を壊滅するために大活躍を始める。

(8) 八頭八尾の大蛇の霊が、大黒主のしずまる大雲山を中心として地球上を魔の世界にせんとした時に、五六七の神が神素盞嗚大神とあらわれて、邪神の陰謀を転覆させ、地上に真の天国の姿を実現するために活動を開始されたのである。

(9) 高姫は高子、宮子の侍女をつれ、三五教の信徒たちを曲輪城に引き入れ篭絡すべく、浮木の森の火の見櫓の下にあらわれる。

そこへやって来たランチ、片彦は高姫の化相せる初花姫の口車にうまうまと乗せられ、気がついた時には石室に押しこめられていた。

妖幻坊の妖術にだまされ切った高姫は、あらゆる狂態を演じる。

(10) 怪志の森に置き去りをくった初と徳は、高姫と妖幻坊の下馬評をこころみ、ついには二人を退治する打合わせをする。この初と徳の対談の中に、日本外交の腰ぬけ加減と無責任さを示されている。指導層が「満鉄で逸早く逃げ帰る」ことや「一つよりない大椀（台湾）まで逃げ出す」など、大正十二年一月二十七日に、昭和二十年後のことまでが確言されている。全く神眼による達観には驚嘆の外はない。

さて、このとき、侠客育ちのお菊が闇の中をさいわい、初と徳の尻をたたき、石つぶてを投げ、文助の仇討ちをして小北山へ逃げ帰る。

(11) 初と徳は二匹の狸にだまされて糞壷におち、衣類を洗濯し、寒さをしのぐために角力をとる。これを妖幻坊の眷族や、幾百千の古狸・豆狸が取巻いて、やんやと囃したてる。

ランチ将軍の元副官ケースはここを通りかかり、これも騙されて初公と四つに組むが、糞まぶれの初公の体がヌルヌルすべりスカシをくって倒れる。ケースは腹を立て、初や徳と四本柱を引きぬいて渡りあい、ついに三人とも力尽きて倒れてしまう。たくさんの豆狸は腹鼓を打って笑いながら古巣へひきあげる。

(12) そこへ、ランチ将軍のもう一人の副官だったガリヤは、ケースと別れ、救世教主の詩を吟じながら、浮木の森で滞陣中に亡くした恋人マリーの墓参を済ませてやって来る。

ガリヤ、ケース、初、徳の四人は、古狸の化けたお千代、お菊にみちびかれて曲輪城の門をくぐる。

高姫の化相した初花姫に、初稚姫が滞在していると聞かされて奥に通り、狸の化けた偽初稚姫と会う。そこへ高姫、偽杢助があらわれて大喧嘩のすえ、二人は雲を霞と逃げ去る。四人は偽初稚姫に感謝されつつ椅子に坐っていると、奇怪事が続発し出す。たまらず悲鳴をあげ、よくよく見ると浮木の森の火の見櫓の泉水わきに咲満ちている桃の木の根もとで眠りこけていた。

特徴

○三五教の霊場小北山を奪わんとする高姫と妖幻坊をスマートの出現と松姫の信仰に月の大神の神威の発現して追い祓われる。
○浮木の森で妖幻坊が曲輪の玉の魔力によりて曲輪城を忽然と出現せしめて世人をなやます。
○文中に満洲、琉球、台湾をはじめ外交問題についても預言されてある。
○人の寿命は天授のものであることを明示されている。

真善美愛　卯の巻

第52巻

口述場所　静岡県伊豆湯ケ島温泉＝湯本館、綾部＝竜宮館
口述日時　大正12年1月29日、30日、2月9日、10日
筆録者　松村真澄、北村隆光、加藤明子、外山豊二
初版発行　大正14年1月28日
著者最終校正　昭和9年10月25日

目次

第四篇　怪妖蟠離
第一八章　臭風
第一九章　屁口垂
第二〇章　険学
第二一章　狸妻
第二二章　空走
第五篇　洗判無料
第二三章　盲動
第二四章　応対盗
第二五章　恋愛観
第二六章　姑根性
第二七章　胎蔵

登場神・人

〈大本開祖の前身〉初稚姫
〈霊犬〉スマート
〈祠の森の神館〉珍彦、静子、楓姫、イル、イク、サール、ハル、テル
〈肉体的精霊〉妖幻坊、幻相坊、幻魔坊
〈小北山〉松姫、お千代、お菊、文助
〈中有界〉伊吹戸主神、時置師神、赤・白の守衛、竜助（産土神）、文助、年子、平吉、冬助、おくみ、久助、高姫、おつや、呆助、大原敬介、片山狂介、高田悪次郎、お照、弁造、黒長姫
〈浮木の森〉ガリヤ、ケース、初、徳、おなら

梗　概

序文は、物語の文章の中に古今の学者の文章と酷似している部分のある点について、その理由がのべられている。

総説代用には、「邪神の悪計奸策」についての例証として、桃園天皇時代、伏見にいた薬師院快実の所業を挙げられてある。

(1)　第一章「真と偽」には、人間の霊魂の善良なものを本守護神、正守護神といい、邪悪なものを副守護神といい、これは、人の四魂が神の真智真愛で完全に活躍しているか否かにあると教えられている。

神の愛は万物発生の根源力で、人生最大深刻の活気力である。神善と神愛と相和合したものが神真《まこと》である。

愛に二種の区別あり、一は神に対する愛、二は隣人に対する愛で仁という。仁とは大神の聖言すなわち神諭より来たるところの神真を愛する意義である。

この物語の主人公たる初稚姫は、二種の愛を完全に具足した地上の天人で、大神の化身、分身、代表者である。また高天原の移写であり、大神の縮図であること等を明示されている。また、高姫の霊性についても言及されている。

大本神諭の「この世は暗雲になっているから、日の出の守護に致すが為に因縁の身魂が表われて、五六七成就の御用に尽す」「三千世界一度に開く梅の花、艮の金神の世になりたぞよ」「須弥仙山に腰をかけ」「神宮壷の内」「地の高天原」「燈台下暗し……」「わが児に約らん御用がさして、善悪の鏡が見せてあるぞよ云々」の意義も解明されている。

(2) 第二章には、天の高天原、地の高天原の天人たちの情態を示し、初稚姫は天国天人で、言依別命は霊国天人に類し、木花姫命は霊的天人、日の出神は天的天人の部類に属したもう神人であること。

また、これらの神々は霊的天人にして天的天人、天的天人にして霊的天人であると示され、また霊界の交通係である媒介的天人の団体のことも示されている。

(3) 祠の森に逗留していた初稚姫は、珍彦以下に別れを告げて、いよいよハルナの都をさして進発する。

この時、初稚姫が宣伝歌の中で「祠の森の神殿が霊国の移し」と歌われていることは、銘記すべき点である。

(4) 祠の森の役員イク、サールは初稚姫を尊敬するのあまり、ひそかに先廻りして道に待ちうけ、狂言の三番叟を舞ったり、首まで吊って、お供したいと懇願するが、初稚姫は大熊に、スマートは唐獅子となって二人を畏縮させ、ふり切るようにして進まれる。

イク、サールはますます憧憬をまし、あとを追う。途中、山口の森で幻相坊、幻魔坊の妨害にあって命危うき時、日の出神の授けられた夜光の玉の光によって救われる。

(5) イク、サールは、幻相坊、幻魔坊に騙されて玉を奪われるが、小北山の神殿で、喉に玉をつめた狸から、お菊、お千代の祈りによって再び取りかえす。

そして、松姫館で初稚姫にめぐりあい、ふたたびお供を願い出たが、「その玉が手に入った以上は妾について来る必要はありません」とことわられる。

初稚姫は、スマートを伴ない、いち早く征途にのぼられる。

(6) 文助が危篤と聞いて、イクは玉を文助の前額部に当て松姫に托し、サール、お菊とともに河鹿川の激流に飛びこんで禊し蘇生を祈る。小北山に帰るとお菊は神懸状態となって、夜光の玉を文助の左右の耳の穴に交互に当てがい、熱祷する。イク、サールもあらゆる手段をつくす。文助は「ウン」と一声叫んで蘇生した。

ここで、文助の霊界旅行が詳しくのべられている。そして神の仁慈の経綸により「天国は上り易く地獄は落ち難し」と教示されている。

(7) 小北山の神殿では、文助の蘇生報告祭が行なわれ、直会の宴が開かれる。松姫はじめ一同は、文助が与えられた広大無辺の神徳にあやかり歓喜の神酒に酔う。文助は歌をもって霊界の消息を伝え感謝の意を表した。

イクは、初稚姫に相背き、たとえ地獄に堕ちるとも、どこまでも後にしたがう心意気を歌に托す。松姫が初稚姫の意を体して百方言葉を尽してとどめるのもきかず、サールをうながし、小北山をたちいで浮木ケ原さして進む。
(8) 文助は祝歌をききつつ数多の人々に盃をさされ、下戸のこととてたちまち酩酊し、階段を踏みはずして転落し、またもや人事不省におちいる。松姫はじめ一同は河鹿川に禊して文助の病気平癒を祈願する。
(9) 文助はたちまち八衢の世界をさまよう。労働服姿の十七、八才の青年と会い、いろいろと身魂をみがかれる。六地蔵の並ぶところ天引峠の頂上で四、五人の男と問答し、ここで黒長姫という妙齢の美人があらわれ、文助が松の木に黒蛇の絵を書いた霊である由をのべて、文助の慢心をいましめる。
御神号や神姿は、開祖と聖師の道統の継承者でなければ染筆してはならぬ重大なことが示されている。

ついで、文助が霊祭をした知己、朋友や、まだ現世にいるはずの人間の顔が沼の水面にたくさん浮かび、まっ先に現われた久助（小北山に永らく参詣していたへグレ神社の信者）から、神徳を横領し慢心した宗教家が霊祭をしたら、先祖の霊が堕落するよしを教えられる。

久助以下は、瑞霊大神の御救いによって、美しい玉となり南の天をさして昇って行く。文助は、神諭にある〝天の賊〟とは自分のことであったことを、大いに反省悔悟する。
(10) さらに文助は、幼くして死亡した吾が子の年子、平吉にめぐりあい、自分があやまった教を宣伝した結果可憐な子供まで十六年間も苦しめていたことを知る。そして、産土神の化身たる竜助の教訓により、「子に毒をのます」罪を犯せしことを悟らされる。
ここで、霊界における石の活動を示されている。
(11) 文助は西北さして進むと、水車小屋の中で両親の冬助、おくみが、文助の罪を減ずべく荒行をしている所を見せられ、限りなき父母の恩に号泣する。そして、初稚姫の聖霊が両親を天国に救われる姿を、感激して見おくる。
(12) 第一七章には、人の立場においての霊主体従、体主霊従について、また、主観的に見て霊五体五と体五霊五がのべられている。
また善悪不二、正邪一如の聖言の意味が明らかにされている。
(13) 八衢の関所に着いた文助は、赤白の守衛と飴屋や子供のやりとりを見つつ、五里霧中に彷徨する。
(14) 浮木の森で悪狸に騙されて一夜を明かしたガリヤ、ケース、初、徳の四人は、互いに顔を見合わせ苦笑していた。そこへ美女一人があらわれ、屁を放出して四人を悩ます。女はおならといい、火の見櫓の座敷でおなら談義のすえ、ブスッと放つ臭風にあたり一面を黄色にし、四人はたまらず階段から転落してウンウン唸る。

四人はヤケ糞になり、互いに川柳を口ずさみ、体の痛みを笑いにまぎらす。そこへ、足音高く曲輪城の高宮彦がやって来る。

⒂　妖幻坊の変化たる高宮彦は「今は殊勝らしく三五の教に帰順しているが、一つ風が吹けば又もや悪道へ逆転いたす代物だろう」と嘲弄した。ガリヤは「愛善の徳と信真の光によって、永久不滅の生命力を有する信仰そのものより外に世の中に決して尊きものはない筈だ」と答えた。そして〝こいつは妖怪の親玉に相違ない、三五教の神力で帰順させるか、根底から打ち亡ぼすか二つに一つ。これも神さまのお仕組みだろう〟と心にうなずきつつ、四人は妖幻坊にしたがい、曲輪城へゆく。

奥の間にみちびかれた初は左守、ケースは右守に任ぜられ、徳も狸の化けた美人のとりことなって血をすわれて寝てしまう。ガリヤは正体を見とどけねばおかぬと、一分間も心の中に神言を切らさず称えながら、呆けたような面をして様子を考えていたが、サベル姫（幻相坊）の口許の生血を見て、その腕をグッと握りしめると古狸は正体をあらわす。ついで他の部屋のドアをあけて見ると、ケース、初の両人は耳たぶをむしり取られ、血みどろになって倒れている。逃げまわる古狸の一匹をようやく押さえつけたが、二の腕にかみつき、二匹とも姿をかくす。

そこへ初稚姫の宣伝歌とスマートの声が聞こえて来た。ガリヤがあたりを見廻すと、草茫々たる萱野の真中に立っていた。スマートは前後左右に駈けまわり、古狸を追いかけ咬み殺す。その勢いに妖幻坊、幻魔坊、幻相坊もたまらず、曲輪の術をもって高姫を雲にのせ、空中に赤茶色の太い尾をチラチラ見せながら、東南の天に去る。

ランチ、片彦は正気にかえり、徳を助けてあらわれ、初稚姫の前に危難を救われたことを涙とともに感謝する。

初稚姫はガリヤたち六人に、よくよく真理を説きさとし、スマートを従えて宣伝歌をうたいながら西南さして別れゆく。

⒃　文助は八衢の関所のロハ台に腰かけて、この関門を通る精霊たちの審判を、胸をとどろかせながら見聞する。

そこへ高姫がやって来る。三五教の時置師神が、素盞嗚尊の神旨を息吹戸主の神に伝えられ、高姫にはまだ二十八年の寿命があるが、八衢に三年とどめおいて修行させられることとなる。

⒄　大原敬介、片山狂介、高田悪次郎、呆助、おつや等が取りしらべられて、それぞれの霊界へおちてゆく。

文助の子、お年、平吉は天男天女に守られ、赤白の守衛に祝福されて天国へのぼりゆく。
柊《ひいらぎ》村の姑お照と、侠客の鳶の弁造も取りしらべをうけ、中有界で修行することとなる。

(18)「胎蔵」の宣伝歌に「五十二年の時津風、みろく胎蔵の鍵を持ち、苦集滅道明らかに、説き諭しゆくみろく神、小松林の精霊に、清きみたまを満たせつつ、この世を導く予言者に、来たりて道を伝達し、世人をあまねく天国に、導き給ふ御厚恩」とあり、ミロク神の分霊である小松林命のことが示されている。小松林命は武内宿弥の代え身魂である。

特　徴

○大本の初発の神諭「三千世界一度に開く梅の花、艮の金神の世になりたぞよ」との神の至仁至愛の御経綸について徹底的に解釈されている。
神が人間をはじめ宇宙一切を、我身のごとく愛したもうことを明示されてある。
○あやまれる宗教家の両親や子供たちの霊界の状態を示されている。
○霊界物語はみろく神が小松林の精霊に神格をみたし、出口聖師に降って神慮を伝達されたものである。

霊界物語余白歌から（四）

いたづきの身を横たへて道のため御国の為に神書あみたり
血とあぶら搾るが如き心地してわれは霊界物語あみぬ
滝津瀬のわが涙にて濁世を洗ふと思へば楽しかりけり
鬨の声挙げつつ迫る曲神をやらひつつ霊界物語あみぬ
瑞御霊霊界をとき厳御魂現界の覚醒をとける大本
国々にわがあみおきし物語の言霊ひびく時とはなりけり
歴史にもなき神の代の正事を四方に宣りゆく大本の道
八洲国いづくの果てを探すとも現幽神を説く教はなし
本宮の神殿毀つ冬の日をわれ山麓に神書《しんしょ》あらはす
祥雲閣にわれは霊界物語述べつつ宮居を毀つ音きく
わが宣りし言の葉ことごと実現し上下の国民そろそろ驚く

真善美愛　辰の巻

第53巻

口述場所　綾部＝教主殿
口述日時　大正12年2月12日〜14日
筆録者　松村真澄、北村隆光、加藤明子、外山豊二
初版発行　大正14年3月8日
著者最終校正　昭和10年6月12日

目次

登場神・人

《ビクの国》
〈王〉ビクトリヤ王、后ヒルナ姫
〈左守〉キユービット、子息ハルナ、家令ヱクス
〈右守〉ベルツ、妹カルナ、家令シエール
〈ウラル教宣伝使兼内事の司〉タルマン
〈ライオン河関守〉カント、エム
〈バラモン軍〉鬼春別、久米彦、スパール、エミシ、シヤム、マルタ
〈元ランチ将軍の部下〉テルンス
〈摩利支天の扮装〉杢助
〈三五教〉治国別、松彦、竜公、万公

梗概

本巻は神護に加うるに治国別の言霊に守られて、ビクの国の王妃ヒルナ姫とカルナ姫のその美貌と弁舌による捨身の活動、およびハルナの活躍によって、鬼春別、久米彦両将を悦服させ、国家をバラモン軍の暴力とベルツの叛乱より救い出した物語である。

(1) イソ館攻略の先鋒隊、ランチ、片彦将軍は、河鹿峠において治国別の言霊の威力に吹き払われ、浮木の陣営に滞陣中に治国別に言向和され、イソ館へ参詣することとなる。総指揮官である鬼春別将軍と久米彦将軍は、イソ館への進攻の不可を知り、またハルナの都に帰るわけにもゆかず、ライオン河岸のビクトル山に陣営を構え、ビクの国を掠奪して新しい国をつくり永住せんとする。

(2) ビクの国は、ウラル教を奉ずる東西十里、南北十五里の小国で、刹帝利ビクトリヤ王、妃はヒルナ姫で、国政紊乱して国民怨嗟の声四方にみち、百姓一揆など勃発して収拾できず、ビクトリヤ王家は傾かんとする。
左守キユービットは忠義な老臣であったが、右守は奸佞邪智の曲者で、王妃ヒルナ姫に取入り、横暴ぶりを発揮している。左守にはヱクスという忠良な家令がいるが、右守にはシエールという奸悪な家令があり、右守とともにビクの国を横領せんと日夜肝胆をくだく。

(3) ビク王国の制度は、左守は王の師範役となって国内一般の枢要なる事務をとり、右守は兵馬の権をにぎり内寇外敵を鎮圧する職掌であった。
王は国内の紛擾を憂慮し左守に下問されたが、ヒルナ姫を篭絡した右守は、軍を動かすは真の政治にあらずと言を左右にして動こうとしない。

(4) 左守は、息子のハルナが右守の妹カルナ姫を恋慕するのを幸として、二人の結婚によって左守、右守家の和合により、国家の安泰を計らんとする。一方、ヒルナ姫も右守の報告に

より両家の和合と国家のためとて左守に談じ、ビクトリヤ王の許可を得て、王より左守にその事をつげる。

(5) 左守館においてカルナ姫とハルナとの神前結婚式が円満に挙行され、宣伝使兼内事司タルマンは仲介人として祭主をつとめる。ここに左守、右守両家は表面やや打ち解けたごとく見えたが、右守の心中は容易にやわらがず、左守を邪魔者あつかいにする。

(6) ビクトリヤ城の奥殿には、王をはじめヒルナ姫、タルマン、キユービツト、ベルツ、ハルナ、カルナ姫が列をただし、左守右守両家が結婚によって和睦の曙光をみとめた祝意を表するため、王に招かれて、異数の酒宴に列する。

ここで王の「文武一途、上下一致、治国安民、ミロクの神世を招来する」との言葉に、右守は威たけ高に反抗したため、軍馬の権をめぐり、大激論となる。

そのとき、ライオン河の関守カントがバラモン軍の襲来を報告した。その対策のきまらぬ裡に第二の使者エムは、鬼春別、久米彦両将軍が数千騎を指揮して攻めよせたりと伝え「一時も早く防戦の用意を……」と注進する。

ここにカルナ姫は腰をぬかした右守の制止をしりぞけて、ハルナとともに出陣した。

王は不忠の右守を大刀で斬りすてんとする。ヒルナ姫は王にすがりつき、王家を救うために右守と不義の交りをおかしたことをのべると、王は刀をすてて涙を流し、夫婦の縁を切るが、国を思う心に感謝するとなぐさめる。ヒルナ姫は自害せんとするが、タルマンにいさめられ、にわかに武装をととのえてただ一人出陣する。

(7) 鬼春別の股肱とたのむシヤムは、まっしぐらに城内を襲い、ハルナの指揮する軍隊をけちらした。城内の味方は武器をすてて逃げ散る。

ハルナをはじめ、王も左守、右守も、シヤムの部下にとらえられ城内の庫の中につながれる。

(8) カルナ姫は味方の勢力では敵しがたいと見てとり、武装をとき、美々しく身をよそおい、ミノ笠をつけ旅人に扮し、バラモン軍のすすみ来る路傍にうめき声を出して、ワザと倒れていた。久米彦将軍の副官エミシはカルナ姫を見つけ、マルタをして将軍のところへ届けしめる。

一方ヒルナ姫も、戦い利あらずと見て、旅人の風をよそおい、黄泉比良坂で大神が桃の実の紅裙隊をもちいたまいし故智にならい、敵の主将をわが美貌と弁舌をもって悦服せしめんと、忠義一途の心より危険をおかして待っていた。鬼春別の股肱とたのむスパールは、ヒルナ姫の美貌に舌をまき、鬼春別のもとにとどける。

若草の芝生の上に臨時につくられた鬼春別、久米彦将軍の陣営にとどけられたヒルナ姫、カルナ姫は、心をあわせて鬼春別、久米彦将軍を手玉にとり、ビクトリヤ城を元のごとく立直さんとつとめる。両将軍はすっかり色男気分になり、ヒルナ姫、カルナ姫に骨ぬきにされる。かくして威儀どうどうたる将軍をはじめ、数千の軍隊の必死の努力も、二人の艶兵の力によって、メチャメチャにこわされてしまう。

(9) ヒルナ姫、カルナ姫のすすめによって、鬼春別、久米彦はスパール、エミシ、シヤム、マルタの属僚に命じ、ビクトリヤ王をはじめ左守、右守、ハルナ、カント、エム、ヱクス、シエール、タルマンそのほか一兵卒にいたるまで、ことごとく捕縄をとき放免する。

ビクトリヤ王は無事に城内に立ち帰り、大神の祭壇の前に端坐し、涙とともに神恩を感謝した。

(10) 鬼春別、久米彦両将軍は刹帝利より和睦の宴に招かれる。スパール、エミシ、シヤム、マルタも客人側として上座に着座した。

ビクトリヤ王は、両将軍にうやうやしく頭をさげて感謝の辞をのべる。

鬼春別のかたわらに控えている女は刹帝利の目にはヒルナ姫のように思われてならない。また久米彦のそばにいる美人はハルナからはカルナ姫ソックリだった。ヒルナ姫とカルナ姫は、両将軍との対話と歌によそえて、ことの真相を暗示する。

両将軍がヒルナ姫、カルナ姫に酔いつぶされたのを見て、刹帝利以下は別殿に入り、ホッと息をつき、互いに顔を見合わせて、二女の辣腕を目と目をもって褒めそやす。

(11) 刹帝利、左守、右守その他一同は、鬼春別一行が酔いつぶれたのを見すまして、相談会をはじめ、ここで右守は兵馬の権を否応なしに王に奉還させられる。

恨をのんだ右守はシエールと一計を案じ、シエールは王を殺害せんとしてハルナに捕えられ、右守は久米彦を殺害せんとしてカルナ姫に捕えられる。両人はヒルナ姫、カルナ姫のとりなしによって裏門より落ちのびた。

ここで刹帝利の提唱で、暗殺をのがれた悪魔払いに両将軍と翌日まで二次会の酒宴をもよおす。

(12) ヒルナ姫、カルナ姫の千変万化の秘術をつくしての斡旋によって、ようやくビクの国の軍隊の一部分は刹帝利の支配に従うこととなり、左守は兵馬の権を臨時委任され城内の秩序をたもつこととなる。タルマンはそのまま宣伝使兼内事司をつとめ、ヱクスは右守となる。

城下の陣営は暫時バラモン軍にその大部分を貸しあたえ、ここにビクトリヤ家とバラモン軍とは整然と区画される。

(13) 鬼春別、久米彦はビクトル山を中心に仮の陣営を築き、附近の小国を切りなびけ、一王国を建設せんと兵営の増築に全力を費し、一方には最愛のナイスを唯一の力と頼み、将来には、晴れて完全な夫婦たるべしと期待していた。

かかるところにテルンスの「治国別がランチ、片彦将軍を従えてビクトル山に押寄せる」との報に接し、鬼春別、久米彦はスッカリ慄いあがり、水鳥の羽音におどろく平家そのままに、ヒルナ、カルナ両女を連れ、黄金山に進軍すると称して駒をならべ、シメジ峠につく。スパール、エミシのカーネルも周章狼狽して「退却々々」と呼ばわり、敗軍同様のていで三千の兵士は一人も残らず西方さして逃げる。

⑭ ビクトリヤ城内では、バラモン軍の退却について、「両女が一身に犠牲にして国家を救うた」ものと推測し、感激する。

⑮ バラモン軍の総退却を知った元右守ベルツとシエールは三千の兵を従えて襲来する。

刹帝利、左守は秘密会議を開き、神素盞鳴大神の神教をうけたハルナに全軍の総指揮権を委任した。

ベルツ指揮のもと、シエールに指揮された三千の兵士がビクトリヤ城に侵入し、ハルナは捕虜となり、刹帝利、左守司、タルマンの身辺も危くなる。

⑯ おりから、テームス峠において神素盞鳴大神の神勅をうけた治国別は、松彦、竜公、万公の部下をひきいてビク国の救援に向かい宣伝歌を高唱した。この言霊の神徳に打たれて、ベルツは城の裏門より駈け出し、シエールは庭石で足を折る。おじけづいた軍勢は、ベルツに従って先を争うて西へ西へと逃げ出す。

⑰ ヒルナ姫、カルナ姫は、シメジ峠で馬に乗ると馬首を東へ向け、一ムチあて一目散に疾風のごとく駈け出す。バラモン軍が後を追おうとすると、たちまち幾百とも知れぬ獅子を引きつれた三五教の杢助に扮した摩利支天が現われバラモン軍内をかく乱し、ヒルナ姫、カルナ姫の後を守ってビクトリヤ城へ向かって進む。ヒルナ姫は獅子の唸り声で落馬したベルツを馬の背にくくりつけ、カルナ姫と共に、王の一大事とまっしぐらに裏門より勢いよく帰城する。

⑱ 治国別は城内の総司令官ハルナを助け、みちびかれて殿中奥ふかく、王の居間に通される。

王は救国の大恩を感謝した。これに対して治国別は厳霊、瑞霊大神の御守護の賜であることをのべ、三五教の主旨を説明して入信をすすめる。ビクトリヤ王以下は喜んで三五教に帰順する。ここで祝歌をかわすところに、ヒルナ姫、カルナ姫が帰って来た。王は驚喜して両女に感謝する。両女はうれし涙を流して泣き伏した。左守とハルナは驚喜する。

これより治国別、松彦、竜彦、万公は、刹帝利の懇請により、三五の教理や儀式を城内の重役その他に教導し、神殿や教殿をあらためて創建することとなる。

特徴

○ビクトリヤ国の内憂にくわえてのバラモン軍の外患を、誠一途の女性や青年指導者の活躍により、天佑神助と治国別一行の協力によって平治し、国家をあげて三五教に帰依する経綸と神策について述べられている。

真善美愛　巳の巻

第54巻

口述場所　綾部＝教主殿
口述日時　大正12年2月21日～23日
筆録者　松村真澄、北村隆光、加藤明子、外山豊二
初版発行　大正14年3月26日
著者最終校正　昭和10年6月13日

目次

第二〇章　建替
第二一章　鼻向
第二二章　凱旋
附録　神文

登場神・人

〈三五教〉治国別、松彦、竜彦、万公、道晴別
〈ビクトリヤ王とビクトリヤ妃の子〉太子アール、イース、ウエルス、エリナン、オークス、ダイヤ姫
〈ビクトリヤ城〉ビクトリヤ王、后ヒルナ姫、内事司タルマン、左守キユービット、息子ハルナ、カルナ姫、右守ヱクス
〈太子妃〉ハンナ
〈玉置の村〉里庄テームス、妻ベリシナ、長女スミエル、次女スガール、番頭シーナ
〈バラモン軍〉鬼春別、久米彦、スパール、エミシ、フエル、ベット
〈中有界〉赤・白の守衛、悪川鎌子、六助、妖仙、人尾威四郎、要助

梗　概

「序文」には、この霊界物語は全巻金玉の文字で神示の人類史であり、弥勒胎蔵の書であって、全人類を天国に永久に入らしむるために口述された「治国平天下修身斉家の基本の神書」であると示されている。

「総説」には、物語の文体について説明されている。

治国別がビクトリヤ国に後継者をさだめ、妃をとりもち、ミロクの聖代を実現する経綸を行ない、ビクトル山に大神の玉の宮居を完成し、進んで神示のままに猪倉山の鬼春別らを言向和し道晴別らを救出し、玉木の里のテームスの婿に万公をとりもち、この里に理想の世界を実現される物語である。

(1)　神素盞鳴大神の御守護により、治国別の言霊の威力に救われて安泰になったビクトリヤ国も、刹帝利（太公）は老齢のため前途を思い、嗣子の一人もないのに胸をいためている。もともとビクトリヤ王には太公妃との間に五男一女があった。（アール、イース、ウエルス、エリナン、オークス、ダイヤ女）

王はある夜……五人の男の子が自分を放逐し、ビクの国を五分して各覇を利かし、国内を紊した……という凶夢を見たので、ビクトリヤ姫に深夜五人の実子を殺さんことを謀る。そして妊娠中の子供も男なら殺し、女なら助けよう…と言った。姫は王の気性を知っているのでひそかに五人の男の子をビク

トル山の峰つづきの照国ケ岳へ避難させる。兄弟は猟師となって生命を保っていた。ビクトリヤ姫に女の子が生まれ、ダイヤと名をつける。七才のとき、兄弟のあることを教えられたので、十才になると照国ケ岳へゆき、兄たちと淋しい山住居をつづける。

(2) 刹帝利の奥の間で、ヒルナ姫、治国別、タルマン、キユービット、エクスが小酒宴をひらいた。左守キユービットが「何とかして子を授かる法は……」と相談する。治国別は「刹帝利さまの五男一女を礼を厚くしてお連れ帰りになれば、立派に御世継が出来るでしょう」とすすめる。ほかならぬ治国別の言葉を力とし一同、一切を治国別に任せる。治国別の命令で、王の五男一女たちを迎えるために、照国ケ岳に松彦、竜彦、万公が出かけ、六人を説得して山を下り、治国別の館に日出の前にソッと帰って来る。

治国別は神示のままに、未明に帰って来た六名を入浴させ、鬚を剃りおとし、殿内からあずかった六人分の衣類を着替えさせる。いずれも気品高い貴公子然たる男子と美女である。万公とダイヤ姫は食事の準備をなし一同は朝飯を喫し、ゆるゆると山中生活の話や、また宣伝使の苦労話や愉快な話を交換し、ビクトリヤ城内の戦争談等をはじめて、一時ばかり面白おかしく時をうつす。

治国別は松彦、竜彦を城中に先発させてから、長男のアールをおくりとどける。城内ではアールを中心に神殿に拝礼し、直会の神酒をいただき王家の万才を祈った。ついで早速五人の兄妹を迎えとり、かつ治国別一同を招待し、祝宴をひらき神恩を感謝する。

(3) ヒルナ姫はアールにくらぶれば、親と子ほど年が違っている。だがアールはヒルナ姫を真の母のごとく尊敬し、ヒルナ姫もまたアール兄妹をわが子のごとくいたわり、陰になり陽になり親切を尽くす。刹帝利は余命いくばくもなきを悟り、アールをして家を継がしめ、弟妹五人にはビクの国を六つに分け、各その領分を定めアールの王家の藩屏として国家を守らしめる。イースにはプリンスを、ウエルスにはキングスを、エリナンにはカウントを、オークスにはヴィコンを授け、ダイヤ姫にはバアロンを与え、国の四方に領地を分かって永らく国家を守らしむることとした。このことはミロク経綸の一面を啓示されたものである。

(4) アールの妃を迎える必要が迫ったが、左守、右守の求めた配偶はアールの気に入らない。アールは隙あるごとに城内を脱け出し、ただ一人田舎をうろつくのを楽しみとしている。重臣たちが治国別に教えを請うと、しばらく好きなようにさしておくがよかろうとのことで、放任しておいた。

アールはビクトル山麓で百姓娘のハンナが気に入り、千言万語をついやして城中へつれ帰る。左守はおどろいて治国別に相談した。すると、「賛成です。利帝利様に取持って、話をまとめられるよう」とのことで、左守は早速に刹帝利に注進する。ヒルナ姫の「家庭が円満に治まり、国家が太平に治まれば宜いじゃございませんか、妾だって腰元から抜擢され、妃になったではありませんか」との助言があり治国別の進めた通りになる。

ここに、ビクトリヤ城の宮殿には刹帝利、ヒルナ姫を始め治国別の一行、タルマン、左守、右守、ハルナ、カルナ姫ならびに数多の役員が列を正し、治国別の媒介にて結婚式が行われる。このことが伝わり「政治大改革の象徴だ」と国民一同に期待される。

アールの王子が理想の妻、ハンナを娶ってから、国の政治日に月にひらけて国民は悦服し、ビクトル山の神殿に祭りたる国治立尊、日の大神、月の大神、神素盞鳴大神を朝な夕なに国民一般が信仰をなし、各その業を楽しみ、ミロクの聖代を地上に現出することとなる。

(5) 道晴別は玉国別のもとで祠の森の神殿造営に奉仕し、完成を見たのち、師の治国別のあとをたずねてライオン河を横切り、ビクトル山を右手に見つつシメジ峠の登り口までやって来た。そこに、三五教の宣伝使の救援を求めて来た玉木の里の豪農の僕にあい、テームス館に案内される。道晴別はシメジ峠の頂上に張番をしていたバラモン軍のフエル、ベットを霊縛し、テームス館までつれてゆき倉庫にいれておいた。

道晴別は里庄テームスと妻のベリシナを説き神殿をつくり、三五の大神をまつり簡単なお祭をすませ、ついで鬼春別、久米彦のたてこもる猪倉山に里庄の娘スミエル、スガール姉妹を取りかえさんと、ベット、フエルの軍服を番頭のシーナと二人で着用し、夜にまぎれて陣中に進み入る。

地理に精通したシーナの案内で、同じ軍服を着てまぎれ込んだのだから、見破られる気づかいもなく、妖瞑酒を兵士にのませると、三千の兵士は軍服をぬぎすてて赤裸になり、列をつくって、将軍の陣営さして突喊してゆく。

(6) ビクトル山から背進した鬼春別、久米彦両将軍は、猪倉山の五合目以上に兵舎をつくり、大雲山にまさる岩窟を整備して千代の住家となし、穴の入口にはスパール、エミシの副官がかたく守っている。

ここで部下の略奪して来た里庄の娘二人を、わが意に従わせようとして、またもや両将軍は女のとりあいをはじめる。

そこへマルタが、三千人の兵士が真裸体となってあばれまわる由を報告した。そこで私行上の争論を忘れて出て行くと、一同に乱暴狼藉をされる。

この騒ぎを利用して道晴別とシーナが、スミエル、スガールを助けて室内を遁げ出そうとすると、妖瞑酒の酔いからさめたバラモン軍に縛られ四人は別々に暗い岩窟の中に落とし込まれる。鬼春別、久米彦両将軍をはじめスパール、エミシ、シャム、マルタの幹部連は、将軍事務室に集まって今度の変事につきその原因を調べた結果、四人に相手にならないこと、変ったものを近づけないことを定めて一まず会議を閉じ、互いに相戒の軍規を厳粛にして、この要害を上下一致、死守することとなった。

(7) 話変って中有界の八衢においては、情死した六助と鎌子の審判。ついで藪医者や、人尾弁護士の審判、好色男子要助の取しらべられたあとへ猪倉山の岩穴で失神したスミエル、スガールや道晴別、シーナたちが、八衢の関所をおとずれて、赤の守衛から「立派な宣伝使の精霊が、貴方等を現界へ連れて行って下さるでしょう」と語るところに、火団となってきた治国別の一行が降ると見ると正気にかえり、治国別によって救い出されていた。

(8) ビクトル山の頂上には桧皮葺の社殿が完成し、大国常立の尊をはじめ三五教の大神をまつり、別殿には盤古神王をまつり、荘厳な祭典の式は無事終了した。治国別、刹帝利をはじめ一同が讃美歌を神前に奏上したのち、ホーフス(宮中)で大直会の宴がひらかれる。

(9) 治国別一行は宮中の直会にのぞみ、盛大なる酒宴をおわり一夜をここに明かす。朝未明よりビクトル山の神殿に、王はじめ一同は初詣りをした。

竜彦はたちまち木の花姫命の神懸となって「一国も早く西に向かって出立せよ。汝が徒弟道晴別は玉木の里の里庄の娘スミエル、スガールの両人を救わんとして、深き穴に陥し入れられんとしているから、一時も早く猪倉山に立ち向かうべし」と宣示される。

治国別はこのよしを刹帝利に告げ、刹帝利より賜わった駿馬にまたがり一目散に大原野に駈けりゆく。刹帝利一同はあと見送って感謝の涙に声をくもらせる。

(10) 治国別一行はシメジ峠を宣伝歌をうたいながら突破して、ようやくにして玉木の里のテームスの館につく。

治国別は大音声にて、「木花姫の神勅もてこの家の娘両人や道晴別を救わんとここまで急ぎ来つれども云々」と宣伝歌をうたう。門番の話でテームスは門をあけて、治国別を迎え入れた。

これより治国別一行四人は早速猪倉山に向かい夕闇をさいわい、ぬぎすててある軍服を身につけ、足音を忍ばせ、長い隧道をたどり行く。不思議にもこの時ばかりは神のお守りで暗夜の道がよく目についた。

治国別は鬼春別、久米彦将軍の部屋にすすみ、直接対談して言向和す。竜彦はこの間に天眼通によって四人の所在を知り、穴の底から引きあげ、鎮魂をほどこし、四人の息を吹きかえさせる。

鬼春別、久米彦両将軍は土下坐をしながら、ふるいふるい治国別に罪を謝する。治国別はいろいろとの誠の教を説きさとし、かつ鬼春別、久米彦、スパール、エミシの高級武官に、道晴別、シーナ、スミエル、スガールを一人ずつわざとに背負わしめ、ひとまず玉木村のテームスの家をさして神恩を感謝しながら帰りゆく。

〔附録神文〕

この神文は鎮魂帰神の神法を実施する際に、サニハが綾の聖地の神前に奏上する祝詞である。大本としては大正十年からは、鎮魂帰神の顕斎を神界より禁止されたので、それからは、この神文は本部の大道場において講師が大神さまに奏上するだけにとどめられた。

特　徴

○亀彦の治国別の活動を通して世界国家経綸の意義が示されている。

治国別は神示のままにビクの国の後継者をさだめ、三五の大神を新神殿に鎮祭して国を大磐石となした。

神示により治国別一行は玉木の村にすすみ、猪倉山で徒弟道晴別とスミエル、スガール、シーナを救出し、バラモン軍の鬼春別、片彦らを帰順させる。

○日本の古代史は束ねて筑紫の不知火の海に投じられ不明になっているために神示に従って霊界物語にのべられていること。

○神示の正宣伝使は現界はもとより霊界の宣伝使であると示されている通りに、治国別が霊界現界の救済にあたる。

霊界物語余白歌から（五）

三ツ魂五ツの魂の経綸にたちまち地上は天国と化しぬ

一人のみただ一人のみ難局をひらきて道の栄えを得たりき

弓張りの月を頭にいただきて高熊山にわれ登りけり

ともすれば曇りがちなる吾が心神の神書《みふみ》に洗ひ清むる

厳魂瑞の霊の御教に心を洗ふ人の幸なる

玉の井の清き泉にわが心洗ひ清めて神に仕へむ

吾が作と思へど可笑《をかし》さ堪へがてに吹き出だしたり校正しながら

和衣の綾の高天にわき出づる清水は瑞の御霊なりけり

真善美愛　午の巻

第55巻

口述場所　綾部＝教主殿
口述日時　大正12年2月26日、3月3日～5日
筆録者　松村真澄、北村隆光、加藤明子、外山豊二
初版発行　大正14年3月30日
著者最終校正　昭和10年6月13日

目次

登場神・人

〈玉木村〉里庄テームス、妻ベリシナ、長女スミエル、スガール、シーナ、お民（玉手姫）、アヅモス、アーシス
〈三五教〉治国別、松彦、竜彦、万公、道晴別
〈元バラモン軍〉鬼春別（治道居士）、久米彦（道貫居士）、スパール（素道居士）、エミシ（求道居士）、フエル、ベット
〈幽界〉羅刹
〈泥棒〉ベル、ヘル
〈清滝〉ベルツ、シエール
〈邪神〉妖沢坊（妖幻坊の兄弟分）
〈ビクトリヤ王の娘〉ダイヤ姫
〈ビクトリヤ城〉ビクトリヤ王、王妃ヒルナ姫、左守キユービツト、息ハルナ、妻カルナ姫、右守エクス

梗　概

序文は各行の頭字「明治三十一年如月九日高熊山の修行より今年大正十二年正月十八日まで満二十五星霜を経たり霊界物語の口述開始より十五箇月着手日数は二百日にして五十五編を終る」に、タテ各行三十九字ずつを追加して聖師の入道の由来と霊界物語編纂口述の大精神を明示されている実に尊い神文であり、全く大聖五六七の経文である。

(1)　治国別の言霊に帰順した鬼春別は、前非を悔い三五教に帰順し、信者となって神のため、世のために相当の働きをなし、世に隠るることをシヤム、マルタのカーネルに告げ、軍隊一般に向ってその由を伝達せしめた。なお各人は本国に帰って、正道に従い、家業を励むべきことを示達せしめる。三千の軍隊は、喜んで帰る者、思い思いの事業を考え身のふり方を定むるもあり、種々雑多の方向に別れゆくこととなる。治国別はまず第一に岩窟を出て、あまたの軍人が解散の命を受けて、一言もつぶやかず抵抗もせず素直に帰りゆくのを見て、まったく大神の御神力と、大地に静坐し、三五教の大神をはじめバラモン神および磐古神王の厚き守護を感謝し、いよいよ猪倉山を一行十二人は降りゆく。

(2)　鬼春別、久米彦、スパール、エミシは軍服をぬぎ、生まれ赤児の心になって、治国別一行に従い道晴別、シーナ、スミエル、スガールを背負って宣伝歌をうたいながら、玉木（玉置）の村の豪農、テームスが門前に無事に帰りつく。

(3)　テームス、ベリシナの夫婦は、あまりの嬉しさに治国別一行に、お礼の挨拶することを忘れてしまう。立腹した万公はその由をテームスに伝えたので、お礼の挨拶をせんと、鬼春別たちに間違って挨拶するコッケイな場面がある。そこに下女の案内で治国別一行があらわれたので、実否が判りテームスはふたたび鬼春別たちを憎悪する。そこへ下女下男が膳部を運び来たり、七人前しかないので万

公が立腹すると竜公が「万公は新養子さまだ」とさばくと、万公が喜んですっかり養子気取りになる。
(4) テームス夫妻と下僕アーシスは四人の介抱に全力を尽した。治国別以下八人の接待はアヅモスにまかせたが、治国別が急ぎ出立せんとするとき、せめて道晴別の病気全快するまでと懇願する。治国別止むを得ず、庭をめぐらした別宅に入りて、鬼春別たちに三五教の教理を日夜に説き諭していた。
(5) 万公は、主人気取りになり、下女のお民を相手にバラモンの軍人フエル、ベットも使役して、ご飯の炊き方や洗濯の指導をしているうちに、灰神楽のため、ご飯の炊き直しをすることとなる。
(6) ご飯に灰が入ったことから、下女のお民と番頭のアヅモスの喧嘩となったところに、アーシスが仲に入ってお民を助けたことから、話し合ううちに、アーシスは左守キユービットの落胤であり、お民はビクトリヤ王の落胤であることが判り、夫婦の約束をする。
(7) 治国別、松彦、竜彦の祈願によって、道晴別、シーナ、スミエル、スガールは、三日の後に全快した。テームス夫婦は、治国別一行の神徳を感謝し娘の本復祝いをする。この全快祝の前に、治国別外一同は神前に感謝の祝詞を奏上し、鄭重なる祭典を行なった。
テームスの衷心よりの感謝に対し治国別は「全く三五教の大国常立大神をはじめ奉り、数多の神々さまのお蔭です」と辞を低うする。テームスは「神様有難うございました。よくまア治国別さまご一行の体を通して、吾々一家にご神徳をお与え下さいました」と感謝し、ベリシナ、スミエル、スガールも心より感激した。

万公はすっかり若主人気取りになり挨拶をする。治国別が「これはこれは若主人さまでございましたか、イヤモウ大層なご馳走を頂きまして有難うございます」と答礼した。

テームスは不思議に思い、治国別に、その理由をただした。治国別は宣伝歌をもって、長女スミエルに番頭シーナを、次女スガールには万公別を、お民にはアーシスを結婚させるようにと神慮を伝える。

治国別の歌に対して、スミエル、スガール、万公、アーシス、お民は喜んで承諾の歌をうたった。

鬼春別一行も悔悟の歌をうたい一同に感謝する。しかし疑い深いテームス夫婦は、鬼春別の心の底からの悔悟の謝罪も信ずることができず、鬼春別の歌に一言の答えさえもしなかった。
(8) テームスは、鬼春別、久米彦、スパール、エミシの四人が悔悟して精魂全く純化し、真の真人の心境に到達したことを心底より信ずることが出来ず、表面治国別の前にては相当の取り扱いをしていた。けれども排斥気分が現われていた。

鬼春別はあらゆる侮辱を忍耐することができた。鬼春別は別室に入り、一は自分の改心のため、一はテームスの悪心消滅のために、バラモンの経典を大声に読誦した。

テームスは、聖経の始終を聞いてハッと胸を抱き、その場にガタリと打ち倒れ人事不省となる。治国別をはじめ一同はただちに神の大前に祈願をこらした。

(9) テームスの霊魂は地獄界にまよいこみ、祖先や一族の情態を見聞し、あらゆるなやみを味わう。羅刹に虐待をうけている時、天の一方より霊光かがやいて天降った鬼春別の姿に、羅刹は姿を消してしまった。テームスは心の底から感謝する。鬼春別は「吾精魂は神界の命によってエンゼルとなり、今ここに治国別宣伝使の命によって汝を救うべく下り来れり」と反省をうながして、紫の雲にのって中天高く帰りゆく。

テームスは地獄の中で、天津のりとを奏上して神の救いを祈るところに、万公は神人の姿で降り、テームスを背負って、地獄の世界をかけぬけて、大沼につきあたり、万公が宣伝歌を高唱すると、沼は青畳と変じたと見るまに蘇生することを得た。枕頭には治国別、鬼春別、万公たち一同が懇切に介抱をし、天の数歌をしきりに奏上していた。

(10) 蘇生したテームスは心の底から打ちとけて感謝し、和気あいあいとして神前にぬかづき、各祝詞を奏上し、テームスが再生の神恩を感謝した。

万公は神殿に参拝し、一同が打ちとけて談話する居間に神がかりとなって現われ、謡曲調で身魂の因縁について宣伝歌をうたう。ここにテームスの家系とスガールの婿としての万公の因縁が明らかとなった。

治国別は宣伝歌をもって、三五の教理をとき、なおも現界・神界・幽界に処する道を説き終って、大神の御前に感謝の祝詞を奏上する。

これよりテームス夫婦は、心の底から神の恩恵を悟り、広大なる邸宅を開放して立派なる社殿を造り、三五教の大神を鎮祭し、万公別をして神教を宣伝せしむることとなる。

宣伝使をさずけられた万公別はスガール姫を妻となし、テームスの家の世継となり、シーナは姉のスミエルと共に分家してこれに住み、アーシスとお民もまた、治国別の媒介によって夫婦となり、玉置の村の花と謳われ、三五の教を四方に宣伝し、神業に参加する。

(11) 鬼春別以下三人のバラモン組は治国別に許されて宣伝使と俗人との中間的比丘となり、スッパリと長髪をそりおとされ、テームスの心づかいによって、黒衣を仕立てて着せられ、金剛杖をつきながら、照国山ビクトル山の谷間に山伏の修業をなすべく、軍用に使った法螺の貝を吹き立てながら、宣伝歌をうたい進みゆく。

治国別は、鬼春別に治道居士、久米彦には道貫居士、スパールには素道居士、エミシには求道居士という戒名を与える。治道居士一行は途上、部下ベル、ヘル、シャルが強盗となりしを憐れみ、あわせて六千両をあたえると、三人は二千両ずつ分配し暗にまぎれて立ち去った。一行はシメジ峠をこえて、ビクの国へは立ち寄らず、照国山の谷間、清めの滝に向って一目散に進みゆく。

⑿　フサの国の玉置の村のテームスは治国別の教を聞いて、広い邸を開放し村人の共有とし、山林田畑も村に提供して共有となし、一団となって新しき村を経営することとなる。まず神勅によって大神の神殿を造営し、治国別が斎主となって盛大なる祭典をおこない、数百人の老若男女は盛典に列した。治国別は祝詞くずしの宣伝歌を奏上する。村の若衆は方形の大岩石を社のかたわらに据えて、赤心の供え物とした。万公、アヅモス、道晴別は音頭をとり、踊り子と遷座式の神酒に酔い、歓喜に浮かされて円をつくり、夜のふくるまで踊り狂い、にぎにぎしく祭典の式を納める。これより治国別、道晴別、松彦、竜彦の四人は、テームス一家に暇を告げ、ひとまずエルサレムをさして足を速めて出でてゆく。

⒀　ビク国の元右守ベルツと家令シエールは、治国別の進言によって死罪をすくわれ百日の閉門を申しつけられしを逆恨みをなし、妖幻坊の魔法を習って、ビクトリヤ城を転覆し、自分は刹帝利となり、シエールを左守に任じ、一国の主権をにぎらんと、照国岳の谷間清めの滝で水垢離をとり、七日目の夜に魔神妖沢坊が教えたとうり悪食をつづけ、三十日ばかりして蠑螈の毒があったのか、ベルツは重態におちいる。シエールはウラル彦、妖沢坊に祈願した。

一方ダイヤ姫はビクトリヤ王が重病のために、ひそかに清めの滝に打たれて父王の病気平癒をいのりつつあった。シエールはダイヤ姫を天使と思いあやまり祈願の由をのべた。ダイヤ姫が名のると、ベルツとシエールは、ダイヤ姫を殺害せんとする。そこへ、法螺貝を吹きながら、治道居士一行が修行に来たために、ベルツ、シエールは雲を霞と逃げ去り、ダイヤ姫は救われる。

⒁　ビクトリヤ城では、ビクトリヤ王の重病とダイヤ姫の行方不明を心痛するところへ、玉置村のスガールの花婿となった万公別が、シーナ、スミエル夫婦やお民アーシス夫婦をつれて来訪した。万公別はビクトル山の玉の宮に詣で、隆靖彦、隆光彦の二柱のエンゼルが「刹帝利様はベルツ、シエールの怨霊が悩めているから、早く汝はホーフスに入りお助け申せ。さうしてダイヤ姫は両人に苦しめられお命も危い所四人の修験者に助けられ、やがてお帰りになるから御心配なさらぬやう、お知らせ申せ」と知らされたことを伝える。

ビクトリヤ王は万公別の語ったように全快して、万公別一行に面会される。ここでお民（玉手姫）は父王に面会し、アーシス（モンテス）は左守キユービットの父に芽出たく面会することができた。

そこへダイヤ姫は治道居士一行に守られて帰城する。刹帝利は二人の姫にめぐり会い、うれし涙を浮かべながら、三五教の大神に感謝の祈願を奏上する。左守も吾子に会いし嬉しさに合掌し感謝の辞を奉る。ハルナは兄モンテスと会って兄弟の名のりをあげて悦び勇む。玉手姫は父と妹ダイヤ姫に面会して歓喜の涙にむせぶ。

⒂　さて治道、道貫、素道、求道の四人の修験者は、ビクトリヤ王の依頼によって玉の宮の守護役となり、頭を丸めて三五の教を四方に宣伝し、代るがわる各地に巡錫して衆生済度に一生をささげる。頭髪を剃り落とし教を宣伝にまわったのは、この四人が嚆矢である。ビクの国の玉の宮から始まったのだから、後世頭を丸め衣を着て宣伝する聖者を比丘と名づくることとなった。

特　徴

○霊界物語には神の眼から見て真理にかなうものはすべて採用されているが、本巻はバラモン教の経文を引用されている。

霊界物語余白歌から（六）

古の神代の奇しき物語に朝夕吾は御魂を砕きつ

心血も涸れなむとす骨も肉も砕けなむとす物語して

国直日主の命のいさをしは弥勒を待ちて現はれますかも

物語聞く度毎にわが胸は蓮の薫る心地なりけり

わが胸の曇りを払ふ物語読む人神の御使と思ふ

村肝の心の塵を払はむと暇あるごとに物語読む

和衣の綾の高天の鶴山に月日天降りて道を明せる

久方の高天原より吹き下す御教の風に世は靡くなり

白梅の教は四方に薫るなり世の大本の神の守りに

開祖神綾部に道を説きたまひわれ亀岡に宣伝をなす

神つ代の神の御典《みのり》を国人に認識せしむるは急務なりけり

地の上の一切万事の矛盾をばわれ神典に依りて正さむ

真善美愛　未の巻

第56巻

口述場所　綾部＝教主殿
口述日時　大正12年3月7日、14日、16日、17日
筆　録　者　加藤明子、松村真澄、北村隆光、外山豊二
初版発行　大正14年5月3日
著者最終校正　昭和10年6月14日

目　次

登場神・人

〈テルモン山〉小国彦、小国姫、デビス姫、ケリナ姫、オールスチン、ワックス、エル、パイン、エキス、ヘルマン

〈泥棒〉ベル、ヘル、シヤル

〈中有界〉高姫、六造、エンゼル文治別
〈三五教〉求道居士、三千彦
〈霊犬〉スマート

梗　概

「序文」には、霊界物語を横臥しながら口述発表される理由をのべてある。

「総説」には、「この物語を口述する趣旨もまた人生の本義を世人に覚悟せしめ、大本の教の真相を天下に照会し時代の悪弊を祓ひ清めて地上に天国を建て、人間の死後は直ちに天界に復活し、人生の大本分を尽さしめ、神の御目的に叶はしめむとするの微意に外ならない」と物語発表の真意がのべられている。

「附言」には、霊界物語第一巻第三七章にしめされた顕国の御玉が、鳥取県森岡直次郎氏より大本に献納された経緯がのべてある。

⑴　この巻の冒頭に天界、地獄の図がかかげられてあり、第一章神慮には、大神の統治と地獄の関係が述べられてある。

⑵　フサ（イラン）と印度との国境テルモン山の神司小国別の二女ケリナ姫は鎌彦と恋におち、テルモン山の山続きエルシナ谷の山口に愛の巣をいとなんだが、鎌彦が行商に出たまま一年たっても帰り来たらず、かけおちした身は何処に頼るところもなく、エルシナ川のほとりでながめるうちに崖下の水中へとびこんだ。

この谷川の端で、治道居士一行から貰った六千両を使いはたして、すっかり泥棒となってしまったベル、シヤルが談合しているところに、水の音がきこえて、ヘルとシヤルは投身者をすくわんと生命がけで、ケリナ姫を救いあげる。

ケリナ姫の美貌のため、ベルとヘルの美人争奪戦となった。ケリナは木の上で難をのがれるとき、三人が青淵にころがりこんだので、ケリナ姫も、恩人が青淵に陥ったので「助けにゃならぬ」と青淵に跳び込む。

⑶　ケリナ姫は八衢の草原を鎌彦を求めて北へ北へ進み行く。鎌彦にめぐりあうと、鎌彦はケリナ姫の兄弟ベルジーを殺したことを語った。そこへ鎌彦を殺したベル、シヤル、ヘル一行が現われる。

八衢の関所にてベルは赤の説教をうけて倒れた。ヘル、シヤル、ケリナ姫は白赤の守衛に取調べられ、寿命の残っていることをきき、命のまにまに東に向って進みゆく。

途中、六造と出あうところに高姫があらわれ、その家にさそわれて霊縛される。ベルもここに来て霊縛された。

ここに求道居士の精霊が降って神教をとき、ホラ貝を吹きたてると、フッと気がつく。ベル、ヘル、ケリナ姫はエルシナ川の川べりに求道居士に救いあげられていた。シヤルは高姫に信従したため、寿命が残っているのに蘇ることが出来なかった。

求道居士はベル、ヘルを従えて、ケリナ姫を送ってテルモン山の小国別の館へ進みゆく。

(4) 八衢に迷い切った高姫を救うために、文助の向上した第二霊国のエンゼル文治別は、天人を引きつれて、救いの手をのばしたが、高姫には天人の姿がかえって鬼の姿に見え、命からがら逃げまわり、どうしても救いの手をのべることができなかった。

(5) 求道居士に救われたベル、ヘルはまた悪心をおこし、求道居士の懐中をうばい、ケリナ姫をわがものにせんと計画する。ベル、ヘルのために、求道居士とケリナ姫が棒千切で打ちころされんとしたとき、第一霊国より月照彦命が大火光弾となって天降りたもうたので、ベル、ヘルは雲を霞と逃げ出す。求道居士とケリナ姫は、火団の落下の音に気がつき、エンゼルに感謝し、その神教を肝に銘じ、天の数歌を称えながらテルモン山さして進みゆく。

(6) 火団の落下におどろいたベル、ヘルは、テルモン山の峰つづきスガ山のアンブラック滝ににげ来るところへ、デビス姫は父の小国別の大病を治さんとして、ひそかにアンブラック滝にきたり修行していた。その帰途をおそい格闘のすえ気絶させ、デビス姫の身につけた宝石をもぎ取らんとして、ベル、ヘルは大喧嘩となり、二人とも倒れてしまう。

月照彦命に救われた求道居士は、ケリナをともなって宣伝歌をうたいながら方岩のところで、デビス姫を救いあげ、ついで血みどろで倒れているベルとヘルを助ける。ヘルは心の中から悔悟したが、ベルは宝石を奪いとり何処となく逃げ去った。

求道居士はヘルの背中にデビス姫を負わせ、神言を奏上しながらケリナとともに後先になって、月夜の露路をふみ分け、テルモン山の神館をさして帰りゆく。

(7) 玉国別一行は、ライオン河を渡り広野のなかで露の宿をとるとき、バラモン教の落武者数百名に取りかこまれ、剣と石でせめられ、言霊を力かぎりに打ち出したが、伊太彦が敵の槍先に股をさされて倒れたので、真純彦が小脇にかい込み、敵の重囲を切りぬけ何処ともなく逃げゆく。

三千彦も命カラガラ囲みを突破し、玉国別の跡をたずねつつ、テルモン山から流れ落つるアンブラック河の川辺に着いた。

三千彦は小声に天津のりとを奏上して師と友人の無事を祈る。

三千彦は川の堤の上に蚊にたかられて眠っていると、レコード破りの川風に泥田の中に吹きこまれ、チクチクと身は泥田に没し生命は風前の燈火となった。三千彦は天津のりとを奏上し、「せめて精霊を天国に救わせ玉え」と声をかぎりに祈るおりしも、初稚姫の派遣された霊犬スマートによって救いあげられる。

三千彦は着物を川の中で洗ったが、一面に蛭が喰いついて、着物を身につければ血を吸われる。困り切っているところへ、再びスマートが立派なバラモン教の宣伝使服を喰わえて来たので、「バラモン教の宣伝使と化け込んで、このテルモン山の方向へ渉ってみよう」と手早く服を身にまとうた。スマートは初稚姫のもとへ帰った。
(8) 三千彦は西岸へつき、バラモンの宣伝使気取りになって、経文を唱えながら進みゆく。そこに六十ばかりの白髪まじりの小国姫が二人の侍女をつれてちかづき、テルモン山の館へ立ちよることを依頼される。
三千彦はスマートの精霊に守られながら、アンブラックと名のり、小国姫にみちびかれて、テルモン山の神殿にいたり、小国姫とともに小声で、バラモンの経文を唱え、懸命に祈った。スマートは館の床下にかくれ三千彦を守っている。
(9) 三千彦は小国姫の居間に招かれ、「テルモン山はバラモン発祥の地で大黒主から預かった如意宝珠が紛失し、百日中に発見せなければ夫婦は死して詫をせねばならない。そのため夫小国彦は大病に罹り、命旦夕に迫り、また妹娘ケリナは仇し男と家出して行方も分らず、何卒ご神徳を以って玉のありかをお知らせ下さい」と依頼される。
三千彦は天眼通が利かないので一言も答えることが出来ないので、神殿にすすみ真剣に祈ると、スマートの精霊が三千彦にかかって「玉国別一行は近日中にこの館で面接できる—如意宝珠は家令の伜ワックスが、ある目的のため隠しているので、只今現われる—、小国彦は暫くの寿命である—娘ケリナ姫は三五教の修験者に助けられ近い内に帰り来る」と知らせる。

三千彦は小国姫にその由を伝えた。家令オールスチンは「玉は相当の役員の息子が、ある目的で匿している」とききなお小国彦の「ワックス、ワックス」というウワ言に感ずるところあり、わが家へ急ぎ帰る。無頼漢エキス、ヘルマンと伜ワックスの話によって玉のことを知り、如意宝珠を小国姫に返還した。

三千彦はオールスチンが伜の大罪に自害せんとするをとどめ、はじめて三五教の宣伝使と名のったうえ、宣伝歌によって至仁至愛の神慮をのりつたえる。オールスチンおよびワックスは神恩を泣謝し、玉を奉侍して小国彦の病室に罪を陳謝するために、小国姫、三千彦とともに進み入る。

小国彦は如意宝珠を見せられ双手を合わせて感涙にむせぶ。
(10) ワックスは玉を探し出したからデビス姫の婿にせよとぐずり出したが、三千彦と小国姫にことわられ、やけ糞になって表門から駈け出した。小国姫は玄関番のエルにワックスの追跡を命じる。あわて者のエルは皆まで聞かず門外へ駈け出し、柿の木につながれていた大牛に頭突きし睾丸の端を踏みにじられて或る家にかつぎ込まれ、「玉をさがし出したワックスがデビス姫の婿になる――小国彦が絶命された」と伝える。これを聞いた老若男女は、「玉が入手し、小国彦は国替え、ワックスがデビス姫の婿にきまった」と一軒も残らず布令まわる。たちまちテルモン山の麓の町は、館へ悔みに行くもの引きもきらずにわかに大騒ぎとなる。

そこへ、求道居士がデビス姫、ケリナ姫を助けて進み来る宣伝歌のうた声が涼しく町はずれの方から聞こえてきた。

町総代のパインが、小国彦の昇天とデビス姫の婚礼との挨拶に来たので、小国姫は全然否定し、黒山のような弔いと祝いの客への応対をパインに依頼した。この由をきいた群集は「小国彦万才」を三唱し、あっ気に取られ、拍子の抜けた顔をして帰りゆく。

⑾　ワックスは宮町の四辻で盛んに演説を始め、「三五教の三千彦という悪神が如意宝珠の玉をかくし、宮町一同を小国彦の同類と見なして、打ち亡ぼす計画をしている。小国姫をチョロまかし、小国彦を病気に致し弱らせて命を取り、デビス姫の婿になる悪企みをしている。一同力をあわせて三千彦という悪人をこらしめて下さい」と怒鳴る。群衆の中には、全部真実と信ずるものもあり半信半疑の者もあった。

しかし、バラモン教の館の中に三五教の者が来ているということが分かり、にわかに皆が怒り出し、脛腰の立つ奴は群衆心理とやらで再び館に取って返し、潮の押し寄するがごとく館の表門にヒシヒシと詰めかける。

特　徴
○第一〇章「十字」に、天の数歌の尊いことを示し、大本の神観と従来の神観とを比較されている。
○神愛と自愛について解説されている。

霊界物語余白歌から（七）

古の聖も未だ説かざりし弥勒胎蔵の吾は道説く
天地の神の御旨を明らかに悟るは是の神書なりけり
天国や中有界や地獄道詳細《つぶさ》に覚る神の書かな
日と月を重ねて見れば此書のまことの心明らかとなる
根の国の高天原に在る我はこの物語生命なりけり
物語読む度ごとに根の国も高天原の心地するなり

真善美愛　申の巻

第57巻

口述場所　鳥取県伯耆国皆生温泉＝浜屋旅館
口述日時　大正12年3月24日～26日
筆　録　者　加藤明子、北村隆光
初版発行　大正14年5月24日
著者最終校正　昭和10年6月15日

目　次

登場神・人

〈テルモン山神館〉小国彦、小国姫、デビス姫、ケリナ姫、オールスチン、ワックス、エル、オークス、ビルマ、エキス、ヘルマン、タンク、トンク
〈三五教〉三千彦、求道居士
〈元バラモン軍人〉ヘル
〈中有界〉赤・白の守衛、高姫、シヤル、鰐口曲冬
〈バラモン教〉ニコラス宣伝使、ポリト、バット、リーベナ、ハンナ、マリス、ルイキン
〈エンゼル〉隆光彦
〈霊犬〉スマート

梗　概

前巻にひきつづき三五教の三千彦が、神の御加護と霊犬スマートの応援によって、テルモン山の神館を平和に治める物語である。

「総説歌」には、大本神の神業発動として、世界改造のためにエスペラントをはじめ新精神運動が勃興し、世界の国会〈神柱会議〉開きが始まり、十二の支流が一つの海に入る経綸の実現となるのであるから、神業経綸の主である海潮すなわち出口聖師の心の中を理解してほしいとのべられている。

(1)　大本の神教の原流三五教を神さまからアナナヒ教と申されるのは、大神の直接内流を受け、愛善と信真を唯一の教理となし、四魂を活用し、神の生宮として天地経綸の主宰者の実をあげ、衆生一切を済度するをもって唯一の務めとしていたからであると示されている。

外道とは天地惟神の大道に外れた教である。外道には九十五種あるが最も主なるものは、カビラ・マハールスで大黒主のことである。この大黒主より天下を攪乱した外道の中で最も勝れた六師外道について説示されている。

ついで仏説の十二因縁にもとづいて、人生の行路を示し、九十五種外道より離脱せしめて、全人類をして一人も残らず天国の住民とするために、神さまが厳瑞二霊を地上に降された理由を示されている。

(2)　印度とイラン国の国境にあるテルモン山の神館の奥の間には、小国彦の病ますます重く、小国姫、家令のオールスチンはつききりで看病した。来迎された日天子、月天子は三千彦の祈願を入れて天上に帰りたまい、小国彦は正気に復し、娘に憧れながら眠りにつく。

そこへワックスに煽動された群衆が雪崩のごとく押しかけて来て、オールスチンを突きとばし踏みにじり、三千彦をとらえてテルモン山の山奥の岩窟に押し込める。

ついで、求道居士に救われて神館へ帰り来るデビス姫、ケリナ姫、ヘルをも縛りあげ、三千彦を放り込んだ向かう側の谷

間の岩窟に一人ずつ閉じこめた。

町民が勝関をあげて各家に帰ると、バラモン神を祭る金銀製の香炉や水鉢が紛失している。そしてオークスの偽言にあやまられて、ますます三五教の宣伝使を憎み、ワックスを神のごとく尊敬することとなる。

(3) 家令のオールスチンは、ワックスにわが家にかつぎ込まれ介抱されて息を吹き返したものの、発熱ひどく日夜苦悶しつづける。

神館の小国彦は、仮死状態におちいり、デビス姫、ケリナ姫の行くえとともに、力とたのむ三千彦の行くえも分からなくなり、小国姫は悲痛のふちに沈み、生きた心地もしない。

館の中はオークス、ビルマが切りまわしていて、小国姫が相談をすると、わが慾望を達せんと法外の昇進を申し出たが、重態の小国彦は、二人の不遜の態度をいかり、免職を申しつける。オークス、ビルマは受付のエルを加えて、勝手な熱を吹く。これをきいたワックスは大便を長柄の杓に入れて、三人の顔にふりかけ逃げ出そうとして、つまづき倒れ、糞まぶれとなる。

(4) エンゼルに助けられて出獄した三千彦はスマートとともに神館に帰り、小国姫をはげました。

ワックスは病室の小国彦に、自筆の虫のよい書類に強制捺印させようとする。そこへスマートが出現して、ワックスをくわえて門外にほり出してしまう。

ふたたびワックスに煽動された宮町の連中は館におしかけ、三千彦が門外に出てみると寄ってたかってふん縛り、アンブラック川に投げ込んでしまう。

(5) 第二篇の顕幽両道には、八衢における高姫の精霊の妄動ぶりを中心に、鰐口曲冬との問答、アンブラック川に投げ込まれた三千彦の精霊との問答。曲冬が八衢の審判所で赤の守衛から取調べられる有様などについて述べられている。

(6) 三千彦がアンブラック川からスマートによって助け出されたことを知ったワックスは心も心ならず、強力な団体を組織し三千彦を威喝し、自分の悪事の暴露を防がんと千思万慮の結果、テルモン山の議事堂で悪酔怪という弱きをくじき強きを助けるという結社をつくり自ら会長となり、三千彦に対抗することとなる。

(7) 三千彦はスマートに案内されてテルモン山の岩窟から、ケリナ姫、デビス姫を救い、神館につれ帰って小国彦と対面させ、ついで求道居士、ヘルを助けテルモン館へみちびく。

(8) 小国彦の病は二人の娘が無事帰ったことで元気づき、容態を持ちなおした。小国姫をはじめ家族一同の喜びは譬えようもない。求道居士、ヘルの負傷もケリナ姫の看護によって日に日に快方に向かい、庭園を散歩できるまでになる。

三千彦とともに離れの間で、大神に館の無事を祈願したデビス姫は、翼琴の糸によせて心のたけを願いあげ、結婚の希望をのべる。三千彦も決心の臍をかため返し歌をうたった。月夜の庭園では、求道居士もケリナ姫から求婚を迫られて、石に誓ってその旨を約する。

(9) ワックスに煽動され、テルモンの神館に押しよせた悪酔怪員と群衆が門内に乱入せんとするや、スマートは山岳も揺るぐばかりに唸り出した。その雷声にワックスと群衆がひるむところを、スマートは悪酔怪員のみを咬み倒した。群衆は生命からがら逃げ散る。

(10) ワックスが吾が家に帰ると、虫の息の父のオースチンはニタリと笑って瞑目する。ワックスは看護婦のトランクから現われた白い煙の化物に腰を抜かしている間に、オークス、ビルマは畳の下から、オールスチンの隠しておいた金銀の小玉を引っ張り出しトランクに詰め込み、ワックスに見せびらかして逃げ出す。

(11) エルの報告により、オールスチンの死去を知った宮町の住民たちは、ワックス館の倉におしかけ、家令の遺品に各自の名札をつけ終ってから、ワックスの前に来て義理泣きの挨拶をする。

オールスチンのコルブスは比丘の読経ののち、ワックスの意志によってテルモン山の墓地で、天葬式に付される。

(12) 天葬式もすみ、ワックス館での御馳走の暴飲暴食の最中に猛犬スマートがあらわれたかと思うと、鉄瓶に化けて熱湯を吐き出したり、薬鑵に変ったり、ついでオールスチンの姿となって一場の演説をなし、最後に麗わしき若き天人の姿となって、テルモン山の山奥さして姿をかくす。

この猛犬スマートを平らげようと、酒の力をかりタンクが先頭に立って進みゆくと、オークス、ビルマが谷底に落ちてトランクから金銀をぶち撒けていた。タンクは身をおどらして谷底に飛び下り、手早く二、三千両をひろい何処ともなく逃げゆく。エル、ワックス他数十人は宝の争奪戦を始める。

(13) 小国彦の神館では、オールスチンの帰幽報告祭が三千彦を斎主として行なわれた。

そこへ、ハルナの都の大黒主の使者ニコラス大尉は六人の従者と数十人の兵士を引きつれて来たり、「外道の宣伝使三千彦を囲っておるか」とただした。小国姫は、三千彦が如意宝珠の玉とテルモン山の神館を守ってくれた由をのべ、自らを犠牲にせんとしたが、三千彦とデビス姫、求道居士とケリナ姫も夫婦となったことを告げ名のった。ニコラス大尉は従者に命じて、四人に縄をかけ天下のみせしめと門前の広場に杭につなぎおき、館に引きかえして小国姫にその由をつげる。小国姫は悲嘆のあまり自害せんとする。そこへスマートが現われ懐剣をもぎ取ってしまった。

隣室から三千彦の声で天の数歌がきこえると、小国姫から金色の光が放射して、ニコラスはじめ六人は眼くらんで倒れる。気がつくと、三千彦一行四人が姿を見せる。ニコラスはふたたび部下に命じて四人を縛し、元の門前の杭にくくりつけ、神館の奥に入り、小国姫、ヘルをも縛りあげて門前の広場に引きつれて行く。だが、またしても六人とも姿が見えなくなった。そしてニコラス大尉一行は、禿鷲から頭をこつかれ同志打ちをはじめ、大地をあけにそめる。

⒁　この時、空中から音楽ひびき、隆光彦のエンゼルが天降り、宣伝歌をもって事の真相を、ニコラス大尉に教えて、月の霊国へ帰りたもう。

禿鷲にこつかれた傷もいえ、兵士たちの顔色も生き生きとして来た。

ニコラス大尉は、六人の士官をつれてふたたび館の中に進み入れば、小国姫、三千彦をはじめ縛り上げた人々は、嬉しげに酒宴の最中である。ニコラスはここに翻然として悟り、神徳の広大さに感涙をながして、三千彦に無礼の罪を謝した。

このとき館の外には、山岳もゆるぐばかりの喊声が聞こえて来た。一同は何事ならんと様子をうかがっている。

スマートの「ウワッウワッ」という声は耳をつんざくばかりに四辺の木霊をひびかしている。

ちなみに、これは玉国別がアンブラック川を渡り、宮町の神館へ向かって近づくことによっておこった、騒ぎであった。

特徴

○アナナヒ（麻柱）の大道と、外道について、仏説を借りて示されている。

○初稚姫の使者である霊犬スマートの活動が示されてある。

○テルモン山とは日本に最も因縁ふかき性格の国家であるから、第二次世界大戦時代の日本の国状とそのままである。

霊界物語余白歌から（八）

いたつきの身を横たへて述べおきしこの物語は月の血の露

神の国霊界聖談など読みて秋の長夜を天国に遊ぶ

熱湯のたぎる音をば聞きながら神の御書にこころを洗ふ

宣伝歌声高らかに読み上げて胸に神国の花を手折りつ

国々の聖人《ひじり》もかつて悟らざる誠を明かす是の神書

月清く雲間を出でて地に降り伝達したる珍の書かな

陸奥《みちのく》の安達ヶ原と思ひしにこれの神書《みふみ》は天津神国

真善美愛　酉の巻

第58巻

口述場所　鳥取県伯耆国皆生温泉＝浜屋旅館
口述日時　大正12年3月28日〜30日
筆録者　北村隆光、加藤明子
初版発行　大正14年6月15日
著者最終校正　昭和10年6月15日

目次

登場神・人
〈三五教〉玉国別、伊太彦、三千彦、真純彦、求道居士
〈霊犬〉スマート
〈悪酔怪〉ワックス、エキス、ヘルマン、タンク、トンク
〈バラモン軍〉ニコラス大尉、イール軍曹
〈テルモン山神館〉小国彦、小国姫、デビス姫、ケリナ姫
〈バラモン軍人〉ハール、ヤッコス、サボール
〈海賊〉デブ
〈囚人〉ダル、メート
〈船頭〉イール
〈イヅミの国スマの里〉バーチル、サーベル、アンチー、アキス、カール
〈猩々島〉猩々の王、小猿の群
〈キヨの関所のバラモン軍〉チルテル、テク

梗　概
本巻は、玉国別一行が三千彦をたずねて、テルモン山の神館でめでたく会合し、神館と宮町が平和に治まるのを見定め、デビス姫を三千彦の妻として、神素盞嗚大神のメッセージを達成するために、テルモンの湖を初稚丸に乗りて渡り、ツミの島、猩々島、フクの島にたちより、バーチル、アンチー等を救い、イヅミの国スマの浜辺に上陸し、天王の森のバーチル館におちつき、バーチル主従の救命感謝の祭典がおこなわれ、里中あげて万歳楽の歓を尽す。そこへキヨの港の関守バラモン教のチルテルが三五教の宣伝使を逮捕に向かったが、祝酒を見て使命を忘れ、ガブのみを始めたところまで、述べられてある。

「総説」には、物語の文体は神示に従って、老幼婦女子にも解しやすきよう極めて平易に、卑近な言語を使用して新明の深き大御心を悟らしめんと努め、一人なりとも多数の人々に解しやすく徹底しやすからしめんとされる至情より口述された由をのべられている。

(1) 玉国別は姿を見失った三千彦をさがし求めて、真純彦、伊太彦とともに、紫雲たなびくテルモン山にひかれて、アンブラック川を渡り、待ちうけていた悪酔怪長ワックスの引率する無頼漢にとりまかれ、石の雨の中を天の数歌をとなえて進みゆく。石は伊太彦の向脛にあたり、衆寡敵せず打ち据えられ危機一髪のとき、スマートがあらわれて二声三声叫ぶと、無頼漢一同は兵士の応援を受けんと一人残らず駈け去り、スマートとともに玉国別一行は宣伝歌をうたいながら急坂をのぼり行く。
ワックスの依頼にバラモン軍の軍曹イールは、ニコラス大尉の許しもうけず五十の軍人をひきつれて、玉国別一行を迎えうつ。一行が宮町の十字街頭の鐘路につくと、家の中より矢

を射かけられ、前方からはバラモンの兵士が長槍をしごきながら進み来る。後からは老若男女がワイワイと鬨をつくって押し寄せて来る。

スマートは「ウワッゥウワッ」と戸障子を震動させて吠え猛ると一同は肝を麻痺させ、矢の玉も、鬨の声もとまり、バラモン兵士は館の馬場さして一目散に駈けり行く。玉国別一行はバラモン軍の後を追い進み行く。

ワックスらの悪酔怪員とバラモン軍とが入り乱れて争闘する中を、玉国別、真純彦、伊太彦はテルモン山の神館の表門をゆうゆうと進み入る。スマートは門口より一生懸命に「ウワッゥウワッ」と喚き立てる。

(2) テルモン山の館の奥の一間では小国姫、ニコラス、三千彦そのほか一同がうち解けて神徳話に余念なく、懇親を結んでいたが、門前のさわがしさに三千彦と士官ハンナが表門に出て見ると、師の玉国別と二人の良友であった。一行は三千彦に案内されて神館の奥殿に進み入る。

(3) 士官ハンナはバラモン兵士と悪酔怪員の争いを治め、スマートの叫ぶままに、ワックス、エキス、ヘルマン、エルの四人を縛し、馬場の大杭に縛りつけた。

後任の悪酔怪長には金銀の小玉をまき散らしたタンクとさだまる。会員はタンクのみちびくままに神館の門内に進み入った。タンクが「悪酔怪一同はこれから御国のためにつくしますが、それについては、ワックス、エキス、ヘルマン、エルを処罰されたし」と歌をもって挨拶したのに対して、三千彦はまた歌で「悪酔怪を解散してテルモン山の聖地を守りましょう」とすすめ、和気あいあいの中に悪酔怪を解散し、町民一同打ち揃って神館に恭しく詣で感謝祈願の言葉を奏上した。たちまち瑞祥がテルモン山にあらわれる。

(4) 町民一同は懲戒のため、ワックス以下四人に笞を加え追放するように主張した。三千彦の説得もみのらず、町の不文律はにわかに破るわけにはゆかぬというので、三千彦は止むを得ず笞刑を許した。ワックスには千の笞、外の連中は五百ずつの笞を加えて放逐することとなる。三千彦は暗夜をさいわいひそかに四人の尻に銅《あかがね》の金盥をくくりつけて、素知らぬ顔をしている。タンク、トンクは松明《たいまつ》の火の下で、音頭をとりながら、四人を打ちすえて、縄を解く。四人は金盥を残して逃げ出した。

(5) 玉国別は、三千彦からテルモン山の神業が終了したので、早速ハルナの都へ進発されたしとのすすめをきき、真純彦はじめ一同の意見を求め、デビス姫を三千彦の妻とさだめ、和気あいあいとして盃を取りかわし、後事を求道居士に一任して進発する。

(6) テルモンの神館を出て、三千彦、真純彦、伊太彦、デビス姫と宣伝歌をうたいつつ、にぎにぎしく笑い興じながら三里の急坂を越え南下して、テルモン湖のほとりに着く。東西百里、南北二百里の大湖水は金銀色の魚鱗の波をたたえ、洋々として静かに横たわっている。

(7)　玉国別一行は漁船に二百両もとられて乗船し進みゆく。湖上遠く出ると船底から、ワックス、エキス、ヘルマン、エルがあらわれて大刀でおそいかかった。玉国別は天の数歌を奏上すると、にわかに暴風吹きおこり、船頭は櫓のつかにはねられて湖中にしずみ、船は如何ともする道がなかった。そこへ初稚姫は新しい船を、七八人の若者にこがせて近づき、玉国別一行を救いあげる。初稚姫はスマートの背にのり、浪の上を矢のごとく、一行の視線から離れてしまった。初稚丸は微風に帆をはらませ走りゆく。ワックスの乗っていた大船は船頭を失ない水面にキリキリ舞いをしている。

(8)　初稚丸は順調に湖の中央にすすむと、ツミの島に五人の男が乱闘しているのを見て、これを救いあげる。ダル、メートの囚人と役人のヤッコス、ハール、サボールであった。途中、海賊船七八艘に取りかこまれたが、賊船頭のヤッコスの言葉によって一応難をのがれる。だが、流れの都合で、猩々ガ島の近くを通る。その時、人らしいものを見とめて近より見れば、イヅミの国の豪農バーチルであった。バーチルを救出した船は、三年間妻とした猩々姫や子供との別れの悲劇を見ながら、ヤッコス、ハール、サボールの三人をこの島に残して出発する。船は魔の海といわれるところ　入りこみ、周囲二十五町のフクの島に近づく。またもや猿のごとき怪物が手招きしている。伊太彦、バーチル、メート、ダルの四人が危険をおかして渡島すると、バーチルの番頭で三年前難破し行方不明となったアンチーであった。かくして初稚丸はアンチーも救いあげ、途中、ふたたび現われた海賊船も玉国別の天津のりとの言霊に打ちはらって、イヅミの国をさして進みゆく。

(9)　バーチルの妻サーベル姫の神がかりによって、アキス、カールの二人はスマの浜辺で主人の船待ちをしている。そこへ、二百余里の船旅をおえた初稚丸は白帆を畳んで磯辺に着いた。バラモンのスパイのテクは玉国別の瓢の醍醐味に心機一転して案内者となり、バーチルの頼みで番頭を引きうける。

(10)　バーチルは玉国別を先頭に、アヅモス山南麓のバーチルの邸宅に三年ぶりに帰り着く。バーチルは一行を案内して奥の間深く進み入ったが、妻のサーベル姫が見えない。わが居間に宣伝使と進み見ると、サーベル姫は床の間に胡座をかきニコニコとして迎える。これは猩々姫がさきに憑依して、バーチルの帰るを待っていたのであった。そしてサーベル姫に神がかりした猩々姫の話によって、バーチル家の因縁が明らかとなる。

玉国別一行は、鄭重なる饗応をうけ、神酒を汲みかわし、主客うちとけて、互いに神恩を感謝し祝歌をうたいあげる。玉国別は宣伝歌をもって、バーチルに神教を伝達した。

⑾　バーチル、アンチーが三年ぶりに無事帰館した感謝の礼祭について、バラモン教徒の家で、大本式の祭典をする方法について示されている。特に、他の宗教でまつった神霊や祖先の霊を三五教式に改式するときの、祖先の霊界の生活について明示されている。バーチル、アンチーの無事帰還の礼祭は、玉国別を斎主として執行された。

⑿　バーチルの無事帰館を村中の人があつまり、酒樽の鏡を抜いて大祝いをすることとなり、広い邸内に数百人の老若男女が踊り狂い万才楽の歓びをつくす。

⒀　そこへ、キヨの港の関所を固めているバラモン軍のチルテルが数十人の部下を引き率れ馬にまたがり来たり、「三五教の宣伝使、玉国別のありかに案内いたせ」と怒鳴りつける。テク、アキス、カールは柄杓の酒を鼻先につき出すと、チルテルはたまらず馬を飛びおり、肝腎の使命を忘れ、ガブリガブリと酒を呑みはじめ、部下もわれ劣らずとガブ飲みし、ステテコ踊りを夢中になってやりだした。中空には、あまたの瑞鳥が、翼ゆたかに、舞い狂うている。

特徴

○テルモン山の国家を安泰に治めた三千彦は、国事犯の大罪人を三五の教にもとづき、死罪とせず国人の要望により尻のたたき払いとした。著者出口聖師のお話によれば、テルモン山もハルの湖も日本国に移写するとのことである。

○スマの里のバーチル、サーベル夫妻へ猩々の夫婦の霊が憑依する不思議な物語。

霊界物語余白歌から（九）

類例の無き神界の実況を詳細《つばら》に悟る是の物語《ふみ》かな

いすくはし高天原のありさまをまのあたり見る是の神書《ふみ》かな

牢固たる身魂を造る此の神書は神国《みくに》に到る天の磐橋

かむながら幸はひまして世の人にさとらせ玉へこれの神書を

言さやぐ醜のものしり多き世にかくれて説かむ救世の御教

真善美愛　戌の巻

第59巻

口述場所　鳥取県伯耆国皆生温泉＝浜屋旅館
口述日時　大正12年4月1日～3日
筆録者　松村真澄、北村隆光、加藤明子
初版発行　大正14年7月8日
著者最終校正　昭和10年2月18日

目次

登場神・人

〈バラモン教〉ワックス、エル、エキス、ヘルマン

〈キヨの港の関所〉総取締チルテル、チルナ姫、カンナ、ヘール、テク

〈白狐の化身〉初稚姫

〈三五教〉初稚姫（大本開祖の前身）、玉国別、真純彦、伊太彦、三千彦、デビス姫

〈霊犬〉スマート

〈豪農バーチル館〉バーチル、サーベル、アンチー、アキス

〈竜王〉海竜王《サーガラ》

〈バラモン軍人〉ヤッコス、サボール、ハール

梗　概

この巻はイヅミの国のスマの里バーチル館をたずねた玉国別が白狐旭の扮した初稚姫の活躍によって、イヅミの国を平安にみちびく物語である。

「序文」には、口述地皆生温泉から仰がれる日本の要である大山が、太古に神素盞鳴大神が大蛇を言向和して神業を完成された物語にゆかりある由を述べられてある。

「総説歌」には神夢の中で、出口聖師が「弥勒菩薩」と呼ばれて自らおどろきつつ、苦・集・滅・道の四聖諦を説示し、その至誠が顕現して、公平無私の救世主と仰がれて一天一地一神の治世を完成させることがのべられてある。

(1)　ワックスたちがテルモンの湖（キヨの湖）で玉国別一行を船にだまし乗せ滅亡させようとはかったところ、にわかに暴風おこり舟は木の葉のごとく翻弄される。そこへ初稚姫は新しい舟をもってあらわれ、玉国別一行を救い、たちまちスマートにのって湖上をいずれへか姿をかくさせ玉う。ワックス一行は、かなわぬ時の神だのみで、ひたすら祈ると、神が聴許されたか波しずまり、ようやく素人ながら舟をあやつり南へ航海を始める。

(2)　キヨの港の関所では総取締りのチルテル・キャプテンが玉国別一行を逮捕に出かける。留守宅では、妻のチルナ姫が夫が離れにかくまっている初稚姫（実は白狐旭の化身）に心をいらち、中尉のカンナと、少尉のヘールをおだてて主人の留守に要領を得しめんとする。カンナとヘールが初稚姫をなびかせんと交渉中に、チルテルにだまされて中尉となったと思いこんだテクが、バーチル館にて酒食にひたるチルテルのもとに迎えんとしたが初稚姫が動じないので、ヤケクソになり暗にまぎれて帰って行く。

(3)　チルテル一行はバーチル館の奥の間に闖入して、デビス姫をさらって裏門から抜け出で、キヨの関所のわが館へ帰り、倉の中にソッと入れておく。

(4)　伊太彦、三千彦はデビス姫をさらわれたことを悟り、玉国別には内証にしてチルテル館にゆき、姫を救い出すことと

なる。
(5) チルナ姫は悋気のために室内を二百十日の暴風のあとのようにしたところに、チルテルが帰り来たり、カンナに命じてチルナ姫を立腹させ飛び出させようとしたのが逆効果となり、チルナ姫が半狂乱となって家財道具をメチャメチャにこわしたため、チルテルと大喧嘩となる。チルナ姫がチルテルの睾丸を力かぎりに引張ったので悶絶したところに、伊太彦、三千彦がデビス姫を救援のために来あわせ、鎮魂したので正気にかえる。三千彦、伊太彦はカンナに案内させてデビス姫を倉の中から救い出し、カンナを倉の中に入れてバーチル館へ帰らむとしたが邸内のおとし穴におちこむ。
チルテルはチルナ姫を発狂した謀殺未遂犯人としてヘールに命じて倉の中になげ入れた。チルナ姫はカンナをデビス姫と思いあやまって太腿にカブリつき負傷させる。
(6) 玉国別、真純彦は翌朝、バーチルに、三千彦、伊太彦、デビス姫がバラモン軍にさらわれたことをきき、アンチーとテクの案内にて、キヨの関所のチルテル館へ三千彦一行の救出にでかける。
テクの提言により、テクが先ずキヨの関所を偵察することとなり、日暮れを待って一行そろってのりこむこととする。テクが偵察に行くと、初稚姫（旭）が角力をとって勝った方の妻になると言い出したところだったので、この勝負に参加する。まずチルテルがヘールを陥穽におとしたあと、テクがチルテルを陥穽におとしいれる。テクは初稚姫の言葉によって、その手をにぎると大きな白狐となったので命からがら逃げ出した。折から来あわせたワックス、エル、エキス、ヘルマンは逃げ行く途端に陥穽におちこんでしまう。
(7) 日暮れまでタダスの森で待ちかねていた玉国別は、アンチーとテクの案内によって、チルテル館の裏門から足元に気をつけて進み入る。
(8) チルテル館の庭先の陥穽におちた伊太彦は、燐光の輝く地底でたちまちホテルの番頭気分となったところに、ヘール、チルテルをはじめ、ワックス、エキス、ヘルマン、エルの四人が転げ込んだ。次ぎには軍服姿の十七八人の軍人が落ち込む。これでキヨの関所の軍人は残らずおちこんだわけである。伊太彦が阿呆口を叩いていると、雪崩《なだれ》のように落ちこんだのは玉国別、真純彦、アンチー、テクの四人であった。
残らず落ちこんだ陥穽では、ただただ死を待つほかはなかった。玉国別は声高らかに宣伝歌をうたって、「人は神の子神の宮、天地に神の在す限り、救はせたまはぬ事やある……三五教の吾々は如何なるなやみに遇ふとても、些しも恐れぬ大和魂、生言霊を打ち出して、これの岩窟を委曲に開きて救ひ助くべし」と激励した。

スマートの竜声がきこえたかと思えば、初稚姫は関所の庭の錠をはずして燈火を左手にささげながら莞爾として現われ来たる。玉国別ほか一同は欣喜雀躍のあまり、初稚姫のそば近くよって声を放って泣き倒れる。一同期せずして両手を合わせ、初稚姫の後に従がってようやく岩窟を無事に抜け出すことを得た。玉国別一行の危難を救うべく初稚姫は神の命を受けて向わせたもうたのである。一同が初稚姫、スマートの後に従い、入口まで還って見ればイク、サールの両人が厳然として警固していた。

初稚姫は倉の中からチルナ姫、カンナを救い出し、スマートの背にまたがりハルナの都へ急がれる。イク、サールは水晶の宝玉を片手にかたく握りながら追って行く。

(9) 玉国別一行がバーチル館に無事帰還すると、主人夫婦は神前に向って祈願の最中であった。一行は神前に感謝の祝詞を奏上して神徳を讃美する。

玉国別はサーベル姫を通じての猩々姫の願いにより、テルモンの湖の猩々島の三百三十三匹の猩々とヤッコス、サボール、ハールを救い出すこととなる。

伊太彦は隊長となり、アンチーは副となり、アキス、カールを使って二十の舟に酒樽をつみ、四十人の船頭を選み、これにあたることとなる。八十里の湖上を神護のもとにやすやすと渡り、折から襲来したサーガラ竜王を伊太彦は天の数歌の神徳にてしりぞけ、天津のりとの力によって魚類を救ったのち、猩々とヤッコス、サボール、ハールを船にのせて、スマの浜辺に迎え帰った。サボール、ヤッコスは疑心暗鬼のため湖中に飛び込んだ。

特徴

○三千年の神の大経綸のあらわれとして、大農は草を見ずたがやすとあるように、大農の三五教は神の経綸によって、邪神の陰謀を防ぎ、大難を小難としてすべての神々と人々を救済する。人群万類愛善の主旨により禽獣虫魚にいたるまで救われる。

霊界物語余白歌から（十）

神の国聖界霊語読みながらあつき一日を今日も送りつ
森厳と神秘に富める三五教も詩的仏教も真髄等しき
万国の民教へむと身を忘れ心つくしてのべしこの霊界物語《ふみ》
弥広くこの神の世を照らせよと神の授けしこれの神書

真善美愛　亥の巻

第60巻

口述場所　鳥取県伯耆国皆生温泉＝浜屋旅館（一・二篇）
口述日時　大正12年4月5日・7日（一・二篇＝三篇以降は再録）
筆 録 者　北村隆光、加藤明子、松村真澄
初版発行　大正14年8月12日
著者最終校正　昭和10年6月5日

目次

登場神・人

〈スマの里〉バーチル、サーベル姫、アンチー、アキス、カール、テク、ヤッコス、サボール、ハール、ワックス、エル

〈関守〉チルテル、チルナ、カンナ、ヘール

〈三五教〉玉国別、真純彦、伊太彦、三千彦、デビス姫

〈竜王〉タクシャカ竜王、サーガラ竜王

梗　概

この巻は玉国別がバーチル夫妻の願いを入れて印度《ツキ》の国のイヅミの国アヅモス山の天王の森に、大国常立大神の大神殿と大国彦命の宮殿をつくり、神霊を鎮祭してアヅモス霊地を完成し、バーチル夫婦の自覚によって一切の資産を解放し、郷民に満遍なくわかちあたえて共和政体を実現し、スマの里に楽天地を実現した物語である。

「序文」には、大乗と小乗の教法について説明され、霊界物語には小乗的表現が多いが、神示の所作であるから赤子の心で接すれば、最高のさとりを得て、人生の本分を全うし、天国の生涯を生きながら楽しむ事が出来る案内書であると示されている。

「総説」には、第一次大本事件は、大本の真相や大精神を曲解して、大本事件を起すに到ったことを遺憾とし、大本の真相と大精神を徹底せしむるために物語が発表されたことを示してある。特に言霊の活用について示された旨を述べてある。

(1)　玉国別の命によって伊太彦一行が、二十艘の舟で猩々島から三百三十三匹の猩々の眷族と、ヤッコス、サボール、ハールの三人を迎え帰ったため、スマの里は全員あげての大歓迎となる。ここに神の理想である真善美愛を実現することとなる。上陸した伊太彦はスマの浜辺で玉国別と感激の握手をなし、バーチル、サーベル姫の山車に真純彦、三千彦、デビス姫とともに搭乗し、猩々隊は、チルテルの設備した車におくられて、アヅモス山南麓、バーチル館につき、一同は邸園にむしろを敷き、祝の酒に舌つづみをうち歓喜を尽す。

(2)　玉国別は一同とともに、アヅモス山の谷間を跋渉し木材を伐採せしめ宮の普請に奉仕した。

真善美をつくした二棟の宮殿は、玉国別以下一同の丹精によってようやく完成し、東側の宮に三尺三寸の瑪瑙に大国常立大神をまつり、西側には三寸の水晶を大国彦命の御神体として奉斎することとなる。これよりアヅモス山の聖場はスメール山とたたえられ、玉国別は三千世界のエンゼルと称讃された。

バーチルは東の宮の神主となり、サーベル姫は西の宮の神主となり、朝夕心身を清めてこれに奉仕した。玉国別は遷宮式の祝詞を歌にして奏上する。祭典は無事に終了し、この聖域にところ狭きまでに集まった人々は直会の宴をひらき、神酒

をいただき、今日の盛事を祝した。

バーチル、サーベル姫はよろこびの心境を歌って、あまたの猩々に守られて一まず元の館へ引き返し、村人一般に自分の財産全部を提供する準備をなすべく嬉しげに立ち帰る。

玉国別ほか一同は遷宮式の祭典を祝し終って、広大なるバーチルの館をさして帰りゆく。
(3)　元来スマの里は山野田畠いっさい、バーチルの富豪に併呑され、里人は残らず小作人の境遇に甘んじていた。日進月歩の結果、社会主義者、共産主義者などが現われ、中には極端な守銭奴も出てきた。
このたび、アヅモス山の御造営完了とともに、バーチル家の一切の資産を郷民に満遍なく分与することとなり、バーチル、サーベル姫は理想世界の建設者として口をきわめて賞揚され、にわかにスマの里は、楽天家の安住所となった。

サーベル姫は村人の代表十数人を膝元にあつめて、一切の帳簿を手渡し、夫とともに永遠にアヅモス山の大神に仕えることを約した。ここに又もや郷民の祝宴は盛大に開かれ、夫婦の万才を祝しあう。
(4)　玉国別一行がバーチルの居間に請ぜられ、おのおの歓を尽して、尊き神の御教を互いに語りあうときに、チルテルが「宏遠微妙なる教理説示と三五教式の宣伝方法を教示されたし」と希望したので、玉国別は神素盞嗚大神直授の宣伝方法をはじめて歌に托して伝達する。
(5)　あくる日、玉国別はサーベル姫に寄宿する猩々姫の願いを入れて、一同を従えて天王の古宮の床下を調査する。まず、玉国別が祈願の祝詞を奏上し、ついで伊太彦、ワックス、エル二人を伴として地下室に入り、月照彦命によりて封じこまれたタクシャカ竜王の玉を受取り言向和した。竜王はたちまち、白髪赤面の老人となり至誠の心を歌をもって答える。
竜王が人体と化して地上にあらわれると、玉国別は歌をもってタクシャカ竜王をさとした。このときキヨの湖にひそむ、海《サアガラ》竜王は、たちまちここに来たりて玉を献じ玉国別に誓い、夫神タクシャカ竜王と同じく人体と化して猩々翁、猩々媼となり、天王の森の神に仕えまつり罪を謝することとなる。

バーチル夫婦は二つの宮の宮司として、永久に仕えて子孫繁栄し、神の柱と世に敬われる。

バラモンのチルテル夫婦はバーチルの館の一隅に居を構え、スマの里庄となり厚く神に仕えて、村民を愛撫し部下カンナ、ヘールを家僕とし、その他はいずれも里人の列にくわえ、美わしく新しき村を造って余生を楽しく送り、その霊魂は天国に至って天人の列にくわわり、アヅモス山の聖地を守ることとなる。
(6)　玉国別一行は、無限の神力をあらわして、スマの里の人の心を一つに治め、晩夏の風をあびながら、二つの玉を捧げつつ意気ようようと進みゆく。

大原野の道のかたわらの娑羅双樹の森に一夜の雨宿りをなしたとき、泥棒の襲来を、治道居士の法螺の声によって追いはらったが、ここではじめて玉国別と治道居士が面接した。治道居士が部下の墜落を嘆くのに対して玉国別が副守護神論をのべたので、ようやく居士は安心する。

一行六人は治道居士を先頭に法螺を吹き立て東南に道を転じて進みゆく。
(7)　第三篇　栄光
大本三美歌として、キリスト教の讃美歌の楽譜を基準としてつくられた讃美歌をまとめられている。
(8)　第四篇　善言美詞
大本における神人合一の祭典の根本精神となる祝詞がかかげられている。
(9)第五篇　金言玉辞
大本開祖のふでさきを出口聖師が神示のままに漢字まじりにされたいわゆる大本神諭の中で、初発の宣言から、最も大綱を示すものをふたたび聖師によって改訂され、地球上の神と人類に理解できるように示されたものである。海外宣教には、この神論をつかわして頂くことが最も肝要である。

特　徴

○音彦の玉国別が、道義的（精神的）世界統一の意義の通りに神殿を造営し、竜王の二個の国魂を受取り大神へ献上される神業に奉仕。
○バーチル夫妻が断行した私有の山林農地開放は、ミロクの神代の条件の一つであることを明示されている。
○大本の祭典の基本となる祝詞文が蒐められている。
○金言玉辞には、開祖御神論の大精神を表現するものが発表されている。

霊界物語余白歌から（十一）

如意宝珠黄金《わうごん》の玉もこの神書にひそみてありぬ探りて受けよ

裁判を受くる身ながら世の為にわがあらはせし霊界物語

この霊界物語《ふみ》のあらはれしより大本の信徒やうやく目をさましたり

わが霊界物語《ふみ》を砂にまじれる砂金なりと評したる人の浅慮なるかな

山河草木

山河草木　子の巻

第61巻

口述場所　綾部＝教主殿
口述日時　大正12年5月1日～3日、5日、6日、8日～10日
筆 録 者　北村隆光、加藤明子
初版発行　大正14年10月16日
著者最終校正　昭和10年5月14日

目　次

特徴

○第六一巻は七五調を主とした讃美歌で、第一篇常磐の松、第三篇白梅の花——は大本開祖と綾部梅松苑の聖地にゆかりがふかい。

○第二篇神国の春——は、ミロクの世の意味で、第四篇風山雅洋——は地球上の大陸と海洋の思いがし、第五篇春陽自来——は神諭の時節到来の思いがする。

章の名称は、聖師によってすべて〝神〟の字を冠するように昭和十年までに改められた。第一章「松翠《まつのみどり》」が「神苑《しんえん》」と改められたように。

山河草木　丑の巻

第62巻

口述場所　綾部＝教主殿、松雲閣
口述日時　大正12年5月9日～16日
筆 録 者　北村隆光、加藤明子
初版発行　大正15年1月1日
著者最終校正　昭和10年2月26日

目次

第一七章　神心
第一八章　神園
第一九章　神水
第二〇章　神香

第五篇　金竜世界
第二一章　神悟

第二二章　神樹
第二三章　神導
第二四章　神瑞
第二五章　神雲

第六篇　聖地の花
第二六章　神丘

第二七章　神習
第二八章　神滝
第二九章　神洲
第三〇章　神座
第三一章　神閣
第三二章　神殿

特　徴

○第六十二巻は三十一文字を主とした讃美歌である。第一篇言海霊山——讃美歌は全く言霊の海と山である。

○第二篇桶伏の山——綾部の聖地の中核となる天津神籬をなす台地で、蓮華台上の聖地である。桶伏とは神徳をかくされた意味であり、臍下丹田の活用である。

○第三篇四尾の嶺——綾の聖地にそびえる神嶺で、国常立大神が数十万年の間ミロク出現の時節を待ち玉うた霊山である。大地のホゾに相応する。

○第四篇弥仙の峰——物語第十八巻に示されたとおり、神代には玉照姫が出生された霊山であり、大本出現にあたりては、頂上に国祖大神が借宿された木花咲耶姫のお宮があり、三代教主に因縁ふかき霊山である。

○第五篇金竜世界——金竜は国祖大神の元のお姿であり、元の神代の意味がある。

○第六篇聖地の花——綾部、亀岡、高熊山の聖地の意義がある。章名も、第二六章桶伏山を神丘に、第二七章玉の井を神習に、第二八章那智滝を神滝、第二九章大八洲を神洲、第三〇章高座山を神座、第三一章黄金閣を神閣、第三二章五六七殿を神殿と、この巻の全章が章名に神の字を冠している。節が第五六七の二で完っているのも見事である。

○序歌としては、謡曲「高砂」「玉の井」「老松」を発表されている。

○

大本讃美歌の上下巻は第六二巻の総説の「三千年の神の忍びをかしこみて称への歌は鳴り出でにけり」と示されたとおりである。宇宙創造、天地剖判以来の天地の御祖神をはじめ、厳霊大神、瑞霊大神、天神地祇の粒々辛苦して創造され修理固成し、生成化育された御艱難御苦労に感謝する神歌そのものである。第二次大本事件の大審院の主任判事、斎藤悠輔氏は「大本讃美歌を読むと、キリスト教の言葉もすべてが出口さんのものになっている。全く神のごとき力である」と感動していた。霊界物語全巻が、人類の文化すべてを摂取され、神示、神教によって完全に統一され吸収されて大本讃美歌ともなっている。

第61巻・第62巻梗概

出口聖師は山河草木子の巻（六十一巻）丑の巻（六十二巻）について「宣伝使の教科書」であると教えられた。

　大本讃美歌集は宣伝使の教科書である。あれには、いろんな問題の真解が歌で示してある。だから、あれをよく読んでおいて、どんな種類の問題をきかれても、その返答を神歌で返事が出来、また、問題の解決が、神歌から引いて出来るようでないといけない。大本讃美歌集上下は、実に、宣伝使の教科書第一課で、宙で、どの神歌でも言えるようでなければいけない。

まったく著者のお言葉どおりに、大本讃美歌は神と人をつなぐ救いの綱である。神力は言霊の力によって完全に発現する。したがって言霊の精華である。歌は最もよく神徳を讃美するもので、神慮をなぐさめ、神徳を発揚し、神と人を和合せしむるものである。

この讃美歌は、第一に神徳の讃美で、第二に聖地の讃美、第三に教典の讃美、第四に月の讃美、第五に人生万般と信仰の関係を明示し、第六には予言と警告にみちみちている。

（讃　美）
三千年《みちとせ》の神の忍びをかしこみて
　称への歌の鳴り出でにけり

（予　言）
土裂けて宝あらはれ埋もれし
　御玉は清く高く栄えむ

（信　仰）
何事も我にまかせとのりたまふ
　瑞の御霊の心尊とき

などにみちみちている。

宗教界で、生前に根本霊場をさだめた上、神殿類を建設し、教典を自らの手によって完成した上に、讃美歌まで完成したのは出口聖師だけである。ことに祭儀一切を完成して、ゆだねられたのは全然例のなきことである。

昭和十年に聖師が改訂された眼目は今までは神道的、キリスト教的、仏教的の表現が多かったのを、とどめの校正の意味と見え、大本的にあらためられている。

例　恒河沙　→由良河　父　→神祖《おや》
ヨルダン河　→由良川《ヨルダン》　救ひ　→清め
ベツレヘム　→花明山　父　→祖
救世主　→更生主　救ひの主　→清めの主
救主　→貴身　エルサレム　→蓮華台
アダムとエバ　→鬼と大蛇　救主　→教主

物語六十一巻の讃美歌は七五調（宣伝歌調）が多く、三十一文字は割合いに少ない。元は章の名は植物名であったのを神を中心とした名に改訂されている。

讃美される神さまは皇神、厳瑞の大神、大国常立大神、素盞鳴尊、日月の神、救世主（更生主）、金勝要神、教主、などが主である。

○　君が代

「君が代」の歌に対して、聖師は深い尊信の念を持たれて、第六十一巻、第六十二巻ともに、少し言葉をくわえて冒頭にかかげられたほどであった。

「韻律の法則に由りて表示すれば……そのアオウエイ父音が左右相対的に対照して居て、韻律の美なる事は、日本の厳正中立の精神を如実に表徴するものたるを知り得べし」と説明されたほどである。（天祥地瑞未の巻第八十巻附録）

XXを中心に、同じ母音が対照せるを見るべし。

X
ki mi
ga yo wa
ti yo ni ya ti yo ni
sa za
re
i si
no
i wa o to na ri
te
ko ke no
mu su
ma
de
X

○　二大聖地の意義

厳の聖地、綾部の中心をなす丘陵にはたくさんの名がある。言霊学からは、丸山とは俚言に「丸山つぶして宮建てて」とあるように、神の宮居をたてる因縁の土地の意義、桶伏山とは神徳をかくしておく山の意で、昭和六年九月七日までをさしている。九月八日は神の出現で、山上に神声碑、教旨碑がたてられた。

本宮山《ほんぐうやま》、本居山《ほんご》とは天津磐坂、神籬であって天地の祖神の宮居処の意である。

鶴山とは、瑞霊の聖地亀山（亀岡）が霊国の山であるに対しての、天国の山の義がある。黄金山とは最奥天国の中心の黄金づくりの十字の宮居のある山の意である。

橄欖山とは神徳の愛善信真が完全に発動するの意である。聖師さまが、

橄欖樹ところどころに生ひにけり
　鶴山神の御手にかへりて
片磨岩もちてつくりし丸山は
　神の宮居とさだめられたり

とお歌をよまれたとおりである。聖師さまは「日本各地の山山はその名称のことなる毎に活用が変る」と教示されていた。したがって、一つの山にたくさんの名称があることは、その山が霊山であって活用の多いことを示していることとなる。この天津磐坂、神籬をなす霊山のふもとを流れる川を、由良川、和知川、小雲川、音無瀬川、ヨルダン川、五十鈴川、宮川と唱えられていたことは、この聖地が清らけく活動する意味を持つもので、理路整然たる活用を示しているのである。

瑞霊の聖地天恩郷の中核をなす亀岡（亀山）には、聖師は種々名をつけられた。特に亀岡を花明山とたたえられたのは、亀岡を北京の万寿山になぞらえ、亀の文字は中国人に誤解されるからであり、一方歌の道からは、小倉山のオグライのところから出された百人一首に対して、新しい世界から敷島の道を開かれ、実に花のごとく明らかに晴れわたった世界に立直すために宣り直されたものである。昭和二十年からは亀山を月宮山と名づけられた。月宮山の西麓の丘は大正時代から月照山、舟岡山と命名されていた。月宮山は最奥霊国の中心をなす月宮殿の建てられたところであり、ここに月の大神にます西王母、坤金神豊雲野大神が神しずまりたもうている。この亀山の台地をめぐり流れる川を大井川、古川、保津川、その下流を桂川といい、ついに淀川に流れ込んでいる。大井は瑞の言霊にゆかりがあり、保津の語源は素盞嗚尊の御子大国主命が美保津姫をめとり、美保津彦となのられてここに住居されたために名づけられ、元出雲と称している。桂は月に因縁があるのも、神秘である。

神諭と霊界物語にイザナギの命が二仁の妻に手をひかれて神業を完成されるとあるのは、言霊学上より、ツルはツに返り、カメは地より這いあがるので下から上に読みメカの返しマとなる。即ちツマとなる。要約すれば、天津大神が綾部の鶴山のツと亀山のマの聖地を経綸場として、修理固成の大業を完成されるの意味がある。

特に聖師の誕生されたときの産湯を使われた穴太宮垣内の「玉の井の里」は大救世主再誕を意味し、ここの玉の井に映ったオリオンの三ツ星こそは出口聖師に相応するので、「綾部、亀岡、曽我部は神の仕組の地」と聖言に示されたのである。この曽我部、穴太の奥にある神教宣布の根本霊場の高熊山は仏者の霊鷲山に相応するところであり、釈迦が大乗を説法した霊山に相応する神界の奥の宮である。宇宙間で最も先見の明ある神々がカキハとトキハに神しずまります霊場である。したがって、大本の讃美歌の中では大聖地として、綾部、亀岡、高熊山がくり返して讃美されているのである。綾部では大地のヘソに相応する四尾山が国祖の三千年の隠れ家として讃美され、開祖、聖師、二代教主が神しずまります天王平の奥津城があわせて讃美されている。

丹波の富士といわれる弥仙山は、玉照姫や木花咲耶姫の出現の霊場として讃美されている。

○　祖神《おやがみ》と厳霊と瑞霊

天国における宣伝使たちは「主神の神格威厳」すなわち神名、神格、神業、地位を詳細に説き、天人の生活改善をはかることしかしないとのべられているし、中有界に入り来る精霊に対しては、「救世主の神格、神業と天界の状態と、聖地のこと」しか説示しないと教えられている。大本讃美歌は、以上の点の讃美に尽きているといっても過言ではない。

宇宙の大元神およびその御神格の顕現された厳瑞二柱の大神と更生主（救世主）について、徹底的に讃美されている。

主神と厳瑞二柱の神の三界を通じて理想世界を樹立されるについて、道統の継承者および神業に助力される神々があわせて讃美されている。以下大きく分類してかかげて見た。

○皇神（元津神・神祖）の讃美歌

1　3　6　8　9　12　16　19　34　40　41　42　43　56　60　185　188　238　255　296　327　363　370　376　426　431　432　451
472

○三位一体の神

35　36　37　39　42　55　231　395　461　465　470　471

○更生主（救世主）（岐美・貴美）

10　48　58　60　65　67　71　84　85　88　107　109　111　114　466　467

○厳霊（大本開祖）

45　61　68　74　79　110　112　118　176　222　236　245　321　414　441　478　483

○厳と瑞（日月の神）

14　20　23　27　29　33　36　38　44　46　47　48　50　51　55　57　60　62　63　64　80　81　82　87　89　90　97　98
99　100　101　102　121　123　124　125　127　137　140　141　142　148　158　159　165　167　169　175　177　184　205　207　227　229　231　232
233　244　249　259　261　262　283　284　304　391　418　436　437　447　499　524

○瑞霊（みろく神）

4　5　13　15　22　24　25　26　28　30　32　42　48　52　53　54　55　59　60　65　66　69　70　72　73　75　76　78
79　80　83　85　86　92　94　95　96　103　104　105　106　108　109　113　115　116　117　122　130　134　136　138　143　144　145　146
149　151　153　154　161　164　166　168　170　171　172　173　179　182　183　189　191　193　195　199　200　206　209　212　213　218　219　224
225　228　234　237　246　250　253　254　262　264　267　274　275　278　279　280　288　290　297　301　303　305　306　308　309　319　326　327
330　332　363　366　375　376　378　384　385　407　408　412　415　416　417　419　423　439　442　443　444　446　448　449　450　454　463　483

山河草木
155 215 238 239 240 241 242 245 248 268 271 314 372 373 546

○大本開祖が冠島、沓島、鞍馬山、出雲などに出修されたことに関しては217にあり、八衢の審判については194

○霊肉脱離して昇天することについて
93 147 243 250 331 333 334 336 337 340 341 346 353 356 364 365 368 369、特に幼児愛児の昇天に関して318 338 339

○天界について
293 335 342 347 348 349 350 354 357 358 359 421 422 424 425 457 459 501

○妹背の道（結婚式）については380 381 382 383

○神殿造営については396 397 398 400 402 403 404

○神柱については405 530

○十曜の神旗452 453　○水晶魂522

○神の経綸の理解について544 551

○第一次大本事件については
399 400 401 404 413 477 525 526 527 532 559 565 567の2
に示されている。

以上を大まとめにして見ると

◎主神と厳瑞二霊の御神格御神業
◎大本の聖言と神書
◎二大聖地と霊場
○神殿造営とマツリ
○経綸地日本
○神業奉仕と神教宣布活動
○大本の信仰生活
○第一次大本事件

にわけることが出来る。全く純然たる讃美歌ということがよくよく理解される。

一首一首にふれると、神霊世界はもとより、みろく神政の経綸から人生万般についての謎がひめられていることが明白となる。

神名として物語の上ではじめて出るのは、須勢理姫である。古事記の上では大己貴命の妻神であるが、大本では大地の金神金勝要神の活動であり、この神が太古には奇稲田姫と生まれて素盞嗚尊の妻となっていられたと示されている。

山河草木　寅の巻

第63巻

口述場所　綾部＝教主殿、亀岡＝天声社楼上
口述日時　大正12年5月18日～29日（5日間）
筆　録　者　北村隆光、加藤明子
初版発行　大正15年2月3日
著者最終校正　昭和10年6月16日

目　次

登場神・人

〈三五教〉神素盞鳴大神、初稚姫、玉国別、伊太彦、治道居士、三千彦、デビス姫、真純彦、イク、サール
〈ウラル教〉カークス、ベース
〈三五教信徒〉ルーブヤ、バヅマラーカ、アスマガルダ、ブラヴーダ姫
〈化身〉木花咲耶姫、五大力
〈ウラナイ教〉高姫（精霊）
〈竜王〉ウバナンダ
〈霊犬〉スマート
〈バラモン兵士〉ベル、バット

梗概

(1)　玉国別一行は、イヅミの国のアヅモス山に神の宮居をたて、バーチルをはじめ里人一同およびタクシャカ竜王とその妻のサーガラ竜王らを救い、夜光の玉や如意宝珠を竜王から受けとり、夏の道を治道居士（鬼春別）と道づれとなり、エルサレムの聖地をさして進みゆく。

(2)　スダルマ山の山道の入口にかかるおり、伊太彦は神がかり状態となり、ウラル教徒の杣人カークス、ベースがスーラヤ山のウバナンダ竜王の玉のことについて囁くのを聞き、玉国別に要請して、カークス、ベースとともにスーラヤ山に向かう。

(3)　玉国別一行はスダルマ山麓で徒弟の伊太彦に別れて、炎天の急坂を迦陵頻伽の声に慰められつつたそがれちかきころ頂上にたどりつき、一同は天津のりとを奏上する。

治道居士は部下の中に、軍隊をはなれてから猛悪な泥棒となり、四方に放浪して悪事をかさねているのを自らの責任として、自分や部下一同の罪を贖うために、治国別の弟子となって天下を遍歴している由を語る。玉国別は同情を禁じえず、副守護神の活動と人心の関係をのべて慰める。

一同はスダルマ山の峠の上で一夜の夢をむすぶ。そこへ治道居士の部下の兵士であったベル、バットの泥棒が襲うが、突如、治道居士が吹き立てた法螺貝の声に腰をぬかす。二人は治道居士に諭されて改心帰順する。

(4)　このとき、スダルマ山の頂に三千世界の救世主神素盞鳴大神が、月の笠を被りながら四柱の従神をともなって一行の前に天降り玉うた。

大神は「宇宙の主神、厳霊日の大神、瑞霊月の大神、天津神、国津神、幽の幽、幽の顕、顕の幽、顕の顕、霊国と天国の真相」について神訓をたれたまい、ふたたび従神を率いて紫の雲にのり大空高く月と共に昇らせたもう。ベル、バットの両人は心の底から悔いあらため、玉国別一行に従って聖地エルサレムをさして進むこととなる。

(5) 伊太彦、カークス、ベースの三人は、スダルマ山の麓から間道を通りぬけ、スーラヤの湖辺に出、里庄ルーブヤの家に泊る。

伊太彦は木花姫命の神懸状態となって、躰から顔の色まで玉のごとく美しく優美高尚となる。伊太彦は清洒な新建ちの屋敷に泊まり、この家の娘ブラヴーダに強くのぞまれて婚約を結ぶ。ルーブヤと妻のバヅマラーカは長男のアスマガルダの帰宅を待って、形ばかりの婚礼の式を挙げさせた。

(6) あくれば、伊太彦一行とブラヴーダは、アスマガルダの船にてスーラヤの島に渡り、たそがれ時を、一、二町ばかり登った地点で湖上の疲れを休めることにする。このとき、大神は化身の五大力をして伊太彦一行に警告をあたえ玉うた。水面をぬくこと七千三百尺のスーラヤ山には、中腹に生物が死滅するという死線地帯（邪気帯）が横たわっている。伊太彦は神力を得て登るにしかずと、一同伊太彦を導師として天津のりとを奏上し、天の数歌をうたいながら勢いにまかせて駆け上がり、ようやくにして一行五人は死線を突破する。

伊太彦は、開闢以来、竜王といえどもこの死線を突破し得ない危険帯を無事越えられた御神徳を感謝し、竜王の岩窟さして、一行を励ましながら進みゆく。さすがに邪気にあてられたためか、気息えんえん、あえぎながら竜王のひそむ岩窟にたどりつく。

岩窟は深い井戸のようなタテ穴のため、藤蔓で太い縄をない一端をくくりつけ、その綱を伝って底に下りついた。奥にはウバナンダ竜王がたくさんの眷族をつれて蟠まっている。伊太彦は天津祝詞を奏上しようとしたが、その場に昏倒してしまった。外一同も枕をならべて昏倒する。

(7) 伊太彦一行の精霊は脱出して中有界にさまよい、高姫とその憑霊のために悩められる。そこへ、スマートの竜声がきこえると、高姫の憑霊たる銀毛八尾は正体をあらわして逃げ去る。

伊太彦たちは竜声に元気回復し、天津のりとを奏上するところへ、スマートを引きつれた初稚姫の精霊あらわれて、迦陵頻伽のような麗しい声で天津のりとを奏上したもうた。ハッと気がつくと、伊太彦以下四人は竜王の岩窟に邪気に打たれて倒れていた。

(8) 伊太彦たちは初稚姫を伏し拝む。そこへ、優美高尚な美人が十二人の侍女を従え来たり、初稚姫に手を仕え、

「妾は神代の昔より大八洲彦命様に改心のためこの岩窟に閉じ込められ、今まで修業を致しておりましたウバナンダ竜王でございます。このたび神政成就について如何なる悪神もお赦し下さる時節が参りましたので、誰かお助けに来て下さるだろうと、今日までこの宝玉を大切に保護して待っておりました」

と、感謝の意をささげ、夜光の玉を伊太彦に渡した。伊太彦はおし戴き、ていねいに布で包み懐中にする。初稚姫の祝辞をうけ、竜王は感謝しつつ「ありがたし姫の命の御言葉に天翔りつつ神国に往かむ」「いざさらば天津御国にまひのぼり月の御神に仕へまつらむ」と歌をささげ、十二人の侍女とともに岩窟より雲を起こし空中に舞い上がり、たちまち煙のごとく消えてしまった。

(9) 初稚姫に従って五人は細い穴をくぐり出て見ると、そこには玉国別、治道居士らの一行が船を横づけにして待っていた。伊太彦は船に飛びのり、玉国別にしがみつき嬉し泣きに泣く。玉国別も嬉しさに涙するばかりであった。

玉国別の船には伊太彦一人を、初稚姫の船にはブラヷーダ、アスマガルダ、カークス、ベースをのせ、二艘の船はスーラヤの湖面を西南に向かって順風に真帆をあげエルの港へ進みゆく。十六夜の湖面をすべって翌日の東雲ころ、玉国別の船はエルの港に着いた。初稚姫は一行とともに早くも上陸し、スマートを引きつれ波止場に立ち、一行の来るのを待ちうけておられる。

(10) エルの港についた一行は、初稚姫の

三五の神の御規は唯一人
道つたへ行くぞ務めなりけり

の御教示のまにまに、アスマガルダはわが家に帰り、玉国別は真純彦を伴としてエルサレムへ向かうこととなり、デビス姫、ブラヷーダ姫は思い思いに人跡なき山を越え谷をわたりエルサレムに進むこととなる。伊太彦、三千彦もまた玉を捧持し一人旅となってエルサレムに進みゆく。初稚姫はスマートとともに何処ともなく姿をかくしたもうた。

(11) 初稚姫の教えにしたがい、玉国別やブラヷーダ姫に別れて、一人ようやくハルセイ山の峠にたどりついた伊太彦は、スーラヤ山の死線で受けた毒にあてられて瀕死の状態におちいり、ブラヷーダ姫を想い悩む時に、木花姫の命と従神の試みに会い、たちまち神徳によって元気恢復し、宣伝歌をうたいながら峠を下りゆく。涼しき夕べの風の吹くころ、さしもに高きこの大峠の中ほどまで下りつき、かたわらの巌に腰かけて眠りについた。

そこへ、初稚姫のあとを慕ってついてゆくイクとサールが来あわせ、清春山以来の思い出を語りあい、お互い神徳が足らず仕込杖のように玉をあずかって歩かせられていることを反省しあう。

伊太彦は先発し、イクとサールは半時ばかり路傍の岩に腰をかけて話にふけり、またもや宣伝歌をうたいながらハルセイ山の西坂を勢い込んで下りゆく。

(12) ブラヷーダ姫はうら若き乙女の身を、初稚姫の言葉に勇をこして進みゆく。ようやくハルセイ山の峠の中ほどまで登

りつき、夜をむかえてここに息をやすめつつ、来し方行く末を思い案じ、ひとり旅のさびしさに袖をうるおしていた。そのとき、恐ろしき猛獣の唸り声が四方八方より山岳もゆるぐばかりに聞こえて来る。さすが気丈のブラヴーダ姫の死を決した身にも恐怖の浪が打ち寄せ、路傍の草の上に身をなげ伏せて泣き叫んでいた。

おりから宣伝歌を高唱して通りかかった三千彦は、十六才のブラヴーダ姫をなぐさめるうちに、同情のあまり今まさに過ちを犯さんとする時、木の花姫がデビス姫に化相して現われ、いさめ玉うた。ブラヴーダ姫は申し訳のため自害せんとする。このとき天空を焦して大火団が三人の前に落下し、火花を四方に散らした。三千彦、ブラヴーダ姫の二人は驚いて路上に倒れるが、今までデビス姫に化相していた女神は天教山の木花咲耶姫命となのり、教訓をたれたもうた。二人は感泣して悔悟し、三千彦はブラヴーダ姫の追いつかぬようとのぼり坂を急ぎ、ブラヴーダはまた追いついて三千彦に迷惑をかけぬためにと、わざとに足もとを遅らしつつ、神歌を唱えながらのぼり行く。

特徴

○「序歌」は、ほとんど梵語でのべられているため、その意味は仏教的、否、印度的の深みをもっている。宣伝使の梵名も非常に意義ふかい。

○「第一章玉の露」は、国祖大神と妻神の天地創造にはじまり、神素盞鳴大神のイソ館における救世の経綸と神業におよび、玉国別一行の宣伝活動までのべられている。

○「第二章妙法山」のカークス、ベースの談話は、現代人の思想を代表して余すところがない名文である。

○「第四章山上訓」における神素盞鳴大神のスダルマの山上訓は大本の神示の神観の断案である。

○「第一〇章鷺と鴉」には、人間の霊肉脱離から後に、精霊に外面、内面、準備の状態のあることを示されている。ことに天人が精霊界の精霊を点検する方法について説明されている。

○「第一三章蚊燻」には、人(精霊)の内面情態を中心に外面的状態について説明されている。

○「第二二章蚯蚓の声」には、「皇大神の御教に、高天原の大本は、三千世界を天国に渡す世界の大橋と教へられたる言の葉」を中心として、大本神の経綸や霊界物語口述発表の真意が述べられている。

山河草木　卯の巻

第64巻　上

口述場所　綾部＝祥雲閣
口述日時　大正12年7月10日～13日（4日間）
筆 録 者　出口鮮月、松村真澄、北村隆光、加藤明子
初版発行　大正13年4月5日
著者最終校正　昭和10年3月9日　於台湾航路吉野丸船室

目次

登場神・人

〈アメリカン・コロニー〉スバッフオード、マグダラのマリヤ
〈ルートバハー〉ウヅンバラ・チヤンダー、ブラバーサ、ツルク大聖主
〈バハイ教〉バハーウラー
〈回々教徒〉テク、トンク、ツーロ
〈キリスト教徒〉サロメ、ヤコブ
〈ユラリ教〉虎嶋久之助、虎嶋寅子、守宮別、菖蒲のお花、曲彦、高山彦
〈大道会〉竹彦
〈シカゴ大学〉スバール博士

梗　概

本巻と六十四巻下巻とは、エルサレムを中心として救世主降臨をえがいた神秘の物語である。

(1)　エルサレムの郊外にアメリカン・コロニーという宏荘な建物がある。四十年ほど前にアメリカからスバッフオードという猶太人が、キリストの再臨が近づき、その場所は橄欖山の頂上だといって基督を迎える準備に来たのがそもそもの始まりで、その後は国籍や人種の異同を問わず、基督再臨を信ずる人々がこれに加わって、自分等の財産を全部提出して共同生活を行なっている。アメリカン・コロニーとは、創立者がアメリカ人であるため附された名称である。創立者の子息スバッフオードは熱烈な信仰者で、マグダラのマリヤという猶太人の婦人が加わっている。この団体員は、いずれも身の一切を主の神にまかせ切っている態度といい、人類に対する愛の発現といい、とうてい他で見ることのできない美しさである。

(2)　カンタラ駅からスエズ運河を横ぎって、エルサレム行きの軍用列車にのり込んだ一人の東洋人があった。高砂島（日本）から派遣されて数十日間の海洋を渡り、メシヤ再臨の先駆として神の命によりはるばる出て来たルートバハー（大本）の教主ウヅンバラ・チヤンダーに先だって来たブラバーサである。

隣席にひかえてシガーをくゆらしていた白髪の老紳士に握手を求められ、握手をかわした刹那、百年の知己のごとき懐しさを覚えた。

老紳士はバハイ教の宣伝使バハーウラーで、メシヤ再臨近きを神さまから承り、常世の国（米国）から今日やっとここまで無事到着した由を告げる。ブラバーサもエルサレムの霊気にふれ、神界経綸の一端に奉仕するために神命のまにまに、はるばる出向せし由をのべた。

二人は世界の窮状にあたり救世主の再臨さるべきことを語り、

ブラバーサは「メシヤの再臨は世界の九分九厘になって、このエルサレムの橄欖山上に出現されることを確信し、メシヤは高砂島の桶伏山麓に再誕され居る」ことをのべる。バハーウラーは救世主である大聖主メシヤの神格者は九つの大資格が備わることが条件であると主張する。ブラバーサはウヅンバラ・チヤンダー（出口聖師）について、ありのままをのべたところ、バハーウラーは大いに感謝し、エルサレムの駅でかたき握手をかわし再会を約して別れた。

(3) ブラバーサはエルサレムの駅でバハーウラーと袂別して、夕日のもと大通りをエルサレムの市街へと進みゆく。霊感状態でエサレム駅前に出迎えたマグダラのマリヤに呼びとめられたブラバーサは、カトリックの僧院ホテルへ一泊することとなる。

夕食の後、十六夜の満月に照らされながらマリヤの案内で橄欖山やエルサレム市街の散策に出たが、途中でマリヤを見失い、一人でホテルへ帰り、与えられた二階の間で前後も知らず夢幻の国へはいる。

(4) 午前八時の僧院の梵鐘の音に目ざめ、朝食をすましたところへ、アメリカンコロニーの執事スバツフオードがマリヤに依頼されて挨拶にやって来た。談たまたま猶太人は世界を統一してシオン帝国を建設しても、帝王に成る気はありません――ただ聖書の予言を確信し、メシヤは東の空より雲にのりて降臨すべきもの、また吾等の永遠に奉仕すべき帝王は日の出の嶋より現われ玉うことを確信している」ことなどを強く主張する。

ブラバーサは「メシヤも帝王も皆高砂島に準備されて在ること、仁慈《みろく》の神代はすでにすでに近づきつつあるが、一つの大峠が世界に出てくること」などを語った。

(5) ブラバーサはスバツフオードに伴われてアメリカンコロニーへと向かう。

百人ばかりの信者が、祭壇の前で祈願をこらす最中であったので、末席の方から礼拝をなし、天下万民のために一日も早く聖主の降臨されて神業を開きたまう日の来たれかしと祈りつつあった。

一同の礼拝が終わり、スバツフオードはブラバーサを紹介した。ブラバーサは一場の挨拶的演説を行なう。まずマリヤの聖地案内をはじめとしてアメリカンコロニーを絶讃したうえ、「天運循環の神律によって、神の御国と称えられた極東の高砂島に厳端二柱の救世主あらわれ玉いて、高大博遠なる愛は私共に極めて手近いもの、親しきものにして、日々の生活から放そうとしても放され得ないものと成ったこと……、大慈大悲の大神様は全地上の世界をして、天国浄土となし、万民に安息と栄光を与えんがために三千年の御経綸を遊ばして日本に聖跡を垂れ玉い、そして大神の元の御屋敷たるこのエルサレムに御降臨遊ばす、その準備として瑞の御魂の聖主を下し、万民の罪を贖いたまうこととなった」由を告げる。スバッフオードは「世界の平和を来たさんがため、すなわち五六七神政の出現のためには、各国々民間の有形と無形の大障壁を第一着に取り除かねばダメです。この挙に出でずして世界の平和、五六七神政の成就を夢みるは、あたかも器具を別々にして水の融合を来たそうとするものと同様の愚挙である」と、アメリカンコロニーの精神をのべ、「どうか、団員諸氏はこの聖師とともに空前絶後の大神業の完成に尽くされんことを希望する」とのべる。

マリヤは「有形的障害の最大なるものは対外的戦備（警察的武備は別）と国家的領土の閉鎖とであります。また無形の障壁の最大なるものとは、すなわち国民および人種間の敵愾心だと思います。また宗教団と宗教団との間の敵愾心だと思いいます。この世界的の有形の大障壁を除くためには、まず無形の障壁から取り除いてかからねばならないと思います」と述べ、スバッフオードとブラバーサの主張に全面的に賛意を表し、実行論を開陳した。一同の拍手は急霰のごとく場外まで響きわたる。

(6)　ブラバーサはマリヤの案内でエルサレム市街を巡覧し、聖セバルタル寺院をはじめ聖ヘレナの礼拝堂のキリストの墓に詣で、苦痛の路へ出てキリストの聖苦をしのんだ。ついでユダヤ人「慟哭の壁」の前で往時を追懐し、「汚物の門」を出でキリストが盲者の目を癒されたシロアムの池や、バァージンが水を汲んだ泉や、ユダがキリストを売った金で買い求めた「血の畑」や、ダビデ塔の下を通ってようやくマリヤとともにカトリックの僧院ホテルに帰る。

(7)　マリヤは翌早朝からまたもやブラバーサを訪問して、聖地エルサレム市街附近の案内をする。

ジャッファ門外から自動車でベツレヘムへ向かい、ゲヘンナの谷をくだり死海の見える丘の上に車を止め、「聖降誕の寺院」に参詣。ヨルダンの谷に向かった方面の広い眺望が開ける―羊飼達が天使に教えられてベツレヘムへ急いだ―という「羊飼の野」まで行き、同じ道を歩んでエルサレム市街のホテルへ帰ろうとする時、ノアの大洪水を思い出させるような大雨に出あった。だが、虹とともに晴れあがったので、ハラム、ケリフの神殿を拝観した上、アメリカンコロニーへ帰る。

(8)　その翌日は、スバッフオード、マリヤとともにブラバーサは自動車を雇って、死海、ヨルダン、エリコ等の地方見物に出かける。たくさん聖書上の由緒ある場所を案内され、満足のていであった。

(9)　その翌日もまた、ブラバーサはマリヤに案内されて、キリストが黙想し祈祷し、かつ教を垂れられたガリラヤの地へと進む。エルサレムとガリラヤ、それはキリスト教の示す二元主義の象徴である。
⑽　ブラバーサは橄欖山頂で八日の月をながめ、懐郷の念にかられていた。そこへマリヤが来て恋を打ちあけられ、当惑し七十日間の猶予を願ったところ、国祖の化身に訓戒され、ゲッセマネの園の前では狐におびやかされて僧院ホテルへ逃げ帰る。
⑾　カトリックの僧院ホテルに滞在するブラバーサのところへバハイ教のバハーウラーが来訪し、話は救世主のことから第一次大戦におよび、ブラバーサは「救世主は必ず降臨されて世界を無事太平に治めて下さるが、それまでに一つの大峠（ハルマゲドンの戦争）があること、世界の二大勢力（当時の米国と日本）が戦ってのち、人間の力が尽きてからでないと世の立替え立直しは開始されない」と語り、ついで、世界を統一するのは米国でも日本でもなく、そのうしろにかくれている神秘の力であると語る。
⑿　一方、日本では、高城山の峰つづき小北山下にあるユラリ教の本山では、ブラバーサがエルサレムで活躍中と聞きこみ、教祖虎嶋寅子と守宮別、曲彦、お花は釜山に上陸し、満鉄、シベリヤ鉄道を経てエルサレムにつき、ブラバーサの活動を妨害するために妄動を開始する。
特徴

○この六十四巻（上巻）と次の六十四巻（下巻）とは、著者のことばによって一緒に出すことになったもので、著者出口聖師が「将来実現するかどうかは判らないが」と語られたというエルサレム中心の異色物語である。
○「第一章橄欖山」には、アメリカン・コロニーの名でミロクの世の宗教団体をはじめ社会のあり方が諷刺されている。
○「第二章宣伝使」のところは、バハイ教の救世主の九大資格に従って出口聖師の心言行が説明されている。
○「第四章訪問客」には、ユダヤ人の世界統一、帝王とメシヤについて示されている。
○「第五章至聖団」には、来るべき理想世界への段階を示され、アメリカン・コロニーの姿や主張と大本の主張の関係がのべられている。
○「第六章〜第七章」には、聖書とエルサレムおよび郊外の関係が示されている。
○「第一五章大相撲」には、第一次世界大戦後の世界の動きについて明示されている。

山河草木　卯の巻

第64巻　下

口述場所　丹後由良＝秋田別荘
口述日時　大正14年8月19日～21日
筆録者　松村真澄、北村隆光、加藤明子
初版発行　大正14年11月7日
著者最終校正　昭和10年3月10日

目次

登場神・人

〈ルートバハー〉ウヅンバラ・チヤンダー、ブラバーサ
〈アメリカン・コロニー〉スバッフオード、マリヤ
〈カトリック〉テルブソン
〈ウラナイ教〉お寅、守宮別、お花、ヤク
〈回々教徒〉トンク、テク、ツーロ
〈労働者〉トロッキー、バルガン、ガクシー
〈シオン大学〉タゴール博士
〈有明家〉綾子
〈キリスト教徒〉サロメ、ヤコブ

梗　概

本巻は卯の巻（上）につづく、エルサレムを中心とした物語である。

(1)　十二日は救世主ウヅンバラ・チヤンダーの月の降誕日に相当するので、ブラバーサは吉辰を祝するために橄欖山の聖地に参詣して熱祷をささげ、平常より緊張して敬虔な態度で山を下り、アメリカン・コロニーに立ち寄りスバッフオード聖師と神徳談を交換し、日没前、袂を別ち帰途カトリックの僧院ホテルに立ち寄った。あたかも当日は聖キリストの復活祭で、全キリスト教会の大聖日として一斉に祈祷が捧げらるるのである。特に今年（乙丑《きのとうし》）の四月十二日は聖年中の復活祭として最も祝福される大祝日になっている。僧院ホテルの別室には、復活祭第一の主の日の祭典と祈祷がささげられていた。ブラバーサは瑞霊教祖出口聖師の降誕日に当って、僧院で厳粛な儀式が行なわれていることに何となく嬉しく、神縁の絡まれたる不思議さに感歎しながら、式の終るのを待ち、末座で祈りをささげ、感慨無量の面もちである。

司教テルブソンは神前に三拝し一同の信者と異口同音に讃美歌を唱えたのち、荘重な声で一場の演説を試みた。「主は『我が来るは平和を出さむ為では無い。刄を出さむ為に来れり』と仰せられている」とて主一無適の信仰を強調する。スバッフオード聖師は「敬愛する神の御子たちよ、民衆の煽動に乗ずること無く、隠忍自重して以て神雄偉人としての聖キリストの再臨を待とうぢやございませぬか」と結び降壇する。

ブラバーサが「今や地上の神の国は破滅せむとするの勢でございます。一時も早くこの暗黒の帳を開いて、明晃々たる日出の御代を来すべく、吾々は努力せなくてはなりませぬ」と論じ来ると、お寅は満面朱をそそぎ、壇上にあがって、「日の出の御代にするのは、日の出国の天職ぢやぞえ。そして日の出の島から現はれた此日出の神が本当の世界の救世主だ。日出の神の因縁が聞きたければ、此御本尊に聞いたが近道だ」

とのべると場内は騒然となったので、ブラバーサは壇をおりて聴衆の中にまじって汗をふいていた。

お寅に応援すべく守宮別が登壇して泥酔のまま暴言をはき、お寅はそれに力を得て脱線だらけの話をする。そのため、聴衆が騒ぎたてたので、ヤクに依頼されたトンク、テク、ツーロの三人は、やにわに壇上にかけあがり、お寅と守宮別をかたげて、ホテルの裏口より駈け出してしまう。

ブラバーサはふたたび登壇して、救世主再臨に関する演説や世界共通語の必要な所以を説く。つづいてマリヤの簡単な演説あり、神前拝礼をおわり、茶菓の饗応をうけてめでたくこの聖日祭を閉じる。
(2) トンク、テク、ツーロはお寅と守宮別をキドロンの谷深い自分の借家につれ帰り、かさねて、強迫して金銭をまきあげようとしたが、お寅に丸めこまれ、ブラバーサにたいし妨害するために、ウラナイ教の御霊城につとめることとなる。
御霊城へ帰りついたお寅がアヤメのお花を罵詈したので、門番のヤクもあきれはてて逃げ出すのを、お寅が追っかける。
(3) 守宮別は、アヤメのお花の金一万両をもぎとるためにたらしにかかった。この道の勇者お花もコロリとまいってしまう。
日の出の掛軸の前で、守宮別とお花が祝言の盃をやっているところへ、お寅が帰り来り、逆上して二人に角火鉢を投げつけ、あまりの腹立たしさに倒れてしまったので、二人は永居は恐れと路次をくぐって橄欖山の方面さして逃げて行く。

守宮別とお花が横町のカフエーで酒をのんでいたことを、トンクたちが、お寅に報告に行くと、お寅はふたたび興奮してかけ出し、十字街頭でホロヨイ機嫌の守宮別がお花の手をひいて来るのに出会い、お寅はその場に悶絶してしまう。二人は掛りあいになっては一大事と、素知らぬ顔をしながら、橄欖山めがけて逃げてゆく。
(4) 橄欖山麓を四五人の労働者が赤旗をたてて農民歌をうたって来るのを、待ちかまえていた数名の警官が一人残らずフン縛った。
中の一人が「俺は世界で有名なトロッキーだ」と叫ぶと、警官たちがやや恐怖心にかられるところへ、守宮別が話しかけると、ふたたび農民歌を口を揃えてうたい賛同を求める。にわかに数百人の暴漢が現われて警官を袋だたきにして、トロッキー一行を救い出し消えてしまう。
(5) 守宮別とお花は得意になって熱をあげたが、守宮別がシオン大学のタゴール博士に挨拶するのを、新宗教設立の運動と思いこんだお花は、僧院ホテルをかりて活動することとなり、お寅におわれたヤクは椀給で玄関番となる。
(6) ここに僧院ホテルの一号二号三号室をかりて、新ウラナイ教の本尊にシオンの娘木花咲耶姫を奉斎し、アヤメのお花は教主となり、三人が発起者となり無事祭典をすませる。守宮別は新宗教創立の祝歌をうたい、お花は救世主木の花姫の生宮としての宣言歌をうたう。

(7) 直会をおえて、守宮別はお花から現金三千円をうけとり、新宗教独立運動のためとホテルを出かけたが、タゴールの館へは行かず、エルサレムの駅前で警官の取調べを受けて、有明家という青楼さして進みゆく。綾子という芸者と意気投合した守宮別は、漆別と名のって二晩逗留する。守宮別が三日目の昼頃に僧院ホテルへ帰ると、取調べの際に落とした財布が、さきにお花にとどけられていた。そのうえ、脂粉の匂いにあわせてヤクの失言と、ポケットから有明家綾子の名刺を見つけたお花は卒倒する。

そこへボーイの案内で綾子がたずねて来て、ヤクの制止をきかず三号室に入ると、化けもの然としたお花が倒れていた。二号室の守宮別をおこした綾子は、守宮別と激烈なチンチン喧嘩をはじめる。この物音に気がついたお花が、綾子をハサミ打ちにしたのでたまりかねたヤクはお花を打ちすえる。時ならぬ異様のひびきに集まったホテルのボーイ連も入り乱れて大乱闘となる。ヤクは警察へ応援をたのむため階段をかけ下りる折り、過って転落しフンノビてしまう。

この騒動もホテルの支配人が仲に入ってやっと治まり、綾子は有明家へわたされ、お花は負傷のためエルサレム病院に収容される。

(8) トルコ亭の霊城では、お寅がようやく元気になったので、ウッカリしてトンクとテクが、守宮別とお花のことを語ると、たちまち興奮してパタリと倒伏してしまう。

トンクは橄欖山の祠へお寅の病気祈願に出かけ、山上でブラバーサに様子を伝える。ブラバーサは早速親切に霊城に出かけ、熱誠こめて天の数歌を三唱し、大国常立尊、神素盞嗚尊に祈願するとお寅はたちまち平熱となり座布団の上に起きあがる。しかし、お寅がまたもやブラバーサの親切を罵詈したので呆れて帰りゆく。

(9) ブラバーサを追いかえした翌日、狭くるしい霊城の日の丸の掛軸の前でお寅は祝詞を奏上し終わり、お茶を請求した。テクは求めた青土瓶にシスセーナを入れてお寅にのませる。それと感づいたお寅はテクにだけ、シスセーナで煮た干瓢を朝食に食わせて仇をとる。

そこへツーロが帰り来たり、僧院ホテルでの大騒動を伝えた。お寅は機嫌をなおして、ツーロの案内で守宮別の見舞いに出かける。

(10) 僧院ホテルの二号室で守宮別と綾子が仲よく話あってるところへ、お寅が訪問する。綾子が席をはずすと、お寅に問いつめられた守宮別は綾子をふくめて、お花の一万両をとりあげるための芝居であるとのべると、お寅はすっかり安心して、一緒に活動することとなる。

⑾　橄欖山の祠の前で早朝から、ブラバーサ、マリヤがキリストの再臨を祈願しているところに、ヤコブ、サロメの両人が登ってきて、小説のことで話がはずんでいるところへ、のぼって来た有明家の綾子が祠に参拝していると、つづいてアヤメのお花がのぼり来たり、綾子に乱暴を加える。四人が見かねて仲裁すると、綾子は隙を見て姿をかくした。お花は止むるのをきかず西坂を綾子を追って降りゆく。

⑿　お寅は守宮別、トンク、テク、ツーロと自動車でエルサレム市中の大宣伝を始め出し、妙な宣伝歌をすったビラを歌いながら撒きちらす。

そこへお花が走って来るのを見て守宮別は車から飛びおり、一万円をせしめんとお花のあとを追ってゆく。

お寅がハンドルをにぎると、瀬戸物屋の店先に衝突し、四人とも車外に放り出され、救急車で博愛病院へ運ばれる。

⒀　僧院ホテルへお花のあとを追って来た守宮別が甘言でちょろまかそうとするが、お花はビラを示して、その策にのらない。そこへお寅がたずねて来る。師弟の間も水と油のように仲違いをしたところへ、エルサレム署の高等係は退去命令の指令書を読みきけ、「三日以内に聖地を退去すべし」との書類に三人から受印を取って帰りゆく。

⒁　ブラバーサの宣伝活動はアメリカン・コロニーの援助により大功を奏し、日の出島の救世主ウヅンバラ・チャンダーの名声は地球上くまなく知れわたり、エルサレムをたずねた各国人はブラバーサの話を求めて数多く集まって来た。

おりから、お寅一行の日本への帰国のためにブラバーサは国内の教線を妨げられることをおそれ、スバッフオードと相談し、三五教の宣伝はマリヤに一任し、コロニーの一同に歓送されて、お寅たちより一足先にアラビヤ丸へ乗船し帰国の途につく。

特　徴

○この六十四巻下は上に続くエルサレムの物語の完結編である。

○第一章復活祭は出口聖師が私の本心を書いたと語られた珠玉の文である。ことに司教テルブソンの演説とスバッフオードの講演は特に注目すべきである。世界の終末における神的英雄である再臨の大救世主と、審判の内容が明示されている。

○第一六章にはブラバーサがお取次を奉仕するところが示されてある。

○三五教の別派であるウラナイ教の活動状況が示されている。

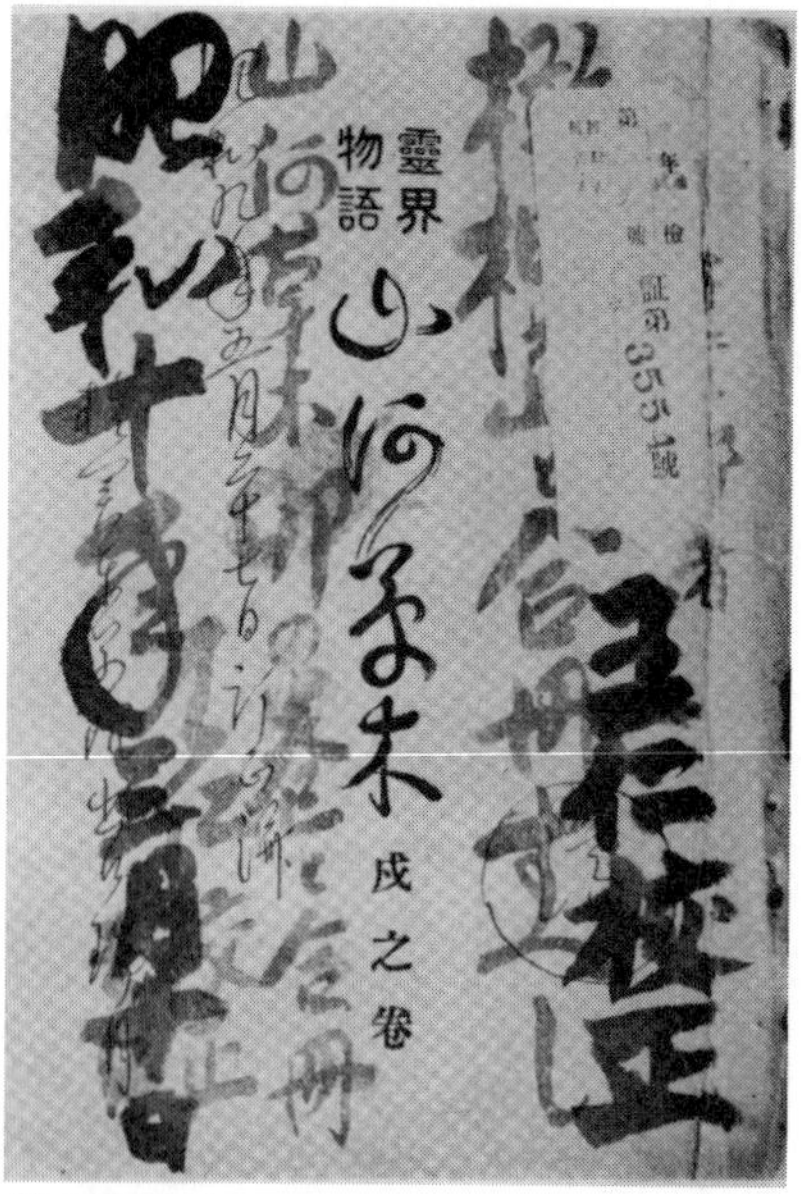

旧71巻の原本

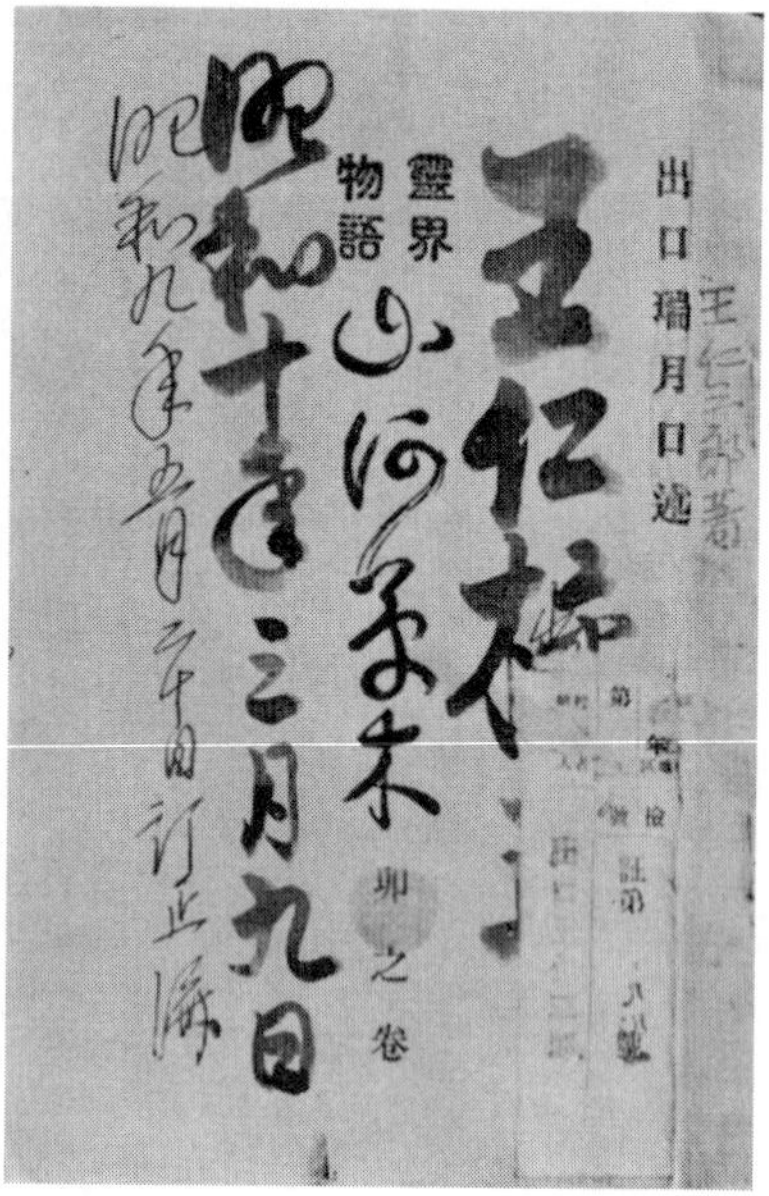

旧64巻の原本

※山河草木卯の巻64巻上は初版は卯の巻第64巻であり、卯の巻64巻下は初版は山河草木戌の巻71巻として、製本直後に発禁処分にされたもので、出口王仁三郎全集第三巻に一部を削つて発表されているが、著者出口聖師が最後の校正のときに合冊して刊行するように示されたものである。校定本刊行にあたり、著者の思召し通りに第64巻上の巻と下の巻として刊行させて頂いた。内容は従来の物語と趣を異にし、エルサレムの橄欖山を舞台とする救世主の再臨を中心とした物語であり、全くの姉妹篇である。地上天国、ミロクの神代の樹立に関した実に示唆に富んだ神秘の物語である。左右二葉の写真は聖師さま校正の原本である。

山河草木　辰の巻

第65巻

口述場所　綾部並松＝祥雲閣
口述日時　大正12年7月15日～18日
筆 録 者　松村真澄・北村隆光・加藤明子
初版発行　大正13年4月5日
著者最終校正　昭和10年6月16日

目　次

登場神・人

〈三五教〉埴安彦尊、玉照彦命、玉照姫命、言依別命、初稚姫、玉国別、伊太彦、三千彦、真純彦、デビス姫、ブラヴーダ姫、治道居士
〈霊犬〉スマート
〈改心組〉ビート、カークス、ベース、ヤク、エール、エム、タツ
〈バラモン軍の残党〉セール、ハール、ベル、タール
〈小泥棒〉オス、メス、キス、バッタ、イナゴ
〈仙聖郷村長夫人〉スマナー
〈青年隊〉ターク、インター
〈スパイ〉テーラ
〈泥棒〉キングレス
〈七福神〉福禄寿、弁財天女、大黒天、戎、寿老人、布袋、毘沙門天
〈竜王〉マナスイン

梗　概

「総説」には人生の大導師である芸術と宗教とが神と如何なる関係をもつかについて明快に説示されている。物語発表の目的は芸術と宗教の一致をはからんためと主張されている。

(1)　治道居士はバラモン軍のなれのはて、ベル、バット、カークス、ベースを三五の教に言向和し帰順させ、その感想を語りあう。その話声によってヤク、エールも言向和される。虎熊山に部下たりしセール元大尉、ハール元少尉たちが山賊となっているとき言向和するために、タールに案内させて山へのぼり、投獄されてしまったが、さいわいにヤク、エールが牢番となり便宜をはかることとなる。

(2)　虎熊山の岩窟にとらわれたブラヴーダ姫とデビス姫を副頭目ハールが口説くところへ、頭目のセールがきてハールをはねとばす。ハールは頭をうち命からがら逃げだした。セールは何とかして二人の姫を自分のものにしようと骨折るが、意に従わぬので、また牢獄に投じてしまう。

(3)　伊太彦は虎熊山麓の密林の中を宣伝歌をうたいながら進みゆき、エムとタツに虎熊山の消息をきき、デビス姫、ブラヴーダを救うために治道居士のあとを追って登りゆく。途中、ハールを鎮魂にて救い、これを案内者として進みゆく。

(4)　投獄された治道居士はエールに手紙をもたして、二人の姫に届けさせ芝居を打つ。手紙を受けた姫たちは、治道居士をなぶり殺しにさせるならば、セールの第一、第二夫人になってもよいと色よい返事をしたので、セールは子分たちを、結婚式用の馳走あつめにほとんどを派遣する。

(5)　ヤク、エール両人は、バット、カークス、ベース三人をデビス姫を幽閉してある牢獄に入れ、治道居士、デビス姫、

ブラヴーダ姫を外に出し、暗夜をさいわい人目にかからぬ堅牢な一室に茶やパンをあたえて休ませておき、セールに二人の姫が治道居士をなぶり殺すところを見に来てくれと頼む。カークスはデビス姫の声色、バットは治道居士、ベースはブラヴーダ姫の声色をつかって、暗夜の中で治道居士をなぶり殺すように見せかける芝居をする。声におどろいてセール以下の小頭は腰をぬかしてしまった。

いよいよ殺害劇がおわりローソクに火を点じて見ると、セールの前に治道居士、デビス姫、ブラヴーダ姫が笑って立っている。そこへ伊太彦が高らかに宣伝歌をうたってこの場にやって来た。三度ビックリのセールをはじめ盗人どもは、向後は決して悪事をなさざることを誓い、うち揃って三五の大神の御名を唱え、改悛の意をあらわした。

ここに治道居士、伊太彦はデビス姫、ブラヴーダ姫と袂をわかち、思い思いにエルサレムをさして進むこととなる。

セールは虎熊山の岩窟に火を放ち、あまたの乾児とともに悔い改めてこの場を立ち出で、各自に郷里に帰る。ハールは伊太彦に許されて、エルサレムまで従いゆく。

(6) 治道居士に帰順して、虎熊山で盗人団の解散をした一行はエルサレムをさしてすすむ。一行は下山以来一つも食糧もとらず、不安をおぼえたヤクは歌をもって治道居士に今後の身のふり方、処生の方法について質問する。

治道居士もまた歌で「霊主体従の真心に立帰りたる人々は、必らず衣食住業に、普く幸はいたまふべし……鳥獣も大神は豊かに養ひ給ひます、況んや人の身を以て、飢ゑて死すべき理あらむや」と教えながら進みゆく。

小山の麓に着くと天然のかんばしい苺が大地を紅に染めて、人待顔に稔っていた。治道居士一行は感謝祈願をこらして天恵の美味を心ゆくまで頂戴したのち、誠の道、信仰の道の尊さを讃美して感謝の涙にくれている。

たちまち轟然たる響きが後方に聞こえた。虎熊山は大爆発を始め、山半分以上は黒煙に包まれ、大火災を起こしている。一同は神の無限の仁慈を涙とともに感謝する。

(7) 伊太彦はハールを従えて宣伝歌をうたいながら降りゆく。途中、セールの結婚のため御馳走あつめに出かけた五人の泥棒は仲間で同志打ちをして倒れていた。ハールの大喝一声に正気になったオスのほかメス、キス、バッタ、イナゴは、そろそろ元気を出して泥棒至上主義を盛んに述べ立てて、ハールの説得に反対しているとき、轟然たる一発の響きとともに虎熊山は大爆発をなし、一同はにわかに改心の祈願をはじめた。雨のごとく降り来たった巨大な熔岩は一人も傷つけずにおさまる。これより一同は改心の尊きことを悟り、伊太彦の宣伝使に従いお礼詣りと称して聖地エルサレムへ向かう。

(8) 虎熊山の牢獄から、治道居士、伊太彦によって救い出されたデビス姫は、山の裾を進むおりしも、轟然たる大音響とともに背後にあたる虎熊山はにわかに爆発し、熔岩を降らし、山野の樹木、禽獣を傷つける。デビス姫は一生懸命に神言を奏上し、一時も早く熔岩の雨の止らんことを祈願しはじめた。デビス姫は天津のりとを奏上し、尾の半分白い野狐の臀部にささった熔岩の断片をえぐり出しお土で埋めて助けたうえに、夫や師匠や友人の身の上を案じつつ進みゆく。

(9) ブラヴーダ姫は虎熊山の爆発をききながら宣伝歌を頼りに進みゆくと、一匹の野狐が無理無体に大きな穴の中に引っぱり込む。虎熊山の爆発のため、山の神として古くから身を潜めていた八大竜王の一つマナスインナーガラシヤー（身長五百万丈太さ三百万丈）が、野狐の穴の上を身体の一部が通っている。しばらくして野狐に引かるるまま外に出てみると、四辺の草木は皆倒れ目も届かぬばかりの広い草原に溝がうがたれていた。

ブラヴーダは野狐に感謝し、虎熊山の姿をながめつつ、小声に宣伝歌をうたいながら、エルサレムの宮をさして西へ西へと進みゆく。

(10) スダルマ湖水の西岸で、初稚姫の教示によってデビス姫とわかれて一人旅となった三千彦は、ハルセイ山の峠で木の花姫命の守りに、悪魔の誘惑をのがれて、ブラヴーダ姫より先に峠をのぼって行く。途中に泥棒が待ち伏せているので、木蔭からブラヴーダ姫が泥棒をへこませて通過するのを見定め、あとから進みつつ、仏者のいわゆる十宝山の一つである中国の仙聖山の坂道に取りかかる。

さすがのアルピニストの三千彦も長途の旅に疲れ果て、日の暮れ近く、道のかたわらの白骨堂に立ちよる。両親や夫を泥棒に殺害された女性が白骨堂で自殺せんとするのをおしとどめ、その本人である村長の未亡人スマナーに案内されて一夜の宿をからんと進みゆく。

村長のバータラ家では、スマナーの遠縁にあたるテーラが、スマナーの行くえ不明によって財産を横領せんとする芝居の最中であった。青年隊のタークはテーラに迫りスマナーの遺書をよんだところへ、テーラの私設の警察官キングレスが変装して取手の役人となって入り来る。

そこへ三千彦を迎えて裏から帰宅していたスマナーが宣伝歌をうたいつつ座敷に現われると、キングレス一行は腰をぬかす。ついで三千彦が厳然として青年隊と泥棒組に向かい宣伝歌をもって一同にときさとした。

キングレスは三千彦に向い涙とともに罪状を自白して救いを求める。三千彦はかさねて一同にとき教えた。青年隊のターク、インター、未亡人スマナーは歌をもって感謝する。

虎熊山のにわかの爆発に、仙聖山をはじめ、郷土の山川草木は激動し、三千彦の外は顔色蒼白となって慄いおののく。熔岩は七、八里のこの地まで降り来たるそのすさまじさ。されど大きなバータラの家も村中の家も、ただの一個も当たらなかったのは全く神さまの御守護であった。

スマナーと三千彦の提言で感謝の祭典をすることとなり、タークは青年隊をひきい、供物の準備をなし、三千彦、スマナーは新しい祭服をつけ、うやうやしく神前に祝詞を奏上し祭典を終了する。それより村中の老若男女はこの広き家に集まり来たり、キングレスの部下も斎場に列して直会をいただく。スマナーはバータラ家の財産の四分の一をエルサレムへ献じ、家を神殿となし比丘尼となって仕えることとなり、四分の一を修繕費にあて、残りを村人に寄贈する。三千彦のすすめでキングレスたちにも相当の財産を分配した。ここにバータラ家の遺産はスマナーの意志のままに分配されて、上下貧富の区別なく郷民は互いに業を楽しみ、近隣相和し、和気あいあいとして世を送ることとなる。三千彦はエルサレムをさして進発したが、スマナーは、三千彦の許しがないので見えかくれに後を慕うて進みゆく。

仙聖郷は楽土とよみがえり、キングレスは里人から強力とあがめられて悪人征服の役目となり、この仙聖郷に持てはやされて一生を無事に送る。テーラもおとなしく働くこととなる。

⑾　玉国別、真純彦は足を早めてようやくエルサレムに程近きサンカオの里につく。マナスイン竜王の邪気にあてられ命あやうき時に、初稚姫は神に祈り、スマートをつかわして二人を救い、道みち教訓をたれながらエレサレムにみちびかれた。

玉国別と真純彦は宣伝歌をうたいながら、初稚姫のおともとなって聖地に近づいた。ヨルダン川の渡しに日の出別命はあまたの神司を従えて出迎えられる。対岸につくと日の出別命は初稚姫とかたき握手を交換し、ついで玉国別、真純彦と握手をかわし、数百人の神司や信徒に守られて安の河原と称えられたゲッセマネの園へ練りゆく。

⑿　日の出別命の左右には道彦、安彦が従い、初稚姫一行をみちびき、百花爛漫のゲッセマネの園にすすみ入った。玉国別一行が竜王の玉を捧持し来たりし功績を賞するため、特に国祖大神の化身にます埴安彦尊の命により歓迎会がひらかれる。コーカス山からは言依別命があまたの神司を引きつれ、二、三日前に聖地に到着されていた。

神命のままに宝船に入った玉国別は寿老人、治道居士は布袋、真純彦は毘舎門天、伊太彦は大黒天、三千彦は恵比寿、デビス姫は弁財天、ブラヴーダは福禄寿とたちまちに七福神が神がかりし玉うて実にめでたい七福神宝の入船の神劇が奉納される。

五六七の御代の開けるさきがけとしてのこの日は九月八日で玉照彦命、玉照姫命の二柱神のめでたき結婚式の吉日であっ

た。弥勒神政万々才！　弥勒神政万々才!!

特　徴

○「総説」の芸術と宗教論は、けだし人類文化史上の大論文である。

○山河草木辰の巻は、明治二十五年の壬辰年に国祖大神が出現され、大正五年丙辰は神島大神出現の年であり、昭和三年戊辰年は出口聖師が五十六才七カ月で弥勒菩薩として立ちあがられた年であるごとくに、本巻第二七章七福神には玉照彦命、玉照姫命が本格的に活躍される御婚礼の祝典が示されている。タクシャカ竜王、サーガラ竜王、ウバナンダ竜王の玉が大神さまのエルサレムの宮におさめられたことは、玉国別（道義的世界統一）の神業の完成を意味する大本神諭のいわゆる「七福神の楽あそび」に匹敵する慶賀すべきことである。

○仙聖山が中国であることも大いに考えさせられる物語である。

山河草木　巳の巻

第66巻

口述場所　綾部並松＝祥雲閣
口述日時　大正13年12月15日～18日
筆 録 者　松村真澄、北村隆光、加藤明子
初版発行　大正15年6月29日
著者最終校正　昭和10年6月17日

目　次

登場神・人

〈三五教〉神素盞嗚大神、八島主命、照国別、梅公、国公、照公、黄金姫、清照姫
〈タライ村〉サンヨ、花香姫、エルソン、里庄ジャンク、スガコ姫、旧臣タクソン、セール、アンコ、バンコ
〈コマ村〉里庄マルク、サンダー
〈侠客〉インカ
〈バラモン軍〉大足別
〈オーラ山〉ヨリコ姫、シーゴー、玄真坊、パンク、ショール、コリ
〈トルマン国〉トルカ王、勅使オール、同コース

梗概

(1) 三千世界の救世主神素盞嗚大神のウブスナ山の大霊場、イソの館の神柱八島主命の命をうけ、月（印度）の国ハルナの都にわだかまる曲津を三五のまことの道に言向けて世界の平和と幸福を招来するため、照国別は国公、梅公、照公をともない出発する。途中、河鹿山を越え、葵の沼のほとりで黄金姫、清照姫にめぐり会い、ふたたびたもとを別ち東南をさして月日をかさね、デカタン国の高原地タライの村の棒鼻の茶屋の表につく。

ここで、大足別のバラモン軍によって掠奪暴行をうけた民家に入り、虫の息になっていた老婆サンヨを救い、姉娘のヨリコは行くえ不明となり、妹娘の花香はバラモン軍にさらわれたことをきき救援をひきうける。そこへ里庄ジャンクの旧臣タクソンと青年エルソンが老婆の見舞いに来る。サンヨは祖先の恵みにみのったコーラン国から取りよせたという棗と白湯をわかして一行をねぎらう。ここでタクソン、エルソンは

照国別の弟子となる。
(2) 照国別はタクソンの依頼によって、里庄のジャンクに会った。娘スガコの行くえ不明のところへ、許嫁のサンダーの失踪したことを隣村の里庄マルクの使者として侠客インカが知らせに来ていたが、心から照国別を迎え面会する。
その時、トルマン国トルカ王の勅使オール、コースがたずね来たり、大足別の軍隊の暴戻を打払い王城と王家を守るため、ジャンクに対して村人への動員令を伝えた。

照国別は、ジャンクが娘のことを忘れて国難に殉ずるときき、従軍を願い出る。弟子の梅公はこれに疑問をおこして質問すると、「義勇軍に参加しようというのは、傷病者をすくい敵味方の区別なく誠の道を説きさとして平和に解決し、トルマン国は申すにおよばず、印度七千余国の国民を神の慈恩に浴せしむるためだ」と三五教の無抵抗主義と軍国主義との差異について明示した。ここに国公、梅公も従軍することとなる。

ジャンクは門番のバンコや受付のセールに命じて、村内一同に国王の命をつたえさせ、村の男子十八才より六十才以下を軍隊に仕立て、明朝を期し、みずから将として出陣することとした。一同は三五の大神、バラモンの大神に前途の勝利を得むためとて一大祈願をこらし、首途の祝いとして夜の明けるまで直会の宴をもよおした。いずれも勇気とみに加わり山河を呑む勢いと春のごとき空気がただよう。

ジャンクはホロ酔いで二絃琴を弾じつつ出陣の歌をうたい、照国別は神軍の首途の宣伝歌をうたった。一同も三十一文字に托して感想をのべ、まさかの時の用意にたくわえおきたる具足をとり出して武装し、出陣することとなる。
(3) その出陣間際に、白髪異様の修験者オーラ山のシーゴーがたずね来たり、「国王国家、およびお娘ごを救うために」とジャンクを説き、全財産を玄真坊に献ずる約束を取りきめて帰りゆく。
梅公はシーゴーの悪相を見て、ジャンクに警告したが、「もはや男子の口に出した以上は撤回は出来ぬ」との答えに、梅公は「オーラ山とやらにふみ込んで正体を調べてやろう」と独語しつつ、照国別に従いジャンクとともに三角旗を風にひるがえし、数百の義勇軍についてホラの声も勇ましく進発する。

ジャンクは馬上ながら進軍歌をうたい、照国別、梅公、照公は神軍歌をうたいながら、みちみち参加する兵士を合して、数千人の団体となり、バルガン城めがけて勢いたけく進みゆく。
(4) デカタン高原の最高地、トルマン国の西北端にオーラ山という大高山がそびえている。
バラモン教の修験者たりしシーゴーは片腕と頼む玄真坊とオーラ山に拠をかまえ、時のいたるを待って、まずバルガン城を占領し、勢いをあつめてハルナの都におし寄せ、大黒主を征伐し、インド一国の覇権をにぎらんと三千の部下を引きつれて山塞をつくり、オーラ河を利用し一切の挙兵の準備に着手していた。

まず第一に必要なのは軍資金である。彼はあらゆる方法手段を講じて金品穀類ならびに武器を蒐集することに腐心していた。オーラ山の中腹にややひろい平地があって、数里をへだてた遠方からも大杉のコンモリとした枝が目立って見えている。ここでシーゴーと玄真坊と秘密会を開いていた。玄真坊の妻となっていたサンヨの姉娘ヨリコ姫は、二人の悪党を見事に説得して部下となし、印度統一の大ばくちを打つこととなる。

まず、ヨリコ姫の命ずるままに、玄真坊は天来の救世主と揚言し、大杉のこずえにギャマンに油をそそいで火を点じ天の星降って救世主の教を聞くと宣伝する。一方、シーゴーはあまたの部下を使役して富豪の娘をうばい帰りオーラ山の天然の岩窟に幽閉し、そのあとでシーゴーは救世主玄真坊の高弟と称し、娘をうばわれた家々に修験者となって立ち現われる。信じ来るものから祈願料として金や穀物をたてまつらしめ、夜の間に部下を使ってオーラ川の谷間をつたい八里下流のホーロの谷間まで輸送し、バルガン城攻撃にそなえる。ヨリコ姫は天王の森の社に身をひそめ棚機姫の化身となって神託をつたえ、出師の準備をすすめる。

ジャンクの娘スガコ姫も、シーゴーの部下に夜いんにまぎれてさらわれ、オーラ山にて八百長劇にあざむかれて、玄真坊にいざなわれるまま天然の岩窟に閉じこめられた。

コマの村の里庄の二男サンダーはスガコが行くえ不明と聞いて半狂乱となりし折りから、シーゴーの言葉に心をうごかしてオーラ山にのぼり、またまたスガコと同じ岩窟に幽閉されてしまう。

サンダー、スガコ両人は、色情狂の玄真坊の意にしたがわず、ついに食責めにあわされて一度は恋人同士が天国の楽園にのぼることを誓いあうが、生きておれば晴れてこの世で添いとげることも出来ようと、とにかく食事を要求した。玄真坊は大喜びで料理にかかる。そこへシーゴーが帰り来たり、これを見てヨリコ姫に告げたので、せっかくの料理はシーゴー、ヨリコ姫、玄真坊三人の会食につかわれる。

(5) 照国別、ジャンクの義勇軍に従軍した梅公は、自分の馬だけが大広原の中でたそがれ時に、どうしても一歩も前に進まなくなる。あまたの義勇軍は梅公一人をのこし、暴風のごとき勢いにてバルガン城をさして進みゆく。

梅公は馬上にて思案にくれていたが、何か深き神慮ならん……と、こころみに手綱をチョッと右に引くと、駒はかしらを西に立てなおし、星あかりの原野をあてどもなく一しゃ千里に駈け出した。梅公は何か特別の使命が神界から下ったものとして、何事も神のまにまに行動するのみと決心のホゾをかためる。馬は梅公の心を知ったかのごとく、静かに歩き出した。

ふと左手の方の小山に火光を見つけ、様子をさぐらんと馬首をめぐらせば、駒は勢い込んで進みゆく。

梅公は火を目あてに、駒の足音をしのばせながら近づき眺むれば、バラモンの落武者らしき四、五人の荒くれ男が一人の美女をうしろ手にしばり、何事か荒々しく打ちすえている。梅公が「オーラ山にしずまる天降坊と申す大天狗だ」と威嚇するや、おどろいた連中は女を捨てて逃げ散る。梅公は女を救い、馬にのせてふたたび元の高原を西へ西へと進む。この女はサンヨの娘花香であった。

花香は夢の中の恋人は貴方だったと結婚を申し込む。梅公、花香は、馬をおりて鎮魂を修し神意をたしかめ、二人とも何もいわず、ふたたび相乗り馬にて風吹きわたる高原をオーラ山めあてに進む。

梅公は麓につくや、「自分はどうしてもオーラ山に嬢さまが囚われているように思うから、救出にのぼる。いずれ近いうちに吉左右を報告する」としるした手紙につけて、ジャンクの家へ馬をかえし、花香とともに大杉の上にかがやく光りを目あてにたどりゆく。

(6)　玄真坊は改めて料理を持参し賞味させた上で、サンダー、スガコに対し己れの慾望を要求し、ついに強請的に決行せんとするところへ、シーゴーが来あわせて、これを止どめる。

(7)　梅公、花香は鉄線のハシゴをのぼり、大杉に仕掛けてあった十六個のあかりを残らず吹き消した。シーゴーと玄真坊が不思議がってやって来ると、梅公は割るるごとき大声でうなり、「オーラ山の大天狗」と名のって、彼らに解散を命じる。シーゴーがヨリコ姫に報告すると、ヨリコ姫は悠然と大杉の下へやって来て、腰をぬかした玄真坊をわらいながら樹上の梅公にかけあった。梅公が三五教の宣伝使と名のると、シーゴーは縄バシゴのくくりを解き、梅公、花香は急転直下、樹下へころげ落ちる。二人はしばりあげられて、サンダー、スガコの幽閉されている石室の中へ投げこまれた。

(8)　梅公は平気の平ざで宣伝歌をうたい、女大親分のヨリコ姫とのつながりを明かす。玄真坊はこれにきき耳を立て、ご機嫌をとり出し、事の様子をヨリコ姫に告げる。

ヨリコ姫は事の破れたことをさとり、シーゴーも同じく覚悟していた。この時、一天をつつみし黒雲は、おりから吹き来る山あらしに晴れあがり、大空は星光さんらんとしてかがやきそめる。梅公の出現によって一切が雲散霧消し、オーラ山も清められる。

山河草木　午の巻

第67巻

口述場所　綾部＝教主殿・祥雲閣
口述日時　大正13年12月19日、27日、29日
筆録者　松村真澄、北村隆光、加藤明子
初版発行　大正15年8月19日
著者最終校正　昭和10年6月23日

特徴

○本巻には特に三五教と軍国主義の関係を、きわめて明瞭に示されている。ことに国家や社会を覆滅せんとする陰謀と策動に対する梅公の活動は、神権発動の何たるかを明示されているといえる。

○偽救世主の乱立する現在には、特に拝読すべき神示の物語である。

○また一身一家の救いと、国家社会の救いの関係について明示されている。

目次

登場神・人

〈三五教〉大国常立尊、神素盞鳴大神、言霊別命、梅公、花香姫、ヨリコ姫、シーゴー
〈タライ村〉ジャンク、サンダー、スガコ、サンヨ
〈海賊〉コーズ、アリー、コークス
〈薬問屋〉イルク、ダリヤ、アリス、アル、カル
〈タラハン国〉カラピン王、妃モンドル姫、スダルマン太子、王女バンナ、左守シャカンナ、左守妻ハリスタ姫、娘スバール、右守（新左守）ガンヂー、右守妻アンチー、伜アリナ、家令（新右守）サクレンス、重臣ハルチン
〈シャカンナの乾児〉コルトン、バルギー
〈妖僧〉玄真坊

梗　概

(1)　オーラ山の曲のたくみは、神の気吹に清められ清浄界となる。
ヨリコ姫は、言霊別命の化身梅公の言霊にたちまち本性にたちかえり、宇宙的大恋愛心に往生した。シーゴーも天地神明の加護により誠の道をふみ、誠の業を行ない、神を畏れ神を愛し、日夜心力を神にささげんことを希求するに到る。玄真坊は不平組三百余名を引率し、オーラの峰をわたり地教山の方面さして姿をかくした。

ヨリコ姫はじめ兇党の心の天地忽然と悟る一刹那、昇らせたもう太陽は日の出の神代の祥兆を天地万有に示したもう聖代のさきがけと、神も人もオーラ山に集まれる曲人も、禽獣虫魚も一せいに弥勒の世をことほぎまつる思いがあった。
(2)　三界を清め元の神代に立替え立直し、神人万有を黄金世界の恩恵に浴せしめ、神の宇宙最初の意志を実行するために厳霊大国常立尊と現われ神業を開始された宇宙唯一の生神は、愛善信真の大神教を天下に布衍し、ミロク神政出現の実行に着手せんとウブスナ山に聖蹟をたれ、瑞霊神素盞鳴大神と現じ三界の不浄を払拭し清浄無垢の新天地を樹立せんと、世界各山各地の霊場に御霊をとどめ、あまたの宣伝使を天下四方に派遣された神柱の一人、照国別の宣伝使の従者、ハルナの都の言霊戦に従軍した梅公司は大神より特にえらまれた神柱で無限の秘密を蔵し神妙秘門の鍵を授かり宇宙間一の恐るも

のなき神人であった。彼の行くところ百花らんまんと咲きみち、地獄はたちまち天国と化した。他の宣伝使のごとく千言万語をついやすの要なく、さしも兇悪なヨリコ姫らの一派を翻然として悔悟せしめた英雄である。

(3) ヨリコ姫は梅公、花香のすすめにより、タライ村に帰り母サンヨに面会し、今までの不孝不始末の罪を謝し、老後の母の心をやすんじ、かつ神と世のために愛善の道のために生涯を投ぜむことを誓った。サンヨは親子の対面が出来たことを涙ながらに感謝し、梅公を誠の活神と尊敬する。

(4) シーゴーはサンダーの家にいたり彼が両親に今日までの悪業を謝し、天下万民のために神業の一部に奉仕せむことを誓った。サンダーの両親は梅公その他に百味の飲食を調理して饗応し、かつシーゴーにあまたの土地をあたえ開拓に従事せしむることとなる。シーゴーはサンダー、スガコを主人と仰ぎ、スガコ姫の父ジャンクの所有せる無限の山林田畑を開墾し、三千の部下をこれに従事せしめ、大都会をつくって、新しき村を経営し、タライの村の真人とうたわれて生涯をおくる。

ジャンクはこの消息をきき、神恵と喜び、一生を神業と国事にささげる。

(5) 梅公はヨリコ姫、花香姫をともない駒にまたがり、照国別の隊に合すべく、間道をえらんでオーラ山の谷間にそい、ハルの湖の岸辺につき、最も新しき巨船波切丸に乗りうつる。

船客は数百人で南へ向って音もなく進みゆく。

乗客の大部分は甲板に出で、風光を眺めつつ、歌をよんだり、詩を吟じたり、三々五々首をあつめて時事談にふけっている。

梅公ほか二人はニコニコしながら聞いていた。

夜に入って海賊コーズが部下十四、五人と襲来したが、ヨリコ姫のために追い払われる。船長のアリーは賊船をさけるために船首を東に転じ、岸辺に近づき進み行かんとして暗礁に乗りあげ沈没せむとした。

梅公は舷頭に立ち、天の数歌を奏上し「あなない教の梅公が、一生一度の御願い……すくわせ給え諸人を浮かばせ給えこの船を」と救助祈願の歌を唱えた。東北の空に黒雲おこり、満天の星もハルの湖も包み、颶風おこり波涛おどり、たちまち波切丸は中空にまきあげられる。その刹那、船底は暗礁をはなれて浪に呑まれつつ、かなり大きな島かげに運ばれた。たちまち満天ぬぐうがごとく晴れわたり、風なぎ浪しずまる。

梅公は神に感謝の三十一文字をささげ、ヨリコ姫も感謝の三十一文字をうたった。

船長はじめ乗客一同は、梅公の前にひざまづきその神徳をたたえ、大神に感謝の誠をささげる。波切丸はふたたび南へ南へすべり行く。

(6) この地方には船の上で閑散な時には「笑いの座」という

ものが催されることがある。

せめて梅公一行をスガの港まで見送らむとついて来たシーゴーは、笑いの座の話をきき、あやふく魔道に逆転せんとする。ヨリコ姫は歌をもっていましめ、手をとり船ばたに立ち、東方に向かい旭を拝し、梅公にみちびかれて宣伝の旅につきたることを感謝する。かつ天地にむかって、大神への帰依と大道遵奉と神業奉仕の三カ条の誓いを立てる。

(7) シーゴーはヨリコ姫の教訓に感謝し、涙を腮辺にたらして合掌した。

海の静寂をやぶって、梅公の口より音吐朗々と独唱する神仏無量寿経が甲板にひびき渡る。

ヨリコ姫と花香姫は梅公の神格にうたれて、伊都能売大神、厳瑞大神の神徳を讃美した。

(8) 波切丸はハルの湖第一の浮島の峰に近づく。その時、浮島はにわかに鳴動を始め半時ばかりのうちに漸進的に沈没してしまう。一同の船客はいずれも顔色青ざめて不思議々々々と連呼する。

梅公は船客のスガの港の薬問屋の若主人イルクの求めによって「神力と人力」について三五教の教を伝えた。

コーズがふたたび数隻の海賊船をつれて襲来したが、梅公の天地も割るるばかりの生言霊の天の数歌によって、雲を霞と逃げ去る。

(9) イルクの妹ダリヤを閉じこめていた船長アリーも、梅公の教によって海賊をやめ、ハルの湖の船客の守り神となり美名を永く世に伝えた。

(10) スガの港に上陸した梅公一行は、イルク、ダリヤをつれて薬種問屋に安着する。主人のアリスは、ウラル彦をまつる神殿に感謝の祝詞を奏上した。

この時、関の声が聞こえてバルガン城へ大足別将軍の軍隊が攻め入り、市街を焼払うた大火焔が、空の色を染める。

(11) デカタン高原の西南方にタラハン国という人口二十万の国がある。国王はカラピン王といい国の中心のタラハン市に城廓をかまえ、ウラル教を信じて十数代つづいていた。時の国王をカラピン王、王妃をモンドル姫といい、太子スダルマン、王女バンナの二子がある。王妃は悪狐につかれて残虐なことをしたので、国民怨嗟の声にみちあふれ、いつ騒動の起こるやも知れざる形勢となって来た。左守シャカンナの直諫をきき入れず、左守に代わらんとする右守ガンヂーの煽動に、王妃の悪逆は残虐の度を加える。あるときモンドル姫がカルモン山に遊ぶとき、白羽の矢が姫の額に命中して絶命した。カラピン王は王妃の帰幽後は、モンドル姫同様残忍となる。左守シャカンナは妻ハリスタ姫とともに直諫すると、王は一刀の下に姫を斬り倒した。シャカンナは当時六才のスバール姫を背に負い、いずくともなく身をかくす。ガンヂーは左守となり妻アンチーとの中に生まれた一人息子アリナとともに得意な日月を送った。右守には家令サクレンスを登用する。

⑿　新左守ガンヂーは前左守の巨万の富を国内の貧民に慈善をほどこして、ようやくタラハン国は小康を得た。王は一切の政務を左守に一任し、自分は風流三昧を事とする。

⒀　太子スダルマンは十八才の春を迎えたが、憂鬱病に犯されていた。お気に入りの左守の伜とともに城内で絵を描くことを唯一の心の慰めとしている。

ある日、太子が城外に写生に行こうといい出したので、アリナは日頃の憂鬱病が治るかも知れぬと、翌日未明にタラハン城の東北にある城山をめざして進み入った。大自然を初めて見た太子の歓喜は絶頂に達し、足にまかして進み行くうちに道を失い、三日三夜を深山にさすらいつづける。猛獣の声の百雷のごとく聞こえくる山中で、ようやく谷底に一炷《しゅ》の火光を見とめ、にわかに元気恢復して降りゆく。

⒁　シャカンナはタラハン城市から正北十里のタニグク山の大岩窟にひそみ無頼漢をあつめて、タラハン城のガンヂー、サクレンスの奸者を払い、君側を清めむと日夜肺肝を砕いていた。スバール姫は十五才の春を迎える。

妻ハリスタ姫の十年祭を行なうため、乾児コルトンに修験者を迎え来るように命じた。迎えられた修験者は玄真坊で、アリスの娘ダリヤをつれて夕刻に岩窟につく。シャカンナと玄真坊は供養をやめて呑みあかす。

ダリヤ姫は上手にシャカンナ、玄真坊、コルトンを酔いつぶし、バルギーをうまくだまして案内させ、岩窟を逃げ出した。十四夜の月が白けた頃にコルトンが目をさまし、二人のいないことが判り、玄真坊はシャカンナの部下二百名をかりてダリヤ捜索に出てゆく。

ここにシャカンナは天命をさとりこの大岩窟に火を放ち、三里はなれた浅倉谷の茅屋へ、スバールやコルトンとかくれる。

⒂　シャカンナが浅倉谷へかくれ、世を忍んで一カ月たった十五夜満月の夜に、アリナとスダルマン太子が火光をたよりにたずね来たり、一夜の宿をかりる。主従の思わぬめぐりあいに、シャカンナは老骨に生きがいを感じた。太子は十五才のスバール姫の姿を絵筆にうつしてアリナとともにタラハン城へ帰る。

⒃　タラハン城にては、太子とアリナの行くえ不明のために、カラピン王の前で重臣会議がひらかれている最中に、太子とアリナはひそかに帰城した。

アリナは評議の結果一カ月の謹慎を命ぜられる。ふたたび謹慎がとけて太子のもとにはせ参ずると、太子は、スバール姫を恋慕するあまりに、浅倉谷より姫をタラハン城へ迎え帰ることをアリナに命じる。

特徴

○梅公が言霊別命の化身として言霊によって、神徳を発揮し、ハルの湖の上で、海賊をしりぞけ、波切丸の沈没を救い、「神仏無量寿経」によって神業経綸の神秘をもらし、ことに浮島の沈没に関連して神格の片鱗を説示する。

○また、スガの港の薬問屋イルクの一族を救い、船長アリーも梅公に帰順して船客の守り神となる物語。

○後半には第六十六巻につづきタラハン国家の混乱の原因を明示し、神秘の糸にひかれながら、新しい国づくりの基礎となる国家の柱石が結ばれてゆく物語である。

山河草木　未の巻

第68巻

口述場所　綾部＝月光閣
口述日時　大正14年1月28日〜30日（三日間）
筆録者　松村真澄、北村隆光、加藤明子
初版発行　大正15年9月25日
著者最終校正　昭和10年6月23日

目次

登場神・人

〈三五教宣伝使〉梅公別
〈タラハン王国太子〉スダルマン
〈王女〉バンナ姫
〈旧左守〉シャカンナ
〈シャカンナの娘〉スバール姫
〈左守〉カンヂー
〈左守の倅〉アリナ
〈茶の宗匠〉タルチン
〈女官〉シノブ
〈民衆救護団々長〉バランス
〈右守〉サクレンス
〈右守の妻〉サクラン
〈右守の弟〉エール
〈右守の家来〉カーク、サーマン

梗　概

序文には、大正甲子の年の出来事を中心に万物更始の意義がのべられている。

(1)　タラハン国の左守であったシャカンナは、タニグク山にかくれて国政改革の準備に十年間心胆をくだきつつあったが、妖僧玄真坊がかどわかしてきたダリヤが部下バルギーと逃げ去ってより、天命をさとりて計画を放棄し、浅倉山に隠棲して余世を送るところへ、奇しくも太子スダルマンが左守の倅アリナと来訪してから、干天の慈雨のごとき歓喜にみちた日々を送りはじめた。

十五才になったスバール嬢も、生き生きとした生活にかわる。シャカンナは娘の心をさぐるために、水を向けると、ほとばしるごとき熱情のこもった恋愛論や、新時代の貞操論を吐き出されて、父のシャカンナはすっかり烟にまかれ、「此山の奥迄も思想界の悪風は襲うて来たのかな」と嘆息をもらす。

(2)　スダルマン太子の特使として浅倉谷へ出かけたアリナは、

途々シャカンナの部下、ハンナ、タンヤの薄っぺらな恋愛論の末に、スバール姫を奪わんとする話をきき、父娘の危難を救わんとしたが、山になれた二人の盗賊の足は迅速で見失ってしまう。

ハンナ、タンヤはシャカンナから計画を見破られて、シャカンナを荒縄で縛り谷川に水葬せむとする。スバール姫は父の大事と死物狂いになり抵抗したが、大地にねじ伏せられ手足をくくられ、声をかぎりに泣き叫ぶ。アリナは娘の悲鳴を聞き、わが身を忘れて、ハンナ、タンヤを渓流へ投げこみ、スバール姫、シャカンナを救うことができた。

ここでアリナはシャカンナにスダルマン太子の意向を伝えて、スバール姫をタラハン国の都へ迎えて帰る。

(3) タラハン市の町はずれ、茶の湯の宗匠タルチンの離れに、アリナの配慮で住みついたスバール姫は、タルチンの指導で茶の湯の道を学び、スダルマン太子は変装して、ここに通うこととなる。

(4) スダルマン太子の恋愛はますます熱を加え、アリナを太子に変装させ、アリナの用意した労働服姿で、スバール姫のところに通いつめた。

(5) 太子に変装したアリナは父左守の訪問をうけたりしながら辛うじて危機をきりぬける。女官のシノブは様子を看破して、夫婦の約束を迫る。

(6) タルチンの後妻大兵肥満の袋と呼ばれた女は、スバール姫のあずかり料千両をふんだくって逃げ出す。そのとき、タラハン城下に大火災が起こり、タルチンは太子とスバール姫に留守をたのみ、お得意客らの火事見舞に出かける。火災は城内の茶寮一棟を焼失した。

(7) 左守ガンヂーは、自宅は焼失したが、大火災に乗ずる暴徒の乱行を消防隊、警官隊、軍隊まで繰り出して、ようやく鎮定し、乱行をくいとめる。左守が大王の居間に伺候すると、老病中の心配のために人事不省におちいっていた。左守は太子に拝謁して指揮を仰ぐ。アリナの変装太子は、辛うじて見破られずに、左守に火災後の復興院の総裁を命じて、急場をのがれた。

またもや右守司が「大王の容態改まり殿下をよべ」との大変を伝えたのでアリナが困惑するところに、太子が帰り来たり「御臨終」とうながされて、労働服のまま大王の病床に駈けつける。

(8) タラハン国の創立記念日たる五月五日に、暴徒によって放火されたタラハン市の大火災の被害は大きく、死傷者数千名におよぶ惨状であった。有志の各団体の救援活動も罹災民の一部の要求をも充すに足らない。

この時に大兵肥満の女が碁盤の目の町を駈けめぐり、声高々と革命の歌をうたう。彼女は茶坊主タルチンの家を飛びだした袋ことバランスであった。十字街に待ち構えていた目付隊は、民衆救護団の女団長バランスを縛りあげ、横大路の取締所へ運び込む。彼の子分らはバランスを取かえさんと潮のごとく押しよせたが、二千人の侍が銃をぎして威喝したので、完全な武器なき民衆は歯がみしながら退却する。

バランスは目付頭の取調べをうけたが、タルチンの館におけるスダルマン太子とスバール姫のこと、およびアリナが太子に変装していることまで持ち出して、その不当をなじると、目付頭をはじめ目付らは太き息をもらすのみであった。

(9) 目付頭は早速にタルチンを逮捕して事の実否をただすと、逆に目付頭の私生活の弱点を曝露されたので、目付頭は妾宅さして逃げ出した。目付らはタルチンをようやくなごめて家へ送りとどける。

(10) 国事犯として指名手配されたアリナは、取締所の捜索をさけて、タラハン王家の氏神盤古神王を奉祀した大宮山の宮居の中にかくれていた。その前でバランスの部下ハンダ、ベルツの噂話をきくところへ、父の左守ガンヂーが護衛兵に警護されながら、宮に参拝し祝詞を奏上する。その中にアリナのことを、「一時も早く捕縛して民衆の前で重き刑に処す」旨のあることをきき、アリナは社殿もはじけるばかりの唸り声を出し、天真坊となのり悪事への反省をうながした上に、またもや大音声にて唸りたてると、ガンジーはほうほうのていにて玉の原の別荘へ逃げ帰った。

アリナは父ガンヂーの逃げ帰りしを見て宮山を南へ下り、山といわず河といわず膝栗毛に鞭うちて、西南の空を目あてに逃げてゆく。

(11) 右守サクレンスは、風前の燈火にひとしきタラハン国家の惨状を、かえって喜び、夫婦が国家顛覆の陰謀を企てる。右守の弟エールを王女バンナ姫とめあわして王となし、みずからは国務総監となり権勢をふるうために、スダルマン太子とスバール姫をなき者にし、アリナをも亡きものにせむとの計画を実行にうつした。

(12) 五月五日の大暴動によって警戒きびしい右守館へ女官シノブは大王の令旨をつたえ、一日も早く登城するようと伝えたが、改めて右守と談合し、アリナが太子となり自らは太子妃となることを打ちあける。右守は面従腹背、いかにも味方のごとく見せかけてアリナのかくれがをききとり、捕えて謀殺せむとした。

(13) スダルマン太子はスバール姫との恋愛にすっかり生命をかけ、国家も父大王も国民もすてて、大原山の谷間の古寺にひそんでいた。そこへアリナは知らずしらずに近より再会したが、太子とスバール姫の泣いてとどむるのも聞かず、立ち去る。

右守の命によってカークとサーマンは太子と姫をとらえて、

那美山の南麓秋野ガ原の水車小屋の中にとじこめて餓死せしめんとした。

⒁　梅公別宣伝使はスガの港の薬種問屋アリスの館を立ち出でて、照国別の隊に合せむと進む途中に、タラハン城市の大火災を救わむと白馬にまたがり千里の荒野を進む。伊都能売の大神に祈りつつ、秋野ガ原を通り、水車小屋の中から太子とスバール姫を救い出し、父王にあわすべく、三頭の馬に乗りすすみ行く。

⒂　アリナは月下をすすんでインデス河のほとりの船番小屋につき休息する時に、右守サクレンスとめぐりあい、あらゆる罵倒をあびせて、わが名をなのり一本橋をかけ出すとたんに激流におちこむ。
バランスがインデス川下流の禁猟区で魚を捕獲している時、網にかかったものがある。アリナであった。さっそく引きあげて看護するところへ梅公別一行が通りがかり、鎮魂によって一命を助けた。太子の言葉によって、バランスは国政にあずかることとなる。バランスはアリナを背におうて太子のおともをする。岩上の森かげで右守の弟エールが、太子を待ちうけて殺害せむとするや、バランスのためにインデス河へなげこまれる。

⒃　右守サクレンス、サクラン姫と魔の女シノブの陰謀は破れて、国事犯として逮捕される。

⒄　スダルマン太子は梅公別宣伝使に送られて、一行とともに無事タラハン城内に帰り、大王に面会し、父の後を継ぎ、国家の万機の政事を総攬することとなる。大王は安心して昇天した。太子は父王の位を継ぎ、カラピン王第二世と称して、天下に仁政を布き国民上下の区別を撤回し、旧習を打破し、国民の中から賢者を選んで、政務に就かしめ、下民悦服して鼓腹撃壌の聖代を現出する。
アリナおよびバランスは国法の命ずるところに従い、一時投獄せられたが、太子が王位につくとともに大赦を行ない、一週間の形式的の牢獄住居をのがれ、アリナは右守司となって、国民上下の輿望をにない、輔弼の重任を尽した。妻にはバランスを迎え、子孫代々繁栄する。バランスは太子の即位とともに民衆救済団を解散した。ガンヂーは大王の後をおうて眠るがごとく昇天する。シャカンナは新王に召されて、左守の職につき国政の改革に全力を傾注し、国民一般の大いに信任を得た。
スバール姫は王妃の位に上り、殿内の制度をみずから改革し、賢女を集めて殿内の革正につとめる。茶坊主タルチンはスバール姫に終身仕えることとなる。王女バンナはトルマン国のチウイン太子に懇望されてその妃となった。
大宮山には梅公別の指揮のままに以前より数倍の社殿を造営し、中央の宮に大国常立尊、豊雲野尊、左側の宮に神素盞嗚尊、大八洲彦命を鎮祭し、右側の宮に盤古神王および国魂の神を鎮祭し、カラピン王家の産土神とし王みずから斎主となりて奉仕することとなる。

カラピン王と左守の葬祭式、ついで大宮山の遷宮式ならびに太子の即位式や結婚式等にて、タラハン城市は全国から祝意を表して集まり来る者引きも切らず、期せずして大火災にあいしタラハン市は一年たらずして復興し、以前の数倍の繁栄を来たす。いずれも新王が梅公別の三五の神教を奉じて民意をいれ、平等博愛の政治を布きし恩恵として子供の端に至るまでその徳を慕い、不平を洩らす者はただの一人もなかった。

特徴

○言霊別命の化身梅公別が、タラハン国の新しい神柱である指導者を教化育成して、天上の儀をそのままに祭政一致を実現し、スダルマン（妙法）スバール（妙光）の名のごとくに愛善と信真の神徳を発揮して、楽土を樹立し、ふたたび白馬にまたがり次の土地を愛善化するために進発される雄々しき物語である。

未の巻のヒッチは火土で、タラハン城市の大火災が瑞霊の化身梅公別によって、雨降って土かたまるごとく祭政一致が実現する。

山河草木　申の巻

第69巻

口述場所　愛媛県松山市道後温泉・元伊予別院
口述日時　大正13年1月15日、18日、22日～25日（6日間）
筆録者　松村真澄
初版発行　昭和2年10月26日
著者最終校正　昭和10年6月23日

目次

登場神・人

〈アルゼンチン〉国司・国依別、妻末子姫、伜国照別、娘春乃姫、大老・松若彦、妻捨子姫、伜松依別、娘常磐姫、老中・岩治別、老中・伊佐彦、妻樽乃姫

〈背水会〉愛州（国愛別）、幾公、源州、平州、藤州、橘公、佐吉

〈懸橋御殿〉国玉依別命、妻玉竜姫

〈国州（国照別）の乾児〉浅公、駒治、市、馬

〈秘露《ヒル》の国〉国司・楓別、妻清子姫、伜国愛別、娘清香姫、侍女春子姫、大老・秋山別、老臣・モリス

〈泥棒〉源九郎

梗概

(1)　巻頭言は「吾人は本年甲子よりここ数年の間に於て、確かに斯世を天国浄土に進展せしむべき一大偉人の出現することを固く信じ、神仏を念じて、待っている」とのべられて、聖師の活動は「自教を拡張せむが為でもなく、只単に我国家の前途を憂へ、世界平和と人類愛の為に尽さむとする真心に外ならぬのである」とのべられている。この物語口述後十数日後に入蒙されたことを考えあわせる時に、聖師の熱情が痛感される。「月の歎かひ」「杜鵑」等の歌にも勇心勃々《ぼつぼつ》としている。

(2)　第一章の冒頭には、聖師の霊眼で見られた南米の様子が記されている。聖師は伊予の道後温泉ホテルの三階から透視されたままを述べられたのである。

(3) 三五教の宣伝使国依別は、神素盞嗚大神の娘末子姫とめあいて、アルゼンチンの珍の都の国司となり、天下泰平、国土成就、四民和楽の珍の天国を築き、国民は仁徳を慕うて、天来の主師親と仰ぎ仕えまつっていたが、常世の国よりウラル教の思想流入し来たって、さしも平和なりしアルゼンチンは、ようやく乱麻のごとき世態を醸成するに至る。国依別、末子姫も年老い、一男国照別、一女春乃姫は成人していた。大老松若彦は、高砂城内評定所にて老中伊佐彦、岩治別と重要会議を開く。意見の衝突から、岩治別をのぞかんとしたが、国照別がソッと知らせて逃がした。

松若彦と伊佐彦は国照別や春乃姫の警告をきかずに、旧来のままの警察と軍隊による弾圧政治を強化続行する。

(4) 国依別は球の玉の神徳によってすべての世の中の成り行きを達観し、政治も時到らざれば徒労に帰することを知っていたから、松若彦に当座の鼻ふさぎとして政治の実権を委任していた。

国依別はただ朝夕皇大神の前に拝礼するのみで、実子への家庭教育などの七むつかしいことを強いず、自然にまかしている。ゆえに親子の関係は兄弟のごとく円満にして少しの差別もなく、和気あいあいとして春風のごとき家庭をつくっていた。ここに真のミロクの世の教育（喬育）についてのべられている。

(5) 珍の都の大都会にも、貧民窟がたくさん出来た。国依別の国司に対しては怨嗟の声を放たなかったが、松若彦以下の施政方針については、至るところ不平の声が勃発し、いつ不祥事件が突発するかも分からないようになって来た。

深溝町の人力車の帳場には、国照別は国州と変名し、秘露の国愛別は愛州となのって、浅公とともに民情を視察していたが、取締の幾公を言向和して、いよいよ侠客となって活動するために酒をくみかわす。その時、「国照別俥帳場に潜む」との号外が出たので、一行四人は夕暮れの暗をさいわい、姿をかくす。

(6) 国愛別の愛州は幾公とともに、横小路の広い邸宅を借りうけて、賭場を開帳していた。数百人の乾児は気品高く豪胆な愛州を心から大親分と尊敬している。愛州は生れついての皮肉家で表看板には万案内所という金文字の看板をかかげていた。この皮肉な看板を下させようとやって来た取締佐吉は、乾児の照公に言向けられて乾児となる。

大親分の愛州は二三の乾児をつれて、十字街道にてウドン屋の牀几の上にたち、雷声にて「僕は泥池の蓮公さんだ。畏くも神素盞嗚尊の子孫の神臨し玉ふ光輝ある歴史を持った国民ではないか。時は今なり、時は今なり、三千万の同胞よ、背水会の宣言綱領に眼をさませ」と叫んだため、数十人の取締に珍の城下の暗い牢獄へ投げ込まれる。

あまたの乾児は武器をもって押しよせ、取締と侠客との間で大混乱、大争闘となった。おりから兇をたずねて春乃姫があらわれ、「双方とも、解散せよ」と優しい涼しい声で命じた。取締は一人も残らず唯々諾々として根拠地へ引き上げる。侠客の乾児連や弥次馬がドヨメキ立っているので、乾児の源州に「安心して引取って下さい、今後十日の間にキッと助ける」と約束する。源州は「何分宜しくお願い申します」と依頼して親分の館へと帰ってゆく。

(7) 珍の都高砂城内から岩治別が姿をかくしてから、岩治別が一挙に松若彦、伊佐彦を引退させ、ふたたび正鹿山津見の神の聖代に世が立直るならんと、種々の流言蜚語が盛んに行なわれ、長屋の井戸端会議にも喧伝されるに到る。ここに松若彦は徹底的に言論の弾圧政策をとった。岩治別は愛州のゆるしをうけて岩公と変名し、愛州の館の奥ふかく住み込んでいる。

(8) 話かわって高砂城の大奥には、国依別の国司をはじめ、末子姫、春乃姫、松若彦、伊佐彦の五柱が重要会議をひらいた。世子国照別の失踪のために、一女の春乃姫を「城内出入自由、夫は自選する、罪の寛恕、大老、老中以下の任免黜陟の実権をもつこと」を条件として、世子とさだめる。松若彦、伊佐彦はしぶしぶながら、春乃姫の条件をいれ、世子と定め吐息をつきながら、神殿に感謝の祝詞を奏上し、国司夫妻に挨拶して、わが館へ帰る。この日は天気爽快にして、あたかも第一天国の紫微宮にあるの思いであった。

(9) 国照別が姿を消してから、松若彦、伊佐彦は賢平取締など使役して、家を外に昼夜の別なく捜索活動に従事した。伊佐彦の妻樽乃姫はサデスムス患者だったので、たちまち嫉妬の角をはやし、荒れまわるところへ、春乃姫から伊佐彦へあてた手紙が着いたので誤解して激怒し、城内へ向って血相代えて兇器をたずさえ暴れゆく。伊佐彦は変わりはてた妻の姿に、直ちに逮捕させて投獄した。牢の中で樽乃姫はアラヌことを口走り暴れまわる。

世子春乃姫はこの牢獄へ宣伝歌をうたいながら、愛州をたずねて救い出し、横小路の館へ送りとどける。愛州は侠客の乾児たち一同が、約束の十日目のため、満を持して仕度をし酒盃をあげている時に帰って来たので、「門出の酒が歓迎の酒になったのか」と嬉しさのあまり、思わず神前に合掌して、山もくずるるばかりの万才をとなえる。

(10) ウヅの国家はいよいよ非常時態となったため、世子春乃姫と常磐姫、愛州も人心をなごめるため昼夜兼行で三五教の宣伝歌をうたってかけめぐった。松若彦の倅松依別は金品をまきちらして貧者を救うことにつとめる。

(11) 国照別は浅公をつれてアリナ山の峠をこえてテル（智利）

の国の懸橋御殿に拝礼し、ここで取締の駒治を部下としアリナの滝に禊し、鏡の池の神さまの教をうけて、秘露《ヒル》の国をさして進みゆく。

⑿　清彦のつくったインカの国の流であるヒルの国の高倉山の本城では、楓別命、清子姫の娘清香姫も、兄の国愛別が行くえ不明となったため大会議の末に世子となっていた。清香姫は、悪思想往来して、国家にわだかまる妖雲を一掃し、新しき天地をひらかむと心胆をくだいていた。

老臣の秋山別、モリスは姫が年ごろのために、よき婿殿を世話しようと写真をあつめたりしている。

清香姫はいよいよ城を逃げ出す決心をし、春子姫に守られて、秋山別、モリスの追跡をのがれつつ進みゆく。

清香姫、春子姫は夜を日についで、高照山（アンデス山）の山麓までたどりつく。追手をおそれて、本街道に添うた山林や野原を進み行くため、比較的に暇がとれた。

途中、盗賊源九郎の一派のために攻撃をうけ危機一髪の際に、宣伝歌をうたいながら来あわせた国照別一行五人に危難を救われる。

ここに双方名のり合い、奇遇をよろこび、ヒルの都の町はずれの古家を借りて、春子姫は乾児を率いて畠に野菜を栽培し、国照別は野菜を売り歩き、清香姫は裁縫炊事などに全力をつくす。一年たって清香姫、春子姫のことがその筋の耳に入り、秋山別、モリスは一切の職をなげうち、耕耘に従事し、清香姫に至誠を現わして城中に帰ってもらうこととする。清香姫は国照別とともに城中にかえり、父楓別命と母清子姫に自分たち兄妹の意中を露ほども包まず吐露した。両親もわが子の至誠に感じ、一切をまかせ高倉山の宮に専仕することとし、清香姫、国照別の意見に従って、国内に仁恵を行ない、かつ衆生の意を迎えて、徳政をほどこし、貧富その処を得せしめ、上下の障壁をとり、老若男女一般に選挙権をあたえた。ここにヒルの天地は、たちまち黎明の新空気に充ち地上に天国を実現することとなる。国照別は選まれて大王となり、ヒルの国家は永遠無窮に栄える。

⒀　珍の国はいよいよ手のほどこす道を失ない、国依別、末子姫は玉照山の月の宮にこもって、国家の危急を救うべく老体ながら祈っている。

岩治別は愛州の命により国照別の応援を請うべくアリナ山の頂上まで登ったところで、国照別一行にベッタリ出会する。一行は駿馬にまたがりウヅの都へすすみ入る。

国照別は「ヒルの国の大王、珍の国の世子国照別」の大旗を風にひるがえしながら、珍の都の大道をどうどうと進み入った。衆生はこの旗印を見て再生の思いをなし、手にした兇器を投げ捨て地上に平伏した。

春乃姫、常磐姫は涙とともに感謝する。愛州は乾児とともに高砂城の表門に待ち迎え、国照別をみちびいて城内へ深く入る。松若彦、伊佐彦は衆生の前に丸裸となって罪を謝した。これより国照別、春乃姫、国愛別、岩治別は評定所に入って政治の改革を断行することとなり、国依別、末子姫を玉照山から迎え還し、ヒルの国同様の神政を行ない、愛州の国愛別を妹の春乃姫に娶合わし、民衆に推戴されて大王となり、貧富の懸隔を打破し、国民上下の待遇を改善し、世は平安無事に永遠無窮に治まる。

特徴

○本巻は海洋万里申の巻の続編の山河草木申の巻の物語である。

○神素盞嗚大神の末娘末子姫がアルゼンチンの国司となり、婿に国依別を迎えられて、南米にミロク神政が成就する経綸がみのって、いよいよ完成する時となり、国依別の子、国照別と春乃姫および岩治別と秘露の国の楓別命の世子、国愛別と清香姫が中心となり、若き力によって、南米のヒル(秘露)の国とウズ(アルゼンチン)の国に霊体一致のミロクの世が完成する物語である。

山河草木　酉の巻

第70巻

口述場所　丹後由良=秋田別荘
口述日時　大正14年2月13日、8月23日〜25日
筆　録　者　松村真澄、北村隆光、加藤明子
初版発行　昭和3年4月21日
著者最終校正　昭和10年6月24日

目　次

登場神・人

〈三五教〉照国別、梅公、照公、春公
〈トルマン国〉ガーデン王、王妃千草姫、太子チウイン、王女チンレイ、左守フーラン、妻モクレン、娘テイラ、右守スマンヂー、娘ハリス、教務総監ジャンク、番僧テルマン
〈バラモン軍〉大足別将軍
〈スコブツエン宗教祖〉キューバー
〈向上主義者〉レール、マーク
〈ウラナイ教〉高姫、トンボ

梗　概

(1)　印度はバラモン教の発祥地ともいうべき国であった（元は常世の国ロッキー山）。ウラル教はデカタン高原の一角に相当の勢力を保ち、バラモンの本城ハルナの都（ボンベー）に向かって教線を拡張し、大黒主の根底をくつがえさんとするの概があった。大黒主は宣伝将軍を四方に派遣し、デカタン高原方面へは大足別将軍に数千の兵を与えて、討伐のみを主たる目的にて出発せしめた。

デカタン高原の最も土地肥沃なトルマン国は、広大ではないが多数の人が住んでいる。そして、地理上の関係から国教としてはウラル教を奉じ、一部分はバラモン教に入り、二三分通りはスコブツエン宗に新たに入信しその勢いは燎原の火のごとくであった。

大黒主は宣伝使を遣わして、トルマン国をバラモン教に帰順

せしめんとしたが、この国人の心に投じないことを悟り、寵臣キューバーに命じてスコブツエン宗という変名同主義の宗教を開かせ、トルマン王たちを帰順せしめんと百方尽力していたが、王も左守、右守も耳をかたむけず、体的方面の政治のみに没頭していた。

一方、三五信者である国士のレール、マークはみづから向上主義者と称し民衆（首陀）の中にまじって、トルマンの国家改造運動に没頭している。

(2) 大足別将軍はキューバーのみちびくままに、三千の兵をひきつれて、デカタン高原のトルマン国の王城を包囲する。主戦論のガーデン王と左守フーランはバラモン軍に武力をもって雌雄を決せんとしていた。一方、王妃千草姫と右守スマンヂーは国内外の情勢を調査の上、チウイン太子とはかり、王の命として義勇軍の動員令を下した。したがって右守は武力戦の非を極力説いたために、王の意にそわず成敗をうけて落命する。

千草姫は、軍使としてのり込んで来たキューバーに秋波をおくり、わが部屋にみちびきいれて不戦勝の方策を講じていた。そしてキューバーのツボを握って気絶させそのすきに王に密書を送った。そこへチウイン太子の手紙もとどき、王は千草姫および右守の忠誠を知り非常に感謝する。またチウイン太子の義勇軍招集の兵法に満足した。

大足別は大黒主の寵臣キューバーが城内にあるため安否をきづかい、遠まきにして城攻めを延ばしていた。キューバーと千草姫は、互いに手を握りしめあった途端に気絶し、正気に復した時には、千草姫の肉体には高姫の精霊が再生していた。

この時、チウイン太子や王女チンレイ、ハリス女将軍を別将となし、ジャンクを第一軍の司令官と仰ぎ、三五教の宣伝使照国別および照公司をしんがりとする二千五百の精兵義勇軍が、大足別の軍勢の背後から攻め寄せる。

大足別は急ぎ城を攻め落とし、城に拠って応戦しようとしたところ、キューバーが姿を見せて戦闘をとどめた。そこで力をゆるめたスキを城内の兵に激しく攻撃され、大足別の軍勢は命からがら散乱する。左守はこの戦闘で戦死した。

大足別の軍勢が敗走する際、民家に放火したため、城下は大火災となりかけたが、照国別、照公が城の物見櫓にのぼって天の数歌をとなえ天津のりとを奏上すると、たちまち鎮火した。

左守、右守は王室の墓所に特別をもって葬られ、国家の守護神として祠を建て永遠に祭祀されることとなる。

(3) 国王はチウイン太子から照国別、照公の功績をきき、三五教の大神を信仰することを誓った。ここに戦勝を感謝し国家の安泰を祈るために、ハリマの森のウラルの大神を奉斎する宮と左守、右守を祀りたる国柱《きない》神社にて、大功ある照国別を斎主として盛大なる感謝の大祭を執行する。

祭典中にキューバーは自分が疎外されたとして、照国別の冠をたたき落とし祭典を妨害したので、太子チウインはジャンクに命じて逮捕せしめ、城外の牢に投獄した。

王以下は城に帰り、直会の宴をひらいて、大祭のめでたくおわったことや今度の国難を排除された照国別に感謝の意を表するおりから、高姫の精霊の再生した千草姫は、暴言のかぎりを尽して照国別たちを罵倒した。王以下は姫は戦いのために心痛の結果、気が変になったものと善意に解する。

(4) ガーデン王は千草姫に足の爪先から悪霊を注入され、八岐大蛇の分霊におかされて、心機一転し、千草姫を活神と信ずるようになる。こうなっては、もはや城内は中心を失ない、手のつけようもなくなってしまった。

千草姫はキューバーを恋慕するあまり、王に命じて照国別、照公を重罪犯人として投獄する。

(5) チウイン太子は、千草姫がキューバーを救出するのをおそれ、向上主義者のレール、マークに命じて、キューバーを荒井ケ嶽にかくす。

千草姫の狂態はますますつのり、左守の娘テイラにはキューバーの在所の捜索を命じ、右守の娘ハリスにはチウインを恋のとりこにせむことを命じた。二人は困惑して、ひそかに太子に相談する。そしてシグレ町に住むレール、マークのところに身を忍ぶこととなる。

(6) 太子は事の重大さを思い、レール、マークに命じて、ハリマの森に参詣する千草姫を投石によって暗殺させようとしたが、二人の投石ははずれて捕まり、重大犯人として照国別、照公の入監中の牢獄へ投じられる。

岩彦の弟春公は、神示によって看守となり、照国別が投獄される十日前から勤務していて、照国別、照公を守る。

(7) 千草姫は王に命じて、世界視察の名目で太子と王女チンレイまで巡礼に出すこととした。二人は早速レール、マークのシグレ町の長屋に住みこんで、労働者に身をおとし、天の時を待つこととする。

王妃暗殺の報をきいたレールの妻マサコ、マークの妻カル子は離縁状を太子にあずけて帰って行く。

(8) まさに風前の燈火のごときトルマン国の危機を救うために、言霊別命の化身梅公は、ハリマの森に参詣する千草姫の輿に近づき、たちまち逮捕される。輿の中から梅公の美男子ぶりを見た千草姫は、家臣に命じて王城へつれ帰り、ガーデン王に命じて迎え入れ、わが部屋に通した。梅公は妖玄坊の杢助の再生と化けすまして、千草姫に仁恵令をほどこすようにすすめる。

千草姫は王に命じて、ジャンクをして囚人を残らず解放した。釈放された人々の歓呼の声は城下をゆるがす。千草姫が部屋に帰ると、梅公は大火団となり千草姫の両眼を射ながら窓の隙間から音もなく出てしまった。千草姫はあまりの驚きに、しばしの間は失心する。

(9) 仁恵令によって釈放された照国別、照公、レール、マークらは、シグレ町の長屋に帰り来たり、チウイン太子を中心に新内局を組織した。

レールは左守となってテイラを妻とし、マークは右守となってハリスを妻とし、王女チンレイには照国別の徒弟春公をめあわせてハリマの森の宮司となし、太子妃にはタラハン城のスダルマン太子の妹バンナ姫を迎えることとする。ここに祝いにかけつけたテルマンには番僧頭を命じた。

(10) 王城内にただ一人残った孤立無援のジャンクが、国家の安危をうれうる時しも、言霊別のエンゼルが神姿を現じて一切の国家経綸について教示される。

照国別はチウイン太子につきそって城内に進み入る。ジャンクは太子に抱きついて感泣した。エンゼルの指示の通りに、ジャンクは引きつづき教務総監として仕えることとなる。

照国別の提言により、キューバーは釈放された。千草姫の部屋に入ってみると、旧左守の妻モクレンが今まさに焼火箸で乳房を焼き切られむとする際であった。照国別が神力をこめて千草姫をにらむと、八尾の狐となって天窓づたいに逃げ去る。

ここに、照国別のすすめにより、トルマン国は新政を開くこととなる。チウイン太子は新教王となり、各部署を定めて万民和楽の政策を実行し、トルマン国は小天国を現出した。トルマン王国は新しい革袋に新しい酒がみたされたように、新しい指導原理によって新しい人材を登用し、ここに国家は新生したのである。

特　徴

○印度のトルマン国が大国難に際して、太子チウイン、王女チンレイを中心に、左守の娘テイラ、右守の娘ハリスの活躍を中核として、義勇軍の代表ジャンクの奮起、新人レール、マークの地下の活躍など、照国別、照公の宣伝使にささえられて、新しい神政が樹立される物語である。

○ことに、言霊別命の化身梅公別が、千草姫を使って仁恵令を断行するところは、全く神界の一厘の仕組の発光であって、決定的瞬間である。

○ガーデン王の隠居、左守、右守、千草姫の昇天などは〝世替り〟を示されたものと思われる。

○スマンヂーと千草姫が、第二霊国の花鳥山に天人として復活するところは、国民の指導者の昇りゆく霊界を示されている。

○物語52巻に示された高姫の八衢修行の三年の期限が終り、

千草姫に再生するところなど、神の経綸と仁慈の万代不易であることを痛感される。

〇物語によれば、大本出現と日本肇国の経綸は丹後由良の秋山館において、厳瑞二柱の大神が三十五万年前の辛酉《かのととり》の年に着手されたと口述されている。山河草木酉の巻のトルマン国は日本にゆかり深い物語で、心をひそめて拝読すべきである。

日本の国は鳥が啼く東の国であり、天照大神の使者は長鳴鳥であることを思うときに、うかうかとしては拝読できない。聖師は仏典の鶏頭城は日本国の予言であるとも示され、日本は系統を大切にする国だからと庭に鶏頭を植えて育てられ、チャボは純日本のものといわれて大そう大切にされた。

山河草木　戌の巻

第71巻

口述場所　亀岡天恩郷＝祥明館、綾部＝月光閣
口述日時　大正14年11月7日、15年1月31日、2月1日
筆録者　松村真澄、北村隆光、加藤明子
初版発行　昭和4年2月1日
著者最終校正　昭和10年6月24日

目次

第一四章　障路
第一五章　紺霊
第三篇　惨嫁僧目
第一六章　妖魅返
第一七章　夢現神
第一八章　金妻
第一九章　角兵衛獅子
第二〇章　困客

登場神・人

〈三五教〉照国別、梅公別、照公
〈妖僧〉天真坊（玄真坊）
〈スガ港薬種問屋の娘〉ダリヤ姫
〈シャカンナの乾児〉バルギー、コブライ、コオロ
〈神谷村の三五教徒〉玉清別、玉子姫、神の子、玉の子
〈春山村〉カンコ、キンス、リンジャン
〈タラハン国〉左守シャカンナ、右守アリナ
〈ウラナイ教〉千草の高姫
〈捕手〉トンビ、カラス
〈入江村浜屋旅館〉亭主、客引の下女

梗　概

(1)　印度のタラハン王国の旧左守シャカンナは、城北十里のタニグク山谷にひそみ十年にわたり、タラハン城改革の準備をしていたが、妻の十年忌に部下を派遣して迎えた僧は玄真坊（天真坊）であった。ダリヤ姫は玄真坊とシャカンナの対話によって、かどわかされたことをさとり、シャカンナ、玄真坊、コブライを酒をすすめて酔いつぶし、バルギーを色眼を使ってだまし、案内させてわが家へ帰るために、タニグク山を逃げ出した。玄真坊はシャカンナからコブライをはじめ二百の部下をかりうけて、ダリヤのあとを追いかける。一夜あけた山頂でコブライに七草の効用を語りきかせた。玄真坊、コブライは神谷村に出て神童の神の子から、ダリヤ姫が玉清別の家にかくまわれていることを教えられて、玉清別の妻玉子姫にダリヤ姫のことをたずねたが、体よく断わられてしまう。

(2)　玉清別はタラハン城下からバラモン教の悪神に根城を覆えされ、残党を集めて人跡まれな谷蟆《たにぐく》山の峰つづき神谷の平原に三十余戸の家をつくって、あくまでも祖先伝来の三五の道を遵奉し昼夜孜々として家業を励み、時を得ればふたたび三五の法城を築いて天下に雄飛せんものと、遠大な望みを抱いて時の到るを待っていた。

玄真坊は玉清別の疑を晴らすために、にわかづくりの宣伝歌

をうたったが、窓からのぞいた神の子は、弟の玉の子と手を拍って「お前の去んだその跡で、お塩の三俵も振り撒いて隅から隅まで大掃除致さにゃならぬ厄介な山子坊主が来たものだ」と歌って、奥に引っこんでしまう。失望したコブライ、玄真坊が門口を出ると、待ちかまえていた下男が門の閂を嵌めた。

門の外で憤慨していると、神の子が「ダリヤは裏口から一人のおっさんと、たった今の先、東の方を指して逃げ出したよ」と語る。両人は薄暗がり野路を、吾子山方面さして駈けゆく。

(3) 玉清別の離れの間にかくまわれていたダリヤ姫は平気の平座で、スガの港へ帰るまでは、バルギーをうまくチョロまかしおかんと、一生懸命に機嫌をとっていた。

(4) 玉清別夫婦は神の子、玉の子とともに、まだ夜のあけぬうちから神殿の大掃除をなし、山野の供物を献じて祝詞を奏上している。ダリヤ姫は祝詞の声に目をさまし神殿に簡単な祝詞を奏上し、終ってわが居間にかえり、クラヴィコードを弾じているところへ、玉清別夫婦が入り来たり、バルギーが村内の杢兵衛の家に暴れ込んで、家族を縛り、金銭を残らず奪いとって逃げ出す途端に、門口の深井戸に落ち込み、不寝番が見つけて杢兵衛の家につながれている由を告げた。

ダリヤ姫は玉清別の庭に引かれて来たバルギーに対して涙ながらに、いつわって案内させていたことを真心こめてざんげした上、改心を迫った。村人はおきてに従い、バルギーを青竹をもって叩き払いにする。

(5) ダリヤの行くえをさぐるために夜の道を山の麓につき、夜明けを待っていた玄真坊、コブライの前に、捜索隊のコオロが倒れたのを玄真坊がなぐりつけるので、愛想をつかさんとしたが、玄真坊がオーラ山の大泥棒と知り、コブライ、コオロは部下となる約束をした。

そこへ、バルギーが村人に叩き払いにされて腰骨の痛さに竹の杖をつきながらやって来たので、ダリヤのありかを自白させようとするが、一切白状しないので、あらゆる暴力を加え、バルギーは気絶してしまう。

(6) バルギーの精霊は暗い霊界をさまよい、バルギーのために生前に金と生命を奪われて死んだ牛頭、馬頭姿の精霊に取まかれて、進退きわまり、ダリヤ姫から聞き覚えた天の数歌をやっと唱え上げてのがれ、ようやくわれに帰ると、ハル山峠の麓の草原に雁字がらみにくくられて倒れていた。

そこへ、神素盞嗚大神の神示によって玉清別、ダリヤ姫ほか数人の村人が迎えに来る。バルギーは玉清別の神館において病を養い、ダリヤ姫の手厚い介抱をうけて一カ月ばかり逗留した。

(7) ハルセイ山頂にたった玄真坊はコブライ、コオロの二人を従えて、タラハン城下を眺めながら、ふたたび天下をねらう。三人は空腹をみたさむと、春山峠の南麓の春山村のカンコの家に乱入するが、役所へとどけるとさわがれて、空腹をかかえて裏口より逃げ出し、数十人の御用役人に追われて、三人はなればなれとなる。

その後、玄真坊は昼は山野に寝ね夜は泥坊を稼いで百余日をついやしてタラハン城市へ変装して忍び込み、タラハン市でも一等旅館の丸太ホテルに投宿した。

偶然に二三日前に投宿したコブライ、コオロとめぐり会い、二人の話によって、シャカンナが左守司となり、スバール姫が王妃殿下となったことを知る。

三人は目抜き通りの大火災をさいわいに左守館へ入り、宝庫を破り財宝を奪わむと働くところを衛兵に取りおさえられ、タラハン城内の営倉の独房に一人一人投げ込まれた。
(8) タラハン市街は義捐金や同情金によって、ふたたび元の大商店を経営する運びとなり、復興気分がただよって来た。
そこで、泥棒を調べることになり、右守司のアリナが玄真坊を白洲に引き出して取調べたが、シャカンナを兄弟分だと言いはり罪状を認めないので、ふたたび投獄すると、獄中でも暴言を吐きつづける。アリナがシャカンナに報告すると、シャカンナは自宅で玄真坊を取調べることとした。

玄真坊、コブライ、コオロはシャカンナにつめよると、シャカンナは三人に庫の中の金を持てるだけあたえ、国王、王妃、右守にあてた書置を残し、白装束となって、三五の大神の神前で腹掻き切り、立派な最後を遂げる。

ひそかにたずねて来たアリナは、これを見るより、驚きながらも、わざと素知らぬ顔をよそおい、城中に参内して両殿下に事の顛末を詳細に言上し、二通の遺書を捧呈した。
(10) 玄真坊、コブライ、コオロは左守の情けによって死罪をまぬがれ、持てるだけの小判を胴巻に押し込み、一日一夜西へ西へと駈け出したが、身体縄のごとく疲れ果てたところへ、十数人の捕手に取りまかれる。進退きわまった三人は青淵めがけて九死一生をゆめみてとび込んだ。
(11) 自殺したシャカンナの精霊が八衢旅行をするところへ、玄真坊、コブライ、コオロの精霊も姿をあらわす。シャカンナは八衢の守衛にさばかれて奥へ進み入る。金と色との迷いの世界で苦しんだ玄真坊、コブライ、コオロは赤の守衛に赤門からしめ出されて現界へ帰って来る。耳もとに女の声がきこえると思うた瞬間に、あたりを見れば、漁民の網で体を引きあげられ、タラハン河の川下に救い上げられたのを、千草姫に介抱されていた。
(12) コブライ、コオロは金を川の中で落としたが、玄真坊は土の中に埋められていたので、土中の金を掘り出してわたすと、玄真坊と千草姫は二人をだまして土の中に埋めてしまい、立石を載せておく。

⒀　生埋めにされたコブライ、コオロは命からがら土中から這い出し、二人は玄真坊を殺害せむと、木片で方角を占い南へ南へと駈けて行く。二人が芝生で休養していると、霊鷲山の豊玉別命の神人が夢の中に神姿をあらわして「何事も神に任せ、神を信じ、神を愛し、日夜信仰を励んだならば、生前死後共に安逸の生活を送ることが出来るであろう」と教訓され、「今はミロク大神の御世と変っているから、三五の大神を信じ惟神の名号を唱えるよう」と教えられた。ここにコブライ、コオロは衣はなけれど修験者の心構えをもって、宣伝歌を口ずさみながら、人里を尋ねて行くこととする。

⒁　大日山の麓の大日如来の古い祠で、玄真坊と千草姫は、いろいろと談合した。千草姫は玄真坊をたらしこみ、ある地点までいったら、睾丸を締めて金を強奪する企みをもっていた。

千草姫と玄真坊は大日の森を立ち出で、スガの港をさして進みゆき、途中、入江の里の浜屋旅館の奥の間で十日間ばかりを逗留する。宿の主人のすすめにより、角兵衛獅子を見たが、終ってコブライ、コオロが被り物をとると、客は玄真坊と千草姫であったので、コオロは役所へかけ出した。千草姫は玄真坊が慄い出したところを、睾丸を力かぎり握りしめて悶絶させ、コブライが役人出迎えに表へ出た間に、胴巻を自分の腰にまき、知らぬ顔で表二階の間に納まり返っていた。

十二三人の捕手の役人は、亭主に玄真坊の死骸の処分を頼み帰ってゆく。

千草姫がホクソ笑んでいると、妖幻坊の杢助が突然たずねて来て、三年ぶりに再会し、ふたたび悪事を始めることとなる。

⒂　照国別はトルマン国を小ミロクの神代に立直し、宣伝歌をうたいながら入江村の田圃道まで、照公、梅公をともなって進み来たり、途上に唸り声をあげて倒れていた玄真坊を助け、浜屋旅館へ宿泊する。

二階から梅公別の顔を見た千草姫は、妖幻坊の杢助とともに、番頭を小判一枚で誤魔化し、一艘の舟を盗んでハルの湖の波を分けてスガの港へ向け漕いでゆく。

照国別一行は浜屋旅館で一夜を明かし、明くる日の朝早く一艘の船をあつらえ、スガの港をさして進みゆく。

特　徴

○妖僧玄真坊がダリヤ姫をさがすためにシャカンナの部下二百人をつれて追っかけるが、日の出別命に仕えた玉清別の館にダリヤ姫がかくまわれてからは、心機一転し、ハル山峠でタラハン城市を見て大野望をおこし、シャカンナから大金を奪い、生死の境を往来し、千草の高姫から金品をフンダクられて生命危いところを再び照国別、梅公別に救われて、更生する物語である。至仁至愛の救世主神、瑞霊大神の天使三五教の宣伝使の仁慈の活動には、ただただ感激のほかはない。

○また人の霊魂の性来と因果律の厳然たる循環によって、神の大倫理を明示されている。

山河草木　亥の巻

第72巻

口述場所　丹後天の橋立＝なかや旅館別館掬翠荘
口述日時　大正15年6月29日～7月1日
筆 録 者　北村隆光、加藤明子
初版発行　昭和4年4月3日
著者最終校正　昭和10年6月25日

目　次

登場神・人

〈三五教〉照国別、梅公別、照公別、ヨリコ姫、花香姫、玄真坊、コブライ、コオロ
〈神谷村〉玉清別
〈須賀の長者〉アリス、イルク、ダリヤ姫、門番アル、エス
〈ウラナイ教〉千草の高姫
〈妖幻坊〉杢助
〈天然坊〉キューバー
〈宿屋の主人〉久助
〈スガの里人〉フクエ、岸子

梗概

如意宝珠卯の巻に、神素盞鳴尊の愛娘英子姫が悦子姫と日本国に上陸された地点と示された日本三景の一たる天の橋立の、小天橋の掬翠荘において口述された物語。

(1) 高姫は、弥仙山からあらわれた玉照姫の件で紫姫若彦の宣伝使を解任された神素盞鳴大神の仁愛の神慮に感動して、ウラナイ教をすてて三五教に帰順したが、金剛不壊・黄金・紫の三つの宝珠に心を奪われて、日本はもとより世界中をかけめぐる。また総務の東助が昔の恋人と知って狂態を演じ出し、ついには東助のあとを追ってイソの神館にのぼったが、東助からきびしくいましめられる。ふたたび悪化して、玉国別が神命により建設した祠の森の神殿を占領し、妖幻坊の杢助と夫婦になっていたところ、初稚姫の神徳とスマートに追われる。ついで小北山の神殿を奪わんとして月の大神の神徳に打たれて逃げ出し、妖幻坊が曲輪の玉でランチ将軍の陣営あと浮木の森に一夜のうちにつくり出した曲輪城で、妖幻坊や狸にだまされ恋に狂う。そこへかさねて初稚姫にスマートをつれて踏み込まれたため妖術が暴露し、妖幻坊に引っ抱えられて月の国のデカタン高原の空を翔けり行く折りから、にわかの烈風にたまりかねて地上に落とされ、息たえて八衢に入る。死んだことさえ知らず三年間をここで過したるのち、その精霊はトルマン国の王妃千草姫の肉体に蘇生する。トルマン王城ではガーデン国王まで尻に敷き、日夜あらん限りの狂態を演ずる折りもあれ、言霊別の化身梅公司に謀られて金毛九尾と還元し、トルマン城をあとに雲を霞と逃げ出して妖僧キューバーの行くえを探すが、入江港の浜屋旅館の一室で玄真坊の黄金を奪った時に、はからずも妖幻坊の杢助に再会する。両人はひそかに浜屋旅館を逃げ出し、前生の通りに仲良くなり、高砂丸にてスガの港へ向かう。大雲山の八岐大蛇の片腕たる妖幻坊は、高姫の心境をさとり、杢助に化けて神界の経綸を破壊せんとする。実に邪神の陰謀はおそろしきものである。

(2) 妖幻坊、高姫の乗り込んだ老朽船高砂丸には、あらゆる

問題を忌憚なく批評できる〝高砂笑い〟という不文律がゆるされていた。

船脚おそく、退屈まぎれに話に花が咲く。コオロは玄真坊の売僧坊主ぶりから、シャカンナから強奪した金を千草の高姫にふんだくられたことを語った。コブライは、「照国別のお話によれば、妖幻坊という魔神が天下を横行して万民を苦しめているそうだが、万一妖幻坊に出会ったら素っ首を捻切ってやる」と語る。水に弱い妖幻坊、高姫は、腹は立つけれども素知らぬ顔で控えていた。たちまち天候激変して、高砂丸は転覆の厄にあい、乗客一同は浮きつ沈みつ声をかぎりに助けを叫ぶ。

(3) 照国別一行は、入江港から新造船「常磐丸」にのり、ハルの湖水をスガの湊をさして、太祝詞に海若を驚かしつつ進みゆく。照国別は神素盞鳴大神の神徳と経綸を絶讃する宣伝歌をとなえた。照公は宣伝の旅の楽しさをうたい、梅公は師の照国別の神業をたたえあげる。玄真坊はざんげと新たな決意をのべた。時しも大暴風となり、激浪のため常磐丸も木の葉のごとき危き光景となる。木っ端微塵に打ち砕かれた高砂丸の乗客一同は、救いを求めて絶叫していた。照国別は身の危難を忘れて船頭を励まし漕ぎつけ、一同を救う。

(4) 妖幻坊は獅子と虎の混血児たる正体をあらわし、高姫は真裸体となってその首に喰らいつき、浪のまにまに老木茂る太魔の島に漂着する。

妖幻坊は人間に化けている苦しさに、白蟻と蜘蛛の魔の薮と知らず飛び込み、たちまち数万の白蟻に噛みつかれて悲鳴をあげる。高姫は恋人二人の着衣を銀杏姫と詐称してはぎとり、その上、魔の薮から妖幻坊を救い出させてフクエ、岸子の二人を白蟻の餌食にし、二人の舟を盗んで逃げ出す。

(5) 高砂丸の船客は一人も残らず常磐丸に救いあげられた。一同は照国別を神のごとく尊敬し、感謝し、喜びの声は船中にわきあがる。

暴風はピタリと止んだ。共に救われたコブライ、コオロは、船中に玄真坊を見つけて不審をおこし玄真坊攻撃の歌をうたう。玄真坊が詫びても二人は承知せず大喧嘩となったが、照国別の三十一文字に心を改め、争いは終る。

(6) 梅公別は、照国別に「救うべき人あり」と暇を願い、浜辺の町に上陸して小舟を借りうけ太魔の島に向かい、妖幻坊と高姫に騙されたように見せて魔の森に入り、フクエ、岸子を救い出し、大銀杏の根下に腰打ちかけ種々の成り行き話を二人から聞き取りながら、三人一つ小舟にてスガの湊にむかう。

(7) 水上静かにすべり行く常磐丸の船中では、無聊を慰むため国の俗謡が聞こえて来た。中に最も著しいのは船頭の唄った恵比須祭の欸乃《ふなうた》である。

常磐丸は翌日の真昼ごろスガの港に安着する。港は鰹の漁の最中であった。一行は旅の憂さを慰むるため引網の中にくわわり、ともに面白おかしく歌をうたう。幾艘もの船は網の周囲にあつまって音頭をとりながら陸上に向かって網を引きあげる。親船がまず歌の節々のはじめを謡うと他の船の漁師たちがこれに和して後をつぎ、もって力の緩急を等しくするもので、木遣節のようである。

照国別がその壮観さを言うと、照公別は「われわれ宣伝使も、引網にならって一ぺんに数万人の信者を引き寄せる宣伝をやったら面白いでしょうな」と聞く。照国別は神素盞鳴大神の直授の（聖師さまが常に教えられた）宣伝法を教える。

この章は、本真剣に拝読すべき神示神教である。「神の道の宣伝は一人対一人が相応の理」にかなっていることは肝に銘ずべきである。「一人の誠の信者を神の道に引き入れた者は、神界においてはヒマラヤ山を千里の遠方へ一人して運んだよりも功名として褒められるのだ」と教えられているように、大本の宣伝は、老子、列子にまさる神聖なものであることを覚悟すべきである。

⑻　スガの港の薬種問屋の主人アリスは、梅公別にイルク、ダリヤが救われて帰りしより、その懇篤な教えを受けて鬼のアリスも改心し、財産全部を大神に捧げてスガ山の聖場に神殿造営の決心をする。

梅公別は一夜、仮の宿りをなさんとした時、タラハン城の大火を望見し、あとをヨリコ姫や花香姫にまかせて駒にのり駈け向かう。

ヨリコ姫、花香姫の月と花の姉妹は、梅公別の旨をうけてスガの町に連銭葦毛の駒にのり、神素盞鳴大神の神教を宣伝する。

⑼　アリスは、イルク、ダリヤ姫の兄妹が無事帰ったので狂喜のあまり逆上し病はますます重くなった。

ダリヤ姫は父の病を癒さんとスガ山の山王神社に夜ひそかに参詣し、暗中に光をとぼしてあらわれた玄真坊に、母に逢わせてやるとの虚言にさそわれて従いゆき、途中オーラ山の玄真坊と気づいて帰ろうとしたが、その部下に捕えられて、タニグク山のシャカンナのこもる岩窟へ向かうこととなる。

アリスの宅ではダリヤ姫が夜中、山王の森に参拝したまま帰らないので、アル、エスに命じて探させたが見あたらない。兄イルクは病の父に知らさずヨリコ姫に相談すると、眠っていた花香姫が目をさまして「ダリヤ姫は玄真坊にかどわかされたが、二カ月後に立派な人に送られて帰って来る」ことを伝える。ヨリコ姫は「お宮の普請が完成した上、ダリヤ姫が帰宅され、お父上は御本復と三つの瑞祥が参りましょう。何事も神さまにお任せして時節をお待ち下さいませ」と答えた。

⑽　トルマン国のスガの山には地鎮祭もすみ、ついで立柱式、

上棟式など、わずか六十日の間に大工、左官、手伝人たちの精励の結果、待ちに待った五月五日、いよいよスガの宮の完成式を挙行する。神谷村の玉清別を斎主となし、イルクは神饌長となり、ヨリコ、花香、ダリヤの三人の姫は手長をつとめ、八雲琴、箏、篳篥、太鼓の声もにぎにぎしく、無事遷座式も終了した。ついでスガ山の山下なる神饌田において田植式を行なう。アリスの家はにわかに一陽来復の春が来る。アリスの病は全快し、ダリヤ姫は、神谷村の玉清別に送られて祭典の二日前に帰って来た。ただ恨むらくは梅公別宣伝使が到着しないことである。アリスは日の丸の扇を開き、喜びを祝して酒宴の席で謡曲をうたい舞う。

(11) スガの宮の境内の片隅に、ヨリコ姫のはからいで問答所を新築した。表の大看板には「宗教一切の問答所」としるされる。ここへたずねて来たキューバーは結局ヨリコ姫にへこまされ、改心をよそおい住みついたが、ダリヤ姫に恋慕して手を握ったために追放されてしまう。

(12) 太魔の島からフクエ、岸子の舟を奪って命からがらスガの港に着いた妖幻坊と高姫は、三五教の大宮が新築されたとききき、その聖場を奪わんと考え、町の目抜きのタルヤ旅館に宿泊する。翌朝、宿の別館を見て布教・伝導に恰好の家と考え、妖幻坊は曲輪の術で庭先の木の葉七、八枚を百円札に変えた上、宿の主人に交渉して買取り、ウラナイ教の大看板をかかげて宣伝を開始する。美貌の千草姫姿の高姫の宣伝は大いに功を奏し、スガ山の神殿より参詣者が幾層倍もふえ、そこへキューバーがたずね来たり、トルマン城内での旧交をあたためようとするところへ妖幻坊が出て来て、キューバーを利用する。キューバーは恋着した千草の高姫のために、スガの町中を東西屋もどきに大宣伝につとめた。

(13) キューバーにヨリコ姫の正体をきいた高姫の強硬な問答に、ヨリコ姫はスガ山の法城を明け渡す。高姫、キューバー両人は、玉清別以下スガの宮の関係者を一人も残らず叩き出し、天から降ってわいた儲けものに、妖幻坊の杢助が北町のウラナイ教本部に寝ていることも忘れて、仲よく大勝利を祝しあっているところへ、妖幻坊がやって来て怒鳴りつける。キューバーは天井裏で頭をうち、気絶をよそおい、おためごかしに北町の館を貰いうけて住むこととなる。ところが、宿屋の主人に百円札が木の葉になったと責められて、大言した手前、錠をおろし今後を案じて長持の中で慄えていた。

(14) スガの港の百万長者の奥の間では、アリス、イルクを中心に関係者全員が密談にふけっていた。そこへ照国別、照公、玄真坊、コオロ、コブライが訪ねて来る。ついで梅公別が大きな「つづら」を背負ってやって来た。

全員打ち揃っての大会合の席で、梅公別は「私が解決をつけましょう。悪人輩を一言のもとに叩き出し、もとの聖地に回復するは吾が方寸にございます」とのべ、これより一同はスガ山回復の策戦計画の準備に各々手分けして取りかかり、明日を期して大挙スガ山に神軍を進めることとする。

(15) あくれば、スガ山の問答所へコブライ、コオロが出かけて高姫とやり合うところへ、大勢の老若男女が捻鉢巻して歌をうたいながら、神前に奉ると称して山車《だし》を曳いて登って来た。高姫は得意満面で表を眺めていると、一昨日叩き出したヨリコ姫、玉清別その他三五教の宣伝使一行が問答所の広庭に山車をとめ玄関口に上がり、高姫に対してヨリコ姫が「貴女はキズはないか」と念をおす。梅公別の合図でつづらの蓋をあけると、白装束のフクエと岸子が立ち上った。梅公別が「これでも貴女は身に欠点がないと言われましょうか」と問いただすと、高姫は忽ち顔色蒼白となる。

梅公別が口笛を吹くと、数十頭の猛犬が現われ、百雷の一時に轟くごとき声がひびいた。妖幻坊の杢助はたまりかね、正体を現わし雲を霞と消え去る。高姫もたちまち金毛九尾と還元し、雲を呼び雨を起こし、大高山めがけ電《いなづま》のごとく中空をかけり姿を消した。

玉清別は元のごとくスガの宮の神司を勤め、ダリヤ姫は大道場の司となり、アル、エスの両人を掃除番となしおき、ヨリコ姫、花香姫は照国別一行と共に宣伝の旅におもむくこととなった。

特　徴

○言霊別命の化身たる梅公別の千変万化の活動が中心であることに留意されたい。

霊界物語余白歌から（十二）

いたづきの身をささへつつ世の為にわがあらはせしこの物語

神書を座右におきて朝夕を一人つつしむ天国の民

神にして人なり人にして我はまた神なりと自覚せるなり

神々がうつりて霊界物語述ぶるとおもふ人心あはれ

伊都能売の神とあはれ瑞霊となりて万事を我は説くなり

石《いそ》の上古事記《ふることぶみ》を今の世に生かす真人のなきは淋しも

小夜更けて古事記をひもとけば心は遠く神代をかける

山河草木　入蒙記

特別篇

口述場所　丹後由良＝秋田別荘
口述日時　大正12年2月、14年8月15日〜17日
筆録者　松村真澄、北村隆光、加藤明子
初版発行　大正14年2月12日
著者最終校正　昭和10年4月30日

目次

登場神・人

〈大本〉源日出雄（王文祥）、真澄別（王文真）、名田彦（趙徹）、守高（王守高）、隆光彦、唐国別（王天海）、萩原敏明（王敏明）、坂本広一
〈馬賊〉盧占魁、曼陀汗、何全孝、温長興、張彦三、劉陞三、大英子児、馮虎臣
〈満州浪人〉岡崎鉄首（侯成勲）、佐々木弥一（王昌輝）、大倉伍一（石大良）、井上兼吉
〈中国人通訳〉王元祺
〈自動車商〉王樹棠
〈新四平街貿易商〉奥村幹造
〈洮南府日本民留民会長〉平馬慎太郎
〈鄭家屯駅〉山本熊之
〈王爺廟〉張文海
〈公爺府〉老印君
〈鎮国公〉巴彦那木爾《バエンナムル》
〈蒙古人〉白凌閣《パイリンク》、丑他阿里太《ウツタアリタ》、丑他倶喇《ウツタグラ》
〈馬隊の頭目〉賈孟卿《ザヤムチン》
〈張作霖の副官〉張華宣
〈軍医〉猪野大佐
〈鄭家屯日本領事館〉土屋書記生
〈居留日本人会長〉太田勤
〈満鉄公所〉志賀秀二

梗概

第一章「水火訓」には、大本開祖の神業は水洗礼であり、出口聖師の神業は火洗礼である。火の洗礼すなわち霊界の消息を最も適確に顕彰して、世界人類を覚醒せしむるために入蒙の壮挙を企てられた。蒙古入の真の目的は火の洗礼である、神と人の霊魂の改造にある、と明示されている。

(1)　大本には、大神の聖慮を奉戴し、神界からこの地上に天降し玉える十二の神柱をあつめ、霊主体従的国土を建設し、

最初の大神のご理想である黄金世界に復帰せしむるご神業に奉仕すべき大責任をおまかせになっている。この実行を蒙古の大原野の開拓から着手しようとされた。

大正十三年甲子の節分祭に聖師は、「世界の源日出雄として活動」する決意をもらし、唐国別や真澄別に大陸や韓国の情勢をきき、大正十年二月十二日（旧正月五日）上弦の月と太白星が白昼燦然と大阪の空に輝いたとき第一次大本事件がおこったように、十三年二月十二日に同じ現象があらわれたのを見て、その夜にわかに出発の決心を定め、中野岩太、佐藤六合雄、米倉嘉兵衛、米倉範治はじめ十数人の熱心な信者に蒙古入りの決心を打明けて所信を披瀝した。

聖師は真澄別とただ二人、二月十三日の午前三時二十八分発の列車にて聖地をたった。駅の見送りは湯浅研三、奥村某。亀岡からは諸般の準備をした名田彦、守高が乗車し同行四人相携えて京都駅につき、ここで唐国別も同行、同夫人と米倉嘉兵衛、米倉範治に袂をわかち西下した。

十三日午後八時、関釜連絡船昌慶丸に乗船、航海はきわめて平穏に、十四日午前八時釜山港に上陸、十時発朝鮮鉄道の一等室におさまり奉天に向かった。車中は本荘少将と聖師、真澄別、唐国別の三人、名田彦と守高は二等の客となっていた。

二月十五日、安東県の税関も無事通過し、午後六時三十分奉天平安通りの水也商会に入る。水也商会では先着の隆光彦、萩原敏明が待ちもうけていた。そして岡崎鉄首、佐々木弥一、大倉伍一、揚萃廷がたずねて来て、十年の知己のごとく満蒙の現状など弁じ立てた。
(2) 聖師は盧占魁の公館で盧を一見して蒙古入りを決意し、その夜は盧の公館で宿泊した。
翌二月十六日、盧の公館で志士の会合があり、張作霖の諒解を得ること、武器を購入すること、大本喇嘛教を創立し盧占魁を従えて蒙古に進入することを決めた。

有志は蒙古進出の準備に東奔西走した。二月二十八日（民国十三年正月二十四日）東三省保安総司令張作霖から盧占魁将軍に対し、内外蒙古出征の命が下って来た。

軍隊を十個旅団となし、大本更始会の徽章を旗印となし、軍旗や司令旗をあつらえ、大本喇嘛教旗として日地月星を染め抜いた文字無しの神旗をともに調製することと定めた。

聖師は大本喇嘛教の教文を、盧公館内で神示により認めた。経文によれば、入蒙は神素盞嗚大神の大亜細亜経綸の一端と思われる。
(3) 聖師は、近侍者や日本側に中国服を着用せしめ、姓名も、聖師→王文祥、真澄別→王文真、守高→王守高、名田彦→趙徹、岡崎→侯成勲、大倉→石大良、萩原→王敏明、唐国別→王天海、佐々木→王昌輝等と改名し、中国人に化けすまして蒙古入り決行の準備にとりかかる。

盧占魁は、聖師が服をあつらえたとき中国で有名な観相学者に調査させて、三十三相具備した天来の救世主だとのことで随喜の涙をこぼし、蒙古王国建設の真柱と仰ぐに至った。このことを知人に示し、天来の救世主を頭に頂いて内外蒙古に活躍すれば成功疑いなしと確信していた。そのため、聖師は蒙古ですべての上下の人々から非常な尊敬と信頼とを受けた。

(4)　三月三日、聖師、岡崎、守高、王元祺の四名は、王樹棠の自動車二台に分乗して奉天から鄭家屯に向かった。道路が険悪なため自動車屋の主人王樹棠みずから運転手となり、三人の部下とともにしたがった。

途中、自動車が大破損したため新四平街の奥村幹造氏宅に泊まり、洮南府の平馬慎太郎氏の案内で四平街から汽車で鄭家屯に着き山本熊之氏方に一泊した。

翌早朝、汽車で鄭家屯を出発。だが茂林駅の手前で機関損傷のため七時間ばかり立往生し、大平川駅で一時間あまり停車、三月八日午前九時三十分にやっと洮南駅につき、洮南旅館に入った。真澄別、大倉、名田彦の三人は鶴首して待っていた。

聖師は蒙古の奥地に入るについて万事便宜のため中国の家屋を王元祺の名義で借り入れておいて、長栄号と命名した。

(5)　公爺府入りが定まり、三月二十二日、王天海が張貴林や公爺府の協理老印君とともに着洮して、いよいよ奥地入りの準備にとりかかる。

三月二十五日早朝、支那旅宿義和粮桟から聖師、老印君、岡崎、守高、王通訳は三台の轎車に分乗して洮南北門から馳走し、洮児河の橋を渡って北へ北へと進み、午後五時、七十戸村の催家店という牛馬宿に足を停めた。洮南から百二十支里。

(6)　三月二十六日午前八時、催家店を出発。正午前に八十支里を馳駆して王爺廟の張文海宅に着く。三百の喇嘛僧があいさつに来る。大喇嘛は部下に命じて洮児河の鯉を聖師に進呈した。七、八寸から一尺五、六寸くらいのもの八尾ばかりで、本年の初漁だという。

午後二時、出発せむと轎車に乗っていた聖師に、大喇嘛が牛乳の煎餅を贈る。聖師は釈迦が若い女から牛乳を貰って飲んだ事蹟を思い出し奇縁として喜んだ。このとき、聖師の左の掌から釘の聖痕が現われ、盛んに出血した。

洮児河の河の上を天佑のもと無事に通過し、午後六時ごろ公爺府の老印君の館に安着した。二、三日後に巴彦那木爾という王が聖師を大活仏として訪問したうえ、日本国の大宗教家、貴人として迎えられたのは感慨無量であった、とある。

四月四日（旧三月二日）新宅に移り、真澄別の一行がたくさんな荷物や食糧を満載して来着。聖師のよろこびは一通りでなかった。

聖師は蒙古の人民から神のごとく尊敬され、心かぎりの待遇を受けて神徳は赫々として旭日昇天のごとく、遠近の蒙古人に取りかこまれて面白き月日を送る。

四月十四日、盧占魁は二百人の手兵をつれて公爺府に到着し、聖師に抱きついて嬉し泣きに泣いた。その後、要務は真澄別が聖師の代理として盧と協議することとなった。

ある日、聖師が大病人の額に軽く手をのせ「悪魔よ去れッ」との一喝で全快させられると、あまりの奇瑞に驚いた喇嘛僧は聖師をますます大活仏として尊敬するようになった。

聖師は公爺府滞在中、記憶便法和蒙作歌字典の著作に着手し、蒙古語まじりの和歌を作った。

坂本広一、井上兼吉がやって来た。四月十三日に馬隊の頭目賈孟卿《ヂャムチン》が盧占魁の義軍参加を申し込んで来た。

四月十五日、張作霖の副官張華宣が聖師をたずねた。元の蒙古王曼陀汗も訪ねて来た。聖師が奉天を出発の際自動車の世話をした揚巨芳が奉訪中、牛車、馬車で食糧寝具等が来着し、武器も洮南を発送するとの報告があった。老印君も従軍を申し出た。

(7) 四月二十日に神勅により蒙古人名をあたえられた。聖師は素尊汗《スーツンハン》(言霊別命)那爾薩林喀斉拉額都《ナルザリンカチラオト》。松村には真澄別(治国別命)伊忽薩林伯勒額羅斯《イボサリンボロオロス》。

四月二十四日午後、洮南府第二十七師長張海鵬の副官が五台の大車に武器を満載して送り来る。また轎車三台を列ねて奉天側の参謀も来着した。将卒はとみに活気づき、鼻息が荒くなって歩きぶりまでが変わってきた。

(8) 二十六日、聖師は真澄別と二台の轎車に分乗し、何全孝を団長となし二百の将卒を引きつれ、蒙古救援軍の総督太上将に推されて公爺府を索倫山《ソーロン》に向けて出発した。午後五時、阿布具伊拉《アフグィラ》に安着し農家に宿泊。二十七日はヘルンウルホに宿営。二十八日九時二十分、無事、索倫山下木局子に安着した。総司令盧占魁は一行を迎え直ちに手を取って司令部へ案内した。

このたび日出の国の大救世主を盧が奉戴して蒙古救援軍を起こすというので、国民は上下を挙げて大いに歓喜し、すばらしい人気である。蒙古の王、喇嘛および馬隊等が次々と噂を聞いて集まり来たり、部下を率いて参加するので、またたく間に幹部の編成ができ上った。

(9) 五月十四日、上木局収の仮殿に安着。五月二十一日、盧は「だんだん蒙古兵も集まって来るし、救世主来降の噂がますます盛んに宣伝せられつつある際なれば、この際、彼等の肝玉を奪うため、風雨を喚び起こして貰いたい」と懇願した。聖師は最初は断っていたが、真澄別が代行するのであればよかろうとて、五月二十三日、下木局子の司令部前にて行なった。

聖師の目くばせを合図に真澄別が黙祷すると、司令部の上天にわかに薄暗くなり、またたく間に全天雨雲に蔽われ、一陣の怪風吹き来るとともに激しき暴風雨が窓を破らんばかりに襲来した。聖師は雨中に降り立ち、天に向かって「ウー」と大喝すれば、風勢とみに衰え、雨は漸次小降りとなり、ふたたび快晴となった。各営の幹部一同、めでたく撮影の後、卓を囲んで会食した。聖師が帰途につかれる頃、雨模様となったが、帰着と同時に沛然として地上の塵を一時に流し去るごとき強雨が降り注いだ。

⑽　上木局子出発まで、洮児河畔を卜して霊的修行をはげまれた。聖師には神素盞鳴尊が帰神し玉うて、神慮の一端をのべられた。真澄別の霊耳霊眼についての報告に、聖師はうなずくのが例であった。

その中で実現したのは、㈠聖師はいったん日本内地に帰還して陣容を直さねばならぬこと、㈡鉄窓の建物が見えたことであった。

⑾　聖師の密書を受けとって入蒙しようとした加藤明子、国分義一、藤田武寿は、唐国別にさえぎられて奉天までで帰国してしまった。

⑿　洮南から三井、佐々木の密使が「張作霖より盧が東三省圏外に出でざる限り大々的に討伐軍を差し向くべし」と言っているを報じて来たが、盧司令は事もなげに否定した。だが、後方から輸送してくるはずの武器弾薬は来ず、所用のため帰奉した佐々木、大倉、楊崇山等からも何らの消息がなく、六月二日、上木局子の聖師の仮殿で密議を凝らした。司令部の東南方約三十支里に駐屯していた大英子児《タアインツル》の手兵の一部が官兵に襲撃されたのに、参謀の戦・非戦の論議がまとまらないのを見て、大英子児らの主戦論派は脱退してしまった。

木局子から西北に向かって続けられた行軍は、物語第一巻にある天保山の大噴火口の跡を横ぎり進む。聖師一行は広大な草原の中で端午の日（旧五月五日）を迎えた。

六月七日（旧五月六日）午前二時半ごろ全軍に出発命令が伝わった。午後五時過ぎ、岩山の麓に着いた聖師は、「モウここから動かぬ」と大喝されて、姿が見えなくなった。坂本がさがすと、岩窟の中で瞑目静座していた。あとから来た張彦三は聖師の警護にあたった。やがて聖師は岩窟から出て、にぎやかな野天食堂がひらかれ、一同はここで野営した。

⒀　翌朝、盧の懇願によって司令部駐屯所まで進む。聖師が司令部に着かれた時は兵員整理の混雑中で、馬や銃器の調わざる者は旅費手当を給与して帰還させ、騎兵五百騎の身軽な陣容に一新され、ふたたび西南さして強行軍が開始された。六月十一日の朝、熱河区内の喇嘛廟に到着した。さらに東南さして進む。六月十三日、一行は依然東南に向かい、奉天省の勢力範囲に近づいた。六月十四日夕暮れ近く、喇嘛廟と王府に近づいたが泊る由なく、西南方の谷間の民家を宿泊所と

した。

⒁　食糧の欠乏と王府の兵の銃撃の中を十五日、十六日と休む間もなく民家を求めて急ぎ、盧が右腕とたのむ曼陀汗戦死の悲劇や、十八日には大沼池に轎車が滅入りこみ、ついに解体して安全地帯で組立てるさわぎを重ねながら進む。

聖師は「盧さん、只いま神勅があって、あなたが奉天へ行くべく白音太拉に向かわれるのは、薪を抱いて火に飛び込むようなものだとのことでしたよ」と警告されたが、盧は意に介せず自分の意思通りに進んだ。

六月十九日、白音太拉に向かう途中、萩原の遅れを待って進み始めたが、堂々めぐりをくり返して前進することが出来なかった。真澄別は「白狐がこれだけ気をつけるのですから、モウ危険地帯へ進むのは止めようじゃありませぬか」と聖師に願ったが、「中止《やめ》たって仕方がないじゃないか」といわれ、「大神さまのご都合は別ですからなァ」と、聖師の轎車を中心に思い思いの夢路をたどった。

⒂　聖師一行は伝令に夢を破られ盧の宿営に着いて談合していると、白音太拉の闞中将の参謀から手紙が来て、「武装解除の上でなければ白音太拉方面へ来て下さるな」とあった。長時間の協議の結果、盧軍は武器を官兵に渡し、闞旅団に前後を守られつつパインタラに進み行く。兵営には芸者がくり込みご馳走が運ばれ、盧占魁以下の歓迎宴準備の最中だった。

聖師は支那旅団の少佐に案内されて宿所の鴻賓旅館に向かった。

⒃　聖師は張作霖側に交渉すべく通遼県の西門から旅団司令部の営内に入り、盧占魁が来るまで休息を要求して、美しい座敷で三、四時間眠ったところをゆすり起こされ、所持品一切をとられ、聖師も「ホンの形式」と称して縛された。

そこへ盧占魁が来て談合し、縛を解かれた。聖師の希望によって日本人の一行は鴻賓館に宿したが、その夜は支那の将校が愛嬌をふりまいて非常な歓待をした。旅団の兵営でも十二分の歓を尽くした。

真夜中ごろ、盧の部下の兵士たちは一人々々営門外へ引き出され、機関銃で次々射殺された。

聖師一行も縛られて旅館の庭前に引き出され、白音太拉の町を引きまわされたうえ、兵営内に連行された。ついで再び営所から北へ北へと引かれて行き、やがて真澄別、聖師、萩原、井上、坂本、守高の順に一列に並ばされ、機関銃を向けられた。今や弾丸が一行の胸先に……と思う刹那、射手は銃の反動を受けて後方へ倒れた。

聖師は辞世を七回詠み、日本と大本の万歳を三唱した。

銃殺は一時中止となり、聖師一行は通遼公署附属の監獄へ入れられ、死刑囚の取り扱いをうけた。

⒄　聖師が六月二十一日夜、パインタラの鴻賓館で寝込みを

捕縛された時、折りよくそこに泊っていた日本人某が、翌朝、庭に「大本の神器」の杓子がおちていたのを見つけ、聖師の遭難を知り、一番汽車で鄭家屯の日本領事館に届け出た。領事館では驚いて土屋書記生を急行せしめた。二十二日の夕頃パインタラに着いた土屋氏は、通遼公署で知事に面会して聖師一行の引渡しを交渉し、翌早朝、聖師を獄舎に見舞った。二十四日には居留日本人会長太田勤氏と満鉄公所の志賀秀二氏が面会に来た。四、五日経った時、日本から広瀬義邦、水也商会の小野某が面会に来て、太田、志賀両氏に金をあずけて聖師一行の差入れを依頼した。

それから四、五日して、日本人一同、通遼県知事と道尹の法廷で取りしらべを受けた。道尹には横尾敬義、井口藤五郎が見舞いに来た。

七月五日の夕暮れ、鄭家屯の日本領事館に引渡された。六日、奉天総領事館に収容され、取調べの結果、三カ年の退支処分で一件落着した。

七月二十一日に大連の水上署に着き、ここからハルピン丸にて門司に着いた。

下関駅から大竹、上郡、各警察拘留所に一泊し、大阪駅に下車、曽根崎署、天満署をへて若松支所に収容された。聖師はここで九十八日間の未決生活を送り、大正十三年十一月一日午前十一時十一分に出所、綾の聖地に帰還された。これで劇的な蒙古入りの壮挙も一応幕が下りたようなものである。

聖師の帰綾によって、聖地に山積された問題は雲散霧消した。

特　徴

○霊界物語によれば、三十五万年前に神素盞鳴大神と国祖の分霊国武彦命が天降られ由良の湊の秋山館において、辛酉の九月八日に経綸され、九月九日には聖地桶伏山に神々をあつめて厳格な教を垂れ、甲子の九月八日に再び二柱の大神は秋山館に降り麻邇の五種の宝玉を受けとられて、大本の出現と、日本国の肇国の経綸をされた。

大本の出現にあたり、大正十年辛酉の年に神代のゆかりのままに弾圧されて聖師は百二十六日投獄されたが、大正十三年甲子の年にあたり、入蒙の壮挙を敢行された。これは道義的世界統一の大経綸であった。聖師はパインタラにおける危難を奇蹟的にのがれ、ふたたび大阪若松刑務所に九十八日間投獄され、その間、獄中より旧九月八日から、みろく殿の太鼓を七五三から五六七に打ちかえさせられて、ミロクの代に突入したことを示されたほどである。

霊界物語余白歌から（十三）

古の聖も未だ説かざりし弥勒胎蔵の吾は道説く
浪速江のよしとあしとをかき分けて遠き神代の物語する
惟神神代の生り出でし有様を神の力によりて説くなり
天界に遠くみたまを馳せながら我は地上に説き明すなり
天界の言葉を記すよしもなく三十一文字を借りてとくなり
主の神の神言《みこと》畏み吾は今この物語謹しみて編《あ》む
霊界のさま委細《まつぶさ》に説き明すわが物語諾なひてよめ
伊都能売の神あれまして天界の事象悉とかせたまひぬ
神々の御名とはたらき委曲《まつぶさ》に説き示すなるこの物語よ
無始無終極みも知らぬ天界のさま示さむと吾は苦しむ
五十六億七千万の年を経て弥勒胎蔵教を説くなり
伝へにも無き神の代のことがらを吾言霊の力に説くなり
葦原の中津神国《みくに》の日の本は紫微天界の固まりなりけり

日の本といへど地の上全体の葦原国の名称《たたへ》なりける
国々の天地創造説を読みて吾説く道の 貴《たふと》きを知れ
言霊は総ての智慧《てり》の 基《もとゐ》なりうべよ学王学と唱ふる
皇道《すめらみち》の大本《たいほん》を世人《よ》に示さむと編《あ》みし此書《ふみ》を疑ふな夢
皇道《すめらみち》の貴《たか》き尊厳《ゆはれ》をまつぶさにうまらに覚れ此書を見て
苦集滅道道法礼節朝夕に説けど暗世の人は覚らず
東雲の空を明して昇ります朝日にも似て輝く此書《ふみ》
天地も割けむばかりの災を思ひ浮べつ静に神書《ふみ》編《あ》む
風冷ゆる高熊山の岩ケ根に神代のさまをあきらめにけり
大方の物識人の夢にだに知らざる神代《みよ》を言霊にて説く
我国の皇道を説く物識りも言霊の原理夢にも知らなく
言霊の水火の活用《はたらき》知らずしてわかるべしやは神世の物語
現世の人の眼は眩みたり天地創始の元理を知らずて

天祥地瑞

天祥地瑞　子の巻

第73巻

口述場所　天恩郷＝中ノ島　千歳庵・高天閣・水明閣
口述日時　昭和8年10月4日～18日
筆録者　加藤明子、森良仁、谷前清子、林弥生、白石恵子、内崎照代
初版発行　昭和8年11月22日

目次

第三六章　荒野の駿馬
第三七章　玉手の清宮

登場神名

〈天の世〉造化三神＝主神・天之峯火夫の神、宇迦須美の神、天津日鉾の神　左守神＝大津瑞穂の神、天津瑞穂の神　右守神＝高鉾の神、神鉾の神
〈オの言霊〉大津瑞穂の神
〈アの言霊〉天津瑞穂の神
〈タの言霊〉高鉾の神
〈カの言霊〉神鉾の神
〈ハの言霊〉速言男の神
〈タカアマハラの言霊〉天之高火男の神・狭依男の神、天之高地火の神
〈速言男の神の左守、右守〉左守神・言幸比古の神、右守神・言幸比女の神
〈祭員〉日高見の神
〈ウの言霊〉厳の御霊・天之道立の神　四柱の従神＝玉守の神、日照男の神、戸隠の神、夜守の神
〈アの言霊〉瑞の御霊・太元顕津男の神
〈八柱比女神〉太元顕津男の神に奉仕される正妃高野比女の神、寿々子比女の神、宇都子比女の神、朝香比女の神、梅咲比女の神、花子比女の神、香具の比女の神、小夜子比女の神、狭別の比女の神
〈八十比女神〉八柱の比女神ほか七十二柱をあわせて国魂神を生むための神柱。あとでは七十二柱のこと。
〈高照山の神司〉大御母の神、眼知男の神、味豊の神、照男の神、明晴男の神、近見男の神、大物主の神、真澄の神、輝夫の神
〈高照山の御樋代神〉如衣比女の神
〈高照山の国魂神〉美玉姫の命
〈東雲神国の玉泉郷〉御樋代・世司比女の神、侍女・河守比女の神
〈玉泉郷の国魂神〉日向姫の命
〈三笠山・玉手の宮〉御樋代・現世比女の神、宮司・圓屋比古の神、三笠比女の神
〈三笠山の国魂神〉玉手姫の命

梗概

天祥地瑞全九巻は、大宇宙の根本の世界、霊国である幽の幽の世界・紫微天界の創造修理固成の物語である。約言すれば、天界の国土の創造の物語である。物語七十二巻までは主として地球を中心として宇宙物質の世界にかかわる創造や経緯などが示されている。

(1) 子の巻総説には、大本開祖と出口聖師の大宇宙の根本から今日に到るまでの神業について述べられ、大本神への神業奉仕の心得と天祥地瑞発行の目的を明示されている。

(2) 大宇宙には天の御中主時代の前に天の世の時代があることを明示し、天の世の主の神にます天之峯火夫の神の神格を言霊学上から⊙《ス》の言霊を解明して示されてある。⊙《ス》の言霊は極度に達してウの言霊宇迦須美の神を発生し、天之峯火夫神と宇迦須美の神の妙の動きによりてアの言霊・天津日鉾の神が出現された。以上三柱を天之世の造化三神という。

(3) 大宇宙《タカアマハラ》は造化三神の発動によってタカアマハラの六言霊の神々の活動によりて創造された順序が示されている。紫微圏層→蒼明圏層→照明圏層→水明圏層→成生圏層。無限絶対無始無終。

タカアマハラの言霊の神である高鉾の神、神鉾の神、速言男の神の活動によりて、無限絶対の大宇宙をはじめ小宇宙が形成されるに到った。速言男の神の時代から天地剖判に至るまで数十代の神あり、これを天の世と称する。

またタカアマハラの言霊より生まれた狭依男の神（天之高火男の神）と天之高地火の神とは力をあわせて天の世を修理固成し、蒼明圏層に下り天津神の住所を開き、荘厳無比の紫微宮を造りて主神の神霊を祀り、昼夜敬拝して永遠に鎮まりたもう。

(4) タカアマハラの言霊から生まれた神々によって紫微天界が創造され、その中心部である紫微宮界（紫天界）の修理固成から説き始められる。

天之峯火夫の神の鎮まります紫微宮に大本開祖の神霊、天之道立の神が善言美詞の太祝詞によって太祓の道を開かれ、天界を日夜に清めたもう。大本開祖の神業の根本が示されている。

(5) 天之道立の神の紫微の大宮の太祓に感じて、西南の空より太元顕津男の神（出口聖師の神霊）が参られると、主の大神の右守神高鉾、神鉾の神より、主の神の出でませし清所——東北にある高千秀の峯にゆき経綸に奉仕せよとの神命により、天の高地秀の山に造化三神を斎き祭り、天界の平和幸福を祈らせたもうこととなる。

主の神はここにふたたび現われたもうて、国生み、神生みの神業を命じたもうた。

瑞霊太元顕津男神は高野比女の神を正妃とさだめて紫微天界の中心、高地秀の宮居から神業を開始された。

国土を開拓することを国生みといい、国魂すなわち国土の中心となる指導者の神霊を生み出すことを神生みという。換言すれば、地球の元津御国であり天上の理想国である幽の幽の世界を修理固成するために、言霊の稜威によって、国土を開発し、国土の中心点なる神霊を生み出したもうこととなる。この神業によって、天界の大本の四大綱領すなわち天国の制度が樹立され、ミロクの神代の大根元の世界がつくりあげられたわけである。

主の大神はここに瑞霊にます太元顕津男の神をして天界くまなく、めぐらしめられて、すみずみまで修理固成させられ、主の神の神子にます八十柱の比女神に国魂神を生ましめたまうこととなる。地上の男女の関係にあらざることをよくよく読者は注意すべきである。

(6) 主の大神よりゆだねられた国生み、神生みの瑞霊太元顕津男神の神業を理解する神々は神界天界においても少なく、顕津男神は西の大宮に詣でて天の道立神と語りあいたもうも、もとより神格神業の根本的に相違する厳の御霊は理解されず、従神たちは口をきわめて反対した。その上に、瑞霊大神の配下からも反抗神が現われる始末であったので、ここに意を決して、東の大宮をはなれて、使命を遂行されることとなる。

顕津男神は栄城山の頂きにて、天津のりとを奏上し、わが神業の完成を祈りたもうた。この言霊に感動した神々は、ここに神集いて瑞霊の神業を扶けまつることとなった。

中にも高照山から降りし大御母の神は、瑞霊大神を麒麟にのせて山へ迎え帰ることとなる。天の八洲河を渡り須佐の小川にすすまれると、御樋代神如衣比女神にめぐりあはれ、比女のささげし白駒にのり、佐田の辻で目の神に迎えられて高照山にのぼらせられた。

大御母の神の進めるままに、月の神をまつれる八尋殿に入り、如衣比女の神と住ませられて、ここに国魂の神——美玉姫命を生ませたもうた。

(7) 顕津男神は如衣比女神の遭難より心の柱を立直して高照山を出立し、東の国を治め、国魂神を生まむと進発された。お供の神は大物主神、真澄の神、明晴の神、近見男の神、照男の神である。

日向の河の岸辺で言霊歌に感じて河守の神が出迎えた。白馬にのりかえて、河守の神の言霊にせきとめられた広河を一文字に彼岸に着かれた。

河守比女の神の案内するままに東雲国の玉泉郷の神館につかれると、御樋代の世司比女神が待ちかね玉うていた。ここにめぐりあいて御子やどりたもう。

顕津男神は、大物主神を神の館の司とし、東は明晴の神、西は照男の神、北は真澄の神、南方は近見男の神を派遣したもうこととなる。

顕津男神は世司比女神の御子あれますに日向姫命となづけ、大物主神と河守比女に養育をまかせて、ただ一騎南をさして進みたもう。
(8) 千里をかけて横河につきたもうところへ、近見男神は言向和した神を従えて出迎える。
駿馬にのりかえた顕津男神を先登に大竜の激流を渡るがごとく、まっしぐらに南の岸にのぼらせたもうた。

太元顕津男の神は近見男の神と圓屋比古の神ほか九柱を従えて神跡なき大昿原を言霊歌を宣りながら南へ南へ白馬のくつわを並べ進みたもう。

三笠山の聖場玉手の宮につきたもうた顕津男神は、御樋代の現世比女の神にめあいて、生れませる御子に玉手姫の命と名づけたまい、圓屋比古の神をこれの宮居の神の司と定めたまい、三笠比女の神に御子の養育を頼みおき、現世比女の神に名残りを惜しみつつ、ふたたび西南の国をさして近見男の神その他を伴い出でまししが、その道すがら天之御中の神にあいたまいて、相共に神業のため進ませたまいぬ。

特　徴

○出口聖師が神界の枢機に参画して、親しく大宇宙の神霊世界の真相を胎蔵し、神の発動である言霊の神器を縦横無尽に運用して、最奥霊国である幽の幽の世界が神の言霊によって修理固成されて、神の理想世界である最奥天国が完成されてゆく様子が麗わしく表現されている。
○地上天国建設の根本原理が明示されており、言霊の力によって霊界を第一とし物質世界も構成されてゆく様子が躍如としている。
○顕津男神と高野比女神のとつぎの時に、顕津男神が「いろは」四十八の言霊をとなえられており、空海の作でなく顕津男神の作であると述べられている。その言霊解には実に偉大な意義が含んでいる。大本神諭「いろは四十八文字の仕組」「世界をいろは四十八文字で治める」としるされた真意をうかがうことができる。
○また、高野比女神の天の数歌についで、その意義の言霊解も実に驚嘆に価するのである。この天の数歌を神格の内流にみたされて奉唱するときに、偉大なる神徳が発揮されるのも全く当然である。
○大本神業の主流をなす天の数歌による鎮魂帰神は、大宇宙創造の原始から一貫したものであることが示されている。
○天祥地瑞はすべて神の立場からの説示であることが判る。人間の立場から積みあげた学説や宗教からの主張とは根本的に相違することを痛感される。

天祥地瑞　丑の巻

第74巻

口述場所　天恩郷＝千歳庵・水明閣
口述日時　昭和8年10月19日、20日、23日、24日、27日、29日、30日、31日
筆 録 者　加藤明子、森良仁、谷前清子、林弥生、白石恵子、内崎照代
初版発行　昭和9年1月5日

目　次

登場神名

〈厳の御霊〉天之道立の神
〈瑞の御霊〉太元顕津男の神
〈瑞の御霊の御供の神〉近見男の神、圓屋比古の神、多々久美の神、国中比古の神、宇礼志穂の神、美波志比古の神、産玉の神、魂機張の神、結比合の神、美味素《うましもと》の神、真言厳の神
〈真鶴山の精霊〉生代比女の神
〈真鶴の国の御樋代神〉玉野比女の神
〈玉野比女の従神〉待合比古の神
〈化身〉本津真言の神（天の峯火夫の神）力充男の神（天の高鋒の神）

梗　概

(1)　太元顕津男の神は三笠山の神業をすませて、つぎの国生み神生みの神業に仕えるため、南の国原の司たる近見男の神をはじめ圓屋比古の神、多々久美の神、国中比古の神、宇礼志穂の神、美波志比古の神、産玉の神、魂機張の神、結比合の神、美味素の神、真言厳の神を従えて進みたもうた。
多々久美の神が言霊歌にて満天の叢雲をはらせられたのを、顕津男の神は感謝しながら進みたもう。野路に一夜を明かし、天津日の豊栄昇りし頃、近見男の神を先頭に、瑞の御霊の神柱は駒に鞭うち、際限もなき草野を御歌をうたいながら進みたもうた。

国中比古の神は一行の先頭に立ち、道の案内をなさんと言霊歌を詠いながら進まれていたが、瑞の御霊のゆるしをえて一足先に真鶴山をさして進ませられる。

多々久美の神は荒野を吹きすさぶ風をしずめたまえば、御空の雲は晴れて天津日の光は輝きわたる。一行の行く手に濁流みなぎれる河があった。顕津男の神は言霊歌を宣り、サソスセシの言霊に清めて清美川と名づけ、河岸の草の生に十一柱の神は夜を明したもうた。

多々久美の神がふたたび生言霊に御空を晴らしたもうたので、顕津男の神をはじめ十柱の神は今さらのごとく言霊の稜威に感じたもう。

(2)　近見男の神のすすめによりて、顕津男の神は「目路遠く真鶴山はかすみたり万里行く駒に鞭うち進まむ」と生言霊の御歌とともに、西南の空めざして進ませたもう。近見男の神は遠見男の神と名を改めて、瑞の御霊の御前に、先頭にたちて御歌詠ませつつ進ませたまえば、百神たちも次々に行進歌をうたい、その日の黄昏る頃、ようやく真鶴山の麓まで進ませられる。
真鶴山は未だ地稚く柔かく、歩行も困難なために、顕津男の神は「カコクケキ、ガゴグゲギ」の言霊の稜威により固めたもうた。

ウ声の言霊から生れた多々久美の神は「アオウエイ」の言霊歌で沼を乾かし、美波志比古の神は「タトツテチタタ」「タトツテチダドヅデヂ」の言霊歌に地の白くなるまで乾かしたれば、顕津男の神はいたく喜ばせたまいて、美波志比古の神の言霊の功をたたえられた。

真鶴山を生みませし産玉の神は先頭に立ち、瑞の御霊の神徳によって、この山を修理固成したまわんことを願い出られた上、一行をみちびき山頂に登りたもうた。

顕津男の神は「マモムメミ」「いろは四十七声」「天の数歌」の言霊歌をうたいあげ、「ウーアーオー」と生言霊を宣り上げたまえば、紫微天界の南の国原なる真鶴山の稚国土は次第々々に盛り上がり、ふくれ上がり、固まりつつ、常磐樹の稚松、白梅の茎、筍等生い出でたり。

圓屋比古の神は感歎おくあたわず御歌をうたい、つづいて産玉の神は真鶴の山霊に歌いかけたまえば、大地をわけて、容姿端麗な生代比女の神が現われたもうた。

顕津男の神は「言霊の水火に生れます生代比女この国原を永久に守らへ」と歌いたまへば、生代比女の神は感謝の歌をうたいたもうた。

国中比古の神は「この上は国中比古と仕へつつこれの聖所《すがど》を永久に守らむ」と誓い、多々久美の神は天気の守護を、美波志比古の神は橋かけの守護を「ワヲウヱヰ」の生言霊に守らむと歌い、魂機張の神は諸々の生命を守り、瑞の御霊の神生みの神業を産玉の神にそいてたすけんと歌いたもう。

顕津男の神ならびに百神たちは、真鶴山の頂に立ち、生言霊をうち揃え、東北東の空に向い、七十五声の言霊を声も清しく宣りたまえば、真鶴山は次第々々に真北の方に伸び広ごりぬ。それより百神たちは、北、北東、東北、東の方、東南、南の方、南西、西南、西の方、西北、北西と生言霊を七日七夜の間倦まず怠らず力かぎりに宣り上げたまえば、真鶴山は四方八方に伸び広ごり、膨れ上りて目路もとどかぬばかりとなりぬ。

真鶴山の膨脹によりて、東西南北万里の原野は次第々々に水気去りて地固まりぬれば、ここに目出たく真鶴山の国は完全《うまら》につばらに生《な》り出でたり。

(3) 生代比女の神は顕津男の神の英姿にあこがれて恋着したまい、主の神の定めたまいし御樋代神にはましまさねば言霊の水火を合わせたまうことあたわず、とさとされられしも、生代比女の思いはとけず天変地妖までおこしたもう。ここに、玉の湖のほとりにて、顕津男の神は仁慈のこもれる言霊の御歌をうたい玉えば、たちまち生代比女の神は感謝の思いに解脱し、以前にまさる雄々しき優美なる神姿に向上して、湖上を先登にたちてみちびきたもうに到る。

生代比女の神の歓喜の心に、主の神の御子の霊宿らせたもうにいたり、百神たちは感激のあまり言霊歌を詠いたもうた。一行の神々は歓びに満ち、天地の光景を讃美しながら、駒にまたがり、玉野の森の聖所をさして進ませられる。真鶴山は国中比古の神が守りたもうこととなった。

(4) 顕津男の神は、一行の神々に送られ、玉野の森の聖所に駒を進ませたもうた。玉野の森は老松天を封じて立ち並び白砂をもって地上を覆われ、あなたこなたの窪所には、清泉の水をたたえ、おのずから清しき神森で、御樋代神の玉野比女神の神館は、森の中央の小高き丘の上に、宮柱太敷立て、高天原に千木多加知りて、主の大神の神霊を厳かに祀りたまい、玉野比女の神みずから斎主となりて、朝な夕なを真心のかぎりを尽し仕えたもう。

森の中に入るや顕津男の神ののります駒は、いや先にすすみ一行から神姿も見えずなりぬ。生代比女の神も「御子生みし吾は一入玉野比女したわしきままここに来つるよ」「玉野比女の神業助けて永久にこの神森を守らむと思ふ」「真鶴の国土稚ければ国土造る神と議りて世を開くべし」「水火と水火結び合せて生れたる御子はまさしく国の御柱よ」と言あげし駒に鞭打ち、一行の前に立ちて、雲を霞と駆け出でたまい、瞬くうちにその後姿さえも見えずなりける。一行の神々は各もおのも御歌詠ませながら、玉野森の中央の玉野比女の神の門前さして進みたまう。

(5) 玉野丘につき玉いし顕津男の神は山の麓に駒を降り給い、丘の上を見給うに、紅、白、紫、黄、青の五色の幔幕を張りまわされ、尊き神の御降臨ありし様子である。「ともかくも謹みいやまひこの丘を心清めて登り見むかな」と歌い給う折しも、遠見男の神一行は駆けつけ給うた。

玉野比女の神は大麻を手にしながら、悠然として現われ給い、御歌もて迎え玉うた。顕津男の神は「かくならば神生み為さむ詮《すべ》もなし心を合せて国土を生まむか」「生代比女吾を迎へて貴の御子孕ませ給へり公《きみ》に代りて」と答え給うた。

生代比女の神は「真鶴の山の精より生れ出でて吾御子生みの業に仕へし」とのべ玉うと、玉野比女の神は「今よりは御腹の御子を育みてともに神国を造らむと思ふ」と答えられ、生代比女の神は「国魂の神を孕みし吾にして公の言葉を有難く思ふ」とのべられた。顕津男の神は「けなげなる玉野の比女の言葉かな」と感謝される。

玉野比女の神に御供と仕えまつっていた本津真言の神は、真心のかぎりをつくし、「主の神は天降りましまし瑞御霊此処に現れます今日ぞ目出度き」「玉野比女は岐美迎へむとおぼせども大神のみそば離れかねつつ」とのべ玉うた。

待合比古の神が「いざさらば玉野の比女の導きに登らせ給へこの清丘へ」と迎えの歌をのべたもうと、顕津男の神は「有難し三柱神の出で迎へ厚き心を吾は嬉しむ」と歌いつつ丘道を登らせ給う。

遠見男の神以下の神々は主の神の御降臨と聞きて畏み、山の登り口に両掌を合わせ神言を奏上しながら、時の到るを待たせ給うた。神々たちは禊を忘れたることを反省し、真言厳の神の、「この森の外に抜け出で数多き泉に御魂洗ひて進まむ」との提言通りに、一目散に元来し道に引き返し、駒を玉野の森の入口遠く繋ぎおき、各も各も真清水に身を清め心を浄め、天津祝詞を奏上し、再び主の神の天降ります丘をさして、真砂を踏みなずみつつ、その翌る日の黄昏る頃、かろうじて丘の麓に着きたもうた。

(6) 玉野比女の神は適齢を過ごし給いたれば神生みの神事に相応《ふさわ》ず、ふたたび主の神の御宣示により、層一層大なる国土生みの神業《みわざ》を任けられ給いければ、玉野山の清丘に永久の住所を定め、時を待たせ給いつつあった。

顕津男の神はようやくにして、玉野森に着かせ給いたれば、永の年月待ちわび給いし玉野比女の神は、折から降臨し給いし主の大神に謹み侍りつつ、御許しを得て寸間をうかがい、丘の麓まで本津真言の神、待合比古の神の二神と共に出迎え、待ち佗びたる瑞の御霊と初対面を悦び給いつつ聖所に導き給うた。玉野比女の神と顕津男の神は述懐をのべあい、本津真言の神と待合比古の神もそれぞれに感想をのべ玉うた。

顕津男の神は「智慧証覚未だ足らねど願はくは主の大神を仰ぎ度く思ふ」とのべられると、玉野比女の神は「瑞御霊此処に来ますと主の神は先に天降らす今日のかしこさ」「いざさらばこの丘の上の清泉に御魂清めて拝みまつらむ」と鏡の如き清泉へ案内される。顕津男の神は「畏しや玉野の比女の御言葉吾諾ひて禊つかへむ」とミソギの神事に仕えられた。

玉野比女の神は「この泉玉野の池と称へられ朝夕吾は鏡と拝みぬ」「真鶴の国土をつくると朝夕に玉の泉にみそぎせしはや」と詠ませ給うた。

本津真言の神は「百度の禊をなして主の神の宮に朝夕御饌奉る吾」「瑞の御霊岐美は七度禊して主の大神を拝ませ給へ」と教えられ、顕津男の神は「有難し本津真言の神言を吾諾ひて禊につかへむ」と七度の禊を修し給い、玉野比女の神に御手を曳かれながら、本津真言の神を先頭に待合比古の神を殿《しんがり》に、白砂の庭に蹐《ぬきあし》しながら、おもむろに玉の宮の聖殿さして進ませ給うた。

(7) 生代比女の神は顕津男の神と共に導かれ給いけるが、玉野比女の神の御顔どことなく美わしからぬ心地しければ、松の樹蔭に身を潜めて、その身の愚かさを悔い、さめざめと泣きて、主の大神に詫び言を宣り給いつつありしところへ、化身の力充男の神が大幣を左右左に打ち振りながら、近寄り玉うて、「常磐樹の松の樹蔭にしのびます生代比女神勇み給われ」「吾こそは力充男の神なれば公迎へむと急ぎ来つるも」

「聖所にのぼらす力おはす公は罪穢など塵ほどもなし」「いざさらば心の駒を立直し玉の泉に禊給はれ」「主の神の御心によりて吾は今公迎へむと急ぎ来しはや」と教え給うた。生代比女の神は「有難し力充男の神の宣《のり》わが魂線《たましひ》はよみがへりたり」と感謝され、力充男の神のすすめのままに、瑞御霊の七度の禊にならいてミソギを修し、御歌を詠い終りて天津祝詞を声朗らかに奏上し給う。

折もあれ、急ぎ此処に現われ給いし瑞御霊に仕え給いし待合比古の神に、「神生みの神業に仕へし公なれば早く御供に加はりまさね」「いざさらば吾導かむ急がせよ主の大神も待たせ給へば」と迎えられて、生代比女の神は意外の喜びによみがえりたる心地し、「いざさらば御前に仕へ奉るべし清き心に月日浮べて」と詠じて待合比古の神に導かれ、力充男の神に守られて、大宮居に進むべく広庭の白砂を踏みなずみつつ静々と進ませ給うた。

(8) 玉野比女の神に導かれて、顕津男の神は本津真言の神と共に、主の大神の御出現までの時を待たせつつ、御歌を詠ませ給い、時を待ちます。

本津真言の神は、「吾こそは主の大神の神言もてこの天界を支へゐるかも」「言霊の本つまことの水火をもて堅磐常盤に神代《みよ》を守らむ」「わが心張りきりつめきり澄みきりてそのたまゆらもゆるぶことなし」「この宮に主の大神の天降りまして宣らせ給はむ国土生みの要を」「吾は今御供の神と身を変じ玉野の比女を守りゐたりき」「玉野比女神の神言の真心をうべなひ給へ顕津男の神」と御歌詠ませ玉うた。

顕津男の神は、驚きて下座に下り合掌しながら、「思ひきやかかる尊き大神のこれの聖所に天降りますとは」「玉野比女の御魂を朝夕守りつつ永久《とは》にいませし大神天晴れ」と答礼された。玉野比女の神も「はしたなき浅き心の吾なればかかる尊き神と知らざりき」とわび玉うた。

本津真言の神は儼然として、「久方の天津高宮ゆ降り来て主の大神の御手代と仕へし」「待ちわびし瑞の御霊の出でましにわがまけられし神業は終へたり」のお歌によって、顕津男の神、玉野比女の神は、主の大神の御内命によりて、国土生みの神業を助くべくこの玉野丘に降り給いたる大神なるを悟り、恐懼措くところを知らず、真砂の清庭に下り平伏嗚咽《おえつ》涕泣しながら、身を慄わせ給う。

生代比女の神を導きながらここに来りし待合比古の神は驚いて歌い玉い、生代比女の神も嘆きの歌をよみ玉う。

力充男の神は「主の神の御手代とます本津真言の神の功に驚きましけむ」と詠ませたもう。

本津真言の神は一同の神々に向って、「生代比女御子は孕めど玉野比女のまことの御子と育み奉らへ」「待合神の誠は主の神もよみし給へりいやつとめよや」「吾霊の真言を永久にさとりたる力充男の神ぞたふとし」「この国に力充男の神あればいや永久に安く栄えむ」「いざさらば主の大神の御前に吾は詣でむしばし待たせよ」と宣示しながら、鉄門を押し開き、奥殿深く進ませ給い、主の大神の御神慮を請わせ給う。

⑼　本津真言の神は、時到れりと先頭に立ち大幣を打ちふり、庭の面を清めながら、宮の階段をしずしず登り給えば、顕津男の神も御後に従い階段の最上段に蹲りて神言を宣らせ給うた。「紫微天界の南の国原の国津柱を生ませ、四方の荒野原の国土生み」の神業の完遂を祈り玉うも、主の大神の神宣は下し給わぬに、顕津男の神、玉野比女の神は言霊歌を以て真心こめて願言申し給えども、四辺《あたり》はますます静まりかえるのみ。生代比女の神も真心に御歌詠ませ玉うも、岩石に向って語るごとく、何の反響もなかりける。待合比古の神も「国土を生み神を生ますと瑞御霊現れます今日ぞ守らせたまへ」と詠ませ玉う。

⑽　力充男の神は、言霊の妙用をもってウとアの言霊の水火によって、スの言霊を生かし玉い「愚なるわが魂線よ主の神は本津真言の神なりしはや」の御歌に、顕津男の神、玉野比女の神、生代比女の神、待合比古の神はまず力充男の神へ敬拝し、本津真言の神の御前に拝跪して無礼を謝し、言霊歌を宣らせ給うた。

顕津男の神が「本津真言の神とあれます主の神よ許させたまへ礼なき吾を」とのり玉うと、本津真言の神は儼然としてますます御面輝かせ給い、一言も宣らせ給わぬぞ不思議なる。玉野比女の神が「朝夕に親しく御姿拝みつつ主の大神と悟らざりしよ」「瑞御霊後れしわけもわが魂の年経りしよしも悟り得し今日よ」と歌い玉うた。生代比女の神は「この丘に吾登りてゆ主の神は本津真言の神と悟りぬ」「本津真言神の御身は光なりきわが眼にうつるは月光のみにて」と御歌詠ませ玉うた。

力充男の神は「瑞御霊清しく雄々しくましまして玉野の湖畔に御子孕ませり」「今日よりは吾つつしみて瑞御霊の神業助けて国土造りせむ」「遠見男の神の一行は山麓に禊したまへば迎へ来らむ」と御歌詠ませ玉うた。

ここにはじめて本津真言の神は言霊朗らかに「畏しや力充男の神の言葉吾うべなひて国土生み助けむ」「いざさらば天津高宮にかへるべし百神等よ健かにあれ」と歌い給いて、主の神の化身なる本津真言の神は、たちまち天上より降り来る紫紺の雲に包まれて、久方の空高く帰らせ給うた。

⑾　本津真言の神となり、和光同塵の神策を立て玉いし主の大神は、力充男の神の賢き目に名のり明かされて、久方の御空高く紫紺の雲に乗りて、天津高宮に帰らせ給う。顕津男の神、玉野比女の神、生代比女の神、待合比古の神は感歎のあまり御歌詠ませ玉うた。

力充男の神は「吾こそは紫微天界に鎮まれる高鉾の神よいざ帰らむとすも」「百神よまめやかにまして真鶴の国土生み御子を生ましませ」と御歌詠ませ給いつつ、ふたたび光となり四辺を照らしながら、力充男の神は雲を呼び起こし、悠々として天津高宮に向い帰らせ給う。顕津男の神、玉野比女の神等は、本津真言の神の化身に驚き給いしが、又もや力充男の神の天の高鉾の神の天降りませる化身に驚きを新しくし給い、玉の宮居の聖所にうずくまりつつ顕津男の神は「畏しや本津真言の大神は主の大神にましましにける」「高鉾の神は聖所に天降りましてわが霊線を照らせ給ひぬ」と歌い玉う。

玉野比女の神は「二柱神の神言を畏みてわれ百神と国土造らばや」「この丘に瑞の御霊の生れまして輝き給ふ国土生み嬉しも」と詠ませ玉い、生代比女の神は「国魂の御子をまつぶさに生み了へて又真鶴の神となるべし」と詠ませ玉うた。

待合比古の神は、「三柱の女男の神等に従ひてわれ永久に守り仕へむ」と御歌をうたい給う折しも、御空を封じて、幾千万とも限りなく、真鶴は玉野丘の空高く、左より右りに幾度となくめぐりめぐり、清しき声を張り上げて、神代の創立を寿ぎながら、庭も狭きまで聖所の上に下り来つ、各も各も頭をもたげて天津高宮を拝するごとく見えにける。

⑿ 玉野丘の麓には、遠見男の神をはじめ、圓屋比古の神等九柱は、己が魂線の曇りたるを悔い給いて、玉の泉に身を浄め、言霊の水火を磨き澄ませつつ、瑞の御霊の招き給う時を待ち給い、各も各もに御歌詠ませ給うところへ、太元顕津男の神は、玉野比女の神、生代比女の神、待合比古の神、その他数多の神々を従えて、悠々と丘を下り、諸神に敬意を表し給い、ふたたび丘の上に一柱も残らずみちびき給い、いよいよここに国土生みの神業に、諸神力を合わせて、従事し給うこととなった。

特徴

○総説には言霊学上より七十五声音は声と音と声音との区別あることを明示してある。

アオウエイは天の位にて父声である。

声はア行、ナ行、ハ行、マ行、ヤ行、ワ行。

音はカ行、タ行、ガ行、ダ行、パ行、ラ行。

声音はサ行、ザ行、バ行。

正清音はアカサタナハマヤワの九行四十五音。

濁音はラロルレリ。

重音はガゴグゲギ、ザゾズゼジ、ダドヅデヂ、バボブベビ。

○特に大宇宙の根元であるスの言霊解と五大父音、アオウエイの言霊解が示されている。

○本文には太元顕津男の神が百神を引きつれて真鶴山を雛型

とし胞衣として、紫微天界の南の国原を言霊の神力を発揮して創造され、修理固成される様子が明示されてある。ことに玉藻の宮居における主の神の化身本津真言の神と、高鉾の神の化身力充男の神の深遠な御経綸が示されており、神生み国生みの顕津男の神の神業と主神の経綸が示されている。余白の歌に天祥地瑞の内容を明示された「大方の世人はことごと怪しまむ未だ耳にせし事なき教を」「五十六億七千万年の年を経て弥勒胎蔵教を説くなり」「伝へにも無き神の代のことがらを我言霊の力に説くなり」と明示して、釈尊の予言した神と人への真の幸福と平和を無限にあたえる弥勒如来の説法であることを強調されている。

天祥地瑞　寅の巻

第75巻

口述場所　天恩郷＝水明閣
口述日時　昭和8年11月1日、3日、7日、26日、27、29日、30日
筆録者　加藤明子、森良仁、谷前清子、林弥生、白石恵子、内崎照代
初版発行　昭和9年2月3日

目次

登場神名

〈瑞霊〉太元顕津男の神
〈真鶴国御樋代神〉玉野比女の神
〈真鶴山霊〉生代比女の神
〈高照山の南方の司〉遠見男の神（近見男の神）
〈三笠山〉圓屋比古の神
〈言霊の神柱〉宇礼志穂の神、美波志比古の神、産玉の神、魂機張の神、美味素の神、結合比古神、真言厳の神
〈真鶴山〉国中比古の神
〈真鶴国国魂神〉千代鶴姫命
〈神霊〉（高照山の御樋代神）如衣比女の神
〈玉野比女の神の補佐神〉魂結の神、中津柱の神
〈スウヤトゴル〉大曲津見の神、八十曲津見の神の化身
〈西方の国〉照男の神、内津豊日の神、大道知男の神、宇志波岐の神、臼造男の神、内容居の神、初産霊の神、愛見男の神

梗概

(1)　太元顕津男の神の一行は、真鶴の国土を生成化育し、修理固成するために、国の清所玉藻丘の霊泉にて、禊の神事をおこない、言霊の歌を詠じ給い、最後に真言厳の神が「瑞御霊神を助けて吾は今厳の言霊宣らむと思ふ」と歌い給うと、真鶴山は少しく震動し始め、アオウエイの音響いずくともなく高らかに聞えて来た。

顕津男の神は、玉の泉の汀にて七日七夜にわたり七十五音の言霊を宣り上げ給えば、玉野丘は四方八方に膨脹して、真鶴山の頂上も真下に見るばかりに高まり聳ゆるに至った。

次に真言厳の神は清き言霊を奏上して、真鶴の国土を無限大に拓き膨らせ拡ごらせ給うた。

顕津男の神は国土造りの御歌をのらすと玉野丘を中心として

目のとどかぬ国原は次第々に湯気立ち昇ると共に膨れ拡ごりて、その高さは次ぎ次ぎに弥高まり、その広さは次ぎ次ぎに弥拡ごりて、真鶴の国の瑞祥を目のたり見るに至る。ここに真言厳の神は言霊歌を詠ませ給うた。

南の国原の司、遠見男神を始め圓屋比古の神は、二柱の国生みの神業を讃嘆して御歌を詠まれた。

(2) 玉野比女の神をはじめ一行の神々は、顕津男の神ならびに真言厳の神の言霊による、驚天動地の光景を現じた言霊の威力に感歎措く能わず、生言霊の御歌を詠み、国土造りの神業を寿ぎ給い、頂上なる玉野大宮に感謝の神言を宣らせ給う。

(3) 言霊の稜威に真鶴国の修理固成され行く光景を目撃しながら、喜びのあまり、玉野宮居にて各自に主の大神の洪徳を感謝して顕津男の神をはじめとし祝辞の歌を詠じ給い、国土生み神生みの神業の成就を、生言霊の声も清しく祈らせ給うた。

(4) ここに太元顕津男の神は、自らの国土生み御子生みの神業なりたれば、万神人のために生言霊の太祝詞を奏上し、天下永遠の無事を祈らせ給う。

この真鶴国は高照山の南の国原の司、遠見男の神の命によって国中比古の神が守ることとなる。

(5) いよいよ生代比女の神が国魂神を生ます時が迫ってきたので、顕津男の神は、大前に神嘉言を奏上し「ウクスツヌフムユルウ」と言霊を奏上し給えば、他の神々は御後に従って、異口同音に「ウクスツヌフムユルウ」と繰返し繰返し宣らせ給うた。

玉野比女の神は、ウクスツヌフムユルウの三十一文字の言霊歌に続いて、生代比女の神もウ列の三十一文字の言霊歌を歌い給う。

圓屋比古の神、遠見男の神、宇礼志穂の神、美波志比古の神、産玉の神、魂機張の神、結比合の神、美味素の神は国魂神の出生の祝歌を唱え給うた。

顕津男の神はじめ玉野比女の神、生代比女の神、その他の神々は、玉野宮の大前に生言霊の祈願をこらし給えば、生代比女の神は玉の御子を安々と産み落し給う。この御子産みの神業を助け奉ったのは産玉の神であった。御子の御名は千代鶴姫の命。

顕津男の神は国魂神御出生の瑞祥を喜び給うて、大御前に感謝の神嘉言を宣らせ給う。顕津男の神、玉野比女の神、生代比女の神をはじめ一同の神はたたえの歌を歌い給うた。圓屋比古の神は、たたえの歌をとなえて、玉手姫命のます三笠山さして帰り給うた。

玉野比女の神、生代比女の神は国魂神の御出生で真鶴の国の基礎の固まったのを喜んで玉野大宮の清庭に白衣に白扇、五百鳴の鈴を持って、国土生み神生みの完成を祝し神歌をとなえ給う。顕津男の神は白衣にて大宮の沙庭に大麻を打振り打振りて神の御国の荘厳そのままをたたゆる「祈り言」を少しの淀みもなく宣り給うた。

(6) 顕津男の神は、如衣比女の神の御魂を招くために、八種の神歌を歌って、鎮魂祭を行ない給う。如衣比女の神の神霊忽ち感応来格して、春風薫じ常磐樹の松は前後左右に揺れ動いて、他神の目にも歴然と御姿を拝し得るに至った。顕津男神が御歌にて語りかけ給うと、如衣比女の神もしとやかに返し歌をのりあげて、顕津男の神の御歌におくられて、天津高日の宮をさして帰らせ給うた。神々もおどろきて御歌うたわせ給う。

(7) 顕津男の神は真鶴国の修理固成もやや緒についたので、七十五声の言霊を宣り給いて天界に必要な禽獣虫魚及び木草のはしに至るまで、生言霊の水火によりて生み出で給うた。顕津男の神は「いざさらば吾は別れむ玉藻山ふたたびふまむ時楽しみて」と生言霊を宣りて、玉野宮居の神霊に別れをつげ、天の白駒にひらりと跨り、一同と御歌をかわして単騎出発され、玉藻山の傾斜面を右に左に折れ曲りて静かに下らせ給うた。百神は各自国境まで御供に仕えんとして駒にまたがり、御尾前に仕え給う。

国中比古の神は生代比女の神を守りつつ、千代鶴姫の神を育《はぐ》くまむと駿馬に跨り引きかえし給い、玉野比女の神は玉藻山に残って、大宮に親しく仕え給うた。

(8) 玉野比女の神は顕津男の神の旅立ちに、さびしさのあまり、歌い玉うところへ、玉野宮居の清庭に「われこそは主の大神の神言もてここに降りし魂結の神。中津柱神は天降りぬ主の神の神言畏み汝たすけむと」と詠じて二柱の神が天降って、その神業を補佐し給うた。

(9) 顕津男の神は宇礼志穂の神、魂機張の神、結比合の神、美味素の神の四柱神と共に、玉藻山の千条の滝水の集まれる大滝川の清流に禊し給い、おのもおのも駒に水飼いながら、主の大神を遥かに伏し拝み、西方の国の国土造り神生みの神《み》業《わざ》を、柯怜《うまら》に委曲《つばら》に完成すべく、声も清しく祈りの御歌を詠み給う。

顕津男の神は馬背に跨り、五色の絹もて造りたる御手綱を左手にもたせ、右手に玉鞭を打ち振りながら、鈴の音もさやさやに神跡なき若草原を進ませ給う。宇礼志穂の神は案内のためと御前に立ち三柱神を御後に従いまつり、湯気立ち昇る大野原を、西へ西へと進ませ給うぞ勇ましき。

(10) 顕津男の神は駒に鞭うち、宇礼志穂の神を後方に廻らせ、真先に進みながら、御歌詠ませ給う。「国魂神生む我なれば御供神如何で頼らむ独神《ひとり》進まばや」と先頭にすすませ給うと、四柱神は恐る恐る御あとに続かせ給う。

顕津男の神は、七日七夜の旅を重ねて、濁流滔々と漲る日南河の南岸に着き給うた。言霊の力に曲神を退け、水あせし河底を悠々と彼方の岸に上らせ給うたので、四柱神は安堵して、駒に跨り、元来し道をたどりたどり、真鶴山、玉藻山の両聖地をさして急がせ給う。

⑾ 顕津男の神は、西方の国土を拓かむとして、先ず第一に悪神の化身スウヤトゴルを帰順せしめんと、日南河を北岸に打ち渡り給えば、ここに西の国の司・照男の神は内津豊日の神、大道知男の神、宇志波岐の神、臼造男の神、内容居《うちいるゐ》の神、初産霊の神、愛見男の神の七柱を従えて出で迎え給い、別れて程経し挨拶を述べ、その御健在を御歌もて祝し給うた。折しも天地も割るるばかりの雷鳴轟き、大雨沛然として臻り、みるみる日南河は濁流漲り、岸を呑み、河底の巨巌を鞠の如くに流し始めた。顕津男の神は、莞爾として愉快げに御歌を詠ませたもう。八柱の神が述懐をのべられるときに美波志比古の神はしずしずこの場に現われ、瑞の御霊の大神に自らの誤まりをわび給うた。

⑿ 顕津男の神は、日南河の流れに下り立ちて、禊の神事を修し給うた。八柱の神々も吾後れじと速瀬に飛び込み、浮きつ沈みつ天津祝詞を奏上しながら、禊の神事を修される。神々は各自禊終り、その功を讃美しながら、顕津男の神の御後に従い、スウヤトゴルの曲津見を征服すべく意気揚々と轡をならべて立ち出で給うた。

西方の国の入口の魔の森林には大曲津見の使、悪狐がひそみ、「左行かば必ず亡びむ」と歌う。

顕津男の神の「いざさらば亡ぶといひし左《ゆんで》の道を駒の蹄にかけて進まむ」の御歌に、七柱の供神は各自生言霊の御歌をうたいつつ、魔の森を何の艱みもなく突破し、スウヤトゴル山脈さして、駒の轡を並べ悠然として進み給う。

特　徴

○言霊学の根本教典というべき天祥地瑞全九巻の中で、この寅の巻は瑞霊太元顕津男神の御活動として最終の物語であり、特に言霊の稜威によって、真鶴の国を生み修理固成の大業をとげ、国魂神を生みて、万代の鎮めを完成される。

○ことに高照山の御樋代神であった如衣比女神の神霊を招きよせ玉う鎮魂祭。

○総説に天の世の主神、アマノミネヒオの神およびオホモトアキツヲの神の言霊の略解をなされている。

○第一章に禊の神事の主なるものがのべられている。

○大本出現の意義として、人間姿の悪魔に大多数の人は欺かれ禍いにかかるので、主の大神は、ミロクの神柱を地上に下して、正しき教を天下に布き施し人類の眼を覚させ、光らせ、悪魔の跳梁を絶滅し以ってミロクの神世を樹立せんとし給うた。

天祥地瑞　卯の巻

第76巻

口述場所　天恩郷＝水明閣
口述日時　昭和8年11月1日、3日、7日、26日、27日、29日、30日
筆 録 者　加藤明子、森良仁、谷前清子、林弥生、白石恵子、内崎照代
初版発行　昭和9年3月23日

目　次

登場神・人

〈天津高宮〉主の大神・天の峰火夫の神
〈高地秀の宮〉（八柱御樋代神）高野比女の神、梅咲比女の神、香具比女の神、寿々子比女の神、宇都子比女の神、狭別比女の神、花子比女の神、小夜子比女の神、朝香比女の神
〈高地秀の宮宮司〉鋭敏鳴出《うなりづ》の神、天津女雄の神、胎別男の神
〈邪神〉大曲津見、八十曲津見
〈栄城山〉機造男の神、散花男の神、中割男の神、小夜更の神、親幸男の神
〈国津神〉狭野比古

梗　概

本巻は総説に東西両洋各国に伝わる宇宙創造説や天地開闢説を列挙して、言霊学の上から説示された天祥地瑞の内容と比較するため参考とせられている。

(1)　太元顕津男神は紫微天界の神政樹立の根元地である高地秀山の麓の高地秀の宮（東の大宮）を後にして国土生み御子生みの旅に出発された。

ここに高野比女の神をはじめ八柱の御樋代神は天津高宮に詣でて、主の大神天の峰火夫の神に宮の司たるべき神を降し給えと祈らせ給うと、主の大神は、願事を諾ない給いて、ここに鋭敏鳴出の神、天津女雄の神の二柱を降して東の宮の宮仕えを言依さし給うた。

高野比女の神は、八柱御樋代神の提言を甚しく悦び諾い、鋭敏鳴出の神、天津女雄の神に白幣《しろにぎて》青幣《あをにぎて》及び二振の五百鳴の鈴を授け給う。二神は天津高宮の聖所に地踏み鳴らし、白衣長袖しとやかに踊らせ給へば、御樋代比女神を始め、百の神等も異口同音に祝いの御歌を詠ませ給う。

二柱の宮司神が舞い踊り給えば、百の神等は天地一度に開けし心地して、歓ぎ喜び勇み給う。百鳥は微妙の声を放ちて、御神楽の拍手に和して、いよいよここに天人和楽の境を現出した。主の大神は天津高宮の扉を内より押し開け給い、この光景を御覧《みそな》し給う。

(2)　八柱の御樋代神は、天津高宮の大御前に御声も爽やけく祝詞を奏上し、百神等に別れを告げ、各自天の斑駒の背に跨がり高地秀の宮をさして帰らせ給いつつ、鋭敏鳴出の神は行進歌をうたい進み玉う。

行手に横たわる川底深き渓流、比女神たちが天津高宮に詣で給いし行手の道には、かかる深き渓川あらざりしに、帰り路に当たりて、危険の渓流横たわるは、大曲津見の神業を妨げむための奸計ならむと、先ず高野比女の神は生言霊の御歌を詠ませ給う。

高野比女の神の御歌に鋭敏鳴出の神は、この渓川こそ八十曲

津見の化身なりと悟らせ給い、生言霊の限りをつくし「ウーウーウー」と唸り出で給えば、八十曲津見の深き渓流は、次第々々にふくれ上りて、またたく間に平地となる。

比女神と天津女雄の神は、鋭敏鳴出の神の功績に舌を巻き、感歎の御歌を詠みあげて、天の駿馬に跨がり、鋭敏鳴出の神を先頭に、天津女雄の神を殿《しんが》りとし、一行十柱の神は言霊の稜威を発揮しつつ、馬上ゆたかに揺られながら春風渡る大野ケ原を、夜を日についで進ませ給う。

(3) 八十曲津見は、鋭敏鳴出の神の生言霊にうたれて一度は東の空へ逃げ失せたが、再び陣容をたて直し、あくまで神業にさやらむと、数百里にまたがる巌骨の山を築き上げ、その前面に千尋の深き渓川をつくり、一歩も進ましめざらむと力をつくした。

鋭敏鳴出の神は、曲津見の醜の雄猛びものものしやと千引巌を頭上高くさし上げ、うんと一声、深渓川の巌ケ根に向って打ちつけ給えば、巌と巌とは相摩して、迸り出でたる火の光に、曲津神は驚きて、数百里にまたがる巌山は、次第々々に影うすらぎ遂には白雲となりて、御空遠く消え失せる。

高野比女の神の感嘆の御歌につづいて、鋭敏鳴出の神は、声もほがらかにアカサタナハマヤワ行と天の数歌の言霊の御歌をよませたまえば、数百里のロッキーの山も、風のまにまに散りて行く。

鋭敏鳴出の神は、神々の讃嘆の声につつまれ、高野比女の神の歌のまにまに、道案内せむと東の宮さしてすすみ給い、数日のちの真昼頃、ようやくにして高地秀の宮居の聖所に無事帰らせ給う。

(4) 春の陽気は漂い、桜花爛漫たる高地秀の宮の大前に、高野比女の神一行は、禊祓いを終り、感謝の祭典を行ない、高野比女の神は太祝詞言を奏上され、胎別男の神の用意した直会の宴にのぞまれる。

下向の報告祭を大宮に奏上し終りて、直会の式に列し、此度の旅行にて学び得た言霊の真理を告白しながら、各自の居間につき今日の一日を休らわせ給う。

(5) 長途の旅に疲れた百神等が、夢を結ばせ給う折から、胎別男の神は駒の疲れを休ませむと外苑に放ち遊ばせつつあった。朝香比女の神は花の蕾のほぐれたる清庭に立出で、ひそかに、太元顕津男神のもとに行く決意を歌い給うた。

胎別男の神はおどろきて大宮居に馳せ帰り御樋代神始め、鋭敏鳴出の神、天津女雄の神に事の由を詳細に報告される。夢を破られた神々は驚きて、朝香比女の神の出立を止めむと、外苑に立出で給えば、朝香比女の神は駒の背に鞍を置かせ、片御手に手綱を取り、左の御足を駒の鐙に半ばかけむとし給う折であった。高野比女の神はじめ百神たちのとどめますをも聞かずに、矢も楯もたまらず、決然として鞭を右手に手握り、一鞭あててまっしぐらに、夕闇の幕分けつつ一目散に駆け出で給う。

(6) 朝香比女の神は、顕津男の神を慕わせ給う心の駒の狂いたちて、御樋代神等、宮司神等の心を篭め力を尽しての諫めも聞き流して白馬に鞭うち黄昏の空を東南指して駆け出で給うた。後に残れる御樋代神等は慨然として歎かせ給いつつ、高地秀の宮居の聖殿に心静かに帰らせ給いて、朝香比女の神の旅の無事を祈らむと、種々の美味物を奉り、宮司鋭敏鳴出の神は大御前に祈りの祝詞を奏上された。百神は御歌もて祈り玉う。

(7) 朝香比女の神は夕暮に向って、出発された。河畔につきて闇の流れに駒を水飼いながら、御歌詠ませ給う折から、八十曲津見は青白き大火団となりて、河下より襲来した。朝香比女の神は、天の数歌を歌いあげて、祈り給えども、忽ち目一つ口八つの怪物となり、その口より各自巨大な蜂を吐き出し、比女神の身辺目がけて噛みつかむとしたので、駒は河中に飛びこみ水底深く沈んだ。

比女神はここに一計を案じ、懐より燧と石を取り出し曲津見に向って、カチリカチリと打ち給えば、忽ち迸り出ずる真火の光りに驚き怪物の姿は煙と消えてあとかたもなく、吹く風にせせらぎの音聞ゆるのみ。

この光景に朝香比女の神は、勇気日頃に百倍し、燧を懐に納め両手を合わせ、天に向って感謝の御歌詠ませ給う。

鵲の声かすかに響き高照山の谷間より天津日の神は悠々と昇らせ給うた。横たわる狭葦の河畔に進み、水馬の法をもって無事彼岸に着かせ給うた。朝香比女の神は、再び駒の背に跨り、青草萌ゆる大野ケ原をあてどもなく東南さして進ませ給う。馬上豊かに小声に御歌吟じつつ進ませられ、二本松の樹下に暫く休らいてのち、駒に跨り御歌を歌いつつ、遥かの空にぼんやりと霞む栄城の山を目当に、その日の新月の輝く黄昏れる頃、機造男の神、散花男の神、中割男の神、小夜更の神、親幸男の神の五柱に迎えられて安々と着かせ給うた。禊川に暫し禊を修し給い、五柱の神に守られて栄城山の中腹なる神々の御憩所に入らせられ、長途の旅の疲れを休ませ給う。

(8) 朝香比女の神は、栄城山の中腹に神々の真心により新しく建てられた八尋の殿に旅の疲れを休め一夜明し給い、機造男の神は諸神と共に、朝香比女の神を前後左右に守りつつ頂上の宮居の大前さして上らせ給うた。朝香比女の神は顕津男の神の造営されし宮居の聖所に立たせ給い、感慨無量の面持ちにて、四方の国形を覧しながら大前に拝跪して、神言を御声さわやかに宣らせ給う。五柱の神もともに御歌詠ませつつ、九十九折の坂道を比女神の御憩所なる八尋殿さして下らせ給うた。

栄城山の聖場に仕え給う五柱の神司は、朝香比女の神の長途の労れをねぎらわむとし、また送別の宴を兼ねつつ八尋殿に集まりて、種々の美味物を机代に置き足らわし、百木百草の花を飾りて、歌い舞いつつ、賑かに宴し給う。朝香比女の神は、その日を一日この神山に魂を養い、五柱の神に黙礼しながら翌日の朝またもや駒に鞭うちて、靄立ち昇る荒野ケ原を立ち出で給うた。

(9) 朝香比女の神は、栄城の山の聖場から駒に鞭うちて太元顕津男の神の御許に進み行かばやと、大野原を一人雄々しく出で給う。夕暮近くなりし頃、前方に横たわる大沼あり、駒の耳の動きに八十曲津の第二の作戦をさとり給い、燧を取り出しかちりかちりと打ち出し給えば、火花は枯草に忽ち移り、見る見る吹き来る風に煽られて、火は前方に延び広まり、沼の岸辺に到りて燃え止まった。深霧は俄かに四方に散り失せ六日の月は光を地上に投げ、沼の面は月光浮かぶ夜となった。比女神は汀にありし八十曲津の化身の長方形の巌横たわりあれば、ここに腰を下し、左右の御手で舟の形となし言霊の力で巌舟を木舟となし、駒諸共に舟中に飛び入り広き沼を渡り給う。

比女神は舟よりおりて、言霊の力に大巨巌となし、御舟巌と名付け給うた。八十曲津見の率いた百の曲津見は沼底の貝と変じて、わずかに生命を保つことを許される。

(10) 比女神は駒に跨り、東南方の野辺をさして進み給えば、野辺の真中に丘陵ありて、国津神等の住家幾十となく建ち並び居たれば、朝香比女の神は、その村を訪い給う。国津神の長、狭野比古は、比女神の御前に跪き、真心こめて迎え、国津神に食物と水をあたえ給えと願った。朝香比女の神は真賀の湖水の魚族、貝類を真火の力に火食する道をさずけ、白湯をあたえ給う。これより国津神は天寿を保つことができ、ここに紫微天界で火食の道が始まった。

狭野比古は数多の国津神を率いて、真賀の湖辺に新しき清しき宮居を造り、朝香比女の神の幸を祈るべく、主の神の神霊を祀り、相殿に朝香比女の神の神魂を合せ祀りて朝な夕な国津神は交る交る奉仕することとなる。

朝香比女の神が西方の国土さして進まむとされると、狭野比古は感謝の余り御供を仕えまつることとなり、朝香比女の神はここに狭野比古を従え、晴れたる大野ケ原を、駒を並べて勇ましく進ませ給うた。

特　徴

○瑞霊の聖地高地秀の宮から、太元顕津男神が出発されてより神徳の発揮が完全にできないために、高野比女神始め八柱の御樋代神が主の大神に乞われて、鋭敏鳴出の神、天津女雄神を迎えられる。途中、鋭敏鳴出の神が神徳を発揮して燧石を生み、真火を生み出され、高地秀の宮居に無事帰られた。

○八柱比女神の一柱である朝香比女の神は西方の国に御樋代神なきをさとり、一柱で勇敢にも、国生み、御子生みの神業に出発される。

○朝香比女の神は鋭敏鳴出の神より給うた燧石によりて真火を出だし、紫微天界において初めて国津神に火食の道を教え給うた。

天祥地瑞　辰の巻

第77巻

口述場所　大阪分院蒼雲閣
口述日時　昭和8年12月10日、12日、13日、15〜17日（六日間）
筆 録 者　加藤明子、森良仁、谷前清子、林弥生、白石恵子、内崎照代
初版発行　昭和9年3月30日

目　次

第二四章　会者定離

登場神・人

〈八柱の御樋代神〉朝香比女の神
〈国津神〉狭野彦
〈神霊〉鋭敏鳴出の神
〈邪神〉八十曲津見
〈朝香比女の神の従神〉アー初頭比古の神、オー起立比古の神、エー立世比女の神、サー天中比古の神、パー天晴比女の神
〈万里の島〉御樋代神・田族比女の神、ウー若春比古の神、ヱー保宗比古の神、ヰー直道比古の神、ヤー山跡比女の神、ヨー千貝比女の神、ユー湯結比女の神、マー正道比古の神、ワー輪守比古の神、プー雲川比古の神、ヲー霊山比古の神
〈万里の島の動物〉巣、蛙、丹頂の鶴、牛、馬、鷹、虎、熊、狼、獅子、羊、猿、猫、猪、犬
〈邪気より出でし動物〉大蛇、山猫、鷲

梗　概

八柱の御樋代神の一柱朝香比女神の英雄的活動により、西方の国土を巡生中なる太元顕津男の神とスウヤトゴルの山に会し、大曲津見を言向け和し、美わしき新しき国土を経営し国魂神を生み出でます紫微天界における大活動の序幕的物語。

(1)　八十曲津見は真賀の湖水の計略破れ、部下の曲津見は朝香比女の神の生言霊に封じ込められて魚貝となり、国津神等の日常の食物と定められた。八十曲津神は無念骨髄に徹し、高地秀山の峰より落つる東河の岸辺より、無数の大蛇となり待ちうけている。

朝香比女の神は、新月の光に照らされる東河の大蛇を看破し、天の数歌の生言霊を宣り上げ給えば、鋭敏鳴出の神のウの言霊ひびきわたり、幾千万の大蛇は消え去った。東河は青みだちたる水とうとうと深く広く流れいる。

朝香比女の神は東河を渡らんと駒にのらせ給う折りから、白馬にまたがり、高地秀の宮の神司、英雄神鋭敏鳴出の神が天降り給い、神意を伝えて忽ち煙となって消え失せ給う。

朝香比女の神は、タトツテチ、ハホフヘヒの生言霊をのらせ給えば、駒は大なる翼を生やす。比女神、狭野彦が跨り給えば、天馬は巨大なる翼を空中に搏ち、目も届かぬ広河の激流

を遥かに眼下に眺めつつ、向つ岩辺に着かせ給う。元の如くに復した駒に跨りながら、霞立ちこむる稚国原を進み行く。

(2) 朝香比女の神は、地馬にまたがり、「主の神と鋭敏鳴出の神の守りあれば如何なる曲津も吾は恐れじ」と神徳を讃美しつつ、八十曲津見の永久の棲処なる霧の海の岸辺に着き給う。

ここに主の大神の大神言もちて、比女神の征途を守り補くべく待ち構えいた神は、初頭比古の神、起立比古の神、立世比女の神、天中比古の神、天晴比女の神であった。これより天津神六柱と一柱の国津神は、霧の海の岸辺に生言霊を奏上し給えば、たちまちあたりの巌は大なる御舟となりて岸辺に軽く浮かぶ。

(3) 天津神国津神七柱は、磐楠舟に身を寄せ、夜明けを待って霧の海原を言霊の力で舟をあやつりつつ、数十里の波を渡って魔の島近くに着く。

朝香比女の神は、八十曲津見の化身たる魔の島を天の数歌の生言霊のみいずにかため周囲百里の島となした。天中比古の神は司となり、国津神狭野彦を譲り受け、諸々の草木五穀を生言霊に生み出でましつつ、ついに狭野の食国を生み出して、永久に鎮まりたもう。

(4) 朝香比女の神は狭野の島を生みおえ、四柱の神とともに霧の海原を順風に送られ、心朗らかに南へ進ませ給うた。

大海原の浪は刻々に高まり、御舟を呑まんとする。朝香比女の神が言霊歌を歌い給うと、たまちま鋸の刃のごとき嶮峻なる巌山となり、泡立つ小波は真砂となりて、一つの生島となる。比女神は言霊生島と名づけ給う。

(5) 朝香比女の神は、言霊の力に島を生み、万里の海の浪押し分けて、白馬ケ岳をさし、言霊を歌いながら進ませ給い、未だ一柱の国津神も住んだことなき田族の島である。

万里の島へ上陸される。この島は馬と羊が棲息し、未だ一柱の国津神も住んだことなき田族の島である。

朝香比女の神一行が白馬ケ岳の麓の楠の大樹の蔭に憩わせながら、各自御歌詠ませ給うところへ、万里の島の御樋代神田族比女の神の使者、輪守比古の神、若春比古の神が白馬に跨り進み来り、朝香比女神のほか四柱の神を迎えて帰る。

(6) 天津高宮に鎮まりいます主の大神は、七十五声の言霊を間断なく鳴り出で給いて、泥海の世界を固むべく、まず初めに筑紫ケ岳、高地秀の峰、高照山の三大高山を生み、ついで万里の海に無数の島々をなり出で、すべての生物を生ませ養い給うべく経綸される。

その最初にあたりて万里の海の中心なる万里の島を生り出で給うた。この島は面積約八千方里にして、西に白馬ケ岳、東に牛頭ケ峰あり、その中心を清川、万里の河が流れている。

大神はツの言霊で鼡、クの言霊で蛙を生み穀物の耕作にあたらせられた。この島の司には丹頂の鶴を一番《つがい》下し給う。

さりながら雲霧ふさがり陽気寒く、万物の発育充分ならず、種々の曲津見発生し、白馬ケ岳の谷間には悪竜、大蛇ひそみ、毒煙をはき、蛙の一族はその数を減じた。

邪気こりて鷲となり、山猫となり、蛙と鼡を餌食となし、猛り狂う惨状は目もあてられず、これを制するために生み出された動物はいたずらに争闘する。牛は牛頭ケ峰に、馬は白馬ケ岳に難を避ける。

ここに主の大神は、万里の島を永久の楽園に定めんと思召し、八十柱の御樋代神の中にて最も神力強き田族比女の神に、ウの言霊若春比古の神、ヱの言霊保宗比古の神、ヰの言霊直道比古の神、ヤの言霊山跡《やまと》比女の神、ヨの言霊千貝比女の神、ユの言霊湯結比女の神、マの言霊正道比古の神、ワの言霊輪守比古の神、プの言霊雲川比古の神、ヲの言霊霊山比古の神の十柱神を従えて、天降したもうた。御樋代神の御降臨により て、万里の島の天地を掻き乱しいたる猛獣や鷲は他の島へ逃げ失せ、暫時は小康を得たが、丹頂の鶴は天津神の恩徳を知らず、内輪もめを始めたれば、この期逸すべからずと猛獣たちは再び襲来して一切の動物を殲滅せしめる。

しかし、主の大神の神言のままに田族比女の神その他の神々が鶴の一族と牛馬羊の一族を守られしため生き残ることを得た。

(7) 田族比女の神および十柱の神の降臨によりて万里の島ケ根は治まったが、白馬ケ岳の谷間にひそみ暴風雨を起こして国土を荒す曲津見を征服せんと、田族比女の神は十柱の神を率いて万里の丘を立ち出で、白馬ケ岳の竜神のすめる深谷をさして出で立ち給う。

輪守比古の神を先頭に、霊山比古の神、若春比古の神、保宗比古の神、直道比古の神は前供となり、田族比女の神を正中に、その他の五柱の神は御後辺を守りつつ、白馬ケ岳の魔棲ケ谷を目ざして進ませられる。

(8) 水清き泉の森の聖所を本営と定めて御樋代神がしずまりたまい、いよいよ魔棲ケ谷の悪霊を掃蕩すべく、輪守比古の神、若春比古の神を御側に守らせおき、五男三女神をして先陣を勤めしめられる。

霊山比古の神は先頭に立ち馬背に一鞭あてて大野ケ原の中央を一直線に南へ南へと進ませられ、ついで保宗比古の神、直道比古の神、正道比古の神、殿《しんがり》として雲川比古の神が進ませ給う。邪神はあらゆる手段をつくして、神々の進路をさまたげんとしたが、五男神は清水流るる小笹ケ原にあつまりミソギを修し給う。

征服戦の主将とまけられた霊山比古の神は、三柱比女神の言霊戦の部署を、広原の片方にこんもりと立てる楠の樹の根元と定め、霊山比古の神は深谷川の右側を、保宗比古の神は左側を、直道比古の神は第二の谷間の右側を、正道比古の神は第二の谷川の左側を、雲川比古の神は最左翼を、各自言霊を間断なく宣り上げつつ登らせ給う。

曲津神たちは八十の曲津見をかり集め巨大な千引の巌と化せしめ、神々の登らす道をさえぎりしも、神々は無雙の英雄神にましませば、強行的に生言霊を宣り上げながら進ませ給う。田族比女の神の稜威に守られて、霊山比古の神のアオウエイの言霊の合図に「タトツテチ、ハホフヘヒ」を力限り宣りあげ給うや駒は鷲馬となる。

三柱の女神は鷲馬の背に跨りて竜神を平らげ給い、そのまま中空を翔りて御樋代神のます泉の森へ復命される。

五柱の男神は、魔棲ケ谷の大蛇の巣窟へすすみ、戦利品として宝玉を五つの苞に包み、勝鬨あげて一まず泉の森に引き返し給う。

(9) 御樋代の神は、曲津の征途に遣わせし五男三女の神々たちの成功を祈りつつ、夜も眠り給わず、侍神の輪守比古の神、若春比古の神とともに、西南の空に向って生言霊を間断なく宣り上げ給う。いよいよ神々の無事曲津見を掃蕩したることを覚られ、月照りかがやく泉の森の清庭に立ちて、御声さわやかに二柱の侍神とともに言祝《ことほぎ》の御歌を詠ませ給うた。

三柱の比女神は鷲馬に跨がりて、御樋代神に復命し給い霊山比古の神一行五柱も、このたびの大本営とさだまりし泉の森の聖所に無事帰陣され、戦況を報告される。

(10) 万里ケ丘の聖所に芽出たく凱旋された田族比女の神一行は、祝宴を開くべく万里の国原の生きとし生けるもののことごとくに、駿馬使いを遣わし給う。定めの日には八千方里の国土に、生きとし生けるものことごとく集まり来たって異口同音に凱旋を寿ぎ歌い、その声は天地も崩るるばかりである。立錐の余地なきまでに群集せる総ての生物は、御樋代神の御歌につれて各自手を拍ち足を踏みならし、腰を振りながら踊り狂う。

山跡比女の神、千貝比女の神、湯結比女の神の御歌に群集の歓ぎ喜ぶ声は刻々に高まり、万里の島根の天地は覆えらんかと思わるるばかりの有様を現出する。

田族比女の神は再び高殿にのぼり、歓喜のあまり雀躍せる数万の生物に対して、「主の神の水火に生れし万里の島に御樋代神となりて臨みぬ」と新しき国の施政方針を示し、それぞれに、うけ持てる職掌を明示し給うた。

(11) 万里ケ島は新しく国名を万里の神国と称え、すべての基礎を万世に固め給い、生きとし生けるものをことごとく万里ケ島の聖所に集めて、寿ぎの宴を開き給いしが、七日七夜の後、すべてのものは各自常住の地に帰り、御樋代神の御舎は静寂に帰した。

かかるところに、白馬ケ岳の背後にあたれる夕暮の空の異様な光に田族比女の神は、朝香比女の神の降臨をさとり、ただちに輪守比古の神、若春比古の神をして、朝香比女神の一行を迎え帰らしめ給う。田族比女の神は朝香比女の神一行五柱を高殿にみちびきて、感激の御歌を詠み、御樋代神二柱は百年の知己のごとく互いに心の底よりとけ合い、同情の涙にくれ給いつつ思わず知らず日を重ねられる。田族比女の神は、白馬ケ岳の魔棲ケ谷にて神々の戦利品として持ち帰りたる数多のダイヤモンドをささげられ、朝香比女の神は懐中より燧石を取り出し火を切り出でて宝石の謝礼として贈り給う。田族比女の神は「朝香比女の神の給ひし燧石は万里の神国の貴の宝よ」と感謝され、朝香比女の神は「鋭敏鳴出の神の賜ひし燧石なれば国土の鎮めと公に贈るも」と火食の道をすすめられる。朝香比女の神の従神四柱の挨拶の御歌に、田族比女の神の従神十柱は、御樋代神の来臨と、真火の神徳たたえの歌を詠ませ、国土の前途を祝し給う。

御樋代神の朝香比女の神は長らくこの国土に留まるを得ず、以前の四柱の神を従えまし諸神に別れを告げ、御来矢の浜辺より磐楠舟に乗り、万里の海原を東南の空さして進ませ給う。紫微天界において火食の道を開きたるは狭野の里なれども、国土全体で用いたのは、万里の神国であったため火の国と唱えられた。

特徴

○序文には、日本魂なるものは忠孝、信義、友愛、大侠、義勇、正義、自由の各自純真な意識行動によって発励さるるを本義とする、と明示。

○天の世における国土を修理固成し騒動を鎮定させるには、ミソギと言霊の力と燧石が一番に神徳を発揚すること。

○朝香比女の神が八十曲津見の化身を固め、美わしき国土となされたのは愛善の実行である。

○英雄神田族比女の神が十柱の従神を従えて万里ケ島の曲津見を掃蕩され、国土を清めて万里の神国とされた、実に諷刺に富んだ物語である。

天祥地瑞　巳の巻

第78巻

口述場所　大阪分院蒼雲閣
口述日時　昭和8年12月20日～23日、25日（5日間）
筆 録 者　加藤明子、森良仁、谷前清子、林弥生、白石恵子、内崎照代
初版発行　昭和9年5月5日

目次

登場神・人

〈八柱御樋代神〉朝香比女の神、従神・初頭比古の神、起立比古の神、立世比女の神、天晴比女の神
〈万里の神国の御樋代神〉田族比女の神、従神・霊山比古の

神、輪守比古の神、若春比古の神、保宗比古の神、直道比古の神、正道比古の神、雲川比古の神
〈葦原の国の国津神〉野槌彦
〈葦原新国の御樋代神〉葦原比女の神
〈葦原新国の天津神〉野槌比古、高比古、照比古、清比古、晴比古
〈葦原新国の国津神〉真以比古の神、成山比古の神、霊生比古の神、栄春比女の神、八栄比女の神
〈邪神〉グロノス、ゴロス、八岐の大蛇、悪竜、大蛇
〈歓の島の国津神〉島彦、島姫

梗　概

(1)　万里ケ島の聖所から田族比女の神一行に送られて朝香比女の神一行は磐楠舟にのり移り、清き風におくられて、御舟の上より別離の歌を詠みつつ波上静かに万里の海原をすすみ玉う。
田族比女の神一行は朝香比女の神の御舟が目路離れるまで見送りし上、駿馬の背に跨がり、その日の黄昏るるころ、無事万里の丘の聖所に帰り着き給い、火の若宮を築かれ、湯結比女の神は朝夕火の若宮に仕えまし、主の神をはじめ火の神と称えまつりし朝香比女の神の生魂に白湯《さゆ》を沸かし御前に奉り忠実に仕え給うた。これは各神社の御巫の始祖である。

(2)　主の大神は紫微天界に完全無欠の神の国を開設し給わんとして、天之道立の神、太元顕津男の神の二柱に霊界現界の神業を委任し給うため、天之道立の神は惟神の大道を日夜宣布し顕津男の神は国土を治むべく、国土生みのために経廻り給い、主の神の生ませ給いし御樋代神と見合いまして、国魂神生みの神業にいそしみ給う神定めとなっている。

(3)　朝香比女の神は、万里の神国の御来矢の浜より舟に乗り、大小の島々を右に左に縫いながら日の黄昏るる頃、曲神の集まると聞えたるグロスの島に近より給えば、曲津神グロノス、ゴロスの二巨頭は、あらゆる曲神を呼び集め、にわかに黒烟を四方に吐き散らし、海面を闇に包みて御舟の近づくのを妨害せんと伊猛り狂った。しかし、天晴比女の神の天の数歌の言霊歌に科戸の風に吹き散らされて、天空明く清く円満清朗の月影は浮ばせ給い、波の底深く輝き給うた。
ここに、グロノス、ゴロスの曲津神は夜の明くるまでに御舟の神たちをほろぼしくれんと死力を尽し一百余旬の竜蛇の姿を現わし、数多の頭には各自太刀のごとき角をかざし御舟に向かって火焔を吹きかけた。朝香比女一行の神は、グロスの島に向って明日の征途を楽しみながら御歌詠ませつつ、磐楠舟の上に安坐して、語り合いつつ夜の明け方を静かに待たせ給うた。

(4)　東雲を迎えて、朝香比女の神は御舟を千引巌の碁列せる

浜辺に寄せ給い、駒もろともに御舟を出でて陸地に上り、雑草の野に向い、「科戸辺の風は出でたりいざさらば真火を放てよこの草の野に」と御歌を宣らせ給うた。初頭比古の神は燧石を受け取り、神言を奏上しつつカチリカチリと打ち出で給えば、真火は幾千里にわたる大野原を焼きつくし、かなたこなたに竜神、大蛇、猛獣などの焼け亡びたる姿、天日に曝され、無残の光景をとどめたが、御樋代神は四柱の神に命じて土中に埋めさせ給い数多の月日を費し給う。グロノスやゴロスは逃げ去った。

朝香比女の神の一行五柱は、御樋代神葦原比女の神司のます葦原ケ丘の聖所をさして進ませ給う。

(5) 朝香比女の神の一行は、際限もなき焼野ケ原を馬背に跨り進ませ給う折もあれ、野中の真中に小さき丘ありて、常磐樹の松数千本、野火の焔にも焼かれず、青々と茂りいる。ここに一行は長途の疲れを休め玉う。折から丘の南側を穿ちてここを安処と永住し、附近の野辺を拓きて、穀物を植え育てつつ、安き生活を送り来たりし数十柱の国津神の男女は、蟻の穴を出づるがごとく、つぎつぎに朝香比女の神の前に来たり、国津神野槌彦は真火によりて母が大火傷せしことをうったえた。朝香比女の神はただちに数歌を宣り給いつつ伊吹きたまえば、老母の焼けただれた頭部面部は見る見る元のごとくにおさまり、頭髪も漆のごとく黒々と若き女のごとく全快した。老母は感謝の歌をうたった。野槌彦も感謝の歌をささげる。

朝香比女の神は「曲津見の禍如何に強くとも天の数歌宣りて祓へよ」とのらせ給うと、野槌彦、野槌姫は感謝の歌を詠み、この島に渡島の経緯をのべた。一行はグロノスとゴロスのひそむ沼を言向け和すべく、忍ケ丘の月下に照らされながら、平和の夢を結ぶ。

(6) あければ、朝香比女の神は忍ケ丘の最高所に幄舎を造り、悪魔征伐の大本営と定めて野槌彦をかたわらに侍らせ観戦場とし、新進気鋭の英雄神初頭比古の神、起立比古の神、立世比女の神、天晴比女の神の四柱をして、沼の大蛇の征服に向わしめ給う。この沼の名はグロスの沼と古来称えられ、グロノス、ゴロスの邪神は永遠の棲処としてグロスの島の天地を攪乱、暴威を振うに至りし邪神の根拠地であった。

四柱の神は駿馬に鞭うち、即戦即勝を期しながら勇気凛々として御歌をうたいながら一直線に進み、老松の下にて作戦計画に神力を集中し、グロスの沼をさして進みたまう。途中、老媼に変じたゴロスを言霊の稜威にしりぞけ、東西十里、南北二十里の大沼を東西南北よりかこみ、天津祝詞を奏上し、七十五声の言霊を宣りあげ、天の数歌を一生懸命に宣り上げ給うと、グロノスは六角六頭の、ゴロスは三角三頭の悪竜蛇身と還元し水面をのたうち廻り、遂には黒雲を起こし中天高く立ちのぼり、鷹巣の山の方面さして雷鳴のとどろくごとき音響を立てて逃げうせる。かくのごとく大蛇の脆くも逃げ失せたるは、朝香比女の神を守りたまう鋭敏鳴出の神のウの言霊の力であった。

四神将は傘松の蔭に集合し、忍ケ丘の朝香比女の神の本営に目出たく凱旋したもうた。

ここに御樋代神の朝香比女の神は四柱の従神とともに国津神野槌彦を案内役とし、グロスの島を横ぎれる中野河を、言霊の稜威に河底を平面となして暴虎憑河の勢いにて御歌うたいつつ進ませ給う。

このとき、葦原比女の神の一行三男三女は鷹巣の山の麓の鷹巣の宮居を立ち出で、朝香比女一行を迎え奉るべく到着される。

(7)　一行十二柱の神々は、国津神野槌彦を従え、黄昏の野路を駒に鞭うたせつつ、常磐樹茂る野中の森蔭に安着し玉うた。ここに一夜を休息し玉うた上、朝を迎えて白馬にまたがり鷹巣の山の麓なる貴の御館をさして急がせ給う。

(8)　葦原比女の神の二十年来鎮まりいます桜ケ丘の聖所にては、朝香比女の一行五柱の神を正賓として大宴会を開かせ給うた。朝香比女の神は葦原の国の鎮めと燧石を葦原比女の神に贈られた上に、万里の島のダイヤモンドもおくられる。これより葦原比女の神は五千方里の国土を治めたまうこととなる。

葦原比女の神は燧石の功によりて、諸神たちを率い邪神のひそむ山野を焼き払い給いければ、悪魔は遂に葦原の国土をふり捨てて遠く西方の国土に逃げ去った。

朝香比女の神は三日三夜月花を賞しつつ、朝夕神前に神言を宣らせ給い、天の数歌を宣り上げ給いて、葦原の国土の天地を清め給いければ、春は花咲き、夏は植物繁茂し、秋は五穀果実みのり四季の順序よく、ここに国津神の生活を安からしめ給うた。朝香比女の神は再び西方の国土へ進むため海路旅をつづけられることとなり、見おくられて、忍ケ丘の聖所に一夜を明かし給うこととなる。

(9)　天の一方には、紺青の空に、上弦の月は下界を照らしたまい、月舟の右下方に金星附着して燦爛と輝きわたり、月舟の右上方三寸ばかりのところに土星の光薄く光れるを打ち眺めつつ、三千年に一度来る天の奇現象にして稀有のことなりと、神々は各自御空を仰ぎ、葦原の国土の改革すべき時の到れるを感知された。朝香比女の神は葦原比女の神の御歌に答えて「月舟の清き光は葦原比女の神の御魂の光りなるぞよ」と賛意を表し給う。葦原比女の神は、大空にあらわれた月と星に啓示された神意を奉戴して、「野槌彦は今日より其の名を改めて野槌の神と伝えまつれよ」と、国津神を天津神に昇格任命し、今までの天津神を国津神に任じたもうた。朝香比女の神は葦原比女の神の大英断に感じて「葦原比女神の御言の雄々しさよ天と地とを立替へ給ひぬ」と御歌を詠じ玉い「天の時地の時到りて葦原の国土の光は現はれにけり。葦原の国土の標章《しるし》と今日よりは⊙の玉の旗を翻しませ。⊙の玉を並べ足らわし十と為し真言の国土の標章《しるし》と定めよ」と国旗をおくりたもうた。

天津神の野槌の神は、高比古、照比古、清比古、晴比古を招集した。

朝香比女の神は、葦原比女の神が天津神を残らず地に降し、神魂の清き国津神を抜擢して天津神の位置につらね、国土の政治一切を統括せしめ給う大英断に感激し、宣示的の御歌を詠ませ給うた。

葦原比女の神は、忍ケ丘の聖所に主の大神の斎壇を造らせ、祝詞の声もうやうやしく、天津神、国津神、十柱神の神任式の祭典を盛大に行わせ給うた。

⑽　グロスの島は朝香比女の神の御降臨によりて天地清まり、国内一点の風塵も止めざるに至りたれば、葦原新国と改称し、国土の中心なる忍ケ丘を常磐ケ丘と改めて宮居を移し給い、八尋殿を急ぎ見建て給いて、国津神の上に臨ませ給うこととなる。十曜の神旗は春風に翩翻としてひるがえり、日月の光は殊更に美わしく天に輝き地に照らい、四方八方より国津神を始めとし、禽獣虫魚の生きとし生けるものの限り、常磐ケ丘の聖場に集まり来りて、新しき国土の成立を寿ぎ祝い奉ることとなった。

ここに葦原比女の神は新任の天津神を率いて忍ケ丘の聖所に宮柱太しき立てて主の大神を斎き祭り給い、大御前に潔斎して国の初めの神嘉言を奏上し給う。

朝香比女の神が祝歌を詠み玉う折から、紫の雲に乗り十曜の神旗をふりかざして数多の従神をしたがえこの場に天降り給いしは、主の大神の御使い神、鋭敏鳴出の神の雄姿であった。

朝香比女の神は合掌敬拝して感謝の御歌を詠ませ玉うた。

鋭敏鳴出の神は大宮の前に降らせ、拍手して「地稚く国土稚けれど鋭敏鳴出の神は非時に守りまつらむ」と御歌を詠ませ玉うた。葦原比女の神はじめ一同は感謝の歌をささげる。ここに天津神々は葦原の国土の新たに蘇りたる祝辞や、桜ケ丘の宮居を忍ケ丘の中心地に移し給いし大神業を謳歌しながら各自言祝ぎたまい、新国土の前途を祈らせ給うた。

鋭敏鳴出の神は建国祭の祭典を終り、再び光となって数多の従神を伴ない、紫の雲に乗りて宇宙を「ウーウーウー」と生言霊もさわやかに響かせながら天の一方に御姿をかくし給う。

⑾　朝香比女の神一行をはじめ、見送りまつりし葦原比女の神の主従は、ようやくにしてその日の夕刻に、常磐の海辺に近き松と楠のしげる常磐の森に着き、一夜をここで明かし、夜明けを待ちて、互いに名残りを惜しみつつ、朝香比女の神

は順風に乗じ、南へ南へと舟を進ませ給う。

⑿　万里の海原は鷹巣山の頂より噴出する黒煙ひろがり大空をつつみ、海上にわかの旋風にて、磐楠舟は荒波に翻弄《ろう》されたた。朝香比女の神はじめ四柱神は言霊歌を詠ませ給う。かかるところに百雷の一時に轟くごとき鋭敏鳴出の神の「ウーウーウー」の唸り声ひびきわたり、たちまち荒風なぎ、黒雲は四辺に散り跡形も止めず、浪平らかに天津日は晃々と輝き平静にかえる。

舟はようやく海路に横たわる巨大な巌島に近づきぬ。赤黒さまざまの大蛇たむろして御舟を襲わんとする勢を示している。朝香比女の神は、いろはの言霊歌をのべ、カコクケキとカの言霊を発射されるや、周囲三里の巌島はたちまち一面に火焔に包まれ、海水は熱湯のごとく煮えかえり、大蛇は焼かれ、傷つき、あるいは命からがら雲を吐き、これに乗じて鷹巣の山の空さして逃げ去る。四柱の従神は朝香比女の神の言霊の偉力をたたえつつ、順風に舟の舳を東南に向け進ませ給う。

⒀　御舟が歎きの島に近づくと、八頭八尾の八岐の大蛇が、数万トン級の船の走るがごとき凄じき勢にて進み来る。朝香比女の神は「舟よ舟よ広くなれなれ大きくなれよ八岐大蛇の数百倍となれ」と詠わせ給うや、磐楠舟は膨れ拡ごり、たちまち堅きこと岩のごとく、その形山のごとくなった。朝香比女の神は臍下丹田に魂を鎮め、天に向かって合掌し、天津祝詞を奏上し生言霊を宣らせ給えば、海水はたちまち熱湯のごとく煮えかえり、八岐大蛇は潜むによしなく、遂に死体となりて赤き腹部を現わし、水面に浮かぶ。

朝香比女の神が「黄昏に近づきければ吾舟は歎の島に急ぎ進めよ」と宣らせ給うや、御舟は一瀉千里の勢をもって黄昏近き海原を進み行く。

御舟が歎の島の岸辺に近づくにつれて全く原形に復し、渚辺近く御舟を進ませ給い、駒もろともに無事上陸を遂げ給うた。歎の島は黒煙たちこめ、脚下の草木のかげさえ目に入らぬばかりである。朝香比女の神は上陸早々天津神言を奏上し、七十五声の生言霊をなり出で給えば、御空の黒雲は南北に別れ、月読の神はその正中をわたらせ給いつつ、遂に隈なく晴れわたる。朝香比女の神の一行は常磐の松の下蔭に一夜を明かされた。

国津神島彦、島姫に迎えられて、三千方里の島に大蛇の災多きをきかれ、起立比古の神は朝香比女の神の御ゆるしに燧石によって真火を放ち雑草の野を焼きつくされた。

真火の力に国土を清められ、穴居の国津神には災害なく歓ぎの島とよみがえる。

朝香比女の神は、この島のなやみしは、主の大神をまつらず邪神をまつりし故と教え玉い、島の真秀良場に主の大神の御舎を建設し、朝夕に禊を行い、神言を奏上すべきことを教示された。その上に燧石によって真火をさずけて国津神の食物白湯をあたえ玉う。朝香比女一行の神々は、国津神夫婦に種々の教訓をほどこし、燧石を与えて、松の樹蔭より再び浜辺に引き返し磐楠舟に駒諸共に乗り込み給い、万里の海原を曲津見の伊猛る西方さして進ませ給うた。

特徴

○朝香比女の神が鋭敏鳴出の神に守られて、真火の力と言霊の威力を自由自在に発揮される。

朝香比女の神は国土の鎮めとして、鋭敏鳴出の神のさずけられた燧石を、御樋代神と国津神の司にさずけ玉う。

○紫微天界における天津神と国津神の立替え立直しの大英断。

天祥地瑞　午の巻

第79巻

口述場所　横浜＝関東別院南風閣
口述日時　昭和9年7月16日〜20日（5日間）
筆録者　谷前清子、林弥生、白石恵子、内崎照代
初版発行　昭和9年10月25日

目次

登場神・人

〈葭原の国土・二名の島御樋代神〉朝霧比女の神、（侍神）大御照の神、朝空男の神、国生男の神、子心比女の神
〈国津神〉山神彦、川神姫、艶男（橘）、麗子、岩ケ根、水音、瀬音、真砂、白砂
〈化身〉水火土の神
〈竜神族〉王・大竜身彦、春木彦、夏川彦、秋水彦、冬風彦、燕子花、桔梗、山吹、女郎花、萩、撫子、藤袴、白萩、白菊、山菊、百合の花、椿、桜、石竹、雛罌粟、菖蒲、桜木
〈大海津見の神の娘〉海津見姫
〈化身〉八尋鰐

梗　概

(1)紫微天界の中にて、別けて美わしく地固まりし天恵の島あり。葭の島、また葭原の国土ともいう。葦原新国の約十倍で万里の海の中にあり。
葭原の国の中央に、高山の伊吹山が屹立し、その麓をめぐる幾百里の湖水を玉耶湖という。伊吹山にはいろいろの花樹繁茂し、春夏秋冬の分かちなく咲き乱れ芳香風に薫じ、さながら地上の天国のごとし。数多の竜神《たつがみ》と称する種族が、この山を中心として安逸な生活を楽しみつつあった。竜神族は、人面竜身のため、竜神族の王は国津神のごとく人体をそなえたきものと日夜焦慮していた。

(2)　玉耶湖の上流に水上山という大丘陵を中心に、国津神は楽しく生活を送っていた。酋長を国津神の祖ととなえ山神彦、妻を川神姫とたたえていた。二人の中に男女二柱の御子があり、兄をあでやか（艶男）、妹をうららか（麗子）という。

(3)　麗子が大自然の風光にあこがれて水上川の岸辺にあそぶときに竜神の王は顔を艶男に変じて近づき、麗子をさらえて伊吹山の竜神の都へ迎えた。竜神たちは麗子を竜宮の弟姫とたたえ、麗子は王に大竜身彦の命と名を与え、この島の司として輝きわたることとなる。

(4)　艶男は四五才の頃よる神酒徳利のように離れたことのない麗子の姿が卒然として見えなくなったので、失望落胆のあ

まりなげくとき、麗子の生霊より竜神の都につれさられしをきき、玉耶湖水に投身して麗子のあとを追わんとする。これを水火土の翁の神が船の上に救いあげて、竜神の都へおくりとどけた。大竜身彦は艶男の来訪を前知し、従神を第一門に遣わして歓迎の意を表する。

(5) 大竜身彦命は弟姫神を伴い、春木彦、夏川彦、秋水彦、冬風彦四柱の重臣を従え、伊吹山の中腹の鏡の湖のほとりに花の真盛りを見んと、弁当をこしらえて数多の竜神等に前後左右を守らせ、一日の遊覧をこころみた。麗子の弟姫の言霊歌に日月一度に並びかがやき、たちまち第一天国の光景を現出する。

(6) 艶男は水火土の神に案内されて、竜宮の大竜殿の奥の間に参入し、麗子の弟姫神と面会した。大竜身彦の命も艶男の来訪を喜び迎える。

(7) 竜神族の女神たちは、艶男の麗姿にあこがれ、心のたけをのべて迫った。艶男はその鋭鋒を必死でさけていたが、鏡湖のほとりに進むとき、大海津見の神の愛娘海津見姫たちが現われて、竜宮の乙女たちととつぎせよとすすめられる。艶男は辞退の意をもらした。

(8) 竜宮島の王者たる大竜身彦の命は麗子姫を妃と定め、大竜殿に海原国の政を始められるにつき、海津見姫は前代未聞の慶事を祝せむとして鏡の湖の水門を開き、父大海津見の神の使として現われ給う。

人体を全く備えた艶男と麗子の弟姫神は、海津見姫の先頭に立ち、声も朗かに七十五声の生言霊をくり返しくり返し、大竜殿の階段をゆうゆうと上り奥殿に進む。海津見姫の神は設けの上段の席に着き給い、やや下って大竜身彦の命、弟姫は左右に侍り、その他の女神は次ぎつぎに列を正し、数多の竜神魚族まで集まり来り、「ウロウウロウ」と今日の慶事を祝し合い、もろもろの珍味佳肴に舌つづみをうち、殿内もわるるばかりに踊りくるい舞う。

麗子は群集の中央に立ち言霊歌をうたい海津見姫の神も次席より声さわやかに歌い元の座に着き給う。大竜身彦の命は、群集の中に進み、所信を歌う。

麗子姫はふたたび弟姫神の資格にて、姿勢正しく階上より宣示の旨を歌った。大竜殿の侍女神たちも祝歌をうたう。

(9) 大竜身彦の命は艶男を優遇せむと、竜宮島第一の景勝地、鏡湖の下方琴滝を庭園に取り入れて碧瓦赤壁の寝殿を造り、ここに住まわすこととなる。

艶男は寝殿に、天津のりとや生言霊を奏上して、竜の島根の開発を祈った。数多の女神たちは、円満清朗な声と端麗な容姿に恋慕して、寝殿の広庭にあつまり、言霊の練習を励み天国の楽しみにひたる。

艶男が神苑を逍遥する時に、最も射向う神である燕子花にせまられて、ついに草枕の夢を結ぶ。これより燕子花は公然と艶男の寝殿に朝夕起臥し、夫の歓心をかうべく心のかぎり身のかぎりまめまめしく仕えた。艶男の七日七夜間断なく宣る言霊に燕子花は全く人身に生まれ変る。

(10) 艶男は燕子花としめし合わせ、竜宮島を立ち出で、父母の国に帰らむと、決心をかためていた。渚辺に近づくと現われ来る八尋鰐に、二人は天の与えと鰐の背に飛び乗れば、鰐は何事も万事承知とばかり、荒波の湖を泳ぎながら、南へ南へと走りゆく。大竜身彦の命の下知により数多の竜神が追いかけてきたが、天の数歌を奏上するとこれがとどまり、途中忽然としてあらわれた水火土の神の舟にのせられて、水上山の御祖の神、山神彦、川神姫が一カ月に余り従神とともニ柱の子供の行方をなげく玉耶湖の渚辺についた。両親は、たちまち天に向かって感謝言を奏上し、よろこび勇んで水上山の館をさして帰りゆく。

(11) 山神彦、川神姫夫婦は、艶男が妻までつれて、竜の島根からつつがなく帰りしを喜び、岩ケ根、真砂、白砂、水音、瀬音の五柱をはじめ数多の国津神を呼び集えて、ここに祝賀の宴をひらいた。

(12) 伊吹山麓の竜の島根の姫神たちは、艶男と燕子花の姿なきにおどろいた。大竜身彦命と麗子姫は失望落胆する。白萩、白菊、女郎花は、日頃の思いを達せむと、たちまち元の竜体と変じ湖中をおよぎながら、水上山の聖地に近き大井川の対岸藤ケ丘に忍び棲むこととなる。これより艶男は三竜神の魂に夜な夜な引き込まれ、にわかに大井川の川辺が恋しくなりて、いとまあるごとに駒をうたせ川を渡りて藤ケ丘の谷間に遊ぶ。

竜の島に残りし竜神の乙女たちは海津見姫の神の教のままに天の数歌を昼夜間断なく、おぼつかなき声を放ちて、宣りければ、約一カ年の後には、全く人身と生れ替り、世にも目出度き宝の島、美人の島、生命の島と称えられるに至る。実に尊き言霊の妙用。

(13) 水上山の神館は、艶男の帰りしより、たちまち歓楽所と化し、豊かな木の実、野菜などを食して、このあたりの国津神たちは生活の苦も知らず、天地の恵みに浴し、至治泰平の御代と謳歌する。

燕子花は竜体のなやみをのがれんと、艶男にたくみに乞いて高光山の川瀬をとめて大井の堰をつくらせ、淵に元の太刀膚を清めて、三寒三熱の苦をのがれんとした。

(14) 艶男たちは夏の初めに大井ケ淵に平日の清遊をこころみたのち館に帰り、夕餉をすませ四方山の話にふけるおり、燕子花はにわかに陣痛激しく産気づき、真砂、白砂はかねて設けし産屋に送りゆきて堅く閉ざし、両親に報告した。二人の老神はいたく喜び、主の大神と土地開発の祖に安産祈願の祝詞を奏上する。

産声の報告をきいた両親は七日間近よるなかれと教えたが、艶男はあまりの嬉しさに産屋をのぞき、妻が太刀膚の竜体となって玉の子を抱き眠り居るのを見て、「アッ」と叫んで逃げ行く。その音に燕子花は目をさまし、大井ケ淵の底深く飛び込む。生れた子には竜彦と名づけた。

燕子花は竜体と還元して大井ケ淵にひそんだ。山神彦、川神姫は人に顔見らるるも恥しと表戸を閉して七日七夜をさしこもる。さすがは夫の艶男は、妻の心を憐れみ朝な夕な大井の川の汀辺にたちて追懐を歌う。

四天王の司たちは、あまりの異変に驚き仮殿に集まり歎きいたりしが、艶男の姿なきにおどろき、ようやく大井ケ淵にて見つけ出し前後に附き添い、貴の館にもどる。

⑮　艶男は岩ケ根や四天王の言葉を尽しての諫めに死は思いとどまったけれども、何故か大井ケ淵が恋しくてたまらず、朝夕の区別なく淵に舟を浮かべて遊ぶのを唯一のなぐさめとしている。小雨ふる夕、かたのごとく艶男は真砂、白砂を伴い、大井ケ淵に暫時の舟遊びをこころみた。艶男には竜の島根の白萩、白菊、女郎花の声が聞えて応答するとき、人面竜身の燕子花の姿が現われる。一天にわかにかき曇り、暴風雨吹き荒み、大地は震動して、荒波の猛りに舟諸共に三人の姿は水中深くかくれた。

これより天変地妖打ちつづき、水上山の聖場は阿鼻叫喚のちまたと化した。岩ケ根は竜彦を一大事と背に負い高殿にのぼりて難をまぬがれる。

国津神たちのなやみは目も当てられぬ惨状であった。

⑯　水上山方面の地は数日の間天災地妖がうちつづく。大井の淵には四頭の竜神の艶男を奪わむと格闘をつづけ、さすがの玉耶の湖も紅の湖と変じた。

増水と地鳴のため低地に住める国津神たちは住家流失し生命を奪われるものも数を知らず。

山神彦、川神姫は岩ケ根、瀬音、水音とともに幼児を抱え、頂上の神殿に参篭して、天変地妖のおさまらんことを祈願すれども、如何ともせん術なく、惨状はますますその度を加うるのみ。

⒄　天変地妖のさ中に大空の黒雲を分け、大御照の神、朝空男の神、国生男の神、子心比女の神四柱の侍神を従え、音楽とともに水上山の頂さして降り給いし神は、御樋代神の朝霧比女の神であった。

御樋代神が言霊歌を宣らせ給うや、さしも烈しかりし雷鳴鎮まり、電光は影を没し、暴風雨は跡形もなく尾の上の雲と消え、地震はひたと止まりて安静の昔にかえる。山神彦と川神姫は悔悟の誠をあらわし、畏れつつしみ「今日よりは心清めて御樋代の神の教にまつろひ奉らむ」と歌う。

御樋代神は水上山の清所を岩ケ根にあずけ、竜彦の成長の暁は国政を御子に返すようにゆだねられ、竜彦の養育は子心比女の神にゆだねられる。

御樋代神ほか四柱は神意を伝達し、悠然として雲を起こし、高光山の方面さして出で給う。

高光山を境として、東に御樋代神の貴の御舎は建てられ土阿の宮殿を造り、あらためて土阿の国と名づけ、高光山以西を予讃の国と名づけ給い、葭原の国土を総称して貴の二名島と称え給う。

特　徴

○総説には、言霊学の基本となる発音に関する説がのべられている。言霊が宇宙の本体、独一の真神、久遠の妙霊の発現であり、特に日本人の発する声と音は宇宙の主神の声音そのままであること。
○水火土の神は国常立尊の化身であり、八尋鰐は瑞霊神の活動である。
○人種、民族改良に関するきびしき神示。
○言霊は神の姿である人体を持たねば発射できない点。
○天神津の主権と国津神の支配権の関係を明示。

天祥地瑞　未の巻

第80巻

口述場所　関東別院南風閣
口述日時　昭和9年7月26日〜31日
筆 録 者　森良仁、谷前清子、林弥生、白石恵子、内崎照代
初版発行　昭和9年12月5日

目　次

登場神・人

〈葭原の国土の御樋代神〉朝霧比女の神、従神・大御照の神、朝空男の神、国生男の神、子心比女の神
〈八柱御樋代神〉朝香比女の神、従神・初頭比古の神、起立比古の神、立世比女の神、天晴比女の神
〈水上山〉山神彦、竜彦、執政・巌ケ根、春男、夏男、秋男、冬男、水音、瀬音、松、竹、梅、桜
〈忍ケ丘〉山、川、海、水菜、茄子
〈清水ケ丘〉熊公、虎公
〈泉ケ丘〉秋風、野分、夕霧、朝霧、秋雨
〈水奔鬼〉笑い婆、譏り婆、瘧《おこり》婆、泣婆
〈火炎山〉虎王、熊王、狼王、獅子王

梗概

(1)　御樋代神朝霧比女の神は、万里の海原で最も広大なる葭原の国土に永遠に君臨するために高光山に鎮まり玉うた。予讃の国は水上山の国津神巌ケ根を執政としてゆだねられる。巌ケ根は予讃の国を至治泰平の世となし、国津神の司山神彦、川神姫の老夫婦の心を慰め、御樋代神の恩命に報いむと、神に祈り、国津神を愛しみ、もって国務に余念がなかった。
水上山より以東約十余里の地点は、山神彦の力によって開拓され、国津神が耕作に従事していたが、高光山まで三百里は荒野のままのために、開拓せむと日夜焦慮していた。巌ケ根には春男、夏男、秋男、冬男の四人の子がある。

葭原の国土は地上一面葭草に充たされ、その間に水奔草という毒草が発生していたので、国津神も禽獣虫魚も広き原野に棲むものがなかった。その上にイヂチという爬虫族が棲んで

人畜に害を与えるので開拓する方策もなく放置されていて、その物凄きこと言語に絶していた。

(2) 巌ケ根の命により四男の冬男は、高光山の頂上にゆき、国形を視察せむと、全身を皮衣に固め、水奔草の茂る中を勇往邁進して、忍ケ丘につく。水奔草の毒にあたって失命した水奔鬼という幽霊の集団の家に休息したが笑い婆のためはかられて、山、川、海という娘に、水奔草の茶をのまされて気がつき、言霊によってしりぞけたが、清水ケ丘で遂に身うせて、幽霊となる。ここへはかられて身うせた家臣の虎公、熊公の精霊があらわれて、冬男と力をあわせ笑い婆を追いのけ、忍ケ丘を住所とすることとなった。

茄子のすすめにより、冬男は山と、熊公は川と、虎公は海と結婚式をあげ、国津神の精霊はここで安らかに生活する。

(3) 高光山以西の国形視察に遣わした冬男は冬去り春夏も過ぎ秋の初めとなっても、消息なきために、巌ケ根は重臣の水音、瀬音を招き、春男、夏男、秋男と鳩首謀議を凝らした結果、秋男は、松、竹、梅、桜の四人の従者を従え水上山を立出で、弟冬男のとりし道を避け、南方に向い、高光山の方面に進まむと決心の臍を固め、神殿に祈願して出立した。

秋男一行は月見ケ丘に休息するとき、水奔鬼、笑い婆、譏り婆にさえぎられたが、言霊の力にこれをしりぞけ、火炎山方面さして高原伝いに宣伝歌をうたい南進する。途中常磐樹の蔭の茶店の如きものに休息し、秋風、野分、夕霧、朝霧、秋雨の乙女がさし出す水奔草の茶をしりぞけ、天地も破るるばかりの大音声で言霊を奏上するや、水奔鬼は退散した。

(4) 秋男一行は毒草の茂る野を夜を日に次いで前進し、三日目の黄昏時、ようやく火炎山の麓にたどりつく。火炎山は夜は大火光百里にわたる大火山である。国津神等は、火炎山を一名地獄山と称えている。

秋男は国内に繁茂せる葭草や水奔草を、火山の火をとりて風にのりて焼きはらい、猛獣毒蛇も焼きはらわむものと進んで来た。笑い婆、譏り婆の極力の妨げを言霊の稜威に打ちはらい噴火口へ近づいてゆく。

力つきた笑い婆、譏り婆の報告に、火炎山の猛獣の王たちは、口を揃えて婆をはげましたので、そのあとおしに元気が出て秋男一行五柱をなやました。一行は生言霊の功の尊さに力を得、秋男は自ら先頭に立って壁立つ山肌を歌いつつ登りゆく。山上よりたちまち大岩石の雨、百雷の落ち来るごとき音響で、五人の身辺に下り来る。五人は岩の雨を潜りぬけ辛うじて頂上に達しければ、猛獣毒蛇は五人に噛みつき火種を取らむとするところを、口にくわえて、火中に投じた。

(5) 秋男一行が白骨となりて山上に落下して半時ばかりを経て火炎山は大鳴動を始め、大爆発して跡形もなく大湖水と変化し、猛獣、毒蛇、水奔鬼の大部分は滅亡しその中央に小さき島を残すのみとなる。この小島に秋男一行はじめ朝霧、夕霧、秋風、野分、秋雨の精霊および水奔鬼と猛獣、毒蛇の小部分が救われた。秋男はこの島の精霊界の主となる。

(6) 高光山に天降りませる朝霧比女の神、大御照の神、朝空男の神、国生男の神、子心比女の神は頂上の巌窟の宝座に集まり、はるかの西方の火炎山の大爆発に、天変地異を憂い給いながら言議り給うた。火を失いしをなげきつつ、国生男の神、朝空男の神は予讃の国をすくうべく天の鳥船を建造しこれにのりて忍ケ丘に降り、言霊の威力を発揮して、冬男一行を救わせ給う。

(7) 水上山の神館にては、巌ケ根は、冬男、つづいて秋男の消息なきに三度御子を遣して調査するために、事議りの最中に火炎山の大爆発を知り、人心きょうきょうとする。ここに冬男、秋男の安否を憂い、大挙してその消息を探るべく、春男、夏男は水音、瀬音その他の供人を数多引きつれ、第三回目の調査に向かうこととなる。出発に際して巌ケ根は、天津神を祀りたる神殿に額づき祝詞を奏上した。

月見ケ丘にて笑い婆、譏り婆らが、乙女に変じて一行を妨げむとしたが、天地も轟くばかりの大音声の言霊奏上に悲鳴をあげながら逃げ去る。

(8) 火の湖の中央に浮かびたる秋男島へは、水奔鬼が秋男を亡ぼさむと襲来した。かかるところへ、天の鳥船にのって舞い降ったのは、朝空男の神、国生男の神をはじめとし、精霊界に入れる秋男の弟の冬男および熊彦、虎公、山、川、海の精霊一行と、水上山の聖場より弟の所在をたずねて出発した春男、夏男をはじめ、水音、瀬音その他数多の従者であった。水奔鬼の司は死力を尽して示威運動を試みている。

秋男はこれを見て歓天喜地、精霊の身の置き処も知らず、たちまち火口より四人の従者を引きつれ降り来り、二柱の前に遠来の労を謝した。一同歓喜にひたる。国生男の神、朝空男の神は島の頂上に登り、天の数歌を奏上し給うや、水奔鬼の笑い、譏り、瘧、泣の婆司は全滅した。春男、夏男の一行は無事神の助けにより水上山に復命し、二人の弟の成り行きを神前に報告し父の巌ケ根にもいちぶしじゅうを物語る。巌ケ根は神恩に感じ、朝夕神前にさしこもり感謝祝詞の奏上に熱中した。

秋男は浮島を秋男島と命名し、永遠の住家を営み、湖中の神として往来の船や漁夫等を守ることとなる。

冬男は忍ケ丘に永久に鎮まり、霊界より葭原国の栄えを守り、悪魔を亡ぼす神として国人より尊敬さるることとなった。

(9) 葭原の国の中央山脈の最高峰高光山の聖場は青木ケ原と称し、八百万の神等ここに集まって政に仕える。

朝霧比女の神の御もとに天の鳥船にて帰還した朝空男の神と

国生男の神は、予讃の国の惨状を報告された。朝霧比女の神は斎主となりて空中安全の祭典を行ない給う。百日の禊に神力を全身にみたした大御照の神は、朝香比女の神一行を迎えるために朝空男の神、国生男の神とともに、天の鳥船にて松浦の港にすすみ、一行五柱の神を迎え帰る。

(10) 高光山の聖場は、御樋代神朝香比女の神の降臨ににわかに輝き張り、青木ケ原の神苑は瑞雲棚引き、新生の気四辺にただよう。朝霧比女の神は、八尋殿に朝香比女の神一行を招じ、心の限り歓待を尽し、大御照の神以下の重神はじめ百の神々集まりて、大宴会が開かれた。

朝香比女の神は、「葭原の国土の宝とまいらせむ火種を保つこの燧石を」「この宝一つありせば葭原の国土清まりて永久に開けむ」と燧石をおくらせられた。朝霧比女の神は、燧石を恵まれたる嬉しさに、大御照の神に命じ、諸々の神等を従え、天の鳥船に搭乗させ、燧石をもって地上に降らしめ、颪に乗じて葭原に火を放たしめたまうた。折から吹き来る旋風に火は四方八方に燃え拡がり、猛獣毒蛇、水奔草、葭原などの原野はたちまち火の海となった。

朝霧比女の神、朝香比女の神は真火の力に新生する国土を見つめて歌い給い、神々は野火の壮観の光景を見て歓声をあげる。そこへ大御照の神は、ふたたび鳥船に乗りこの場に帰らせ給い、真火のいさおしのいやちこなることを奏上された。

朝霧比女の神は、「此燧石国の宝と永久に主の大神の御殿に祀らむ」と感謝の誓約を歌わせたまう。

(11) 朝香比女の神の一行は山上の宴会をおえて、あつき感謝の辞を述べ出発される。朝霧比女の神は松浦の港まで朝空男の神、国生男の神をして鳥船を操らせ、御樋代神の一行を安く送らせ給うた。

朝香比女の神は、雲路を分けて安々と松浦の港に着きたもうた。朝空男の神は国生男の神を後に残し、鳥船に乗り中空高く高光山へ帰還した。朝霧比女の神は、朝香比女の神の好意に報いむとして、鳥船造りに功ある国生男の神を御供に仕うべく遣わし給うたのである。

これより朝香比女の神一行六神は、駒もろとも御舟にて西方の国土をさして出で給うた。

特　徴

○附録の中で、君が代の歌の母音（大本言霊学上からは父音）が左右相対的で日本の厳正中立の精神を表徴していることを示されている。

○総説には、神典にあらわれた神の意義に四種の大区別があることを示されている。第六三巻第六章山上訓に示されたものとは、少し相違がある。

○七十五声の言霊の中では、天の声であるア行、人の声であるヤ行、地の声であるワ行が重要な言霊であるが、総説言霊の活用にはワ行およびヤ行の言霊活用が示されている。
○万里の海原で最も広大な、葭原の国土を開発するのには、神のあたえられた言霊の稜威を発揮することが大切である。
○立替えは火炎山の爆発で可成り行なわれたが、国土全体にわたる根本的の立直しは、鋭敏鳴出の神が朝香比女の神にさずけられた燧石、天津神の火によって行なわれた。
○紫微天界における天の鳥船の製作が葭原の国土で朝空男の神、国生男の神によって始められたことは注目に値いする。

天祥地瑞　申の巻

第81巻

口述場所　静岡県湯ケ島＝伊豆別院、亀岡天恩郷＝水明閣
口述日時　昭和9年8月4日、5日、14日、15日（4日間）
筆 録 者　森良仁、谷前清子、林弥生、白石恵子、内崎照代
初版発行　昭和9年12月30日

目　次

第一七章　再生再会
第一八章　蠑螈の精
第一九章　悪魔の滅亡
第二〇章　悔悟の花

登場神・人

〈神霊〉主の大神天の峰火夫の神、高鉾の神、神鉾の神
〈化身〉琴平別神の化身の神亀
〈イドムの国〉アヅミ王、ムラジ妃、チンリウ姫、左守神ナーマン、右守神ターマン、軍師シウラン、アララギ、センリウ女
〈愛国派〉マーク、ラート
〈サールの国〉エールス王、サックス妃、左守神チクター、右守神ナーリス、軍師エーマン、副将チンリン
〈サールの国木田山城〉太子エームス、朝月、夕月、滝津瀬、山風、青山、紫、玉山
〈蠑螈の精〉セームス

梗　概

総説「天地開闢の極元」には、⊙の言霊の活用によって至大天球が生成化育している真相が説示されている。⊙の言霊と至大天球そのままの移写映象である地球の真態ともいえる。

(1)　伊佐子の島は、紫微天界の万里ケ海の中で一番古く修理固成された島で、国津神が多数住んでいた。東西に走る中央の大栄山脈の以南をイドムの国、以北をサールの国という。イドムの国人は大栄山脈の中腹の真珠湖にすむ人魚をとらえてその涙が真珠の玉となるのを飾身具となし、また内服すると身体たちまち光を放ち美人が生まれたので、国津神は人魚を奪い涙を採ることを唯一の業となした。ゆえにイドムの国津神は美男美女のみの国となる。サールの国王は真珠湖を占領し、サールの国の醜き種族の改良をはからんと、大栄山脈を越えて真珠湖へ向かって進軍をはじめる。

(2)　イドムの国のアヅミ王は、イドム城で王妃ムラジ、娘チンリウ、左守ナーマン、右守ターマン、軍師シウラン、侍女アララギを集め、サール国征伐の軍議中に、突如襲来したサールの国の軍と一日一夜の戦いのすえ、もろくも敗走し、城より百里南方の月光山に立てこもり城壁をかまえ、イドムの国の再興をはかる。

王女チンリウ、侍女アララギは捕虜となり、あまたの軍士はあるいは討たれ、捕虜となり、縄目の恥辱をうけた。

(3)　サールの国王エールスはイドム城内を完全に占領して戦勝の祝宴をひらいた。左守チクター、右守ナーリス、軍師エーマンは祝歌をうたう。

(4)　イドム城から敗走したアヅミ王たちは、大いに省みて、アヅミ王の「今日よりは月光山の頂に主の大神の宮居造らむ」の命のまにまに、左守の神が国津神に命令を降すと国津神は大いによろこび、老若男女ともに月光山に集まり来たり、良材を求めて主の大神の宮殿造営の運びとなる。

地鎮祭、石搗の儀式を終えた月光山の聖場は、アヅミ王の発起により、百日の工程を急ぎようやく美しき神殿の建築を終わった。ここにアヅミ王をはじめ左守、右守、軍師その他の司等は斎殿に集まり、七日七夜の修祓をおわり、主の大神の遷座祭を行なうべき段取りとなる。

アヅミ王以下の修祓修行者はさらに七日目の夕を、月光山中腹の月見の池の清泉にて身をきよめる。明くれば、うやうやしく神殿に昇り、祓いの式を修し、アヅミ王は遷宮式の祝詞を奏上する。つづいて王はじめ重臣はおのおの三十一文字の歌をささげた。

おりしも殿内たちまち鳴動して地鳴震動烈しく、新築の社殿もほとんど覆えらんばかりに思われた。

そして神前に突如、主の大神、高鉾の神、神鉾の神は神姿をあらわしたまい、高鉾の神は「アヅミ王よ恐る丶なかれ主の神の御国助くと天降りませしぞや」と宣りつたえ、神鉾の神も神旨を伝えられた。アヅミ王が恐る恐る返し歌をささげると、高鉾の神は「今日よりは元津心にたちかへり誠の上にも誠を尽せよ」神鉾の神は「肝向ふ心の鬼を退ふべき誠の力は真言なるぞや」と教えて、三柱の神は紫微の大宮に昇り玉うた。

アヅミ王たちは、ここに七日七夜の禊を修し、ふたたび百日の修祓に取りかかり、月見の池の聖場を離《さ》けて、山麓の駒井川の清流で修祓式を行なう。

アヅミ王は神の試練に合格して、三日目には神鉾の神のゆるしをうけ、神鉾の神のしずまります月光山の神殿に奉仕し、国政を見ることとなり、ムラジ姫以下は改めて百日の荒行をおえて月光山の神殿および政務に仕うることを許された。

(5)　イドム城を占拠したサール国王エールスは、神をおそれずおごりを極めた。左守チクターが、エールス王は主の神、左守は高鉾、右守は神鉾と歌うのを、右守ナーリスはその不遜をいましめたために、王の怒りをうけてサールの故国へ帰国させられる。

(6)　サックス妃は左守チクターと恋仲となっており、水乃川にエールス王を泥酔させたうえで崖から突きおとした。二人は素知らぬ顔でイドム城に帰り、王の訃音をつげる。軍師エーマンは水乃川から諸々の司等と王の死体を求めて、型のごとく盛大な土葬式を行なった。

これよりサックス妃は女王として君臨し、チクターは左守を勤め、両人の心の秘密は一人として知るものはなかった。

(7) 大栄山の南面の中腹の真珠湖に住む人魚たちは、東郷、西郷、南郷、北郷の酋長の指揮するままに、女王サックス、左守チクターが丸木舟にのって人魚をとらむと襲来したのを一人も残らず亡ぼした。

これより真珠の湖の人魚の群にむかって攻め寄するもの跡を断ち、永遠の神仙郷として人魚の群は栄える。

(8) 国の柱を失ったサールの国側は、イドム城で軍師エーマンは喪に服しながら努力したが、エールス以下の帰幽を知るや国津神たちは町々村々より愛国の志士奮起し、到るところに維新の声が潮の寄せるごとく湧きたった。中にも愛国派の大頭目マークとラートの両雄は、時こそ到れりと、いたるところに立ち現われ、馬上より国津神の奮起を大声叱呼しつつうながした。群衆は大挙してイドム城に攻め寄せる。あとを継がんと画策中の軍師エーマンは水乃川の激流に飛び込み、あと白浪と消え失せた。

マークとラートの引率する軍人まじりの群衆は、イドムの城をただ一戦もまじえず国土とともに取り返えす。

(9) サールの国の太子（若王）エームスは木田山城の留守師団長となっていたが、イドムの国から送られ来たる捕虜の中のアヅミ王の娘チンリウ姫を一目見てすっかり恋雲につつまれ、朝月、夕月とチンリウ姫の乳母アララギの尽力で結婚式をあげる。アララギは荘厳な結婚式を見て、虚言を用いて娘センリウととりかえたうえ、チンリウ姫に水晶の祭器を破壊させて、日々海中にしずむ隠れの島におくり、遠島の刑に処した。

チンリウ姫は、あわや潮にのまれんとする時、琴平別神の化身の神亀にのせられて、イドムの国の月光山麓の真砂の浜辺に救われる。

(10) 朝月は結婚式から十日を経たる月明の夜の重臣の祝賀会でチンリウ姫は替玉なる由をほのめかしたために、即座に大罪人として遠島の刑に処せられ、荒島にて貝などを採集し餓を凌ぎつつあったが、チンリウ姫を救った琴平別神の化身たる巨大な神亀にのせられて、真砂の浜につき、チンリウ姫のひそむ矮屋にたどりつき臣下として仕える。

(11) サールの国はアララギの権威をふるう暴政に、国家は危き情勢を馴致した。チンリウ姫の替玉センリウ姫は、ある日、木田山城内をさまよう時にエームス王の従弟となのる蠑螈の精のセームスと恋におちた。翌日、菖蒲の池に丸木舟をうかべて、エームス王、センリウ姫、アララギ、侍女とあそぶとき、池水はにわかに煮えくりかえり、エームス王は水中に落ち、ついに姿を現わさなかった。

ここに蠑螈の精はエームス王と化けすまして、贋のチンリウ姫と木田山城内奥ふかく住み不義の快楽にふけり、国政日に月に乱れ、収拾すべからざるにたち至る。

⑿　右守司ナーリスは数百のナイトをつれて木田山城に帰り、左守司として若王に仕えることとなるが、アララギの威張るを見て、憤然として職をしりぞき姿をかくした。

かかるところへ、山岳もくずるるばかりの矢叫びの声、鬨の声城下にとどろきわたり、数百の暴徒は本城めがけて攻め来たる。贋のエームス王は贋のチンリウ姫を小脇にかかえて菖蒲の池に飛びこみ水泡と消えた。

暴徒の中心人物夕月は、アララギを満月にしぼった弓で一矢で射とめる。

左守司のナーリスは、数百の騎士を従えて愛国団体の隊長夕月とともに城内に入り、一切の後片づけをなし、滝津瀬、山風、青山、紫、玉山等の重臣等を一間に集めて、国乱鎮定の祝賀会を催した。

そこへ、数千の騎士を率いてイドムの国から逃げ帰りたる副将のチンリンは、エールス王、サックス姫、左守チクターし、軍師エーマンの死去せし由を報じる。一同は茫然として無言の幕をつづけた。

左守神ナーリスは城内一般にエールス王一族の不幸を発表し、国民の代表者を集めて盛大なる葬の式を執り行ない、木田山の城内に荘厳なる主の神の御舎を造営し、朝な夕な正しき政治を行わせ給えと祈願おこたらなかった。

特　徴

○霊界物語の最終の巻（第八十一巻＝全八十三冊目）であり、天祥地瑞の第九巻目である。

○総説には「天地開闢の極元」と題し、言霊学によって「極典説」最奥最高の教がのべられている。

⊙の神さまの御活動はそのまま、至大天球となって活動しつづけており、無限絶対無始無終である主神の⊙の言霊の御活動が明示されている。

○万里ケ海の中で最も修理固成された伊佐子の島の物語である。

聖師さまに愛国主義者が、「世界はどの国が統一するか」と質問したのに対して、「神を信ずる国が世界を統一する」とお答えになったことがある。

伊佐子の島の北方のサールの国は、武力をもって南方のイドムの国を攻略し、主の大神にみずからを擬したエールス王の一族がすべて全滅し、南方のイドムの国はアヅミ王はじめ重臣が、直日に見直し宣り直して、月光山に主の大神の宮殿を造営して誠をもって奉仕される。

捕虜となった王女チンリウ姫を、琴平別の神が救い出して月光山麓へ送りとどけた。チンリウ姫に同情し遠島の刑に処せられた朝月も荒島より琴平別の神亀に救われチンリウ姫に仕える。サールの国の太子エームスはセンリウをチンリウ姫と思い結婚したが、センリウが蠑螈の精と恋仲となり、ために菖蒲の池で殺され、贋のエームス王と贋のチンリウ姫とアララギの暴政に国津神の不平勃発して暴動がおこり、これらは全滅し、敬神の念あつき左守神ナーリスと、愛国団体長夕月をはじめ重臣が力をあわせて神政に復古しようとする。

「神が表にあらわれて善と悪とを立てわける」とのきびしき教である。敬神愛人の人や国のみが栄える、ミロクの神世のきびしさを教えられている。

○人魚の神仙境真珠湖の物語には、いかなる人種民族も歓喜と幸福をあたえたまう五六七の経綸が示されている。

○ただ一巻の物語の中に、世界の将来をすべて確言されている。敬神崇祖愛国、人類愛善の神人は弥栄えに栄えることを示されてある。

霊界物語余白歌から（十四）

言霊の神々達の活動《はたらき》をつぶさにさとす言霊の道よ

歴史にも言ひ伝へにもなき真言《まさごと》を世人に説くをもどかしみけり

食物に含める五味のことごとは皆言霊の力なりけり

久延毘古の神今の世に現はれて平安の道説き諭すなり

久方の御空を渡る月かげを金星土星は貫き通るも

三千年《みちとせ》に只一度の月星のまぐはいこそは珍らしきかも

神の世の有りし事どもまつぶさに言霊《ことたま》学の権威《ちから》に述ぶるも

言霊は生ける神なり言霊を知らで此世の治るべしやは

風の音窓に聴きつつ吾はいま天祥地瑞の校正を為す

紫微天界

天祥地瑞・神系表

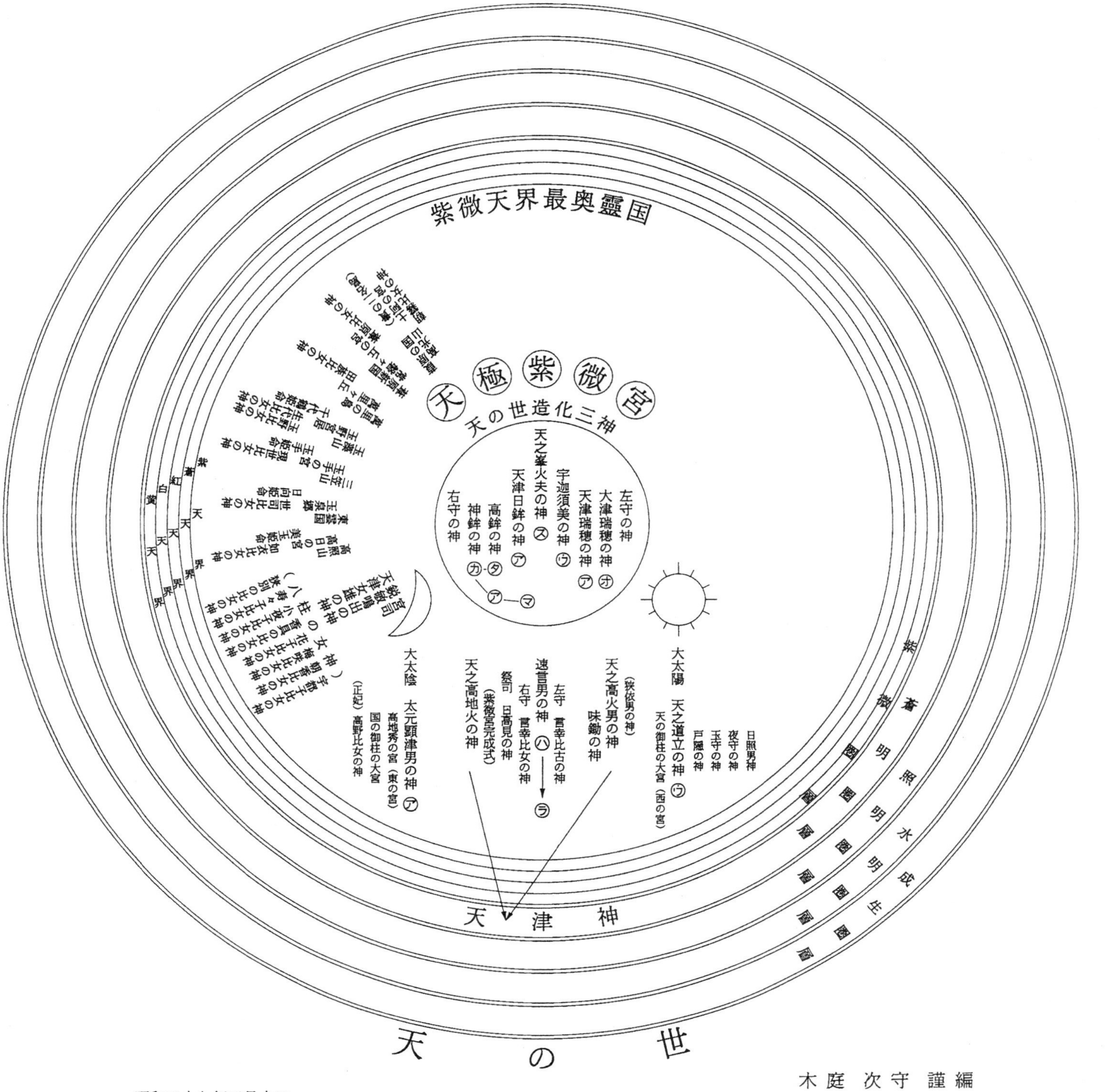

木庭 次守 謹編

昭和二十七年三月十日

灵界物語三神系時代別活動表

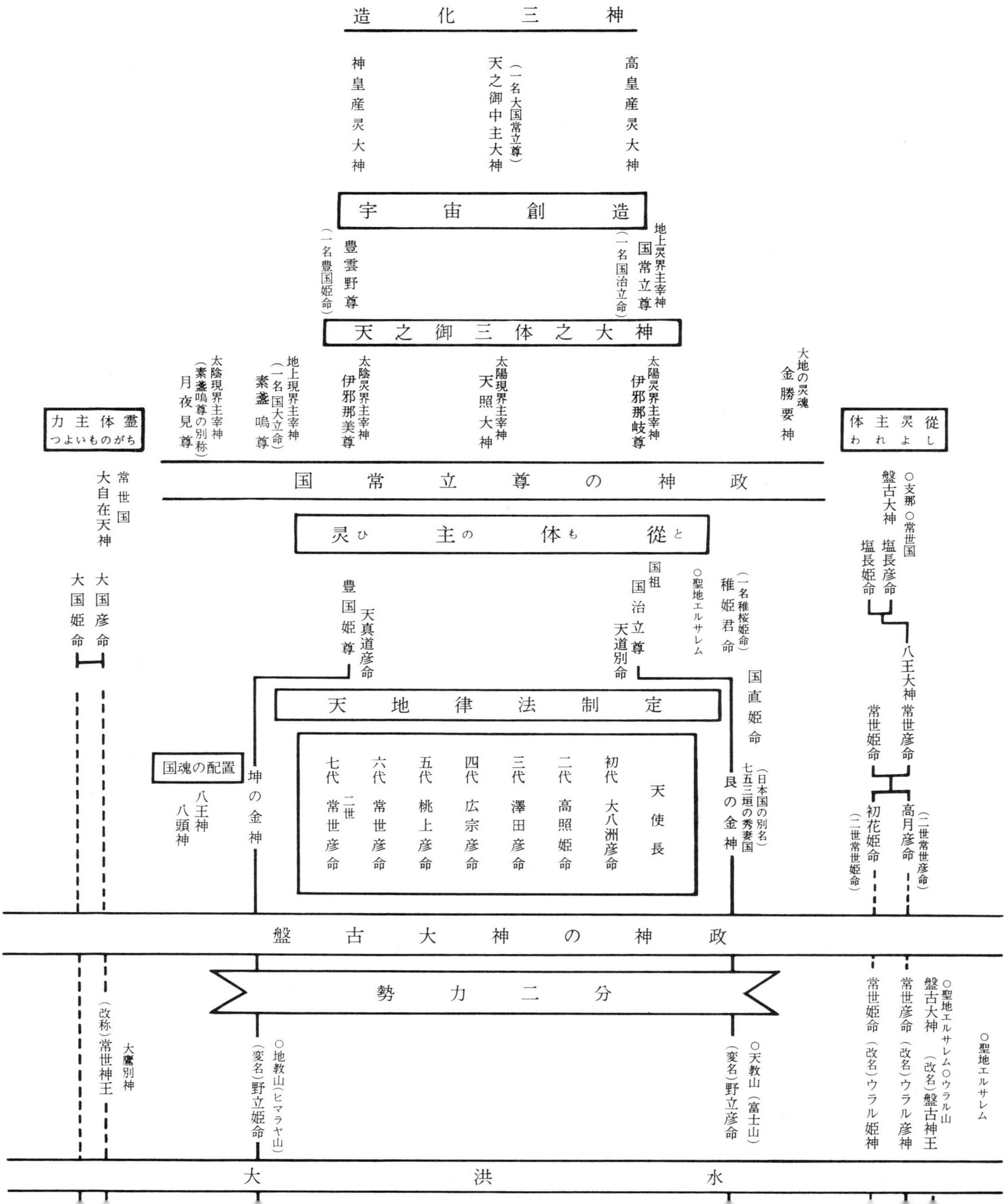
造化三神
神皇産灵大神
天之御中主大神（一名大国常立尊）
高皇産灵大神
宇宙創造
豊雲野尊（一名豊国姫命）
地上灵界主宰神
国常立尊（一名国治立命）
天之御三体之大神
太陰現界主宰神
月夜見尊（素盞嗚尊の別称）
地上現界主宰神
素盞嗚尊（一名国大立命）
太陰灵界主宰神
伊邪那美尊
太陽現界主宰神
天照大神
太陽灵界主宰神
伊邪那岐尊
大地の灵魂
金勝要神
力主体霊
つよいものがち
体主灵従
われよし
国常立尊の神政
常世国
大自在天神
灵ひ主の体も從と
○支那 ○常世国
盤古大神
塩長彦命
塩長姫命
大国彦命
大国姫命
豊国姫尊
天真道彦命
国祖
国治立尊
天道別命
○聖地エルサレム
稚姫君命（一名稚桜姫命）
八王大神
常世彦命
常世姫命
国直姫命
天地律法制定
天使長
初代 大八洲彦命
二代 高照姫命
三代 澤田彦命
四代 広宗彦命
五代 桃上彦命
六代 常世彦命
七代 二世 常世彦命
国魂の配置
八王神
八頭神
坤の金神
艮の金神
七五三垣の秀妻国（日本国の別名）
初花姫命（二世常世姫命）
高月彦命（二世常世彦命）
盤古大神の神政
勢力二分
（改称）常世神王
大鷹別神
○地教山（ヒマラヤ山）
（変名）野立姫命
○天教山（富士山）
（変名）野立彦命
常世姫命（改名）ウラル姫神
常世彦命（改名）ウラル彦神
○聖地エルサレム○ウラル山
盤古大神（改名）盤古神王
○聖地エルサレム
大洪水

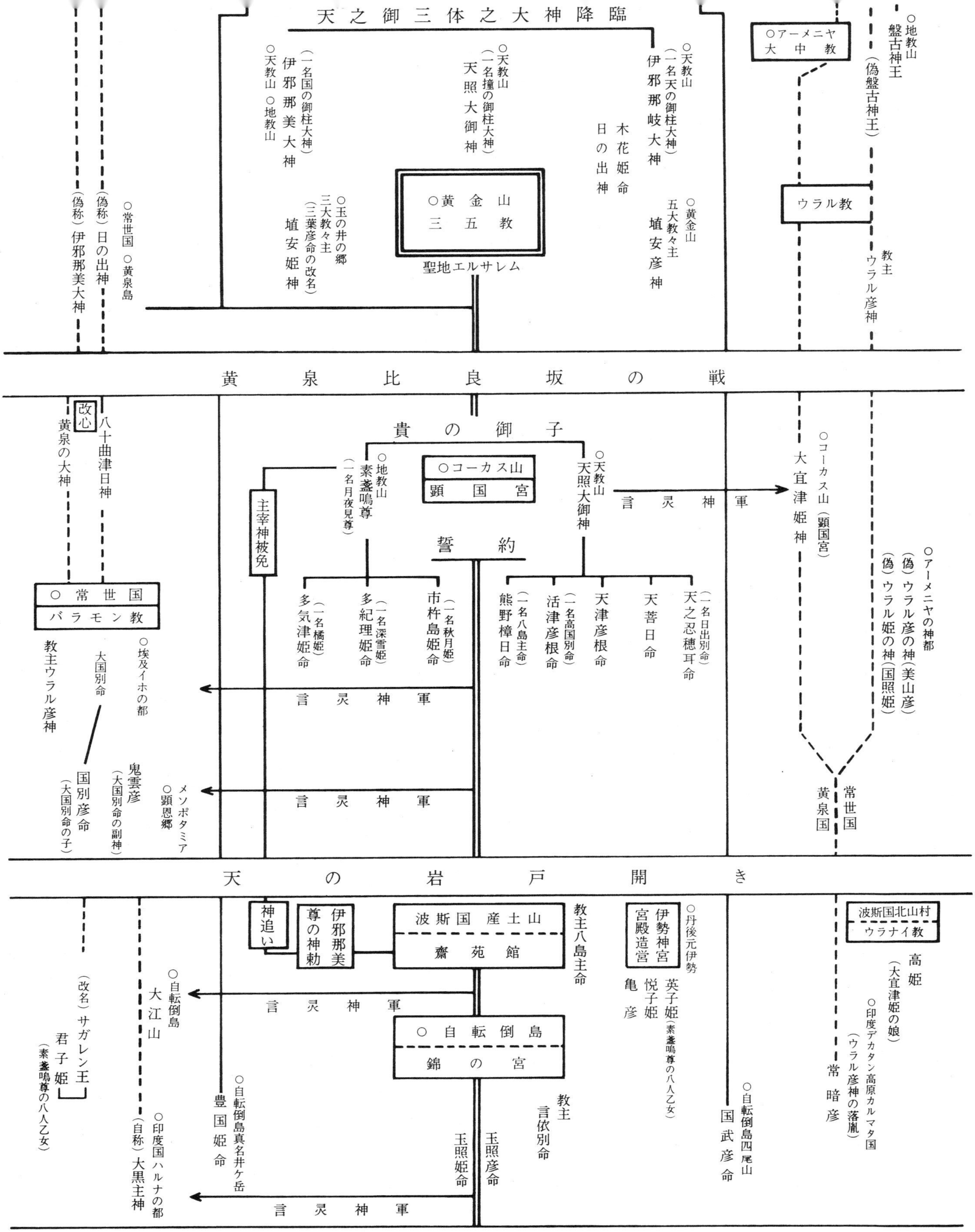

天之御三体之大神降臨
○天教山（一名天の御柱大神）伊邪那岐大神
○天教山（一名撞の御柱大神）天照大御神
○天教山 ○地教山（一名国の御柱大神）伊邪那美大神
木花姫命
日の出神
○黄金山 三五教
聖地エルサレム
○黄金山 五大教々主 埴安彦神
○玉の井の郷 三大教々主（三葉彦命の改名）埴安姫神
○常世国 ○黄泉島
（偽称）日の出神
（偽称）伊邪那美大神
○アーメニヤ 大中教
○地教山 盤古神王
（偽盤古神王）
ウラル教
教主 ウラル彦神
黄泉比良坂の戦
改心
八十曲津日神
黄泉の大神
貴の御子
○コーカス山 顕国宮
○地教山 素盞嗚尊（一名月夜見尊）
○天教山 天照大御神
主宰神被免
誓約
言霊神軍
○コーカス山（顕国宮） 大宜津姫神
○アーメニヤの神都
（偽）ウラル彦の神（美山彦）
（偽）ウラル姫の神（国照姫）
多気津姫命（一名橘姫）
多紀理姫命（一名深雪姫）
市杵島姫命（一名秋月姫）
熊野樟日命（一名八島主命）
活津彦根命（一名高国別命）
天津彦根命
天菩日命
天之忍穂耳命（一名日出別命）
○常世国 バラモン教
教主ウラル彦神
大国別命
○埃及イホの都
国別彦命（大国別命の子）
鬼雲彦（大国別命の副神）
○顕恩郷 メソポタミア
言霊神軍
言霊神軍
常世国
黄泉国
天の岩戸開き
神追い
伊邪那美尊の神勅
波斯国 産土山
齋苑館
教主八島主命
伊勢神宮 宮殿造営
○丹後元伊勢
英子姫（素盞嗚尊の八人乙女）
悦子姫
亀彦
波斯国北山村 ウラナイ教
高姫（大宜津姫の娘）
○印度デカタン高原カルマタ国（ウラル彦神の落胤）
常暗彦
○自転倒島
大江山
言霊神軍
○自転倒島 錦の宮
（改名）サガレン王
君子姫（素盞嗚尊の八人乙女）
○印度国ハルナの都（自称）大黒主神
○自転倒島真名井ケ岳 豊国姫命
玉照姫命
玉照彦命
教主 言依別命
○自転倒島四尾山 国武彦命
言霊神軍

第一巻より第七十二巻まで　木庭次守謹編

昭和13年秋

本書の刊行にあたって

霊界物語はおほもとの最高教典

大本の基本教典は、開祖出口《でぐち》なお（以下、開祖）による御筆先《おふでさき》『大本神諭《おほもとしんゆ》』と聖師出口王仁三郎《おにさぶろう》（以下、聖師）による『霊界物語』とされる。

聖師の著作は数多く、表現が時と場合によって異なる様相を呈する。それは、開祖を信奉しつつ聖師を理解できない人々の攻撃や抵抗さらには改竄《かいざん》、そして和光同塵的表現を否応なく続けざるを得なかった聖師の社会環境によるものであろう。

『霊界物語』は聖師五〇歳の大正一〇年（一九二一）一〇月一八日から聖師六二歳にあたる昭和九年八月一五日までの間に口述筆記された。

全八十一巻（「入蒙記」を入れると全八十二巻）からなり、各巻口述筆記の所要日数は二日～十五日間である。全八十二巻中、口述筆記期間として最頻度を示す日数は三日間で計二十七巻分に及ぶ。また三日～七日間の範囲に計七十二巻分が含まれる。例外的に「霊主体従」寅の巻と「天祥地瑞」子の巻は十五日間に及ぶが、「天祥地瑞」子の巻は宇宙の誕生を言霊学から解明するもので緻密に表現されており別格であるから当然ではあろう。第七十二巻までは大正一五年七月一日までに口述筆記され、「天祥地瑞」（第七十三巻以降）は昭和八年一〇月四日に開始されている。実に八年の空白期間を挟む。

「霊主体従」寅の巻に十五日間を要したのも異例である。『霊界物語』は全部読まねばわからないようにしてある、と言いながら、ただ一点を見ればわかる、という表現もある。この寅の巻が『霊界物語』の要諦に深く関わっているがゆえかとも思われる。

そういえば、父から「寅の巻＝免許皆伝」という洒落を笑いながら教えられたことがある。本ガイドブック「霊界物語　梗概」をみると、寅の巻のはじめに「本巻は太古の国祖の神政の内容、指導原理、施政方針、国家の機構、組織を最も明確に示されている」とされ、「特徴」のはじめに「国祖大神の神政の経綸が明確に示されている」とある。さて、本ガイドブック「霊主体従」子の巻の「特徴」には、『霊界物語』の全体の構造が明瞭に示されている。そして、「以上の観点から見て物語第一巻は霊界物語全巻の骨子を示してあるといえる」と結論づけられている。寅の巻は、後述する「霊界物語の主張」でいう「主神の意志と国魂の詳細を説く」という点で免許皆伝の巻と言えるだろう。

『霊界物語』口述筆記の期間は大本事件第一次と第二次の間に対応している。

第一次では大正一〇年（一九二一）二月一二日に不敬罪と新聞紙法違反の疑いで聖師と教団幹部が検挙されている。これに先立つ大正九年には、『大本神諭』（火之巻）が不敬と過激思想で内務省によって発禁処分にあっている。聖師は一二六日間の未決拘置のあとで保釈された。その四カ月後から大神殿破壊の槌音を耳にしながら『霊界物語』の口述筆記が始まる。この第一次事件が、そして主神と大正七年一一月六日に昇天した開祖の強い要請が、聖師に『霊界物語』の執筆を決意させた。初発の「霊主体従」子の巻の一部については、幹部によって改竄される事態になった。

第二次事件は、昭和一〇年（一九三五）一二月八日午前零時、第一次の際の二百名を越える警官五百名の急襲にはじまる。不敬罪並びに治安維持法違反容疑で、聖師以下教団幹部など三千人余りが検挙され、拷問で十六名が死亡。同年末、『霊界物語』八十一巻、『出口王仁三郎全集』八巻、『壬申日記』八巻、『歌集』九巻は発売頒布禁止処分となった。聖師が使用した一切のもの、製作した楽焼、揮毫した書画、約八万四千冊の蔵書は天恩郷の空堀で約一カ月かけて焼かれ、神殿はダイナマイトで破壊され、玉垣は崩され、樹木は引き抜かれ、綾部、亀岡の両聖地は赤土にかわるなど、徹底的に破壊された（木庭次守・窪田英樹編『霊界物語とは何か　大本事件裁判編』日本タニハ文化研究所　一九八八年）。

国家からそして教団内部からの抑制された環境であるから表現には細心の注意が払われ、多くのカムフラージュを必要としたことであろう。しかしながら、聖師の最終校正は昭和一〇年六月二五日で終わっている。聖師は、この『霊界物語』を最も重視し拝読を奨励し、自らも昇天するまで繰り返し読んでいる。聖師は完成品と見なしている。それゆえにこの『霊界物語』が何よりも聖師をそしてその世界観を知りうる教典ということができるのである。

ちなみに、徹底的に破壊された第二次事件に関連して、木庭次守の次のような談話がある（出口うちまる他、「内分充実の神書」おほもと　一九六七年六月号）。「聖師さまが未決からお帰りになって『わしが一番うれしかったことは、物語が残ったことだ』とおっしゃっていました。『この前は、書いたものは全部焼かれた。また焼かれてはいかんと思って、天声社を作ってジャンジャン刷って出してあるから、一組だけでも残れば、みろくの世はくるんだ』と言って非常に喜ばれました」。

さて、『新月の光《かけ》』の「月日のお陰で眼が見える」（八幡書店版　上巻二五一〜二五二頁）には次のようなエピソードがある。少々長いが引用する。

昭和十三年のことである。大本事件の弁護の方針が建たず、困っていた時のこと。下宿の床の間に、熊本県三玉村の聖師と等身大のミロク神像の写真を額に入れて礼拝していたが、その由を真剣にお願いした。その夜の夢に暗い中から「月日のお蔭で眼が見えるのに、自分が見えると思っている」と大きな声が聞こえて眼がさめた。その意味が判らずに、朝の礼拝中に「その意味を知らして下さい」とお願いしていると、「大本の日は開祖であり、月は聖師である。弁護には、開祖と聖師の文献だけを使うように」とのことが判った。弁論の方針を証拠には開祖と聖師の文献だけを使うこととした。

後日、神諭に関する書類証拠を作成することとなり、早速、共同墓地に移された綾部の開祖の奥都城《おくつき》に参拝して、その由を祈願したところ、たちまち啓示があった。それより大声で『神霊界』掲載の「大本神諭」を音読した。その中に「ふでさき」があって、

「つきひのおかげでめがみえるのに、いまのじんみんわれがみえるようにまんしんいたしてをるぞよ」とあるのには吃驚《びつくり》してしまった。闇の中から夢の中で聞こえてきたのは、艮《うしとら》の金神《こんじん》の雷声であったのである。この弁論の大方針によって、証拠を提出し、弁論要旨を作成することができたのである。

『霊界物語』は最高教典ではあるが、このエピソードから、改めて大本が聖師偏重だけでは立ちゆかないことを知る。

霊界物語の主張

果たして神は存在するのか。存在するとすればどのようにして実感できるのか。神は人類が愛し頼れる存在なの

か。人類が存在するこの宇宙はどのように発生しどこに行くのか。神の存在を前提にすると、なにゆえ人の境遇の間に大きな違いがあるのか、人生のそして私の生きる意味は何か。死後の世界は存在するのか。死後、辿る道はどのようなものなのか。このような思いを抱く人々は少なからずいることであろう。

上田喜三郎《きさぶろう》（王仁三郎の旧姓名）はこういった疑問を持ち続け追求し神と会った。この経緯は『霊界物語』にも記述されている。「舎身活躍」子の巻と丑の巻（通巻第三十七、三十八巻）である。本ガイドブック「霊界物語梗概」には、「出口聖師が神霊世界に奉仕されるにいたった経路の要点を述べられたもので、いわゆる高熊山入山当時から大正五年頃までの自叙伝である。霊主体従子の巻に漏れたる穴太《あなを》における幽斎修行の状況や、綾部《あやべ》にのぼって出口教祖（開祖）に面会し、神業に奉仕された次第が略述されている」とある。聖師が神を信頼し神に守られていても、多くの蹉跌《さてつ》に見舞われる様子を知ることができるであろう。そして厳《いづ》の御霊《みたま》にあたる開祖との間であっても理解されることは難しかった。次に示すように、開祖は開祖ご本人への神勅を通じて聖師を理解したことが見える。「舎身活躍」丑の巻の最後の部分で、「それから大正五年の九月九日まで、何かにつけて教祖（開祖のこと）は海潮（聖師のこと）の言行に対し、一々反抗的態度をとってゐられたが、始めて播州の神島へ行って神懸りになり、今までの自分の考へが間違ってゐたと仰せられ、例のお筆先まで書かれたのである」と誌されている。

『霊界物語』には宇宙の誕生、独一真神である主神《すしん》の誕生から国生み神生み、そして「おほもと」出現まで、過去の記録にはなかった神々の活動が示されている。『霊界物語』を通じて、主神の意志と国魂《くにたま》の詳細を説く。この『霊界物語』の主張に立って人が活動すれば世界は道義的統一を果たし、人々が生きがいを得て暮らすことができるとする。

次に、宇宙誕生にかかわる記述と現代の宇宙観の関わりをみる。

アメリカ合衆国タフト大学のアレキサンダー・ヴィレンキン教授は、無から宇宙が誕生するという量子宇宙論を提示し、現在高く評価されている。ヴィレンキン教授が言う無は、物質も空間も時間もない場である。極めてエネルギーの高い真空のゆらぎというものがあって、ある確率でゆらぎが大きくなり、目には全く見えない極めて小さな粒が生まれる。そしてその一つから急激に拡大して吾々が暮らす宇宙が生まれたという。そして、こういう宇宙が多数存在するという。

・Alexander Vilenkin, 1984. Quantum creation of universe. *Physical Review* D, 30, pp.509-511.　ここでは無から宇宙が生み出されるシンプルモデルが提示されている。
・http://www.closertotruth.com/participant/Alexander-Vilenkin/116　ここには根源的なテーマに関するヴィレンキン教授へのインタビューが掲載されている。
・http://www.youtube.com/watch?v=tvQW-Yiib38　ＮＨＫの放送が配信されている。ここにヴィレンキン教授のインタビューとその考え方が簡潔に示されている。

「天祥地瑞」子の巻、第一章「天之峯火夫《あまのみねひを》の神」は次のように始まる。

「天もなく地もなく宇宙もなく、大虚空中《だいこくうちう》に一点の、《ほち》忽然と顕れ給ふ。この、《ほち》たるや、すみきり澄みきらひつゝ、次第々々に拡大して、一種の円形をなし、（中略）、《ほち》を包み、初めて⊙《ス》の言霊生れ出でたり。此の⊙《ス》の言霊こそ宇宙万有の大根元にして、主《ス》の大神の根元太極元となり、皇神国《すめらみくに》の大本《だいほん》となり給ふ」とある。現在の宇宙論との類似性を感ぜずには居られないのである。この⊙《ス》の言霊からウやアの言霊が生まれ、「天祥地瑞神系表」のごとく展開して言霊に対応した神々が生まれてゆく。

木庭次守は聖師の『国魂《くにたま》論』を展開している（『大本教学』第一八号　二八～四七頁　一九八〇年）。国魂には、この全宇宙を意味する大宇宙の国魂、太陽系を意味する小宇宙の国魂、地球を意味する大地球の国魂、世界の各国の国魂、（世界の胞衣《えな》縮図である）日本列島及びその各国の国魂がある。そしてこの五種の国魂を生かして統一的に活動せしめることが神の経綸《しぐみ》であり、霊界物語にはその方法が示されている。

全地球を一体として天賦の国魂が発動するときは、神人一致の神政成就の暁となる。「霊界物語三神系時代別活動表」によれば、「国常立尊の神政」時代には、国常立尊（国祖）は太陽系天体の霊界を修理固成《しうりこせい》しトルコのエルサレムを神都として十二の国魂を配置して、世界を一体として神政を施行されていた。

本ガイドブック「霊主体従」丑の巻の梗概によれば、この神政は天地の律法に基づいて実行された。これは、国治立命と豊国姫命が天使天道別命とともに制定されたもので、天の大神の許しをうけて天上天下に施行され、地の高天原には黄金時代が実現した。ところが、実施の責任者である天使稚桜姫命《わかざくらひめのみこと》とその夫神である天稚彦《あめのわかひこ》が律法に違反し幽界に下る。

その後も混乱があって国祖御隠退となったのであるが、主神の意志である国祖の復活で弥勒の世になりうるという流れが示されている。開祖の出現は国祖（艮《うしとら》の金神《こんじん》）の復活を意味する。聖師は昭和三年三月三日に神示に従って、「今日こそは五十六年七ヶ月五六七《みろく》の御代の始なりけり」と詠じている。これは地球上の国魂の統一、つまり、道義的世界統一の神業が地上に天降ったことを意味しているのである。

『霊界物語』と先哲の著述について

『霊界物語』には、スウェーデンボルグ（エマヌエル・スヴェーデンボリ）著『天界と地獄』（鈴木大拙訳）からの流用が含まれることはつとに指摘されてきた。「http://ja.wikipedia.org/wiki/霊界物語」によれば、『霊の礎《たま　いしずえ》』、『霊界物語』一五、四二、四七、四八、四九、五一、五六、六三巻等において約三〇〇箇所にわたって流用されているという。第二次大本事件の裁判記録では「セーデンボルグ」として言及されるが、『霊界物語』そのものにはスウェーデンボルグからの引用とは明記されていない。

聖師と仰ぐ者からすると、この事実をどう解釈したらいいのか。

父の遺品の整理をしていた隅田・山崎両氏がこのスウェーデンボルグに係わっての詳細な指摘をした手紙を見つけた。この手紙は熱心な信者または奉仕者の若者からのもので、父に対面して質問したが明確な回答が聞けなかったので手紙での返事が欲しい、納得が行かない場合は信仰を捨てる覚悟、というような文面であった。父がどのような返事をしたのか、それとも返事をしなかったのか気になった。両氏とともに『鈴木大拙全集』に掲載された『天界と地獄』と『霊界物語』を対照したが、まったく同じ部分があることを確認した。そして吾々はその事実をどう理解していいのか困惑した記憶がある。

今回、本ガイドブックの監修に携わって、『霊界物語小事典』末尾に【「言華」から】（機関誌「神の国」昭和五年六月号掲載）と題した歌が収録されていることに気がつき、疑問は氷解した。本ガイドブック一九〇頁には二十一首を採録したが、一部こちらにも引用する。

瑞月が口述になる物語古今聖者の言葉も織り込む
参考書一つ持たねど強記せる言葉は諸所にあらはれにけり

古今東西賢者のつくりし名文はみな口述の材料なりけり
一切の著述は古今東西の聖賢の書に由らざるはなし
よき言辞《ことば》論旨はこれを採用し生かして使ふは学者の道なり
先哲の言葉と文書を用ゐずば社会諷刺の著述は生れず
古今東西聖者の説をとりまとめ活《い》かすはみろくの働きなりけり

聖師からすると既存文献も、『霊界物語』記述の道具だったのである。高熊山および穴太の自宅で聖師は霊界探検をする。時空が分離しない四〜五次元の世界をいわば平板的に見て宇宙誕生以降の歴史を見るのだが、それを言語によって凡夫に説くのは至難の業と言わなければならない。記紀、仏典、聖書、富士文献、竹内文書、九鬼文書など多数の既存文献を渉猟して、『霊界物語』口述の準備が進められたと考えられる。スウェーデンボルグの『天界と地獄』もその一つで、聖師が見た世界と符合し（この点こそ強調したい）屈託無く利用することになったのであろう。

なお、大本三大学則が本田親徳『道の大原』の言述と酷似していることも累々指摘されてきたが、大本三大学則は聖師が直接神授されたものであることを木庭次守は論証する（『大本教学』第七号二二一〜三四頁　一九七〇年）。この論証の最後の段落で「以上のごとく、三大学則の中の最も中心になる『天地の真象』『万有の運化』『活物の心性』の意義について明快な解説を加えられて、学則運用の方法を示されている。換言すれば、真神の黙示である宇宙という経典の読み方の原理原則が示唆されている。全く有難い次第ではないか」としている。

この解説から類推するに、聖師自身、この三大学則を使って、高熊山などで見聞したことの意味を既存文献も渉猟して研究・斟酌したと考えることができる。そして、三大学則の終わりにある「何ぞ人為の書巻を学習するを要せんや」と宣言されている。父と天恩郷の巡拝をよくした。必ずこの碑文の前で読み上げることになる。神の黙示を知る極意は、自然科学を研究するそれでなければならないと感じていたが、これも父から聞いたことではあった。

最後に、このたび、このような形で出版の機会とご指導を頂いた武田崇元氏と、煩瑣な入力並びに編集作業にご尽力頂いた堀本敏雄氏に心より感謝申し上げます。

平成二二年八月一七日
木庭元晴

霊界物語《れいかいものがたり》ガイドブック

2010年11月29日 初版第1刷発行

編　　者　木庭次守
監 修 者　木庭元晴©
編集協力　川合恒夫

装　　幀　勝木雄二

発 行 者　武田崇元
発 行 所　八幡書店
〒108-0071　東京都港区白金台3-18-1 八百吉ビル4F
電話番号：03-3442-8129　郵便振替：00180-1-472763

印 刷 所　平文社／ケーコム
製 本 所　難波製本

ISBN978-4-89350-390-9 C0014 ¥3800E

霊界物語小事典

あ

あ

あい〔愛〕
大神から来たるところの善そのものを愛する意義で、その善に志し、その善を行なうや、皆愛によってなすの意味。一切万有に対する情動の活用。【52・1、73・27】

あいが〔愛我〕
自分のみ、よからんことを希求する意思。【56・8】

あいしんあいみん〔愛神愛民〕
真の愛国心。【30・デモ国民歌】

あいのにしゆ〔愛の二種〕
大神に対する愛を愛、隣人に対する愛を仁という。この愛と仁は大神の神格から出で来たって天国の全体を成就するもの。【52・1】

あいるがは〔愛流川〕
アルゼンチンの櫟ケ原からアルの港へ向かって、東へ行く途中、高姫一行が天教山の木の花姫の霊夢によって身魂を清めたところ。【29・13】

アイロニー（英）　irony
皮肉。反語。【64上・6】

アウドヤー（梵）
無明。【60・2】

あおいのぬま
→あふひのぬま。

あかがほのしゆゑい〔赤顔の守衛〕
天の八衢の関所における審判所の悪人をしらべる役。【47・7】

あかごいは〔赤児岩〕
聖師の誕生地曽我部の奥にある法貴谷にあった天人の足跡のついた霊石で、現在は天恩郷の月宮宝座の入口に安置されている。子供の治病の霊石であり、子さずけの霊石。【20-5】

あかごのこころ〔赤子の心〕
赤子の心は清浄無垢、水晶の如きもので、智慧証覚は劣るとも直ちにその清浄と無垢とは最奥天界に和合し得るものである。またすべての物欲をすて悠々として老後を楽しみ、罪悪に遠ざかり天命を楽しむところの老人をもって、証覚ありて無垢たることを現わし玉うたのである。【50・2】

あかざのつゑ〔あかざの杖〕
不老長寿の薬になるといわれるあかざで造った杖。【18・1】

あがなひぬし〔贖主〕
三千世界の贖罪主にます神素盞嗚大神。【19・15】

あかもん〔赤門〕
天の八衢の審判所の門。【47・7】

あきかぜ〔金風〕
秋の風。【26・9】

あきぐひのうしのかみ〔飽咋之宇斯神〕
伊邪那岐命の冠になった神。貴族、神官、国務大臣。【10・28】

アキス
イヅミの国スマの里の首陀バーチルの下僕。【58・19】

あきつ〔秋津〕
秋津島日本のこと、あきつとは本来トンボのこと。【4・19】

あきづきひめ〔秋月姫〕*
→はるやまひこ。たかてるひこ。

あきつをのかみ〔顕津男神〕
幽の幽の紫微天界の大家族の主師親である瑞霊太元顕津男神のことで、主神のアの言霊南西に活用して生まれませる神。【80・15】

あきのななくさ〔秋の七草〕
萩、桔梗、葛、藤袴、女郎花、尾花、撫子。【71・2】

あきひこ〔秋彦〕
紫姫の従者鹿公が言照姫命から頂いた名。【19・12】

あきやまひこ〔秋山彦〕
三十五万年前の丹後由良の港に館をもち、神素盞嗚大神、国武彦命の九月八日の大経綸に奉仕された神司。【16・序文、64下・序文】

あきやまわけ〔秋山別〕
ヒル（ペルー国）の都の三五教教主楓別の館の総取締。【31・総説】

あく〔悪〕
物質を中心とした自然界の自己中心の愛で、己が種族や郷里や国土を愛するために、他を虐げ、亡ぼし、自己団体の安全を守る偏狭な愛をさしたもの。【47・9】

アーク
バラモン教のランチ将軍の陣営の第二の関所である浮木ケ原の守衛。抜擢されてランチ将軍の帷幕に参じ治国別、竜公の遭難を救った。【47・1】

アクシヨーバヤ（梵）
仏典に大日如来出現のとき活躍されたと説く阿閦如来。【63・序歌】

あくすゐくわい〔悪酔怪〕
テルモン山のワックスが創立した弱肉強食を主義とする偽愛国団体。【57・13】

あくたうてつがく〔悪党哲学〕
悪人的論理。【66・7】

あくのせいれい〔悪の精霊〕
肉体から見て副守護神という。【47・7】

あげ〔陸〕
陸上のこと。【9・6】

あげつらう〔相論う〕
議論する。【8・40】

あけのからす〔明の烏〕
神と人の夜明けである日の出の神代を告げる神使。【10・総説歌】

あさぎりひめのかみ〔朝霧比女の神〕
紫微天界の神柱八十比女神の一柱で葭原の国の御樋代神。【79・23】

あさくらだに〔朝倉谷・浅倉谷〕
タラハン国の元左守シャカンナがスバール嬢と隠棲していたところ。タニグク山の奥。【67・18】

アザタケー・シャカムバラ（梵）
苦行外道。【57・1】

あしがひひこぢのかみ〔葦茅彦遅神〕
一切動物の根元をなす神の活動。主神の一霊四魂三元八力の中の生魂（いくむすび）のこと。【6・1】

アーシス
ビク国の左守キュービットの落胤でハルナの兄、幼名モンテス。【55・9】

あしはらのなかつくに〔葦原の中津国〕
太古にはメソポタミヤやトルコ一帯をさす。現在は日本列島のこと。【39・1】

あしはらのみづほのくに〔葦原の瑞穂国〕
地球全体のこと。第二義は、欧亜の大陸。日本の本州はその胞衣。【6・25】

あしゆら〔阿修羅〕
悪神。【69・8】

アスマガルタ（梵）
瑪瑙。【59・2】

アスマガルダ（梵）
瑪瑙。スーラヤ湖畔のテルの里庄ルーブヤの長男。【63・5】

アーセーズム（英）
無神論。自然界の外には神の存在を否定する思想。自然主義・唯物論をはじめ汎神論も無神論の一つである。【56・10】

アダヂオス・メロディ（伊）adagio melodia
静かな旋律。【54・18】

あたらしきてんとあたらしきち〔新しき天と新しき地〕
厳の霊、瑞の霊の神さまが開かれた新しき教会である大本の道場のこと。【41・18】

アーチ・ダッチェス（英）　archducess
太公妃・王妃。【54・2】

アーチヂューク（英）　archduke
太公・王。【54・1】

アッコムパニメント（英）　accompaniment
伴奏。【54・18】

あづまのくに〔東の国〕
日本国の大本の聖地。【28・序歌】

あづまのわけ〔東野別〕
国常立尊の御子高照彦（八十熊別）の子東助。淡路の洲本の酋長となり、遂に綾部の錦の宮の総務となった。【33・23】

あづまひこのかみ〔東彦天使〕
オリオン星から霊鷲山麓の玉の井の里にあもりし東雲別の神使で、五大教を宣伝するために活動された。のちに石凝姥の天使となった。【6・33】

アヅモス
印度のイヅミの国テームス館の二の番頭。【55・8】

アヅモス山
印度（ツキ）のテルモン湖の南端イヅミの国の霊場。【63・1】

アナーキズム（英）　anarchism
無政府主義。【60・2】

あななひけう〔三五教〕
五大教と三大教が合同した教で、五大教教主埴安彦神に迎えられた三大教教主三葉彦神は埴安姫神と改めて女房役を勤め両教一致した大本の教。【6・36】

あななひけう〔三五教〕
大神の直接内流をうけ、愛の善と信の真を唯一の教理となし、智愛勇親の四魂を活用させ、善のために善を行ない、用のために用を勤め、真のために真を励む。ゆえにその言行心は常に神に向かい、神と共にある、いわゆる神の生宮にして天地経綸の主宰者たるの実を挙げ、生きながら天国に籍を置き、あたかも黄金時代の天人のごとく、神の意志そのままを地上の蒼生に宣伝し実行し、もって衆生一切を済度するをもって唯一の務めとし神から来たれる愛および善並びに信真の光に浴し、惟神のままにその実を示すがゆえに、麻柱の教と神から称えられたのである。【57・1】

あななひけうはかんじやうけう〔三五教は感情教〕
大本の教は同情心を基本として一切万事無抵抗主義を採り四海同胞博愛慈悲の旗幟を押し立てて進み、智者も学者も鳥獣も草の片葉に至るまでその徳になずけ救う艮めの教である。【40・6】

あななひけうのうらもん〔三五教の裏紋〕
大本神の神紋、十曜の紋の略紋で丸に十＝⊕。【12・9】

あななひけうのかむばしら〔三五教の神柱〕
天地の祖神国常立尊の御神教を伝達される瑞の御霊出口王仁三郎聖師のこと。【67・2】

あななひけうのちんこんきしんのしんぱふ〔三五教の鎮魂帰神の神法〕
日本の神道伝承のものでなく、主神直授の大本の鎮魂帰神の神法。【14・13】

あななひけうのてんごく〔三五教の天国〕
大本の信仰。【44・5】

あななひけうのほうさいしゆしん〔三五教の奉斎主神〕
大本で奉斎している天祖国祖の大神・大天主太神さまのこと。【20・8】

あななひけうのみさとしはさいごのくわうみやうとどめなり〔三五教の御諭しは最後の光明艮めなり〕
宇宙根本主神の教である大本の教は神人界への最後の救いの教であり、一切に艮めをさし修理固成し、完成する神教であること。【10・総説歌】

あななひのかみかぜ〔三五の神風〕
大本の教と神徳。【67・10】

あななひのみち〔麻柱の道〕
宇宙主神から垂示された愛善と信真の大道大本の教のこと。【22・総説】

あななひのよ〔三五の代〕
あなない教である大本の教が実現するみろくの世のこと。【47・21】

アナン
セイロン島のサガレン王の忠臣。【36・5】

アナンタニルデーシヤ・ブラテスターナ（梵）
無量義処。【60・序文】

アナンキイクラー（梵）
無量力。【60・2】

アニクシブタヅラ（梵）
不休息。【60・2】

あのくたら、さんみやくさんぼだいしん〔阿耨多羅、三藐三菩提心〕
仏典の無上証覚、このうえない悟り。【50・2】

あはしま〔淡島〕
南極大陸。その縮図は琉球。【6・22】

あはのなると〔阿波の鳴戸〕
日本は雛型で世界的にはアラル海。【26・12】

アバローキテーシュワラ（梵）
観世音。【59・2、60・3】

アフガニスタン
北にソビエト連邦、西にイラン、東南にパキスタンに囲まれた国。【59・14】

あぶこう〔虻公〕
常楠が木山姫に生ませて和歌山県日高郡印南の里の森に捨てた子。のちに琉球の清彦王となる。【23・7】

アブデユル・バハー
バハイ教の教祖。【64上・2】

あふひのぬま〔葵の沼〕
アフガニスタンの清春山のつぎにテームス峠があり、ライオン河が横たわり、河をわたって玉山峠をこえたところの原野に展開している沼。【40・18】

アボッスル（英）　aposle
神さまの使徒、伝道者、キリストの十二弟子の一人。【56・9】

あまかつくにかつくしみたまちよりひこかみ・そほとかみ〔天勝国勝奇魂千憑彦神・曽富戸神〕
神人感合、鎮魂帰神を守護される神霊。【14・序歌】

あ

あまかつくにかつくしみたまちよりひこのみこと〔天勝国勝奇霊千憑彦命〕
神人感合を守護される神霊・曽富戸の神、またの名は久延毘古の神を讃えた神名。【54・附録】

あまぢわけのみこと〔天道別命〕＊
→モーゼ。てんちのりつぱふ。

あまつおほかみ〔天津大神〕
天の御三体の大神。【4・39】

あまつおほかみ〔天津大神〕
大国治立尊（天御中主大神）。【22・1】

あまつかみ〔天津神〕
天祖の直系の神々。【1・18】

あまつかみ〔天津神〕
治者の立場の神たち。【78・16】

あまつかみぞく〔天津神族〕
天祖の系統で富士地帯に住居していた高天原民族。【41・序文】

あまつたかみや〔天津高宮〕
紫微天界の主神天の峯火夫の神の鎮座される宮居で、西の大宮、高日の宮、筑紫の宮、天極紫微宮ともいう。【76・序文】

あまつのりと〔天津祝詞〕
霊魂や精霊世界を浄化する神徳を発揮する神の言葉。邪神界に対して特にミソギハライの神徳を発揮する祝詞。【1・14】

あまつひほこのかみ〔天津日鉾の神〕＊
→ざうくわのさんしん。

あまつひもろぎ〔天津神籬〕
神さまの降臨されるご神体となる神器。ここでは綾部の四ツ尾山（世継王山）。【16・5】

あまつみづほのかみ〔天津瑞穂の神〕＊
天の世造化三神に大津瑞穂の神とともに左守の神として仕える。アの言霊。【73・5、73・6】

あまつみわざ〔天津神業〕
マツリゴト。天上の儀を地上にうつす神政。【78・16】

あまつめをのかみ〔天津女雄の神〕＊
太元顕津男の神の八柱の御樋代神の祈りに対して主の神が降した宮司二柱のうちの一柱。もう一柱は鋭敏鳴出の神。【76・総説】

あまてらすすめおほみかみ〔天照皇大御神〕
大国常立尊（天之御中主大神）の御霊徳の完全発揮の御情態のときの神名。【48・12】

あまのいはくすぶね〔天の磐樟船〕
堅固なる飛行船。また大本の神教のこと。【2・30】

あまのいはと〔臍下丹田〕
霊魂の中枢ともいわれる臍下丹田。【5・36】

あまのいはとのしんげふ〔天の岩戸の神業〕
みろくの世・地上天国の建設。また天の岩戸開きの神業の略称。【14・16】

あまのいはとびらき〔天の岩戸開き〕
根底国におちた神人の身魂を国常立尊の神徳によって救済されること。【5・26】

あまのいはふえ〔天の石笛〕
自然石でできた笛で、神霊や精霊を招く神事に用いる。【1・6】

あまのうきはし〔天の浮橋〕
神徳によって精霊と人を根本から救う神さまの救いの橋のこと。【5・序文】

あまのうきはし〔天の浮橋〕
素盞鳴尊の御神体である顕国玉の神徳によってできた橋。その内意は善悪正邪を審判して神人を三段にたてわけて、これを根本的に救済される神の教のこと。【5・24】

あまのかづうた〔天の数歌〕
「一二三四五六七八九十百千万」のこと。ひと、ふた、み、よ、いつ、むゆ、なな、や、ここのたり、もも、ち、よろづと読む。【13・総説】

あまのくひざもちのかみ〔天久比奢母智司〕
印度の白雪郷の高彦が日の出神にいただいた神名。【7・17】

あまのさかほこ〔天の逆鉾〕
さかさに立てられしほこ。兇刄。【6・2】

あまのせかいのざうくわさんしん〔天の世界の造化三神〕
天之峯火夫の神、宇迦須美の神、天津日鉾の神。【73・5】

あまのとりふね〔天の鳥船〕
飛行機。【1・39】

あまのとりふね〔天の鳥船〕
紫微天界葭原の国土において御樋代神朝霧比女の神の命によって、朝空男、国生男の神が高光山の木で七日七夜ではじめて建造され、国づくりのために使用された。磐樟船ともいう。【80・16】

あまのとりぶねのみそぎ〔天の鳥船の禊〕
ミソギの神事の一つで、艪を漕ぐままの動作を反復する行事。【75・1】

あまのぬほこ〔天の瓊矛〕
北斗七星または舌のこと。【6・18】

あまのはごろも〔天の羽衣〕
みろくの世の時代の、現代の航空機に代わる精巧無比の機械をいう。【14・8】

あまのはごろも〔天の羽衣〕
天界の天人の装いの一種。【17・11】

あまのふきを〔天吹男〕
鬼城山の八王・真鉄彦が、大事忍男司の神使として日の出神の神業を補佐してさずけられし神名。【7・5】

あまのまなゐ〔天の真奈井〕
大本神諭（開祖）のこと。元伊勢。真名井ケ岳の清泉のこと。琵琶湖のこと。日本海のことなどを指す。【15・10】

あまのみねひをのかみ〔天之峰火夫神〕
大宇宙の根元の幽の幽の神界における主神の御神名。【6・1】

あまのみねひをのかみ〔天之峯火夫神〕＊
⦿の活動を主の大神と称し、又天之峯火夫の神、又の御名を大国常立神言と称する。【73・1】

あまのやすのかはら〔天の安の河原〕
何一つ圧迫のない清らかな安全地域。【4・総説】

あまのよ〔天之世〕
主神天之峯火夫の神の時代のことで、天之御中主大神の以前の神代。【73・総説】

アメージング・マリーヂ（英）　amazing marriage
ど肝をぬくような結婚。【53・3】

アーメニア ＊
黄泉比良坂の戦いの後に、常世姫の後身であるウラル姫は大気津姫と現われて、このアーメニアの野に神都を開いた。【12・1】

あめのおしほみみのみこと〔天之忍穂耳命〕＊
→ひのでわけのみこと。しようりくわうえいのかみ。

あめのかみ〔雨の神〕
雨を降らす神の使。【1・21】

あめのさかて〔天のさかて〕
手の枕言葉で栄える手の意。【62・29】

あ

あめのたかちほのかみ〔天之高地火の神〕＊
天之高火男の神とともに、タカアマハラの言霊より生まれた神。【73・3】→あめのたかひをのかみ。

あめのたかひをのかみ〔天之高火男の神〕＊
タカアマハラの言霊より生まれた神。天之高地火の神と共に、天の世を修理固成し、天津神の住所を開く。タカの言霊より天界の諸神を生み出し、紫微宮を造り主神の神霊を祀る。この天之高火男の神は，狭依男の神ともいう。【73・3】

あめのとこたちのみこと〔天常立命〕
大宇宙創造の主神。【6・1】

あめのまうら〔天の真浦〕
言霊別命の弟元照彦の再生、紀伊の国大台ガ原山麓に生まれる。元の名は守彦。【20・1】

あめのますひと〔天の益人〕
人類のこと。【3・総説】

あめのますひと〔天の益人〕
天下国家のために利益を計る至誠の人。【8・43】

あめのまなゐ〔天の真奈井・天の真名井〕
世界的には日本海、日本では琵琶湖。または大本開祖の神教のこと。【6・24、7・21】

あめのまなゐ〔天の真名井〕
天照大神が御禊して神格を作りあげられた聖蹟。丹後元伊勢の産釜、産盥のこと。【16・16】

あめのまなゐ〔天の真名井〕
真名井ガ岳の瑞霊の根本霊場。【17・6】

あめのまなゐだけ〔天の真名井嶽〕
国常立尊の御隠退のとき、エルサレムから西南の島国に隠退されていた豊国姫尊が、天津神の御許しのまにまに日本に渡り来られて、神業を遂行された丹後の霊山。【16・序文】

あめのまみちひこのみこと〔天真道彦命〕＊
→エリヤ。

あめのみくまりのかみ〔天の水分の神〕
天津神の霊系で雨を降らす神霊。【38・15】

あめのみちたつのかみ〔天之道立の神〕
大本開祖の精霊稚姫君命の御本霊。【73・総説】

あめのみちたつのかみ〔天之道立の神〕＊
厳の御霊。ウの言霊《ことたま》の御稜威によってその神力を発揮。四柱の従神である日照男の神、夜守の神、玉守の神、戸隠の神をして昼と夜とを分けて守らせている。【73・7】

あめのみなかぬしのおほかみ〔天御中主神〕＊
大宇宙の大原因霊。【6・1】→ざうくわのさんしん。

あめのみはしらのかみ〔天の御柱の神〕
伊弉諾大神（伊邪那岐大神）。【6・21】

あめのみはしらのみや〔天之御柱の宮〕
紫微天界の天之道立の神の奉仕された西の宮のこと。【73・15】

あめのむらくものつるぎ〔天の叢雲の剣〕
言霊学上からは日本列島、あるいは日本国から出現する大救世主の大真人のこと。【59・序】

あめのわかひこ〔天稚彦〕
稚姫君命の夫。【1・21】

アメリカン・コロニー
キリストの純愛博愛の精神によって、神の家族として理想の生活をしている団体。【64上・1】

アモリヨーズ（仏）
思われる者。【54・15】

あやしのをんな〔怪しの女〕
ここでは木の花咲耶姫命の化身をいう。【13・11】

あやのたかあまはらのれんげだいじやう〔綾の高天原の蓮華台上〕
聖地綾部の本宮山。【16・序文】

あやはるわけのみこと〔文治別命〕
小北山神殿に仕えた文助の向上した第二霊国のエンゼル。【56・9】

あやひこ〔綾彦〕
丹波の弥仙山麓の豊彦の長男。【18・7】

あやめ〔菖蒲〕
照国別の妹。【39・14】

アーユシカシャーヤ（梵）
命濁。寿命が十才までになることを示す。【60・序文】

あらしのあと〔嵐の跡〕
国祖御隠退の大事件のあと。【5・総説】

あらたか〔荒鷹〕
バラモン教副棟梁鬼熊別の右守役で、のちに三五教に帰順し、隆靖彦となった。【17・12】

あらはこと〔顕明事〕
現実世界の政治。【54・附録】

あらはごと〔顕事〕
現界の政治。【28・14】

あらやしき〔阿羅耶識〕
最高のさとり。【50・2】

アリー
波切丸の船長で父アリスタンが母アンナをアリスに奪われて湖へ投身自殺した仇討に海賊となり、アリスとアナンの間に生まれたダリヤを奪い殺さんとしたが、梅公別の教をうけて印度ハルの湖を渡航する船客の守り神となった。【67・8】

アリナ
タラハン国の新左守ガンヂーの一人息子で、太子スダルマンが唯一の心の友であり、教制改革に力をつくす。【67・13】

アール
ビクトリヤ王とビクトリヤ姫の太子。【54・1】

アルカード（英）　arcade
有蓋街路、商店街。【64上・3】

アルプス教
摂津の国高春山でバラモン教徒鷹依姫が教祖となって、バラモン教の一派として開設した宗教。【21・1】

あれのかみ〔荒の神〕
世の中の汚れを清めるために暴風雨をおこして清める神使。【1・21】

あわつぶさんごく〔粟粒三石〕
神典にあらわれた神々の数の表現で、きわめて多数の意。【4・36】

あわなぎ・あわなみ〔沫那岐・沫那美〕
三保津彦・三保津姫の分霊で大海原の守り神。【7・8】

アワバーサブラ（梵）
エンゼル光耀天子（こうようてんし）。【57・序文】

アワヤ
言霊学上、アは天、ワは地、ヤは人のことで、天地人の意味。【75・8】

あをがきやま〔青垣山〕
神定の霊場によく見られる風景で、霊場の周囲に美しい山が垣根のようにとりまいていること。【37・7】

あをきがはら〔青木ケ原〕
太古の富士山の周囲千三百里の世界最大の高地。【37・1】

あをくもわけ〔青雲別〕
オリオン星から玉の井里に天降りし天使で高彦といい、黄金山の宣伝使として活躍し天児屋根命となり、梅ケ香姫と結婚し祝詞の守り神となる。【11・総説歌】

あんかんぼうきらく〔安閑坊喜楽〕
出口聖師の雅名。【38・16】

あんけんさつ〔暗剣殺〕
中国に発達した九星の思想からでたもので、大凶の方角のこと。【36・3】

あんこうしゆぎ〔鮟鱇主義〕
鮟鱇が魚を引きよせて食うような悪らつなやり方。【66・9】

あんそくび〔安息日〕
宇宙万有一切神人、樹草、禽獣、鳥族、虫魚の区別なく、各自の所に安んじてその天職に奉仕する聖代の意。【3・50】

アンチー
印度イヅミの国、豪農バーチルの番頭。【58・14】

アンデオ
オーストラリヤの諏訪湖のほとりにある広大な原野。【24・15】

アン・ブラック
テルモン山から流れる川。聖なる川の意義。【56・15】

アン・ブラック明王
テルモン山の峰つづきスガ山の大瀑布アン・ブラック滝の傍に祀られた明王。【56・13】

アンボイナ
アンボリーのこと。【67・3】

アンボイナ嶋
南洋一の聖地竜宮島と聞こえたところ。【24・6】

アンボリー
信天翁（あほうどり）の祖先の大きな鳥。【25・15】

い

いうかい〔幽界〕
人間の体的五感で感知できない世界のこと。罪深き霊魂や邪神のおちゆく境域、また修行するところ。幽界——二つの意味に用いられている。顕幽両界——この場合は体的五感に感知されぬ霊界と同じこと。顕幽神三界——この場合は地獄界のこと。

いうかいりよかう〔幽界旅行〕
神霊世界の旅行。現世に肉体をもつ精霊が神の許しをうけて霊界を見聞すること。【14・8】

いうさい〔幽斎〕
真心をもって主の神さまに祈る無形の祭りのこと。【13・1】

いうし〔幽仕〕
霊界の天使や精霊が神業に奉仕すること。【29・2】

いうそくこじつ〔有職故実〕
物事の起こりと来歴や使用方法。【69・1】

いうたい〔幽体〕
霊魂の一心がこって、霊的の形体を生み出したもの。【19・16】

いうのいう〔幽の幽〕
宇宙万有の大元霊、真神をさす。【13・総説】

いうのいうしん〔幽の幽神〕
天之峰火夫の神以下皇典所載の天之御中主神および別天神の称号。【80・総説】

いうのけんしん〔幽の顕神〕
幽の幽神の御水火から出生されたる体神（現体）で、天照大神、神素盞嗚尊等の神位に坐します神霊を称す。尊貴極まりなき神格。【80・総説】

イエス・キリスト
素盞嗚尊の幸魂、少名彦神（言霊別）がイエス・キリストとして猶太に降誕し、天国の福音を宣伝した。【6・23】

いきがみ〔生神〕
宇宙創造の前から生き通しの独一真神。ナマのままの神。【67・1】

いきがみ〔生神〕
天地創造以前から生き通しの神。【43・10】

いきがみ〔生神〕
宇宙の創造神または不老不死の仙術を体得して、現界霊界も守ることのできる天使。ここでは常楠仙人のことで、琉球島の守護神である。【27・16】

いきがみ〔生神〕
初稚姫のように神の直接内流をうけ神人合一の妙境にありて、その言心行は一として神の大御心に合一せないものはない神人を真の生神という。【50・8】

いきがみ〔生神〕
人の肉体をもって生まれながら活躍される神素盞嗚大神のこと。【72・18】

いきがみ〔活神〕
神霊の感応によって神徳を発揮する真人。【44・12】

いきがみのせんでんし〔生神の宣伝使〕
神さまの代理者としての宣伝使。【8・1】

いきりやう〔生霊〕
生きている人の霊魂。または生きている人の分霊のこと。【14・15】

いきりやう〔生霊〕
生存者の霊が他人に憑依したもの。【29・19】

いくぐひのかみ〔生杙神〕
主神のあらゆるものを引く力。【6・1】

いくことたま〔生言霊〕
主神瑞霊神の神徳のみちみちた言葉。【67・8】

いくことたま〔生言霊〕
神から出ずる神徳にみちた言葉、神に通ずる言葉。【80・14】

いくだま〔生玉〕
神霊のみちみちた神玉。【21・1】

いくみたま〔生魂〕
神霊の生き生きとはたらいている人格者。死亡の後も生存中と同様に活動する精霊。【5・序文】

いくむすびひめのみこと〔生魂姫命〕
都率天の月照彦神の使。【40・13】

いさごのしま〔伊佐子の島〕
紫微天界の万里ケ海の中で最も古く成り出でた島。中央に大栄大山脈が東西に横たわる。山脈の以南はイドムの国といい、以北をサールの国という。【81・1】

いざなぎのみこと〔伊邪那岐尊〕*
→あめのみはしらのかみ、てんそ。

いざなみのみこと〔伊邪那美尊〕*
→くにのみはしらのかみ、てんそ。

いしがき〔石垣〕
エルサレムの石垣とは神真のこと。【48・12】

いしくま〔石熊〕
メキシコに生まれ鬼熊別に養育された高照山（アンデス）のバラモンの教主。のちに国依別から光（てる）国別と命名され、媒介により行成彦の後裔照子姫と結婚する。【30・2】

いしこりどめのみこと〔石凝姥命〕
八咫鏡をうった神人。一生懸命に国事に奔走する神人。【12・30】

いしや〔移写〕
この世は総て神霊世界の移写であること。【3・15】

いしや〔移写〕
現実世界の一切が精霊世界と同じようなすがたに創造されているから、そのまま移写映像であること。【17・霊の礎】

イース
ビクトリヤ王とビクトリヤ姫の二男。【54・1】

いすかのはし〔鶍の嘴〕
思惑（おもわく）が食い違うこと。【19・2】

イスラエル民族
ノアの子孫であり神の選民と確信し、セム族の流れと称する民族。【64上・5】

いせじんぐう〔伊勢神宮〕＊
→もといせ。

いそのかみかぜ〔伊祖の神風〕
神素盞嗚大神が神柱を集めて宣伝使を育成し地球の三界にわたりて派遣される救世経綸の策源地の神威霊徳。【39・第一編】

いそのかみやかた〔伊祖の神館〕
三十五万年前に、神素盞嗚大神が世界救済の策源地として経営された、イラン国の産土山の高原に建設された神館。イはイミ、ソはソノの言霊反で斎苑（イミゾノ）の意である。【47・総説】

いそのひめ〔石生能姫〕
鬼雲彦の本妻にかわった若妻。もと三五教の信徒の娘。【40・1】

いそのみやゐ〔斎苑の宮居〕
神素盞嗚大神の御隠れ家。波斯（フサ）の国、産土高原、イソの峠にきづかれた宮居。【16・9】

いそやまたうげ〔イソ山峠〕
素盞嗚尊が仮の館イソの宮居を建立された救世の策源地。【16・5】

イターナル（英）　eternal
永久の。【53・4】

いちげんてんちをしんどうし、いつせいふううらいていをしつたすることたま〔一言天地を震動し、一声風雨雷霆を叱咤する言霊〕
主神の神力神徳は言霊によって発揮され、一声一言、一音によって、宇宙万物を支配するとの意味。【16・8】

いちづがは〔一途川〕
霊界の関門、中有界にあって、極善（善一途）と極悪（悪一途）の人の霊魂が通過する霊界の川。【14・14、40・11】

いちひこ〔市彦〕
印度の南端露の都のバラモン教の宣伝使。【24・2】

いちりんのひみつ〔一輪の秘密〕
世界の終末に際して、世界改造のために、潮満珠（大本開祖）、潮干の珠（出口聖師）を使用されるご神業のこと。【1・35】

いちゑん〔一円〕
一向。【5・7】

いつつのうみ〔五つの海〕
世界中の海。【4・36】

いつてんしかい〔一天四海〕
天下全体、全世界のこと。【4・8】

いづのけうそ〔伊都の教祖〕
大本開祖のこと。【25・1】

いづのみたま〔厳霊〕
至厳至貴至尊にして過去、現在、未来に一貫し無限絶対、無始無終にまします大元神大国常立尊のこと。【48・12】

いづのみたまのかむばしら〔厳の御霊の神柱〕
大本開祖のこと。【47・11】

いづのみたまのしんげふ〔厳の御魂の神業〕
国常立尊と大本開祖が、物質界を主として、神霊世界を改造され人類の世界に、真の天国をきずかれること。【1・発端】

いづのめかむばしら〔伊都能売神柱〕
厳瑞の神格を一身に集中された神素盞嗚大神。【67・4】

いづのめのかみのやく〔伊都能売神の役〕
神と人の四魂の完全活用を守護される神聖な職掌。【10・26】

いづのめのしんさく〔伊都能売の神策〕
宇宙根本の神、伊都能売の神の神策、厳瑞経緯合致の完全無欠の神策のこと。【26・1】

いづのめのみたま〔伊都能売の身魂〕
月の霊魂ともいい厳瑞の身魂を相調和した完全無欠の霊魂。【6・26】

いづひこ〔厳彦〕
言依別命の従者。【15・19】

いづほつしゆ〔伊都宝珠〕
五ツの麻邇の玉のこと。【26・1】

いつぽんぎ〔一本木〕
大正十一年頃の綾部の並松の一本木の洗濯屋のあったところ。【27・2】

いづみのもり〔泉の森〕
紫微天界の万里（まで）の島の魔神征討の御樋代神、田族（たから）比女の神の大本営。【77・11】

いづものかみ〔出雲の神〕
素盞嗚尊のことで縁結びの神の意。【62・14】

いづものくに〔出雲の国〕
島根県の東部の古称。言霊学では「いづも」は「いづくも」で、世界各国の意義。【15・11】

いづもひめ〔出雲姫〕
エルサレムの聖地の従臣であったが、のちに天宇受売命となる。【6・48】

いつわりのしんかう〔偽りの信仰〕
偽善者どものその善行を飾る武器として表面信仰をよそおう横着者の所為。【47・9】

イドムの神
素盞嗚尊が西蔵にて、他家との結婚を許されたので縁結びの神としてイドムの神とたたえられた。【15・13、63・6】

いなりのかみ〔稲荷の神〕
五穀を世界各地に播種した神の使者の白狐。【11・23】

いぬゐのたき〔乾の滝〕
テル山（智利）の中腹に懸る大瀑布。【30・2】

いのくらやま〔猪倉山〕
ビクの国の隣、玉木の里に聳える五合目以上岩をもって固められた天与の岩窟のある山で、バラモン教の鬼春別、久米彦両将軍が本拠とした。【54・13】

いのこがさす
筋肉がひきつること。【51・7】

いのちのおや〔命の親〕
月の大神さま。【47・16】

い

いのちのしみづ〔生命の清水〕
瑞霊の手、口を通して示された言霊である霊界物語のこと。【17・霊の礎】

いのちのましみづ〔生命の真清水〕
神も人（人群万類）も根本的に救済する宇宙大本神瑞霊の神徳と神教のこと。【28・序歌】

いはさか〔磐境〕
神さまの降臨される清浄な岩石、岩山。ここでは四ツ王山。【16・5】

いはさくのかみ〔石柝の司〕
松代姫の宣伝歌によって虎公の志芸山津見と同時に改心して宣伝使となった熊公の改名。【9・26】

いはすひめ〔石巣比売〕
伊邪那岐大神の御子で石土毘古の妻。【7・4】

いはつちびこ〔石土毘古〕
伊邪那岐大神の御子で、大台ケ原の守護神。【7・3】

いはなげ〔巌投げ〕
鋭敏鳴出の神が紫微天界で初めて真火を生み出された神事。【76・4】

いはのかみ〔岩の神〕
鉱物岩石をつくる神力。【1・21】

いはひこ〔岩彦〕
アーメニヤ出身のウラル教の宣伝使の長。のちにヤッコスとなりバラモン教を研究し、文殊菩薩となのる。【13・2】

いひよりひこ〔飯依彦〕
エルサレムの竜宮城の従臣田依彦を濠洲の為政者となして日の出神が命名されたもの。【7・21】

いひよりわけ〔飯依別〕
日の出神からオーストラリヤの守護職を任じられた飯依彦司の末裔。【25・5】

いぶき〔息吹き・伊吹き〕
神力を放射されること。【1・20】

いぶきどぬしのかみ〔伊吹戸主神〕
風を吹かして空気を清める神霊の活動。【6・19】

いぶきどぬしのかみ〔伊吹戸主の神〕
天の八衢の審判所で、人の善悪を審判される神で、仏者のいわゆる閻魔大王に相当する。【47・7】

いぶきどぬしのかみのせきしよ〔伊吹戸主の神の関所〕
天の八衢の審判所。【47・10】

いぶきのしんぱふ〔伊吹の神法〕
神の息をこめて神力を発揮する神法。【1・32】

いぶきのみそぎ〔伊吹の禊〕
みそぎの一つで、雄詰おわりて両掌を臍の位置に十字形に組み、腹式深呼吸を二回、三回目は吸気を全部呑みて呼出せず神徳を発現する。【75・1】

いぶきやま〔伊吹山〕
伊吹戸中の伊吹戸すなわち気流の大通路、大交叉点。滋賀県坂田郡にある一三七七メートルの山。【16・11、18・1】

イホ〔埃及〕
エジプトの都のこと。【24・1】

イホのみやこ〔イホの都〕
エジプトの首都をさす。【12・2】

いまどやき〔今戸焼〕
東京都台東区にあった今戸町から産出した素焼の土器。醜い人にたとえていう語。【64下・10】

いまりやき〔伊万里焼〕
佐賀県西伊万里地方の泉山から出る上等の白堊でやかれた磁器。伊万里港から移出された

有田焼、唐津焼などの磁器。【72・20】

いむすき〔忌鋤〕
きよめにきよめた鋤。【16・16、49・3】

いむをの〔忌斧〕
きよめにきよめた斧。【16・16、49・3】

いもりわけ〔蠑螈別〕
ウラナイ教の教祖高姫の情夫で、高姫が三五教に帰順したのち、小北山において第二のウラナイ教を復活した教祖。【45・1】

いりまめにもはながさく〔煎豆にも花が咲く〕
国祖御再現の表示。【9・14】

イール
印度デカタン高原サワラ国の首陀のウラル教徒で、大黒主の部下テーグス宣伝使の強制にたえかねてバラモンに帰順した。【39・12】

イルク
印度ハルの湖のスガの港の薬種問屋の若主人。【67・6】

いるなのくに〔入那の国〕
印度の国にあり、王はセーラン、左守クーリンス、右守カールチン。【41・1】

いろは歌
天祥地瑞では空海の作でなく、紫微天界においての太元顕津男神の創作と説いてある。【73・10】

いろはしじふはちもじ〔いろは四十八文字〕
大本開祖の筆先のこと。【8・10】

いわとわけのかみ〔岩戸別神〕
ローマの都の出身で熊公となのり、岩戸開きの神業に奉仕した。一名櫛岩窓神という。【6・48】

インカ
印度、トルマン国コマの村の侠客。【66・3】

インクリネーション（英）　inclination
傾斜。好み。【56・8】

インクリネーション（英）　inclination
本性。好み。傾向。【60・8】

いんくわ〔陰火〕
霊的の光り。【78・3】

いんぐわおうはうのしんり〔因果応報の神理〕
善因善果、悪因悪果は神の法則であること。【47・5】

いんぐわのりはふ〔因果の理法〕
すべて原因ありて結果あらわれるとの理法。【4・39】

インスチンクト（英）　instinct
本能、本性。【56・9】

いんどけう〔印度教〕
ヒンドウ教ともいう。仏教、ジァイナ教をのぞく印度のバラモン教の流れに土俗信仰がまとまったもので、神は一体三神でヴィシュヌ・シヴァ・ブラフマーを奉斎する。またヴィシュヌがクリシュナ神と現われたというものもある。教義は種々雑多あり、たくさんの派がある。現在東西各地に約三億の信徒をもつという。【70・9】

いんねん〔因縁〕
原因によって出て来る結果。【35・19】

いんねんのみたま〔因縁の身魂〕
神の御用をさせられるため神から生み出され、また引き寄せられた人。【3・総説、5・26】

インフェルノ（英）　inferno
地獄。【53・4】

インプレッション（英）　impression
霊感、神託。【56・16】

いんやうかうたい〔陰陽交代〕
宇宙一切はすべて主神の活動である陰と陽とによって生成化育されているから、陰性の中に陽性まじわり、陽性の中に陰性が交互にまじわりてつくられているの意。【37・5】

いんりつのはふそく〔韻律の法則〕
大本の言霊学では、アオウエイの五大父音に、すべての言葉は統一されるという立場から示された法則。社会一般では母音という。【80・附録】

う

ういう〔烏有〕
灰。【5・10】

ウインチ
セイロン島のサガレン王の忠臣。【36・5】

ウェルス
ビクトリヤ王とビクトリヤ姫の三男。【54・1】

うがすみのかみ〔宇迦須美の神〕＊
→ざうくわのさんしん。

うきしまのみね〔浮島の峰〕
印度第一の湖ハルの湖の中の一つの島のことで、一名、夜光の岩山、アケハルの岩、独立の岩、大黒岩、日高岩とも唱えている。【67・6】

うくわとうせん〔羽化登仙〕
肉体を脱離した人の霊魂が向上して天界へのぼり天人となること。【17・4】

うけひ〔誓約〕
誓約して鎮魂帰神によって霊魂をしらべること。【12・25】

うけもちのかみ〔保食神〕
衣食住の守り神、国常立尊、金勝要神、素盞嗚尊のこと。【11・23】

うしくもわけ〔牛雲別〕
上流社会にあって、牛のような執念深い悪の指導者で、特定の人でなく多数をさす。【10・9】

うしじま〔牛嶋〕
播州沖の神島のことで坤金神豊雲野尊が三千年のあいだ隠退されていた。大正五年五月二十五日、聖師によって開かれた。【69・巻頭言】

うしどうまる〔牛童丸〕
三五教の宣伝使雲路別が農業を奨励して大歳の神となった、その化身。【29・7】

うしとらのこんじん〔艮の金神〕
国常立尊の御隠退後の名称。【4・45】

うしのくそがてんかをとる〔牛の糞が天下を取る〕
国祖の再現を表現された諺。【9・14】

うしのときまゐり〔丑の時詣り〕
神言中のマジモノの一種で人を呪う行事。【44・9】

うちうがく〔宇宙学〕
地学のことで天文、地文など一切をふくめる地球をはじめ宇宙全体の組織運行を究める学問。【67・2】

うちうこんぽんのかみ〔宇宙根本の神〕
大宇宙の創造神。【44・5】

うちうさうざう〔宇宙創造〕
神の意志に基いて宇宙が創造経営されることで、有神観にもとづいている。【76・序文】

うちうせいしん〔宇宙精神〕
宇宙を創造された神さまの大精神、大法則。

【13・モノログ、56・序文】

うちうせいしんのへんりん〔宇宙精神の片鱗〕
宇宙主神の大精神の一端。【22・序文】

うちうてきだいれんあいしん〔宇宙的大恋愛心〕
真の神に従い、神を愛し人を愛し万有一切を愛する最高の宗教心。【67・1】

うちうのしゆくづ〔宇宙の縮図〕
小さいながら宇宙の姿がすべて備わったもののこと。人体の成り立ちをもいう。【3・17】

うちうのしんくわう〔宇宙の神光〕
真神の神格の光。高皇産霊という。【13・総説】

うちうのしんさう〔宇宙の真相〕
大本の場合は神現幽三界全般にわたる宇宙の真相の意義。【49・序文】

うちうのそしん〔宇宙の祖神〕
大宇宙を創造された元祖の神。【47・総説】

うちうのそと〔宇宙の外〕
神さまの立場のこと。神霊界から達観すること。時間と空間を超越すること。【11・言霊反】

うちうのそとのせかい〔宇宙の外の世界〕
神霊の世界。【19・1】

うちうのほうてん〔宇宙の宝典〕
霊界物語は宇宙の創造神の啓示によって完成したものであるから、三界一貫の大生命を保つ人類はもとより、神々におよび宇宙そのものの宝典となるものである。【40・緒言】

うちまたかうやくてきしんかう〔内股膏薬的信仰〕
二心をもった信仰。【31・1】

うつしくにのみたま〔顕国の御玉〕
素盞嗚尊の御神体。【1・37】

うつしくにのみや〔顕国宮〕
コーカス山にたてられし宮、祭神国常立尊、金勝要神で宮の主は素盞嗚尊。神紋は三つ巴で、顕国玉の宮といい一名飯成（いいなり）の宮ともとなえた。宮司は三葉彦命の改名太玉命である。【11・24】

うつしよひめのかみ〔現世比女の神〕
紫微天界の三笠山の御樋代神。【73・37】

うつつさんたらう〔現三太郎〕
夢心地になること。有頂天。【72・19】

うづのみこ〔貴の御子〕
大神さまの最も貴い御子。天照大神、月読命、神素盞嗚尊。【10・26】

うづのみやこ〔貴の都〕
エルサレムの神の都。【9・4】

ウヅのみやこ〔ウヅの都〕
アルゼンチンの首都。【69・4】

うづひこ〔珍彦〕
治国別の徒弟である晴公（旧名俊）の実父。【44・12】

うづやまごう〔宇都山郷〕
京都府北桑田郡京北町下宇津あたり。【20・第一篇】

ウヅンバラ・チャンドラ（梵）
優曇華の月の意味で、出口聖師のこと。【61・4、63・序歌】

うどんげ〔優曇華〕
印度ではイチジクのこと。大本では、三千年の神の経綸が成就して、発表された、神と人を根本的に救済する伊都能売の大神の至仁至愛の教のことをいう。【11・28】

う

うなねつきぬく〔頸根突ぬく〕
祝詞用語の一節で、神さまにアナナヒの誠をささげて奉仕しますとの意味をいう。【14・16】

うなりづのかみ〔鋭敏鳴出の神〕＊
太元顕津男の神の八柱の御樋代神の祈りに対して主の神が降した宮司二柱のうちの一柱である。もう一柱は天津女雄の神。【74・総説】

うばたまひこ・うばたまひめ〔烏羽玉彦・烏羽玉姫〕
ペルシャ（イラン）国の柏井の里の酋長夫婦。黒姫はその長女。【33・20】

うはついはね〔上津岩根〕
高く聳えた岩。【36・15】

うはつせ〔上つ瀬〕
三途川の上流のことで、現実世界へ生まれてくる霊魂や蘇生する人の霊魂のわたる川瀬。【14・跋文】

ウバナンダ・ナーガラシャー（梵）
八大竜王の一で善歓喜竜王。【63・2】

うはばみののろこう〔蟒の野呂公〕
木の花姫の化身。【13・15】

うひぢねのかみ〔宇比地根神〕
主神のあらゆるものを解く力。【6・1】

うぶすなのかみ〔産土の神〕
各地を常に守護される、たとえば市長・町長・村長に相当する神霊のこと。【1・6】

うぶすなやま〔産土山〕＊
→いそのかみやかた。

うぶだまのかみ〔産玉の神〕
紫微天界のお産の守り神。「御子生みの神業助けむ産玉の神の神言のあらむ限りは」「産玉の神なる吾は産の神万代までも産子を守らむ」。【74・12】

うぶや〔産屋〕
御神諭にある産の精神の人民、生まれ赤子の心の人民を養成する霊地。鶴亀の両聖地のこと。【8・43】

うへだに〔上谷〕
出口聖師が大本開祖に依頼されて幽斎の指導をされたときの修業場。綾部市在。【38・3】

うましもとのかみ〔美味素の神〕
紫微天界の味を守る神で、神にも人にも食物にも山野海河のものにも味わいを与うる神。「神々の日々の食物悉く美味しきくはしき味を与へむ」「神の味また人の味食物の味ひ守るわが神業かも」「足引の山野海河種々のものら残らず味ひ与へむ」。【74・11】

うめがかひめ〔梅ケ香姫〕
桃上彦の三女。【9・1】

うめこう〔梅公〕
言霊別命の化身で照国別の弟子となって神業をたすけた。【67・総説】

うめだりうげつ〔梅田柳月〕
京都市出身の梅田信之。【38・16】

うめひこ〔梅彦〕
アーメニヤ出身で日出別命の宣伝使の弟子となる。のちの照国別。【13・2】

ウラナイ教
八岐大蛇、金毛九尾に憑依されたウラル姫の娘高姫が教祖となって、イラン国北山村で開いた。大自在天神を祭神として、特に素盞嗚尊の瑞の教を絶滅させんとした支離滅裂の教を説く教団。【15・8】

ウラナイバラニズム
ウラナイとは大本を始め神仏耶の教を勝手にぬすむことで、バラとはバラモンで権力武力金力主義のこと。人造教であって、やり方は権力、武力、金力万能主義のこと。【70・1】

うらのしんゆ〔裏の神諭〕
開祖の在世中、その神諭（表）を補うために豊雲野神のご系統神が、聖師を通じて発表された神諭。【6・7】

うらまちやかた〔裏町館〕
大本開祖が一人で神さまを奉祀していられた綾部の裏町の土蔵のこと。【入蒙・1】

ウラル教
教祖ウラル彦、主祭神盤古神王、教義は体主霊従、宣伝歌は「飲めよ騒げよ一寸先は暗夜、暗のあとには月が出る」である。理智を主とし左経右剣で武と教を兼ねた宗教。【10・2、40・6】

ウラルけうこくか〔ウラル教国家〕
ウラル教を国是国教とする国。【30・17】

ウラル山 ＊
→やつがしらやつをのをろち。

ウラル彦
第二世常世彦の改称。【5・17】

ウラル姫
第二世常世姫の改称。【5・17】

うれしほのかみ〔宇礼志穂の神〕
紫微天界の歓喜の守り神。「歓びの満ちあふれたる天界に生れし幸を吾は嬉しむ」。【74・12】

うゐきよう〔茴香〕
セリ科の植物で茎は一～二メートル、夏から秋にかけて黄花を開く。果実は線状長楕円形で長さ八～一〇ミリで薬用、酒や香料ともなる。【25・5】

え

えうげんばう〔妖幻坊〕
バラモン教本山の大雲山の八岐大蛇の片腕で兇党界に属する獅子と虎の混血の肉体をもった邪霊。【50・総説】

えうみ〔妖魅〕
悪い霊魂。【5・序文】

えうめいしゆ〔妖瞑酒〕
非常に苛性的な狂乱を起こす薬を入れた酒。【54・12】

エキス
バラモン教のランチ将軍の大目付。【46・20】

エキス
テルモン山のワックスの悪友。【56・17】

ヱクス
ビク国の左守司の忠良な家令で、のちに右守となる。【53・2】

えじま〔家島〕
兵庫県飾磨郡家島（いえじま）町。【23・12】

エス
ウラル教のブール教主につかえた宣伝使。のちに日暮シ山の三五教の教主となる。【31・総説】

えぞのしま〔蝦夷の島〕
北米大陸。北海道はその胞衣。【6・25】

えだがみ〔枝神〕
宇宙根本の神でなく、分霊分派の神霊および人間を祭った神。【30・15】

え

エッボオーレッポ（仏）
認められる。【54・11】

えな〔胞衣〕
①ミロクの神世を創建する大本教団、世界に地上天国の模範を示す。日本神国の役目をさしていう。②母胎。胎盤のことで、胎児をそだて、一切の栄養を供給する活動をする意味。【6・総説、19・霊の礎（五）、39・1】

えびす〔戎・蛭子〕
大本では大国主命の御子言代主命。【65・26】

エビスコーバル（英）　episcopal
司教。【56・8】

エマーソン　Emerson
アメリカの思想家。【47・5】

エミシ
バラモン教の久米彦将軍の副官。【53・11】

エームス
セイロン島のサガレン王の右守で元三五教徒。【36・4】

エーリス
高砂島のカールス王の父アークス王の弟で、ヤーチン姫の父。【28・2】

エリナ
ウラル教の宣伝使エスの娘でのちに日暮シ山の三五教の内事の司となる。【31・総説】

エリナン
ビクトリヤ王とビクトリヤ姫の四男。【54・1】

エリヤ
宇宙一切の道理を説き、因果の神律を開示するために活動され、天地の律法を現界に宣伝した天真道彦命のこと。【2・6、6・23】

エル
テルモン山の神館の玄関番。【56・17】

エルサレム
天地の大神の珍らしい宮殿のあるところ。【1・23】

エルサレム
至聖地の意なり。【62・7】

エルサレムの宮
最高天国の中心にある大神さまのましますの聖場および御教を伝うる聖場。物語の上ではイソ館、黄金山、霊鷲山、綾の聖地、天教山、地教山など。【48・12】

エルソン
印度トルマン国タライ村の青年。【66・2】

エルバンド
金毛九尾の系統で、アマゾン地方にすみ、大蛇でも鰐でもない、鉄のような鱗をもち、四足の動物の生血を吸うて生きていた女性的の怪物。三五教の言霊によって向上し、風雨を調節する神使となる。【32・1】

エロスの神
紫微天界の美貌の守り神で立世比女の神。【76・2】

えんおうのちぎり
→ゑんおうのちぎり。

えんぎしきない〔延喜式内〕
醍醐天皇時代の年号（九〇一年～九二二年）延喜五年（九〇五年）勅命によって選出に着手し延長五年（九二七年完成）延喜式という本に記載された由緒正しき神社のこと。式内社ともいう。【1・1】

えんすゐ〔塩水〕
祓戸行事のときに大麻とともに、塩水を松の葉の先につけて用いる。【25・16】

えんちやうしえ〔円頂緇衣〕
頭を丸めた僧形に黒衣を着用すること。【55・15】

えんぺい〔艶兵〕
美人の兵士。【53・11】

えんむすびのかみ〔縁結びの神〕
結婚の守り神、素盞嗚尊および金勝要神（奇稲田姫・須勢理姫）のこと。【11・28】

えんらわう〔閻羅王〕
国常立命の別名、野立彦命の仏名。【6・23】

お

おあい〔お愛〕
天教山の天使でアフリカ大陸の火の国の守護職となった建日向別（八島別）と敷妙姫の間の長女で、本名は愛子姫といい侠客虎公（虎若彦）の妻となる。【34・17】

おいとじまじんしや〔老人島神社〕
冠島に奉祀された神社。【38・13】

おいのたかさご〔老の高砂〕
老人の結婚。【72・1】

おうごんかく
→わうごんかく。

おうごんざん
→わうごんざん。

おうごんじだい
→わうごんじだい。

おうごんすいのたま
→わうごんすゐのたま。

おうごんせかい
→わうごんせかい。

おうごんぞう
→わうごんざう。

おうごんのたま
→わうごんのたま。

おうごんのぬさ
→わうごんのぬさ。

おうごんひめ
→わうごんひめ。

おうせい
→わうせい。

おうりようひめ
→わうりようひめ。

おかげ〔神徳〕
神さまの霊徳を霊肉両方面に頂くこと。【17・11】

おかげのいりぐち〔御神徳の入口〕
社会奉仕をして陰徳を積むこと。【20・9】

おきざかるのかみ〔奥疎神〕
陸軍。【10・28】

おきつかひべらのかみ〔奥津甲斐弁羅神〕
陸海軍の武器。【10・28】

おきつなぎさびこのかみ〔奥津那芸佐毘古神〕
海軍。【10・28】

オークス
ビクトリヤ王とビクトリヤ姫の五男。【54・1】

おくにわけ・おくにひめ
→をくにわけ・をくにひめ。

おくみ
文助の母。【52・16】

お

おけふせやま〔桶伏山〕
聖地アヤベの御神体である本宮山のことで、太白星の十二の鶴石の中の一つ黄金の玉が青雲山に国魂として奉斎されていたが、エルサレムにうつし、のちにアヤベの桶伏山にしずめかくし、これを円山（まるやま）と名づけられた。ほかに聖師は鶴山、橄欖山ともなづけられた。【6・41】

おころびのみそぎ
→をころびのみそぎ。

おさとし〔神諭〕
三五教すなわち大本の教は国常立尊さまの霊系が経糸となり、豊国姫尊さまの霊系が緯糸となり、経緯相揃うた完全無欠の教であるから神諭（おさとし）という。【40・6】

おしえのいば
→をしへのいば。

おしえのべつしよう
→をしへのべつしよう。

おしま
→をしま。

オ・シャンス（仏）
幸運・好機。【53・1】

オーストラリヤのひとつじま〔オーストラリヤの一つ洲〕
濠洲大陸のこと。【24・3】

おそら〔お空〕
頂上。【18・12】

おだいさん〔お台さん〕
精霊の憑依する台になる肉体。【37・12】

おたけび
→をたけび。

おたけびのみそぎ
→をたけびのみそぎ。

おたま〔お玉〕
弥仙山麓於与岐の豊彦の一人娘で玉照姫の生母。【18・2】

おたみ〔お民〕
ビクトリヤ王と侍女皐月の間に生まれた玉手姫で、ダイヤ姫の姉。【55・8】

おため〔お返礼〕
返礼や謝礼の意味をもつ丹波地方の方言。【8・17】

おだわらひようぢよう
→をだはらひやうぢやう。

オチコ〔蒙〕
男根。【64下・13】

おちぶれもの〔落ちぶれもの〕
物質的にも、神魂にも、教育の程度にも真の状態があらわれてない意味。【36・序文】

おつかき〔十能〕
砂糖屋で、砂糖を小さく砕くために使う十能のこと。【25・15】

おつちにしたしむ〔お土に親しむ〕
大地の上を足であるいたり、坐ったり、寝たりすること。【30・1】

おと〔妊娠〕
受胎したこと。【18・4】

おと
→をと。

おとし〔お年〕
文助の娘で三才のとき帰幽し、十六年間八衢で過し天国へ昇った。【52・15】

おとひこ〔音彦〕
アーメニヤ出身のウラル教の宣伝使で、日の出別神に帰順し、のちの玉国別。【13・2】

おとひめがみ〔弟姫神〕
紫微天界の葭原の国土の水上山の里の国津神たる山神彦、川神姫の娘。【79・3】

おとめ〔童女〕
日本国有の日本魂の老若男女の意。【15・11】

おどやまづみ〔淤縢山津見〕
大国彦の宰相の醜国別が根底の国におちる際、海の竜宮にすくわれていたのを日の出神に救出されてこの名をいただき、黄泉比良坂の神業に参加した。【8・15】

おとら〔お寅〕
蠑螈別の情婦で小北山のウラナイ教の中心人物。元は女侠客。【45・1】

おなら
イラン国の浮木の森の火の見櫓の前に〇に十の足跡を印し放屁しながらあらわれ、ガリヤ、ケース、初、徳を閉口させた美女。【52・18】

おにがじやう〔鬼ケ城〕
京都府福知山市の東北方。【17・序文】

おにがじやうさん〔鬼ケ城山〕
鬼ガ城のとりでのある山。【17・序文】

おにくまわけ〔鬼熊別〕
鬼雲彦の副神で八岐の大蛇の悪霊に憑依されて綾部の聖地を攻略しようと、鬼ガ城山にたてこもっていたが、悦子姫一行と三五教に心底から帰依した部下の荒鷹、鬼鷹らの言霊におわれて遁走した。のちに、瑞霊神素盞嗚の大神に帰順し、印度のハルナの都で蔭から神業のために活動することとなる。【17・序文】

おにくもひこ〔鬼雲彦〕＊
→おほくろぬし。

おにたか〔鬼鷹〕
鬼熊別の宰相役で荒鷹と共に三五教に帰順し、隆光彦となった。【17・12】

おにたけひこ〔鬼武彦〕
すべての邪神悪人を監視して悪事を防ぐ、白狐の総取締の強力なる神使。悪魔征服の強力なる神使。【4・18】

おにつかみ〔鬼掴〕
鬼雲彦の腹心の部下。【16・6】

おにとぞくとのよのなか〔鬼と賊との世の中〕
大本神諭に世界をさして警告された神言。【13・15】

おにはるわけ〔鬼春別〕
鬼雲彦の左守であったが、イソの館の三五教の征討将軍となる。【40・1】

おにまる〔鬼丸〕
バラモン教の宣伝使谷丸の部下で、のちに三五教に帰順した。【19・13】

おにむすめ〔鬼娘〕
高城山（八木町）の麓に生まれてフトしたことから吸血鬼となって兵庫県の大谷山麓にたてこもった「お光」。【21・11】

おのころじま〔淤能碁呂嶋・自転倒島・磤馭盧嶋・自凝島〕
大本では日本列島のこと。【59・序】

おはだまもり〔お肌守〕
教祖または大本教主の真筆の御神体で、信徒各人が常に肌身につけるお守り。【37・24】

おばたみようじん
→をばたみやうじん。

おひがしさま〔お東さま〕
厳の御霊、瑞の御霊の大神のこと。【47・20】

お

おヒネリ
和紙に「うしとらのこんじん」「ひつじさるのこんじん」としるされた教祖の真筆を綺麗にたたんだもので、大事のときに服用する。後は代々の教主の真筆により作られている。【37・24】

おふだはかせ〔お札博士〕
日本の神社仏閣に参詣し、お札を蒐めた米国のスタール博士のこと。【64下・11】

オブチーミスト（英）　optimist
楽天家。【60・7】

おふで〔お筆〕
大本開祖の帰神の神筆であるお筆先。【32・7】

おほうなばら〔大海原〕
全地球上の国土および天界の国土のこと。【3・43、6・25、47・総説】

おほえやま〔大江山〕（福知山市）
邪霊の湧出する、日本における邪気線の発生するところ。【1・25、16・序文】→たいかうざん。

おほかみ〔狼〕
蔭武者、強者、食人種の意。【41・1】

おほかみのいはや〔狼の岩窟〕
北光神の神業の拠点である印度の高照山の照山峠の近くにある蔭武者・食人種の集合地点。【41・10】

おほかみのぢきつかさ〔大神の直司〕
天地の祖神様の直接の神意を伝達される神司のことで、ここでは玉照彦、玉照姫のこと。【27・12】

おほかむつかさ〔大神司〕
大神に直接奉仕される神定の神柱のこと。【33・18】

おほかむづみのかみ〔大神津見神・意富加牟豆美神〕
瑞霊の神徳を発揚して黄泉比良坂の神業に奉仕した松代姫、竹野姫、梅ケ香姫へ伊邪那岐尊がさずけられた神名、または大本の聖団。瑞霊の神徳を体現する大神人のこと。【8・42、10・21】

おほくにとこたちのおほかみ〔大六合常立大神〕
大宇宙を創造し建設し経営していく神さま。【47・総説】

おほくにとこたちのみこと〔大国常立命〕
国常立尊が宇宙を創造し守護されるときの神名、および敬称。【1・20】

おほくにとこたちのみこと〔大国常立神言〕
主の大神。【73・5】

おほくにはるたちのみこと〔大国治立尊〕
大宇宙一切を御守護あそばす時の御神名。単に国治立命と申すは大地球上の神霊界を守護さるるときの御神名。【2・総説】

おほくにひこ〔大国彦〕＊
→だいじざいてんじんおほくにひこ。

おほくにひめ〔大国姫〕＊
→ロッキー山城、よもつのかみ。

おほくにわけ〔大国別〕
大自在天大国彦命の末子で常世国で生まれ、妻は醜国姫。【15・1】

おほくろぬし〔大黒主〕
常世国の生まれで鬼雲彦といい、バラモン教の教主大国別命歿するやその子国別彦を排除して自ら大教主となり、印度のハルナの都に割拠、刹帝利の本種で大国彦神または大黒主神と自称して地上を撹乱した邪神の巨頭である。【39・1】

おほげつひめ〔大気津比売・大宜津姫〕
世界中がこぞって美衣美食し美しい家に住み、あらゆる贅沢を尽し、体主霊従の頂上に達すること。衣食住に贅を尽す体主霊従人種。ここではウラル姫のこと。【11・15、6・29】

おほことおしをのかみ〔大事忍男司〕
伊邪那岐大神の御子で、あらゆる苦難にたえてミロクの神代を成就するため活動せられる神霊のこと。【7・1】

おほごんざん〔黄金山〕＊
→エルサレムの宮、まるやま、わうごんかく。

おほたかわけ〔大鷹別〕＊
→せいりよくにぶん。

おほたつみひこのみこと〔大竜身彦の命〕
紫微天界の葭原の国土の中央伊吹山の麓をめぐる玉耶湖にすむ竜神族の王。【79・3】

おほたにやま〔大谷山〕
兵庫県川辺郡にあり、現在二二八メートル。【21・11】

おほつきでんきち〔大槻伝吉〕
大本開祖の三男で、長姉大槻米子の養子となる。【38・16】

おほつみづほのかみ〔大津瑞穂の神〕＊
天の世造化三神に天津瑞穂の神とともに左守の神として仕える。オの言霊。【73・5、73・6】

おほつもごり〔大晦日〕
十二月三十一日。【67・19】

おほとうげ〔大峠〕
地上の神人に対する神の大審判。【6・15】

おほとのぢのかみ〔大戸地神〕
主神のあらゆるものを動かす力。【6・1】

おほとのべのかみ〔大戸辺神〕
主神のあらゆるものを静める力。【6・1】

おほとびわけ〔大戸日別〕
大事忍男司の神使である康代彦の大台ケ原の神業にたいし、日の出神からあたえられた神名。【7・5】

おほとまどひこ・おほとまどひめ〔大戸惑子・大戸惑女〕
ローマの八王神元照別夫妻のこと。【6・50】

おほなほひ〔大直日〕
人のタマシイの本体。【1・基本宣伝歌】

おほなほひのかみ〔大直日神〕
人の霊魂中の直日の霊を守護される神聖な職掌。【10・26】

おほなむち〔大己貴〕
大国主命の一名。【6・序歌】

おほばけもの〔大化物〕
物語では言依別命、大本神諭では神さまからの出口聖師の愛称。【33・18、50・2】

おほはらけいすけ〔大原敬介〕
政界の巨頭の精霊。【52・25】

おほはらひのりと〔大祓祝詞〕
延喜式に載録された中臣が大祓執行にあたり奏上する祭文。【39・附録】

おほまがつかみ〔大曲津神〕
内部から大破壊にみちびく悪魔。【3・47】

おほまがつのかみ〔大曲津の神〕
体五霊五の天則を破りたる人の身魂。【6・26】

おほまがつひのかみ〔大禍津日神〕
悪鬼邪霊を監督し改過遷善せしむる総取締の職掌。【10・26】

おほまがつみのかみ〔大曲津見の神〕
邪神の頭。【76・2】

おほみたま〔至大霊魂球〕
至大天球すなわち大宇宙の最第一の霊魂精神。【81・総説】

おほみややま〔大宮山〕
印度タラハン国のタラハン城から正南三千メートルにある、タラハン王家の氏神（盤古神王を鎮祭）をまつった山。【68・11】

おほみわざ〔大神業〕
神素盞嗚大神が国常立尊を地球の神界の主宰神とし地上にミロクの神代を樹立される神業のこと。【26・7】

おほむかで〔大蜈蚣〕
言依別命が球の玉の霊力をもって、キジとマチ二人の出陣をはげますため顕現させたもの。【30・22】

おほもてけう〔太元教〕
時置師神の杢助が、神戸生田の森の家に宣伝使に反正撥乱の教育をするために、臨時にかかげた看板。【22・17】

おほもとあきつをのかみ〔太元顕津男の神〕
紫微天界の神で、出口聖師の精霊素盞嗚尊の御本霊。【73・総説】

おほもとあきつをのかみ〔太元顕津男の神〕＊
天之峯火男神の命によって国生み神生みの神業（みわざ）に仕えた。大太陰界に鎮まり、至仁至愛（みろく）の神と現われ、数百億年を経て今日に至るまで、宇宙一切の天地を守る。瑞の御霊の神霊を肉の宮居に降された。【73・8、73・12】

おほもとがみ〔大原霊神〕
宇宙の大原霊の顕現神。【1・22】

おほもとがみ〔太元神〕
宇宙の祖神が創造の活動をされる時の名称。【47・総説】

おほもとのおほはし〔大本の大橋〕
大本の教、または大本神の経綸のこと。【5・26】

おほもとのさいだん〔大本の祭壇〕
大本の神さまを奉斎する神聖な壇。【38・10】

おほもとのだいせいしん〔大本の大精神〕
大宇宙の根本にます神さまの大精神。【13・モノログ】

おほもとはてんちのおほはし〔大本は天地の大橋〕
天地の祖神の神教を伝達して神人ともに天界の情勢を知らせて神も人も天国にすくうのが大本の教であること。【48・10】

おほもとびと〔大本人〕
大本の神さまを信仰し、その教理を遵奉する人の総称。【8・42】

おほやしまのくに〔大八洲の国〕
地球全体の大陸の総称。【6・27】

おほやしまひこのみこと〔大八洲彦命〕
素盞嗚尊の分霊で、天使長として、国常立尊の神示、経綸のまにまに、地上天国を樹立するために活躍される神。霊国の宣伝使で、神名は月照彦命。元は国祖大神の天使長で、豊国主尊の一名国大立命（素盞嗚尊）の和魂。後世釈迦と生まれて仏教を開いた。【1・22、48・13】

おほやびこ〔大屋毘古〕
家屋の守り神。持主。【7・7】

おほやまぐひのかみ〔大山杙神〕
山を多く占領する神。【6・30】

おみと〔御宮殿〕
神さまの宮居。【31・12】

おもかつがみ〔面勝神〕
勇敢な神。【76・3】

おもたるのかみ〔面足神〕
主神のあらゆるものを合わす力。【6・1】

おもてのしんゆ〔表の神諭〕
大本開祖に国常立尊がおかかりになって、現わされた神筆おふでさきを、出口聖師が漢字まじりの神文として発表されたもの。【1・18】

おもひかねのかみ〔思兼の神〕
神さまの教と神示を体得して、これを実現するために、すべてのすぐれたる神と人の智慧と知識と技術を結集して、活用する大智者。現代語では議長。【12・30、39・2】

おやゆずりのかうつうきくわん〔親譲りの交通機関〕
脚と足。【29・7】

オーラ山
印度のトルマン国の西北方に数百里に連なる大山脈。【66・総説】

オリエンタル（英）　oriental
東洋の。東方の。【64上・9】

オリバス神
エジプト国に祖神として祀られた神。【25・13】

オールスチン
テルモン山の神館の家令。【56・16】

オルレグレット（伊）　allegretto
やや急速な音色。【55・22】

オレゴン座
瑞霊にゆかり深い三ツ星のあるオリオン星座。【60・12】

オレゴンせいざ〔オレゴン星座〕
オリオン星座。相応の意味は刑務所のことをいう。オリオン星座は「囚」の形をなしている。【5・総説】

おろちのさんこう
→をろちのさんこう。

おろちのひれ
→をろちのひれ。

おろちひこ
→をろちひこ。

おん〔音〕
言霊学上から見て、言葉の中に精神的なもの少なきをヲト、おんという。カ行、タ行、ガ行、ダ行、パ行、ラ行の三十音。【74・総説】

おんしぐみ〔御経綸〕
国常立尊が太古から神国成就のために、準備された御仕組。【26・7】

か

かいくわてんのう〔開化天皇〕
出口聖師の産土の神で小幡神社の主祭神であり、稚日本根子彦大日日命（わかやまとねこひこおほひひのみこと）と申す。神社はもと高熊山に鎮座されていた。【1・1】

がいこくのけいりん〔体主霊従的の経綸〕
外国のことではなく、天則である霊主体従（ひのもと）のやり方に反する体主霊従的やりかた。【10・30】

がいこつをこふ〔骸骨を乞ふ〕
辞職願。【4・36、67・20】

かいざうてつだうのしうてん〔改造鉄道の終点〕
世界改造の神さまの御経綸の完成。【27・1】

か

かいざん〔開山〕
教祖開祖のこと。【21・1】

かいしん〔改心〕
真の神さまの存在を覚り、神の子・神の宮として天地経綸の神業に奉仕すること。【4・37】

かいしんたう〔海神嶋〕
改心の境地に到達したことの象徴。【24・9】

がいぶん
→ぐわいぶん。

がいぶんてきのおしへ
→ぐわいぶんてきのをしへ。

がいぶんのじようたい
→ぐわいぶんのじやうたい。

がいぶんのみち
→ぐわいぶんのみち。

かいらうどうけつ〔偕老同穴〕
夫婦の契。【28・1】

かういのしんげふ〔更衣の神業〕
立替え立直しの神業。【69・6】

かうかん〔交感〕
神霊と交流し感覚すること。【5・総説】

かうじやうしん〔向上身〕
御神格に照らされて向上した体。【19・9】

かうしよてんかい〔高処天界〕
高天原の中央に位する天界。【2・2】

かうしよてんごく〔高処天国〕
最高の天国。【47・13】

かうせいしゆ〔更生主〕
三千世界を神愛神智によって改造される神柱のこと。厳霊大本開祖。瑞霊出口聖師。【61・6】

かうせいしん〔更生神〕
三界の大救世主神素盞嗚尊のこと。【39・8】

かうせいのしんげふ〔更生の神業〕
瑞の御霊の神務である、大宇宙を本来の天界の姿に立直す宇宙更生の神業のこと。【7・総説】

かうせいのみわざ〔更生の神業〕
天地の祖神の神徳経綸によって、たちまちに死滅せむかと思われた大地球が甦りて新しい神代が生まれる神業。【73・総説】

かうぢのしろ〔神地の城〕
セイロン島のサガレン王の王城。【36・総説】

かうづのたま〔神集の玉〕
シオン山からあらわれた顕国の御魂から生まれた金剛不壊の如意宝珠で、一名言霊という。瀬戸内海の神島に言依別命の命により、初稚姫によって埋蔵された。【16・13】

かうやうざん〔向陽山〕
常楠仙人が立篭っていた沖縄の球の島の霊山。【28・13】

カウンテス（英）　countess
伯爵夫人。【54・15】

カウンテネンス（英）
冷静さ。【53・1】

カウント（英）　count
英国以外の国の伯爵。【54・15】

かえんざん
→くわえんざん。

かがびこ〔迦々毘古〕
火の神。【6・29】

かがみ〔鏡〕
模範、手本。【8・21】

かがみのいは〔鏡の岩〕
第二天国から最奥天国に入る境にある鏡のことで、祝詞の言霊によって開かれる。【15・19】

カクダカー・トヤーヤナ（梵）
バンロギズム（汎理論）、スプリチュアリスチックバンセイズム（唯心的汎神論）、バンフシギズム（汎心論）、アーセイズム（無神論）、ブルラリズム（多元論）、モニズム（一元論）、ソシアリズム（社会主義）、アナーキズム（無政府主義）、ニヒリズム（虚無主義）、コンミュニズム（共産主義）など意見を主張しながら、精神にも物質にも徹底しない二途不摂の異見外道。【57・1】

かぐづちのかみ〔迦具槌神〕
火の神火力文明。【6・29】

かぐのこのみ〔香具の木の実〕
橙のこと。【15・6、73・9】

かぐらまひ〔神楽舞〕
天の岩戸開きの神業のこと。【15・10】

かくりごと〔幽事〕
神霊に奉仕し人の心を治め霊界の精霊を救う宗教の活動。【28・14】

かくりごと〔幽り事〕
霊界の政事。【54・附録】

がくわうがく〔学王学〕
言霊学のこと。【72・2】

かげのしゆご〔陰の守護〕
主宰権を失われた国常立尊の御系統の神々が間接的に守護されること。【10・15】

かけはしごてん〔懸橋御殿〕
秘露（ヒル）の国のテーナの酋長アールとアルナ夫妻が月照彦命に黄金の玉を献じ、国玉依別、玉竜姫と神名をたまい、主一無適の信仰によって、月照彦命の霊力、国魂神・竜世姫の威徳顕現し狭依彦の加護によって、信徒が激増したためにテルの国の鏡の池のほとりの谷の上にかけわたして建設された神殿。【29・2】

かささぎ〔鵲〕
カアカアと朝鳴く烏。【29・8】

かさやのでつち〔傘屋の丁稚〕
骨折って叱られること。【10・7】

かしこねのかみ〔惶根神〕
主神のあらゆるものを分ける力。【6・1】

かしまだち〔鹿島立〕
言霊戦への出陣。出発。【9・12】

かしやひこ・かしやひめ〔樫谷彦・樫谷姫〕
アーメニヤ出身で照国別（亀彦）の両親。【39・16】

かしよく
→くわしよく。

かぜけつわけのをしを〔風気津別之忍男〕
エルサレムの従臣国彦の三男梅ケ香彦に日の出神からあたえられた神名。【7・7】

かぜのかみ〔風の神〕
気流を守る神使。【1・21】

かせふそんじや〔迦葉尊者〕
釈迦の愛弟子の迦葉尊者のことで、霊界物語では治国別としるされている。【57・3】

かた〔型〕
丹波地方の方言で、運のこと。【18・7】

かた〔形〕
現界は、形式の世界であるので、神さまへ真心が通ずれば形だけの修行で救われる意味。【19・15】

か

ガーター勲章　The Order ob the Garter
イギリスの最高勲章でナイトを授けられた者が佩用。英国エドワード三世によって（一三四四年）制定された。【47・1】

カターツ・バドラ　ヴォード・ヴェーカブラチュツチールナ（梵）
度一切世間苦悩。世間一切の苦悩を済度する。【60・2】

かたひこ〔片彦〕
バラモン教の幹部の宣伝使。のちにハルナの都から派遣されてバラモンの宣伝将軍となり治国別に言向和された。【24・1】

かたやまきやうすけ〔片山狂介〕
軍閥の巨頭。【52・27】

カータルブラバーサ・マハーダルマ・タダアガタ（梵）
光明大法如来。【57・1】

かだん
→くわだん。

かちぐり〔勝栗〕
乾燥した栗の実。【17・2】

かちようざん
→くわてうざん。

かつきりんりん
→くわつきりんりん。

かつけいてん
→くわつけいてん。

かつこう〔勝公〕
高熊山入口の来勿止館の司。【19・14】

がつてんし〔月天使〕
太陰界への律法伝達の使神としての豊国姫命の聖職。神業は国大立命に依任さる。【3・1】

かつぶつ
→くわつぶつ。

かてん〔下天〕
下層の天国。【48・14】

かとりわけ〔蚊取別〕
ミロクの神が悪神の名であらわれた化身。霊界物語第四巻までの蚊取別は邪神界のもの。【7・43】

かなやまひこ〔金山彦〕
金銀為本のやり方、黒鉄文明。【6・29】

カナンボール
バラモン教の蜈蚣姫の右守。【22・18】

かにくもわけ〔蟹雲別〕
上流社会の人で、横道ばかりあるく悪の指導者たち。【10・9】

カニパリズム（英）
肉体至上主義。【53・13】

カーネル（英）　colonel
陸軍大佐。【54・12、55・1】

かのととりのとし〔辛酉の年〕
この場合は大正十年。【14・17】

かのとのとりのきくづきのやうか〔辛酉の菊月の八日〕
神素盞嗚大神が世界政治の経綸の基礎を定めるため日本国の由良の港の秋山彦館に降られた日。【26・2】

かはいいせかいのうじこ〔可愛い世界の氏子〕
天地の祖神から全人類への愛称。【19・15】

かはやのかみ〔大便所の神〕
地獄界および、便所の守り神にます金勝要神。【1・8】

カピタル（英）
古代ローマの神殿。【64上・8】

カビラ・マハールシ（梵）
悪の主である大聖者。大黒主（鬼雲彦）のことで、外道の九十五種の主となるもの。【57・1、63・序歌】

カブオット（仏・ラテン）　gavotte
舞踏。【54・18】

かへで〔楓〕
治国別の徒弟晴公の実妹。【44・10】

かへでわけ〔楓別〕
日の出神から秘露（ヒル）の国王を命ぜられた紅葉彦（清彦）の子。【30・17、31・総説】

かまひこ〔鎌彦〕
テルモン山の小国彦の次女ケリナ姫の恋男。【56・2】

かみ〔真神〕
宇宙の本体、本霊、本力の合致した無限の勢力。【40・6】

かみ〔神〕
言霊の水火（いき）から鳴り出でましし神霊。【73・23】

かみうみ〔神生み〕
天使天人を生み、またはそれぞれの神役を任命されること。【6・21】

かみうみ〔神生み〕
太元顕津男の神が紫微天界で指導者・統治者の身魂を撰らみ、または生ませ玉う神業。【73・総説】

かみがおもてにあらはれて〔神が表に現はれて〕
宇宙のつくり主にます大神さまが、救世の大神人を通して神意を発表し、真実を明らかにして人類の世界を指導されること。【1・基本宣伝歌】

かみからあらはれたかみ〔神から現はれた神〕
世界の創造主国常立尊（国治立尊)、豊雲野尊、神素盞嗚尊のこと。【41・13】

かみくにのみふみ〔神国の神典〕
神典古事記、日本書紀、延喜式祝詞など。【54・附録】

かみくひむし〔紙食ひ虫〕
紙を無駄使いにする人。【29・8】

かみごころ・ほとけごころ・かくしん〔神心・仏心・覚心〕
善の方へ働く感情で、慈悲心、同情心のこと。【40・6】

かみごと〔神言〕
一般では大祓祝詞という。出口聖師が大祓祝詞を神示に従って改訂されたもので、大本言霊学で解明すれば大本神諭の内容と全然符節を合する。【4・総説、39・附録】

かみさまのうまれがはり〔神様の生れ替はり〕
主神の御分霊、または天使天人が使命を帯びて生まれた真人。【20・1】

かみさまのつな〔神様の綱〕
神さまのお導き。【8・31】

かみじま〔神島〕
播州の高砂沖の上島。牛島、炮烙島ともいう。【22・18】

かみづけぬのかたな〔上毛野の形名〕
舒明天皇の九年蝦夷がそむいたときの征討将軍で、一度敗軍となったが妻の諫めと助力によって使命をはたした。【59・5】

かみつせ〔上瀬〕
上流の神界または上流社会。【10・26】

か

かみにはなれてかみにつき〔神に離れて神につき〕
正面から神さまの道を説かず、言行心の実践の場で神さまの御心を実現実行すること。【10・総説歌】

かみのいきみや〔神の生宮〕
人間の体のこと。神の容器となる真人。【43・4】

かみのいへ〔神の家〕
天国で天人が祭典を行ない、霊国宣伝使が説教を行なう木造の殿堂。【47・19】

かみのおほみたから〔神の大御宝〕
ここでは、天国天人、霊国天人となって、天国、霊国へのぼった人。【19・霊の礎】

かみのこ〔神の子〕
日の出別命の部下であった玉清別が、印度タラハン国の神谷村に時を待っているうちに妻玉子姫との間に生まれた神童といわれた長子。【71・総説】

かみのことばににごんなし〔神の言葉に二言なし〕
神勅をたびたび更改されるときは、宇宙はもとより国家社会も混乱するものであるから、神勅は一度いでたら、たやすく改めることは出来ない、との意。【1・発端、4・35】

かみのごよう〔神の御用〕
大本の神さまの地上天国建設の神業に奉仕すること。【1・8】

かみのさいしよのしゆつげんち〔神の最初の出現地〕
神さまが人体姿ではじめて出現されたトルコのエルゼルムのこと。【25・13】

かみのみつな〔神の御綱〕
まことの神さまから、神と人とを救うためにその霊魂につながれる神縁の霊線のこと。天賦の信仰心。【5・23】

かみば〔神場〕
神さまの立場。【38・2】

かみよいちだい〔神代一代〕
国祖御隠退から明治二十四年大本神再現までの間。【1・発端、60・22】

かみよせ〔神よせ〕
精霊を招き集めること。【37・12】

かみよのきうせいしゆ〔神代の救世主〕
三十五万年前の救世主である玉照彦命、玉照姫命のこと。【20・1】

かみよのけんげん〔神代の顕現〕
天国の縮図移写である大地球が、ミロクの神業神教によりて本能本質を発揮し地上天国の姿を具現すること。【73・総説】

かみをちからにまことをつゑに〔神を力に誠を杖に〕
三五教の宣信徒の信条。【9・27】

かむおい〔神追ひ〕＊
→かむやらひ。

かむがかり〔帰神〕
宇宙の主神にます天祖と国祖の大神の神がかり。【4・1、48・1】

かむがかり〔神懸〕
天使、天人の神がかり。【48・1】

かむがかり〔神憑〕
邪霊の憑依する状態。【5・13、48・1】

かむがかり〔神がかり〕
帰神、神懸、神憑を概括していう。【48・1】

かむざね〔神実〕
神さまの理想世界の見本、種子のこと。ご神霊のこと。【6・総説、43・6】

かむすさのをのかみ〔神素盞嗚神〕
最奥天界における瑞霊神の最高の御神格ご神業の神名。宇宙のつくり主の神徳を一身にあつめて、神霊世界および人類世界一切に、神教を伝達して神徳の経綸によって、地上まのあたりに天国みろくの神世を樹立される。【7・4、15・12、47・総説、48・12】

かむだね〔神実〕
御神体。【78・15】

かむながら〔惟神〕
神さまにおまかせする。神さまに従う。大自然にならうこと。【1・2】

かむながらけういく〔惟神教育〕
主神におまかせして、神賦の徳性、天分、天才を十二分に発揮するように自由自在に成育させる教育。【45・8】

かむながらちうどく〔惟神中毒〕
人間的努力をなさず、無責任にただ神さまの御守護や御恵を待ちのぞむこと。尽すべき手段を尽さず、わが身の安全のみを守り、世界人類の苦難を傍観して……何事も惟神に任すより仕方がない……と責任を回避すること。【13・20、40・13】

かむながらちうどくびやう〔惟神中毒病〕
人としての努力を忘れ、神さまに責任を転嫁して、神を笠に着たり、尻敷きにしたりする信仰。【20・9】

かむながらてき〔惟神的〕
御神意のまま。【12・序文】

かむながらてきせいしん〔惟神的精神〕
宇宙の主神の大精神に合一した精神のこと。大本神諭のいわゆる改心。【46・17】

かむながらのごけいりん〔惟神の御経綸〕
主神の御配慮、御準備、御計画。【33・18】

かむながらのたいだう〔惟神の大道〕
宇宙の主神の神慮神教そのままである大本の教。【52・2】

かむなほひ〔神直日〕
神さまの本霊。【1・基本宣伝歌】

かむなほひのかみ〔神直日神〕
神々の霊魂の中の直日の霊を守護される神聖なる職掌。豊国姫神。【10・26】

かむぬし〔神主〕
鎮魂帰神の際に霊媒となる肉体のこと。【37・7】

かむばしら〔神柱〕
神さまの御用をするためにえらばれた清浄なる人格者。【1・発端】

かむほこのかみ〔神鉾の神〕＊
天の世造化三神に高鉾の神とともに右守の神として仕える。カの言霊。【73・5、73・8】

かむみむすびのみおやのかみ〔神産巣日御祖神〕
物質界体系の祖神。【11・17】

かむやらひ〔神退ひ・神追ひ〕
追放すること。【3・31】

かむやらひ〔神追ひ〕
言霊解では、神素盞嗚大神にならって名誉、地位、財産をかえりみず大本神の神業に奉仕し、神教を世界に宣伝することの意。【11・15】

かむりじま〔冠島〕
濠洲。大本では舞鶴沖の冠島。【7・19】

かむりじま〔冠島〕
一名オシマ、舞鶴沖の離島。明治三十四年旧六月九日に大本開祖一行が開かれた島。【16・13】

かめおかまんじゆゑん〔亀岡万寿苑〕
聖地天恩郷のこと。【44・序】

かめひこ〔亀彦〕
アーメニヤ出身のウラル教の宣伝使、三五教の日の出別命に帰順し、のちに治国別となる。【13・2】

かめやま〔花明山〕
神界の最奥霊国を地上に写してつくられた大本の瑞霊の聖地天恩郷のこと。【6・目次、61・7】

かもひこ〔鴨彦〕
北野森の出身で、明志丸の船上で時置師神に言向和されて宣伝使となった。【11・29】

かやぬひめ〔茅野姫〕
小地主。【6・30】

から
外国。【4・19】

からかみ〔蕃神〕
人間のつくりあげた神。【33・序歌】

からくに〔体主霊従国〕
体主霊従主義、われよしのやり方の国や、団体のこと。【4・38余白歌】

からごころ〔体主霊従心〕
大本神諭のがいこくみたまのことで、物質万能主義の心のこと。【37・5】

からさをがち〔殻竿がち〕
麦や豆を脱穀するのに殻竿で打ち落とす作業のこと。【18・7】

からす〔烏〕
夕べにガアガアと鳴くのを真の烏という。【29・8】

からたま〔気魂〕
天界における体。霊体のこと。【76・15】

カラピン王第二世
タラハン国のスダルマン太子が父王を継承された名。【68・21】

からやま〔高麗山〕
鳥取県西伯郡大山町にある七五一メートルの孝霊山（瓦山）のこと。【59・序】

かりのつかひ〔雁使〕
見事に任務をはたす使者のこと。【40・9】

ガリヤ
バラモン教のランチ将軍の副官で、ランチ将軍が治国別に言向和されたとき三五教に入信した。【51・18】

かりゆうじん
→くわりうじん。

がりようひめ
→ぐわりようひめ。

かりようびんが〔伽陵頻迦〕
高天原の天界の中心の十里四方内の神聖霊域にすむ霊鳥。【15・19】

カール
松若彦の命によってバラモン教の石熊の弟子となって末子姫を迎えた五六七神の化身。【30・2】

カール
印度イヅミの国スマの里の首陀のバーチルの下僕。【58・19】

カールス王
高砂島の八王神花森彦の長子アークス王の長男。【28・1】

カルナ
印度ビクトリヤ国の右守の妹で、左守の伜ハルナの妻となる。【53・2】

カルバシャーヤ（梵）
劫濁（ごうじょく）。時代的社会的な汚れのことで、小三災、饑饉、疫病、戦争などが起こることを示す。【60・序】

かんおんとうげ
→くわんおんとうげ。

かんじやう〔干城〕
兵士のこと。【69・2】

かんしゆう
→くわんしう。

かんせつないりう〔間接内流〕
上層の天界から下層の天界へ流入する神格の内流。または霊国や天国天人から人に流入する神格の流れで、神懸ともいう。天人の教化の方法として間接に指導する方法。【47・20、48・14】

がんだ〔蚖蛇〕
印度地方の毒蛇、からすへび。【56・11】

ガンダルワ（梵）
音楽。【61・4】

ガンヂー
タラハン国の右守であったが、シャカンナ失脚後は新左守となり、妻アンチーとの間に生まれたアリナはスダルマン太子の股肱の臣となった。【67・11】

かんとく〔感得〕
感覚し体得すること。【47・9】

カンナ
印度イヅミの国キヨ港の関所付のリュウチナント（陸軍中尉）。【59・2】

かんぶつさんまいきよう
→くわんぶつさんまいけう。

かんらんざん〔橄欖山〕
エルサレムの黄金山。大本では聖地の神山で、山桃が橄欖樹であるから、山桃の実のる鶴亀両聖地をさす。【10・総説歌、12・1、26・12】

き

ぎ〔義〕
過を悔い改める心のはたらき。【10・29】

きうごのくらゐ〔九五の位〕
天子の位。王位。【54・9、68・5】

きうすけ〔久助〕
明石の里人でバラモン信徒であったが、三五教に帰順しオーストラリヤに渡って神教宣布にあたり、玉依姫命から白色の玉をさずかり、綾の聖地の大神さまに献ずる御用に奉仕した。【23・18】

きうすけ〔久助〕
小北山のヘグレ神社の信者。【52・14】

きうせいけうしゆ〔救世教主〕
出口王仁三郎聖師のことで、救世主の教主の意。【51・18】

きうせいさいみんのをしへ〔救世済民の教〕
個人の心のみの救いでなく世の中と人民とを根本的に救済する教であること。【30・15】

きうせいしゆ〔救世主〕
三界の救い主の意義で、神素盞嗚大神。出口聖師。【63・4、64上・2】

きうせいしゆしん〔救世主神〕
厳瑞大神、埴安彦神・埴安姫神。【41・18】

きうせいしん〔救世神〕
厳瑞二柱の大神と国魂神および球の玉の神力

を発揮してヒルの国人を大地震の災厄からすくった国依別の宣伝使への讃辞。【31・3】

き

きうせいしん〔救世神〕
宇宙の祖神の至仁至愛（みろく）の活動の面の担当である瑞霊大神の職掌名。【47・総説】

きうせいのしんげふ〔救世の神業〕
天祖、国祖の神の経綸と神策にもとづいて、神々をはじめ万有から全人類・禽獣虫魚すべてを救済してゆかれる神業。【47・総説】

きうせいのしんぱふ〔救世の神法〕
現幽神三界を救済する神法。【38・15】

きうせいのしんり〔救世の真理〕
現幽一致・霊肉同根の教理をいただき肉体の悩みと共に、霊魂の悩みを救う三五教のこと。【30・16】

きうせいのだいふくいん〔救世の大福音〕
神幽現三界を根本的に救う大本神の神教。【36・23】

きうせき〔休戚〕
喜びと憂いと。【30・17】

きうだうこじ〔求道居士〕
バラモン教の鬼春別の部下のカーネルのエミシが比丘となり治国別から命名されし戒名。【55・15】

きうてん〔九天〕
大空のおくのおく。天の極み。【16・8】

きうのたま〔球の玉〕
竜の腮から出た玉で、潮干の玉の活用をなす琉球のハーリス山の竜神の大竜別、大竜姫が守護していた玉。【27・8】

きうのたま〔球の玉〕
琉球のハーリス山の竜神大竜彦、大竜姫から、大神さまの使者国依別が受けとった宝玉。【69・3】

きぎす〔雉子〕
バラモン教の友彦の旧名。【24・1】

きぎすのひたづかひ〔雉の直使〕
かえりごと（復命）をしない使いのこと。【43・4】

ききなほせ〔聞直せ〕
神の御心になって言葉を聞き判断すること。【1・基本宣伝歌】

きく〔菊〕
小北山のウラナイ教のお寅の娘。【45・4】

きくのもんび〔菊の紋日〕
九月九日神の経綸完成の日。【16・8】

きくわ〔奇貨〕
自分の都合のよいよう利用すること。【4・32】

きくわん〔機関〕
人の肉体は神霊や精霊の容器であり、神意実行の機関であること。【37・10】

キジ
南米の御倉山の谷川にて国依別の教で御倉魚によって生命を救われ、国依別の弟子となり、安彦と名をもらってブラジルの宣伝に従事した。【30・16】

ぎじう〔義獣〕
神通力をもって人に変事を知らせる獣のことで、狼などがある。【40・17】

きしん〔帰神〕
人間の精霊が大元神（主の神）の神格の内流を受け大神と和合する状態。【2・序文、48・1】

きたてるのかみ〔北光天使〕
三葉彦命の要請により、オリオン星から天降り、玉の井の郷にひそんでいた白雲別の天使。天の目一箇神ともいう。三大教の宣伝使。【6・34】

きづきのおほかみ〔杵築の大神〕
日本の霊界の主宰にます大国主命。【54・附録】

きなすび〔木茄子〕
熱帯にある樹木で年中大きな果実をつける。アボカドのこと。【28・11】

きのえね〔甲子〕
三十五万年前の甲子の年は丹後由良の秋山館に、玉依姫の贈られた麻邇の宝珠の納められた年で世界経綸完成の年であった。出口聖師が大正十三年のこの甲子の年に入蒙されたことは重大な神示の経綸と思われる。【入蒙・2】

きのえねくぐわつやうか〔甲子九月八日〕
麻邇の玉を受けとるため神素盞嗚大神と国武彦命が、日本列島の由良の港秋山彦館に再度天降られた吉日。【26・2】

きのくに〔紀の国〕
紀伊の国、和歌山県のこと。【23・1】

きのくに〔木の国〕
古代日本国として最も巨大な木が繁茂したので木の国と称した。現今の紀伊の国・和歌山県のこと。【33・26】

きのしたけいたらう〔木下慶太郎〕
綾部市大石の出身で、のちに開祖の四女お竜の婿養子となり出口姓となる。【38・13】

きのまるどの〔木の丸殿〕
琉の島の槻の大木の洞に自然につくられた天然ホテルの御殿。【27・17】

きへい〔奇兵〕
めずらしい兵隊で、摩利支天のひきいる獅子の群。【53・21】

きほんせんでんか〔基本宣伝歌〕
大本の教の大精神の精髄となっている神教宣伝の神歌。【1・基本宣伝歌】

きほんてきしんげふ〔基本的神業〕
ミロク神政の基本となる神教神示の根幹を、神々に伝達し、神業の大綱をしめし、経綸の聖場をさだめ神柱を確定すること。【7・総説】

きまたのかみ〔木股の神〕
太古に巨大な樹木が醗酵して生まれ出た人間のこと。【33・26】

きみ〔岐美〕
天祥地瑞では紫微天界の瑞霊大神にます太元顕津男の神のこと。【76・1】

きみこひめ〔君子姫〕
神素盞嗚尊の愛児八乙女の第七女。セイロン島を竜雲によって撹乱せしめられたところを、北光神の応援によってサガレン王を元のごとく国王に推挙し、その妃となって小ミロクの世を顕現した。【36・総説】

きみのはまべ〔吉美の浜辺〕
綾の聖地、和知川の船つき場。【26・11】

きもんじま〔鬼門島〕
沓島の別称。【38・14】

きやうもん〔経文〕
経糸（たていと）のことで、自由自在に応用できない。聖者の言行録。時間的であり、地域的である在来のすべての教典。【40・6】

キャピタリズム（英）　capitalism
資本主義。【64下・8】

キャプテン（英）　captain
陸軍大尉。【54・12】

きやまひこ〔木山彦〕
和歌山県日高川の流域木山の里の酋長で、秋彦、蜂公の父。【23・6】

きやまひめ〔木山姫〕
木山彦の妻。【23・6】

き

き

ギャマン
ガラスのランプ。【66・8】

キュービット
ビクトリヤ王の左守司で忠実な老臣。【53・2】

きよういく
→けういく。

きようえきしや
→けうえきしや。

きようおう
→けうわう。

きようき
→けうき。

きようけん
→けうけん。

きようしようまさにさんぜんさんびやくさんじゆうさんしようなり
→けうしやうまさにさんぜんさんびやくさんじふさんしやうなり。

きようでん
→けうでん。

きよぎのしんかう〔虚偽の信仰〕
悪を愛する心から出た、あやまった信仰。【47・8】

ぎよくさい〔玉砕〕
玉となって砕け、いさぎよく死ぬこと。瓦全に対する言葉、一般では尊ばれるが、神の道では戒められている。【4・18】

ぎよくぜん〔玉全〕
玉となって全うする、あくまで隠忍自重し、忍耐に忍耐を重ねて完全に初期の目的を達成すること。【4・18】

きよくてんせつ〔極典説〕
天祥地瑞申の巻総説に示された天地開闢の極元は、地球・宇宙の組織、紋理、大造化機を捉えて、明細審密に証徴したる宇宙最高最尊の教である。【81・総説】

ぎよくと〔玉免〕
月のこと。【7・14】

きよくれい〔曲霊〕
すべて、罪けがれから湧き出すもの。体主霊従から出てくる悪霊。【10・29】

きよこう〔清公〕
高姫の弟子で東助に心服し、その指導により高姫一行の救援に出かけ、濠洲にて黄竜姫の左守となり失脚し、諏訪の湖で玉依姫命の神業に奉仕して地恩城の当主となる。【23・11】

ぎよすゐしん〔魚水心〕
魚心あれば水心ありとのことで、相手の出方次第の意味。【27・3】

きよてるひめ〔清照姫〕
神素盞嗚尊から黄竜姫に贈った名。【39・4】

きよはるやま〔清春山〕
イランと印度との国境アフガニスタンの北方にそびえる高山で、大黒主（鬼雲彦）の右守大足別が割拠した。【39・14、40・9】

きよみづやき〔清水焼〕
京都市東山清水坂付近の焼物。【70・3】

きよめぬし〔清め主〕
キリスト教の救世主と同義で、大本では出口聖師のこと。【61・7】

きよめのかみ〔清めの神〕
天の造化三神と国常立尊および厳霊、瑞霊。【61・7】

キリスト〔神息統合〕
豊雲野尊は神々を統一する神業であり、この

神業は素盞嗚尊の帰神された出口聖師が完成される。【1・24】

キリスト〔救世主〕
瑞霊出口聖師。【1・発端】

きりやう〔帰綾〕
綾部の聖地に帰ること。【37・24】

きりん〔麒麟〕
偉人。【73・15】

きんう〔金烏〕
太陽。【20・1】

きんかつかねのおほかみ〔禁闕金の大神〕
地球の霊魂にます神霊で、金勝要神のこと。神典では櫛名田姫、須世理姫と称す。主従、師弟、夫妻等の縁結びの神。【1・18、15・11】

きんかつかねのかみのしこん〔金勝要神の四魂〕
和魂は高照姫命、幸魂は真澄姫命、荒魂は言霊姫命、奇魂（くしみたま）は竜世姫命。【3・45】

キングス
ビクトリヤ王の三男ウエルスの領土。【54・4】

キングス姫
サガレン王の左守タールチンの妻。【36・4】

きんけう〔金橋〕
上根の身魂の神人を救う神教。【5・23】

ぎんけう〔銀橋〕
中根の身魂の神人を救う神教。【5・23】

きんげんぎよくじ〔金言玉辞〕
すぐれて尊い言葉や文章、最高の真理。【5・序】

きんしぎよくえふ〔金枝玉葉〕
貴い血筋のこと。王族のこと。【67・19】

きんまうきうびのあくこ〔金毛九尾の悪狐〕
印度から発生した陰性の悪霊で、世界の統治者、指導者の夫人に憑依して、世界を悪化させようとする悪霊。【1・18】

きんめいくわい〔金明会〕
大本が明治三十二年に初めて団体として組織された名称。のちに金明霊学会となる。【37・21】

きんめいすゐ〔金明水〕
元伊勢の産釜、産盥の清水と、出雲大社の御前の井の清水を注ぎこまれた、綾部の竜宮館の井戸のお水のこと。【16・16、38・28】

きんめいれいがくくわい〔金明霊学会〕
金明会の改称。【38・8】

く

くえびこのかみ〔久延毘古神〕
じっとしていて天ガ下のことをことごとく知る神通力をもった神人のことで、大本では出口聖師のこと。【41・19】

クエルザコール
南米で祖神として尊敬して祀った神。【25・13】

くぎひこ〔釘彦〕
バラモン教の幹部の宣伝使。【24・1】

くきのかみ〔久木司〕
竜宮城の従臣時彦が、濠洲の国魂神飯依彦の補佐として大工の棟梁となったとき、日の出神から頂いた神名。【7・20】

くくのかみ〔久久司〕
竜宮城の従臣芳彦が、濠洲の国魂神飯依彦の補佐として大工の棟梁となったとき、日の出

神から頂いた神名。【7・20】

くくのち〔久久能智〕
大工の司（かみ）で、日の出神から竜宮城の眷属であった豆寅に名づけられた。【7・7】

くくわけ〔久久別〕
日の出神から飯依彦司の補佐を任ぜられた久久の司の後裔。【25・5】

くぐわつやうか〔九月八日〕
瑞霊神素盞嗚大神のミロクの神代の御経綸のこと。「十日の菊」の反対に、世にさきがけての活動のこと。【26・2】

くぐわつやうかのしぐみ〔九月八日の仕組〕
天地の祖神のほか、神も人も未知の大経綸のこと。【16・総説歌】

くさなぎのつるぎ〔草薙剱〕
日本列島の別名。この日本神国を背負って立つ真人。【15・11】

くさのかきは〔草の片葉〕
下層の民。【6・18】

くさのかきはにいたるまでこととふ〔草の片葉にいたるまで言問ふ〕
庶民の端にいたるまで、小賢しく議論する。【3・24】

く・しふ・めつ・だう、だう・はふ・れい・せつ〔苦集滅道、道法礼節〕
苦とは人生の本義、集は宇宙の組織、滅は神の大経綸および霊魂不滅を示し、道は苦集滅を統一することで、瑞霊の大神の御神徳を示したもの。以上の活用により、新しい神世の道法礼節が開示される。【1・序】

くしみたまちよりひこのみこと〔奇魂千憑彦の命〕
帰神と神懸の神がかりを守護される神さまで、曽富戸の神ともいう。【41・19】

クスのかみ〔酒の神〕
酒をつくる職。【11・27】

くすひこ〔楠彦〕
言依別神の従者。【15・19】

くすんごぶしき〔九寸五分式〕
切腹用の短刀のことで、生命がけの意味。【57・19】

くそ〔糞〕
下層社会。【6・総説】

くつじま〔沓島〕
ニュージランド。大本では舞鶴沖の沓島のこと。【7・17】

くつじま〔沓島〕
一名、メシマ。舞鶴沖の離島。明治三十四年旧七月八日、大本開祖一行が開かれた。国常立大神の神霊が隠退されていた霊島。【16・13】

くなどめのかみ〔来勿止神〕
高熊山麓の来勿止を守られる国常立命の分身。閻魔大王の化身で、悪魔や悪事をくいとめる神。【19・13】

くにうみ〔国生み〕
国土を開発すること。【6・21】

くにうみ〔国生み〕
幽の幽の世界である紫微天界の国土を言霊の力によりて修理固成し開拓して、神々の安住すべき土地（天国）を開かせ給うこと。【73・総説】

くにがた〔国形〕
国の特質と形態。地形、気象、風土、産物、住人等。【30・4、78・3、80・6】

くにしろやま〔国城山〕
瀬戸内海の小豆島にある山。【23・15】

くにたけひこ〔国武彦〕
素盞鳴尊の従者である八十猛の長の役。【15・22】

くにたけひこのみこと〔国武彦命〕
国常立尊の分霊。三十五万年の長き月日を綾部の四尾の神山に隠れてミロク神政を待ち給うた神霊。【16・序文、48・9】

くにたまがみ〔国魂神〕
金勝要神の分霊。純世姫神はアフリカ（九州）真澄姫神は濠洲（四国）、言霊姫神は北米大陸（北海道）、竜世姫神は南米（台湾）、高照姫神は欧亜の大陸（本州）の守り神として、各大陸（および日本列島）の神人の霊魂を主宰し給う御職掌である。【6・25】

くにたまがみ〔国魂神〕
紫微天界の真の指導者。【75・1】

くにたまくわいぎ〔国魂会議〕
世界の人種、民族、国家等の代表者会議。【4・総説】

くにたまのかみ〔国魂の神〕
世界各国の統治に任ぜられた神。【1・18】

くにつかみ〔国津神〕
臣系の神のこと。土着の神。被治者、国民の立場の神たち、農工商に従事するもの。【76・4、78・16】

くにつかみなるみんぞく〔国津神なる民族〕
土着の民族。【41・序文】

くにてるひこ〔国光彦〕
万寿山の八王神磐樟彦の第三男で、橘姫と結婚して神業に奉仕した。【12・1】

くにてるひめ〔国照姫〕
大本開祖。【入蒙・1】

くにとこたちのみこと〔国常立命〕＊
→おほくにとこたちのみこと、うしとらのこんじん、えんらわう、きよめのかみ、くにはるたちのみこと、くにたけひこのみこと、こくそ、ちのたかあまはら、はにやすひこのかみ、みろくのおほかみ、ヨハネ。

くになかひこのかみ〔国中比古神〕
紫微天界の真鶴山の守り神。「国中比古神は真鶴山にましましてこの国原を永久に守らむ」【74・11】

くになほひめのみこと〔国直姫命〕＊
地の高天原において、天使稚桜姫命が律法違反で幽界に下り、この国直姫命が天上より降り稚桜姫命の天職を継ぐ。【2・48】

くにのくひざもちのかみ〔国久比奢母智司〕
天久比奢母智司の妻の奇姫が、日の出神からいただいた神名。【7・17】

くにのふうき〔国の富貴〕
稲。【38・16】

くにのみくまりのかみ〔国の水分の神〕
国津神の霊系で雨を降らす神霊。【8・15】

くにのみはしらのかみ〔国の御柱の神〕
伊弉冊大神（伊邪那美大神）。【6・21】

くにのみはしらのみや〔国の御柱の宮〕
紫微天界の顕津男の神のいます高地秀の宮。【73・15】

くにはるたちのみこと〔国治立命〕
国常立尊、艮の金神のこと。【2・総説】

くにはるわけ〔国治別〕
シオン山の戦闘で戦死した言霊別命の部将。【34・6】

くにひろたちのみこと〔国大立命〕
素盞嗚尊の別名。国大立命の和魂は大八洲彦命、幸魂は言霊別命、荒魂は大足彦、奇魂は神国別命である。【2・総説、3・43】

く

くによりひめ〔国依姫〕
高熊山の守護神神国守の妻神。【19・13】

くにわけひこのみこと〔国別彦命〕＊
→おほくろぬし、サガレン王。

くはしめ〔細女〕
特にすぐれた完全な女性。【9・35】

くぶくりん〔九分九厘〕
完成の直前。【4・18】

くぶつち〔頭槌〕
石器で、敵の頭を打ってたおす神器。正しくは頭槌（くぶつつい）、石槌（いしつつい）という。【1・50】

くへびこのかみ〔久延毘古神〕
曽富戸の神の一名であって、古事記に示された大国主命に少彦名神を教えた足はあゆまねど天ガ下のことをことごとく知る神で、案山子（かかし）ともいう。大本では出口聖師のこと。【14・序歌、54・附録】

くへびこのかみ〔久延毘古の神〕
居ながらにして天ガ下のことごとくを理解する神通自在の神で、世の中で案山子（かがし）というは、この意味で、カガシは言霊学上は世の中を照らす意味がある。神示の霊界物語を口述発表された出口聖師の活動を示してある。【14・1、54・1】

くまこう〔熊公〕
ウラナイ教の小北山のお寅の元の夫。【45・10】

くまののおほかみ〔熊野の大神〕
神素盞嗚大神。【23・9】

くまののたき〔熊野の滝〕
和歌山県熊野にある四十八滝の総称であるが、ここでは那智勝浦町にある熊野那智神社の御神体であり、四十八滝の代表である那智の滝。【23・1】

くもぢわけ〔雲道別〕
黄金山の宣伝使で久方彦という。農業の道を奨励してのちに大歳神となった。【6・42】

くらげしゆぎ〔海月主義〕
海月が傘下の魚をたべるようなやり方。【66・9】

くらげなすただよへるくに〔海月なす漂へる国〕
くらげのように柔かい状態であった修理固成以前の地球のこと。【5・序文】

ぐらすあんまいとりーのかみ
大弥勒神。【75・余白歌】

クラブイコード（独）　clavichord
翼琴。ピアノの前代楽器。【4・18】

くらまやま〔鞍馬山〕
眷族界である天狗界の住む山で、開祖、聖師に言向和されてその精霊たちは綾部にのぼり神業に参加することとなった。【38・18】

くらやまづみ〔闇山津見〕
ブラジルの東部の大酋長、農業の守り神。【8・22】

クリーケース（英）
排他的。【55・2】

クリシューナ（梵）
印度国に祖先として最初に祀られた神。【25・13】

くりすがは〔栗栖川〕
和歌山県西牟妻郡中辺路（なかへじ）町を流れる川。【23・7】

クーリンス
セーラン王の左守で、セーラン王の父バダラ王の弟。【41・1】

クレーシャガシャーヤ（梵）
煩悩濁（じょく）貪瞋痴などはびこることを示す。【60・序文】

グレナジア（英） grenadier
近衛歩兵。また堂々たる歩兵。【54・2】

くれなゐひめ〔紅井姫〕
清彦（紅葉彦）の娘で楓別の妹。ブールの妻となり、ヒル（ペルー）とカル（コロンビヤ）両国に三五教を宣教した。【31・総説】

くれのうみ〔呉の海〕
地中海の西半分。日本では瀬戸内海の呉の附近。【12・16】

くれむつ〔暮六つ〕
午後六時。【19・3】

グロスの島
邪神グロノスとゴロスの二巨頭の根拠地であったが、朝香比女の神の一行に清められて紫微天界の葦原の国と命名された五千方里の島国。【78・3】

くろだ〔黒田〕
出口聖師が参綾前に宣教の拠点とされた京都府船井郡園部町字黒田。【37・21】

くろながひめ〔黒長姫〕
文助が松の木に黒蛇を書いたその精霊。【52・13】

グロノス
紫微天界の邪神の巨頭。【78・3】

くろひめ〔黒姫〕
ウラナイ教の高姫の片腕。三五教に帰順。【16・序文】

クロンバー
黒姫がオーストラリヤで用いた外国式の変名。【24・4】

ぐわいぶん〔外分〕
霊魂の外面、世間的の知識。人間の知識や学問等から来る悦楽および快感のすべて世間的趣味を帯ぶるもの、また肉体の感官に属する諸々の快感および感覚、言語動作。【16・霊の礎（一）、48・10】

ぐわいぶんてきのをしへ〔外分的の教〕
自然界を基礎とした知識、記憶を中心とした教。物語ではバラモン教・ウラル教のこと。【47・総説】

ぐわいぶんのじやうたい〔外分の状態〕
世間で生活するときの精神的外面の状態。【16・霊の礎（一）、42・総説】

ぐわいぶんのみち〔外分の道〕
根底の国から罪悪と虚偽とが忍び入るの道。【47・8】

くわうそのかみ〔皇祖の神〕
天照大神。【3・序】

くわうだうのかみ〔皇道の神〕
四種の大区別があり、幽の幽神、幽の顕神、顕の幽神、顕の顕神。【80・総説】

くわうだうのだいほんげん〔皇道の大本元〕
宇宙の大道、大本である造化の神の神慮および、この神の世界のこと。【78・序文】

くわうだうれいがく〔皇道霊学〕
主神直授の日本本来の最高の学問。【38・19】

くわうみやうのせかい〔光明の世界〕
高天原の霊国と天国。【48・9】

くわえんざん〔火炎山〕
紫微天界の葭原の国土の大火山で、国津神は地獄山ととなえる。御樋代神朝霧比女神と国津神巌ケ根も、この火山から火種を採って醜草を焼き払うために努力された。【80・11】

くわざけ〔桑酒〕
桑の実でつくった亀岡市近郊の八木町名産の酒。【37・2】

くわしよく〔火食〕
食物や水を火で加工して飲食すること。【78・1】

くわだん〔花壇〕
聖師は花のないところには天国は開けないと天恩郷には花壇に力を入れられた。四季花がないといけないとて温室までつくられたほどである。【72・序文】

くわつきりんりん〔活機臨々〕
いきいきとしていること。【5・総説】

くわつけいてん〔活経典〕
宇宙万象の運用妙機は独一の真神を知る活きた経典であるということ。【13・総説】

くわつぶつ〔活物〕
万有すべてには神霊が宿されているもので、動物をはじめ、植物、鉱物をもさす。【13・総説】

くわてうざん〔花鳥山〕
言霊別命のエンゼルに導びかれて、トルマン国王妃千草姫、右守司スマンヂーが昇った第二霊国の丘陵。【70・5】

くわりうじん〔火竜神〕
温熱を調節する神の使。【1・21】

ぐわりようひめ〔臥竜姫〕
木の花咲耶姫の化身。【13・17】

くわんおんとうげ〔観音峠〕
京都府園部町にある。【18・11】

くわんしう〔貫州〕
高姫の弟子。綾部から紀州、小豆島、奄美大島、南洋、ニュージーランド、濠洲まで随行した。【23・10】

くわんぶつさんまいけう〔観物三昧経〕
釈迦の弟子が仏教弘通のため方便として作った経文で、観仏三昧海経第八巻にある。【45・14】

くんしゆてきしんせい〔君主的神政〕
神立による君主を中心とする神政。【3・24】

クンヅル・ボーヂーサットワ（梵）
軍荼利（ぐんだり）明王。五大明王の一で、弥勒の下では甘露瓶菩薩という。物語では照国別。【63・序歌】

け

けいくわん〔桂冠〕
辞職。【69・2】

けいこく〔警告〕
精霊と人の言行心を改めさせて救うための神さまの警告。【5・第三篇】

げいじゆつはしうけうのはは〔芸術は宗教の母〕
洪大無辺の大宇宙を創造した神を大芸術者と見て、大宇宙を神の芸術品と見る観点から、宗教もまた神の創造力や無限の意志の一端として考える出口聖師の宗教観。大本教理の要約された聖言。【36・序文】

げいじゆつはしうけうのはは〔芸術は宗教の母〕
天地間の森羅万象は神の芸術的産物であるから、この創造主の真諦に触れて神と共に生き神と共に楽しみ神と倶に働くのが真の宗教であること。【65・総説】

けいしん〔軽信〕
教理のうわつらのみを軽率に信仰すること。【12・序文】

けいせいぢうしのをしへ〔軽生重死の教〕
生よりも死を重んじ霊魂の救済のみを主張する教。【30・16】

けいりん〔経綸〕
みろくの世実現のための神のしぐみ。神策。【1・36、16・6、48・13】

けいりんぢやう〔経綸場〕
神の経綸を実現するところ。地球は生物の安住所であり、神界と交流をもって神も人も向上させる唯一の経綸場。天人養成の学校ともいえる。【4・48】

けいゐのしんじん〔経緯の神人〕
大本開祖と出口聖師。【55・序文】

けいゐのよげんしや〔経緯の予言者〕
経の予言者大本開祖と緯の予言者出口聖師。【48・10】

けいゐふり〔経緯不離〕
開祖の筆先と霊界物語の関係をいう。【12・序文】

けういく〔喬育〕
神示の教育法で人を山野の喬木のように矗々と成育さる天然自然の慣性を開発させる教育法。【69・3】

けうえきしや〔教役者〕
宗教宣布に従事する人たち。【24・総説】

けうき〔教旗〕
おしえの旗じるし。【38・19】

けうけん〔教権〕
教理の護持や宣布をはじめ、運用に関する権限。【25・5】

けうしやうまさにさんぜんさんびやくさんじふさんしやうなり〔教章将に三千三百三十三章也〕
霊界物語の章のことで、実際は天祥地瑞申の巻の章が二〇章で通算二〇四七章に第六四巻下が二二章で、入蒙記が三九章、合計二一〇八章である。【入蒙・8】

けうでん〔教殿〕
神教を伝達し聴聞する大広間、殿堂。【53・23】

けうわう〔教主〕
宗教の真理を指導原理として、神意を奉戴して、治世をなす国王。【70・22】

げこん〔下根〕
下流の身魂。【45・14】

けごんきやう〔華厳経〕
仏典。【1・附記】

ケース
ランチ将軍の副官で、ランチ将軍が治国別に言向和されたときに従い三五教に入信した。【51・18】

げだう〔外道〕
天地惟神の大道にはずれた教。みな邪神界に精霊を蹂躙され、知らず知らずに地獄界および兇党界に堕落した宗教、学説。【57・1】

げつきうでん〔月宮殿〕
霊国をうつし建造された聖地亀岡の主の大神を奉斎された根本の宮殿。【21・3】

げつきうでん〔月宮殿〕
最奥霊国の中心の月の大神（西王母）のまします聖殿。【1・28、48・13】

けつきのゆうしや〔血気の勇者〕
合戦にのぞむごとに、勇進して強きを破り堅きを砕くこと。鬼のごとく、忿神のごとく速かであるが、血気にはやり、節をまげるおそれがある。【43・8】

げつくわう〔月光〕
高天原の霊国にます主神、月の大神の御神徳

け

と御神教。【28・序歌】

げつせうざん〔月照山〕
霊国一の名山で月の大神の宮殿の入口にある。【48・13】

げつたんのれいち〔月潭の霊地〕
台湾の玉藻湖の玉藻以西の泰嶺を中心とする三五教の霊場。【28・5】

ゲッティング・マリド（英）　getting married
結婚するということ。【53・3】

けつてき〔闕腋〕
略式の袍（斎服）。【2・総説】

けふかくがくもん〔侠客学問〕
侠客の哲理やその渡世方法。【37・2】

けものあつかひ〔獣類扱ひ〕
獣類と同じような扱いをすること。【17・4】

ケリナ姫
テルモン山の神館の司、小国別、小国姫の次女。【56・2】

ケリヤ
サガレン王の臣下で竜雲にこびて左守に任ぜられた。【36・5】

ケールス姫
セイロン島の岩井の里の酋長の娘で、サガレン王に見出されて王妃となったが、ウラル教の妖僧竜雲にだまされて王を失脚せしめたのち、改心して、北光神にゆるされて三五教の宣伝使となった。【36・1】

けんいういつち〔顕幽一致〕
神霊の世界と物質の世界とは相応し、これが一致すること。顕界（現界）の者の霊魂が、常に霊界に通じ、霊界からは、常に顕界と霊的交通を保ち、顕界と霊界とは相応一致していること。【1・12、21・総説】

けんいうかうつう〔顕幽交通〕
物質世界のこの世と、神霊世界を往ったり来たりすること。【17・11】

けんいうこんかう〔顕幽混交〕
この世と幽冥界を混交させること。現界と神霊界の事象が入りみだれること。【14・9】

けんいうしんさんかいをてうゑつしたものがたり〔顕幽神三界を超越した物語〕
神格の内流にもとづき神界天界をはじめとし現界、幽界にわたる霊界物語の教のこと。【47・総説】

げんいうにかいのきうせいしゆ〔現幽二界の救世主〕
現実世界および神霊世界両面にわたる教法の上の救世主。【28・7】

けんおんきやう〔顕恩郷〕
日の出神が小天国を築かれたメソポタミヤの楽土。【5・5】

けんおんじやう〔顕恩城〕
メソポタミヤの顕恩郷にあった大黒主の居城。【30・1】

けんかい〔顕界〕
物質世界のことで人の五感によって知ることのできる世界。【21・総説】

げんかい〔現界〕
顕界と同じ。物質世界、主に地球上の人類社会をさしていう。物質的形体を有する人間の住む所。【49・1】

げんかうしんいつちのもはん〔言行心一致の模範〕
最も正しい人生のあり方で、神に等しき心になって言ったことを実行すること。【37・5】

けんがのべんぜつ〔懸河の弁舌〕
すじの通った言論。【3・9】

けんこくさい〔建国祭〕
紫微天界の葦原新国の建国祭。神の理想の国家の形体がととのった報告祭。【78・19】

けんこくのこんぽんぎ〔建国の根本義〕
日本国建国の真の意義。【41・序文、22・1】

けんこくのせいしん〔建国の精神〕
日本国の創建は、宇宙創造の神の深い思召しにより、地上天国樹立の雛型として人類を指導する使命が含まれている。肇国の精神ともいう。【13・総説、21・序文】

けんさい〔顕斎〕
神さまをうやうやしくお祭りして、お供え物をささげ祝詞を奏上して形をもって感謝の心を表わす祭祀のこと。【13・1】

けんさいりやうぼ〔賢妻良母〕
家庭婦人の理想像で、妻としては賢こくあり、母としては優しい良き母であれとの教。世間では「良妻賢母」を良しとするが、「賢妻良母」が理想である。【11・信天翁、69・3】

げんさうばう〔幻相坊〕
妖幻坊の片腕で火の術をよく使う古狸。【51・9】

けんさきさん〔剣尖山〕
丹後元伊勢の産盥、産釜のある谷川の上に聳える霊山。【16・序文】

げんじな〔源氏名〕
遊女のよび名。【64下・13】

けんしんじつ〔見真実・顕真実〕
真実を顕わすこと。【7・総説、11・言霊反】

げんしんばう〔玄真坊〕
印度トルマン国オーラー山の山賊の親分シーゴーの片腕。【66・総説】

げんせい〔元声〕
基本になる言葉で日本人は七十五声。【79・総説】

げんせいてきのきうしゆ〔現世的の救主〕
現実世界の政治的主権をもつ指導者。【28・17】

けんとく〔見得〕
見ることによって体得すること。【47・9】

けんのいうかい〔顕の幽界〕
国常立尊と豊雲野尊の主宰される人間の霊魂の住所で、いわゆる天国である。地上の霊界、または地上の神界である。物質世界は顕の顕界という。【30・天津祝詞解】

けんのいうしん〔顕の幽神〕
大己貴命、少彦名命等の称号で、いったん地上の現界にその尊姿を顕し現界を主宰したまい、定命尽きて神界に復活され幽体となられた人格者歿後の神霊の称号。【3・40、80・総説】

けんのけんしん〔顕の顕神〕
現界を司宰する人の称号。【80・総説】

げんまばう〔幻魔坊〕
妖幻坊の片腕で水の術を使うに長じた古狸。【51・9】

げんれいしん〔原霊神〕
宇宙の大原霊神のこと。【41・総説】

こ

こういのしんぎよう
→かういのしんげふ。

こうかん
→かうかん。

こ

こうぎ〔公義〕
霊国の神真による統治制度を公義という。【47・15】

こうし〔孔子〕
素盞嗚尊の奇魂弘子彦神が支那に出生して孔子となり、治国安民の大道を弘布された。【6・23】

こうじゆつ〔口述〕
出口聖師がが参考資料一つも持たず帰神（かむがかり）状態で霊界物語を、口でのべられること。【5・序文】

こうじようしん
→かうじやうしん。

こうしよてんかい
→かうしよてんかい。

こうしよてんごく
→かうしよてんごく。

ごうじんじや〔郷神社〕
外宮が丹波から伊勢の山田に遷宮の際、一日駐輦されたのを記念して出口聖師の御先祖が祭祀された神明社が、穴太の小幡川畔川原条に遷座されて後神明社といったのを、なまった名称。【37・2】

こうせいしゆ
→かうせいしゆ。

こうせいしん
→かうせいしん。

こうせいのしんぎよう
→かうせいのしんげふ。

こうせいのみわざ
→かうせいのみわざ。

こうそのかみ
→くわうそのかみ。

こうぢのしろ
→かうぢのしろ。

こうづのたま
→かうづのたま。

こうどうのかみ
→くわうだうのかみ。

こうどうのだいほんげん
→くわうだうのだいほんげん。

こうどうれいがく
→くわうだうれいがく。

こうふん〔公憤〕
天下国家のために憤慨し活躍すること。【20・10】

こうみようのせかい
→くわうみやうのせかい。

こうようざん
→かうやうざん。

コーエデュケーシャン（英）　coeducation
男女共学。【53・3】

コヱノコ〔神霊元子〕
言葉の元となる神霊の微粒子。【73・5】

こえまつ〔肥松〕
松の木の中心部の燃える所。【54・22】

コーカス山＊
→うつしくにのみや。

ごがついつか〔五月五日〕
西王母の三千年の桃の実がみのることである。出月（いつつき）出日（いつか）。【18・第五篇、48・12】

こがねがらす〔黄金鴉〕
太陽。【67・1】

こがねのたま〔黄金の玉〕
太白星から降され鶴若にのまれた、十二の鶴石の一個で、青雲山の国魂となっていたが、エルサレムから日本国の桶伏山（本宮山）一名円山に秘蔵され円山姫が守護されていた玉。【20・12、26・16】

こがねのみね〔黄金の峰〕
丹波の弥仙山を一名金峰山（きんぷせん）ということから黄金の峰ともいう。【18・8】

コーカー・マスター（英）　cooker master
炊飯役。【54・3】

こぎたやまのかむやかた〔小北山の神館〕
高姫、黒姫が三五教に帰順したのち、フサの国（イラン）北山村から逃げ出した蠑螈別、魔我彦が小北山に立てこもり、復興したウラナイ教の脱走教。【44・21】

こくか〔刻下〕
国家。【69・5】

こくくわいびらき〔国会開き〕
神定の世界神柱の会議。【57・総説歌】

こくし〔国司〕
神定の国家の指導者。【69・1】

こくそ〔国祖〕
大地球のつくり主にます国常立尊を地の御先祖として申上げる尊称。【1・22】

こくてつじだい〔黒鉄時代〕
冷酷な真理に住する人間の時代。【47・21】

こくどさうおう〔国土相応〕
その国土にふさわしいこと。【48・14】

こくもがは〔小雲川〕
綾部の聖地本宮山麓を流れる和知川の別名。由良川ともいう。【12・総説歌、19・序文】

こくりうくわい〔黒竜会〕
明治三十四年二月創立、内田良平を中心とした愛国団体。【68・序文】

ごけいりんだん〔御経綸談〕
大本神の地上天国建設の御経綸に関する談話。【35・9】

ごけいりんち〔御経綸地〕
宇宙の主神が経綸された綾部と亀岡の両聖地。【52・1】

ココゴのサヌキ〔極微点の連珠絲〕
宇宙に充塞遍満している最も小さい単位たる神霊原子、言霊原子が秩序ある活動をすることで、ちようど連なる珠の糸のような活用をするものである。人間の神経によく似ている。【81・総説】

ここたく〔許々多久〕
あまた。【11・2】

こころ〔神霊元子〕
絶対の霊機が、此処彼処（ここかしこ）と発作するのいいなり。タマシヒがコロコロと転がり活動するの意である。【79・総説】

こころのおに〔心の鬼〕
犯した罪が潜在意識となって、わが身をせめること。悪霊が憑依したような状態になる一種の神経病。【20・8】

こころのかがみ〔心の鏡〕
良心。大本では直日の霊（みたま）。【19・3】

こころのてんごく〔心の天国〕
主神の御心を悟ることによって、精神上に建設される天国。【36・18】

こころのなかのてんぺんちえう〔心の中の天変地妖〕
ウラル教から三五教に改神するときの心の中の動揺。【13・6】

こ

こころのめくら〔心の盲〕
精神的、霊的の感得力なきこと。【57・12】

ここんらい〔古今来〕
過去、現在、未来。【18・1】

こし〔高志〕
遠き海を越した遠方の国。【15・11】

ごしきのまんまく〔五色の幔幕〕
紅、白、紫、黄、青の五色の幔幕で、主の大神を迎えるために紫微天界真鶴国の玉野丘で使われたもので、ことに注意すべきは化身が降られる証であること。本来は、青赤紫白黄である。【74・19】

ごしきのれいくわう〔五色の霊光〕
青赤紫白黄色の霊的の光。【6・11】

ごじよく〔五濁〕
(1) 劫濁 (2) 見濁 (3) 煩悩濁 (4) 衆生濁 (5) 命濁のこと。【60・序文】

ごしんえん〔御神縁〕
神さまからのご縁。【47・14】

ごしんがう〔御神号〕
神名。または神名をしるしたもの。【20・1】

ごしんたい〔御神体〕
神霊の宿られる神聖なる器物。また神霊の顕現。

ごしんたい〔御神体〕
綾の聖地にて下附される大本皇太神の神霊のしずまれる御染筆。または宝玉。【20・1】

ごしんたい〔御神体〕
神さまのお姿。【29・2】

ごせいたい〔御聖体〕
聖霊体のこと。【5・35】

ごだいけう〔五大教〕
エルサレムの黄金山麓に厳の霊の化身にます埴安彦の神が開かれた教。大本開祖の教。【6・33】

ごだいふせい〔五大父声〕
アオウエイを言霊学上からいう。【74・総説】

ごだいりき〔五大力〕
大日如来の別身で不動明王が姿をかえて教化される五大力菩薩、三宝を護持し国王を守る菩薩。【63・8】

こてんのかいしやく〔古典の解釈〕
日本に伝承された古典の解釈のし方。【41・序文】

ことたま〔言霊〕
神から出る言葉。神に通ずる言葉。【79・総説】

ことたまいくしま〔言霊生島〕
朝香比女の神が鋭敏鳴出の神の守りに万里の大海原の荒浪を言霊の稜威に固めてつくられた島。【77・5】

ことたまがく〔言霊学〕
宇宙は神の神力の発現である言霊によってつくられたものであるから、言霊の法則すなわち語法語則によって一切のものははっきり理解することができるとする学問。【3・序文】

ことたまぐるま〔言霊車〕
ことたまの調子。言葉を発表すること。【10・11、55・10】

ことたましやうぐん〔言霊将軍〕
神に通ずる言霊を発射して万有万神万人を救う神軍の将。【31・4】

ことたましんぐん〔言霊神軍〕
教の宣伝神歌・祝詞をとなえて、神と人を天国の生活にみちびく神軍。【36・第四篇】

ことたませんでんし〔言霊宣伝使〕
言霊の神徳を発揚する宣伝使。【44・11】

ことたまたい〔言霊隊〕
言霊を活用する者の団隊。【17・16】

ことたまつるぎ〔言霊剣〕
言霊の神徳。【76・4】

ことたまのしんき〔言霊の神器〕
人として神さまからいただいた中で、言葉ほど尊い神器はない。神さまへも人々へも自分の意志を伝達することができるからである。【4・総説】

ことたまののりなほし〔言霊の詔り直し〕
大本神の教にもとづいて主神の立場にたって、すべての事柄を善言美詞に言いあらため、すべてのものを生かしてゆくようにすることで、改言改過の意味を持っている。【14・7】

ことたまのめうよう〔言霊の妙用〕
一声よく天地を震動、一音よく風雨雷霆を駆使し叱咤する絶対無限の権力で神界の最大重宝の言霊の神器は身魂清浄無垢の大人格者にして初めて使用できる。【30・11】

ことたまのや〔言霊の矢〕
神霊にみちみちた人が、善言美詞の言葉『ウー』などと力強く発すること。【3・24】

ことたまのれんしふ〔言霊の練習〕
神に通じ神徳を発揮する言霊発射法を修練すること。【28・3】

ことてるひめのみこと〔言照姫命〕
神素盞嗚大神の神使で、高熊山において玉照彦命を生みたもうた。【19・12】

ことひらわけのかみ〔琴平別神〕
物語第三巻で大道別命が竜宮海に投身され、国祖がその幸魂・和魂に琴平別、荒魂・奇魂に日の出神と命名されたとあるが、六巻の万教同根には大道別命の日の出の神は、天にのぼって大日如来となられたとあり、大日如来とは宇宙の本体で弥勒如来と同神格であるから、日の出神・琴平別神というのは主神の御活動である。幽の幽である紫微天界に琴平別神の化身の神亀が出現して、チンリウ姫、朝月を救出されるところを拝読すると、ここにある琴平別神とは主神の顕現ということができる。【81・17】

ことむけしたがへる〔言向け従へる〕
善言美辞によって服従させること。【3・42】

ことむけせん〔言向戦〕
神の正しき教と言霊によって相手を改心帰順せしむる武力をもたぬ言論戦。【67・1】

ことむけやはす〔言向和す〕
善言美辞（まこと）によって相手を理解、悦服させること。神徳によって言葉をもって神にまつろわすこと。【3・11、10・24】

ことよりひめ〔言依姫〕
言依別命の本守護神。言依別命の妻神。【21・10、22・8】

ことよりわけのみこと〔言依別命〕
豊国姫命の幸魂、言霊別命（少名彦の神）が常世国に再生。素盞嗚尊の御子で神素盞嗚大神と国常立命から大経綸をゆだねられた大神人。【15・19、20・1、33・17】

こにどくをのます〔子に毒をのます〕
親があやまった宗教を信じ宣言することは、子供に大なる不幸をあたえることになる。【52・15】

ごにんのどうじ〔五人の童子〕
厳の身魂の大神。【22・19】

このはな〔木の花〕
梅の花。【6・24】

このはなさくやひめ〔木の花咲耶姫〕
富士浅間神社の御祭神で神使松岡芙蓉仙人を

派遣して、出口聖師に高熊山修業を命じ玉うた神さま。神人和合の神で、報身ミロクの神業に奉仕される。【1・1、1・18】

このはなひめ〔木の花姫〕
富士山の神霊で、天地人和合の神。仏名は観世音菩薩、最勝妙如来、観自在天。【6・24】

このはなひめ〔木花姫〕
五六七大神の一部または全部の御活動をされる木の花咲耶姫命の御本霊。【1・31、40・6】

こばん〔神教顕現地〕
出口聖師の産土神はこばん（小幡）とよみ、また高熊山に小判を埋めおかれたというのは謎であって、瑞霊である出口聖師が、神人合一の妙境に入りて天地の神教を伝達発表されることを言霊学上から説いてある。【1・1】

こばん〔小判〕
高熊山の伝承の意義。神教顕現地。【入蒙・1】

ごふうじふう〔五風十雨〕
五日目に風が吹き十日目に雨が降ること。ちようど欲しい時に風雨があること。【37・1】

こまたのかみ〔木俣の神〕
大木から生まれた神さま。【27・13】

こまつばやしのみこと〔小松林命〕
みろくの神の別名。素盞嗚尊の和魂大八洲彦命の瑞霊が小松林命と顕現されて、出口聖師に帰神せられた。【1・9、9・附録】

こまひこ〔駒彦〕
アーメニヤ出身のウラル教の宣伝使で、日出別命に帰順して三五教に入り、のちにハルマンと名のった。【13・4】

こまひこ〔駒彦〕
紫姫の従者馬公が言照姫命から頂いた名。【19・12】

こやまぐひのかみ〔小山枠神〕
山の小区画を独占する神。【6・30】

ごようつぎ〔御用継〕
大本の教主として大本教祖の道統を継承する御用。【38・8】

コーラン（独）　Koran
経典。【53・6】

コーラン（英）　the Koran
回教の聖典で吟誦の意。経典。【60・7】

コリント（英）　Corinth
ギリシャの南部の都。【64上・8】

ごろくしちのたいこ〔五六七の太鼓〕
聖師の命により、いよいよ弥勒の世に入った証として、大正十三年旧九月八日から実施されて今日に到っている大本の太鼓の打ち方。【22・2】

ゴロス
紫微天界の邪神の巨頭。【78・3】

コロンボ
常世国から日本宣教にきたウラル教の宣伝使テルヂーの従者。【19・13】

こゑ〔声〕
こころの発作がさらに現われたもの。心の柄。動物の心的作用による自発的声音。【79・総説】

こんがうふえのたま〔金剛不壊の玉〕
天の大神が神現幽三界を永遠無窮に統治される神宝神徳のこと。【1・37、26・16】

コンジュギアール・ラブ（英）　conjugal love
夫婦愛。【53・2】

こんじん〔金神〕
最も尊貴なる神霊およびその眷族の神霊。

【1・18】

コンヂーニアル・ラブ（英）　congenial love
似たもの同士の恋愛。【53・12】

コンテネンス（英）
容貌・貫禄。【53・13】

コントロール（英）　control
統制。【53・2】

コンパス（英）　compasses
足のひらき、歩度。【60・8】

コンミュニズム（英）　communism
共産主義。【60・2】

コンモンセンス（英）　common sense
常識。【53・1】

さ

サアガラ・ナーガラシャー（梵）〔海竜王・沙伽羅竜王〕
仏教では法華経の会座に列した護法の善神とされている八大竜王の一つで、物語では同じ竜王のタクシャカ・ナーガラシャー（梵＝徳叉伽竜王・視毒竜王）の妻。【59・20、63・1】

サアジャント（英）　sergeant
軍曹。【56・8】

サアルボース
高砂島（台湾）の八頭高国別と悪神の化身玉手姫の間の長男。【28・1】

さいおうてんごく〔最奥天国〕
天国の中の最も神聖なところで、第一天国ともいう。【1・附記、48・12】

さいかうてんごく〔最高天国〕
最高最妙の愛善と智慧証覚を得たる者の集まる霊場。【49・1】

さいかうのしんり〔最高の真理〕
愛と善と信の真に居り、大神の直接内流を受け、神と和合し、外的観念を去り、万事内的に住し得ること。【50・1】

サイキック・トラーマ（英）　psychic trauma
心霊的な不平不満。精神的に、やり場のないこと。【53・1、53・3】

サイコ・アナリシス（英）　psycoanalysis
精神分析。【53・1】

さいしゆ〔斎主〕
祭典の主役。【3・18】

さいせい〔再生〕
人間に再び生まれ出ることをいう。【1・発端】

さいせいだんかつ〔裁・制・断・割〕
四魂の中の義で、裁（奇魂）・制（和魂）・断（荒魂）・割（幸魂）の活用のこと。【28・総説歌】

さいたん〔再誕〕
救世主が神定の地に再び誕生されること。【64上・2】

ざいにんばし〔罪人橋〕
地獄の入口の深谷川にかけられた橋。【48・9】

さいふく〔祭服〕
祭典用の式服。【3・18】

さいりん〔再臨〕
救世主が再誕されて、再び同じ神権と神格をもって聖地に出現し神臨されること。【5・総説】

さ

さうおうしや〔相応者〕
自然界にあって、その存在の源泉を霊界に取るもの。【47・21】

さうおうのちしき〔相応の知識〕
相応の理に関する知識。【47・21】

さうおうのり〔相応の理〕
現界のすべての原因が霊界にあり、相似相応の世界であるとの理法。【47・21】

ざうくわのおんこころもち〔造化の御心持〕
宇宙を創造した天之峰火夫神、天御中主大神の御神慮。【78・序文】

ざうくわのさんしん〔造化の三神〕
宇宙の造化を司られる根本の三神、すなわち天御中主神、高皇産霊神、神皇産霊神。【6・総説】

ざうくわのさんしん〔造化の三神〕*
天の世、天極紫微宮に坐す天之峯火夫の神、宇迦須美の神、天津日鉾の神。【73・5】

さうめい〔滄溟〕
青海原。海と陸とができあがらないときドロドロの地球上のこと。【5・序文】

さかきやま〔栄城山〕
紫微天界で瑞霊太元顕津男の神が神勅を仰ぎ神業を本格的に開始され､万神を招きよせて、瑞霊の神業を宣示された霊山。【76・11】

さかしめ〔賢女〕
かしこい女性。【9・35】

サガレン王
バラモン教祖の大国別の直系の国別彦がセイロン島の国主となった名称。【36・総説】

さくげんち〔策源地〕
経綸場のこと。【12・1】

さぐめ〔探女〕
スパイ。策動する者。【3・42】

さくらがおか〔桜ケ丘〕
紫微天界の葦原の国土の御樋代神葦原比女の神が最初に宮居とさだめられた鷹巣山麓の清所。【78・13】

さすらひのたび〔漂浪の旅〕
素盞嗚尊が、千座の置戸を負いて、世界の神と人を救済するために、地球上を東奔西走したもうこと。【22・1】

さだひこ〔佐田彦〕
バラモン教出身の谷丸に言依別命から宣伝使を任命して賜わりし名。【22・18】

さだひこ〔猿田彦〕
天孫降臨の際に天の宇豆売命に言向和され、先導をつとめた天使（かみ）で、霊界物語では沢田彦命のこと。【26・17】

さだひこのごよう〔猿田彦の御用〕
先導の役。【16・20】

サタン（英）　satan
悪慾の地獄・底の国の兇霊。【56・1、60・20】

さつきひめ〔五月姫〕
ブラジルの酋長闇山津見の娘で、宣伝使一行に加わりアルゼンチンの都で、珍山彦の仲介で正鹿山津見の妻となって神業に参加する。【8・22】

サットワ（梵）
衆生。【59・1】

サッドワカシャーヤ（梵）
衆生濁（じょく）。人間の果報が衰え、心身ともに資質が低下したことを示す。【60・序文】

さどのつち〔佐渡の土〕
お金。【64下・12】

さには〔審神者〕
神霊の善悪正邪を審判する役。【3・序文】

さにはのせいぢやう〔審神の聖場〕
天神地祇諸神の善悪正邪を審判する聖場。【3・40】

さぬのさと〔狭野の郷〕
朝香比女に教えられて紫微天界ではじめて火食の道を開いた、国津神の長、狭野比古が治めていた所。【76・15】

さぬのをすくに〔狭野の食国〕
紫微天界で朝香比女の神の言霊と鋭敏鳴出の神の守りに、八十曲津神の本体を固めて国土となし、天中比古の神の主宰のもと国津神狭野彦が開発することとなった周囲百里の島国。【77・3】

さばへ〔五月蝿〕
旧五月頃の蝿の如く、とてもうるさいこと。【5・10】

さべつあい〔差別愛〕
偏狭な恋愛のような小さい愛。【47・3】

サーベル
印度イヅミの国の豪農バーチルの妻。【58・14】

サボタージュ（仏）
怠業。【57・5】

さほひめ〔佐保姫〕
紅葉で山野の錦を織りなすといわれる伝説上の女神。【43・10】

サボール
バラモン軍の目付役人。【58・8】

サマリー姫
入那国のセーラン王の妃で、右守カールチンの娘。【41・2】

サマンタガン（梵）
エンゼル、普光（ふこう）天子。【57・序文、60・3】

サムダヤ（梵）
集聖諦。宇宙の組織のこと。弥勒説示四聖諦の一。神と人の世界を和合統一する神の経綸で統一主義の上下一致の大道。【60・2、63・序歌】

サモア姫
印度入那国の左守の部下マンモスの恋着した娘、のちに妻となる。【41・5】

さやりますよもつおほかみ〔さやります黄泉大神〕
悪霊を打払うことの出来る千引岩のこと。【52・15】

さよりひこ〔狭依彦〕
猿世彦が日の出神に感化された清彦を見て改心して、南米テル（智利）の国の蛸取村の漁夫たちに神徳によって蛸の豊漁をきたして、この里のアリナの滝の下の鏡の池のほとりで、月照彦命の神教を伝え、狭依彦と改名して神業に参加した。【8・10】

さよりひこじんしや〔狭依彦神社〕
猿世彦の向上身、狭依彦の霊魂を南米テルの国の鏡の池のほとりに国王依別によって奉祀された神社。【29・8】

さよりをのかみ〔狭依男の神〕＊
→あめのたかひをのかみ。

さらさうじゆ〔沙羅双樹〕
釈尊がクシナガラ城外で涅槃に入ったとき、臥床の四辺にはえていた沙羅樹のことで三十メートルまで伸びる印度原産の喬木。葉は長楕円形、花は小さい淡黄色で芳香を放つ。【60・11】

サール
サガレン王の忠臣。【36・5】

サルヴァサットーワ・ブリヤダルシャナ（梵）
一切衆生喜見如来。身を燃やして世界を照らす仏で一切の生物に愛敬される姿を持つ者の意味。【60・5、63・序歌】

さるたひこがみ〔猿田彦神〕
国祖神政時代に三代目天使長となった沢田彦命の向上身。古典では天孫を先導した神。【37・24】

さるものはおはず　きたるものはこばまず〔去る者は逐はず　来る者は拒まず〕
出口聖師の対人関係の態度。【69・7】

さわだひこのみこと〔沢田彦命〕＊
第三代天使長。【3・45】→さだひこ〔猿田彦〕

さわだひめ〔沢田姫〕
坤の金神豊雲野尊の別名。または分霊。【9・附録】

さわだひめのみこと〔小和田姫命〕
坤金神豊国姫命の分霊、沢田姫命、仏者の地蔵菩薩のこと。【22・8】

サワラの都
三十万年前に当時三十万人という世界一の人口をもっていた照彦王の治めた琉球の南島、球の島（八重山諸島）にありし神都。【28・12】

さんかいくわつれきし〔三界活歴史〕
神界幽界現界の三界にわたる過去現在未来を一貫して活動してやまない歴史書である霊界物語のこと。【45・序文】

さんきうぼう〔三九坊〕
邪神の巨頭八岐大蛇の片腕、妖幻坊の部下で数千年の劫を経た古狐。【57・3】

さんくわうのかむつかさ〔三光の神司〕
万寿山の八王神磐樟彦の御子で、高光彦、玉光彦、国光彦のこと。【39・1】

さんごだま〔三五玉〕
瑞の神宝金剛不壊の如意宝珠、黄金の玉、紫の玉および麻邇の五つの玉。【26・16】

さんじふさんさう〔三十三相〕
高貴の神霊（木の花姫、観音）が、老人となり少年となり美人となり醜女と化し、或る時は悪魔とも化相して人類を救われる活動。【13・14】

サンジャイーヴィ・ラチャーブトラ（梵）
自暴自棄、惟神中毒の外道で、無因外道の一種。【57・1】

さんしゆのじやしん〔三種の邪神〕
八頭八尾の大蛇。金毛九尾の悪狐。六面八臂の邪鬼の邪神の三巨頭のこと。【4・36】

さんしゆのしんぱう〔三種の神宝〕
有形にして無形、無形にして有形、無声にして有声、有声にして無声の神宝で、凡眼をもっては見ることのできない玉としるされている通り、宇宙主神の三千世界を統一し、地球上に完全無欠のミロクの神世を樹立される金剛不壊の如意宝珠、黄金の玉、紫の玉で、神徳、経綸、神業のこと。【22・1】

さんしんけい〔三神系〕
国常立尊の神系と盤古大神の系統、大自在天の系統のこと。【2・総説】

さんしんけいのしせいはうしん〔三神系の施政方針〕
国常立尊は霊主体従（ひのもと）であり、盤古大神は体主霊従（われよし）であり、大自在天は力主体霊（つよいものがち）である。【3・あとがき】

サンスクリット　sanskrit
印度の古代語で梵語のこと。【36・1】

さんぜんせかい〔三千世界〕
大宇宙のこと。神界、現界、幽界の三界のこと。過去、現在、未来をもいう。【入蒙・2】

さんぜんせかいのうめのはな、いちどにひらく〔三千世界の梅の花、一度に開く〕
大宇宙一切のものに春陽にあうごとき安息をあたえたもう真の神さまの御経綸のこと。【入蒙・2】

さんぜんせかいのおほしばゐ〔三千世界の大芝居〕
神霊世界から地上世界に現実に神人和楽の地上天国が完全に出来あがるまでの経緯（いきさつ）をたとえとして表現された言葉。【12・序文】

さんぜんせかいのおほせんだく、おほさうぢ〔三千世界の大洗濯、大掃除〕
神界、幽界、現実世界のすべての方面を清めて、大整理をなすこと。【1・8】

さんぜんせかいのおほばけもの〔三千世界の大化物〕
大本では国祖神が出口聖師につけられた仮称。【4・14】

さんぜんせかいのきうせいしゆ〔三千世界の救世主〕
神素盞鳴大神。出口聖師。【40・6、63・4】

さんぜんせかいのだいしんげき〔三千世界の大神劇〕
大本神諭に弥勒の神世建設のことを「三千世界の大芝居である」と示されているように、大本の教の上では、大本神の神業について、しばしば使用される表現。【1・18】

さんぜんだいせんせかい〔三千大千世界〕
仏者のいう大宇宙のこと。【73・総説】

サンダー
トルマン国コマの村の里庄マルクの伜で、タライ村の里庄ジャンクの娘スガコの許婚。【66・総説】

さんだいえうそ〔三大要素〕
宇宙創造の三大要素である霊、力、体のこと。【13・総説】

さんだいけう〔三大教〕
霊鷲山麓の玉の井の郷（さと）に現われた瑞霊の化身にます三葉彦神の開かれた教。出口聖師の教。【6・34】

さんだいてうりう〔三大潮流〕
国常立尊の流れ（系統）、盤古大神の流れ、大自在天の流れのこと。【13・モノログ】

さんだんのみたま〔三段の身魂〕
主神が人類の霊魂を上中下三段に生み出されていること。【22・総説】

さんとく〔三徳〕
四魂中の三魂が善に活用すること。【17・霊の礎（三）】

さんにんのどうぢよ〔三人の童女〕
瑞の御魂の大神の化身。【22・19】

さんぱう〔三方〕
神さまの神饌用の器具。【49・5】

さんばそう〔三番叟〕
天地創造の神業がうつされた謡曲にもとづいた能のこと。【52・3】

さんぴんやらう〔三品野郎〕
身分の軽い者を卑しめていう語。【72・21】

さんまちしん〔三摩地心〕
良き感情、良き意志、良き理性とが全然一致して不動金剛の大決心、大勇猛心を発したもの。【40・6】

サンヨ
印度のトルマン国タライ村の老婆。長女ヨリコ姫、次女花香姫。【66・総説】

さんりやう〔参綾〕
綾部の聖地に参拝すること。上綾ともいう。【37・21】

さんれい〔山霊〕
山の霊魂。【38・19】

さんわうじんしや〔山王神社〕
祭神大山咋神。【72・9】

し

し〔死〕
人間の精霊が全く肉体から離脱した結果、肺臓の呼吸と心臓の鼓動が休止して、その自然界における諸官能を全うし得ざるに立ち到った時。【47・11】

じあい〔自愛〕
自己を中心とする愛。【47・1】

じあい〔自愛〕
体慾のことで、自己に必要な社会的利益を愛する心。【48・1】

じあいしん〔自愛心〕
自己の光栄と尊貴とを熱望する心で、地獄に行なわれる愛で偽善。【56・8】

ジアンナイけう〔治安内教〕
オーストラリヤの西部の谷間、ジヤンナの里に本山をたて、照姫を教主と仰ぎ植物食を守り、鼻頭の赤き救世主による根本救済を信仰する宗教。【24・13】

じいういし〔自由意志〕
天国と地獄両方面の中間にあって、善悪を見きわめ、改過遷善の実をあげる人の自由意志。【47・12】

しいがさんにち〔四月三日〕
穴太地方の方言の発音。【18・総説】

しう〔死有〕
死んだ直後の霊魂の状態。【1・14】

じうおん〔重音〕
言霊学上、重なれる音のことでガ行、ザ行、ダ行、バ行の二十音。【74・総説】

しうきよくてん〔終局点〕
愛の心が起こったら人間の実地の行ないにあらわれること。【49・5】

じうくわ〔獣化〕
人間性を失なって動物化すること。【59・10】

しうけうれんがふくわい〔宗教聯合会〕
出口聖師の提唱によって大正十四年北京でつくられた宗教の聯合会。【72・序文】

じうこん〔獣婚〕
動物の精霊の因縁による婚姻。【58・22】

ジウネス・アンテレク・テーユエル（仏）
知性のある若者。【53・1】

しうばつ〔修祓〕
祓戸四柱による霊的精神的のキヨメ。【75・1】

じうめ〔驁馬〕
紫微天界の万里ケ島の魔神征服戦にあたり、三人の女神が言霊の神力を照らして、駒の背に大なる翼を生やして、驁馬となして言霊戦に参加し大勝利を博された。【77・19】

しうりこせい〔修理固成〕
つくりかためる意味。【4・45】

シェール
印度ビクトリヤ国の右守ベルツの奸悪な家令。【53・2】

シオン団
ユダヤ人の団体。【64上・1】

シオンの道
聖地に昇る道。神の道。【61・3】

しがく〔目的〕
自我にもとづいた野望。【7・27】

しかたへいざう〔四方平蔵〕
明治三十二年七月に大本開祖の使者として聖師を綾部へ迎え帰った人。【37・21】

しきしま〔敷島〕
聖師さま愛用の煙草。【26・序歌】

しぎやまづみ〔志芸山津見〕
高砂洲（南米）出身の虎公で松代姫に言向和され、高照山（アンデス山）下の岩窟でミソギして神徳を頂き、黄泉比良坂の神業に参加した。言霊解上しぎやまづみとは体主霊従の政治家の意味。【9・21】

シキン（梵）
妙識。【60・2】

しぐみのかみがみ〔経綸の神々〕
宇宙大本神の御経綸に奉仕する天使たち。【73・18】

しぐれのもり〔時雨ノ森〕
アマゾン河の流域の邪神のひそむ大森林地帯。【31・総説】

じけう〔示教〕
おさしず。【40・序文に代へて】

しけのはうはふ〔屍化の方法〕
神律のままに生きた禽獣虫魚は、死期いたるとき神護によりて肉体がそのまま霊化して天国にのぼる方法。尸解ともかく。【32・13】

シーゴー
印度トルマン国のオーラ山に立てこもり、三千の部下を引きつれて印度征服をねらう修験者で、梅公別に言向和されて新シキ村を開いた。【66・総説】

じごくかい〔地獄界〕
邪神や汚れたタマシイの集まる精霊の世界。【1・5】

しこのいはや〔醜の窟〕
イラン国の地底の金勝要神の和魂高照姫命の鎮座地で、木の花咲耶姫命の経綸の聖場。【13・8】

しこめ〔醜女〕
美人で心の醜悪な女性、または悪心を持つ人たち。【6・2】

しこを〔醜男〕
心の醜悪な男性。【6・2】

しこんのかみ〔四魂の神〕
大本神諭に示された艮の金神、坤の金神、金勝要神、竜宮の乙米姫命を四魂の神という。大道別命は乙米姫命と夫婦一体として四魂の中に含まれることとなる。【3・34】

しこんのほんたい〔四魂の本体〕
神の荒魂、和魂、幸魂、奇魂の四魂の本体である信の真のこと。【47・9】

しこんのよう〔四魂の用〕
神の荒魂、和魂、幸魂、奇魂の四魂の用である愛の善のこと。【47・9】

しさうのこうずゐ〔思想の洪水〕
太古のノアの大洪水は自然界のものであったが、今度の二度目の神の審判はあらゆる悪思想の大洪水であること。【10・総説歌】

じさつはざいあくちうのざいあく〔自殺は罪悪中の罪悪〕
大本の教では人は神の子で、自殺を最も重い罪と教えてある。【25・4】

しじふごせいおん〔四十五清音〕
大本の言霊学からは、アカサタナハマヤワ行の四十五音を清音と称して結婚式等の祝歌には、これを使うこととなっている。【9・10】

し

ししやうたい〔四聖諦〕
弥勒菩薩の説法である。苦・集・滅・道の四聖諦のこと。【60・2】

じしんかみなり〔自信神也〕
大本神諭に「地震雷火の雨ふらして改心させる」との神示があるのを宣り直された神教のことで、慈心神也などとも教えられている。【69・3】

しじんしあいのおほかみ〔至仁至愛の大神〕
天祖のことで、その神格の上から天のミロクの大神ともよばれている。【1・18】

しじんしあいのしんこく〔至仁至愛の神国〕
みろくの世。【43・1】

じしんのせきにん〔持身の責任〕
人は神の子神の生宮として、人格を保つ責任があること。【19・12】

しせうむない〔至小無内〕
至大無外に対して神霊の御はたらきは微細なるものにも極まりがない。【13・総説】

じせつ〔時節〕
神約の時。神機熟する時。【4・37】

じせつたうらい〔時節到来〕
三五玉の御用する因縁の身魂が神命のまにまに舎身活躍の結果、いよいよ四尾山麓の新宮本宮坪の内から国常立尊が大本開祖に帰神して、三界を修理固成し玉う時節が到来したこと。【33・18】

しせん〔死線〕
邪気のこもった地帯で、これにふれると水腫病をおこし死亡する危険な所。人間や生物をたちまち死にいたらしめる場所。【29・端書、63・9】

しぜんはうかい〔自然法界〕
大宇宙の根本神から生まれている惟神の法則の世界。【58・19】

しだいせいたい〔四大星体〕
北斗星、北極星、オリオン星、三角星のこと。【6・26】

しだいむぐわい〔至大無外〕
主の神さまのお体おはたらきの絶大なることの表現。【13・総説】

しだいれいくわつ〔至大霊活〕
最も偉大な霊的の活気。【58・19】

しだう〔斯道〕
このみち即ち天地惟神の大本の教。【38・総説】

しだうのたいほん〔斯道の大本〕
斯の道ともいう、天地惟神の大道の真髄根本原理、大精神。【67・4】

じたしんつう〔自他神通〕
神の心を感じ、他心を感受し、わが心を他に感通せしめる力。【1・発端】

したついはね〔下津岩根〕
神さまが鎮まります土地、アヤベ、カメオカの聖地のこと。【60・16】

したついはね〔臍下丹田〕
天地の祖神が降臨される地の高天原は下津磐根の聖場にきづかれているが、人としての霊魂の鎮まるところは、地の高天原に相応する臍下丹田である。【19・4】

しちごさんのたいこ〔七五三の太鼓〕
大本の朝夕の礼拝のときを報らせる太鼓の打ち方で、大正十三年旧九月七日まで実施された。翌八日からは五六七に改められた。【22・2】

しちじんつう〔七神通〕
天眼通、天耳通、漏尽通、宿命通、自他神通、感通、天言通のこと。【20・9】

しちにんのをんなのずゐいち〔七人の女の随一〕
大本開祖のこと。【18・2】

しちふくじん〔七福神〕
神さまの美徳をあつめたもの。【65・26】

しづえひめ〔下枝姫〕
鷹鳥山麓にあらわれた天人。【22・10】

じつげつたん〔日月潭〕
台湾中央部の三五教の霊場の玉藻山麓にあって玉藻湖といった。【28・1】

しづこ〔静子〕
治国別の徒弟、晴公（道晴別）の実母。【44・12】

しどり〔後取〕
祭典の役。玉串、のりと、円座等を持ち運ぶ役。【3・18】

シーナ
印度ビクトリヤ国の隣の玉木村テームス家の譜代の家来で番頭。【54・12】

しなどのかみ〔科戸の神〕
風をつかさどる神霊。【8・4】

しなどひこ、しなどひめ〔科戸彦、科戸姫〕
風の守り神。【9・6】

しなやまわけ〔科山別〕
ヒルの国の楓別の神館につかえた司。【31・3】

しののめのくに〔東雲の国〕
紫微天界の高照山から東南にあたり、三笠山を中心とする国土。【75・7】

しののめわけ〔東雲別〕
オリオン星から玉の井の里に降り、東彦として五大教を宣伝し、石凝姥神となって鏡づくりに当たる。【11・総説歌】

しのぶがおか〔忍ケ丘〕
紫微天界の葦原の国の中心にありし国津神野槌彦一族の住所。【78・5】

しはぶき〔咳〕
泣きじゃくり。【21・5】

しびきう〔紫微宮〕
紫微天界の主神天之峰火夫の神の鎮座ます宮居。【73・3】

しびてんかい〔紫微天界〕
大宇宙の中で最尊最貴の神霊世界。【73・総説】

じふいちしんしやう〔十一神将〕
紫微天界の万里ケ島の御樋代神田族比女の神と十柱の従神。【77・第二篇】

シブカ（梵）
苦聖諦。人生の本義。弥勒の説法四聖諦の一。【63・序歌】

じふにいんねん〔十二因縁〕
仏教で人間向上の道程とさだめた道。【57・1】

じふににち〔十二日〕
出口聖師は明治四年旧七月十二日に誕生されている。開祖さま時代は大本神業はほとんど太陰暦を用いられたが、神諭に「ミロクさまの世になればやうきが変わる」とあるように、聖師さまの時代以降からは暦でも自由に使用するとの意味である。【64下・1】

じふにのながれ〔十二の流れ〕
神の血統の十二の支流のこと。【57・総説歌】

じふりしはうはみやのうち〔十里四方は宮の内〕
綾部を中心にされた国常立尊の神都をいう。【16・5】

し

じふりしはうはみやのうち〔十里四方は宮の内〕
神界の里数で至善至美至信至愛の大神のまします最奥第一天国たる神の御舎はほとんど想念の世界からは人間界の一百方里くらいに広いという意味。【49・1】

じふろくてんし〔十六天使〕
天地の律法を宇宙間に宣伝する神使。【3・1】

しほつちのかみ〔水火土の神〕
国祖国常立尊の化身。【79・4】

しほながひこ〔塩長彦〕＊
→ばんこだいじん。

しほながひめ〔塩長姫〕＊
盤古大神塩長彦の妻神。【3・総説】

しほひるのたま〔潮干の珠〕
無限に火（霊）を放射して万有を清める神力のこと。【1・31】

しほみつのたま〔潮満の珠〕
無限に水を湧出し世界を清める神力のこと。【1・31】

しま〔洲〕
五大洲のこと。【36・1】

しまうみ〔島生み〕
天の神が、日本（オノコロ島）を中心として、アジア、ヨーロッパ、アフリカ、オーストラリヤ、アメリカの大陸をはじめ島国を開拓すること。【6・21】

じむてきじゆんじよ〔事務的順序〕
人間生活上の事務上の順序。【47・12】

シメジ峠
ビクトリヤ国の都から五十里のフサの国の猪倉山の峰つづき。【53・22】

しもくろかづら〔霜黒葛〕
霜が降ると、真黒になるくずのこと。【43・11】

しもつせ〔下瀬〕
下流の神界、または下層社会。【10・26】

しもつせ〔下津瀬〕
三途の川の下流のことで、根の国底の国の地獄界へおちてゆく魂のわたる川瀬。【14・跋文】

しやうう〔生有〕
霊界で向上して天界に昇り、または人間に再び生まれてくる情態。【1・14】

しやうきやう〔聖経〕
仏教経文中で月照彦命の直々の経文。【55・13】

じやうこん〔上根〕
最も優秀なタマシヒの持主。【45・14】

じやうこんのみたま〔上魂の御魂〕
教えをうけずとも神教を理解出来る霊魂。【73・11】

しやうじやうおうな〔猩々媼〕
サーガラ竜王は人体と変化して印度イズミの国アヅモス山の聖地の大神の宮居に夫の猩々翁とともに奉仕した。【60・10】

しやうじやうおきな〔猩々翁〕
タクシャカ竜王は人体と変化して妻のサーガラ竜王の化身猩々媼とともにイヅミの国アヅモス山の聖地の大神の宮居に仕えた。【60・10】

しやうじやうじま〔猩々島〕
印度テルモン湖の南下方にある猩々姫と三百三十三匹の子猿の住む島。【58・14】

しやうじやうわう〔猩々王〕
テルモン湖中の猩々島の王。【58・14】

しやうしん〔聖神〕
いずのめの神。【67・5】

しやうだう〔聖道〕
神聖な真理の道である惟神の大道。道統。【67・5】

しやうてん〔上天〕
死去。人は死後は天国へ昇るとの意味。【3・3】

じやうてん〔上天〕
上層の天国。【48・14】

じやうどう〔情動〕
主とする所の愛による心の動き。【48・8】

しやうまつ〔正体〕
近畿地方の方言で正末とも書き、誠、真実の意味。【11・7】

じやうめかいきふ〔乗馬階級〕
貴族階級。【69・1】

しやか〔釈迦〕
素盞嗚尊（国大立《くにひろたち》命）の和魂月照彦神が釈迦となって仏教を弘布した。【6・23】

しやかたんじやうのち〔釈迦誕生の地〕
霊界物語には、仏教の始祖釈迦誕生の地は錫蘭（セイロン）島と示されている。【36・1】

シャーカルタン
台湾の民間団体の首領。【28・7】

シャカンナ
タラハン国の元の左守で王妃と王をいさめ、王のために妻ハリスタを斬りすてられながらも、娘スバールとともにタニグク山にかくれて、国家の革新をはかりつつあった。【67・11】

シャカンメラ（梵）
白馬。転用して荒浪の白い波頭を白馬の鬣と見てのこと。【67・3】

じやき〔邪鬼〕
ユダヤから発生した六面八臂の邪鬼で、あらゆる方面にわたり、世界を悪化破壊しようとする悪魔。【1・18】

じやきたい〔邪気帯〕
生物を死滅させる邪気の滞留するところ。【53・9】

シャキャーム・タダーガタ（梵）
釈迦如来のこと。【57・1】

しやく〔笏〕
人体のかじとして古代から使用されたもので、今日では神祭用となった。重要な目上への奏上文を裏にしるして読みあげるのが例となっていた。寸法は肱（ひじ）から指の第二関節までを基準とした。【4・30】

しやくふくのけん〔折伏の剣〕
悪人を帰順せしめる神徳のこめられた神器。【28・14】

じやけう〔邪教〕
天地の大道にそむき生成化育を妨ぐる教義・教団。【17・序文】

しやしよく〔社稷〕
国家。【36・3】

じやしんかい〔邪神界〕
主の神および正神界の神業を妨げ、精霊と人を邪心悪行にひき入れようとする邪悪な霊魂の団体。【5・14】

しやしんくわつどう〔舎身活動〕
「しやしんくわつやく」と同義。【22・総説】

しやしんくわつやく〔舎身活躍〕
家をととのえ、身を修めて、身分相応の活動

をすること。らしく活動すること。【18・第四篇】

シャナ（梵）
一切衆生喜見如来。【63・序歌】

ジャムブ・ドヸーバ（梵）
全世界、人間の世界。【63・序歌】

し

しやり
しゃれのこと。穴太では、れとりの中間音で発音するため、りとも聞こえる。【18・9】

シャール
テルマン国の毘舎族の富豪。【41・8】

ジャンク
トルマン国デカタン高原のタライ村の里庄。【66・総説】

ジャンジャヒェール
英雄豪傑のこと。【16・5】

じゆうおん〔重音〕
ハハのハハをババ、チチのチチをヂヂという。従来の濁音は大本では重音となる。【74・総説】

しゆうなん〔周南〕
中国の詩経の冒頭の周南篇のこと。【1・附記】

しゆくめいつう〔宿命通〕
すべてのものの宿命を感得する通力。【1・発端】

しゆくゆうし〔祝融子〕
火事。【5・23】

しゆごじん〔守護神〕
因縁あって守護される神霊。人の場合はその人の本体である精霊。【1・15、13・21】

しゆさいしや〔主宰者〕
神霊世界の一切の神権、神徳、神業、経綸等一切を統一主宰される神のこと。【1・18】

しゆさいしん〔主宰神〕
この世界の一切を大切に守り治められる生き通しの神のこと。【1・22、48・12】

しゆじんのるすのまなべたき〔主人の留守の間鍋たき〕
主人の留守に無駄づかいすること。【19・7】

しゆとするところのあい〔主とするところの愛〕
その人が最も主とする愛情で“所主の愛”という。【16・霊の礎（一）】

しゆなうじん〔主脳神〕
大地の一切のものを支配し、人間の頭脳のように活動される神霊のこと。（国常立尊）。【5・1】

シュナップス（独）　schnapps
オランダのジン酒。【54・7】

ジュネス・アンテレック・テーエル（仏）
知性のある若者。【53・3】

しゆみせんざん〔須弥仙山〕
宇宙の中心に無辺の高さで聳えている霊界の神山。【1・20】

じゆみやう〔寿命〕
人の寿命は神界において定められている。【47・7】

じゆらうじん〔寿老人〕
中国の宋時代の人で長頭の老人。杖を携え、杖の頭に巻物をつけ、団扇を持ち、鹿をつれていたという。長寿を授ける神。【65・26】

しゆろかい〔珠露海〕
吉凶禍福や卜筮を記した経文。【71・16】

しゆんじう〔春秋〕
儒教の中で孔子の考えが最もあらわれている

といわれる文書。【64下・1】

じゆんせんでんし〔准宣伝使〕
正宣伝使につぐもので、現界の人々に神教を宣伝する聖職。【27・15】

じゆんびのじやうたい〔準備の状態〕
天界へすすむ準備の状態。不幸な場合は地獄へおちんとする状態。【16・霊の礎（一）、42・総説】

しようううちゆう
→せうううちう。

しようか
→せうくわ。

しようかく〔証覚〕
神さまから頂いた智慧によって、さとり明らかにすること。聖師は、霊界物語こそは、神さまから智慧証覚をあたえられる唯一の書であるから、神業に奉仕する人は必ず拝読すべきであると常に申された。また、あかしによってさとることで、仏教の場合の悟りとは違う。【1・附記、47・12】

しようぎしん〔勝義心〕
理性のことで、消極、積極、各種の階級がある。【40・6】

しようさんさい
→せうさんさい。

しようづかわ〔三途川〕
→せうづかは。

しようてん〔昇天〕
霊肉脱離して天国にのぼること。【4・39】

しようてんごく
→せうてんごく。

しようどがしま
→せうどがしま。

しようみよう
→せうみやう。

しようみろくのしんせい
→せうみろくのしんせい。

しようりくわうえいのかみ〔勝利光栄の神〕
正勝吾勝々速日天之忍穂耳命（日の出別命）を言霊解すると、勝利光栄の神ということになる。日の出別命の弟子岩彦のシャレとして意味深長である。【13・12】

しようろ〔鐘路〕
衝路・要衝の所。【58・1】

しよくざい〔贖罪〕
主神および救世主が現神幽三界の精霊・人民を身がわりによって罪業から救われる聖業のこと。贖罪主・救世主。【5・総説】

しよけい〔書契〕
中国太古の文字。【54・序文】

しよけうだいとういつのだいくわうみやう〔諸教大統一の大光明〕
宇宙主神の真理と愛善にもとづき、すべての宗教哲学道徳を統一する大指導力。【28・21】

しよしゆ〔所主〕
主とするところ。【47・総説】

しよしゆのあい〔所主の愛〕
最も主として愛すること。その愛。【48・8】

しよてんしよぜん〔諸天諸善〕
すべての天人や善知識をもつ聖者たち。【67・1】

しらくび〔白首〕
芸者。【64下・13】

しらくもわけ〔白雲別〕
オリオン星から玉の井の里に降り、霊鷲山に属する北光神となり、三大教の宣伝使として

活躍し、天の目一箇神となって竹野姫と結婚し、両刄の剣をきたえた。【11・総説歌】

しらせがは〔白瀬川〕
アフリカのナイル河。【12・2】

しらせがは〔白瀬川〕
和知川の別名。【19・3】

しらぬひ〔不知火〕
九州の有明海の不知火の海に旧八月朔日に海面に美しくとぼる火のことで、聖師さまは竜神の祭典の燈火で人間の知らぬ火の意であると示された。【34・第一篇】

しらひわけ〔白日別〕
国常立尊の御子、高照彦が、アフリカの筑紫の国の守護職となったときの神名。【7・46】

じりしん〔自利心〕
体慾、自愛。体主霊従のこと。【48・1】

シルレング
セイロン島のサガレン王の臣。【36・1】

しろがほのしゆゑい〔白顔の守衛〕
天の八衢の審判所で善人をしらべる役。【47・7】

しろにぎて・あをにぎて〔白幣・青幣〕
神にささげる和衣のこと。のちに大麻や玉串となった。【76・1】

しろのしま〔錫蘭の島・シロの島〕
セイロン島。神代の昔から非常に人文が発達し、エルサレムに次いでの神代の文明国であった。シロの島のシは磯輪（しわ）垣の約りで、シワ垣とは四方水をもって天然の要害となし、垣を作られているという意味で、ロは国主あり、人民あり、独立的土地を有し、城廓を構えて王者の治むるということである。また、天下をしろしめす王者の居ます島ということ。【16・1、24・1、36・総説、36・1】

しわがきのほつまのくに〔七五三波の秀妻国〕＊
→にほんのくにのべつしよう。

しをおそれるせいしん〔死を恐れる精神〕
神さまから現界で御用させるため与えられた精神。【11・3】

じん〔仁〕
朋友知己等を愛することでなく、大神の聖言すなわち神諭から来る神真を愛すること。【52・1】

しんあい〔神愛〕
神から直接流れてくる愛。【48・1】

しんえん〔神縁〕
神のえにし。【3・総説】

しんかい〔神界〕
神霊の世界。または神霊世界の神慮を実行するところ。【1・6】

じんかい〔人界〕
人間世界の略称。【1・16】

しんかいかいざう〔神界改造〕
神霊世界のありかたを神慮により改められること。【5・17】

しんかいけいりん〔神界経綸〕
正神界の神々の弥勒の神代を樹立される準備、計画。【3・序文】

しんかいごよう〔神界御用〕
神霊世界のご用に奉仕すること。【17・総説歌】

しんかいてき〔神界的〕
神霊世界にふさわしいこと。【42・1】

しんかいのいつていふへんのけいりん〔神界の一定不変の経綸〕
神界の経綸の中でタテ糸にあたる万劫末代不変の経綸のこと。【3・23】

しんかいのげふ〔神界の業〕
この世において生成化育、進取発展の事業に謁（つく）すこと。【1・2】

しんかいのけんぱふ〔神界の憲法〕
宇宙を創造された主神が神霊世界と地球上を完全に治めるために制定された天地の律法。【33・1】

しんかいのごけいりん〔神界の御経綸〕
大本開祖、出口聖師を通じてカメオカ天恩郷、アヤベ梅松苑の両聖地に神の都をきずき、天国の福音を伝達されること。【52・1】

しんかいのごよう〔神界の御用〕
ミロク神政成就のために主神の御命令で身魂に相応した因縁の職務に奉仕させて頂くこと。【33・17】

しんかいのさんしゆのしんぱう〔神界の三種の神宝〕
顕国玉の精から出た如意宝珠と黄金の玉、紫の玉のこと。三つの玉を瑞の御霊という。【22・1】

しんかいのしんさう〔神界の真相〕
神霊世界の真の姿。【42・1】

しんかいのたいもう〔神界の大望〕
神様の世界の大目的、事業。【37・6】

しんかいよりのことば〔神界よりの言葉〕
相応の理にもとづいて、神さまの世界から語らしめられた言葉。【47・20】

しんかうてきしんぴてきかいしやく〔信仰的神秘的解釈〕
信仰にもとづいた神秘にみちた宗教的の解釈。【41・序文】

しんがうふく〔神号幅〕
大本開祖、出口聖師、二代教主、三代教主が御神名を染筆されたもの。【55・序文】

しんかく〔神格〕
神の格式としてのそなえ、神的人格、神さまのような人格のこと。【4・19、10・序歌】

じんかく〔人格〕
自己に具有する、自然を主とする所の愛。【49・1】

しんかくしや〔神格者〕
人格高く神さまのような高尚な人格の備わった人。【4・20、41・1】

しんかんじつり〔真鑑実理〕
宇宙の霊力体の現われが、そのまま、神さまの教であり、真理であること。【13・総説】

しんかんしや〔神感者〕
高級神霊の帰宿される肉体のこと。【37・7】

しんかんはふ〔神感法〕
神さまから必要あって神がかりされること。人間から神がかりを願うものを自感法といい、本人の意志でなく他の人の霊力によって神がかりさせるのを他感法という。【23・14】

しんき〔神器〕
神霊、神徳をおさめる神聖な器物。大幣、比礼、天然笛、鎮魂の玉など。【1・8】

しんき〔神器〕
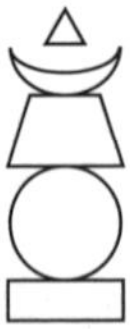
釈迦においては地球の真姿と考えられた形で、△＝空、◡＝風、△＝火、○＝水、▭＝地の合体である（右図参照）のことで、大本でいう、天火結水地すなわち宇宙または地球に相応する弥勒の表徴である。【81・総説】

しんき〔神機〕
宇宙創造神がおりなされる神の縞柄を明示される月の姿のこと。【47・3】

じんぎ〔神祇〕
天神地祇の略で、天神は天津神、地祇は国津神のこと。【2・序文】

し

じんぎのゆうしや〔仁義の勇者〕
一度約束したら二心のない勇者。【43・8】

じんぐうつぼのうち〔神宮壷の内〕
大神様および天界から降る智慧証覚と平和・幸福を入れる聖場で、大本開祖が帰神された地の高天原の綾部の宮屋敷のことである。【52・1】

しんぐん〔神軍〕
三五教の宣伝使隊のことで、無抵抗主義を奉じ、言霊を武器として言向和す神の軍のこと。【66・5】

しんけい〔神系〕
神の系統のこと。【1・発端、1・23】

しんけういく〔新教育〕
時代の先端を行く教育。【53・11】

しんけういく〔新教育〕
新しい現代式の教育。【67・20】

しんげき〔神劇〕
実際の神霊界にある神々のミロクの世建設の経綸の活劇。【12・序文】

しんげつ〔新月〕
陰暦の月の第一日月の初めに見える月。【76・5】

しんげふ〔神業〕
宇宙のつくり主の神さまの大み業のことで、三千世界を立替え立直して地上にみろくの神世を樹立すること。大本神諭には、「たいもう」とも、しるされている。【1・発端】

しんげふのはつどう〔神業の発動〕
世界の出来ごとは皆、うしとらの金神の渡る橋と教示されたとおりに、世界のあらゆる方面にあらわされてくる事象は、すべて神の久遠の神代からの、神わざの発動である。【1・発端】

しんけん〔神懸〕
神がかりの一つで霊国天人が人間の精霊に降り来たり、神界の消息を人間界に伝達する状態。また、天国天人が感応した状態。【48・1】

しんけん〔神権〕
主の神さまの絶対の権威。【48・9】

しんけんのはつどう〔神剣の発動〕
神界の大祓行事。【10・30】

しんけんはつどう〔神権発動〕
「三千世界一度に開く梅の花」の御神言の意味する至大無外すなわち、どんな大きなものも、神権神徳の内につつまれており、至小無内すなわち、どんな小さいものの中にも神徳はみちあふれて守り幸はい玉うのが真の神の偉大なるはたらきであるということ。【2・序文】

しんこくじやうじゆ〔神国成就〕
みろくの世実現のこと。地上天国建設。【5・総説、47・19】

しんさい〔神祭〕
宇宙の主神を奉斎し、神につかえること。【6・総説】

しんさく〔神策〕
神さまの教にもとづいた方策。【3・11】

しんさたいう〔進左退右〕
左から進み右から退く、または左から右へまわりゆく惟神の法則。【29・13】

しんし〔神使〕
天祖、国祖大神あるいは尊き神霊の使者。【1・発端】

しんじ〔神璽〕
神さまのしるし。おもにご神名をしるした御神体。【5・2】

しんしう〔神洲〕
日本国。日本列島。【13・総説】

しんしうけう〔新宗教〕
新しい人生観と宇宙観に根ざして出現する宗教。【37・総説】

しんしさう〔新思想〕
みろくの世の正しい思想。【69・6】

しんじのうちう〔神示の宇宙〕
出口聖師が高熊山の修行中に、神霊世界において見聞されたる神さまの立場からの宇宙のすがた。【4・45】

しんじのでんたつ〔神示の伝達〕
神さまの教示された事柄について伝達すること。大要は人生の本義、宇宙の真相、神霊世界の消息、人類へ対する神の要望。【48・1】

しんじのへいはふ〔神事の兵法〕
善言美詞の神嘉言をもって、万有を言向和し帰順せしむる方法。【30・9】

しんじゆこ〔真珠湖〕
紫微天界の伊佐子の島の大栄山脈の南の中腹にある人魚のすむ塩水湖。【81・1】

しんしよくじじやく〔神色自若〕
事に当って顔の色、言行すべてに何ひとつ変わりないこと。【3・12】

しんしん〔真神〕
宇宙で唯一絶対のまことの独りの神さま。独一真神。【13・総説】

しんしん〔神身〕
神さまのお姿。【47・総説】

しんじん〔神人〕
人の姿をもってあらわれた天使。人の形に造られた神々。宇宙主神の大精神を奉戴して、体現する人格者。人間姿の神さま。【1・13、4・18、22・総説、48・11】

しんじん〔真人〕
天下国家のために身命をささぐる神慮にかなった人。【22・総説】

しんじんいつち〔神人一致〕
神の御心と人の心とが完全に一致すること。神人が一体になった状態。【3・15】

しんじんのてんけい〔神人の典型〕
神使が人と生まれた中の基本となる大人格者。【67・1】

しんせい〔新政〕
みろくの神の神慮にかなった新（さら）つの政治。【69・1】

しんせいいしん〔神政維新〕
みろく神政成就のこと。【3・15】

しんせいし〔神政史〕
神示の神政の歴史。霊界物語のこと。【10・附録】

しんせいじやうじゆのけいりんち〔神政成就の経綸地〕
神素盞鳴大神と国武彦大神がミロクの世を成就される経綸の地。【17・12】

しんせいじやうじゆのふとばしら〔神政成就の太柱〕
みろくの世の人材。【51・序文】

しんせいしゆつげんのよげん〔神世出現の予言〕
みろくの神世が出現することに関する神の経綸、予定を啓示発表することで、主に出口開祖の神役であった。【1・発端】

しんせいじゆりつ〔神政樹立〕
神意実現の政治のことで、宇宙の根本から一貫して樹立されるミロクの神政。【76・1】

しんせいち〔神聖地〕
神聖な霊地、略して聖地という。【28・1】

しんせいなるゐじん〔神聖なる偉人〕
神的の大人格者。【18・15】

しんせいのかみ〔神聖の神〕
正神界の正しい神霊。【14・13】

じんせいのもくてき〔人生の目的〕
神の意志を実行する機関となって、地上に神人一致・万民和楽の理想世界を樹立すること。【1・21】

しんせいふくこ〔神政復古〕
天祖国祖の太古の神代からの経綸の通り、ミロク神政に復すること。【16・10】

しんせんきやう〔神仙境〕
神さまや天使天人の集合され、住まいされる清らかな霊域。【3・17】

しんぜんくわいぎ〔神前会議〕
地の高天原の神殿の神前における会議。【4・2】

しんせんじよ〔神饌所〕
大神さまや神々への供物を調理するところ。【49・5】

しんせんちやう〔神饌長〕
祭典の際神饌をお供えする時の先にたつ責任者。【3・18、49・5】

しんせんでんぐ〔神饌伝供〕
神饌を祭員がつぎつぎに手わたして御神前にお供えすること。【49・5】

しんぜんびあいのしんげふ〔真善美愛の神業〕
神と人はもとより禽獣虫魚まで救済される大本神の仁愛の神業。【59・21】

しんそくそうとうみろくさいしようめうによらい〔神息総統弥勒最勝妙如来〕
宇宙根本の三界の救世主にます、ミロクの神は一切のものに顕現して、天地万有を統御し救済したまうことで、言霊学上はキリストということになる。【22・11】

じんたいのぐわんそ〔人体の元祖〕
神が人間の先祖としてつくられた天足彦・胞場姫。また神が人間姿で活動されたのは稚姫君命と国大立命（素盞嗚尊）であった。【3・総説】

じんだうくわんび〔人道完美〕
神の道が人の中に実現して完全美となること。【10・序歌】

しんたん〔神丹〕
言霊別命が文殊菩薩とあらわれた初稚姫を通じて、珍彦、静子、楓を妖幻坊の毒酸からすくうためあたえられた神薬で、天国において治国別、竜公が月の大神から木の花姫命をとおしてあたえられた霊丹と同じ。【49・総説】

しんち〔神智〕
神さまの智慧または神さまのような智慧。【65・総説】

しんちうのてんかい〔心中の天海〕
神格の内流の愛善と信真のおさまる心の中。【48・11】

しんちよく〔神勅〕
主神の命令。神素盞嗚大神の御宣示。【37・6、44・6】

じんつうりき〔神通力〕
神慮を感得する神力。【3・3】

しんていのせいち〔神定の聖地〕
神定めにより、天神地祇の神集いに集いて神議り玉う聖地。綾部・亀岡の聖地。神代の聖地はエルズルム（現在トルコの一地域）。【4・2、16・6、33・18】

しんてき〔神笛〕
鎮魂帰神のときに用いる天然笛のこと。【37・22】

しんてき〔神的〕
霊徳上のこと。【47・12】

しんてきえいゆう〔神的英雄〕
神さまから見た真の英雄。神雄的ともいう。【64下・1】

しんてきくぎやう〔神的苦行〕
神さまの道における修業。【50・1】

しんてきくわつどう〔神的活動〕
主の神さまの御心にかなって活動すること。【48・9】

しんてきじゆんじよ〔神的順序〕
主の神さまのご神格では順序が第一に位しており、主の神のさだめられた法則そのものを神的順序という。惟神のことで、神さまの創造された通りの順序、段階のこと。【47・12、50・8】

しんてきないりうのしうきよくてん〔神的内流の終局点〕
神の生宮、天地経綸の主宰者、天人の養成所である人間。【48・10】

しんでん〔神殿〕
神さまを奉斎した殿堂。【53・23】

しんてんしゆぎ〔進展主義〕
宇宙運転の法則、大本四大主義の一つで、社会改善の大道である。神の理想にむかって一歩一歩前進あるのみで、「進み行く月日の駒に神ならひ吾は進展主義をとるなり」とある。【21・15、入蒙・37】

しんとく〔神徳〕
まことの神さまから発揮される力徳。【13・総説】

しんとくせんぷ〔神徳宣布〕
神徳を発揚し、神徳の高大無辺なることを万民にのべ伝え、徹底させること。【20・1】

しんによのたま〔真如の玉〕
オーストラリヤの諏訪の湖で玉依姫命の守護されし、麻迩の宝珠のこと。【25・16】

しんのしんかう〔真の信仰〕
心の底から神を理解し、神を愛し神を信じ死後の生涯を固く信じて神の御子たる本分をつくし、何事も神第一とする信仰。【47・9】

しんのやまとだましひ〔真の日本魂〕
キリスト教も仏教も神道も、その神髄は日本魂の別名。【24・総説】

しんぴよう〔神憑〕
神がかりの一種で、悪霊または副守護神が人間の肉体に侵入した状態。【48・1】

しんぶつこんかう〔神仏混交〕
神道と仏教の教理や、やり方を混同すること。【37・6】

しんぶつむりやうじゆきやう〔神仏無量寿経〕
神素盞嗚大神の幸霊言霊別命の化身梅公別が神人合一の妙境にありて宇宙の根本神にます伊都能売の大神（ミロクの大神）の神徳をたたえ、その御経綸を讃美した経文。【67・5】

シンプリ・フィケーシャン（英）　simplification
単純化。【55・2】

シンプル（英）　simple
単純な。【57・11】

しんむ〔神務〕
国祖のもとに帷幕に参加して神事の御用をすること。【4・38】

しんむちやう〔神務長〕
国祖の側近に侍し、神事に奉仕する司の長。【4・40】

しんめい〔神名〕
国常立尊の場合は神名は国祖の大神と申しあ

げる。神権をはじめ神格と神業をあらわした尊称。【4・41】

しんめいのかいりつ〔神明の戒律〕
省、恥、悔、畏、覚の五情。天地の律法の内面的の戒律。【10・29】

しんめいのだいへうしや〔神明の代表者〕
神さまの御意志の体現者。【22・総説】

し

しんもん〔神紋〕
国常立尊の神定された十曜の紋、および略紋の⊕のこと。神歌に「世を救ふ弥勒の神の標章（みしるし）は○（まる）に十字の神定めなる」と示されている。【13・総説】

しんもん〔神文〕
神素盞嗚尊の御真筆。【33・17】

しんもん〔神文〕
出口聖師の筆になる。大本の聖地において幽斎修行（鎮魂帰神）の際に大神に奏上された祝詞文。【54・附録】

しんやく〔神薬〕
神示によってつくられた薬。【6・12】

しんゆのみつい〔神諭の密意〕
最奥天国天人にます大本開祖に大国常立尊の神霊が、帰宿され発表された聖言である大本神諭には無辺無量の意味が含まれていること。【48・9】

しんり〔神理〕
神意に即する真理。【11・言霊反】

しんり〔神理〕
霊魂不滅の万世生き通しの生死往来の神さまの理法。【22・総説】

しんりうのへんりん〔神竜の片鱗〕
宇宙主神の大経綸と大精神の一小部分。【22・総説】

しんりのさんかいきふ〔真理の三階級〕
（一）法律政治の大本による低級の真理（二）五倫五常実践の中程の真理（三）神人和合の境にある最高の真理。【50・1】

しんりのたいやう〔真理の太陽〕
宇宙主神の直授の地球最高唯一の真理の教である大本の教。【28・序歌】

しんりはまげられぬ〔真理はまげられぬ〕
宣伝使が教義をとくとき真理をまげ、方便を乱用するときは、たちまち霊界および現界の秩序は紊乱し、神の神格を破壊することとなる。【50・9】

しんりん〔神臨〕
神さまが鎮座住居し神徳によって守り玉う意味。神さまが神徳をもって臨ませられ治められること。【47・総説、49・3、69・6】

じんれい〔人霊〕
人の霊魂。【42・総説】

しんれいかい〔神霊界〕
大正六年から大正十年まで、大本開祖、出口聖師の帰神の神示「大本神諭」を発表された大本の機関雑誌。神霊世界のこと。【19・17、21・総説】

しんれいちうしや〔神霊注射〕
神さまの霊気をそそぎかけること。【17・2】

しんれいちんさいのさいてん〔神霊鎮祭の祭典〕
神霊を御神体や宮にしずめるおまつり。【3・40】

しんれいてき〔心霊的〕
霊魂や精神上の立場。【42・1】

しんれいてきくわつどう〔神霊的活動〕
神霊のはたらき。【5・25】

しんれいほうし〔神霊奉仕〕
神さまの御用にお仕えすること。【54・17】

しんわ〔神話〕
神さまの御神格と御神徳に関する話。【38・5、41・14】

しんをん〔神温〕
真神の神格の熱、神皇産霊という。【13・総説】

す

スヴアラナ（梵）
金。【59・2】

スヴアラナ（梵）
金。物語では黄金姫。【63・序歌】

スウヤトゴル
聖なる山の義であるが実は紫微天界の大曲津見の神、八十曲津。【75・20】

スヴルナ・ブラバーシャ（梵）
金の輝き。物語では黄金姫の娘、清照姫。【63・序歌】

スガコ
印度トルマン国タライ村の里庄ジャンクの一人娘。【66・総説】

スガの山
印度テルモン山の峰つづきの深山。【56・13】

スガール
印度玉木村の里庄テームスと妻ベリシナの次女。【54・11】

すぎこしくらう〔過越し苦労〕
過ぎ去ったことについてくよくよと悔むことで、利那に最善をつくすが第一である。【11・凡例、72・5】

すくなひこのみこと〔少名彦命〕
言霊別命の再来。【6・22】

すくひぬし〔救主〕
宇宙の主神から一切のものに対する救いの権威をまかせられた大神人のこと。【1・8】

すくひのかぎにかけられる〔救ひの鈎にかけられる〕
神による救い。大本の道に入信すること。【5・23】

すくひのかみ〔救神〕
救世神神素盞嗚尊のこと。【47・総説】

すけこう〔助公〕
和歌山県日高川の畔、木山の里の酋長木山彦のしもべ。【23・6】

スコブツエン宗
バラモン教の教主大黒主がバラモン教破滅の際の逃げ場として寵臣キューバーに開かした バラモン教と変名同主義の難行苦行の邪教。【70・総説】

すさのをのみこと〔素盞嗚尊〕＊
→イエス・キリスト、いづものかみ、うつしくにのみたま、うづのみこ、おほもとあきつをのかみ、はやすさのをのみこと、はやさすらひめのかみ、マホメット、みづのみたま。

ス・スワラ・ポーヂーサットワ（梵）
妙音菩薩または観世音菩薩。【61・2】

すせりのひめ〔須世理之姫〕
金勝要神。【14・序歌】

すせりひめ〔須世理姫〕
金勝要神、大本二代教主に相応。【25・3】

すせりひめ〔須勢理姫〕
縁むすびの神である金勝要神の別名。【25・3、62・14】

すそん〔素尊〕
素盞嗚尊。【44・総説】

スダルマ（梵）
善法。【60・2】

スダルマ山〔妙法山〕
神素盞嗚大神が天降り、玉国別に神訓をさずけられた霊山。【63・1】

スッポンの湖
アフリカのナイル河（白瀬川）の水源地で、現在のビクトリヤ湖にあたる。【35・序文】

すてこひめ〔捨子姫〕
メソポタミヤ顕恩郷の鬼雲彦の側近に素盞嗚尊の八人乙女の一人末子姫がひそみ言向和しにつくしたが、その末子姫に感化されて侍女となった。【30・1】

すになりましてすみきりなり〔独神成坐て隠身也〕
独一真神または造化三神をいい、お姿はかくれて見えないこと。また国祖の大神が隠退されたことをもいう。【4・序文】

すのおほかみ〔⊙の大神〕
天の世では天之峰火夫神で、そののちは天御中主大神または神素盞嗚大神。【75・総説】

すのかみ〔主の神〕
瑞霊大神のこと。時によりては太元神を主の神と奉称することもある。【47・総説】

すのことたま〔⊙の言霊〕
宇宙万有の大根元で、主の大神の根元、太極元となる。日本の国土は⊙の凝結であるために言霊の助くる国、言霊の天照る国、言霊の生くる国、言霊の幸はう国と称する。【73・1】

すのもとのくに〔⊙《ス》の本の国〕
言霊学上、日の本の日は⊙《ス》となるので日本をいう。【74・総説】

すはこ〔諏訪湖〕
オーストラリヤの聖地で、湖底に竜宮の乙姫にます玉依姫命の宮居があって、国祖大神が納められた麻邇の玉が秘められている。【24・15】

スパール
バラモンの宣伝将軍鬼春別の副官カーネル。【53・11】

スパルタ語（ギリシャ語）
古代ギリシャの都市国家の用語。【56・8】

すひぢねのかみ〔須比地根神〕
主神のあらゆるものを凝（かた）める力。【6・1】

スピリット（英）　spirit
精神。【56・8】

スフヰンクス（英）　sphinx
エヂプトのピラミットの前の石像の謎の動物。【56・8】

スマート
大神の神格の一部から生み出された霊獣神犬。【50・総説】

スマートボール
蜈蚣姫の左守。【22・18】

スミエル
玉木村の里庄の豪農テームスとベリシナの長女。【54・11】

すみどろばう〔墨泥坊〕
墨で無駄なことを書きちらす人。【29・8】

すみのえのくに〔住江の国〕
現今のスエズ地峡のこと。【12・2】

すみのえのみまへのおほかみ〔墨江の三前の大神〕
瑞霊の大神の上流中流下流三段にまたがる修祓のご活動名。【10・29】

すみのえのみまへのかみ〔住の江の御前の神〕
瑞霊のご活動である上筒之男命、中筒之男命、底筒之男命のこと。【7・47】

すめらみくに〔皇御国〕
天津御祖の神が大宇宙の中心に永遠無窮の神護をもって生み成し給いし、スの本になる聖域が日本国であるためにいう。【74・総説】

スメール（梵）
須弥仙山。【63・序歌】

スメール山（梵）
須弥仙山。【60・2】

スーラヤ（梵）
日天子（にってんし）、エンゼル。【57・序文、60・3、63・序歌】

スーラヤ山
印度国の日天子山。スーラヤ湖の中の島にそびえる霊山で、永らくウバナンダ・ナーガラシャーがひそんでいた。【63・2】

すゐくわくん〔水火訓〕
水洗礼と火洗礼に関する教示。【入蒙・1】

すゐくん〔垂訓〕
教を垂れる、大本神の直々の教のこと。【5・28】

ずゐげつ〔瑞月〕
出口聖師に神からつけられた号。【2・序、19・1】

すゐさう〔水葬〕
水に流す葬式。【57・22】

すゐしやうのたね〔水晶の種〕
大本開祖の神筆で、大本三代教主出口直日師に対して示されたもの。【38・12】

すゐしやうみたまのせいずゐ〔水晶魂の精髄〕
瑞霊にます神素盞嗚大神の清純無垢の霊魂。応身の弥勒にますミロクの神世を招来する原動力の太柱大真人。水晶の種は報身弥勒。【40・6】

すゐじん〔水神〕
井戸や河川や泉などを守護される神霊。【29・8】

すゐせんれい〔水洗礼〕
ヨハネの神業で、物質界を主として改造される神業のことで、水の洗礼ともいう。【1・発端】

すゐほんき〔水奔鬼〕
水奔草の毒にあたりて生命を失った精霊。【80・1】

すゐほんさう〔水奔草〕
紫微天界の葭原の国土に、地上一面の葭草の間に発生する黄色き美わしき花をつける強き毒を含む毒草。【80・1】

ずゐれい〔瑞霊〕
出口聖師。【67・5】

すゑこひめ〔末子姫〕
神素盞嗚大神の八人乙女の末娘。【30・1】

せ

せい〔声〕
言霊学上から、言葉に精神的なものが多いものをコエ声という。ア行ナ行ハ行マ行ヤ行ワ行の三十声。【74・総説】

せいおん〔声音〕
声にも非ず音にも非ず、両者を兼ねて不二なるものの仮名。半声半音のことで言霊学上からは精神的面と物質的面が同量のことばで、サ行、ザ行、バ行の十五声音。【74・総説、79・総説】

せいか〔清家〕
貴族。【69・1】

せ

せいけういつち〔政教一致〕
宗教教理にもとづいた政治を実施すること。【28・5】

せいけうくわんざう〔政教慣造〕
地上天国樹立の四大原則。【38・1】

せいげん〔聖言〕
太元神・主の神のお言葉。【44・8】

せいこん〔精魂〕
精は星の精とか花の精というように、そのものの神髄をなすもの。霊魂と同意。【3・15】

せいこん〔聖痕〕
救世の大神人の資格として予言された聖者に約束されたしるし。【入蒙・8】

せいざ〔聖座〕
八王神の天職使命。【4・7】

せいし〔世子〕
後継者。【69・7】

せいしのしめい〔聖師の使命〕
大本開祖の神諭は天人でなければ判らないために聖師は霊界物語を発表して自然界の人間に平易に説示して霊界の真相を悟らせるために活動された。【48・9】

せいじやこんかう〔正邪混交〕
霊の性は善であり体の性は悪であり、地上の万物はすべて霊体結合して出来ているから、正しいことの中にも必ず、邪悪なことが混じているとの意。【37・5】

せいしゆ〔聖主〕
出口聖師のこと。【64上・2】

せいしゆごじん〔正守護神〕
人の精霊の善良なもので、神格の直接内流をうけ人身を機関として天国の目的すなわち御用に奉仕するために主神から造られたもの。【48・1】

せいしよく〔聖職〕
神さまから与えられた神聖な職務。【4・5】

せいしよく〔正食〕
神示の「日本の人民には天から五穀野菜川魚海魚が授けてあるぞよ」の通りに自らの住む土地に産出されたものを、その季節に食べること。【5・14】

せいしんかい〔正神界〕
主の神の命のまにまに、生成化育のみろくの神業に参加奉仕される天神地祇の世界。【5・14】

せいしんかいのわうごく〔精神界の王国〕
精神文明の極地である。宗教の精華万教同根と人類愛善の大精神の具現である最高の理想世界。【28・序歌】

せいしんかんてい〔精神鑑定〕
精神病学の立場から人の心性を鑑定する方法や鑑定したもの。【72・序文】

せいしんくわん〔成神観〕
神さまや宇宙にたいする考え方、見方。【1・12】

せいしんしや〔精神車〕
心の持ち方。【20・11】

せいしんじやうのごくひんじや〔精神上の極貧者〕
至仁至愛の神さまの存在と霊界の実在を悟ら

ず、人生の本義を知らない人たち。【22・17】

せいせいおん〔正清音〕
言霊学上からアカサタナハマヤワ行の四十五音。【74・総説】

せいだう〔正道〕
主神に対する愛善の徳に住して行なう高天原の天国の統治制度。【47・15】

せいち〔聖地〕
地の高天原のこと。【1・19】

せいち〔聖地〕
綾部、亀岡の神定の聖地のこと。「鶴山は綾部の聖地、亀岡は旧亀山の城址なりけり」ここでは綾部の聖地のこと。【16・1】

せいぢやう〔聖場〕
神霊の降臨される神聖な場所。ここでは、真名井ガ原の瑞の宝座のある所。【17・7】

せいと〔聖都〕
神界経綸上最も大切なる地域の都市。【3・27】

せいぼ〔生母〕
玉照姫の母、お玉の方のこと。大本では聖師の母堂をご生母ととなえた。【18・14】

せいやうざん〔聖陽山〕
第一天国の楽園。【48・13】

せいよく〔正欲〕
正しい欲望。人として地上天国建設に関する欲望は正欲とされている。【3・23】

せいよく〔正欲〕
神から人間にあたえられた人間に必要な欲のこと。【10・29】

せいりよくにぶん〔勢力二分〕
地球上の神霊世界の主宰神となった盤古大神に対抗して大鷹別が大自在天大国彦を総統神と仰いで、神の王と宣言したために、地球上が二分されたこと。【5・17】

せいれいかいのぬし〔精霊界の主〕
精霊の世界（団体）の指導者、統治者。【80・16】

せいれいたい〔精霊体〕
神霊や精霊の帰宿される神聖な御神体、または神霊の表現されるお姿。【3・17】

せいれいたい〔聖霊体〕
天地のつくり主にます真の大神さまの尊厳霊妙な御本体。【5・35】

せいれいのやうせいしよ〔精霊の養成所〕
人の肉体のこと。天人の霊子の養成所。【47・7】

せいれいのりやうふう〔聖霊の涼風〕
主の神さまの聖霊から生まれて来る爽快な神気の流れ。【58・19】

せいろう〔青楼〕
遊廓のこと。【64下・13】

せいわうぼ〔西王母〕
坤金神豊国姫命のこと。【19・1】

せいわうぼ〔西王母〕
伊邪那美尊の分身、坤の金神。大本では出口聖師のこと。【48・12】

せいわうぼのもものみ〔西王母の桃の実〕
深遠微妙な神界の大経綸で大本出現の原因。【48・12】

せううちう〔小宇宙〕
太陽系天体。【4・46】

せうくわ〔銷過〕
けしすごす。【58・19】

せうさんさい〔小三災〕
飢饉、病気、戦争など。【22・総説、29・3】

せ

せうづかは〔三途川〕
現界を去り、物質世界から死後の霊界へはいる入口である中有界に流れている川。【14・1】

せうてんごく〔小天国〕
一部分の地域にみろくの世の姿を実現すること。【5・21】

せうてんごく〔小天国〕
地域的小部分のミロクの代。【70・22】

せうどがしま〔小豆ケ島〕
香川県小豆郡小豆島。【23・15】

せうみやう〔小名〕
輔弼の棟梁である臣。【68・9】

せうみろくのしんせい〔小弥勒の神政〕
地球上の一地域に神意を実現して理想の神政が行なわるること。小天国と同様の意。【3・23】

せおりつひめのかみ〔瀬織津姫神〕
地上の各地より、すべての汚れを大海原に持ち出し清める神霊の活動。【6・19】

せかいあくのこつぽん〔世界悪の根本〕
天地の祖神厳瑞大神の御経綸をさまたぐること。【33・18】

せかいいちのふうしや〔世界一の富者〕
ミロクの神のご神徳である無限の宝を頂戴した人のこと。【46・16】

せかいいつたい〔世界一体〕
世界を一つに国常立尊が治められたこと。世界一つの国体。【4・18】

せかいいつとうてきしんじ〔世界一統的神示〕
地球上を神の家と見る立場からの神示。霊界物語の口述の態度。【47・序文】

せかいかいあくろん〔世界皆悪論〕
宇宙一切のものは悪の性を帯びているという主張議論。【38・1】

せかいかいざう〔世界改造〕
立替え立直しの神界経綸のこと。【9・附録】

せかいかいざううんどう〔世界改造運動〕
国常立尊の御経綸にもとづき地上の世界を改造される神業奉仕の活動のこと。【1・17】

せかいかいざうのしんさく〔世界改造の神策〕
大本開祖が二十七年間にわたりて、国祖神の世界大改造の神の方策の大綱を口と筆を通じて発表された。【1・発端】

せかいかいぜんろん〔世界皆善論〕
宇宙一切のものは善の性をおびているとの主張議論。【38・1】

せかいけいりんのしんげふ〔世界経綸の神業〕
世界を神徳により完全に救治する大経綸のこと。【20・1】

せかいじふじにふみならす〔世界十字に踏みならす〕
世界を統一する経綸。【25・14】

せかいじゆ〔世界樹〕
宇宙が一本の樹木から出来ているという思想。【76・総説】

せかいてきじんぶつ〔世界的人物〕
わずか一国の正義や利害にとらわれず世界的視野をもつ人のこと。【69・3】

せかいてきぶんめい〔世界的文明〕
地球上の神も人も幸福と平和に導く神の示された精神的物質的両面にわたる文明のこと。【13・総説】

せかいとういつのしんげふち〔世界統一の神業地〕
世界にミロクの平和世界を実現する神業の地である日本列島、自転倒島のこと。【22・1】

せかいのおほかぐら〔世界の大神楽〕
二度目の岩戸開き。みろくの世建設の大経綸実行の大神業。【12・30】

せかいのおほたうげ〔世界の大峠〕
正神と邪神、善と悪の最後の力くらべで黄泉比良坂の戦。みろくの世にいたるまでの大苦難、神の試錬。【10・24】

せかいばれ〔世界晴〕
神徳をいただいて、心中爽快となり世界一眼に見える神徳がそなわった心。日本晴に対する言葉で、ミロクの世の実現の暁をさす。【19・9、42・2】

せきどうじだい〔赤銅時代〕
自然界の善徳をもった人間の住んだ時代。白銀時代につぐ時代。【47・21】

せけんあい〔世間愛〕
自然界の法則である優勝劣敗、弱肉強食を基本とする愛。【47・1】

せつきよくてきしんげふ〔積極的神業〕
ここでは、主神直々の神業に奉仕すること。【19・霊の礎（五）】

せつじゆのけん〔摂受の剣〕
神と人を救済される神徳をこめられた神器、神策、神教。【28・14】

ぜつたいぜつめい〔絶体絶命〕
肉体のおわり、生命（霊魂）のおわり。【80・4】

ぜつたいてきしんけん〔絶対的神権〕
宇宙間一切における何ものにも超越した神さまの権限。【47・総説】

ぜつたいてきふくじゆう〔絶対的服従〕
すべてのことを信頼して無条件で悦服信従すること。【13・モノログ】

せつていりぞく〔刹帝利族〕
印度の貴族で代々王者となる種族。【39・8】

せつなしん〔刹那心〕
神さまの御心に一切を任して、今というときに最善をつくすこと。【8・19】

せつぶんさい〔節分祭〕
国祖国常立尊が明治二十五年の節分に、天の大神さまの御神勅により、大地球の神界の主宰神として再び出現されし聖なる日をトして、国祖大神のご神徳をたたえまつる、大本にとって神と人類のための重大なる祭典。この折に、国祖の御神徳によって、すぎし一年間と、来たるべき一年間の清めと祈りの節分大祓の大祭事がとりおこなわれる。【7・序文】

せとのうみ〔瀬戸の海〕
地中海の東部の海、日本では瀬戸内海の東部神島附近。【12・22】

せとのうみ〔瀬戸の海〕
地中海、日本の瀬戸内海は、その縮図。【15・1】

ゼネラル（英）
将軍・陸軍大将。【54・13、55・1】

せみのをがは〔瀬見の小川〕
宮居の庭を流れる清き小川。【76・4】

セムのながれ〔セムの流裔〕
素盞嗚尊の系統でイスラエル民族。言霊では伊勢の流れの意。【15・1】

セーラン王
印度入那の国の刹帝利。【41・1】

セーリス姫
入那国入那城の花とうたわれた絶世の美人で左守クーリンスの次女でヤスダラ姫の妹。【41・2】

セリバシー（英）　celibacy
独身。【53・2】

セール
セイロン島のサガレン王の忠臣。【36・5】

セールス姫
台湾のサアルボースの娘で、副守護神は金毛九尾の悪狐。【28・1】

セルフ・ブリサベーション（英）　self preservation
自助（自分で自分を救う）。【53・1】

ぜん〔善〕
この世の造り主の神さまから流れてくる神の善で、愛そのものである。愛の善で霊主体従の愛である。【47・9】

ぜんあくせいじやのへうじゆん〔善悪正邪の標準〕
主神の神慮に適合するは至善の道であり、これに反するは悪の道である。【27・13】

ぜんうしとらのこんじん〔全艮の金神〕
全神徳を発揮された艮の金神。【36・序文】

せんきいつき〔千騎一騎〕
一人で千人分の活動をすること。【9・37】

ぜんきう〔前宮〕
前殿ともいわれ、都率天の大神の御居間の大至聖所の前にある。【48・13】

せんぐうしき〔遷宮式〕
大神さまを奉斎鎮座する祭典。【49・5】

ぜんくにとこたちのみこと〔全国常立尊〕
国常立尊の神格、神徳、神力、神権、神業を完全に発揮された状態。【36・序文】

せんけん〔浅見〕
浅薄な見解のこと。【46・2】

ぜんこん〔善根〕
神仏の心にかなった善良な行ない。【17・4】

せんざいしんかく〔潜在神格〕
元の神さまからたましいに頂いた神徳のこと。【48・14】

せんざさい〔遷座祭〕
ご神霊を鎮めまつる祭典。物語では鎮座祭と同義に用いられている。【3・18】

せんせい〔先聖〕
釈迦のこと。【56・総説】

せんせいきやう〔仙聖郷〕
仏者の十宝山の一つの仙聖山南麓にある中国一のパラダイス。【65・21】

ぜんたい〔全体〕
主神の体である剛体、柔体、流体のこと。【13・総説】

せんだら〔旃陀羅〕
印度において最も卑められた階級。【55・11】

せんでんし〔宣伝使〕
読んで字のごとく、神の有難きこと、尊きことを体得して、神教を世人に宣べ伝える使者。【46・18】

せんでんしかく〔宣伝使格〕
宣伝使にひとしい格式。【44・17】

せんでんしのげんにごんなし〔宣伝使の言に二言なし〕
言霊を生命とする宣伝使は言心行一致であるから変節改論はしないとの意味。【39・11】

せんでんしふく〔宣伝使服〕
神界でさだめられた宣伝使の服装。大本では聖師が男子用、女子用を二回にわたり制定された。【18・3】

せんでんしや〔宣伝者〕
神教伝達者。天使や、宣伝使のこと。【5・19】

ぜんとあくとをたてわける〔善と悪とを立別ける〕
神の眼より見て善と悪の標準を明示されること。【1・基本宣伝歌】

ぜんとく〔全徳〕
一霊四魂が全く善と愛と信とに善動し活用すること。【17・霊の礎（三)】

せんにちまへ〔千日前〕
大阪市南区道頓堀の南にある大衆的娯楽街。【59・14】

せんにん〔仙人〕
神仙は霊国天人、天仙は天国天人、地仙は人に生まれた天人、凡仙はその低い程度のもの。しかし、邪神界の方にも、また四階級がある。【1・25】

せんほくきやう〔川北郷〕
メソポタミヤ顕恩郷の元の名称。【5・7】

ぜんりやうなせいれい〔善良な精霊〕
正守護神という。【47・7】

ぜんりよく〔全力〕
主神の動、静、解、凝、引、弛、合、分の八力のこと。【13・総説】

ぜんれい〔全霊〕
主の神の直霊、荒魂、和魂、奇魂、幸魂の完全な霊魂のこと。【13・総説】

せんれいりよかう〔洗礼旅行〕
霊魂を修練浄化して、向上させるための神教宣布の旅行の表現。【13・第二篇】

そ

そうおうしや
→さうおうしや。

そうおうのちしき
→さうおうのちしき。

そうおうのり
→さうおうのり。

ぞうかのおんこころもち
→ざうくわのおんこころもち。

ぞうかのさんしん
→ざうくわのさんしん。

そうとうしん〔総統神〕
高天原の大主宰神・大国常立尊。【48・12】

そうめい
→さうめい。

ソオフア（英）　sofa
長椅子。【55・22】

ソシァリズム（英）　socialism
社会主義。【60・2】

そしきもんり〔組織紋理〕
組みたてと活動の紋様。【48・1】

そせんすうはいけう〔祖先崇拝教〕
大本の教の特徴。【66・2】

そだうこじ〔素道居士〕
バラモン教の鬼春別の部下でカーネル（陸軍大佐）のスパールが比丘となり治国別から頂きし戒名。【55・15】

ソホトのかみ〔曽富戸の神〕
かがしの別名であるが、天の下のことをあゆまねど悉く知っている大神人のこと。大本では出口聖師。【14・3】

そほどのかみ〔曽富斗の神〕
鎮魂帰神（かみがかり）の修行のときの守り神である千憑彦（ちよりひこ）命。久延毘古（くへびこ）、案山子（かがし）ともいう。【18・13、42・2、54・附録】

それいさい〔祖霊祭〕
祖先の霊魂（みたま）を大本式で祭祀すること。【58・24】

そんそせつしよう〔樽俎折衝〕
平和の交際の間に敵人の攻め来るをくじきとどめること。【53・10】

た

だいあくま〔大悪魔〕
天地に公然と横行し、万民を誑惑し、白日の下正々堂々とその悪事を敢行するもの。【36・22】

だいいちのあい〔第一の愛〕
大神に対する愛。【49・1】

だいいちれいごく〔第一霊国〕
霊界と現界をとわず最勝最貴の智慧証覚によって神教を伝うる所。【49・1】

だいうちう〔大宇宙〕
宇宙全体の総称。【4・46】

だいうちうのしゆさい〔大宇宙の主宰〕
天之峰火夫の神また天之御中主神。言霊学上、一声にスという。【79・総説】

たいうんざん〔大雲山〕
ハルナ（印度ボンベー）の都に近き大黒主（鬼雲彦）の千代の住家をきずいた兀（こっ）山の改称。【39・1】

たいかうざん〔大江山〕
悪魔征服の神使、白狐の頭、鬼武彦の鎮座する霊山。【16・序文】

だいかぞくくに〔大家族国〕
主の神の最初の理想世界は、天界を大巨人のように瑞霊太元顕津男神を唯一の主師親として経綸され大和合、大統一される国土。【78・13】

だいげいじゆつしや〔大芸術者〕
大宇宙創造の神。【36・序文】

だいけうしゆ〔大教主〕
神界現界をとわず神定められた三五教の唯一の教主。物語の言依別命のことで、出口聖師のこと。【27・8】

だいげんれい〔大原霊〕
宇宙の三元である霊力体の根源である宇宙太元神の霊魂のこと。【47・総説】

だいこうずゐ〔大洪水〕
神の大審判となった神代における大洪水。【6・15】

だいこくてん〔大黒天〕
大本では素盞鳴尊の御子大国主命。【65・26】

たいこのかみよ〔太古の神代〕
地球上に人類が発生した初めの時代のことで、このときに国祖の神は地上天国の神業を開始された。【4・18】

たいこのしんじんぞく〔太古の神人族〕
地球上最初に発生した人種や民族のこと。神祖系ともいう。【41・序文】

だいさんさい〔大三災〕
天然の風、水、火の災わいで、天災地変のこと。【22・総説、29・3】

だいじざいてんじんおほくにひこ〔大自在天神大国彦〕
天王星から北米に降った豪勇の神人で、大自在天と略称する。【1・22、2・総説】

だいしせいしよ〔大至聖所〕
最奥天国の大神のお居間で、日の若宮という。【48・13】

たいしゆたいじうてきけんきう〔体主体従的研究〕
科学的知識のみに立脚して宇宙の真相を究めんとすること。【48・1】

たいしゆれいじう〔体主霊従〕
物質体を主として霊魂精神を軽んずること、自己愛智（ちしき）の身魂。【1・発端】

たいしゆれいじうてきけんきう〔体主霊従的研究〕
霊界の存在を軽視して宇宙の真相を究めんとする研究の態度。【48・1】

たいしゆれいじうのにんげん〔体主霊従の人間〕
悪い精霊に心身を占領されたもの。【48・1】

だいしようぐん〔大将軍〕
金神の主領沢田彦命のこと。猿田彦ともいう。【25・18】

だいしんじん〔大神人〕
高天原全体を統一して見る時は一人の巨人である。諸々の天人は高天原を大神人という。【49・1】

だいしんじん〔大神人〕
主神の神慮と高天原の姿を体現した大真人。【67・1】

だいせいし〔大聖師〕
三界の大救世主にまします出口聖師のこと。【64上・2】

たいせいみろくのしんれい〔大聖五六七の神霊〕
天の至仁至愛（みろく）の大神の神格化された神素盞嗚大神。【55・序文】

だいせん〔大山〕
伯耆国大山は太古の神代に神素盞嗚大神が八岐大蛇を言向和された霊山で、海抜一七一三メートルの中国地方第一の山。出雲富士ともいう。【57・序文】

だいせんでんし〔大宣伝使〕
宣伝使を統轄する聖職。【20・7】

たいそ〔太祖〕
天地の大祖神大国常立大神。【67・4】

だいたいいん〔大太陰〕
主神の顕現である霊界の太陰、月。【73・12】

だいたいやう〔大太陽〕
主神の顕現である霊界の太陽。【73・5】

だいち〔大智〕
宇宙の創造神の智慧。【36・20】

だいちのしんれい〔大地の神霊〕
地球の霊魂である金勝要神。【1・37】

だいちのれいりよくたい〔大地の霊力体〕
主の神は地球を造り、これを守るに大地の霊魂として金勝要神、霊力として国常立尊、大地の霊体の守護神として神素盞嗚尊によって守りたまう。【11・24、35・1】

だいちゆうけう〔大中教〕
教祖ウラル彦。教義はウラル彦ただ一人この世界の神にして、王者なり、最大権威者なり。この一人を中心として、すべての命令に服従せよという教。ところが宣伝使は、己れ一人

た

を中心とする主義と誤解し、もっとも忌むべき利己主義のやり方と変わった。【6・31】

たいないけういく〔胎内教育〕
夫婦の結婚の動機、夫婦生活の日常の心のあり方、受胎時および妊娠中の心言行が、生まれて来る子供の性格を左右することを、いましめた大本本来の教育のあり方。【4・34】

だいなん〔大難〕
大本のいわゆる立替え立直しの際の大苦悩のこと。身命、家庭、国家社会、人類の安危にかかわる災難。【5・18、37・24】

だいにちによらい〔大日如来〕
大道別の向上された日の出神の仏名。【6・23】

だいにのうらるけう〔第二のウラル教〕
ウラル教を開いたウラル彦がつぎに開いたバラモン教のこと。【15・1】

だいにのちのたかあまはら〔第二の地の高天原〕
地の高天原につぐ霊場万寿山。【3・16】

たいのぐわんそ〔体の元祖〕
宇宙の物質界の御元祖神。神皇産霊神。【47・総説】

たいはくせい〔太白星〕
金星。または救世主のこと。【28・総説歌】

たいはくせいのたま〔太白星の玉〕
鶴若が太白星の精霊生代姫命から授けられし十二の玉で、地球上の国々を守る国魂となった。【2・39】

たいへいがき〔太平柿〕
学名おおひらがき（大平柿）といい、渋柿でつるし用。通称ダンシロウといい、大蜂屋(おほはちや)と唱える。【27・10】

だいまわう〔大魔王〕
地獄界の中、兇党界の大兇霊。【55・12】

だいみやう〔大名〕
重臣。【68・9】

ダイヤ
ビクトリヤ王とビクトリヤ姫との間の五人の男の子のあとに出来た末子の娘。【54・1】

たいよく〔体慾〕
身体を発育し現実界に生きて働くための慾望。【48・1】

だうぎ〔道義〕
真の神さまの示された正しき道。【5・6】

だうぎてきせかいとういつ〔道義的世界統一〕
神さまの愛善と信真の神徳を仰ぎて、すべての人種民族がそれぞれそのところを得て万国万民和楽が実現すること。【4・4】

だうぎてきせかいとういつ〔道義的世界統一〕
武器をもって征伐を行ったり、侵略したり、他の国を併呑したりするような体主霊従のやり方ではなく、神の大道にもとづく世界の統一。【12・22】

だうくわんこじ〔道貫居士〕
バラモン将軍の久米彦が比丘となり治国別から頂きし戒名。【55・15】

たうさうそくだう〔当相即道〕
相応のこと。らしくすること。【1・12】

だうしや〔道者〕
修行者。【14・10】

だうとう〔道統〕
宇宙の大道のすじみち。【81・総説】

だうめい〔道名〕
宣伝使の聖職として頂く名前。【21・4】

たかあまはら〔高天原〕
地球上で最も神聖な神集いされる聖地霊場のことで、大本では綾部と亀岡の両聖地。【9・

序文、49・1】

たかあまはら〔高天原〕
(一) 全大宇宙。(二) 神の坐します至聖所。【4・総説】

たかあまはら〔高天原〕
太古の富士山の別名。【37・1】

たかあまはら〔高天原〕
大神や天人達の住居する霊界。【49・1】

たかあまはら〔高天原〕
無限絶対の大宇宙の神霊世界を創造された天之峯火夫の神の生み玉うたタカアマハラの六言霊。【73・2】

たかあまはら〔至大天球〕
大宇宙。言霊学上はあという。【79・総説】

たかあまはらじんしゆ〔高天原人種〕
古代の富士地帯に住居していた人種で、日本民族の原種といえる。【37・1、41・序文】

たかあまはらのこんいん〔高天原の婚姻〕
夫の智性と妻の意志との二つが和合して一心となり、夫の智性は妻の意志に入り妻の意志は夫の智性に入る理想の婚姻。【49・6】

たかあまはらのはうゐ〔高天原の方位〕
霊界の方位は主神の顕現の場所を東として、そこから西南北を定める。【47・20】

たかくにわけ〔高国別〕
ペテロの都に、道貴彦の弟と生まれ、再生して天の岩戸の神業に奉仕し、素盞嗚尊の長女愛子姫と夫婦となり、高山彦ととなえてアフリカの守り神となった。神名は活津彦根神。【15・13】

たかくらやま〔高倉山〕
南米のヒル（秘露）の都城の場所。【69・17】

たかさご〔高砂〕
兵庫県高砂市。沖に坤金神の隠退されていた神島がある。【23・12】

たかさごじま〔高砂島〕
台湾島または南米大陸。【3・3】

たかさごじま〔高砂洲〕
南米大陸。台湾島はその胞衣。【6・25】

たかさごじやう〔高砂城〕
南米ウヅ（アルゼンチン）の国の都城。【69・1】

たかさごのしま〔高砂の洲〕
南米。高砂島とあるときは台湾のこと。【28・第一篇】

たかさごのじやうとうば〔高砂の尉と姥〕
厳霊、瑞霊。国常立尊と豊雲野尊。【10・25】

たかさごまる〔高砂丸〕
ハルの湖の老朽船。千草の高姫、妖幻坊がのっていた。【72・2】

たかさごわらひ〔高砂笑〕
出口聖師が示されたミロクの世の参政権であって、あらゆる問題とあらゆる人物を批評し、悪罵し、嘲笑することが出来る不文律。【72・2】

たかしのやま〔鷹巣の山〕
紫微天界のグロスの島（葦原新国）の東方の高山。【78・4】

たかたあくじらう〔高田悪次郎〕
財界の巨頭。【52・24】

たかちほのみね〔高千穂の峰〕
古代の富士山の名称。【37・1】

たかちほやま〔高地秀山〕
紫微天界の太元顕津男神の宮居のある霊山で天の高日山とも称える。三十万尺あり。

【73・25】

たかつかみ〔高津神〕
大木にやどって生まれた精霊のことで、俗に天狗という。【5・15】

たかつきひこのみこと〔高月彦命〕＊
二世常世彦命。【4・38】

たかてるひこ〔高光彦〕
万寿山の八王神磐樟彦の長子で、秋月姫と結婚して神業に奉仕した。【12・1】

たかてるひめ〔高照姫〕＊
→きんかつかねのかみのしこん、くにたまがみ、まさかやまづみ。

たかてるやま〔高照山〕
印度の入那の国の都に近き高山脈で、大洪水のとき高照姫命が天降りここの国人を救われた山。【41・10】

たかてるやま〔高照山〕
紫微天界の高照山は仏書の須弥仙山で、スメール山、気吹山とも言う。三十三万尺あり。【73・25】

たかとりひめ〔鷹鳥姫〕
紛失した二つの玉を取りもどそうと、神戸の鷹鳥山に庵をむすんで教の射場を開いた高姫の別名。【22・9】

たかとりやま〔鷹鳥山〕
神戸市長田区高取山。【22・9】

たかとりわけ〔鷹取別〕
北米の常世城にいた偽常世神王（広国別）の宰相。【8・17】

たかはるやま〔高春山〕
鷹依姫が黄金水から出た紫の玉を御神宝としてバラモン教の一派、アルプス教の仮本山を開設した摂津国（兵庫県）の岩木山。【21・1】

たかひこ〔鷹彦〕
サルジニヤ島出身の三五教の宣伝使で、ウラル教の宣伝使となって岩彦、亀彦、梅彦、音彦、駒彦と行動し、邪教の宣伝をふせぎ、日の出別命の出現のときに五人を同命の弟子として三五教の宣伝使に導いた半鳥半人の天使(エンゼル)。【13・4】

たかひこのかみ〔高彦の神〕
オリオン星から玉の井の郷に天降った青雲別で、三五教の宣伝使となって活躍し、のちに天児屋根命となった。【6・37】

たかひのみや〔高日の宮〕
紫微天界の高照山にきずかれた月の神をまつった顕津男神の住居所。【73・20】

たかひめ〔高姫〕
ウラル姫の改名の大気津姫の娘で、大自在天を主祭神として、瑞霊の教を破滅するためにウラナイ教を開いた。【16・序文】

たかほこのかみ〔高鉾の神〕＊
天の世造化三神に神鉾の神とともに右守の神として仕える。タの言霊。【73・5】

たかみつやま〔高光山〕
紫微天界の葭原の国土第一の山。【79・7】

たかみむすびのみおやのかみ〔高御産巣日御祖神〕
精神界心霊系の祖神。【11・17】

たかみやひめ〔高宮姫〕
ウラル彦・ウラル姫の娘で高姫の本名。【33・22】

たかやまひこ〔高山彦〕
天教山から降った高国別のことで、神名は活津彦根命。素盞嗚尊の八人乙女の長女を妻としてアフリカの火の国に住み高山彦と名のってアフリカを治めた神人。【35・1】

たかよりひこ・たかよりひめ〔高依彦・高依姫〕
玉治別の養父母で、イラン国高井ケ岳の山麓高井村の酋長。【33・20】

たかよりひめ〔鷹依姫〕
バラモン教の一派アルプス教を高春山に開いたが、三五教に帰順して紫の玉を献上した。竜国別の母。【21・1】

だくおん〔濁音〕
大本言霊学ではラロルレリ五音を濁音という。【74・総説】

タクシャカりうわう（梵）　〔徳叉伽竜王・視毒竜王〕
大身視毒（タクシャカ）竜王。仏者の八大竜王の司で八岐大蛇の祖神で海王星から地球に現われた九頭一体の竜神。【60・4、63・2】

タクソン
印度トルマン国タライ村の里庄ジャンクの旧臣。【66・1】

たけくにわけ〔建国別〕
東野別と高姫の間に生まれ捨子され、高山彦（高国別—神名活津彦根神）の弟子となり、小島別の娘建能姫の婿となり南アフリカの建野が原の神館の教主となった。【34・9】

たけこう〔竹公〕
高熊山麓の来勿止館の司。【19・14】

たけこう〔武公〕
高姫の弟子で家島から東助に従い、言依別命に信従し東助の命により高姫一行を救うために活躍した。【32・10】

たけしのみや〔武志の宮〕
丹波の宇都山郷の産土神。【20・1】

たけのひめ〔竹野姫〕
桃上彦の次女。【9・1】

たけのひめ〔建能姫〕
日の出神の命によりアフリカの熊襲の国の守護職となった小島別（建日別）の娘。【34・9】

たけはやすさのをのみこと〔建速素盞嗚尊〕
素盞嗚尊が地球上を守護されるときの神名。【15・12】

たけひこ〔竹彦〕
高姫のウラナイ教時代からの弟子。【23・1】

たけひのがんくつ〔建日の岩窟〕
竜宮城の従臣、小島別が神教をうけて身魂を磨き、日の出神から建日別と神名を頂き神業に奉仕した南アフリカの霊場。【34・9】

たけひのみなと〔建日の港〕
日の出神一行が上陸されたアフリカ東岸の港（物語第七巻参照）。【34・1】

たけひのやかた〔建日の館〕
アフリカ熊襲の国の守護職の教主、建国別・建能姫夫妻の神館。【34・11】

たけひむかわけ〔建日向別〕
天教山の八島別がアフリカの肥の国の守護職となったときの神名。【7・36】

たけひわけ〔建日別〕
稚桜姫命に仕えた小島別が、アフリカの熊襲の国の守護職となったときに頂いた神名。【7・28】

たけみつひこのみこと〔武満彦命〕
北斗七星「破軍星」のタマシイ。【3・30】

たけやまひこ〔竹山彦〕
白狐神の棟梁である大江山（たいこうざん）の鬼武彦の化身。三ツの桃である松竹梅の宣伝使を守り、邪神の本拠である常世城の隠謀を、根底から破るために活動した。【9・30】

たごさく〔田吾作〕
丹波宇都山の百姓、言依別命に玉治別と名を

た

頂き世界各地を宣伝して大宣伝使となる。黒姫と高山彦の子。【20・3】

たたくみのかみ〔多々久美の神〕
紫微天界の風を支配する神。「吾こそは多々久美の神科戸辺の風司どる御魂なりける」。【74・1】

タタノチカラ〔対照力〕
⦿《ス》の言霊の発動で、宇宙を維持する神力。【81・総説】

たぢからをのみこと〔手力男命〕
ローマの郊外御年村出身の虎公・自称丑寅の金神で岩彦となり、のちに手力男命となった。一名豊岩窓神。【6・48】

たちばなのをど〔立花の小戸〕
タテ行のはじめての音であるアオウエイの五大父音のこと。【6・28】

たちばなひめ〔橘姫〕＊
→はるやまひこ、くにてるひこ。

たちんぼう〔立チン坊〕
失業して町のあちこちに立っていて車のあとおしなどし、わずかの収入をえて生活すること。【69・4】

だついばば〔脱衣婆〕
三途川の守役。【14・1】

たつがみぞく〔竜神族〕
紫微天界の人面竜身で、まだ人間の形体となっていない種族。【79・1】

たつくにわけ〔竜国別〕
ウラナイ教の高城山の受付の竜若が、三五教へ帰順して言照姫命から頂いた名で、宣伝使となり活躍し、のちに錦の宮の総務となった。【19・12】

たつこう〔竜公〕
治国別、松公の義弟。【43・18】

たつみのいけ〔巽の池〕
テル（智利）高山の麓にあり、乾の池の雌の大蛇のすむ巨大な池。【30・8】

たつよひめ〔竜世姫〕
金勝要神の奇魂で、南米および台湾の国魂神。【28・1】

たつわかひこ〔竜若彦〕
ハーリス山の竜神の大竜別、大竜姫の一の眷属。【27・12】

たてかへ〔立替へ〕
神慮に叶わぬものが一切改められること。【1・18、1・21】

たてなおし〔立直し〕
神慮に従いて一切を修理固成し、新たに建設すること。【1・21】

たてのふでさき〔経の筆先〕
大本開祖の直筆を出口聖師が神意にしたがって発表されたもの。【7・総説】

たてよこのかみのけうじ〔経緯の神の教示〕
タテは大本開祖、ヨコは出口聖師の教。【3・序文】

たなかいはきち〔田中岩吉〕
冠島沓島開きにおともした舞鶴の船頭。【38・13】

たなつもの〔五穀〕
米・麦・豆・粟・黍。【73・20】

たななしぶね〔棚無船・屋根無船〕
屋根のついてない舟。【25・3】

たなばたひめ〔棚機姫〕
太陽暦、太陰暦、恒天暦を運行させる神さまの神力神徳。ここでは、厳と瑞のタテ・ヨコの神の機をおりなす神業。【19・4】

たなべ〔田辺〕
舞鶴のこと。【18・3】

たなべのみなと〔田辺の港〕
舞鶴の港。【16・13】

たにぐく〔谷具久〕
ひき蛙。【5・5】

たにぐく〔谷蟆〕
ひきがえるのこと。“たにぐくの狭渡る”とは、蛙が体を縮めて這入ってゆくような山間僻地のこと。【14・14】

たにまる〔谷丸〕
鬼雲彦の部下バラモン教の宣伝使。のちに三五教に帰順し聖地に奉仕し、神島に神宝を埋蔵する御用に抜擢されて佐田彦と命名され、宣伝使に任じられた。【19・13】

たま〔玉兎〕
月。【16・17】

たまきはるのかみ〔魂機張の神〕
紫微天界の生命の守り神。「たまきはる生命守りて永久に吾は仕へむ瑞の御霊に」「主の神のウ声に生れし魂機張神は生命を守る神ぞや」。【74・11】

たまきむら〔玉木村・玉置村〕
フサ（イラン）のビクの国の隣。【54・21】

たまくにわけ〔玉国別〕
素盞嗚尊の第三女五十子姫の夫、元の音彦。【39・3】

たまこう〔玉公〕
日の出神から水晶玉をさずかりしアフリカ熊襲の国の土人の息子。【34・9】

たますみひこ〔玉純彦〕
南高山の従臣にして常世会議で活躍し、のちにメソポタミヤの顕恩郷で大道別の仲介にて八島姫と夫婦となり、八王の大島別のあとを継承した。【4・24】

たまつばき〔玉椿〕
結婚式の祝いの言葉で、玉椿の八千代まで、湯津玉椿などと用いる。【11・28】

たまつめじま〔玉留島〕
国玉別（若彦）と玉能姫が球の玉に稚姫君命の神霊を取りかけて若の浦の一つ島に埋め、その上に社を造って斎祀したところからこの名がおこり、後に玉津島と改称された。【33・26】

たまつめむすび〔玉都売魂〕
都率天から下されたわずかに空腹を凌ぐことのできる石、瓦のごとく固い天国の果物。【40・13】

たまてばこ〔玉手箱〕
神さまの御経綸。【25・9】

たまてひめのみこと〔玉手姫命〕
紫微天界の三笠山一帯の国魂神。【73・37】

たまてるひこ〔玉光彦〕
八王神磐樟彦の第二男で、深雪姫と結婚して、父磐樟彦の後継者となり万寿山で神業に奉仕した。【12・1】

たまてるひこ〔玉照彦〕＊
瑞の御霊である聖師の精霊の三十五万年前のお名前で、言照姫の子供。伊都能売之御霊。【19・16、19・17】

たまてるひめ〔玉照姫〕
主神にます木の花姫命の分霊で、厳霊である大本開祖の精霊の三十五万年前のお名前。【18・2】

たまながひめ〔玉永姫〕
玉依姫命の分霊。【25・10】

たまのうみ〔玉の湖〕
アルゼンチンの櫟ケ原からアルの港へ行く途

中にある東西五十里、南北三十五里くらいの瓢箪形の大湖水。【29・14】

たまのがはら〔玉野ケ原〕
オーストラリヤの聖域諏訪の湖の前に展開した平野。【25・8】

たまのしま〔太魔の島〕
印度ハルの湖水の中の小島で、白蟻と蜘蛛が人を食う魔の薮があり、梅公別が千草の高姫、妖幻坊にはかられて蟻に食われむとするフクエ、岸子を救った。【72・6】

たまののおか〔玉野の丘〕
真鶴の国の御樋代神玉野比女の神が主の大神を奉斎された聖域で玉藻山となる。【74・18】

たまのひめ〔玉能姫〕
丹波村の平助の孫のお節が高城山を言向和して、言照姫命から頂いた名。【19・12】

たまのみはしら〔玉の御柱〕
タマシヒの支柱となる心。【17・16】

たまのゐ〔玉の井〕
出口聖師の産湯の井戸で穴太の宮垣内にある。第二義は、瑞霊の神教のこと。【6・34】

たまのを〔玉の緒〕
一個人の神経は至大天球の至大霊魂球の一条脈であること。【81・総説】

たまのをしへ〔玉の教〕
武力・金力・権力をいっさい用いない三五教すなわち大本の教。【10・23】

たまはしら〔魂柱〕
心の持方。【41・7】

たまはるわけ〔玉春別〕
フサ（イラン）の国の高依彦・高依姫の長男で玉治別（田吾作）の義弟。【33・20】

たまひこ〔玉彦〕
森鷹彦の後裔で言依別命の従者。【15・19】

たまほこのみち〔玉鉾の道〕
惟神の大道。【20・1】

たまもやま〔玉藻山〕
台湾島の中央にありし三五教の神聖な霊地。【28・1】

たまもれいざん〔玉藻霊山〕
御樋代玉野比女のしずまります紫微天界の南の方の国原の中心となる霊山。【74・21】

たまよびのかむわざ〔霊よびの神業〕
気絶した人の霊魂を肉体に呼びもどし、蘇生させるための神さまのさだめられた神法。【14・15】

たまよりひめのみこと〔玉依姫命〕
瑞霊大神の分霊で、大本神諭では竜宮の乙姫とたたえる。麻邇の宝珠を守護されていた神霊。【24・15、25・9】

たみ〔民〕
明石の里の久助の妻でともにオーストラリヤに渡り神教を宣布し、玉依姫命から黄色の玉をさずかり綾の聖地の大神さまに献じた。【23・18】

たみ〔民〕
フサの国衣笠村生まれのウラナイ教の信者で、蠑螈別の愛人。【46・1】

たやまくわたい〔田山花袋〕
小説家。本名録弥。在世一八七一年――九三〇年。群馬県生まれ。自然主義の代表的作家。【68・2】

だらに〔陀羅尼〕
釈迦のいった一切衆生の語言のことで、大本のいう言霊のこと。【79・総説】

だらにぼん〔陀羅尼品〕
法華経の中の一文。【55・13、63・4】

タラハン国
印度デカタン高原西南方にあり、人口二十万。王カラピン、王妃モンドル、太子スダルマン、王女バンナ。【67・11】

たりのつきたりのひ〔十月十日〕
円満具足完全無欠の意。【43・序文】

ダル
テルモン湖のツミ島に流し捨てられていた囚人、イヅミの国生まれの易者。【58・8】

タール
アーメニヤのウラル教徒で父は香具耶彦、母は香具耶姫。幼名春公。【39・12】

タール
ランチ将軍の陣営の第二の関所である浮木ケ原の守衛。治国別に感化されて三五教の信徒となりランチ将軍の帷幕に参じ、アークとともに治国別、竜公を救った。【47・1】

タールス教
濠洲アンナヒエールの里にあって、ジャンナイ教同様の教義で、タールスを教主と仰ぐ宗教。【24・14】

ダルタラーストラ・マハーラーヂャ（梵）
東方持国天。須弥山の中腹にある四天王の主で、上は帝釈天に仕え仏法と仏法信奉者を守護する護法神の一つ。【60・3】

タールチン
セイロン島のサガレン王の左守。【36・1】

たるひこ〔足彦〕
国依別が南米の御倉の社において三五教を伝達したとき、最もすぐれたパークスを宣伝使に任じあたえた名。【30・15】

だるま〔達磨〕
素盞嗚尊の荒魂である足真彦神が達磨となって禅道を弘布した。【6・23】

たるむすび〔足魂〕
植物を生成化育する神力で豊雲野命という。【6・1】

たるむすび〔足魂〕
都率天から下された五臓六腑をさわやかにする十年も腹のすかぬ重宝な果物。【40・13】

タンク
テルモン山でワックス失脚後の悪酔怪の新会長。三千彦のすすめで、会を解散した。【58・2】

たんげん〔単元〕
一つの独立した生命体のような、一つの意志によって統御されるもの。【47・総説】

だんけんげだう〔断見外道〕
虚無的の外道。【57・12】

たんしう〔丹州〕
丹後の真奈井ガ原の豊国姫の命の神命により現われた玉彦。瑞霊の一つの活動。出口聖師の前身。【17・13】

だんつうや〔段通屋〕
敷物用織物をあきなう商人。【37・16】

たんばむら〔丹波村〕
京都府中郡峰山町の東北にある。【17・序文】

ち

ちいく〔智育〕
智識を押しつけるだけの、詰めこみ主義の教育。【11・15】

ちうう〔中有〕
霊魂を修練し教育される状態。【1・14】

ちううかい〔中有界〕
吾等の住む現実世界から、神界・幽界にはいる中間の境域で、人のタマシイを浄化し育成するところ。【1・5】

ちうかんけう〔中間教〕
いろいろの宗教教義を組み合わせてこしらえた人造教。ここではウラナイ教のこと。【23・15】

ちうこん〔中根〕
中位・中流の神と人。【45・14】

ちうこんのみたま〔中魂の御魂〕
教えれば理解出来る霊魂。【73・11】

チェニェク（英）　tunic
軍服。【55・2】

チェンジェーブル（英）　changeable
変わり易い。【56・9】

ちおんきやう〔地恩郷〕
オーストラリヤ一の霊場で、萱野が原といったが、五十子姫、梅子姫、今子姫、宇豆姫、黄竜姫以下五人がここに来て三五教を宣伝し地恩郷と命名した。【24・4】

ちかみをのかみ〔近見男の神〕
紫微天界の南の国土の司。「近くのみ見やぶる神にましませば近見男神と名をたまひけむ」。【74・4】

ちから〔霊体〕
力徳のこと。【6・1】

ちからみちをのかみ〔力充男の神〕
紫微天界の真鶴国の御樋代神玉野比女神を輔助するために主神は本津真言神となって天降り玉いし時に、引き添って天の高鉾の神が降り玉うた時の名。【74・22】

ちきうちうしんかい〔地球中心界〕
大本のこと。【1・24】

ちきやう〔地鏡〕
琉球島の常楠仙人が仙術によって原野を沼のごとく映出して見せる神通力のこと。【28・14】

ちくらのおきどをおふ〔千座の置戸を負ふ〕
高貴の地位を放棄して神と人の罪をあがなうこと。【1・24】

ちけい〔笞刑〕
悪事に対して体に笞を加えて所払いにする刑罰。【58・4】

ちけう〔治教〕
日本における宗教のことは、「古事記」には本（もと）教といい「祭政一致の詔勅」には治教とある。ここでは従来の観念をこえた大宗教の意味。【6・総説】

ちけうざん〔地教山〕
ヒマラヤ山のことで、相応の上からは亀岡・天恩郷にあたる。【5・28】

ちげき〔地汐〕
大地の中の月ともいわれる世界。【4・44】

ぢごくのぜん〔地獄の善〕
愛をはなれ、利己のためにする美事・善行。【52・1】

ぢごくのたいべつ〔地獄の大別〕
十八地獄＝吊鈞（ちょうきん）地獄・幽枉（いうおう）地獄・火孔地獄・郭都（ほうと）地獄・抜舌（ばつぜつ）地獄・剥皮（はくひ）地獄・磨摧（まさい）地獄・碓搗（うすつき）地獄・車崩（しゃほう）地獄・寒氷地獄・脱売（だっこく）地獄・抽腸（ちうちょう）地獄・油鍋（ゆくわ）地獄・暗黒地獄・刀山（とうざん）地獄・血池（ちのいけ）地獄・阿鼻地獄・秤杆地獄。【48・9】

【49・1】

ぢざう〔地蔵〕
鷹依姫一行四名がアルゼンチンの玉の湖の畔に自らの石像を刻んだのを、罪ほろぼしに高姫が背負って自転倒島の綾の聖地和知川畔の家に持ちかえって屋敷の隅にたてた。世の中の地蔵尊像の濫觴となった。豊国姫命の無差別救済の意義が、人霊の供養碑に変容した。【29・14】

ぢざうそん〔地蔵尊〕
豊国姫命の罪ある身魂への無差別的救済の御活動。無仏時代の救世仏。【6・23】

ちしきのみたま〔自己愛智の身魂〕
物質万能主義で、自己中心の生活をする人。【1・発端】

ちじやうしんかい〔地上神界〕
地球上の神霊世界。【1・18】

ちじやうてんごく〔地上天国〕
天地創造の皇大神を奉斎した宮殿。人間の心が理想的に改良された暁。または地上に実現する弥勒神政成就のこと。【49・1】

ちじやうのしんけんしや〔地上の神権者〕
神定の地上の指導者。統治者。【48・12】

ちじやうのしんこく〔地上の神国〕
神さまの理想が完備した土地や団体や、国家をさす。【3・17】

ちじやうのてんにん〔地上の天人〕
吾人の生命および一切の生命は瑞霊大神のご神格から起こり来る道理をさとる人たち。【47・9】

ちじやうれいかい〔地上霊界〕
地球上の神霊の世界のことで、主権神は国祖神である。地の神界、地上神界ともいう。【1・序】

ちじやうれいごく〔地上霊国〕
大神の仁慈と智慧の教を宣べ伝える聖場。

ぢしんくわうじん〔地鎮荒神〕
本来は大地の金神国常立尊のこと。【25・18】

ぢしんのかみ〔地震の神〕
世の中の極端な汚れを地震をおこして清める神使。【1・21】

ぢしんのせきにん〔持身の責任〕
神の分霊分体を頂いた人としては、霊肉ともに完全に保全して、大神業に奉仕するようにつとめること。【52・3】

ちだうこじ〔治道居士〕
バラモンの宣伝将軍鬼春別が比丘となり治国別から頂きし戒名。【55・15】

ちだつ〔褫奪〕
とりあげること。【53・12】

ちぢやうはすべててんごくのいしや〔地上は凡て天国の移写〕
地上はすべて天界と相似形につくられ、すべて天界から映像移写するようになっていること。【19・霊の礎（五）】

チーチャーボール
ジャンナイ教教主テールス姫の従者。【24・13】

ちのしんかい〔地の神界〕
国常立尊の支配される神霊世界。【1・5】

ちのたかあまはら〔地の高天原〕
国祖国常立尊の鎮座される神都で、天神地祇の神集いたまう神聖霊場のこと。太古はトルコで、今日は綾部の大本。また綾部の地上天国、亀岡の地上霊国を併せて綾の聖地という。大本神縁の地の高天原。【1・19、9・11、49・1】

ちびきいは〔千引岩〕
国家鎮護の神霊。赤誠の勇士の国防軍。【8・

43】

ヂフカ（梵）
弥勒の説法四聖諦の一つ、苦聖諦。人生の本義を明示する説法で、楽天主義の天地惟神の大道。【60・2】

ちまたのかみ〔道俣神〕
交通機関や通信機関。【10・28】

ちやうせいき〔聴声器〕
耳。【20・11】

チヤスティティ（英）　chastity
純潔。【53・2】

チャーチ（英）　church
教会。【56・8】

チャペル（英）　chapel
礼拝堂。付属教会堂。【64上・6】

チヤンキー〔英吉〕
セイロン島の土人で小糸姫を舟でオーストラリヤへ送る途中難破し、岩山にいるところを玉能姫一行に救われ、濠洲に渡り遂に地恩城の右守となった。【24・2】

チャンドラ（梵）
月天子。【63・序歌】

チャンドラ・デーワブトラ（梵）
月天子（がってんし）、エンゼル。【57・序文、60・3】

チャンドラ・スーラヤ・ギマラ・ブラバーサ・スリー（梵）
日月浄明徳如来。【63・序歌】

チューニック（英）　tunic
軍服。【54・11】

ちよ〔千代〕
治国別の弟松彦と松姫の一粒種の娘。【48・5】

ちよくけい〔直系〕
天祖大神と国祖大神の真系。【4・36】

ちよくせつないりう〔直接内流〕
大神さまから直接に天界に御神格の流入すること。大神の帰神。【48・1、48・14】

ちよくれい〔直霊〕
人の四魂の中で瑞霊の大神のご神格から流入された神力。【47・9】

ちよひこ〔千代彦〕
高城山の松姫のもとにいたウラナイ教徒、熊彦が、三五教に帰順して言照姫命から頂いた名。【19・12】

ちよひこ・よろづよひめ〔千代彦・万代姫〕
コーカス山の大気津姫のヤッコスで、高山彦はその三男。【33・21】

チルテル
濠洲のタールス教教祖タールスの従者。【24・14】

チルテル
テルモン湖畔キヨの港の関所総取締憲兵大尉。【59・2】

チルナ
チルテル大尉の妻。【59・2】

ヂレッタント　dilettante
芸術愛好家。【64上・1】

ちゑ〔智慧〕
神さまから流入される理解力。【1・附記】

ちゑ〔智慧〕
主の神さまの御心を理解すること。【47・12】

ちゑしようかくしや〔智慧証覚者〕
神的の智者学者。【48・9】

ちゑのこのみ〔体主霊従の果実〕
物質や肉体を主として、神霊世界や人の心を従とする反道的の知識。【3・総説】

ちんこん〔鎮魂〕
遊びはなれている自らの霊魂を、身体の中府である臍下丹田にしずめ、また神霊と交流する神術で、治国平天下修身斉家の基本である。【1・15、13・1】

ちんこんきしん〔鎮魂帰神〕
霊界に通ずる唯一の神術。【48・1】

ちんこんのせんれい〔鎮魂の洗礼〕
鎮魂によって、神徳をいただき人の霊魂を清めること。【9・6】

つ

つえたてのれいせん〔杖立の霊泉〕
熊本県阿蘇郡小国町杖立温泉。神功皇后入湯の温泉で、大本の神器みてしろは出口聖師がここで大正十二年の旧七月十二日に制定され、天恩郷で九月八日実施された。【入蒙・3】

つがるのみこと〔津軽命〕
アフリカの火の国館の主高国別(活津彦根神)が股肱と頼む宣伝使。【35・23】

つき〔月〕
救世主瑞霊のこと。【42・1】

つきあひしんじん〔附合信神〕
社交のためにする信仰のこと。【7・10】

つきたつふなどのかみ〔衝立船戸神〕
指導者の近親者。【10・27】

つきのおほかみ〔月の大神〕
伊邪那美尊。【1・28】

つきのおほかみ〔撞の大神〕
天照大神。【1・20】

つきのかつら〔月の桂〕
太陰、あるいは月の大神のこと。【22・13】

つきのくに〔月の国〕
霊国。【47・20】

つきのくに〔印度・月の国〕
今日の印度およびパキスタンのこと。【15・あとがき】

つきのこころ〔月の心〕
常に省みるの実行をなしつつ、神理を守っていくこと。【10・総説歌】

つきほこ〔月鉾〕
台湾の三五教教主真道彦命の次男。【28・3】

つきものたいさん〔憑霊退散〕
人に憑依している悪霊が離脱すること。【37・22】

つきみつやま〔月光山〕
紫微天界の万里ケ海にうかぶ島のイドムの国の南端にある霊山。【81・2】

つきよみのみこと〔月夜見尊〕
素盞嗚尊の神霊が太陰界を守護されるときの神名。【1・20】

つくしがた〔筑紫潟〕
九州地方は遠浅の海がとりまいているから、九州地方の意で、本巻ではアフリカ大陸のこと。【34・1】

つくしのしま〔筑紫の洲〕
アフリカ大陸。九州はその胞衣。【6・25】

づなうのえいやうぶつ〔頭脳の栄養物〕
霊界物語の一言一語が、人の頭脳の真の栄養であること。【13・モノログ】

つぬぐひのかみ〔角杙神〕
主神のあらゆるものを弛（ゆる）める力。【6・1】

つねくす〔常楠〕
駒彦、虻公の父で聖地エルサレムの天使長広宗彦命の従臣国彦、国姫の孫。【23・5】

つねひこ〔常彦〕
ウラナイ教の黒姫の四天王の一人で、青彦を通じて三五教へ入信。【17・14】

つま〔妻〕
神さまの最愛の国で日本の秀妻の国の略称。【10・24】

ツミの島
テルモン湖の中央にある大罪人を流刑する離島。【58・8】

つむがりのたち〔都牟刈之太刀〕
三千世界の大救世主で伊都能売の身魂出口聖師のこと。【15・11】

つよいものがち〔力主体霊〕
大自在天は武力万能主義で、一切を暴力や権力で解決するやり方。【3・あとがき】

つらなぎのかみ〔面那芸司〕
印度の白雪郷の酋長が、日の出神から頂いた神名。【7・11】

つらなみのかみ〔面那美司〕
面那芸司の妻。【7・11】

つりがねいは〔釣鐘岩〕
沓島の開祖が最初にのぼられた岩。【38・14】

ツルク大聖主
大本開祖のこと。【64上・2】

つるこう〔鶴公〕
高姫の弟子で東助の指導により三五教に入り、高姫救援のために濠洲にゆき、黄竜姫の右守となる。のちに左守となる。【23・10】

つるやま〔鶴山〕
神界の最奥天国を地上にうつされて造られた大本の聖地梅松苑の中心の霊山。本宮山、桶伏山、円山ともいう。【6・目次】

て

ディヴァイン・ラブ（英）　divine love
聖愛。【53・12】

ていきふのしんり〔低級の真理〕
法律政治の大本を過たず、よく現界に処し、最善を尽し得ること。【50・1】

ていしよてんかい〔低処天界〕
高天原の外辺にある最も低い天界。【52・2】

でいどせかい〔泥土世界〕
善も真もその影を没してしまった暗黒無明の地獄同様の世界。【47・21】

テイハ（蒙）
鶏。【66・5】

デヴァイン・イドム　divine wisdom
聖智。【53・14】

てうこく〔肇国〕
地球（くに）を造り始めること。【13・総説】

てうしせん〔超死線〕
生命の危険を犯して突破する地点。【63・9】

てうもく〔鳥目〕
ぜに、かね。青銅の銭の孔が鳥の眼に似ている故にいう。【71・11】

テースト（英）　taste
趣味、嗜好、味、風味、このみ、傾向。【56・14、60・8】

てつぼ〔手坪〕
手順。【25・2】

テーナ姫
印度入那国の右守カールチンの妻。【41・4】

てながひこ〔手長彦〕
人の物品をとりあげたり、ぬすんだりする人の総称。【13・15】

デビス姫
テルモン山の神司小国別、小国姫の長女。【56・2、63・1】

テームス
入那の国の左守クーリンスの家来。【41・1】

テームス山
イランから印度へわたる境域にあるアフガニスタンの高山。【39・17】

デモクラシー（英）　democracy
民主主義。【53・6】

デモクラチック（英）　democratic
民主的な。【53・11】

てらやま〔照山〕
綾部市の四尾山の峰つづきの山。【20・1】

テーリス
セイロン島のサガレン王の臣下で、最も思慮深き人物。王を救出して松浦の岩窟にて復古運動に尽力した元三五教徒。【36・5】

てるくにがだけ〔照国ケ岳・照国山〕
ビクの国の西方のビクトル山の峰つづきの山。【54・1】

てるくにわけ〔照国別〕
素盞嗚尊の第二女幾代姫の夫、元の梅彦。【39・2】

テールス姫
濠洲のジャンナイ教の教主照姫。【24・13】

テルヂー
常世国から自転倒島に道を拡めに来たウラル教の宣伝使。【19・13】

てるひこ〔照彦〕
月照彦命の再来で松竹梅を守るための活動。のちに戸山津見神となりて神業に奉仕する。【9・1】

テルマン国
中央印度のデカタン高原の南方にあり、住民十万。【41・8】

テルモン湖
北にテルモン国、東に木（き）の国（くに）、西に照（てる）の国、南にイヅミの国をめぐらす東西百里、南北二百里の大湖水。【58・6】

テルモン山
鬼熊別が開いたイランと印度との国境にあるバラモン教の霊場。【24・11】

テルモン山
鬼雲彦が仮の館をかまえバラモン教の基礎を築いたところでバラモン発祥の地となった霊場。【56・2】

てるよひめ〔照代姫〕
天使真鉄彦の裔、照若の妹娘。【28・13】

テーヴァラージャー（梵）
神の王。天主。【61・5】

てんあい〔天愛〕
在天国天人の愛。【52・2】

てんいうくつ〔天幽窟〕
ライオン河の上流のライオンが幾百千とも限りなく棲居していた秘密境。【40・17】

てんいちしんわう〔天一神王〕
大国常立尊のこと。【41・13】

てんいちぼう〔天一坊〕
徳川の天下をねらったという大岡政談中の人物で、実は修験者源氏坊改行のこと。【68・5】

てんうんじゆんかん〔天運循環〕
神さまの経綸の時期みちて、いよいよ神人一体、万民和楽の天の時がめぐりくること。【1・6】

てんかい〔天界〕
神さまの理想の神霊世界。【1・5】

テンカオ嶋
三十万年前に沈没したと示された南洋の巨大な島。【24・9】

てんかけいりんのしんげふ〔天下経綸の神業〕
神意によって、地球上に天国を移写実現するため人類が奉仕する神業。【22・総説】

てんかしうさいのしんげふ〔天下修斎の神業〕
地球上一切を神さまの創造された世界そのままに、神霊の神威と神教によって清めること。【20・1】

てんかのしんじんいきがみ〔天下の神人活神〕
国依別に対する絶讃の辞。【31・4】

てんがんきやう〔天眼鏡〕
宇宙一切の世界を、時間と空間を超越して透見することのできる神徳のこと。【1・20】

てんがんつう〔天眼通〕
霊眼によって一切を透視洞見される神通力。超人的眼力。【1・発端】

てんがんりき〔天眼力〕
霊的実相や過去、現在、未来を透見する霊力。霊魂および霊魂の世界を洞察する霊力。【3・32、5・15】

てんきようざん〔天教山〕＊
→てんけうざん〔天教山〕

てんぐ〔天狗〕
神使の最下の役。ここではコーカス山所属の神使。【15・5】

てんぐ〔天狗〕
樹木の精魂から発する一種の動物。なかには人間と生まれて無意味に人生を暮らした人が堕落して肉体的精霊界に入りしもの。【33・26】

てんくわすゐちむすびのたま〔天火水地結の玉〕
麻邇の玉の中で青玉は天の位、赤玉は火の位、白玉は水の位、黄玉は地の位で、紫玉は結すなわち神の位の宝珠である。【26・1】

てんけいてきしんしよ〔天啓的神書〕
神示の霊界物語のこと。【42・序文】

てんけうざん〔天教山〕＊
富士山のことのことであり、相応の上からは綾部梅松苑にあたる。【5・26】

てんけうざん〔天橋山〕
太古の富士山の別称。【37・1】

てんげんつう〔天言通〕
神霊の感応のままに聖言を言わしめられる通力。【1・発端】

てんごく〔天国〕
君民一致、夫婦一体、上下和合の世界。主神が日の大神と顕現して守護される愛善の世界である霊的国土。大神の祭祀的国土で大神の御住所。【47・9、47・18、52・2】

てんごくきぶん〔天国気分〕
君民一致、夫婦一体、上下和合のなごやかな気分。【47・18】

てんごくしびきう〔天国紫微宮〕
最奥天国の至聖地である都率天にある主の神が日の大神として永久に神しずまります日の若宮。【48・12】

てんごくじんのさいてん〔天国人の祭典〕
天国天人の団体で主の神への感謝のために神の家で月に三回行なわれる荘厳・優美・華麗で歓喜と平和にみたされた祭典。【47・19】

てんごくだんたい〔天国団体〕
天国で天人が組織している団体。五、六十人から多くは十万まで。【47・19、48・11】

てんごくてきぜんれい〔天国的善霊〕
善霊すなわち正守護神や天人すなわち本守護神のこと。【47・12】

てんごくてんにん〔天国天人〕
日の大神のましします天国に住む天人。【47・12】

てんごくのえいざう〔天国の影像〕
地球上の現界は本来すべて天界のウツシ世であること。【49・7】

てんごくのくら〔天国の庫〕
神の国のためにつくして無形の宝をおさめる天国のこと。【48・10】

てんごくのけつこん〔天国の結婚〕
夫の智性は妻の意思中に入り、妻の意思は夫の智性中に深く入りこみ、ここに婚姻が成立する。一夫婦は同心同体で一人とかぞえる。【47・18】

てんごくのせつけう〔天国の説教〕
主神の御神格である愛善と信真を詳細に説き、天人の処世上の利便を計らしむべく説示。【47・19】

てんごくのたから〔天国の宝〕
誠の行ないによって天国につまれる無形の宝のこと。【48・10】

てんごくのちゑ〔天国の智慧〕
神さまからの智慧。【48・10】

てんごくのとみ〔天国の富〕
天国の富はみな神さまからあたえられる。現世にあるとき神の栄と道の拡張にのみ心身を傾注した善徳者が天国の富者である。中位の富者は知己や朋友の危難を救い、また社会公共の救済のために財を散じ隠徳を積んだ人間が、神さまから相応の財産を賜わる。【48・10】

てんごくのはな〔天国の花〕
滑稽・諧謔・歓声。【47・18】

てんごくはのぼりやすくぢごくはおちがたし〔天国は上り易く地獄は落ち難し〕
大神は人の死後に直ちに生前の悪と善とを調べ、悪の分子を取り去って、なるべく天国へ救わんとなし玉うこと。【52・9】

てんさう〔天葬〕
印度地方の最高の葬式の一つで、骨肉ともにきざみ麦の煎粉をまぶして団子をつくり禿鷲に食わす。【57・22】

てんしくわいぎ〔天使会議〕
国常立尊に奉仕する天使たちの会議。【3・14】

てんじつう〔天耳通〕
霊感によって神の御声、神霊界の声を聞きとれる神通力。【1・発端、43・8】

てんしやうざん〔天祥山〕
アルゼンチンのゼムの港の山の奥にあり、ナイヤガラにつぐ、ハンドの大瀑布がかかる大高山。【29・17】

てんじやうさんたいのしんじん〔天上三体の神人〕
天照大神、伊邪那岐大神、伊邪那美大神のこと。【22・11】

てんじやうのしゆさいじん〔天上の主宰神〕
太陽霊界の主権をもった神。【1・20】

てんしゆかく〔天主閣〕
物見櫓（やぐら）に天主を奉祀せしより、この名おこる。天守閣ともかく。【10・2】

て

てんしよ〔天書〕
星。【5・30】

てんじんぼさつ〔天親菩薩〕
世親。ヴァスバンドゥ（梵語＝婆数槃豆）の訳で旧訳は天親。五世紀、印度ガンダーラ国のプルシャプラ市の生まれ。大乗仏教を批判攻撃していたが兄アサンガの戒めによって大乗仏教に転じ、おびただしい論書、注釈をつくって、大乗仏教の瑜伽派の根底をきずいた。主著は阿毘達磨倶舎論、浄土論、弁中辺論、唯識三十頌、十地経論、摂大乗論釈、無量寿経優婆提舎などがある。【81・総説】

てんせい〔天声〕
神さまのお示し。【41・1】

てんそ〔天祖〕
天の御先祖の神の意で、天御中主大神・高皇産霊大神・神皇産霊大神、またその顕現神である天照皇大神・伊邪那岐大神・伊邪那美大神のこと。また天の御三体の大神さまとも称える。【1・序】

てんそくゐはん〔天則違反〕
天地の律法に違反した心言行のこと。【2・46】

てんそんかうりん〔天孫降臨〕
天の神の系統の降臨のこと。ここでは天孫瓊々杵命をさす。【1・18】

でんたつし〔伝達使〕
主神の神示神教を伝達される神使。【6・3】

てんちかいびやく〔天地開闢〕
有神観または無神観にもとづく宇宙成生論。大本では神の創造された万物に生命があって生成化育する意味とされている。【76・序文】

てんちかいびやくのきよくげん〔天地開闢の極元〕
⊙の言霊のことで、この発動によって神霊原子の秩序整然たる活動が、地球を維持し至大天球である全大宇宙を維持しているので、神霊原子こそ天地宇宙が創造され、維持され、生成化育される根本の大生命体であること。【81・総説】

てんちがかえる〔天地が覆る〕
地獄に心が向っている人間を、神教と神徳により高天原（天界）に向かわしめたる状態。【49・1】

てんちかむながらのだいだう〔天地惟神の大道〕
神定の大道。神さまから与えられた身魂を、時処位に応じて活用し、民は民とし、貴人は貴人とし、富者は富者としての本分を守ること。大本の楽天主義の実践である。【46・17】

てんちのしんしやう〔天地の真象〕
天地すなわち大宇宙の霊界と現界との真の象（すがた）。【13・総説】

てんちのはな〔天地の花〕
天界地上を通じて最も尊い使命を持った人間のこと。【48・12】

てんちのりつぱふ〔天地の律法〕
神代における「世界の憲法」で、国常立尊、豊雲野尊が、天道別命とともに制定され、天の御三体の大神の許可をえて、天上（神々の世界）と地上の神々や人類に宣布され、実践にうつされた弥勒の神世の神律である。【2・45】

てんちわがふ〔天地和合〕
天界の姿が地上にうつり、地上は天界の基礎となって活動するミロクの世のこと。【49・3】

てんてきにんげん〔天的人間〕
天人と同じ考えをもった人間。天国に住む天人。大神の御神格を霊魂に多くうける人間のことで、内的天人、高処天人ともいう。綾の聖地を天地創造の大神の永久に鎮座される最奥天国の中心と覚り得る者は、死後必ず天国の住民となり得る身魂である。故にかかる天的人間は聖地の安危と盛否をもって吾身体と見做し、よく神界のために、愛と信とを捧ぐるものである。【47・21、48・1、49・1、52・2】

てんにん〔天人〕
神の子として地上で完全にその使命をはたして、天界に入った、人間の向上した霊魂。【1・37】

てんにんとなるべきみたま〔天人となるべき霊〕
肉体から見て本守護神という。【47・7】

てんにんのいふく〔天人の衣服〕
天人が主神から神真をうけた智慧と相応する衣類を主神から賜わり着用している。【47・17】

てんにんのえな〔天人の胞衣〕
人間は天人の養成器、苗代、暖鳥となり天人の苗を育てる農夫となり得るとともに、人間は天人その者で、在天国の天人は人間の向上したもの。【48・12】

てんにんのぐわいし〔天人の外視〕
天人の目。【48・9】

てんにんのげんご〔天人の言語〕
優美と平和と愛善と信真にみちた善言美詞で、皆一様で何事も善意に解し見直し聞き直し宣り直しという神律が行なわれている。【47・18】

てんにんのごじ〔天人の語字〕
アオウエイのこと。【48・9】

てんにんのさいかうさいごのくわんきえつらく〔天人の最高最後の歓喜悦楽〕
人の霊魂を天界へ迎え入れるのが天人の最高のよろこび。【47・12】

てんにんのないし〔天人の内視〕
天人の心の眼。【48・9】

てんにんのやうせいしよ〔天人の養成所〕
天人の霊子の養成所である人間の肉体のこと。【47・11】

てんねんばう〔天然坊〕
スコブツエン宗の教祖キューバーのこと。【72・総説】

てんのうざん〔天王山〕
天正十年（一五八二年）羽柴秀吉が明智光秀の軍を敗り天下の権を握ることとなった決戦場。京都府乙訓郡大山崎村にある海抜二七〇メートルの山。【59・12】

てんのごさんたいのおほかみ〔天の御三体の大神〕＊
→てんそ、てんちのりっぱふ、あまつおほかみ。

てんのしんかい〔天の神界〕
天の三体の大神さまの直接支配される神霊世界。【1・5】

てんのぞく〔天の賊〕
主神・厳霊・瑞霊大神の御神徳を自分のものの如くすること。【47・9、52・14】

てんのたかあまはら〔天の高天原〕
月の大神のます天界の神聖場。【1・28、52・2】

てんのたかあまはら〔天の高天原〕
天照大神を中心とする天津神の中府で、ここ

では天教山（富士山）。【12・25】

てんのミロクさま〔天のミロク様〕
天御中主大神およびその霊徳の完備した天照皇大神。【44・3】

てんのりやうみん〔天の良民〕
天賦のいっさいの物を完全に照り輝かし、余裕あれば、これを人にほどこす人たち。【46・18】

てんば〔天馬〕
紫微天界で朝香比女神の言霊の神力によって空中を飛べるようになった馬。【77・1】

てんぷ〔天父〕
天帝にます宇宙の主神。【47・5】

てんぷのげんれいき〔天賦の言霊器〕
口のこと。【20・11】

てんめいふうし〔天明風止〕
空が晴れて風がやむこと。【10・2】

てんよりくだるヱルサレムじやう〔天より下るヱルサレム城〕
救世主神厳瑞大神の示された大本の教説のこと。【41・18】

てんらいのしんぐん〔天来の神軍〕
宇宙の主神から派遣された神軍。【17・16】

てんりんおう〔転輪王〕
天理教の古称。【37・6】

と

とあのきうでん〔土阿の宮殿〕
紫微天界の葭原の国の高光山の東面にたてられた御樋代神朝霧比女の神の宮殿。【79・23】

とういつてきぜんたい〔統一的全体〕
たくさんの集合であるが、理想の一個人のように活動し得る状態。【47・総説】

どうかんこじ
→だうくわんこじ。

どうぎ
→だうぎ。

どうぎてきせかいとういつ
→だうぎてきせかいとういつ。

どうぎてきせかいとういつ〔道義的世界統一〕
神教によって世界の人心を清め、主の神さまを中心と仰いで世界を平和に治めること。【20・1】

どうけう〔銅橋〕
下根の身魂の神人を救う神教。【5・23】

どうしや
→だうしや。

とうすけ〔東助〕
アフリカ洲筑紫の国魂、白日別となった国祖の御子高照彦命の子で、本名は東野別命。淡路の洲本で酋長となっていた。のちに杢助のあとをうけて、錦の宮の総務となり、ついで斎苑館の三羽烏となる。【23・12】

とうすけ〔冬助〕
文助の父。【52・16】

とうそうそくどう
→たうさうそくだう。

どうたいしん〔同体神〕
厳霊大神と瑞霊大神は宇宙の祖神大六合常立大神の顕現であって一身同体の神であること。【47・総説】

とうだいもとくらし〔燈台下暗し〕
信仰のあやまりから、大神の御経綸によって

開かれた蓮華台上の鶴山、亀山の両聖地に参詣しながら、大神の神真と神善を享受できないこと。【52・1】

とうだうしき〔藤堂式〕
藤堂高虎は豊臣秀吉の臣として重用されたが、関ケ原の戦で徳川家康に従って後、重用されたように、時節に応じた処世術。【56・14】

とうちしや〔統治者〕
天国・霊国の統治者は、決して尊大ぶらない。【47・15】

どうでんどうしやう〔同殿同床〕
神さまを奉斎した同じ家に住居して日夜に奉仕すること。【6・総説】

どうとう
→だうとう。

とうはうさくはきうせんねん〔東方朔は九千年〕
東方朔すなわち東方の経綸である大本の神業は無限に続くこと。【33・1】

どうめい
→だうめい。

とうゑんきやう〔橙園郷〕
メソポタミヤの顕恩郷の南岸にあった一大部落。のちに鬼武彦の大江の神のすすめによりて、顕恩郷と一つの国となり小天国を形成して二度目の世界の人種（ひとだね）となった。【5・20】

とうゑんわう〔橙園王〕
メソポタミヤの橙園郷の長。【5・20】

とえうのしんき〔十曜の神旗〕
紫微天界の葦原新国の国旗。【78・18】

とえうのもん〔十曜の紋〕
大本の前身三五教の神紋。ウラナイ教でも十曜の紋を盗用している。【45・1】

ときおかしのかみ〔時置師神〕
平民教育の大家および平民教育。演劇の神。社会教育の意味。説明可笑（ときおかし）の神。瑞霊の化身。【10・28、11・29】

ときはがをか〔常磐ケ丘〕
紫微天界の葦原新国の中心にあって御樋代神葦原比女の神の常磐ケ宮の宮所、大政所と定まった野槌比古の住所。【78・18】

ときはまる〔常磐丸〕
印度のハルの湖の渡湖船。新造船で、照国別一行が乗った船。【72・3】

とくいく〔徳育〕
人格者が心言行をもって導くこと。【13・13】

とくざい〔瀆罪〕
（瀆＝一般にはショクと読む）。瑞霊の神さまが、万神万民の罪を身代りとなってあがないたまうこと。【11・15】

どくしよひやくぺんいおのづからつうず〔読書百遍意自ら通ず〕
大本の御神書を理解するための出口聖師のお示しの極意。【44・8】

とこたちのかみ〔常立神〕
砿物の本質で宇宙いっさいを修理固成する神力。玉留魂ともいう。【6・1】

とこやみひこ〔常暗彦〕
ウラル彦の落胤で印度のデカタン高原カルマタ国カルマタ城にウラル教の本拠をきずき宣伝していた。【40・1】

とこよくわいぎ〔常世会議〕
常世彦が大自在天大国彦とともに世界中の国魂を召集して常世国（北米）で開かれた世界平和会議。世界の武装を撤廃し、各国の主権を廃止することを提唱した。これにより常世彦が自らがすべての主権を掌握しようとした

大陰謀の会議であった。【4・序】

とこよじよう〔常世城〕
大自在天大国彦の居城で、広国別を常世神王となのらせて人をいつわる。【10・1】

とこよしんわう〔常世神王〕
大自在天大国彦の別称。【5・17】

とこよしんわう〔常世神王〕
本来、大自在大国彦はバラモン教の主祭神であるが、霊界物語第三十巻、第三十一巻ではウラル教の教祖になっていることに注意すべきである。【30・21】

とこよひこ〔常世彦〕＊
→やつわうだいじん。

とこよひめ〔常世姫〕
稚姫君命の第三女で、常世彦の妻となって、常世彦とともに世界を混乱させた。【2・総説】

どさう〔土葬〕
地中に埋葬すること。【57・22】

とそつてん〔兜率天・都率天〕
最奥天国のこと。【39・7】

とちうのはなだか〔途中の鼻高〕
半可通の学者。【48・1】

とつかのつるぎ〔十握の剱〕
十つかみ、すなわち、こぶし十にぎりの長さの両刃の剣。または遠津神の勅定すなわち宇宙主神の神教のこと。【11・24】

とつかのつるぎ〔十挙の剱〕
遠津神（とつか）の勅定（つるぎ）。【15・11】

とつくりコブラ〔徳利コブラ〕
膝。【72・1】

とはしらのかみ〔十柱の神〕
天理教の祭神で国常立尊、国狭槌尊、豊斟淳尊、大苫辺尊、面足尊、惶根尊、伊弉諾尊、伊弉冊尊、大日孁尊（オホヒルメノミコト）、月読尊の十柱神で、総称して天理王尊という。【37・6】

ともひこ〔友彦〕
鬼熊別の従者で鬼熊別の娘小糸姫をかどわかしセイロン島にて小糸姫に逃げられ、日本にわたり、宇都山の里にいたが天の真浦におわれた。のちに淡路島の東助に感化されて高姫、蜈蚣姫一行を助けに南洋、ニュージーランドからオーストラリヤに渡り、ジャンナの里のテールス姫の夫となり赤鼻の救世主と仰がれたが、改心して黄竜姫（小糸姫）に帰順し、諏訪の湖において玉依姫命から麻邇の神玉をさずかり綾の聖地の厳瑞大神に奉献し神業に参加した。【20・1】

とやまづみのかみ〔戸山津見神〕
海外に進出して繁栄しようとする考え。移民。月照彦命の化身照彦。【9・36】

とよあしはらのなかつくに〔豊葦原の中津国〕
トルコをはじめメソポタミヤ一帯、または日本列島のこと。【17・17】

とよあしはらのなかつくに〔豊葦原の中津国〕
世界の中で最も秀れた国土。【78・14】

とよあしはらのねわけのくに〔豊葦原の根分けの国〕
日本列島の古称であるが、物語にはメソポタミヤ地方も同様にとなえてある。【25・14】

とよあしはらのみづほのくに〔豊葦原の瑞穂国〕
地球。小さい日本のみの意ではない。【4・総説】

とようけひめがみ〔豊受姫神〕
伊勢外宮に奉斎されている神で、天祖の御依托により衣食住をはじめ、物質的生産など一切にわたり神業を輔佐される神。【4・28】

とようけひめのかみのよ〔豊受姫の神の世〕
霊体一致のミロクの世。鼓腹撃壌の世。【6・29】

とよくにぬしのかみ〔豊国主の神〕
国祖の輔佐神豊雲野尊。【1・発端、48・12】

とよくにひめのみこと〔豊国姫命〕
豊雲野尊のこと。【2・総説】

とよくもぬのみこと〔豊雲野尊〕*
→とよくにぬしのかみ、ひつじさるのこんじん、みづのみたま、キリスト。

とよてるひこ〔豊照彦〕
アフリカ洲豊の国の守護職豊日別の息子で、虎若彦の弟。【35・8】

とよひこ〔豊彦〕
弥仙山の麓の於与岐の里の住人で、妻豊姫、長男綾彦、長女お玉。玉照姫の祖父。【18・2】

とよひわけ〔豊日別〕
神素盞嗚尊の御子豊国別が、アフリカの豊の国の守護職となったときの神名。【7・36】

ドライアスダスト（英）　dry as dust
無味乾燥。【56・8】

トライロー・キャボクラー（梵）
越三界。神界・幽界・現界を一貫すること。【59・2、60・2】

とらくまやま〔虎熊山〕
仏法の十宝山の一つで中国一の霊山仙聖山から東南方にある八大竜王の一、マナスイン竜王がひそんでいた火山。【65・5】

とらこう〔虎公〕
アフリカの熊襲の国武野村の侠客で、豊の国の守護職豊日別（虎転別）の長男の虎若彦。【34・9】

トラスト（英）　trust
独占的企業合同。【69・4】

とらてんいね〔虎天関〕
聖師が開祖の三女福島久子に初めて会われて、開祖に帰宿される神霊のサニワを依頼された茶店のあった場所、京都府船井郡八木町在。【37・21】

トランス
盗人。【65・1】

トランセンド（英）　transcend
経験、理解力の範囲を超越する。【56・11】

とりかみのところ〔鳥髪の地〕
古事記では出雲の国。言霊学では地の高天原である綾部の聖地。【15・11】

とりこしくらう〔取越し苦労〕
未来のことをくよくよすること。【11・凡例】

とりのいはくすぶね〔鳥の岩樟船〕
飛行船。【21・15】

ドルスチカシャーヤ（梵）
見濁（けんじょく）。諸の邪悪の思想・見解がはびこることを示す。【60・序文】

トルマン国
印度の一王国、トルカ王妃千草姫、太子チウイン、王女チンレイ、首府バルガン城。印度のデカタン高原の最も肥沃な国土で王道国家であった。国教はウラル教であったが、三五教に帰順した。人口三十万。言霊学上からは、トルマンはツマとなり、秀妻の国の意味で、優れた国の意。【66・総説、70・総説】

トロッキー（露）
ロシヤの革命家。【64下・8】

どろのうみ〔泥の海〕
陰陽未分のことで、霊界のものと物質界のものがまじって本来の姿を顕現していないこ

と。【77・9】

トロレンス
台湾の民間団体の首領。【28・7】

とわだこ〔十和田湖〕
青森県上北郡と秋田県鹿角郡にまたがる瑞霊神に因縁ふかき男装坊の住所の湖。【61・6】

とをかのきく〔十日の菊〕
九月九日が菊の節句であるから、手遅れの意味。【16・8】

トンク
テルモン山の悪酔怪の会長に選挙で失格した男。【58・2】

な

ないぎ〔内義〕
大本神諭はすべて相応の理によって示されているから、一文一句のうちにも密意が含まれているために、すべて心霊的、神界的の秘事が包含されていること。【42・1】

ないぎ〔内義〕
聖言の中に天国的、霊国的の密意が含まれていること。【48・1】

ないぎてき〔内義的〕
神さまから含ませられた密意の立場からの表現。【42・1】

ないてきしやうがい〔内的生涯〕
精神的生活。【50・9】

ないてきしようかく〔内的証覚〕
精神上の天国的理解力。【48・9】

ないぶん〔内分〕
霊魂の内面、信仰的の智慧。【16・霊の礎(一)】

ないぶんてきのをしへ〔内分的の教〕
神格の内流から来る愛善、信真を中心とした教で、三五教のこと。【47・総説】

ないぶんのじやうたい〔内分の状態〕
心の内面の状態。霊魂の内部の状態。【16・霊の礎(一)、42・総説】

ないぶんのみち〔内分の道〕
神さまから愛善と信真が入ってくる道。【47・8】

ないへんのてんにん〔内辺の天人〕
最高天国の天人。【48・9】

なかえひめ〔中枝姫〕
神戸市鷹鳥山麓の清泉にあらわれた天人。【22・10】

ながさはかつたて〔長沢雄楯〕
霊学中興の偉人本田親徳の弟子で、出口聖師に帰宿される神霊のサニワをして、神使小松林命であることを証明した人。【37・20】

ながさはとよこ〔長沢豊子〕
長沢雄楯の母堂で、本田親徳から依頼されて、出口聖師に鎮魂の玉、天然笛、神伝秘書の巻物を渡した人。【37・20】

ながすねひこ〔長髄彦〕
人の土地を略奪したり占領したりする人たちへの総称。【13・15】

なかつせ〔中瀬〕
中流の神界または中流社会。【10・26】

なかつせ〔中津瀬〕
三途の川の中流のことで、至喜至楽の天国浄土へのぼる魂のわたる清流。【14・跋文】

なかつみくに〔中津御国〕
ここでは古代神都のあったトルコのエルズルム地方のこと。【19・1】

なかつみよ〔中津御代〕
神界では、国祖国常立尊御隠退ののちの邪神のあらぶる時代のこと。日本では崇神天皇時代からの海外文物輸入の時代。【33・序歌】

ながなきどり〔長鳴鳥〕
救国愛世の真人のたとえ。【12・30】

なかほどのしんり〔中程の真理〕
君臣・夫婦・父子・兄弟・朋友ならびに社会に対し、五倫五常の完全なる実を挙げ得ること。【50・1】

なきさわめのかみ〔泣沢女神〕
大慈大悲の大神様が、地上いっさいの生物を憐み玉うところの同情の涙。【8・39】

なしだドラック〔梨田ドラック〕
誇大広告を専らとした薬屋有田ドラックのこと。【69・4】

ナチュラル・ワーシップ（英）　natural worship
自然礼拝。自然界のものを神として礼拝する信仰。【56・10】

なつひこ〔夏彦〕
ウラナイ教の黒姫の四天王で、青彦を通じて三五教に入信。【17・14】

なつめ〔棗〕
印度のデカタン高原トルマン国タライ村の食物で、コーラン国から祖先が子孫のために取り寄せて育てたという果物。【66・2】

なつやまひこ〔夏山彦〕
エジプトのイホの都の酋長。【12・5】

なながななよのあらぎやう〔七日七夜の荒行〕
出口聖師が高熊山に七日七夜荒行されたのに神ならい、大本の修行は七日七夜とさだめられていたので、昭和十年までは、亀岡大道場は七日間の修行がおこなわれた。【19・15】

なほひにみなほせ〔直日に見直せ〕
神の御心になって、すべてを判断すること。【1・基本宣伝歌】

なほひのつるぎ〔直日の剣〕
神さまから頂いた直日の魂をもって、善悪正邪を批判すること。【21・4】

なほらひ〔直会〕
神さまのおまつりの後、神饌のお下りを、神徳をたたえつつ頂戴することで、天国では直会によって神人一致の法悦境に入る。【12・2】

なみきりまる〔波切丸〕
印度のハルの湖の渡湖船で、最も巨大な新しい船。【67・2】

なんかいのやま〔南海の山〕
和歌山県の山のこと。【23・第一篇】

なんてんわう〔南天王〕
大道別命（日の出神）がメソポタミヤの顕恩郷に君臨された時の変名。二代目には鷹住別が暫時あとをついだ。【5・5】

に

にくたいてきけつこう〔肉体的結構〕
現実的の幸運のこと。名位寿富などのこと。【3・序文】

にくみや〔肉宮〕
神霊の神がかりされる人格者。【1・発端】

ニコラス
テルモン山に進駐した大黒主の使者、大尉。

【57・25】

にしきうを〔錦魚〕
アルゼンチンの玉の湖にすんでいる五色の縞柄のある魚。【29・14】

にしきのはた〔錦の機〕
国常立尊の神系がタテ糸となり、豊雲野尊の神系がヨコ糸として、見事な神教と経綸が織りなされること。【7・序文、20・総説歌】

にしきのはたのをしへ〔錦の機の教〕
厳霊が経の教をとき、瑞霊が緯の教をとき、織りあげられた三五の月の大本の伊都能売の教のこと。【30・15】

にしだもときち〔西田元吉〕
出口聖師の妹ゆきの婿。のちに元教（げんきょう）となのる。【38・24】

にしのしんと〔西の神都〕
トルコのエルズルムにあった国常立尊が創設された神都。【31・1】

にしのみや〔西の宮〕
紫微天界の天の道立の神が神司として奉仕される天極紫微宮。【73・11】

にじふににんのいくみたま〔二十二人の生魂〕
二十二人すなわち王仁の意味で、出口聖師の瑞霊のこと。【22・20】

にじんのつま〔二仁の妻〕
伊弉諾命の二柱の補佐神で撞の御柱天照大神と国の御柱伊弉冊命のこと。【6・19】

にせんどうくわ〔二銭銅貨〕
明治六年第一国立銀行から発行された銅貨で直径三センチ。【71・15】

ニーチェ主義
ドイツの哲学者で実存主義の先駆者。【47・1】

につしうりやうしうざん〔日州霊鷲山〕
高熊山のこと。【入蒙・8】

につたんのせいち〔日潭の聖地〕
台湾の玉藻湖の玉藻山以東の天嶺を中心とする三五教の聖地。【28・5】

ニッテヨーデユクタ（梵）
常精進。【59・1、60・2】

につてんし〔日天使〕
天地の律法を太陽界に伝達する使神としての国常立命の聖職。【3・1】

にとく〔二徳〕
四魂中の二魂が善に活用すること。【17・霊の礎（三）】

にどめのあまのいはとびらき〔二度目の天の岩戸開き〕
神話の天照大神時代の岩戸開きを一度と見て、いよいよ地上に完全無欠のみろくの神代が実現されることをいう。【3・17】

にひたかやま〔新高山〕
台湾第一の高山（三九五〇メートル）で、現在は玉山という。【28・1】

ニヒリスト（英）　nihilist
虚無主義者。【60・2】

にほんのくにのべつしよう〔日本の国の別称〕
言霊の幸わう国・言霊の天照る国・言霊の生ける国・言霊の助くる国・神の助くる国・神徳の充てる国・九山八海・自転倒島（おのころじま）・日出る国・神国・秋津島根別の国・七五三波（しわがき）の秀妻の国・豊葦原瑞穂の中津国。【1・発端、1・31、1・32】

によいほつしゆ〔如意宝珠〕
世の中を自由自在にする神徳のこもった宝玉。または神徳。主の神の御神力御神権を表現したのであって、無形の珠である。【22・1】

にょいほつしゆのたま〔如意宝珠の玉〕
素盞嗚尊の御精霊体の顕国の御魂から現われた玉で、素盞嗚尊が秋山彦に命じて冠島に埋蔵されていた。【21・18】

によしのひつぽうのみたま〔女子の系統の魂〕
変性女子坤の金神豊雲野尊の系統のタマシヒ。人間界では出口王仁三郎聖師の系統の霊魂を持った人たち。【14・14】

ニルケラントー・ヂニヤー・ヂブトラ（梵）
自尊主義の慢神から生まれた宿命説に堕落した宿命外道で、常見外道。【57・1】

ニローザ（梵）
滅聖諦。邪悪滅尽地上天国樹立の神の経綸で、清潔主義の身心修祓の大道。弥勒説示の四聖諦の一。【60・2】

ニローダ（梵）
（前項に同じ）【63・序歌】

にんけふ〔任侠〕
立派な侠客。【37・5】

にんげんがかり〔人間懸り〕
人間が神がかりの真似をすること。【23・14】

にんげんじしん〔人間自身〕
主神の分霊である精霊そのものが人間そのものである。【48・1】

にんげんのいへ〔人間の家〕
人の本体は精霊であるから、人の肉体は家のごときもの。【47・11】

にんげんのうんめい〔人間の運命〕
瑞霊大神から流入する神善と神真をいかに摂受するかによって決定する。【47・9】

にんげんばんじさいをうがうま〔人間万事塞翁が馬〕
神さまから御覧になると人間の禍いと思うことは幸いであり、幸いと思うことは禍いであるとの意で、中国の塞翁の故事を引用しての神示の善悪観。【16・6】

にんじう〔人獣〕
肉体は人間であって霊魂は獣の情態。人間の心の中に天界がきずかれていないもの。【14・7、48・12】

にんじう〔人獣〕
ここでは人面獣体のこと。霊的には人間の姿で地獄的の霊魂を持っていること、人面獣心の意。【15・6】

にんじうがふいつ〔人獣合一〕
人間と獣と一致したような悪い状態。【48・9】

にんてう〔人鳥〕
生物識（なまものしり）の学者の霊界の姿。【15・19】

にんどうのちや〔忍冬の茶〕
すいかづらの葉を煎じたもの。【25・2】

ぬ

ヌボ（蒙）
穴。【64下・13】

ね

ねさくのかみ〔根析の司〕
高照山（アンデス山）下の巌窟の前で虎公の言霊によって言向和された鹿公。【9・26】

ねそこのくに〔根底の国〕
地獄界のこと。【56・1】

ねそこのくにのいるゐ〔根底の国の衣類〕
主の神が霊相当の衣類の着用をゆるされている。【47・17】

ねそこのくにのくにたまがみ〔根底国の国魂神〕
金勝要神さま。【48・17】

ネーチュア（ラテン・仏・英）　nature
自然・天然・造化。【60・8】

ネットプライス（英）　net price
正味。【57・4】

ねのくに〔根の国〕
地獄から転じて牢獄の意。【3・6】

ねのくにそこのくに〔根の国底の国〕
地獄界の別称。【1・6】

ねのしやうこく〔子の正刻〕
午前〇時。【19・1】

ネロ
松若彦の命で、バラモン教の石熊の弟子となっていた家臣。【30・2】

の

のあ〔ノア〕
厳瑞の方舟すなわち神教を守って、世界の大洪水の時、人人を救われた神人。【15・1】

ノアのはこぶね〔ノアの方舟〕
大本では太古の大洪水の際に、国常立尊が野立彦命、豊雲野尊は野立姫命となのって富士山とヒマラヤ山にあらわれ、地上の人類を救うために造られた神示の方舟のこと。明治二十五年から大本出現ののちは大本の神教をナオの方舟ととなえる。【59・序文】

のうへい〔農兵〕
農民を徴発した兵隊。【53・22】

のこらずのこんじん〔残らずの金神〕
正神界の中で、艮の金神、坤の金神の使いの神霊の総称。俗にいう天狗のこと。【1・18】

のだちひこのみこと〔野立彦命〕
国治立命の変名。【5・17】

のだちひめのみこと〔野立姫命〕
豊国姫命の変名。【5・17】

のちのよのまんげつ〔十六夜の満月〕
旧十六夜のまんまるい月のこと。【64上・3】

のづちのかみ〔野槌の神〕
大地主。【6・30】

のりと〔祝詞〕
神さまに向って奏上する唱え言（ごと）。神さまの御心を和らげ天地人を調和させる言葉。【1・17】

のりなほし〔宣直し〕
神の御心直霊に根ざして、すべてを善意にみて、言い直し、救いに導かれること。【1・基本宣伝歌】

のりのともぶね〔教の友船〕
同じ大本の教を信仰すること。【7・47】

のりのふね〔教の船〕
波瀾にみちた人生をやすやすとのり越えさせる大本の神の教のこと。【7・48】

は

ハイエナ・イン・ペテコーツ（英）　hyena in petticoats

羊の皮をかむったオオカミ。【53・2】

ばいかいてんにん〔媒介天人〕
神霊世界の中の団体相互間の交流を守護する霊国の宣伝使であり、天使である。【47・12】

ばいかいてんにんだんたい〔媒介天人団体〕
大神の思召しによってつくられた天国と霊国との交流の機関となって活動している天人の団体。【52・2】

はいしん〔背進〕
退却。【53・20】

はいすいくわい〔背水会〕
秘露（ヒル）の国の世司国愛別がウヅの国の都で世の中を改革する目的をもって結成した侠客の団体。【69・6】

パイン（英）　pine
松。【56・2】

はうざ〔宝座〕
神霊のしずまります神聖な場所。天神地祇の神集いたまう至聖所。【1・14、19・1】

ばうしがだけ〔帽子ケ岳〕
ブラジルの大山脈（屏風）の最高地。【31・総説】

はうにんけういく〔放任教育〕
あまりにも今日の教育は干渉しすぎるので出口聖師が主唱されたもので、本人に責任をもたせる教育で、放任の中に干渉があり、干渉の中に放任がある教育のこと。【69・3】

はかくのおぼしめし〔破格の思召〕
非常の事態に際しての特別の御配慮。【52・4】

ばかんのせき〔馬関の関〕
下関と門司の海峡。【25・13】

ばく〔獏〕
夢をたべて生きる動物といわれている。【16・4】

はくう〔白雨〕
にわか雨。【42・1】

はくうんざん〔白雲山〕
セイロン島のサガレン王の神地城の上に聳える山。【36・23】

はくぎんじだい〔白銀時代〕
相応の知識を持って人間が天人と友だちのように交わった、黄金時代につぐ時代。【47・21】

はくようじゆ〔白楊樹〕
ポプラ。【29・3】

はぐんせい〔破軍星〕
北斗七星のこと。【37・3】

はぐんのつるぎ〔破軍の剣〕
霊界の神剣。【3・32】

はこぶね〔方舟〕
太古の地球全体におよぶ大洪水の際に、人・動物・植物の種を救い、後世の繁殖を計るために、神示によって造られた銀杏形の舟のこと。または、今回の三千世界の大立替え大立直しにあたって世界的な思想の大洪水を救済するために、大本の開祖、聖師によって建造されたタテとヨコの教すなわち神示の方舟である大本の救世神教のこと。【5・22】

はし〔箸〕
神人と蒼生救済の最高の神教である大本の教。【15・11】

はしかけ〔橋架〕
縁談のとりもちをすること。【32・22】

はしもとろくざう〔橋本六蔵〕
冠島開きと沓島開きにお供した船頭。【38・13】

は

バシリク（英）　basilica
古代の長方形の会堂。【64上・8】

バージン（英）　virgin
処女。【56・11】

パストラルカンタビールナ（伊）
牧歌調に歌って。【54・18】

はたけすいれんのがくもん〔畑水練の学問〕
体験のない理論のみに堕した学問。【29・4】

はたのしぐみ〔機の仕組〕
国常立尊の系統の神々がハタの経糸のような基本的の神業に従事され、妻神の豊雲野尊の系統の神々がハタをおりあげる美しい種々の緯糸のような千変万化の活動をしながら、錦のように優美な弥勒の神代を完成する準備計画のこと。【1・22】

はちこう〔蜂公〕
お久が木山彦の子を生み熊野の森に捨てた子。【23・7】

はちだいりうわう〔八大竜王〕
ナンダナーガラーシャ（歓喜竜王）、ウバナンダ（善歓喜竜王）、サーガラ（海竜王）、ワーシュキ（多頭竜王）、タクシャカ（視毒竜王）、マナスヰン（大身大力竜王）、ウッパラカ（青蓮華色竜王）、アナワタプタ（無悩清涼竜王）。【57・序文】

はちにんあし〔八人脚〕
蛸があるくように、ヨロメキあるくことのたとえ。【25・14】

はちりき〔八力〕
主神の全き力で、動静解凝引弛合分のこと。【6・1】

バーチル
イヅミの国スマの里の大地主、豪農。【58・14、63・1】

ばつうぞく〔馬通族〕
華族。【69・5】

はつか
僅か。【80・21】

はつせんやこゑのほととぎす〔八千八声の時鳥〕
救世愛民のために絶叫される救世主神素盞嗚尊の御心中を表現したたとえ。【16・1】

ハツハツ
わずか、すれすれ。【13・9】

はつはなひめ〔初花姫〕
曲輪城で高姫が化相した娘。【51・12】

はつはなひめ〔初花姫〕＊
二世常世姫。【4・38】

ハッピネス（英）　happiness
幸福。【56・11】

バヅマラーカ（梵）
真珠の意。印度のスーラヤ湖畔テルの里の里庄ルーブヤの妻。【59・2、63・5】

はつわかひめ〔初稚姫〕
国常立尊の御子の霊魂で初発の国祖神政時代に稚姫君命として活躍され、ふたたび三十五万年前の太古に丹波国にて時置師神杢助の子として生まれ、三五教の宣伝使として神政成就につくされたが、今度は大本開祖として生まれ大本の礎をきずかれた。【49・序文】

はと〔鳩〕
厳瑞二霊の愛善信真の神教を体得している宣伝使。【10・総説歌】

ばとうくわんのん〔馬頭観音〕
木の花姫命の分霊。【14・5】

バトラー（英）
給仕人。【54・3】

はなかひめ〔花香姫〕
印度トルマン国タライ村のサンヨの次女で、のちに梅公宣伝使の妻となる。【66・総説】

はなだかのしゆごじん〔鼻高の守護神〕
天狗のこと。【19・3】

はなつきめし〔花月飯・鼻突飯〕
花嫁の御膳につける鼻につかえるほどにもった御飯。【11・28】

はにやすのかみ〔埴安の神〕
厳の御霊が土にひとしい社会最下層から救いの道をのべて神人を救い給うたことにひとしく、紫微天界の万里の島の御樋代神田族比女の神が最も苦労されて国土を開発される意味。【77・7】

はにやすひこのかみ〔埴安彦の神〕
国常立命の神命によりて下層社会から救世の神教を開かれた三五教の前身五大教の教祖で、国祖国常立大神の化身。エルサレムの中心の神。【6・33、65・26】

はにやすひめ〔埴安姫〕*
→みつばひこ、あななひけう。

バハイ教
アブデユル・バハーによって創設された新精神運動。【64上・2】

バプテスマ（ギリシャ）
大本では出口聖師が始められた鎮魂帰神のことで、神霊によって人の霊魂を浄化する神法。火の洗礼。【25・15、60・12】

はふりひめ〔祝姫〕
エルサレムの黄金山の三五教の宣伝使。【7・12】

ハム
印度デカタン高原のガランダ国の刹帝利で、大黒主の部下のために位をうばわれたが、鬼熊別の部下となる。【39・9】

ハム族
大自在天大国別の系統。大洪水のときに救われたノアの子孫といわれるハム族、白色人種のこと。【15・1、16・1】

はやあきつひめのかみ〔速秋津比売神〕
風に雨をそえて草木を清め、また海洋に流れ出した汚穢を清める神霊の活動。【6・19】

はやさすらひめのかみ〔速佐須良比売神〕
摩擦によって、すべての汚れを根本的に清める神霊の活動。素盞嗚尊。【6・19】

はやすさのをのみこと〔速素盞嗚尊〕
素盞嗚尊が太陽を守護されるときの神名。【43・7】

はやまづみ〔羽山津見〕
駒山彦の神名。実業家の活動。【9・37】

バラスパイ
バラモン教のスパイ。【70・1】

パラドックス（英）　paradox
逆説、矛盾。【56・8】

はらひどぬし〔祓戸主〕
祭典中の修祓に際し、祓祝詞を奏上する役。ほかに大麻司、塩水司等あり。【3・18】

バラモンかぜ〔バラモン風〕
軍国主義。【66・2】

バラモン教
理性を主として武力と教を持っている。教祖ウラル彦、大自在天大国彦を主祭神とし、その子大国別を神の王とし霊主体従と称して極端な難行苦行をする。常世国（北米）からエジプトのイホの都を経てメソポタミヤへわたり、大国別歿して副臣の鬼雲彦が大棟梁となった。【15・1、40・6】

ばらもんごく〔婆羅門国〕
印度全体の古代の称号。【40・総説】

バラモン族
浄行ととなえて、印度で代々学者となる家柄。【39・8】

バラモン的言草
昔の歴史を引っぱり出して威張ること。【69・2】

はらやまづみ〔原山祇〕
醜国別の従臣で荒熊と名のっていた高彦が、三五教に帰順してブラジルの西部の守護職となり、この名をいただく。【8・29】

バリエンテーリズム（英）　Pantheism
汎神論、汎心論。【56・10】

パリサイ人
大本の神業をさまたげる浅学非才な学者たち。大本では大本神諭を偏狭に解釈する人々。【22・総説、52・序文】

は

ハリス
バラモン教の宣伝使。【47・10】

ハリストス（露）
キリストのこと。【57・1、61・12】

バリーの館
セイロン島のサガレン王の臣下の中で、誠忠の士が逆臣竜雲誅伐を画策したバリーの山中にあった拠点。【36・5】

ハリマの宮
トルマン国の王城の地にあるハリマの森に左守フーラン、右守スマンヂーの霊魂を国家の守護神として奉祀した国柱神社のこと。【70・9】

ハール
バラモンの役人。【58・8】

はるくにわけ〔治国別〕
素盞嗚尊の第六女菊子姫の夫、元の亀彦。【39・3】

はるこう〔春公〕
エジプトのイホの都の物持。【12・2】

はるこう〔春公〕
アーメニヤ生まれで文殊菩薩となった岩彦宣伝使の弟。【40・16】

ハルナ
ビクの国ビクトリヤ城の左守キュービットの倅。【53・3】

ハルナ国
太古の印度七千余国の中で最も広い国で、ここに大黒主が割拠するハルナの都がある。現今のボンベー。【39・8】

ハルナの都
印度のボンベーにあったバラモン教の神都。【39・1】

ハルのうみ〔ハルの湖〕
印度トルマン国に近い大高原にある東西二百里、南北三百里の湖。【67・2】

はるひこ〔春彦〕
高城山の松姫の下にいたウラナイ教徒の虎彦が、三五教に帰順して言照姫命からいただいた名。【19・12】

はるひこ〔波留彦〕
ウラナイ教の黒姫の部下の滝公が三五教に帰順して綾の聖地に奉仕し、神島に神宝を埋蔵する御用に抜擢されて言依別命から宣伝使に任命され賜わりし名。【22・18】

ハルマ
セイロン島のサガレン王の臣下で、竜雲にこびて右守に任命された。【36・5】

ハルマン
日出別命に帰順し三五教に入り、言依別命の命により入那国の右守カールチン館の門番となって入那の国の平定するのを待っていた駒彦の宣伝使。【41・9】

はるやまひこ〔春山彦〕
ハザマ（パナマ）の郷の司で、智利の国から帰国するときアタル丸の船中にて松代姫、竹野姫、梅ケ香姫の宣伝歌に感じてウラル教を改め三五教へ入信した。妻の夏姫との間に秋月姫、深雪姫、橘姫の三人の姫がある。【9・28】

ハレルヤ（ヘブル）　hallelujah
「主をほめたたえよ」という意味。【61・11】

ばんいうのうんくわ〔万有の運化〕
万有の運動と生成化育。【13・総説】

ばんけうどうこん〔万教同根〕
真理と愛にねざした総ての宗教は、艮金神国常立命および豊雲野命の経綸によって出現したもので、よろずの教の根元は同じである、との意。【6・23】

ばんこしんわう〔盤古神王〕
盤古大神の改称。【5・17】

ばんこだいじん〔盤古大神〕
伊邪那岐大神の直系で、現今の中国の北方に生まれた人間姿の神人で塩長彦という。【1・18】

ばんこだいじんしおながひこ〔盤古大神塩長彦〕
伊邪那岐命の直系で太陽界から降り、現在の中国の北方に生まれた温厚無比の神人。【2・総説】

ばんこのれい〔盤古の霊〕
常世彦命の子ウラル彦すなわち贋盤古の霊。【38・2】

はんこん〔反魂〕
霊魂を呼び返して肉体に鎮めること。【25・18】

はんこんか〔反魂歌〕
気絶した人を蘇生させるために唱える神歌で、ここでは天の数歌。【27・11】

はんこんのかむわざ〔反魂の神術〕
気絶した人の精霊を肉体に呼びかえして、正気に復帰させる神術。【33・3】

ばんざいらく〔万歳楽〕
喜びの絶頂に達した祝宴。【58・25】

はんしん〔判神〕
霊界の審判神・伊吹戸主神。【47・10】

ばんせいのだいしふくわい〔万聖の大集会〕
世界の精神界の指導者の神庭会議である大本神示の世界の国会（神柱）開きのこと。【64上・2】

ハンナ
首陀（百姓）の娘で、ビクトリヤ王の太子アールの妃となる。【54・4】

はんにやしんぎやう〔般若心経〕
尨大な般若経を圧縮した経典。般若波羅蜜多心経のこと。【72・9】

ばんぶつのちち〔万物の父〕
天地の統御神にます厳霊大国常立大神。【47・9】

ばんぶつのはは〔万物の母〕
月の大神、瑞霊の大神。【47・9】

ひ

ひ〔日〕
愛の方面から見た救世主厳の御魂のこと。【42・1】

ひえだのあれ〔稗田の阿礼〕
古事記を口述した人。【17・12】

ひえだのあれのにだいめ〔稗田の阿礼の二代目〕
古事記の真意を、神示のまにまに霊界物語として口述された出口聖師のこと。【17・12】

ひがしにかがやくみやうじやう〔東に輝く明星〕
救世主。玉照姫。【18・12】

ひがしのしんと〔東の神都〕
綾部の本宮山を中心とする大本の聖地。【31・1】

ひがしのみや〔東の宮〕
紫微天界の太元顕津男の神が神司として仕え玉うた東の国にありし高地秀の宮。【73・11、76・1】

ひきがへる〔蟇蛙〕
蛙の一種。丹波では雌のことで、客を引く。雄の蛙は悪い客を追い出す、ふく蛙といわれている。【13・14】

びく〔比丘〕
ビクトリヤ王の依頼により治道、道貫、素道、求道の四人の修験者は玉の宮の守護役となり、頭を丸め黒衣を着て神教を四方に宣伝した。円頂緇衣で神教宣布したのはビクの国の玉の宮から始まったので、後世、円頂緇衣で神教を宣伝する聖者を比丘と名づくることとなった。【55・22】

ビクトリヤ王
ビクの国の刹帝利。【53・2】

ビクトリヤ姫
ビクトリヤ王の妃。【54・1】

ビクトル山
フサの国（現在のイラン国）の霊山。【54・19】

ビクトル山のしんでん〔＝神殿〕
本殿に三五教の大神と別殿に盤古神王をまつる。【54・18】

ビクの国
ライオン河の下流にあるビクトル山を中心として、東西十里、南北十五里（三十六町一里）のウラル教を国教とする王国。【53・2】

ひぐらしやまウラル教
秘露の国日暮し山（アンデス山脈）のウラル教はロッキー山を本山とし、斎神は盤古大神であるが、教祖は常世彦、教主ウラル彦で、教義は極端な霊主体従である。紋は三ツ葉葵である。そして教祖を常世神王と唱えるなど、本来の主宰神盤古神王、教祖ウラル彦とするものとはかなり相違していることに注意する必要がある。【30・21】

ひぐらしやまのせいぢやう〔日暮し山の聖場〕
ロッキー山を本山とするウラル教の一派で、アンデス山の山脈に広大な岩窟を掘り、ブールを教主とするウラル教の本拠地。【30・17】

ひこほほでみのみこと〔彦火火出見命〕
木花咲耶姫命とともに、日の出の神業を遂行される神霊。【1・18】

ひさ〔久〕
紀の国の常楠の妻で、駒彦、蜂公の母。【23・5】

ひさかたひこ〔久方彦〕
広道別の天使にすすめられ、雲道別となのり特に農業の道を奨励して大歳の神となった。【11・24】

ひざくりげ〔膝栗毛〕
足。【43・1】

ひざもと〔膝元〕
綾部と亀岡の両聖地のこと。【52・1】

ひじちやうもく〔飛耳張目〕
能く遠きを見聞することのできる耳目。【30・24】

びしやもんてん〔毘沙門天〕
大本では建御雷神。弥勒の顕現。【65・26】

ヒステリック（英）　hysteria
ヒステリ病的。【53・3、56・2】

ヒストリア・アモリス（ラテン）　historia amoris
愛の物語。【53・2】

ひせんれい〔火洗礼〕
霊界の消息を如実に顕彰して世界人類を覚醒せしむる神業。出口聖師の天職。【入蒙・1】

ひたて〔日楯〕
台湾の三五教教主真道彦命の長男。【28・3】

ひぢやま〔比治山〕
京都府熊野郡にあり。【17・総説歌】

ひつかけもどしのしぐみ〔引っかけ戻しの仕組〕
神に因縁のある人は神の綱につながれているから、神を離れて自由行動をしようとしても元の大橋たる大本へ返るようになるということ。神の慈愛による試練。【5・26】

ヒッコス〔引越す〕
カチ割り大工。【11・18】

ひつじさるのこんじん〔坤の金神〕
国常立尊の妻神で、宇宙創造の太初からの輔佐神。豊雲野尊の御隠退後の名称。【1・18、4・45】

ひつぱう〔系統〕
系統のこと。丹波の方言。【5・序文、17・8】

ひていのやみ〔否定の暗〕
神をはじめ、いっさいの存在を否定する哲学的の疑惑。【30・16】

ひでこひめ〔英子姫〕
神素盞嗚尊の第五女で、日本国に来たり綾の聖地を中心に日本全土にわたる厳瑞大神の御経綸を実行にうつし、神柱玉照姫、玉照彦の出生についての仕組を父神の命のまにまに遂行された。【16・序文】

ひと〔人〕
神人。【15・11】

ひと〔人〕
人間の心中に天界を築いているもの。【48・12】

ひと〔聖止〕
神慮にかなった人格者。【62・2】

ひとうみ〔人生み〕
人としての本分を発揮させること。【6・21】

ひとうみのしんげふ〔人生みの神業〕
人は神の子神の宮であるから天人夫婦の霊の子を宿して、子供を生み成人させることを神聖な神業という。【19・霊の礎（五）】

ひとからあらはれたかみ〔人から現はれた神〕
人間としてつくられたのちに神ととなえた神で、大自在天や盤古神王のこと。【41・13】

ひとごのつかさ〔人子の司〕
人民の首長。また酋長のことをいう。【16・4、23・18】

ひとつび〔一つ炬・一つ火〕
日の出神の神徳の顕現。【10・24、12・9】

ひとときせんきん〔一時千金〕
実に貴重な時。【10・9】

ひとながら〔惟人〕
人事を尽して天命を待つこと。【43・8】

ひとながら〔人ながら〕
人間の知恵や力や考察力や苦労の結果で、何事もできるという考え方、やり方。【46・17】

ひ

ひとのれきしのはじまり〔人の歴史の初まり〕
エジプト国を元として、印度、イラン、南米……と示されている。【25・13】

ひとば〔人場〕
人の立場。【38・2】

ひとはれいのみにていくるものにあらず〔人は霊のみにて活くる者に非ず〕
大本の霊力体三元説、霊五体五、霊体一致の教理の上から霊偏重をいましめられた言葉。【30・14】

ひぬのまなゐがはら〔比沼の真名井ケ原〕
京都府中郡久次の近くの真名井ケ岳にあり。【17・序文】

ひのかはかみ〔肥河上〕
日本国。【15・11】

ひのかみ〔火の神〕
紫微天界の国土を治める神器、神宝である燧石を万里の島の田族比女の神に授けられた朝香比女の神のこと。【78・1】

ひのくに〔火の国〕
国土をあげて火食を行なった紫微天界の万里の島のこと。【78・1】

ひのくに〔日の国〕
天国。【47・20】

ひのくにみやこ〔火の国都〕
アフリカ大陸の中央部で、日の出神から守護職として任命された天使八島別のあとをついで、素盞嗚尊の命により高山彦と名のる高国別（神名は活津彦根命）が素盞嗚尊の長女の愛子姫を妻として君臨された火の国の都。【35・3、35・22】

ひのせんれい〔火の洗礼〕
天国の消息を伝達して、人を根本的にすくうこと。瑞霊大神の神徳によって国家社会はもとより精霊を根本的に清めること。【1・発端】

ひのでのかみ〔日の出神〕
神機発揚の神で、高皇産霊神の御子の大道別の神名。【1・18】

ひのでのかみ〔日の出神・日の出の守〕
伊邪那岐尊の御子で大道別としてモスコーの宰相神であったが、神命に奉じて、世界各地の邪神の隠謀を調査し、神界の経綸を守り、常世会議の責を負うて竜宮海に投身。国祖大神はその荒魂・奇魂に日の出神、和魂・幸魂に琴平別神となづけ玉うた。これより陸上は日の出神として、海河では琴平別神として神界経綸の完成に奉仕したまい、国祖の再現にあたっては聖地に出現して地盤的太柱となる。神機発揚の神である。【6・12、4〜12】

ひのでのよ〔日の出の世〕
大本神諭に示されたみろくの世の別称。【12・13】

ひのでひめのかみ〔日の出姫神〕
言依別命の守護神。【29・11】

ひのでわけのみこと〔日の出別命〕
天照大神の霊魂の五男神の一人で、正哉吾勝々速日天忍穂耳命のこと。アジア全域の国魂神。【13・2、65・26】

ひのねずみ〔火の鼡〕
日の出別命の神使。【13・9】

ひのもと〔霊主体従〕
国常立尊の至仁至愛の真心をもって、神を第一とし天下万民のために誠心誠意でつくすやり方。【3・あとがき】

ひのもとのごしんせい〔霊《ひ》の源泉《もと》の御神政〕
神聖な天界の理想世界を地上にうつす神さまのマツリゴト。【27・総説歌】

ひのもとのしんぼく〔霊主体従の神木〕
神律である霊主体従のこと。【3・1】

ひのもとのみたま〔霊の本の身魂〕
神意にかなった霊主体従主義の人の身と魂。【1・発端】

ヒポコンデル（独）
悪霊の憑依による自動書記で精神病の一種。【40・序文に代へて】

ヒマラヤ山
日月双びめぐる山の意義で、大本の両聖地のこと。【10・総説歌】

ひみつ〔秘密〕
七十五声の言霊。善言美詞の神嘉言の威徳によって、天地清明国土安穏、病無く、天下太平にこの世を治めるの意。言霊の秘密。【12・24】

ひむかひめのみこと〔日向姫命〕
紫微天界の東雲国の国魂神。【73・34】

ひめんぷ〔被面布〕
変装することのできる力徳。透見する場所を取捨できる通力。特別のご神徳。【5・25、47・12】

びやうどうあい〔平等愛〕
神さまから出てくる普遍的な愛。【47・3】

びやうぶさんみやく〔屏風山脈〕
ブラジルのアマゾンの上流に聳立する延長数百里、海抜二万五千尺、横巾五十里の大山脈。【31・総説】

ひやくねんご〔百年後〕
死後の霊界の生活。【39・7】

びやつこ〔白狐〕
豊受姫神の使者として、地球の各地に五穀の種を蒔きひろめ、のちには使命が変更されて世界を調査してこれを神界へ申白する使者となった。【4・28】

ひようれいげんしやう〔憑霊現象〕
人に霊界の精霊が憑依しておこす種々の現象。【50・総説】

ひよくれんり〔比翼連理〕
夫婦の深い契のたとえをいう。【14・16】

ひらいてちりてみをむすび、スのたねをやしなふ〔開いて散りて実を結び、スの種子を養ふ〕
三界の改造の先駆として、世に落ちた正しい神人を救い、世界改造の神種とされる御経綸。【5・26】

ヒルナ姫
ビクトリヤ王の二度目の王妃。【53・2】

ひろみちわけのかみ〔広道別天使〕
三葉彦神の改名。のちに太玉命となる。【6・43】

ひろむねひこのみこと〔広宗彦命〕＊
第三代天使長沢田彦の天使真心彦の長子で第四代天使長になる。【3・47】

びんづるがた〔賓頭盧型〕
撫でられても打たれても怒らぬほどの愚にちかき人。【10・32】

ふ

ファラシー（英）　falsity
誤謬、謬見、謬論、虚偽。【56・8】

フィランダラー（英）
戯れの恋をする男。【53・13】

ふいん〔訃音〕
死去のしらせ。【81・7】

ふうせいかくれい〔風声鶴唳〕
怖気づいて少しのことにも感じ驚くこと。【25・11】

ふうはく〔風伯〕
風を支配する神霊。【39・序歌】

フェザーベッド（英）　feather bed
羽根ぶとん。【54・7】

フェムーロ（英）　femur
大腿部・股。【65・4】

フェル
バラモン軍の少尉候補生。【54・11】

ふおう〔孚応〕
孚はマコト、まことの神霊への感応力。いわゆる神通力。【65・総説】

フォーム・ウェーゼン・デヤ・リーベ（独）
内に愛情を持つ型の男。【53・13】

フォール・ゾンネル・アウフ・ガンダ（独）
日の出の型。【54・2】

ふおん〔父音〕
大本ではアオウエイを五大父音という。【4・総説、6・28】

ふかちせかい〔不可知世界〕
神霊の世界のこと。【43・5】

ふかふたうげ〔普甲峠〕
京都府宮津市にあり。【18・7】

ふくくわつ〔復活〕
苦しみの現世をすてて大歓喜の天界にのぼることで、霊的復活のこと。人間が向上して天界にのぼり天人となること。霊界に入り精霊となって真の生命を得ること。【18・霊の礎(四)、37・6、48・12、80・3】

ふくくわつさい〔復活祭〕
ナザレのイエス・キリストが聖霊として復活した記念の祝祭日。【64下・1】

ふくしゆ〔副守〕
副守護神の略称。【7・21】

ふくしゆごじん〔副守護神〕
人の肉体を主として守護する霊。【5・3】

ふくしゆごじん〔副守護神〕
精霊の悪いもの。【49・1】

フクの島
テルモン湖の魔の海の潮流に浮かぶ周囲二十五町の孤島。【58・16】

ふくめい〔復命〕
神命のまにまに神業を完成しご報告すること。【49・5】

ふくろくじゆ〔福禄寿〕
中国では南極星の化身という短身長頭で髯多く経巻を結びつけた杖を携え、多くの鶴を従える。【65・26】

ふげんじつかう〔不言実行〕
右の手から施すものを、左の手に知らさぬようにし、誠の祈りと実行によって世人を救うこと。【20・1】

ぶさうてつくわい〔武装撤回〕
神代における武装撤回。神人たちの肉体にそなわる天授の武装を一部分または全部除去すること。これは世界平和のために最も尊重すべき大事業であった。【4・28】

フサのくに〔波斯の国〕
現今のイランの国のこと。【12・2】

ふじとなるとのしぐみ〔富士と鳴戸の仕組〕
陰陽合致、採長補短の天地経綸の微妙なるご神業。【6・24】

ふじぶんこ〔富士文庫〕
武内家に伝承されたという日本の古代史。【73・総説】

ふしやうふずゐのてんそく〔夫唱婦随の天則〕
男女は同権であるが夫婦は一体で、妻は夫の神業を内助する夫唱婦随が天の規則である。【12・15】

ぶだうしゆ〔葡萄酒〕
大神の血と肉とに比すべき神徳がひめられている。生命の酒という。【48・13】

ふたたびさん〔再度山〕
神戸の再度山。【22・18】

ふたなのしま〔二名の洲〕
濠洲大陸竜宮島ともいう。わが四国はその胞衣。【6・25】

ふたなのしま〔二名の島〕
紫微天界の葭原の国土の別名で、高光山以東を土阿の国、以西を予讃の国とわけられているので、貴の二名島とたたえる。【79・23】

ふだらくさん〔普陀落山〕
和歌山県の熊野那智神社のある霊山を仏式に呼んだもの。【23・2】

ブチヤダレヌ
高い所から落ちること。福井県三方地方の方言。【18・10】

フテキズム（英）　fetishism
呪物崇拝。フェテーシズム。マジナイを信仰するもの。【56・10】

ふでのしづく〔筆のしづ九〕
出口聖師が明治三十六年裏の神諭として執筆されたもの。【38・26】

ふてんけう〔普天教〕
韓国に生まれた新宗教団体で、大本と提携した。【68・序文、入蒙・4】

ふところだに〔懐谷〕
イラン国の河鹿峠の下り坂の中程にある南向きの日当りよい谷間。玉国別遭難の場所。【43・2】

ふとたまぐし〔太玉串〕
神前に捧げる玉串の美称。幣が左と右と双方からつけられた特別につくられた玉串本式の玉串。神霊の降臨される玉串。【11・24、15・2】

ふとはしら〔太柱〕
ミロクの神業に奉仕する大人材。【35・総説歌】

ふながみ〔船神〕
船を守る神霊で船玉（ふなだま）の神という。【23・13】

ふなどのかみ〔船戸神〕
船頭。【5・30】

ふへんあい〔普遍愛〕
神を愛し万物を愛する神愛のこと。【48・1】

ふもんぼん〔普門品〕
法華経。【71・6】

フラックツァール（英）　fracture
破砕する、挫く、挫傷する。【56・9】

ブラックリスト（英）　black list
注意人物の名簿。【56・3】

ブラバーサ（梵）
輝く。【57・18】

ブラバーサー（梵）
輝きの意で、救世主ウヅンバラ・チャンダーすなわち出口聖師の使者とし、再臨の準備としてエルサレムに出張した大本の宣伝使。【64上・2】

ブラフマン・サハームバテー（梵）
バラモン教の主神、梵天王、大国彦命のこと。【63・序歌】

ブラヴーザ（梵）
珊瑚。【59・2】

ブラヴーダ（梵）
珊瑚の意。スーラヤ湖畔のテルの里の里庄ルーブヤ、妻バヅマラーカの一人娘。伊太彦宣伝使と婚約する。【63・5】

ブランジー
高山彦（黒姫の夫）の外国式の変名。【24・4】

ブランナーカーシャバ（梵）
軽生重死、唯物論者。【57・1】

フリイス（英）　fleece
洋毛の衣、洋毛。【54・18】

ブリエル（英）　Gabriel
マホメットを白馬のままメッカからエルサレムへ導いた天使。【64上・9】

ブリンギング・アップ・ファーザー（英）
bringing up father
老年教育。教育父親。【9・11】

ブール
本山をロッキー山とする日暮シ山（アンデス山）のウラル教主であった。国依別に言向和され、紅井姫を妻として、三五教をヒル（ペルー）とカル（コロンビヤ）に宣伝。【31・総説】

ブルガリオ（仏）
ありふれた。【54・15】

ふるたまのみそぎ〔振魂の禊〕
みそぎの至要なもので、神名を称えながら、自己の根本精神を自覚して、猛烈に全身を振い動かす行事。【75・1】

ブル的宗教家
資本主義的宗教家。【70・1】

ブルドッグ
アルゼンチンの都の赤切公園の浮浪階級演説会の会長。【69・11】

ブールナ・チャンドラ（梵）
満月。【60・2】

ふるなのべん〔布留那の弁〕
当意即妙な弁論。釈迦十大弟子の一人にフルナという雄弁家がいた。【3・9】

フレーズ（英）　phrase
章句。【54・18】

プレスト（伊）　presto
急速に。【54・18】

プロパガンデスト（英）　propagandist
宣伝使。【54・2】

プロブレム（英）　problem
問題。【53・2】

フヰジオロヂー・オブ・ラブ（英）　physioslogy of love
愛の生理学。【53・3】

ぶんすけ〔文助〕
小北山のウラナイ教の受付。【45・1】

ぶんぱ〔分派〕
直系から分れ出た神人。【4・36】

ぶんれい〔分霊〕
天祖、国祖の大神の本霊から分れ出た霊魂の意味。【4・36】

へ

へいきち〔平吉〕
文助の息子で、八衢で十六年間すごす。【52・15】

へざかるのかみ〔辺疎神〕
農業。【10・28】

へつかひべらのかみ〔辺津甲斐弁羅神〕
農工商の機械器具。【10・28】

ベッスオーウー（ヘブライ）　Pascha
諭越節と訳し、ユダヤ教の重要な祭典。【64上・7】

ベット
鬼春別将軍の部下でバラモン軍の軍曹。【54・11】

へつなぎさびこのかみ〔辺津那芸佐毘古神〕
工商業。【10・28】

へどろい
丹波の方言でドロドロのこと。定見のないこと。【70・4】

ヘブリューの文字
ヘブライ語。【64上・7】

へぼさには〔平凡審神〕
ありふれた常識にもとづいた審神。【8・25】

ベリス姫
入那国の左守クーリンスの家老テームスの妻。【41・6】

ヘール
キヨ港の関所付のユウンケル（陸軍少尉）。【59・2】

ベール
セイロン島のサガレン王の臣下であったが、ウラル教の竜雲の腹心となってサガレン王政転覆につとめた。【36・1】

ベルヂスタン
イラン地方東縁の西パキスタンの南西地域。【59・14】

ベルツ
ビクトリヤ王の右守司で、奸佞邪智の曲者。【53・2】

ヘルマン
テルマン国の家令の倅ワックスの悪友。【56・17】

ヘレニズム（英）　Hellenism
世界主義的自由主義。【64上・3】

べんざいてんによ〔弁財天女〕
大本では素盞嗚尊の分霊にます市杵島姫命。【65・26】

へんじやうなんし〔変性男子〕
大本開祖。仏教語の意味でなく、女体男霊。【1・発端】

へんじやうによし〔変性女子〕
出口聖師。男体女霊。【1・発端】

へんまがん〔片磨岩〕
古生代の岩石で、綾部の本宮山は二億五千万年前の古生層の片磨岩で造られている。【34・6、72・総説余白歌】

ほ

ほうざ〔宝座〕
神霊のしずまります神聖な場所。【1・14】

ほうさいしゆしん〔奉斎主神〕
おまつりしてある主な神。【38・7】

ほうし〔奉仕〕
地上天国建設の神業に、誠心誠意で無条件で従事させて頂くこと。【60・16】

ほうわう〔鳳凰〕
中国古典にある想像上の霊鳥のことで、大人格者の意味あり。【17・6】

ほうわう〔鳳凰〕
偉人。【73・15】

ぼおん〔母音〕
大本ではカサタナハマヤラワを九大母音という。【4・総説】

ほけきやう〔法華経〕
出口聖師は、高天原の真相を正勝吾勝々速日天之忍穂耳命が正面から説示されたものといわれている。【14・跋文】

ほことん〔矛盾〕
むじゅんした事。道理にあわぬこと。「むじゅん」と発音すべきを、滑稽にワザと異なった言い方をしたものである。【20・3】

ほこらのもり〔祠の森〕
イランの河鹿山の中途の森で、大自在天大国彦をまつった祠があった。【44・8】

ほさやく〔輔佐役〕
大本神業上で、瑞の御魂・豊雲野尊は国常立尊と不離一体の神にましますので、この神の顕現や活動には輔佐という。【1・24】

ほし〔星〕
善と信との知識。または愛と信との知識。【42・1】

ほそびきのふんどし〔細引の褌〕
大本開祖の筆先にある、思惑のはずれるたとえ。【10・6】

ほづえひめ〔上枝姫〕
神戸の鷹鳥山麓の清泉にあらわれた天人。【22・10】

ほつこん〔発根〕
心の底からの意。【9・15、18・6】

ほづまのくに〔秀妻の国〕
主の神さまが、若妻のごとく愛したもう国。【15・1】

ほてい〔布袋〕
唐代の禅僧で名は契此（かいし）、号は長汀子、四明山に住んだ。大本では弥勒菩薩の化身。【65・26】

ほでら
丹波の方言で、辺の意。【56・6】

ほとけ〔仏〕
正覚者のことで大聖人、大偉人、大真人の別称。【40・6】

ほとりのをしへ〔鶺鴒の教〕
伊弉諾伊弉冊尊が、せきれいに夫婦の道を教えられたもうたとの伝承があり、夫婦の道の意。【11・29】

ホーフス（独）
宮中。【54・2】

ポホラ（蒙）
尻。【64下・13】

ホリ・グレール（英）　Holy Grail
天与の酒杯。【53・1】

ポリセーズム（英）　polythesism
多神教または多神論。多数の神や精霊・霊魂などを信仰するもので、統一主宰する最高神がなく神々の相互間に順位も組織も明らかでない宗教。【56・10】

ホール・ワイン（英）　port wine
ポートワイン・ぶどう酒。【53・1】

ホーレージ・キャップ（英）
ホレース風の帽子。【55・2、54・4】

ホーロケース
台湾の八頭たる高国別と悪神の化身玉手姫の間の次男。【28・1】

ほんしつ〔本質〕
独立したもので、他と比照する必要のないもの。【13・総説】

ほんしゆごじん〔本守護神〕
人間の本体である霊魂の正守護神が副守護神（悪霊）に犯されず、よくこれを統制し得るに至って一躍天人の列に加わったもの。【4・48、6・松葉の塵、48・1】

ほんしゆごじんのだんぺん〔本守護神の断片〕
その人自身の本心の一端。【40・12】

ほんだちかあつ〔本田親徳〕
鹿児島県生まれ薩摩藩士で、霊学中興の偉人。【37・20】

ぼんてんわう〔梵天王〕
大国彦のことで、天王星から降り、北米（常世国）に出生し、大自在天神のちに常世神王と称した。【40・総説】

ほんぷくいはひ〔本服祝〕
病気やけがの全快祝い。【55・9】

ほんれい〔本霊〕
もとの霊魂。分霊に対しての言葉。【4・41】

ほんれい〔本霊〕
神さまから授けられた人の本来の霊魂。本守護神ともいう。【6・松葉の塵、13・21】

ま

マイトレーヤ（梵）
弥勒。仁愛神にます瑞霊の神。【60・2、61・3】

マイトレーヤ・ボーヂーサトーヴ（梵）
弥勒菩薩。【63・序歌】

まうじうのりつぱふ〔猛獣の律法〕
アマゾンの大森林で、高姫、鷹依姫、竜国別が、神の許しを受けて制定した猛獣に対する律法。【32・13】

まうぜん〔孟然〕
猛然。はげしいこと。【58・19】

まがひこ〔魔我彦〕
高姫のウラナイ教時代からの弟子。【23・1】

まがひこ〔魔我彦〕
小北山の第二のウラナイ教の副教祖。【45・1】

まがわじやう〔曲輪城〕
妖幻坊がイランの浮木の森のランチ将軍の陣営跡に曲輪の玉の妖術と数多の魔神を使役して、忽然とあらわした蜃気楼的の城廓。【51・8】

まがわのたま〔曲輪玉〕
妖幻坊が変身などの妖術に使う邪気の凝った玉。【51・7】

まきばしら〔真木柱〕
大宇宙の中心となられる神柱、天照大神のことで、撞の御柱の神とも申し上げる。【6・21】

まごころ〔真心〕
宇宙根本の主神にます至仁至愛（みろく）の大神の分霊である智情意の合一した霊魂で、神示のやまと魂のこと。【22・総説】

まごころのはな〔真心の花〕
真心の発露。【26・2】

まこと〔真語・真教〕
真理そのままの言語または真の教。【38・序歌】

まこと〔誠〕
天然自然惟神の心からおこった誠。【40・13】

まこと〔神真〕
主神から出で来たるところの御神格そのもので神善と神真と相合したもの。【52・1】

まことゐづのかみ〔真言厳の神〕
紫微天界の真鶴国の修理固成に奉仕した神。天の道立神の化身として厳の言霊を発する神。「主の神のウ声に吾は生り出でつ世の言霊を統べ守るべし」「末の世の人の言葉の活用も吾ある限り開き守らむ」【74・11】

まことのきみ〔誠の貴美〕
更生主（救世主）のこと。【61・11】

まことのちから〔誠の力〕
まこととはまったきこと、すなわち真の神の力、真の神のお言葉（聖言）の力。【1・基本宣伝歌】

まことのつるぎ〔真言の剣〕
言霊の威力。【76・2】

まことのみち〔誠の道〕
古今に通じ東西にわたり、単一無雑にして悠久かつ宏大なもので、自由自在に解放されて、一つの束縛もなく、惟神的なもの。【30・10】

まさかやまづみ〔正鹿山津見〕
地の高天原の天使長桃上彦が失政のため根底国におちるところを高照姫神のお計らいによって海の竜宮の金門守となっていたのを、日の出神に救われ、この名を頂き、アルゼンチンの守護職となる。【8・31】

まじなひ〔禁厭〕
神徳を発揮して災をはらいのける神術。【1・25】

マーシャル（英）　marshal
元帥。【55・総説歌】

ましん〔魔神〕
度しがたき悪神悪人。【3・15】

ますかけのいはひ〔桝掛の祝〕
八十八才の祝い。【29・13】

マスカリー・ガーシャリーブトラ（梵）
無因外道、自然外道。【57・1】

ますみがやつ〔魔棲ケ谷〕
紫微天界の万里の島の白馬ケ岳にありし悪竜神のひそみていた谷。【77・8】

ますみのおほかがみ〔真澄の大鏡〕
よく澄んで明らかな、大きな鏡。【4・33】

ますみのたま〔真澄の珠〕
宇宙一切を統御される神徳を収めた宝玉。エルサレムの宮にある。【1・23】

ますみのみや〔真澄の宮〕
オーストラリヤのヒルの郷に飯依彦が国魂神真澄姫神を奉祀した宮。【25・8】

マチ
ヒル（ペルー）とテル（チリー）の国境にある御倉山の谷川にて、言依別命、国依別の教によって御倉魚に生命をすくわれ、国依別の

弟子となり、宗彦と名をもらって、ブラジルの宣教に従事した。【30・16】

まちあはせひこのかみ〔待合比古の神〕
紫微天界の真鶴国の御樋代神玉野比女の神の従神で玉野丘の宮居に仕えた。【74・19】

まつこう〔松公〕
治国別の実弟。のちの松彦。【43・17】

まつせ、げうき〔末世、澆季〕
すえの世。神仏の教のおとろえた暗黒無道と化した世界のこと。【5・総説】

まつたかひこ〔松鷹彦〕
紀の国生まれの、丹波宇都山郷の武志の宮の神主。妻の名は竹。【20・1】

まつのをしへ〔松の教〕
松の大本と神諭に示されているように大本の教のこと。【72・3】

まつぱふ〔末法〕
釈迦の教が衰滅した世の中のこと。末法万年という。濁世ともいう。【3・総説】

まつひこ〔松彦〕
国祖の神政時代にロッキー山城から言霊別命を救い出し、八王となりし言代別の向上身で最奥天国の天使。【15・19】

まつひこ〔松彦〕
松若彦に仕えた宣伝使で、言依別命と国依別の特命を帯び高姫、鷹依姫、竜国別、黒姫を麻邇の玉の神業に奉仕させるため、アルゼンチンからひそかに従って日本の由良の港の秋山彦に素盞嗚尊の命を伝えて四柱を麻邇神業に奉仕させた。【33・16】

まつひめ〔松姫〕
ウラナイ教の高城山の教主で、高姫、黒姫が三五教に帰依したときに、高熊山から玉照彦命を綾部の聖地へ奉迎した殊勲者。言依別命の特命をうけて小北山のウラナイ教の教理を根本的に改正するために時を待っていたが、松彦、五三公一行が訪れた好機に、エンゼルのご加護のもと、小北山に三五の神さまを奉斎し教理を根本改造した。【19・12、45・5】

まつよひめ〔松代姫〕
桃上彦の長女太玉命の妻となる。【9・1】

マヅラスワラ（梵）
柔軟音。【61・4】

マヅラスバラ・ボーヂーサットワ（梵）
妙語・菩薩。【61・4】

まつらのがんくつ〔松浦の岩窟〕
セイロン島のサガレン王が、竜雲一派の毒牙からのがれて回天の謀を企画した岩窟。【36・12】

まつり〔祭典〕
待つこと。善と真を衡（はかり）にかけ、神の愛と人間の愛とを和合する神事。【49・5】

まつわかひこ〔松若彦〕
正鹿山津見司から、アルゼンチンを預けられた国彦の息子。【30・2】

までがおか〔万里ケ丘〕
紫微天界の万里ケ島の御樋代神田族比女の神の宮居のある所。【77・9】

までのしま〔万里の島〕
紫微天界で八十比女神の中で最も神力強き御樋代神田族比女の神が領有給う万里の海の中心にあるダイヤモンドを産出した面積八千方里の国土。田族島ともいう。【77・6】

マトリモーニアル・インスティチューシャンズ（英）　matrimonial institutions
結婚制度史。【53・3】

まなゐがは〔真名井河〕
日本海のこと。【13・2】

まにのあかだま〔麻邇の赤玉〕
世界を治める大臣を守護する神徳、神宝。【26・16】

まにのしろたま〔麻邇の白玉〕
統治者と国民の中間にあって誠を尽す小臣を守護される神徳、神宝。【26・16】

まにのたま〔麻邇の珠〕
風や雨や雷電を自由に使うことができる神徳をおさめた宝玉。潮満珠・潮干珠という。【1・23】

まにのたま〔麻邇の珠〕
玉依姫命の守護されし青、赤、紫、白、黄の五種の玉。【24・15】

まにのむらさきのたま〔麻邇の紫の玉〕
世界を安らかに治むる統治者の身魂を守護し、青色、赤色、白色、黄色の神玉を活用させる。【26・16】

まにのわうしよくのたま〔麻邇の黄色の玉〕
農、工、商の正しき活動を守護する神徳、神宝。【26・16】

マニラツナ（梵）
宝石。【59・2】

まにんげん〔真人間〕
心のドン底から神さまの神格を理解し、神の真愛を会得し、愛のために愛を行ない善のために善を行ない、真のために真を行なう人間。【47・10】

まのうみ〔魔の海〕
テルモン湖中の最も潮流の激しいところ。【58・15】

マノーヂニヤ（梵）
妙音。【61・4】

マノーヂニヤガンダルワ（梵）
楽。【57・2】

マノーヂニヤスワラ（梵）
楽音。【57・2】

マハーカーシャバ（梵）
迦葉尊者、釈迦の十大弟子の一人。霊界物語では治国別。【63・序歌】

マハースターブラーブタ（梵）
大勢至。菩薩。【60・3】

マハトマ
聖雄のこと。ガンヂイのような人を指す。【70・3】

マハービジニャーナーヒアー（梵）
大通智勝。【60・序文】

マハービューバ（梵）
大荘厳。【60・序文】

マハー・ラシミ・ブラバーサ（梵）
大光明の意味。【63・序歌】

マハーヰクラーミン（梵）
大力。【60・2】

マハーヰユーバ（梵）
大荘厳。【60・2】

マハー・ヰギューバ（梵）
弘大・大荘厳。【63・序歌】

マホメット
救世神素盞嗚尊の分身。【47・総説】

まほらば〔真秀良場〕
すべての点でもっともすぐれた土地。【4・19】

まみちひこのみこと〔真道彦命〕
国祖大神から、台湾の教権を神授された真道彦命の系統の教主。【28・1】

まやがだけ〔魔谷ケ岳〕
神戸の六甲山の峰つづき、摩耶山。【22・9】

まりしてん〔摩利支天〕
五六七の大神が三五教の杢助の姿で獅子を使って顕現される神力の具現。【53・22】

マリド・ラブ（英）　married love
結婚後の愛情。【53・13】

マリヤス姫
台湾のアークス王の落胤アークス王の弟エーリスの長子フエールスの妻となる。【28・1】

マールガ（梵）
道聖諦。苦・集・滅を統一した瑞霊の神徳。弥勒説示の四聖諦の一。【60・2、63序歌】

マルタ
バラモン教の久米彦将軍の副官。【53・11】

まるやま〔丸山〕
綾部の聖地の本宮山のことで、桶伏山、鶴山、本居山、黄金山ともいう。【18・4】

まわう〔魔王〕
地獄界の根の国・虚偽の精霊である兇鬼の統率者。【56・1】

まんじゆざん〔万寿山〕
地の高天原につぐ第二の経綸地。八王は磐樟彦、聖地亀岡に相応する。【11・総説歌】

まんじゆざん〔万寿山〕
亀岡天恩郷の神苑のこと。【18・序】

マンジュシリ・ボーヂーサットワ（梵）
文殊菩薩。物語では、岩彦宣伝使。【63・序歌】

まんじゆゑん〔万寿苑〕
亀岡天恩郷の神苑の一部。月照山の北部をいう。【18・総説】

まんしん〔慢神〕
おごりたかぶる心。神さまの教を忘れ神的順序をみだすこと。【5・20】

まんぜんのしふがふしよ〔万善の集合所〕
高天原の霊国と天国のこと。【48・9】

マンヂュシュリ（梵）
文珠師利菩薩。【60・3】

まんどころ〔政所〕
マツリゴトをする所。【78・18】

マンモス
入那国の右守カールチンの右腕とたのむ家来。【41・4】

マンモニスト（英）　mammonist
守銭奴。【56・11、60・7】

み

みかんのこ〔巫〕
神霊の懸られる清浄な聖職の乙女。【11・25】

みかんのこ〔御巫〕
紫微天界の主の神をはじめ火の神と称えた朝香比女の神の生魂に白湯を沸かし、御湯を御前に奉る神前奉仕の役。【78・2】

みくにがだけ〔三国ケ嶽・三国ケ岳〕
丹波（京都府)、若狭（福井県)、近江（滋賀県）にまたがる高山。【20・序】

みくにもり〔神国守〕
霊山高熊山の守り神。【19・13】

みくまりのかみ〔水分の神〕
雨を降らす神使。【8・4】

みくらうを〔三倉魚・御倉魚〕
国魂神竜世姫を奉斎された御倉の社の谷川にすむ神使とあがめられた魚で五六尺まで成長する。言依別命と国依別の英断により、南米

の秘露と智利の国境の大飢饉にあたり食料となしたので百万の人々を救った。【30・14】

みくらたなのかみ〔御倉板挙之神〕
太陽暦、太陰暦、恒天暦の三大暦法のこと。【12・28、35・1】

みくらやま〔三倉山・御倉山〕
智利と秘露の国境に秀立する大山脈の最高峰で、麓には国魂神竜世姫を奉斎した社がある。【30・14】

ミクロコスモスノ（英）
小宇宙。【56・8】

みけ〔御食〕
米のこと。（コメの言霊反しケ）。【11・27】

みけんしんじつ〔未見真実・未顕真実〕
まだ真実を顕わさないこと。【7・総説】

みこと〔命〕
神と神との婚ぎによりて生まれませる神霊。【73・23】

み

みさとし〔神諭〕
大本神諭。【40・6、54・附録】

ミスラスの神
イラン国の祖神。【25・13】

みせんざん〔弥仙山〕
綾部の聖地の東北に聳える、頂上に木の花咲耶姫命（金峰山神社）中腹に彦火火出見命（中の宮）、山麓に水分神（三十八社）を奉祀された神山で、京都府綾部市於与岐にあり五九九メートル。【12・15、16・総説歌、18・1】

みせんざんのつかわしめ〔弥仙山の使者〕
弥仙山の神使眷族は猫。【18・12】

みせんじんじや〔弥仙神社〕
弥仙山の頂上の社で、木の花咲耶姫命の神霊を奉祀されている。現在の金峰神社をいう。【18・13】

みそぎ〔御禊〕
清水と神の霊気によって一身、一家、一国、地球、宇宙にわたり、その精神的方面と肉体的方面を徹底的に、清めつくす神業。【1・37】

みそぎ〔禊身〕
神霊の威力によって霊魂と肉体を潔斎（きよめ）ること。【5・3】

みそぎのしんじ〔禊の神事〕
身（物質界）と魂（精神界）を神徳によって清める宇宙および国家の修祓。神諭の「三千世界の大洗濯、大掃除」「立替え立直し」と同義。【10・第二篇】

みそぎのしんじ〔禊の神事〕
霊魂肉体の両面の大は宇宙国家から、小は一身一家を、神徳と水によって、キヨメる神事。【75・1】

みたけけう〔御嶽教〕
神道十三派の一つで、祭神国常立尊。【38・25】

みたけやま〔三岳山〕
京都府福知山市西北方にあり。八三九メートル。【17・総説歌】

みたまさうおう〔身魂相応・霊魂相応〕
各人の身体と霊魂の力にふさわしいこと。【5・26、48・14】

みたまさうおういんねんのごよう〔身魂相応因縁の御用〕
主神がさだめられた通りにみろくの神業に奉仕させて頂くこと。【33・17】

みたまさうおうにとれるをしへ〔身魂相応に取れる教〕
大本の神教は宇宙の真相を示されたものであるから、きく人の霊性や心の持方に相応じて理解される教であること。【8・3】

みたましろ〔御霊代〕
神霊を祀る霊璽。【73・24】

みたまのあらひかへ〔霊魂の洗ひ替〕
大本神の神徳と、大本の神教によって霊魂を浄化すること。【8・21】

みたまのいれかへ〔魂の入れ替〕
ご神威ご神徳によって、人のタマシイの改造をすること。【8・19】

みたまのいんねん〔身魂の因縁〕
神さまから造られたときにあたえられた霊性と使命。【48・14】

みたまのいんねんしやうらい〔身魂の因縁性来〕
人は天人の霊子が降ったもの、禽獣虫魚が向上したものなどある。従って同じ人間の形体を得、同じ教育をうけ、同じ国に住み同じ衣食住をなしながら、正邪賢愚の区別ができること。【32・13】

みたまのかみ〔霊神〕
人の死後の霊魂、祖先の霊魂のこと。【14・15】

みたまのたてかへたてなほし〔身魂の樹替樹直し〕
物質世界・人の生活と精神の世界・神霊世界を、根本的に改造すること。【1・発端】

みたまのふゆ〔恩頼〕
神さまのお徳を頂いて吾々の霊魂が清浄化し内分を充実、向上すること。【12・27】

みたまのゆかり〔御魂の因縁〕
神さまから生み出されたときのその霊魂の性質および使命。またはその霊魂の経歴からおこる宿命。【5・24】

みたまのゑさ〔霊魂の餌〕
霊魂の栄養。【41・7】

みたまひめのみこと〔美玉姫の命〕
紫微天界の高照山の国魂神。【73・22】

みたままつり〔霊祭〕
人の先祖の霊を祭る祖霊祭の略称。【58・24】

みちにはなれてみちまもる〔道にはなれて道守る〕
表面的には、道から離れているようであって、真実に道を実践し、道を守っていること。【10・総説歌】

みちのおほもと〔道の大本〕
出口聖師が明治三十八年に執筆された裏の神諭の題名。【38・26】

みちのたいげん〔道の大原〕
本田親徳氏の著書。【1・12、38・1】

みちのながちはのかみ〔道の長乳歯の神〕
宗教家、教育家、倫理学者、神道家などのこと。【10・27】

みづくきもじ〔水茎文字〕
琵琶湖の水面に自然にあらわれる文字で、特に彼岸の頃に明らかになる。大正三年からは大本の金竜海にもあらわれることとなる。【26・15】

みづしぼうこう〔水仕奉公〕
女中奉公。【55・10】

みづせんれい〔水洗礼〕
現世界の肉体人を教え導き安逸なる生活を送らしめ、風水火の災も餓病戦の憂いもなきよう、いわゆる黄金世界を建造せむとする神業。大本開祖の神業。【入蒙・1】

みつどもゑのしんもん〔三ツ巴の神紋〕
瑞霊の神紋。【3・18】

みつのしんぱう〔三つの神宝〕
天津神と国津神が天国浄土の政治を地球上に神助のまにまに樹立して、人類を安息せしめ

たまう神業に、最大必要の神宝、神徳である。紫の玉、黄金の玉、金剛不壊の如意宝珠のこと。【26・16】

みづのはうざ〔瑞の宝座〕
瑞霊豊国姫命の神霊の降臨される神聖な場所。ここでは京都府中郡真名井ガ岳にある比沼真名井ガ原の石の宝座。【17・6】

みづのみあらか〔瑞の御舎〕
みずみずしい美麗優美荘厳の宮殿。【1・22、20・1】

みづのみこと〔瑞の命〕
実に若々しく優しくて威厳にみちみちた大人格者。【27・13】

みづのみたま〔瑞霊〕
豊雲野尊、神素盞嗚大神。また出口聖師。【47・総説】

みづのみたま〔瑞霊〕
主神が現界、幽界、神界の三方面に出没して一切万有に永遠の生命を与え玉うときの神名で、至善至美至愛至真にましますᅳ円満具足の大光明ということで、霊力体の三大元に関連して守護し玉い、現界、幽界、神界の三界を守り玉う。厳霊は経の御魂で神格の本体であるが、瑞霊は実地の活動力である。御神格の目的（用）を為すべくあらわれ玉うた。言霊学上からは豊国主尊また神素盞嗚尊とたたえまつる。【48・12】

みづのみたまのかむばしら〔瑞の御霊の神柱〕
出口聖師のこと。【47・11】

みつのみたまのしゆつげん〔三つの御玉の出現〕
金剛不壊の如意宝珠、紫の玉、黄金の玉の三個の宝玉世に出でて光り輝くその活動。出口聖師の御活動のこと。【22・18】

みづのみたまのしんげふ〔瑞霊の神業〕
五六七の神世を成就させ全ての神と人を神徳に浴せしむること。神霊界と精神界の改造。【1・発端】

みづのみたまのもとつおや〔瑞霊の元津祖〕
瑞霊の根元神は豊国姫の神。【15・19】

みづのみたまのもとつおや〔瑞霊の本津祖〕
瑞霊の根本の神格神は神素盞嗚大神。【15・19】

みづのみたまはせかいのはは〔瑞の霊は世界の母〕
瑞の御霊は、宇宙の主神が神と人の母として顕現された神さま。【29・1】

みづのみやこ〔水の都〕
大阪のこと。【9・序歌】

みつばあふひのもん〔三葉葵の紋〕
バラモン教の神紋。【10・総説歌、58・20】

みつばつつじ〔三ツ葉躑躅〕
瑞霊。【1・1】

みつばつつじのにくのみや〔三ツ葉ツツジの肉の宮〕
瑞霊の生宮である出口聖師のこと。【9・附録】

みつばひこ〔三葉彦〕
瑞霊神でオリオン星から霊鷲山麓の玉の井郷に降って三大教主となり埴安姫となのった。五大教主埴安彦の女房役をつとめ、合同して三五教を創設した。広道別となのりまた太玉命となって松代姫と結婚しコーカス山の宮司となり卜部の神として活動した。出口聖師の霊魂。【11・総説歌、55・序文】

みづももらさぬしぐみ〔水も漏らさぬ経綸〕
深遠な完全無欠な神さまの仕組。【8・24】

みづももらさぬしぐみ〔水も洩らさぬ仕組〕
大本神の大経綸は完璧で水一滴もらさぬほど用意周到であること。【10・14、39・17】

みつやきうゑもん〔三矢喜右衛門〕
明治三十一年四月、出口聖師に長沢雄楯をしらした配札係。【37・20】

みてしろ〔御手代〕
主の神の神器の意味。お取次の神器は瑞霊大神の神器。【75・5】

みとのまぐはひ〔美斗能麻具波比〕
水火の息を調節して宇宙万有一切に対し、活生命をあたえること。また男女結合のこと。【6・24】

みなつきじんじや〔水無月神社〕
綾部熊野神社のこと。【入蒙・1】

みはしひこのかみ〔美波志比古神〕
紫微天界の「泥濘の地を固めて神橋かけし吾は地固めの神業に仕ふ」。【74・1】

みはしらめがみ〔三柱女神〕
瑞霊の化身として神徳発揚のため天降った伊邪那岐尊の桃の実である。松代姫、竹野姫、梅ケ香姫の三女神。【9・1】

みひしろ〔御樋代〕
紫微天界において、主の神の霊代として神子を、国魂神を生む使命をもった香具の木の実からあれませる言霊の女神。【74・1】

みふみ〔神書〕
霊界物語のこと。出口聖師は「いたづきの身を横たへて道のため御国の為に神書（みふみ）あみたり」と示されている。【12・目次】

みへのたかどの〔三重の高殿〕
綾の聖地に神代にたてられていた神殿。【26・11】

みほつひこ・みほつひめ〔三保津彦・三保津姫〕
海原の守り神。【7・8】

みもひ〔御水〕
神前にお供えする神水のこと。【11・27】

みやがいち〔宮垣内〕
出口聖師の誕生された亀岡市曽我部町穴太の一地域の名称。【16・跋、37・2】

みやがいち〔宮垣内〕
出口聖師の誕生された亀岡市曽我部町穴太の地。【9・附録】

みややしき〔宮屋敷〕
地の高天原と神定められた綾部の大本の聖地。【22・5】

みゆきひめ〔深雪姫〕＊
→はるやまひこ、たまてるひこ。

みらいのむさうこく〔未来の夢想国〕
神の恵みにより、天国の一部をのぞかせて、人生観を根本改造される世界のこと。【39・7】

ミロク岩
神島の磯端にあり。【22・19】

みろくさま〔みろく様〕
月の御魂である神素盞嗚大神様（月読尊）。【16・12】

みろくさんゑ〔仁愛三会〕
天からは瑞霊法身のみろく、地からは厳霊報身のみろく、人としての応身の伊都能売みろくが一体となり三回にわたる大説法会を開かれる事。【6・21】

みろくしんけうじやうじゆごのかみよ〔五六七神教成就後の神代〕
みろくの教が完全に具現した後の神世。【3・15】

ミロク人種
大本の神教を信奉実践する人たちの名称。【15・20】

み

みろくしんせいじやうじゆ〔五六七神政成就〕
天祖と国祖の大神のご経綸によって、神人一体・万民和楽の国のすがたが地上に実現されること。松の世、神国の世等ともいう。【1・発端】

みろくしんせいのきそ〔五六七神政の基礎〕
神定の神柱、因縁の身魂が揃って相応の御用に奉仕すること。【33・18】

みろくしんせいのたいざうきやう〔五六七神政の胎蔵経〕
経緯の大本神諭と霊界物語のこと。【55・序文】

みろくしんせいのふとばしらがみ〔弥勒神政の太柱神〕
みろくの世の真の柱となる大国常立大神。【55・12】

みろくたいざうのしんけん〔弥勒胎蔵の神鍵〕
ミロクの大神がひそめていられる万有救済の神さまの救いの神教と神徳。【50・1】

みろくたいせいみいづのかみ〔弥勒大聖御稜威の神〕
厳瑞二霊の御本体にます伊都能売大神の別称。【67・5】

みろくによらい〔五六七如来〕
伊都能売大神。【67・5】

みろくによらい〔弥勒如来〕
宇宙の本体である天御中主大神の神界幽界現界三界への救済活動の御神名。【81・総説】

みろくのおほかみ〔五六七の大神〕
神霊世界を治め、地上世界に現実に大神の理想世界を実現されるご神名。神素盞嗚大神と国常立尊。【1・24】

ミロクのおほかみ〔ミロクの大神〕
主神。仁愛の御神格の上から申し上げる。【6・1】

みろくのおほかみ〔仁愛大神〕
神素盞嗚大神のこと。【47・総説】

ミロクの大神
主神が、御神格の目的（用）をなすべく、宇宙の改造には仁愛と信真によって直接当らせたまう故に弥勒と漢字にかいて弥々革める力とある。【48・12】

みろくのおほかみのけんげん〔五六七大神の顕現〕
木花姫、天照大神、棚機姫、木花咲耶姫、観自在天、観世音菩薩、蛟取別、蛟々虎、カール、丹州、素盞嗚尊、等々。【40・6】

みろくのかみ〔弥勒の神〕
大宇宙一切を至仁至愛の神徳によって創造され、守護されている神さまの総称。【1・発端】

みろくのかみ〔五六七神〕
みろくの神さまの中で、ミロクの世を地上に完成させられる御神名。【40・6】

ミロクのかみのけしん〔ミロクの神の化神〕
神素盞嗚大神のこと。【48・17】

みろくのかみのふとばしら〔五六七の神の太柱〕
宇宙根本神の神業を代行する神柱。【11・3】

みろくのかむばしら〔ミロクの神柱〕
大本開祖、出口聖師。【75・17】

みろくのけいりん〔弥勒の経綸〕
弥勒の神が都率天から天降りて地上に浄土を具現される神策。【41・18】

みろくのしめい〔弥勒の使命〕
仁慈（みろく）の御代が到来して、弥勒は全天界の一切を腹中に胎蔵し地上の万民に対して天国の福音を完全に詳細に啓示する。【48・12】

みろくのしんげふ〔五六七の神業〕
宇宙の主神みろくの大神が三界を統一し、地上に天国を樹立したまう神業。【19・1】

みろくのしんさう〔至仁至愛の真相〕
みろくの神さまの神格、神名、神業のまことのすがた。【40・6】

みろくのてんし〔仁愛の天使〕
出口聖師。【24・霊の礎（十）】

みろくのふね〔みろくの船〕
大本のみろくの教の信仰。【9・6】

みろくのみたま〔五六七の身魂〕
伊都能売の身魂のこと。【6・26】

みろくのよのげんしゆつ〔五六七の世の現出〕
上下の万民が天地惟神の大道を実践して一致的に本分を守ることによって、神示の“桝かけ引きならして、運否のない、至喜至楽の地上の天国”が実現すること。万有万神万民が各自の大本源である宇宙の主神を覚り、主神の思召しのままに各自の天職を遂行する世の中。【46・17】

みろくのをしへ〔五六七の教〕
弥勒胎蔵経である霊界物語の神教。【19・総説】

みんしうきうごだん〔民衆救護団〕
バランスを女団長と仰ぐ印度タラハン国の民衆の団体。【68・19】

みんしゆてきしんせい〔民主的神政〕
人民本位の神政。【3・24】

ミンシンガー（英）
気取り屋。【54・18】

みんぞくのとくせい〔民族の特性〕
日本民族の特別の性質。【41・序文】

む

むがくしや〔無学者〕
天地惟神に宇宙一切の真理に透徹した、学ぶ必要のない人で、大本開祖、出口聖師のこと。【26・序歌】

むかでひめ〔蜈蚣姫〕
鬼熊別の妻で大いにバラモン教のために日本および世界で活動し、のちに三五教に入信して黄金姫と改め、一子清照姫とともに、ハルナの都の言霊戦に参加する。【17・序文】

むぎかち〔麦かち〕
麦の脱穀作業。【37・16】

むけいのたから〔無形の宝〕
霊魂上にいただく神徳。【20・1】

むげくわうによらい〔無碍光如来〕
宇宙の主神、ミロクの神。【46・17】

むげんのたから〔無限の宝〕
ミロクの神のご神徳。【46・16】

ムサラガルワ（梵）
硨磲。【59・2】

むじうこじ〔無住居士〕
北光の神がセイロン島の松浦の岩窟にひそむサガレン王や左守、右守などを教化するために活動された時の変名。【36・12】

むすびあはせのかみ〔結比合の神〕
紫微天界の太元顕津男神に仕えて真鶴新国の修理固成に奉仕した神。「吾こそは山と河とを結び合せ女男の神等の水火結ぶなり」「国と国神と神とを結び合せ紫微天界を永久に守らむ」「神と人君と臣とを睦じく結び合せむ

わが言霊に」【74・11】

むすびのことたま〔結びの言霊〕
ウクスツヌフムユルウ十声音のこと。【75・8】

むすびのみち〔産霊の道〕
夫婦の大道のことで、むすびのこが息子であり娘である。【11・29】

むすぶのかみ〔月下氷人〕
中国の諺にもとづいてなこうど（仲介人）のこと。【57・7】

むすめ〔宝庫〕
泥棒の隠語で、金庫や宝物庫や土蔵のこと。【71・11】

むせいせいわ〔無声霊話〕
時間空間を超越する霊魂の言葉による通信。【27・1】

むせいむしのだいしんじん〔無生無死の大神人〕
生まれたこともなく死ぬこともない、生き通しの人間姿の神さまで、ご神格から見たる国大立尊（くにひろたちのみこと）、神素盞鳴大神のこと。【45・14】

むていこうしゆぎのしんたい〔無抵抗主義の真諦〕
大本の教は万有に対して至仁至愛の心をもってあらゆる悪罵嘲笑、暴力に対して、一切暴力をもって答えず、善言美詞によって釈明し正義の大道をますます勇敢に邁進すること。【15・9、24・総説、28・跋】

むゆかのあやめ〔六日の菖蒲〕
五月五日が菖蒲の節句であるから、時期を逸したとの意。【16・8】

むらさきのくも〔紫の雲〕
瑞祥をしめす霊気。【18・11】

むらさきのたま〔紫の玉〕
神界の三種の神宝の一つで、芳彦が拾った黄金水からあらわれた紫の玉で、竹熊に奪われたが、汚されずに日本へ飛んできたのを鷹依姫が拾ってアルプス教の御神体としていたのを地の高天原へ献上した。また人類ことごとく神徳に悦服し、神人和合するの基礎を永遠無窮に守りたまう神徳、神宝。霊界物語。【21・1、26・16】

むらさきひめ〔紫姫〕
都から出身した最もすぐれた神柱。最奥天国の日の若宮の神使。【17・12、48・17】

むりやうじゆぶつ〔無量寿仏〕
出口聖師は、天御中主大神が仏教の阿弥陀仏と断定されている。【41・総説】

め

めいじう〔明従〕
いっさいを理解し信頼して服従すること。【27・4】

めうおんぼさつ〔妙音菩薩〕
市杵嶋姫命。【15・3】

めくらさには〔盲目審神〕
神徳がそなわらず霊眼の開けないものが、あてずっぽうの審神をすること。【8・24】

めぐり〔罪業〕
霊魂の過去に犯せる罪、霊魂の欠点や悪いくせ。【1・13】

めしま〔女嶋〕
沓島。【64下・序文】

メシヤ（ヘブル）　messiah
油をそそがれた者の意味で、救世主をさす。

キリストと同意語。ヘブル語の「マーシーアハ」、アラム語の「マーメシーハー」に由来す。ギリシャ語の「クリストス」すなわち「キリスト」はその音訳。【60・12、61・11】

メッセージ（英）　message
声明。【56・15】

めて〔右手〕
弓をひく時に右の目にあてる手。【73・11】

メデオーカ（英）　mediocre
通常の、平凡な。【60・8】

メデヲカチック（英）　mediocretic
平凡な。【56・8】

メート
ツミ島に流刑されていた囚人。テルモン山南麓の首陀。【58・8】

めなしかたまのふね〔目無堅間の船〕
いちょうの実の形をした絶対沈まない救いの船のこと。【1・35、5・22、6・15】

メモアル（仏）　Mémoire
行状録（回想）。【53・13】

メラオンナ（蒙）
馬上。【67・3】

メールクータ（梵）
須弥の頂きで妙高山スメールという。【60・3】

も

もくすけ〔杢助〕
時置師の神。【21・5】

モザイック（希・羅・伊・蘭・仏）
きりはめ細工。寄せ木細工。【64上・8】

モスク（英）　mosque
回教の寺院または礼拝堂。【64上・9】

モーゼ
天地の律法を国祖と豊国姫命とともに制定された天道別命の事。モーゼとなり、再び地上にその律法を弘布するために降られた。【2・6、6・23】

モーティフ　マヂヨワ（伊）
motivo maggiore
長音階の楽曲を形作る最小単位。【54・18】

もといせ〔元伊勢〕
丹後の元伊勢。天照皇大神の命により亀彦、英子姫、悦子姫によって神宮を造営した。これが伊勢神宮宮殿造営の嚆矢である。明治三十四年、開祖聖師が艮の金神の神命により元伊勢産盥産釜から、世界唯一の生粋の水晶の御水を汲み帰られた霊域。【16・17、38・20】

もとつかみこのはなひめ〔元津神木花姫〕
宇宙の大元霊であり主神にます木花姫命のこと。【72・3】

もとつこころ〔元津心〕
赤子の心、神の子の精神。【81・4】

もとつまことのかみ〔本津真言の神〕
紫微天界の真鶴新国の玉野丘に降りし御樋代玉野比女神の神業を扶けるために、天の峯火夫神が和光同塵の姿で降り玉いし化身。【74・21】

もとつみおや〔元津御祖〕
天と地の祖神国治立大神。【22・1】

もとてるわけ〔元照別〕
ローマの八王神。【6・47】

もとのかみよ〔原始の神世〕
宇宙主神の理想とされる神世のこと。【9・附録】

モニューメント（英）　monument
記念物。【64上・6】

モノゼーズム（英）　monotheism
一神教、一神論。世の中は全智全能の一神によりて主宰せらるるとし、この神に仕うるを目的とする宗教。【56・10】

もみぢひこ〔紅葉彦〕
竜宮城の従臣であった清熊が改心して清彦となのり日の出神の神徳をうけて、ヒル（秘露）の国にインカ国の元を開き国主となった、その時の名。楓別命はその子で、比沼真奈井に仕えた清子姫を妻として国愛別、清香姫を生んだ。【9・13、69・20】

もみぢひめ〔紅葉姫〕
丹後の由良港の秋山彦の妻。【16・4】

ももがみひこ〔桃上彦〕＊
真心彦の未亡人である事足姫とその後の夫である春永彦との間に生まれた。兄広宗彦の後を継いで第五代天使長となる。【3・47】→まさかやまづみ。

もものしぐみ〔百の仕組〕
すべての経綸。【20・1】

もものはな・もものみ〔桃の花・桃の実〕
三千年にみのる桃とは瑞の霊のことで、三月三日の桃の花と五月五日の桃の実というのは霊界物語に相応する。【31・序歌】

もものみ〔桃の実〕
伊邪那岐大神の神器で、瑞霊の活動をさす。神さまの平和運動である愛善運動をもさす。【10・21】

もものみのこうくんたい〔桃の実の紅裙隊〕
伊邪那岐の大神の神使で、松代姫、竹野姫、梅ケ香姫たちのこと。【53・11】

ももやそのくに〔百八十の国〕
世界各国。【23・16】

モリス
ヒル（秘露）の都の楓別の神館の内事の司。【31・総説】

もりたかひこ〔森鷹彦・守高彦〕
もとは竜宮城の従臣で黄金水の玉をさずかり、これを大八洲彦命に奉献しモスコーの従臣となり常世会議で大いに活躍し、ふたたびモスコーにて神業に参加した。【4・27】

モールバンド
八岐大蛇の子孫でアマゾン地方にすみ水陸両棲の男性的の怪獣で、猛獣の王として覇をきかしていた。三五教の言霊に救われて風雨を調節する神使と向上した。【29・18、32・1】

モルモン宗
一八三〇年、米国におこった一夫多妻主義の宗教。その後一八九五年以来、一夫多妻主義は禁止されている。【15・13】

もろこし〔諸越〕
海外のこと。【4・19】

もろこし
外国の意。【39・3】

モンキー〔米吉〕
チャンキーとともに小糸姫を送り、途中難破したところを玉能姫一行に救われて濠洲地恩城の役員となる。【24・2】

モンク（英）　monk
修道師。【54・2】

もんじゆぼさつ〔文珠菩薩〕
言霊別命の神名で楓姫に神丹をさずけられた初稚姫命。また岩彦宣伝使の精霊。【40・7、49・19】

モンスター（英）　monster
妖怪、怪物、おばけ、巨大なもの。【54・2】

や

やあたかがみ〔八咫鏡〕
七十五声の言霊。神代の岩戸開きの際に祭典用として石凝姥神が鍛（う）たれた鏡。【12・25】

やおとめ〔八乙女〕＊
素盞嗚尊の八人の娘。愛子姫、幾代姫、五十子姫、梅子姫、英子姫、菊子姫、君子姫、末子姫。八乙女の侍女はそれぞれ、浅子姫、岩子姫、今子姫、宇豆姫、悦子姫、岸子姫、清子姫、捨子姫。【15・3、16・序文】

やかみひめ〔八上姫〕
大穴牟遅神の妻。【38・8】

やくさのみうた〔八種の神歌〕
霊界の神霊を招魂する鎮魂祭の神歌。【75・11】

やじひこ、よたひこ〔弥次彦、与太彦〕
醜の窟で亀彦、音彦、駒彦の宣伝使とあい、のちにタゴの里のお竹の家で鷹彦一行六人の宣伝使と再会し、その従者となり安彦・国彦の宣伝使となる。【13・17】

やしまぬし〔八島主〕
霊界物語では素盞嗚尊の御子で神名は熊野楠日命。両刃長剣の神で、斎苑（イソ）の宮居の留守居の役。教主。【15・22】

やしや〔夜叉〕
人を害する暴悪な鬼類。【69・8】

ヤショーダラ（巴利）
耶舎。釈迦の弟子。物語では玉国別。【63・序歌】

ヤスダラ姫
入那の国の左守クーリンスの娘で、セーラン王の許嫁であったが、右守カールチンの陰謀にかかり、テルマン国の富豪シャールの妻としいられる。【41・2】

やすのかはら〔安の河原〕
太平洋。神さまのまします安全地帯の聖地。公平無私な土地。【12・25】

やそか、やそよ〔八十日、八十夜〕
人の噂も七十五日というから、そのことに関する噂のきゆるまでの意。【3・19】

やそたけるのかみがみ〔八十猛の神々〕
素盞嗚尊の従臣たちで植林に従事した。【15・10】

やそひめがみ〔八十比女神〕
主の大神天之峯火夫の神が天界を清めるため国魂神を生ますべく生み出し玉う比女神たち。【73・9】

やそまがつ〔八十枉津〕
多くの悪党朝触、夕触、日触、言触は、今日でいえば朝刊、夕刊、日刊などの悪質の言論機関、八十枉津日は曲を糺す正神。【3・42】

やそまがつのかみ〔八十曲津の神〕
人を外面から悪に導く身魂。【6・26】

やそまがつひのかみ〔八十禍津日神〕
大禍津日神の神業を分掌して、外から襲来する悪鬼邪霊を監督し誅伐し教化する職掌。【10・26】

やそまがつみのかみ〔八十曲津見の神〕
邪神の部将。【76・2】

やたりおとめ〔八人乙女〕＊
→やおとめ。

やちほこ〔八千矛〕
武力のこと。【3・序文】

やちまた〔八衢〕
中有界のこと。【1・6】

やちまたしろもの〔八衢代物〕
誠や善を口に唱えてコッソリ偽善をやっている悪党。【47・1】

やちよひめ〔八千代姫〕
天使真鉄彦の裔、照代姫の姉娘。【28・13】

ヤーチン姫
台湾の八王神花森彦の二男エーリス夫婦の長女で、カールス王の妃となる。【28・1】

やつがしら〔八頭〕
八頭神ともいう。八王の下にあって神政にあたった各国の宰相神。【1・18】

やつがしらやつをのをろち〔八頭八尾の大蛇〕
悪神の頭目の陽性の悪霊で、世界の統治者、指導者に憑って神霊世界や現実の世界を悪化しつづけている邪霊。ウラル山から発生した。【1・18】

ヤッコス〔八王〕
利己主義の人泣かせの財産家連中で、安全地帯に楽隠居するものたち。【11・18】

ヤッコス
半ダース宣伝使の一人岩彦の変名で、神命によって、バラモン教の清春山の中にひそんで、バラモン教を研究した。【39・15】

ヤッコス
バラモン軍の目付頭でテルモン湖の海賊の大親分。【58・8】

やつひこ〔八彦〕
北野森の出身で、時置師神に明志丸の船上にて言向和されて、宣伝使となる。【11・29】

やつわう〔八王〕
八王神ともいう、世界の各国の王。【1・18】

やつわうだいじん〔八王大神〕
盤古大神を仰いで、神政を総理した神で常世彦という。父と子と二代あり。【1・18】

やつわうだいじんとこよひこ〔八王大神常世彦〕
盤古大神の子で、常世国（北米）にありて、盤古大神を主と仰ぎて世界を混乱に導いた。【2・総説】

やはしらのめがみ〔八柱の女神〕
顕津男神の近く仕えて神業に仕えた宇都子比女の神、朝香比女の神、梅咲比女の神、花子比女の神、香具の比女の神、小夜子比女の神、寿々子比女の神、狭別の比女の神。【73・9】

やひろどの〔八尋殿〕
広大な宮殿。【6・総説】

やひろわに〔八尋鰐〕
紫微天界の二名の島で艶男を水上山におくりとどけた瑞霊大神の化身。【79・13】

やまが〔山家〕
京都府綾部市山家町で、綾部の聖地から東方にあり。【18・1】

やまかはだうらく〔山川道楽〕
あまいもの辛いもの、菓子も酒も大好物。【58・25】

やまたのをろち〔八岐の大蛇〕
邪神の大巨頭。【78・22】

やまひと〔仙人〕
中国では仙人、大本では天人のこと。【54・附録】

やまかはもものくさきのかみをうむ〔山河百の草木の神を生む〕
山河草木の守り神を生み、または任命される

こと。【6・21】

やまかみのほこら〔山神の祠〕
イランの河鹿山の南麓山口の森に、大山祇神をまつられていた祠。【44・8】

やまぐちのかみ〔山口の神〕
山および山の樹木等の守り神。【5・15】

やまとだま〔日本魂〕
至仁至愛の神さまの御心を奉体した、よき感情、理性、意志を調和した、清潔、楽天、進展、統一の魂のことで、神心ともいう。【11・5】

やまとだましひ〔神国魂〕
宇宙の根本神至仁至愛（ミロク）の大神の大精神そのままの霊魂のことで、キリスト、メシヤの再臨、五六七出生の暁、甘露台の瑞祥、蓮華台上の御神楽も同一の意義である。【25・7】

やまとだましひ〔大和魂〕
すべての真、善、美を綜合統一した身魂で、同情心と理性と大勇猛心の三者を合一したもので、仏者の菩提心のこと。【40・6】

やまとだましひのこんげんしん〔大和魂の根源神〕
五六七大神にます神素盞嗚大神。【40・6】

やまなしじんじや〔月見里神社〕
長沢雄楯が奉仕していた静岡県清水市にある神社で祭神は鈿女命など。【37・24】

やまのかみ〔山の神〕
地底の天国の山上にて、高国別と愛子姫の夫婦が縁がむすばれてから、妻君のことを山の神ということとなった。【15・15】

ゆ

ゆあさこひさ〔湯浅小久〕
京都府北桑田郡宇津出身。【38・25】

ゆあさきいじらう〔湯浅斎次郎〕
京都府北桑田郡宇津の湯浅小久の夫。出口聖師から仁斎と名を頂く。【38・25】

ゆうかい
→いうかい。

ゆうかいりよこう
→いうかいりよかう。

ゆうさい
→いうさい。

ゆうし
→いうし。

ゆうそくこじつ
→いうそくこじつ。

ゆうたい
→いうたい。

ゆうのけんしん
→いうのけんしん。

ゆうのゆう
→いうのいう。

ゆうのゆうしん
→いうのいうしん。

ユウンケル（独）　junker
少尉・貴族出身の士官候補生。【54・11】

ゆ

ゆきひらわけ〔行平別〕
聖地の天使であった行成彦の従臣行平別で、エジプトのイホの都で初公と名のり、天使蚊取別に言向和されて以来、ナイル河の上流にわだかまる八岐大蛇の霊を言向和すために活躍し進んで天岩戸開の神業に参加した。【12・9】

ゆくえひめのかみ〔如衣比女の神〕
紫微天界の高照山一帯の御樋代神。【73・17】

ユーズ
セーロン島のサガレン王の臣。【36・1】

ユニオン（英）　union
結合・協合。【53・1】

ゆには〔幽斎場・斎庭〕
神聖なる神人感合の霊場。大本では綾部の地の高天原の聖地。【54・附録】

ユーフテス
印度入那国の右守カールチンの家老職。【41・2】

ゆめ〔夢〕
夢のうち神聖な夢は本守護神の発動に一任した時に見るもので、必らず過去の事実か、現在か、未来のうちに実現するものである。【14・15】

ゆらのみなと〔由良の港〕
京都府宮津市由良あたり。【17・6】

ユリコ姫
台湾のカールス王の妃となったヤーチン姫の侍女。優秀な霊媒者で、のちに真道彦命の長男日楯の妻となる。【28・1】

ゆゐいつのくわんき〔唯一の歓喜〕
人間が一人でも天国へ上ることは、大神さま初めすべてのエンゼルや冥官の最上最高唯一の歓びであること。【48・9】

ゆんで〔左手〕
弓をひく時に弓を持つ手の意味。【7・1】

よ

ようげんぼう
→えうげんばう。

ようみ
→えうみ。

ようめいしゆ
→えうめいしゆ。

よげん〔予言〕
大神および天使があらかじめ予定を発表された神言。【5・第三篇、48・1】

よげんしや〔予言者〕
神界の消息、神教を伝達する神使。霊界真相の伝達者、大本では出口開祖または出口聖師のこと。【5・18、48・1】

よこのふでさき〔緯の筆先〕
出口聖師の帰神の筆先で、霊界物語以前の大本開祖生存中のもの。【7・総説】

よさのくに〔予讃の国〕
紫微天界の葭原の国の高光山の西方で、御樋代神朝霧比女の神の命で国津神巌ケ根が執政として国務に従事している。【80・1】

よしこひめ〔悦子姫〕
素盞嗚尊の第五女英子姫の侍女で、日の出の神の神霊を全身全霊にうけて、神格向上し日の出神の化身となって活躍した女宣伝使。【16・序文】

よしざきせんにん〔吉崎仙人〕
京都府綾部市於与岐の吉崎兼吉という老人で

九十九仙人と称し、大自在天系で、神界の一切の権利を弥仙山麓において、出口聖師へ伝達した。【38・2】

よしはらのくに〔葭原の国土〕
紫微天界の万里の海の中にある島、葦原新国の約十倍で御樋代神は朝霧比女の神で朝香比女神から燧石をさずかり国土を修理固成した。【79・1】

よつあしみたまけういく〔四足身魂教育〕
人間に神からあたえられた神性を無視した教育。【14・8】

よつかさひめのかみ〔世司比女の神〕
紫微天界の東雲国の御樋代神。【73・32】

よつのうみ〔四つの海〕
世界。【4・19】

よつわうやま〔世継王山・四尾山〕
綾部の中心にそびえる大地の臍といわれる神山で、国常立尊が国武彦命として出現の時を待たれた霊山。【18・4】

よはあぢさゐのななかはり〔世は紫陽花の七変り〕
地球上の神政の経綸が六回変更されて、明治二十五年七回目の神政経綸の時代に入り、いよいよ理想世界が完成するということ。【4・15、9・1、13・6】

ヨハネ〔神世開基〕
みろくの神世の基を開かれた国常立尊のこと。または、この神の神業に奉仕された大本開祖を、ヨハネの御魂という。【1・24】

よひのみやうじやう〔宵の明星〕
救世神、厳瑞二大神人。【5・34】

ヨブ
南米のカーリン島出身で、鷹依姫一行に同情して高姫を憎んでいたが、アルの港からゼムの港へ向かうカーリン丸の船上で、高姫の改心の様子をしり、弟子となった。【29・15】

よみのくに〔夜見の国〕
月界。太陰の世界。【4・44】

よみのくに〔月界〕
神素盞嗚大神の母神伊弉冊尊のまします太陰界。【12・1】

よもつかみ〔黄泉神〕
根底国の統治者。ここでは地球上の体主霊従国の指導者。【8・40】

よもつくに〔黄泉国〕
根底の国。ここでは火力文明のために地球上が地獄状態になっている意味。または体主霊従の国家のこと。【8・40】

よもつのかみ〔黄泉の神〕
根の国底の国におちゆく霊魂を守り、育てる職掌で、大国姫が任じられた。【10・24】

よもつのしま〔黄泉島〕
太古の太平洋の中心部にあった島で、ハワイなどは沈没の際に固い部分が残ったもの。物語第十二巻第二十七章航空船のところに沈没の状況がのべられている。【9・総説歌】

よもつひらさか〔黄泉比良坂〕
太平洋の中にありし黄泉島の中央の重要地点。【8・第六篇】

よもつひらさかのたたかひ〔黄泉比良坂の戦〕
神と悪魔の勝敗のわかれる大戦で、世界の大峠ともいわれる。【8・第六篇】

よもつムのしま〔黄泉ムの島〕
太平洋にあって陥没したタテが二千七百浬、ヨコが三千一百浬の大陸で、地理学者はムス陸となづけている。【13・6】

ヨリコ
オーラ山の山賊の大頭目で、印度トルマン国タライ村のサンヨの長女。梅公別に言向和さ

れて三五教の宣伝使となる。【66・総説】

ヨルダンのかは〔由良川〕
綾部の本宮山の裾を流れる由良川（和知川）を言霊の上からヨルダンという。【14・17】

よるのおすくに〔夜の食国〕
高天原すなわち全大宇宙の天照大神を扶けて宇宙の経綸にあたる月読命の神業の世界。【12・28】

ヨルの都
印度の入那の国の小さい町のこと。【41・1】

ら

らいじん〔雷神〕
雷といなづまによって、世の中を清める神使。【1・21】

らうし〔老子〕
孔子の教理の不足を補うために野立彦命（国常立大神の改名）の分霊が老子となって真理を伝達された。【6・23】

らうしきやう〔老子経〕
国祖大神が孔子の教があまり現世的すぎるので分霊を下して霊界の消息を伝達されるために説示されたもの。【69・3】

らうわう〔狼王〕
天の目一つ神と竹野姫の夫婦のこと。【41・10】

らくてんしゆぎ〔楽天主義〕
主の神さまが創造され生成化育される天地の間は、喜び勇み感謝にみちみちて暮らす生活がご神意にかなうこと。大本四大主義の一つで天地惟神の大道である。【34・総説】

らくやき〔楽焼〕
聖師が地上天国を夢見て、秀吉が京都の聚楽第で始めたものを採用されたもので、大正十五年一月から天恩郷で始められた。昭和四年六月三日に信州皆神山に登山されてからは、素盞嗚尊が皆神山でヒラカを焼かれたのだと申されて本格的に制作し出された。【72・序文】

ラジオシンター
ラジウムの放射能をふくんだ水で、ラジウムは霊国から地上にくだる霊薬。【47・20】

ラシャナリスト（仏）　rationaliste
合理主義者。【56・8】

ラシューズダサハスラバリブールナドワヂャ（梵）
具足千万光相如来。幾十万の光輝の満ちた旗をもつ者の意味。【60・5】

ラスプーチン
帝政ロシヤの祈祷僧で自ら救世主をもって任じ、ついにはニコライ二世と皇后の信任を得て内治外交にまで干与したが、第一次世界大戦中に暗殺された（一八七一～一九一六）。【70・12】

ラート（独）
会議。【54・2】

ラトナブラナ（梵）
月光。【60・2】

ラトナーヴ・バーサ（梵）
宝音。【60・序文】

ラブロック（英）　lovelock
愛嬌毛・肩に垂れ下げた髪。【54・3】

ラマ教
仏教が変形したもので蒙古と西蔵（チベット）の宗教。【56・11】

ラムール（仏）　l'amour
愛（情）。【53・2】

り

りううん〔竜雲〕
印度に生まれてウラル教の僧侶となり、セイロン島に布教しサガレン王の妃ケールス姫を篭絡しサガレン王を失脚せしめ、北光神の一喝と猛火の洗礼によって改心し、印度に放逐されたが、北光神にゆるされて三五教の宣伝使となり印度の各地に宣伝した。実は国祖神政当時の言霊別命の長子竜山別の再生。【36・総説】

りうきうぬま〔琉球沼〕
琉の島にあった神聖な霊域。【27・17】

りうきうのにほう〔琉球の二宝〕
風雨水火を調節し、いっさいの万有を摂受しあるいは折伏し、よく摂取不捨の神業を完成する神器。【27・13】

りうぐう〔竜宮〕
風雨雷霆をおこす竜神の集合する修業所。【1・23】

りうぐうかい〔竜宮海〕
冠島と沓島の中間の海原。【38・20】

りうぐうじやう〔竜宮城〕
地の高天原に属する風雨雷霆を支配する竜神の世界の中府。【3・16】

りうぐうじやう〔竜宮城〕
玉依姫命の鎮まります聖域のことで、ここではオーストラリヤの諏訪湖の竜宮城。物語第八巻には太平洋の海底の竜宮城のこともものべてある。【25・15】

りうぐうのおとひめ〔竜宮の乙姫〕
玉依姫命のことで、日本列島の守り神であり、経済、産業、交通などの守り神。【1・18】

りうぐうのひとつじま〔竜宮の一つ洲〕
オーストラリヤ（濠洲）大陸のこと。【13・2】

りうぐうやかた〔竜宮館〕
綾部の聖地または大本のこと。【1・発端】

りうすけ〔竜助〕
小北山の宣伝使文助の産土神の化身。【52・15】

りうたい〔竜体〕
最初の神姿は鰻の形であり、種々の特徴があるとのべられている。【1・20】

リウチナント（英）　lieutenant
陸軍中尉。【54・13】

りうぢよ〔竜女〕
竜神が向上して人間に生まれたといわれる女性のこと。【1・17】

りうのたま〔琉の玉〕
竜の腮の玉で潮満の玉の活用をなす。琉球のハーリス山の竜神の大竜別、大竜姫の守護せし玉。【27・8】

りうもんやかた〔竜門館〕
大本開祖の帰神された、綾の聖地の神域のこと。【19・17】

りきしゆたいれい〔力主体霊〕＊
盤古大神は体主霊従（われよし）、国常立命は霊主体従（ひのもと）、大自在天は力主体霊（つよいものがち）と示されている。【3・あとがき】

りきとく〔力徳〕
霊と体の結合によって生まれる神力。宇宙主神の御神力、御神徳。【6・1、38・1】

リゴリズム（仏）　rigorism
厳粛主義。【53・1】

りしゆきやう〔理趣経〕
大乗仏教の経文。【1・12】

りさい〔理妻〕
理想の妻。【54・4】

りせいしん〔理性心〕
神さまの立場にあって、天上の道（内部）と地下の道（外部）の中間にある公平な心。【47・8】

リーダー
印度テルマン国のシャールの屋敷内にあったヤスダラ姫館の取締。【41・8】

リパプリック（英）　republic
共和政体。共和国。【60・7】

リーベ・ライ（独）
恋のたわむれ。【53・5】

りやうしうざん〔霊鷲山〕
万寿山の奥の院で坤の金神の御座所である。最も先見の明ある神々のます神聖霊場である。神教宣布の根本霊地（日本では高熊山に相応する）。【6・27、11・総説歌】

りんきおうへんのみわざ〔臨機応変の神業〕
大本の神業の特異性の中で聖師のお歌に、「機に臨み変に応ずる神業は大道を保全せむが為なり」とあり。【73・総説】

りんげんあせのごとし〔綸言汗の如し〕
王者の言葉は汗のように一度出たものはひっこめられないとの意。【70・2】

りんじごよう〔臨時御用〕
因縁の身魂が間にあわぬ時に近似した身魂に代役をさせられること。【33・17】

る

ルシファー　lucifer
宇宙の主神の座を犯し天界を占領せんとする悪霊。【56・1】

ルーブヤ（梵）
銀。【59・2】

ルーブヤ（梵）
銀。スーラヤ湖畔テルの里の里庄。【63・5】

るりくわうにょらい〔るり光如来〕
弥勒如来のこと。【26・総説歌】

れ

れいあい〔霊愛〕
霊国にある天人の愛。【52・2】

れいい〔霊衣〕
霊魂から放射しているタマシイの衣ともいうべきもの。【2・総説】

れいうん〔霊運〕
霊的のめぐりうつり。霊的機運。【58・19】

れいかい〔霊界〕
(1) 物質界以外の霊妙な世界の義。(2) 神霊の世界と幽界（地獄界）の略称。【1・2】

れいかい〔霊界〕
形体を脱出したる人の本体すなわち精霊の住居する神霊世界。【49・1】

れいかいてきくわつだう〔霊界的活動〕
神霊世界に対応する活動。【38・総説】

れいかいのさうじばん〔霊界の掃除番〕
祓戸の神にます伊吹戸主神、瀬織津姫、速秋津姫、速佐須良姫、月照彦神、弘子彦神、少名彦神、純世姫、真澄姫、竜世姫など。【48・14】

れいかいのしようがう〔霊界の称号〕
神霊の世界で頂いた神名。【48・14】

れいかいのせいちよう〔霊界の政庁〕
中有界にある現実世界と霊界との交通をかんとくするところ。【1・6】

れいかいのせうそく〔霊界の消息〕
神霊世界からの通信、または霊界の紹介。【38・21】

れいかいのによいほつしゆ〔霊界の如意宝珠〕
善言美詞の言霊である天津祝詞や神言の奏上。【47・16】

れいかいのはふそく〔霊界の法則〕
物質界、自然界の法則に根本的に相異する霊的事物によって形成された霊界の法則。【47・12】

れいかいみやげ〔霊界土産〕
天国霊国の様子を伝達披露すること。【52・10】

れいかいものがたりへんさんのだいしめい〔霊界物語編纂の大使命〕
出口聖師が神示に従って、教祖の筆先を一つに取りまとめてその真相を完全に世人に示すようにされたこと。【12・序文】

れいかく〔霊覚〕
正確な感受理解力。最もすぐれた理解力。【48・1、65・総説】

れいがく〔霊学〕
宇宙の主神直授の最高の大本の神学。最も霊妙な世界についての高級な学。霊魂の世界についての学問。霊魂学ともいう。【6・総説、37・10】

れいがくのたいほん〔霊学の大本〕
霊学の根本元則。【38・15】

れいがん〔霊眼〕
霊的透視の神力。【12・序文】

れいがん〔霊眼〕
霊的のものを視る眼力。神力による洞察力。【14・13】

れいかんもんだい〔霊感問題〕
神霊世界との感応に関する問題。【37・20】

れいき〔霊気〕
目に見えない生命力。【81・総説】

れいけい〔霊系〕
霊魂の系統。【3・14】

れいけん〔霊剣〕
神霊世界の剣のことで、この剣が降ると、悪意をもつものは、たちまち身魂ともに力を失なう霊験があらわれる。【3・30】

れいごく〔霊国〕
神の教を伝うる宣伝使の集まる所、またその教を聞く所。【49・1】

れいごく〔霊国〕
主神が月の大神と顕現される信真にみちみちた霊的の国土。大神の王土で王座または瑞の宝座と示されているように、大神の御座所である。【47・9、52・2】

れいごくだんたい〔霊国団体〕
霊国で天人がつくっている団体。【48・11】

れ

れいごくてんにん〔霊国天人〕
月の大神のます霊国に住む天人。信の徳を主とし愛の徳を従として、智慧と証覚を研き、宇宙の真理を悟り、ついで神の愛を身に体し、天国の宣伝使として各団体に派遣される。【47・12、48・11】

れいごくてんにんのにんむ〔霊国天人の任務〕
霊界の宣伝使やエンゼルとなって天人や精霊をみちびくこと。【47・19】

れいごくのせんでんし〔霊国の宣伝使〕
現界で宣伝使の任務を終り霊国に昇って宣伝使となる。【47・18】

れいこん〔霊婚〕
霊界からの因縁により成立する結婚。【55・12】

れいこんのサック〔霊魂のサック〕
人間の肉体は霊魂の形体をした霊魂の容器である。【32・13】

れいこんのしよくしやう〔霊魂の食傷〕
信仰の態度の誤りによる弊害。【44・8】

れいさい〔霊祭〕
人の精霊を慰める祭典のこと。祖先の霊魂祭祀のこと。【23・霊の礎（八)】

れいさい〔礼祭〕
感謝の祭典。【58・24】

れ

れいざんゑぢやう〔霊山会場〕
神霊の霊気のみちみちた山。聖地のこと。仏教でいう神聖地域のこと。エルサレムと同義。【61・3】

れいし〔霊子〕
天人夫婦の霊魂の子供で、霊の子ともいう。【19・霊の礎（五)】

れいじう〔霊獣〕
すぐれた霊魂をもった動物。【50・7】

れいしのみや〔霊子の宮〕
人の肉体。【42・21】

れいしゆたいじう〔霊主体従〕
宇宙いっさいは神霊界を主にし物質界を従にして、つくられ生かし育てられており、人の場合もタマシイが本尊であって、肉体はその容器である。従って、行動の上でも、神霊世界およびタマシイを主としてすべてを実行すること。霊（ひ）の本（もと）の身魂。【1・発端】

れいしゆたいじうてきそしき〔霊主体従的組織〕
主神の御経綸によって宇宙一切が霊界が主で現界が従に創造組織されていること。【21・総説】

れいしゆたいじうのほんぎ〔霊主体従の本義〕
宇宙の一切はすべて、神の力によって、霊界を主とし物質界を従として、霊魂を主とし、肉体を従としてつくられているということ。【3・総説】

れいしん〔霊身〕
霊魂のすがたのことで、霊体、幽体ともいう。【17・霊の礎（三)】

れいしんじん〔霊身人〕
人間の向上した天国天人、霊国天人のこと。【19・霊の礎（五)】

れいせき〔霊籍〕
人の霊魂の所属する霊域。【2・総説】

れいせん〔霊線〕
霊的の線や脈。【4・48】

れいせん〔霊線〕
霊魂から放出される線脈（いとすじ)、霊の緒のこと。【14・13】

れいぜん〔霊善〕
隣人に対する仁の徳。【47・15】

れいたい〔霊体〕
霊魂の姿。【29・2】

れいたいのやうせいしよ〔霊体の養成所〕
天人の霊体の養成所である人の肉体のこと。【19・霊の礎（五）】

れいたん〔霊丹〕
霊国から降されし天国の薬。【47・16】

れいだん〔霊弾〕
霊的の弾丸。【14・11】

れいち〔霊地〕
神霊のみちみちた清浄な土地。【3・16】

れいてう〔霊鳥〕
神の使いともいうべきすぐれた鳥。【3・16】

れいてき〔霊的〕
内的意志。心の中のありのまま。【51・序文】

れいてきくわんさつ〔霊的観察〕
神霊の目の上から霊魂の上から観察すること。【50・2】

れいてきけういく〔霊的教育〕
霊魂を向上成育させる教育。【50・1】

れいてきしうぎやう〔霊的修行〕
霊魂向上のための修行。【37・総説】

れいてきしうくわく〔霊的収穫〕
霊魂に神徳を頂くこと。【18・14】

れいてきしうげふ〔霊的修業〕
神霊世界の修業。霊魂の修練。【3・17】

れいてきししや〔霊的死者〕
大神の分霊としての人格を失なった状態。愛情も理解もない精神的に何一つ生甲斐のない生活。【52・1、68・1】

れいてきしやうがい〔霊的生涯〕
精神生活。天界の天人に相当するように日頃に信仰第一の生活をなすこと。【42・総説、47・11】

れいてきじんかく〔霊的人格〕
人の心の中の智性と意志で形成される人格。【47・20】

れいてきじんかくのさいせい〔霊的人格の再生〕
霊的復活のこと。【50・2】

れいてきしんげふ〔霊的神業〕
神霊の世界に関する神業。【1・発端】

れいてきしんてきしようかく〔霊的神的証覚〕
神さまから来る理解力。【48・9】

れいてきてんにん〔霊的天人〕
霊国に住む天人。【48・1】

れいてきどうぶつ〔霊的動物〕
人間のこと。【48・1】

れいてきのさよう〔霊的の作用〕
霊魂が人体に感応しておこす現象。【38・24】

れいてきふくくわつ〔霊的復活〕
人の立場で生きながら天人として天界に籍をおくこと。【50・2】

れいてきゑんさう〔霊的円相〕
霊衣。【52・1】

れいにくいつちのてんそく〔霊肉一致の天則〕
主神は、宇宙の霊を主とし体を従として創造され、その順位とされているが、その目的は霊体一致であり、これが天則であること。【15・1】

れいにくどうこく〔霊肉同根〕
霊魂も肉体も天地の祖神がつくられたもので、霊も肉体もいずれも尊いということ。

【30・16】

れいのぐわんそ〔霊の元祖〕
宇宙の霊魂界の御先祖神。【47・総説】

れいばい〔霊媒〕
霊界と現界との交通の媒（なかだち）をすること、神霊と交通することの出来る霊感の敏い人。【3・17】

れいばく〔霊縛〕
霊魂を霊力によって縛ることによって体も動けなくなること、および神術。【3・9、8・16】

れいむ〔霊夢〕
霊的関係によって見る夢。【5・16】

れいやうざん〔霊陽山〕
第二天国の有名な公園地。【48・10】

れいりよくたいいつち〔霊力体一致〕
主の神は霊力体の三元をもちて一切万有をつくれり、との神歌の通りに一切のものは、神さまからわけあたえられたこの三元によってなりたっているから、この三元がバランスを保ち一致することが理想の状態であること。【7・総説】

れきしてきてつがくてきかいしやく〔歴史的哲学的解釈〕
純然たる歴史観にもとづいた解釈。【41・序文】

レーストレイント（英）　restraint
制御・拘束。【53・2】

レーブ
印度ハルナの都のバラモン教の大本山の鬼熊別の臣で、鬼熊別の妻子の黄金姫、清照姫の案内役として大黒主の言向和しに参加した。【39・4、40・12】

レーブ・アン・ルーム（英）　living room
居間。【54・3】

れんあい〔恋愛〕
人格をみとめあった異性間の情動。【68・1】

れんあい〔恋愛〕
恋い焦れてついに肉体をも任せ任され、ついには夫婦の道を造り又は破るの結果となる。これを恋愛の情動という。【73・27】

れんがふかぞく〔聯合家族〕
三五教の信仰によって出来あがった精神的の家族。【72・17】

れんげだい〔蓮華台〕
地の高天原の中で最も神聖な霊域で、火山が爆発せずに固まった神明の降臨される霊山のこと。周囲に蓮の花弁のように山々をめぐらしている中央の台地の意。大本では神定の聖地たる綾部の本宮山（丸山、桶伏山）、亀岡の亀山、信州の皆神山などのこと。【1・23、16・5、20・10】

ろ

ろくかふざん〔六甲山〕
神戸の北方の高山。【20・1】

ろくしげだう〔六師外道〕
六大外道のことで（一）ブランナーカーシャバ（唯物論的の外道）、（二）マスカリー・ガーシャリーブトラ（自然外道・無因外道）、（三）サンジャイーヴィ・ラチャーブトラ（惟神中毒の外道・無因外道の一種）、（四）アザタケー・シャカムバラ（苦行外道）、（五）カクダカー・トヤーヤナ（異見外道）、（六）ニルケラントー・ヂニヤー・ヂブトラ（宿命外道・常見外道）のこと。【57・1】

ろくだいじんつうりき〔六大神通力〕
物語では天眼通、天耳通、宿命通、自他心通、感通、漏尽通。または天眼通、天耳通、自他

神通、天言通、宿命通、漏尽通。【15・16】

ろくめんはつぴのじやき〔六面八臂の邪鬼〕
あらゆる方面の技術に精通した人に憑依して悪事を敢行する悪霊。【2・総説】

ろじんつう〔漏尽通〕
心の迷い一切をなくする最高の神通力。【15・16】

ロッキー山城
偽日の出の神たる大国彦、偽伊邪那美神たる大国姫の住居。【10・22】

ロッキー城
大国彦の政庁。【10・22】

ロッキーの山
壮年期から老年期の山で、岩肌が露出している山。【63・14】

ロッキーのやま〔巌骨の山〕
骨のような岩で出来た山のこと。【76・4】

ロートル・ダンゼー（仏）　l'autre danger
また別の危険。【53・1】

ローマ字
聖師は大正十二年日本式ローマ字を採用された。その目的は日本人の発音を正しく保存するためであった。世界がいろは四十八文字すなわち正しい日本語で治まるという大本神諭の啓示にもとづくことは申すまでもない。【80・附録】

ロンド（伊）　rondo
回旋曲、輪舞曲。【54・18】

わ

ワイズベアレント・フッド（英）
親しい親と子。【53・2】

ワ゛イスラワナ（梵）
北方多聞天王、仏法守護の四大天王の一つ。【60・3】

わうごんかく〔黄金閣〕
昭和十年の第二次大本事件まで、綾部の聖地の金竜海のほとりにたてられていた言霊閣の別名で、本来は本宮山（神界では黄金山）上に立てられるもの。【22・13】

わうごんざう〔黄金像〕
瑞霊ミロク大神の神徳を発揚された神姿。【22・12】

わうごんざん〔黄金山〕
神教護持の霊地。日本では本宮山に相応する。聖地エルサレムの中心の神山、橄欖山ともいう。【6・27、11・総説歌】

わうごんじだい〔黄金時代〕
神ながらに神と人と倶にある理想の時代。宇宙の神理を体得した人々が、神や天使と同居の状態にある理想の時代で天国に相応する時代をいう。地上最太古の人間が相応そのもので思索して天界と世間とが和合した時代。【10・15、47・21】

わうごんすゐのたま〔黄金水の玉〕
大本の役員のタマシイを代表する玉。【1・38】

わうごんせかい〔黄金世界〕
地上に神慮のままに完全に天国の姿が移写実現したミロクの神世のこと。【9・附録、39・4】

わうごんのたま〔黄金の玉〕
太白星の玉で、瑞の玉の一つ。経済学の根本を確立して、地球上を円満に融通按配し治めゆく、金銀無為の政策を実行する神玉、神徳のこと。【26・16】

わうごんのぬさ〔黄金の幣〕
金勝要の神の神器である。最高の祓いの神徳を発揮する金の幣。【5・36】

わうごんひめ〔黄金姫〕
神素盞嗚尊から蜈蚣姫に新たに賜った名。【39・4】

わうせい〔王星〕
一番大きな星のことをさし、金星一名太白星・宵の明星のことで、救世主神をさす。【1・24】

わうりようひめ〔黄竜姫〕
鬼熊別、蜈蚣姫の一人娘小糸姫が、素盞嗚尊の八人乙女の五十子姫、梅子姫に守られて、土人に推戴され、濠洲の女王となった時の名。のちにハルナの都の言向和しのとき清照姫と神名を頂いて活躍する。【23・17】

わかざくらひめのみこと〔稚桜姫命〕
稚姫君命のこと。【2・総説】

わかひめぎみのかみ〔稚姫君の神〕
大本開祖の霊魂。【22・13】

わかひめぎみのみこと〔稚姫君命〕
国常立尊の直系分霊。【1・21】

わかひるめのかみ〔若比妻女神〕
稚姫君命。【6・41】

わくわうどうぢん〔和光同塵〕
神さまが神威をやわらげて守らせ玉うこと。【47・3】

わくわうどうぢん〔和光同塵〕
霊徳と霊光を秘めワザと力をかくして活動を続けること。神さまは必ず順序を守らせ玉い、相応の理によりて、和合の徳を表わし玉うが故に、その対者に向かってあまり懸隔なきように現われ玉うこと。【50・2】

わくわうどうぢんのしんさく〔和光同塵の神策〕
神理神教を時代相応に具現しつつ、理想世界を実現してゆく神策。【1・22】

わだつみひめのかみ〔海津見姫の神〕
海原の守護神、大海津見の神の娘。【79・9】

わちのながれ〔和知の流れ〕
和知川のこと。京都府の北部に流れ、日本海若狭湾にそそぐ。上流を和知川といい、下流は由良川と称する。【18・1】

ワックス
印度テルモン山神館の家令の伜。【56・16】

わづらひのうしのかみ〔和豆良比能宇斯神〕
医者および現代の医学。【10・28】

ワード（英）　word
ことば、知らせ、消息。【60・7】

わに〔鰐〕
三十五万年前の沓島の周辺は巨大な鰐が堅く守っていたという。【16・13】

わにぐちまがふゆ〔鰐口曲冬〕
修養団体の創始者。【57・10】

わにしゆぎ〔鰐主義〕
鰐が小魚を食べるような悪らつなやり方。【66・9】

わらひのざ〔笑ひの座〕
ハルの湖の渡湖船、波切丸、高砂丸などの船上で、不文律として行なわれた、不平不満など一切を自由に発言できる神代における参政の方法である。上の指導者たちは静かに民衆の声を聞き、お互いは修身斉家の羅針盤とする。【67・4】

ワールド（英）　world
世界。【56・10】

われ・わが〔我〕
主神および大宇宙に合致したわれを我と書き、私の立場の吾と区別して用いられている。【17・6】

ゐ

ヰータ・ヌーバ（伊）　Vita Nouva
新しい生活（新生）。【53・3】

ヸルーダカ（梵）
南方増長天王。仏法四大天王の一つ。【60・3】

ヸルーバークサ（梵）
西方広目天王。仏法守護の四大天王の一つ。【60・3】

ゑ

ゑんおうのちぎり〔鴛鴦の契〕
結婚式。【11・27】

を

をくにわけ・をくにひめ〔小国別・小国姫〕
バラモン教発祥の霊跡テルモン山の神館の守護職。【56・2】

をころびのみそぎ〔雄詰の禊〕
神我一体とし、禍津見を征服し、これを善導神化する発声なり。【75・1】

をしへのいば〔教の射場〕
教の霊場。【51・8】

をしへのべつしよう〔教の別称〕
宗、教、蔵、乗、部。【40・6】

をしま〔男嶋〕
冠嶋。【64下・序】

をたけび〔雄健び〕
神力を発動されるミソギの神事の一つ。【1・31】

をたけびのみそぎ〔雄健の禊〕
神名を奉称して天之沼矛を振りかざして直立不動の姿勢を構うる行事。【75・1】

をだはらひやうぢやう〔小田原評定〕
まとまらない会議。【67・20】

をと〔音〕
言霊学上の植物鉱物等の他より迫撃するを俟ってのち発するもの。【79・総説】

をばたみやうじん〔小幡明神〕
聖師の産土神、開化天皇の神名。【19・1】

をろちのさんこう〔大蛇の三公〕
エジプトのイホの都の長者の春公お常の息子で、父母がスッポンの湖の大蛇に呑まれて帰幽してから大蛇を退治するため火の国で侠客となる。【34・17】

をろちのひれ〔大蛇の比礼〕
大蛇を改心帰順させる神徳のこめられた大麻のこと。【25・5】

をろちひこ〔大蛇彦〕
木花姫の化身或いは分霊。珍山彦を中心として活動し、宣伝使の育成にあたられる神霊的活動。【9・8】

霊界物語小事典　五十音索引

わ	ら	や	ま	は	な	た	さ	か	あ
151	144	139	125	110	106	82	53	27	2
ゐ	り		み	ひ	に	ち	し	き	い
153	145		129	115	107	91	58	35	10
	る	ゆ	む	ふ	ぬ	つ	す	く	う
	146	141	135	119	109	95	73	39	16
ゑ	れ		め	へ	ね	て	せ	け	え
153	146		136	123	109	96	75	44	19
を	ろ	よ	も	ほ	の	と	そ	こ	お
153	150	142	137	124	110	102	81	47	21